사회·문화편
교육정책(2)
일제강점기 교육 논설

사회·문화편

일제침탈사
자료총서 51

교육정책(2)
― 일제강점기 교육 논설

동북아역사재단 일제침탈사 편찬위원회 기획
강명숙·이명실·이윤미·조문숙·박영미 편역

동북아역사재단
NORTHEAST ASIAN HISTORY FOUNDATION

발간사

　일본이 한국을 침탈한 지 100년이 지나고 한국이 일본의 지배로부터 벗어난 지 70년이 넘었건만, 식민 지배에 대한 청산은 이루어지지 못하고 있다. 일본의 독도영유권 주장은 도를 넘어섰다. 일본은 일본군'위안부', 강제동원 등 인적 수탈의 강제성도 인정하지 않고 있다. 일본군'위안부'와 강제동원의 피해를 해결하는 방안을 놓고 한·일 간의 갈등은 최고조에 이르고 있다. 역사문제를 벗어나 무역분쟁, 안보위기 등 현실문제가 위기국면을 맞고 있다.

　한·일 간의 갈등은 식민 지배의 역사를 어떻게 볼 것인가 하는 역사인식에서 기인한다. 역사는 현재와 과거의 대화이며 이를 기반으로 미래로 나아갈 수 있다. 과거 침략의 역사를 미화하면서 평화로운 미래를 말하는 것은 불가능하다. 식민 지배와 전쟁발발의 책임을 인정하지 않고 반성하지 않으면 다시 군국주의가 부활할 수 있고 전쟁이 일어날 위험성도 배제할 수 없다. 미래지향적 한일관계를 형성하고 나아가 동아시아의 평화와 번영의 기틀을 조성하기 위해 일본은 식민 지배의 책임을 인정하고 그 청산을 위해 노력해야 할 것이다.

　식민 지배의 역사를 청산하기 위해서는 식민 지배는 어떻게 이루어졌는지 그 실상을 명확하게 규명하는 일이 긴요하다. 그동안 일본제국주의에 맞서 조국의 독립을 위해 헌신한 독립운동가들의 활동을 찾아내고 역사적으로 평가하는 일에는 상당한 성과를 거두었다. 반면 일제 식민침탈의 구체적인 실상을 규명하는 일에는 충분한 노력을 기울이지 못했다. 제국주의가 식민지를 침탈했다는 것은 너무나 당연한 사실로 여겨졌기 때문에, 굳이 식민 지배에서 비롯된 수탈과 억압, 인권유린을 낱낱이 확인할 필요가 없었는지도 모른다. 그러는 사이 일본은 식민 지배가 오히려 한국에 은혜를 베푼 것이라고 미화하고, 참혹한 인권유린을 부인하는 역사부정의 인식을 보이는 데까지 이르고 있다. 일제의 통치와 침탈, 그리고 그 피해를 종합적으로 조사하고 편찬할 필요성이 여기에 있다.

　일제침탈사를 체계적으로 정리하는 일은 개인이 감당하기 어렵다. 이에 우리 재단은 한국학계의 힘을 모아 일제침탈사 편찬위원회를 꾸렸다. 편찬위원회가 중심이 되어 일제의 식민지 침탈사를 정치·경제·사회·문화 모든 방면에 걸쳐 체계적으로 집대성하기로 했다. 일제 식민침탈의 실체를 파악하기 위해 2020년부터 세 가지 방면으로 사업을 추진하고 있다. 하나는 일제침탈의 실상을 구체적이고 생생한 자료를 통해서 제공하는 일로서 〈일제침탈사 자료총서〉로 편찬한다. 다른 하나는 이들 자료들을 바탕으로 연구한 결과물을 〈일제침탈사 연구총서〉로 간행한다. 그리고 연구의 결과를 대중들이 이해하기 쉽게 〈일제침탈사 교양총서〉를 바로알기 시리즈로 간행한다. 자료총서 100권, 연구총서 50권, 교양총서 70권을 기본목표로 삼아 진행하고 있다.

〈일제침탈사 자료총서〉에서는 정치·경제·사회·문화 모든 방면에 걸쳐 침탈의 역사를 자료적 차원에서 종합했다. 침략과 수탈의 역사를 또렷하게 직시할 수 있도록 생생한 자료를 제공하는데 목표를 두었다. 그동안 관련 자료집도 여러 방면에서 편찬되었지만 원자료를 그대로 간행한 경우가 많았다. 이번에 발간되는 자료총서는 해당 주제에 대한 침탈의 실상을 체계적으로 이해할 수 있는 구성방식을 취했으며, 지배자의 언어로 기록되어 있는 자료들을 독자들이 쉽게 읽을 수 있도록 모두 번역했다. 자료총서를 통해 일제 식민 지배의 실체와 침탈의 실상을 있는 그대로 이해할 수 있게 되기를 기대한다.

2021년
동북아역사재단 이사장

편찬사

　1945년 한국이 일제 지배로부터 해방된 지 76년의 세월이 지났다. 그럼에도 불구하고 일본 사회 일각에서는 여전히 일제의 한국 지배를 합리화하고 미화하는 주장이 나오고 있으며, 최근에는 한국 사회 일각에서도 일제 지배를 왜곡하고 옹호하는 주장이 나오고 있다. 이는 한국과 일본 사회, 한일 관계와 동아시아 국제관계의 미래를 위해서도 결코 바람직하지 않은 일이다.

　이에 동북아역사재단은 일제의 한국 침략과 식민 지배에 대한 학계의 연구 성과를 총정리한 〈일제침탈사 연구총서〉를 발간하기로 하였다. 이에 따라 2019년 9월 학계의 전문가를 중심으로 편찬위원회를 구성하였으며, 편찬위원회는 학계의 연구 성과를 토대로 정치·경제·사회·문화 부문에서 일제의 침탈이 어떻게 이루어졌는지 정리하여 연구총서 50권을 발간하기로 하였다.

　주지하듯이 1905년 일제는 러일전쟁에서 승리한 뒤, 한국에 군대를 주둔시키면서 한국의 외교권을 빼앗고 통감부를 두어 내정에 간섭하였다. 1910년 일제는 군사력으로 한국 정부를 강압하여 마침내 한국을 강제 병합하였다. 이후 35년간 한국은 일제의 식민 통치를 받았다.

　일제는 한국의 영토와 주권을 침탈하였을 뿐만 아니라, 군사력과 경찰력으로 한국을 지배하면서, 정치·경제·사회·문화의 모든 부문에서 한국인의 권리와 자유, 기회와 이익을 박탈하거나 제한하였다. 정치적으로는 군사력과 경찰력, 각종 악법을 동원하여 독립운동을 탄압하고, 한국인의 정치활동을 억압하고 참정권을 박탈하였으며, 집회와 결사의 자유를 억압하였다. 경제적으로는 일본자본이 경제의 주도권을 장악하고, 일본인 위주의 경제정책을 수행했으며, 식량과 공업원료, 지하자원 등을 헐값으로 빼앗아 갔고, 농민과 노동자 등 대다수 한국인의 경제생활을 어렵게 하였다. 사회적으로는 한국인들을 차별적으로 대우하고, 한국인의 교육의 기회를 제한하고, 한국인으로서의 정체성을 박탈하여 결국은 일본의 2등 국민으로 만들고자 하였다. 문화적으로는 표현과 창작의 자유, 종교와 사상의 자유를 억압하고,

한글 대신 일본어를 주로 가르치고, 언론과 대중문화를 통제하였다. 중일전쟁, 아시아태평양전쟁을 도발한 뒤에는 인적·물적 자원을 전쟁에 강제동원하고, 많은 이들을 전장에 징집하여 생명까지 희생시켰다.

〈일제침탈사 연구총서〉는 침탈, 억압, 차별, 동화, 수탈, 통제, 동원 등의 단어로 요약되는 일제의 침략과 식민 지배의 실상과 그 기제를 명확히 밝히고자 하였다. 이를 통해 일제의 강제 병합을 정당화하거나 식민 지배를 미화하는 논리들을 비판 극복하고, 더 나아가 일제 식민 지배의 특성이 무엇이었는지, 식민 통치의 부정적 유산이 해방 이후에 어떤 영향을 미쳤는지를 밝히고자 하였다.

편찬위원회는 연구총서와 함께 침탈사와 관련된 중요한 주제들에 관하여 각종 법령과 신문·잡지 기사 등 자료들을 정리하여 〈일제침탈사 자료총서〉도 발간하기로 하였다. 아울러 일반인과 학생들이 보다 쉽게 읽을 수 있는 〈일제침탈사 교양총서〉를 바로알기 시리즈로 발간하기로 하였다.

일제의 한국 침략과 식민 지배의 역사는 광복 후 서둘러 정리해냈어야 했지만, 학계의 연구가 미흡하여 엄두를 내기 어려웠다. 이제 학계의 연구가 어느 정도 축적되어 광복 80주년을 맞기 전에 이와 같은 작업을 할 수 있게 된 것을 다행으로 생각한다. 한일 양국 국민이 과거사에 대한 올바른 역사인식을 갖고 성찰을 통해 미래를 향해 함께 나아갈 수 있기를 기대하면서 삼가 이 책들을 펴낸다.

2021년
동북아역사재단 일제침탈사 편찬위원회

| 차례

	발간사	04
	편찬사	06
	편역자 서문	11

I 조선교육 어떻게 할 것인가

	<해제>	16
1	교화의견서	19
2	조선교육론	31

II 조선교육의 역사를 정리하다

	<해제>	190
1	조선교육연혁약사	192
2	조선교육제도사	209

III 조선교육 정책을 비판하다

	<해제>	266
1	제국주의 치하 조선의 교육상태	268
2	조선교육의 결함	299

IV   학무 관료, 조선교육에 대해 말하다

    <해제> ············ 348

1   조선교육의 측면관 ············ 349

2   조선교육의 단편 ············ 374

V   지배 위기에서 조선교육을 논하다

    <해제> ············ 410

1   학제개혁과 의무교육의 문제 ············ 412

2   교육으로 본 조선의 장래 ············ 439

3   조선교학론 ············ 458

자료목록 ············ 472

참고문헌 ············ 473

찾아보기 ············ 476

| 일러두기

1. 일제침탈사 자료총서는 가급적 일반 시민들이 읽고 이해할 수 있는 현대적인 문장과 내용으로 구성했다.
2. 인명 및 지명 등 고유명사는 처음 등장할 때 원어를 병기하고 이후에는 한글만 표기했다. 한글 표기는 국립국어원 외래어표기법에 따랐다.
3. 연도는 서력 표기를 원칙으로 하고 관련 연호는 병기했다. 날짜는 원문 그대로 하고 음력과 양력 여부를 알 수 있는 경우에만 '(음)', 또는 '(양)'으로 기재했다.
4. 숫자는 천 단위까지 아라비아 숫자로 표기하고 만 단위 이상은 '만' 자를 넣어 표기했다. 도표 안의 숫자는 가급적 그대로 표기했다.
5. 국한문혼용체와 같이 탈초만으로 문장을 이해하기 힘든 경우 가급적 현대어에 가깝게 윤문했다. 낱말이나 문구에 대한 설명이 필요한 경우 또는 편찬사업의 취지에 따라 자료 해설이 필요한 경우 편역자주를 적극 활용했다. 단, 편역자주는 1), 2) 등으로 표기하고, 원 자료의 주석이 있는 경우는 *, ** 등으로 표현했다.
6. 원 자료에서 위첨자, 홑낫, 홑따옴표 등으로 강조 표시된 부분은 꼭 필요한 경우에만 밑줄을 그어 표시하거나 글자를 진하게 하기로 표시하였고, 나머지는 과감하게 생략하였다. 원 자료에서 판독이 불가한 글자의 경우 ■로 표기하고, 원 자료에서 삭제된 것은 ×표시하였다.
7. 한자표기, 자료의 넘버링, 소목차 등은 원 자료를 존중하되, 가독성을 위해 일관성과 통일성을 고려하여 수정 보완하였다.
8. 법령 및 정책은 필요한 경우에만 〈 〉 표시하였고, 원 자료에서 책명 및 자료명은 『 』, 「 」 표시를 넣었다.

편역자 서문

　일제강점기 식민지 교육은 법과 제도의 정비를 통해서 지배와 침탈의 의도를 관철하기도 하지만 이론적 정당화를 통해 합리성을 가장하고 피지배민의 동의를 창출하려고 한다. 여기서는 식민지 조선에서 교육을 어떻게 할 것인가에 대한 여러 층위의 담론을 살펴보기 위해 교육논저를 정리하였다.

　우선 조선총독부 학무 관료 가운데 정책 결정 및 추진에 강력한 영향력을 행사한 주요 인사들의 대표적인 논저들을 골라 주제 및 시기별로 나누어 장을 구성하고 내용의 성격을 고려하여 장 제목을 부여하였다. 그리고 담론적 대응을 살펴보기 위해 조선인의 교육에 대한 논저 가운데 상징적이라 판단되는 두 편의 글을 골라 엮었다.

　내용면에서도 식민지 교육담론의 다양한 수준과 입장을 골고루 고려하여 식민지 통치와 교육의 전반적 방향에 대한 글과 식민사관의 입장에서 조선의 교육에 대한 역사적 정리를 시도한 글, 식민정책을 비판하는 글, 전시체제로 돌입하면서 전쟁 수행 준비라는 수단적 목적으로 교육의 기능을 강조하며 제도 정비를 주장하는 글 등을 가려 뽑아 실었다.

　「교화의견서」는 조선총독부 내무부 학무과 초대 과장인 구마모토 시게키치(隈本繁吉)가 작성한 것으로 추정되는 문서로 제1차 조선교육령 제정 시점에서 조선교육의 총론적 방향에 대한 조선총독부 학무국의 의견을 집약한 것으로 볼 수 있는 글이다.

　『조선교육론』은 1905년 1월 구한국 정부의 학정참여관으로 파견되어 온 시데하라 다이라(幣原坦)의 글로 나름대로 철저한 자료조사와 다양한 견문을 바탕으로 조선교육의 현실에 입각해서 작성한 식민지교육론의 개설서 격이다. 시데하라 다이라의 글은 통감부 학정참여관부터 시작하여 가장 먼저 오랫동안 깊숙이 조선교육 현실에 관여한 전문가로서의 경험과 인식이 잘 드러나 있다.

　다카하시 하마키치(高橋濱吉)의 「조선교육연혁약사」와 오다 쇼고(小田省吾)의 「조선교육제도사」는 일본인 관료의 입장에서 정리된 조선교육사로, 교육사 서술에서 식민사관의 실체를 파악하는 데 도움이 되는 자료이다. 다카하시 하마키치는 교사, 학교장, 시학관 등으로 일찍부터 조선교육계에서 잔뼈가 굵은 학무 행정 관료였고, 오다 쇼고는 학무국 편집과장을 역임하고 경성제국대학 교수를 지내면서 역사편찬 작업을 주도한 인물이다. 조선교육사에 대한 이 글들은 조선에 부임해 오는 일본인 관리 등을 대상으로 조선에 대한 이해를 도모하기 위해 기획된 강연과 연수의 자료로 활용되었다. 실무와 역사 서술에 모두 밝은 사람들이었다고 할 수 있는 이들이 서술한 조선교육사에 대해 엄밀하고 비판적인 읽기가 필요하다.

이북만의 「제국주의 치하 조선의 교육상태」와 주요섭의 『조선교육의 결함』은 조선인의 입장에서 조선교육 현실을 진단 비판한 글이다. 식민지 교육담론이 일본인 학무 관료 중심으로 전개되는 당시 현실에서 마르크스주의 교육을 표방한 신흥교육운동에 관여한 이북만이 조선과 일본에서 활동을 전개하면서, 또 흥사단에 가입하고 3.1운동으로 복역을 한 주요섭이 중국과 미국에서 교육학 공부를 하고 쓴, 각각의 글은 1920~1930년대 사회운동 지형 안에서 다르게 나타난 교육에 대한 생각을 잘 보여 주는 글이다. 이북만의 글은 당시의 검열로 인해 본문에 × 표시가 많은 채로 출간 유통되었으나 전반적인 논지를 파악하기에는 무리가 없다.

「조선교육의 측면관」은 조선총독부 학무국장 와타나베 도요히코(渡邊豊日子), 「조선교육의 단편」은 조선총독부 학무과장 다카오 진조(高尾甚造), 『학제개혁과 의무교육의 문제』는 조선총독부 학무과장 야기 노부오(八木信雄), 「교육으로 본 조선의 장래」는 조선총독부 학무국장 오노 켄이치(大野謙一)가 쓴 글이다. 이들은 학무국에 오랫동안 근무한 학무 관료로 2~3년 동안 학무과장, 학무국장으로 재직하면서 업무직책상 이 글들을 작성한 것이다. 당시 실무 정책 추진방향의 논지가 드러나는 글로서 자료적 가치가 있다.

「조선교학론」은 자유주의자에서 국가주의자로 돌변하여, 일본 정신을 강조하는 이데올로그로 활동한 경성제국대학 법학부 교수 오다카 도모오(尾高朝雄)의 교육에 대한 글이다. 일제침탈의 막바지에 전개된 국가주의 교육론의 핵심 논리를 잘 살펴볼 수 있는 자료이다.

교육 분야 일제침탈사 자료를 총 4권으로 정리하여 발간할 계획으로, 일제 식민지 교육에 대한 논저를 모아 식민지교육 담론편으로 교육 논설 자료를 엮어 2권으로 낸다. 부족하지만 많은 쓰임이 있기를 바란다.

편역자를 대표하여
강명숙

I

조선교육 어떻게 할 것인가

해제

1장에는 구마모토 시게키치의 「교화의견서」와 시데하라 다이라의 『조선교육론』의 일부를 번역하여 실었다. 이들 두 내용은 모두 조선의 학정에 참여했던 경험을 바탕으로 작성된 것으로, 일본 관료들의 조선교육에 대한 인식을 단적으로 살펴볼 수 있는 자료들이다.

먼저, 구마모토 시게키치는 1873년(明治 6) 후쿠오카현 출신으로, 1897년(明治 30) 도쿄제국대학 문과대학 사학과를 졸업하고, 문부성 도서심사관, 문부성 시학관, 후쿠이중학 교장, 도쿄고등사범학교 교수를 거쳐 한국 학부 서기관 겸 관립외국어학교 교장이 되었다. 강제병합 이후에는 1910년 10월부터 1911년 2월 17일까지 조선총독부 사무관 및 학무과장을 역임하였고, 계속해서 대만총독부 국어학교 교장 겸 시학관, 학무과장, 학무부장이 되었다. 이때 국어학교장 및 사범학교장을 겸하였다. 일본으로 돌아가서는 다카마쓰고상 교장, 오사카고 교장을 거쳐 오카야마 제6고등학교장 등을 역임했다.

「교화의견서」는 1910년 9월 집필되었는데, 구마모토 시게키치가 작성한 것으로 추정된다. 구마모토 시게키치가 같은 시기에 집필한 「학정에 관한 의견」과 내용 면에서 약간의 차이가 있고 직접 손으로 쓴 것이 아니라 인쇄판이라는 점을 볼 때 구마모토 시게키치와 가까운 인물이 내부협의용으로 작성한 것으로 볼 수 있다.[1] 「교화의견서」는 구마모토 문서[2]의 조선 관련 문서에 포함되어 있었다. 19매로 된 미농지(美濃紙) 곤약판으로 인쇄되었고, '학부의 교육정책 관련' 문서의 하나로 분류되어 있다. '㊙'라는 도장이 찍혀 있는데, 어딘가에 제출

---

1 駒込武, 이명실 외 역, 2008, 『식민지제국 일본의 문화통합』, 역사비평사, 121쪽.
2 구마모토 문서는 구마모토 시게키치가 조선 및 대만의 교육행정에 참여하며 직접 작성했거나 작성에 관여했던 문서들로, 구마모토 시게키치의 유족의 손에서 후쿠오카시(福岡市)의 고서점과 아베 히로시(阿部洋)의 주선을 거쳐, 와타나베 마나부(渡部学)가 조일학술장려금(朝日学術奨励金)으로 입수한 것이다. 구마모토 문서의 2/3가 대만 관계의 것인데, 이는 그의 재임기간과 관련 있다고 보인다. 조선 관련 문서로는 크게 학부의 교육정책 관계, 병합 후의 조선교육령 관계, 기독교교육 관계, 내부경무국 관계, 외국어 신문기사 관계 등의 5종으로 분류할 수 있다.

했는지 혹은 배포했는지는 분명하지 않다.

「교화의견서」는 '조선민족을 과연 동화시킬 수 있는가'라는 주제 아래 조선민족의 교화방침을 진술한 것으로 전체 12장으로 구성되어 있다. 「교화의견서」에서 강조했던 '순량한 신민의 양성'이나 '민도에 적합한 간이한 시설' 등에 대한 내용은 제1차 조선교육령에서 '시세와 민도에 적합한 교육'을 명시화하는 데 영향을 주었다.

다음으로, 시데하라 다이라는 일본의 동양사학자이며 교육행정가로 알려져 있다. 특히 조선사를 연구하는 학자로서, 1905년 1월 한국 정부의 학정참여관으로 파견된 이후 출간한 『한국정쟁지(韓國政爭志)』(1907)는 "당쟁이 한국인의 고질적 민족성"이라는 인식을 고착화시키는 데 영향을 주었다.

그는 1893년 도쿄제국대학 문과대학 사학과를 졸업한 후 가고시마고등중학교(鹿兒島高等中學校) 조시칸(造士館) 교수, 야마나시심상중학교 교장, 도쿄고등사범학교 교수 등을 거쳐 1905년 한국의 학정참여관으로 근무했으며, 1906년 통감부가 설치되자 직을 사임하였다. 1910년에 구미 여러 나라로 건너가 그들의 교육제도를 고찰했으며, 서양교육에 대한 인식을 넓혔다. 1918년에는 대북제국대학(臺北帝國大學) 초대총장으로 취임했고, 태평양전쟁 발발 후인 1942년에는 흥남연성원(興南鍊成院, 大東亜鍊成院)의 초대원장이 되었다. 패전 후 1946년에는 추밀원 고문이 되었다.

시데하라 다이라의 『조선교육론』은 1919년에 도쿄의 육맹관(六盟館)에서 출간되었다. 전체 구성은 제1장 총설, 제2장 조선인 교육 각설(各說), 제3장 내지인 교육으로 이루어졌으며, 부록이 덧붙어 있다. 여기서는 제3장을 제외한 제1장과 제2장 그리고 부록을 실었다.

『조선교육론』에 일관되고 있는 시데하라 다이라의 기본 인식은, 1910년 강제병합 이후 8년이 지난 시점에서 조선민족이 '열등 인종으로서 푸대접받지 않고, 내지인에게 동료로서 관대히 대우받게 되었'으며 '일본문화가 수입됨으로써 조선의 행복이 증진되었다'는 점이었다. 자신의 논리를 뒷받침하기 위해 시데하라 다이라는 제1장에서 세계 각국의 다양한 식민지 교육의 사례들을 비교하였고, 일본과 조선의 역사를 통해 현재 일본의 신시정(新施政)이 정당하고 타당하다는 점을 강조했다. 더불어 일본어 보급, 농업 개량 등 10년간의 신시정을 통해 조선인의 반응도 점차 조선총독부의 정책에 교화되어 가고 있으며, 교육정책의 각 분야에서 얼마만큼의 성과가 나타나고 있는지를 제시했다. 제2장에서는 1910년대를 통해 조선총독부가 추진해 왔던 교육정책을 각급 학교별로 그리고 주제별로 제시하며, 식민지 통치 이후 10년간의 성과를 언급하였다.

시데하라 다이라의 『조선교육론』은 식민정책 및 조선인의 형식적 교화의 성과를 기본 인식으로 하고 있다는 점에서 일본인 관료의 일반적 경향성을 파악할 수 있는 자료라는 특징이 있다. 또한 1910년대 식민지교육정책에 관한 자료가 상대적으로 많지 않은 지금의 상황에서, 당시의 실태를 파악할 수 있는 사료로서 활용될 수 있을 것이다. 단, 일본의 식민 관료가 저술했다는 점을 고려해 비판적 사료 해석이 뒤따라야 한다는 점은 재언의 여지가 없을 것이다.

<자료 01> 教化意見書(隈本繁吉, 1910)

교화의견서[3]

구마모토 시게키치

머리말

본 편은 조선민족이 과연 동화될 수 있는가의 여부를 밝힘과 동시에 그것에 관련되는 조선민족 교화의 방침에 관하여 사견을 진술하는 것으로 목차는 다음과 같다.

제1장 일본은 세계에 비교대상이 없는 제국이다
제2장 일본(야마토)민족의 충의심
제3장 일본민족의 동화력
제4장 동화의 의의
제5장 세계의 동화정책
제6장 류큐와 타이완은 동화의 좋은 사례가 아니다
제7장 조선민족의 동화
제8장 조선민족의 순량화
제9장 잡혼정책
제10장 일본민족과 조선민족과의 생존 관계
제11장 일본민족 교육과 조선민족 교육의 차이
제12장 조선민족 교육의 범위

1910년(明治 43) 9월 8일

---

[3] 박연호, 2013, 『사료로 읽는 한국 교육사』, 문음사의 수록 자료 「교화의견서」를 참고하였다.

제1장 일본은 세계에 비교 대상이 없는 제국이다

만세일계(萬世一系)의 천황을 받드는 일본 제국 국민의 충의심은

> 바다로 가면 물에 잠긴 시체가 되고,
> 산으로 가면 풀을 자라게 하는 시체 되리라.
> 천황의 옆에서 죽는 것이라면
> 결코 후회는 없으리니

라는 「우미유카바(海行かば)」[4]의 가사에 생생하게 나타난다. 세계에 유례가 없는 황실과 비할 데 없는 국민의 충의심이 서로 의지하여, 더 이상 비교할 바 없는 국체를 이룬다. 이것은 단지 제국민(帝國民)의 자랑거리일 뿐만 아니라 세계도 마찬가지로 인정하는 바이다.

일찍이 고(故) 이토(伊藤) 공이 헌법 조사를 위해 파견되어 유럽에 도착했을 때, 오스트리아의 석학 슈타인은 "일본 제국이 만세일계의 천황을 받드는 세계에 유례가 없는 국체라면, 헌법의 제정에서도 역시 특수한 주의를 요한다"라고 말했다고 한다. 이는 단지 헌법에 그치지 않고 교육시설과 같은 것도 역시 그러해야 한다고 판단된다. 세상 사람들은 왕왕 이러한 사정을 망각하고 경솔하게 우리 제국의 교육을 논해 버리는 자가 있다. 참으로 개탄해야 할 일이다.

제2장 일본(야마토)민족의 충의심

일본 제국 국민의 충의심(忠義心)은 일본민족에 고유한 선조 숭배에 깊이 근거해 있다. 제국 국민에게 선조 숭배는 하나의 종교를 이루어 오랜 옛날부터 행해져 왔고, 오늘날도 여전히 엄존한다. 아마테라스 오미카미(天照大神)는 일본민족의 시조로, 아마테라스(天照)의 직계인 황실은 우리들의 대종가(大宗家)라는 것은 하나의 신념일 뿐만 아니라 부정할 수 없는 사

---

4 『만엽집(万葉集)』에 있는 오토모노 야카모치(大伴家持)의 시를 바탕으로 만든 군가이다.

실이다. 그러므로 일본민족이 천황에게 충성하는 이유는 단지 그 은택을 받았기 때문이라는 것과 같이 천박한 이유에 기초한 것이 아니고, 그 심정의 깊은 밑바닥에는 깊고 단단하여 도저히 단절할 수 없는 토대를 갖고 있는 것이다.

일본 제국 이외의 군신의 관계는 권력관계로부터 생기는 복종에 불과하지만, 일본민족과 천황의 관계는 이 복종에 더하여 조상숭배로부터 연원하는 경애의 지극한 정성이다. 그러므로 전자는 권력관계가 존속하는 기간에 한정되는 것이지만, 후자는 영구 지속적인 것으로서 결코 단절될 수 없는 것이다.

일본민족의 충의심은 건국 이래 일관하여 우리 국민의 뇌리에 공유되고 있는 것으로 설명이나 훈유(訓諭)한 이후에 비로소 계발시킬 수 있는 것이 아니다.

제3장 일본민족의 동화력

일본민족이 다른 민족을 동화시킨 것은 역사에 분명한 사실이다. 상고의 조선인 혹은 중국인으로 우리 제국에 귀화한 자, 혹은 표류하여 도착한 남양 제도의 민족으로 우리 제국에 귀화한 자 등이, 오늘날 전혀 그 흔적을 남기지 않고 황은의 덕택으로 풍토에 적응하였고 일본민족으로 융합되어 오늘날의 일본민족이 된 것은 역사가 증빙하는 바이다.

이와 같이 생각하면 일본민족은 대단한 동화력을 갖고 있는 듯하다. 그렇지만 이들 귀화인은 비교적 소수인데다가 자기 선택으로 귀화한 자임을 잊어서는 안 된다. 이미 자기의 임의 선택으로 귀화한 이상 노력하여 일본인을 모방하려 함은 필연적이며, 그 수는 큰 바다의 몇 개 물방울에 지나지 않기 때문에, 그들의 언어, 풍속, 습관 등도 쉽게 변개되었고 세월이 오래됨에 따라 점차 혈액도 섞여 마침내 완전히 동화되어 버렸다. 그래서 일본민족의 동화력이 강대하다고 말해도 기왕의 사정은 이와 같은 것임을 기억해야 한다.

제4장 동화의 의의

일반 사람들이 조선을 논하는 데 동화라는 말을 막연하고 애매하게 사용하는 자가 많다. 그러나 같은 동화라고 해도 의미를 명확하게 하지 않으면, 논의에 큰 차질을 초래하기에 이른다. 가장 엄정한 의미에서 조선민족의 동화(Japanization)란 그들로 하여금 일본민족의 언어, 풍속, 습관 등을 채용 모방하게 하고, 나아가 일본민족의 충군애국 정신(충의심)을 체득토록 하는 것을 말한다.

그러므로 단지 언어, 풍속, 습관 등의 외적 방면을 혹 채용하든가, 혹은 모방하게 하는 것으로는 결코 동화되었다고 말할 수 없으며, 동화의 본질은 오히려 내적 방면인 정신에 있음을 알아야 한다.

북미합중국인은 스스로 동화력이 강하다고 자랑하지만, 내가 보기에는 그들이 동화라고 칭하는 것은 단지 외적 방면에 머물러, 정말로 그 내면에는 미치지 못할 뿐만 아니라, 지금의 미국은 민족정신(nationality)이 다수의 외래인 때문에 파괴되어 아직 확립된 것이 없는 듯하다. 일본 제국처럼 세계에 비할 데 없는 민족정신을 갖고 있는 국가에서 참된 동화를 기대하는 것이 어찌 쉬운 일이겠는가.

제5장 세계의 동화정책

프랑스는 세계적으로 동화주의 실행의 모범자로 간주된다. 프랑스는 종래 신영토를 본국의 연장으로 보아 프랑스 문명의 이식을 꾀하였다. 알제리는 프랑스의 일부분이라 하여, 옛 풍속 습관을 무시하고 모두 프랑스 제도 아래서 통치해 왔다. 그런데 그 결과는 토착인이 자신들 사회조직의 파괴자로써 프랑스를 적대시하게 만들었다.

인도차이나에서도 프랑스는 토착인의 옛 제도를 완전히 타파하여 본국의 법률 제도로 대체하도록 하였다. 그렇지만 알제리에서의 실패를 고려해 다소 참작한 바가 있다.

반면 튀니지에서는 토착인의 풍속, 옛 관습 등에 대해 헛되이 간섭을 시도하지 않아서 위대한 성공을 거두었다. 이로 말미암아 동화정책에 대해 유력한 반대자가 속출하였고, 마다가스카르 등에서는 토착인의 제도를 승인하기에 이르렀다.

영국은 원래 경제적 확장주의를 채택한 나라로 정치상의 동화주의를 선전하지 않았지만, 인도에서는 개혁해도 큰 위험이 수반되지 않는다고 믿는 정도에서 제도상의 개혁을 시도했다. 그런데 결과는 반대자들이, 영국 정부는 인도 사회의 부패와 붕괴를 장려하기 위해 이들 개혁을 결행한 것은 아닌가라는 비난을 하기에 이르렀다.

영국과 프랑스의 동화정책이 실패에 빠지게 된 원인은 많겠지만, 주된 것은 첫째 인종의 차이, 둘째 문화의 커다란 차이, 셋째 서양류의 개인주의 위에 선 사회의 제도 문물을 동양류의 가족주의 사회에 급속하게 이식시킨 착오 등에 있다고 논한다. 그러나 동화정책의 방해가 되는 것은 단지 이와 같은 두세 가지에 한정된다고 믿는 것은 아주 경솔한 생각으로, 다른 많은 장해물도 있음을 기억해 두어야 한다.

제6장 류큐와 타이완은 동화의 적당한 사례가 아니다

세상 사람들은 류큐(琉球)와 타이완의 예를 들어, 조선민족 동화가 아주 용이하다는 근거로 삼는다. 이것 또한 생각하기 어려운 것이라 해야 한다. 류큐는 참으로 보잘것없고 매우 비좁은 땅으로 수백 년 동안 우리 제국에 예속해 온 민족이므로 적절한 사례로 삼아 논할 수가 없다.

타이완은 토지가 약간 크지만 그 민중은 수가 그다지 많지 않고, 동시에 예로부터 청국에 속한 섬으로 따로 국가를 이루지 못했다. 이리하여 우리 제국의 영토가 되자, 인민의 복속 여부를 그들의 자유 선택에 맡겨 아주 관대한 조치를 취했다. 그래서 여러 섬에 잔류하고 있는 자들은 비교적 일본 제국의 덕정(德政)을 공경하고 우러러보는 자라고 해야 할 것이나. 이처럼 토착민에 대해서조차 과연 동화의 공을 거둘 수 있느냐의 여부는 아직도 시험 중에 있다고 해야 한다.

그러므로 이들 중에서 모범을 채택하려는 것은 완전히 정곡(正鵠)을 잃은 것이다. 독일은 프랑스에 이겨 알자스와 로렌의 두 주를 속령으로 삼았다. 하지만 이 사례도 우리 제국이 조선의 전 국토를 병합시킨 것과는 비교할 수 없다. 또 러시아와 프러시아 등의 여러 나라는 폴란드를 분할 병합했다. 그러나 우리의 조선병합은 그에 비해 훨씬 더 큰 사업이다. 이런 큰 사건은 역사상 일찍이 없었다고 해도 결코 과장이 아니다.

그러므로 교화방책은 다른 나라에서 참고할 것은 있어도, 그것을 완전히 본받기에 충분한 예는 없다고 해야 할 것이다. 이것이 실로 조선민족의 교화 문제를 특별히 신중하게 고려해야 하는 이유이다.

제7장 조선민족의 동화

영국과 프랑스 모두가 동화정책에 실패한 원인이 앞서 서술한 바와 같다면, 일본민족과 조선민족은 거의 유사한 인종으로 문화의 차이는 그 정도로 크지 않음과 동시에 모두 동양류의 가족주의라는 점에서 서로 일치하므로 동화를 행하기는 아주 쉬울 듯하다. 그렇지만 내가 보기에는 결코 그렇지 않다. 일본민족과 조선민족 사이는, 영국과 프랑스 등이 그들 식민지 민족 간에 존재하는 사정과는 완전히 종류를 달리하며, 거기에 더해 곤란한 장해물이 가로놓여 있음을 알 수 있다. 그 점을 약간 서술하고자 한다.

첫째, 조선민족은 동화에 필요한 특수한 요소를 가지고 있지 않다. 조선민족을 일본민족에 동화시키려면 단순히 언어, 풍속, 습관 등의 외적인 모방에 그치지 않고, 일본민족의 특징인 충의심을 체득하게 할 필요가 있다. 충의심이란, 이미 서술했듯이, 우리 황실이 우리들의 대종가라는 사실에 바탕을 둔 것으로, 설명 훈유 등을 통해 계발되는 것은 아니다. 조선민족은 우리 황실에 대해 이러한 특수한 관계가 없으므로, 그들로 하여금 이 아름답고 오묘한 충의심을 체득토록 하는 것은 완전히 불가능하다.

둘째, 조선민족은 불완전하긴 하지만 3,000년 동안 국가를 이룬 민족이다. 그들은 옛부터 완전한 독립 국가를 이루지 못하고, 거의 언제나 대국에 예속되는 위치에 있었다. 그렇지만 그들의 종주국(宗主國)은 소위 불치(不治)로 다스리는 정책을 채택하여, 단지 종주국의 역법(正朔)을 받들게 하거나, 혹은 정기적으로 조공을 바치게 하였다. 이에 조선민족은 상당한 자존심을 갖고 제도 문물을 발전시켰고 그들의 민족정신을 배양할 수 있었다.

교육의 효과를 가장 현저히 나타나도록 하기 위해서는, 교육자와 피교육자 사이에 지덕(智德)의 격차가 현격하게 커야 하고, 동시에 피교육자가 충분한 도야성(陶冶性)을 가지고 있어야 한다. 동화의 효과를 거두는 데도 역시 거의 같은 사정을 필요로 한다. 그런데 조선민족은 설령 지체되었다고는 해도, 3,000년 동안 발달을 이루어온 민족으로 언어, 풍속, 습관이 확립되어 있고 또 민족정신이 이미 형성되어 있다. 이에 일본민족으로부터 감화 영향을 받아 그에 동화하려는 도야성은 아주 부족하다고 해야 하며, 또 조선민족의 문화도 상당히 발전해 있다면 일본민족이 주는 감화 영향으로부터 아주 큰 효과를 기대하기는 어렵다.

셋째, 그들은 조선민족이라는 명확한 자각심을 가지고 있다. 그들의 배일적인 연설이나 혹은 배일적 가사에 나타나는 바를 보면, '삼천리강산', '이천만 동포' 따위의 말은 거의 그들의 상투어인 듯하다. 이러한 민족적 자각심은 일본민족의 동화적 감화에 가장 커다란 장애가 된다.

넷째, 조선민족은 1,200만 이상의 대중이다. 일본민족의 동화력이 강하다는 점은 이미 서술한 바와 같지만, 이는 절대 다수의 일본민족 가운데 내던져진 극소수의 귀화인에 한정된 사례에 불과하다. 그런데 조선민족은 일본민족의 약 4분의 1이라는 다수를 차지한다. 그런데 이 대중에게 직접적인 감화 영향을 미칠 수 있는 것은, 정치와 교육의 감화 영향을 별도로 친다면, 조선으로 이주한 소수의 일본민족에 불과하며, 그들이 미치는 감화 영향은 그리 크지 않을 것이다. 100만 일본민족을 이주시킬 수 있다 해도 여전히 10분의 1에 미치지 않는다. 일본민족이라는 확고한 민족적 자부심을 갖지 않는다면 도리어 조선민족으로 변화될 위험이 없지 않다.

이상은 여러 장애 가운데 특히 중요한 것을 제시하는데 그쳤지만, 이는 모두 영국, 프랑스 모두가 식민지 민족에 대해 일찍이 마주했던 것과는 다른 종류이면서, 또 유력한 장애가 되는 것임을 알아야 한다.

사람들은 곧잘 정치와 교육의 힘을 과대시한다. 적당한 정치와 교육시설에 의해서는 조선민족으로 하여금 점차 언어, 풍속, 습관 등을 변화하게 할 수 있고, 또 제국의 선정(善政)과 우리 천황의 인덕(仁德)을 어느 정도 느끼게 할 수 있다. 그러나 앞에서 제시한 4가지 사실은 도저히 어찌할 수 없는 것이다. 조선민족의 지식이 진보함에 따라 민족적 자각심은 오히려 더욱 명확해져, 결국 완전히 일본민족과 마찬가지의 충의심, 즉 충군애국의 정을 마음 밑바닥에 공고하게 배양시킬 수는 없다. 모토오리 노리나가(本居宣長)가 이세(伊勢)의 대묘를 참배하면서

어째서인지 까닭은 모르지만
고마운 마음에 눈물이 주르륵

이라고 노래했던 것은, 그야말로 일본민족의 심정을 가장 간단하고 분명하게, 그리고 직접적으로 표현한 것이다. 누가 조선민족을 동화시켜 이 아름답고 오묘한 정감을 체득시킬 수 있다고 단언할 수 있으랴.

제8장 조선민족의 순량화

　조선민족을 동화시켜 일본민족과 완전히 같은 충량한 신민이 되게 만드는 일은 기대할 수 없을 뿐만 아니라, 교화의 목표를 여기에 두는 제도·경영은 헛수고로 끝날 것이라는 점은 이상 논한 바와 같다. 그렇다면 과연 조선민족을 교화의 울타리 바깥에 방치하여 돌아보지 않는 것 외에 달리 계책이 없을까. 결코 그렇지 않으며, 달리 하나의 길이 있다. 즉 그들은 제국의 충량(忠良)한 신민이 될 수는 없을지라도 교화시켜 순량(順良)한 신민이 될 수는 있다고 믿는다. 엄정한 의미에서의 동화를 충량화라고 한다면, 이런 의미의 교화는 순량화라고 일컬을 수 있다.

　교통기관을 완성하고 식산(殖産)·흥업(興業)의 성대한 번성을 도모하여 각 개인에게 각각 생업의 방도를 지시하는 등 정치상 제반의 제도·경영에 의해 생활의 경제적 기초를 확립시킴으로써 그들의 생명·재산의 안전을 보장하고, 각자가 스스로 근로에 의해 안전하게 자활할 수 있는 방도를 부여한다면, 그들은 제국의 선정을 소리 높게 환영할 것이고, 자연히 제국을 신뢰하는 감정을 일으킬 수 있을 것이다. 이렇게 한편에서, 적당한 교육상의 시설에서부터 앞서 말한 정치상의 경영과 함께, 일본어를 보급하면서 덕성 함양에 힘쓰고, 생업에 관한 지식과 기능을 계발·습득시킴으로써 일본민족의 직접 지도·감화와 서로 협력하게 한다면, 아무리 편협하고 완고한 그들일지라도 마침내 능히 제국에 귀복하는 심정을 품기에 이를 것이다.

　이와 같이 한다면, 마침내 감화되어 제국의 순량한 신민이 되기에 이를 것이다. 이는 내가 조선민족을 충량화하기는 어려워도 순량화는 기대할 수 있으며, 이 방면의 교화작업은 결코 헛수고로 끝나지 않을 것이라고 믿는 이유이다. 그래서 나는 조선민족 교화의 목표를 순량화에 두기를 희망하는 것이다.

제9장 잡혼정책

　세상에는 왕왕 일본민족과 조선민족의 잡혼을 장려하여 일본민족과 조선민족의 혈액을 서로 뒤섞어 융합시켜 버려야 한다고 논하는 자가 있다. 그렇지만 그것은 채택하기에 적절하지 않은 의견이다. 조선민족의 수는 1,200만 명이 넘는다. 이처럼 많은 수의 민족을 겨우 4배 정도의 민족이 어떻게 모두 혼혈토록 만들 수 있을까. 생각건대 일본여자가 조선남자에게 시집가는 것을 희망하는 경우는 아주 적을 것이다. 다만 조선으로 이주한 일본남자가 왕왕 조선여자를 맞이하는 경우라면 이 방면에서 다소의 혼혈아가 생기는 데 불과할 것이다. 이렇게 하여 조선민족을 완전히 동화한다는 것은 백년하청(百年河淸)을 기다리는 것에 비할 바가 아닐 것이다.

이 점에서 보아도 조선민족의 동화보다 순량화를 교화의 목표로 삼는 것이 아주 훌륭한 방책임을 알 수 있다.

제10장 일본(야마토)민족과 조선민족의 생존관계

여기서 조선의 정책을 논하는 데 간과할 수 없는 중요한 사실이 하나 있다. 그것은 일본민족의 증식이 아주 신속하다는 점이다. 이를 통계로 보면, 일본 내지의 인구 증가는 매년 50만 명을 넘는다. 이 비율로 나아간다면 70~80년이 지나지 않아 일본민족의 수는 현재의 두 배가 될 것이다. 이처럼 많은 수의 동포를 어떻게 처리해야 하는가. 내지에서 그들 모두를 도저히 수용힐 수 없다면, 대부분을 다른 곳으로 이주시켜야 함은 분명하나. 그렇지만 사할린, 타이완 같은 곳은 토지가 작을 뿐만 아니라 기후, 풍토 등도 일본민족에게 맞지 않으므로 조선을 제외하고 다른 적당한 이주지는 없다. 그렇다면 조선을 일본민족의 주요한 식민지로 삼아 활발하게 이곳으로 이주시켜야 한다.

그렇지 않으면 일본민족은 여러 방면에서 생활난의 압박을 받아, 마침내 지금의 프랑스처럼 인구를 인위적으로 제한하는 정책을 내는 등의 비참한 현상을 낳기에 이르를 것이다. 그 결과 일본민족의 발전력은 저지당하여, 마침내 민족의 원기가 침체하는 비운에 이르지 않을 것이라고 누구도 보장하지 못한다. 그러니 철두철미하게 조선을 일본민족이 발전해야 할 식민지로 경영하고, 조선민족을 일본민족의 종속적 위치에 머물도록 만드는 것이 반드시 필요하다.

이와 같이 논했다고 해서 조선민족을 하루 빨리 몰아내거나 멸망시켜 버려야 한다는 것은 아니다. 인도적 의무로서 적절한 정치와 교육의 시설과 경영으로 조선민족을 적당히 지도·계몽시켜 일본민족과 공존하도록, 그들을 교화시켜 순량화할 필요가 있음은 이미 논한 바와 같다.

그렇다 하더라도 조선 시설의 근본으로 일본민족을 종주(宗主)로, 조선민족을 종속의 위치로 두는 것은, 필경 문명과 야만이라는 양 민족의 접촉에서 생기는 자연적 추세라고도 하지만, 또 그렇게 해야 할 필요도 있다. 그 이외는 모두 정당한 자유경쟁에 맡겨서 우승열패의 자연도태가 이루어지도록 할 수 있다.

조선에 있는 불량한 일본인을 엄중히 단속할 수는 있지만, 그 때문에 조선 내에 있는 일반 일본인 행동을 지나치게 구속하는 것 등은 도리어 조선인을 교만하게 만들고 일본민족의 자부심을 낮추어 기운을 침체시킴으로써 발전력을 감퇴시킬 우려가 있다.

이상의 소론에서 보아도, 역시 조선민족의 충량적 동화보다 차라리 순량적 교화가 훌륭한 방책임을 알 수 있다.

제11장 일본민족 교육과 조선민족 교육의 차이

세상에는 왕왕 조선민족을 동화시키는 것에 열심인 나머지, 일본민족과 형편상 커다란 차이가 있음을 고려하지 않고, 곧바로 그들에게 교육칙어를 제시하여 일본민족과 마찬가지로 충군애국적 교육을 그대로 적용해야 한다고 논하는 자가 있다. 그렇지만 이 논의가 채택되기에 충분치 않음은 이미 논술한 바로도 명확하다.

또한 어떤 무리의 논자는 충군애국적 교육을 조선민족에게 적용하기 불편하다는 점에서 일본민족에 대한 교육방법까지 비방하며, 그것을 완전히 일본교육에서 배척해 버릴 것을 논하기도 한다. 하지만 그 또한 매우 생각이 모자라는 것이라고 해야 한다.

세계의 민족 가운데 일본민족처럼 공고한 단결을 이루고 있는 경우는 그 예가 없으며, 또한 교육칙어를 중심으로 특수한 충군애국적 교육을 시행할 수 있는 것 역시 세계에 비교 대상이 없다. 이는 실로 일본민족이 세계를 향해 자랑할 수 있는 점으로, 이 교육은 결코 변경할 필요가 없을 뿐만 아니라, 오히려 그 특색을 더욱 발휘시켜야 한다. 지금 국제간의 경쟁이 아주 격렬한데, 그 근원은 요컨대 민족의 생존경쟁이다. 따라서 일본민족이 강한 이유가 되는 교육방법을 더욱 격식에 따라 실행하여 자신들이 세계 민족 가운데 가장 우월한 위치를 확보할 수 있도록 도모해야 한다.

　이에 한 가지 고려해야 할 것은 세계적으로 교통이 더욱 활발해지고, 일본 제국에 귀복하는 민족의 종류와 수도 더욱 증가하는 오늘날, 국민의 국제적 교제는 완전히 예의에 들어맞도록 해야 함과 동시에, 다른 한편으로는 귀복시키는 민족을 적당히 지도 감화할 책무를 충분히 수행하도록 해야 하는 것이다. 이를 위해서는 일본민족이 세계적 인도(人道)를 잘 깨닫는 것이 필요하다. 즉 교육칙어를 중심으로 세계적 인도와 박애의 덕을 크게 가미하여, 일본민족이 세계무대에서 활동할 수 있는 밑바탕을 양성하도록 해야 한다. 이렇게 할 수 있다면, 일본민족은 세계에서 비할 데 없는 충의심을 가지고, 여러 외국인과 교섭하는데 어떤 지장도 없이, 우월한 위치에서 새로 편입된 민족을 사랑하고 가엾게 여기는 도(道)에 결함이 없도록 할 수 있다. 조선민족을 교화해서 제국의 순량한 신민으로 만드는 것을 목적으로 하여, 그들이 일본민족에 대해서 항상 종속적 지위에 서도록 할 수 있음은 앞서 이미 논한 바이다. 이러한 주장은 비문명적, 비인도적이 아니라, 자연의 추세로 그렇게 되는 것이다. 하물며 그들이라 하더라도 순량화함에 따라 그 지능에 상응하는 권리와 의무를 차츰 향유할 수 있도록 해야만 한다.

제12장 조선민족 교육의 범위

　조선민족의 교육에서 설치해야 할 것은, 앞에서 논한 바에 의하면 당분간 주로 초등교육 및 직업교육만으로 충분하다는 것은 분명하다. 그 내용을 다음과 같이 간략히 서술하고자 한다.

　첫째, 초등교육은 주로 일본어를 보급시키는 기관에서 급히 추진하는 것을 피하고 오로지 옛 관습을 바탕으로 민도에 상응하는 간단한 시설에서 한다. 학과는 가능한 한 수를 줄여 단순한 것으로 하고 내지와 같은 분과주의(分科主義)를 피해야 한다. 그리고 내용은 아주 실제적인 것을 채택해, 농업을 주로 하고 상공업에 관한 실과 교재를 많이 한다. 여아에게는 특히 재봉, 수예 등을 더하여 항상 실제적, 응용적 지식을 부여함과 동시에 실습을 병행토록 함으로써 근로를 애호하는 성정(性情)과 습관을 교양하는데 주의하여 훗날 사회에 나아가 곧바로 생활을 영위하는 방편이 되도록 한다. 덕육(德育)에서는, 일본민족에게 특이한 충군애국과 같은 것은 그들이 도저히 이해할 수 없을 뿐만 아니라 도리어 무익유해의 두려움이 있음은 이미 논한 바와 같으므로, 그것을 주입하는 것은 피하고 단지 제국과 황실에 대한 감사 보은의 정을 훈도(薰陶)하는 것에 머문다. 그 이외에는 오로지 개인이 생활하는 데 필요한 성실, 근검, 규율, 청결 등의 덕목들을 교양하여 그들이 공통적으로 갖고 있는 악덕(惡德)을 교정하는 데 노력하게 하여 마침내 스스로의 노동으로 평안하게 자활하는 순량한 제국신민을 교양하는 데 유의해야 한다.

둘째, 직업교육은 초등교육을 계승하여 그것을 완성하는 길이다. 조선 내륙에서 민정을 시찰해 보니, 상투를 틀고 허름한 옷을 두르고 쟁기와 써래를 잡고 부지런히 논밭에서 힘쓰는 자는 실로 순박한 백성이다. 국가주권과 같은 문제는 그들의 마음을 조금도 위로해 주지 않고, 군주정치든 통감정치든, 독립국이든 병합이든 이런 것들은 그들과 거의 관계없는 바이다. 말하자면, 배 두드리며 즐거운데 임금이 나에게 무엇이란 말인가라고 생각하는 백성들을 정말로 애처로워 해야 할 것이다.

그에 반하여 상투를 자르고 서양모를 쓰고 안경을 걸치고 서양구두를 신은, 이른바 다소 신문명의 공기를 들이마셨다고 하는 옷차림을 한 무리 중에는, 통감정치 및 일본민족에 대한 반감을, 거동에서, 언어에서, 모습에서 분명히 표현하는 자가 적지 않다. 그들은 천박하긴 해도 국가 관념을 갖고 있으며, 막연하긴 해도 세계의 형세를 귀로 들어 조선민족이 일본민족에 압도당하는 것을 자각시키려 든다. 이후 일본 제국의 통치에서 가장 장애가 되는 것은 필시 이 민족적 자각심일 것이다. 그러므로 금후 교육의 시설에서 이 점에 가장 유의해, 그들이 민족적 자각심을 각성하지 못하도록 노력하는 것은 아주 긴요한 일이라고 해야 할 것이다.

이런 점에서 고찰해도 초등교육 이외에 해야 할 교육상의 시설은 그들의 생업에 직접 관계있는 것에 한정함으로써, 착실 온건한 교양을 갖추도록 하여 제국 통치 아래서 행복한 생활을 향유하도록 만드는 방향으로, 그들을 지도하는 것이어야 한다. 세상의 일부 동화론자와 같이, 일본류로 다양한 종류의 수준 높은 학교를 일으켜 문화의 급격한 발달을 도모하는 것은, 그들을 더욱더 생활난에 빠지게 하는 것일 뿐만 아니라 나아가 제국의 평화를 해치는 데 이르게 하는 것이다.

<자료 02> 朝鮮教育論(幣原坦, 六盟館, 1919)

조선교육론

문학박사 시데하라 다이라

서언

"살구꽃 비로소 피고 버드나무 비로소 그늘진다. 창가에서 낮잠 깨니 생각이 멍해져" 춘정(春亭) 변계량이 쓴 이 한 편의 시, 과거 조선의 축경(縮景)이다. 일찍이 이 국민을 불러 선민(仙民)이라는 이름을 붙였던 그리피스 씨의 저서는 묘하게도 사람의 기억에 거의 존재하지 않는다. "지난밤 강가에 봄물이 불어나더니, 거대한 전함이 한 가닥 터럭처럼 가볍게 뜨네." 방금 문명의 진조(進潮)는, 자작 강암(剛庵) 이용직의 소위 봄물[春水]처럼 조선으로 넘쳐흘러, 선민(先民)을 낮잠에서 각성시키고, 옛날에 없었던 수많은 사업을 진흥시켰다.

일한방(日韓邦)을 합(合)한 지 8년. 1,000여만 명의 백의(白衣)의 민(民)은, 다른 지역에서 보듯이 열등 인종으로서의 푸대접을 받지 않고, 내지인에게서 동료로서 관대히 대우받게 되었다. 말할 것 없이 합방은 현세기의 동양 기적이라고. 상하망망기천세(上下茫茫幾千歲). 일본부(日本府) 이래 역사를 아는 자는 누군가 되돌아보았던, 이 합방 전후에 벌어진 보스니아·헤르체고비나의 운명과 동일시할까.

조선에서 신정(新政)의 은뢰(恩賚) 가운데 교육은 그 가장 근본적인 것이다. 나무를 심는 10년의 계획은, 헐벗은 산[赭山]을 바꾸어 푸른 산[靑岳]이 되게 하고, 또 사람을 심는 100년의 계획은 지금까지 사는 곳으로 버려졌던 넓고 큰 집[大廈] 안에서, 양양(洋洋)한 이오(咿唔)의 목소리가 흘러나오도록 하기에 이르렀다. 과거(科擧)는 폐지되고 서원이 훼손된 이후, 학문을 무용(無用)의 장물(長物)이라고 했던 조선의 소년은 여기서 새로운 광명을 얻어 예의신신(銳意神身)의 개조에 매진하도록 하고 있다.

오호, 이 국토의 개발은 일찍이 저자 필생의 사업으로써, 비밀스럽게 스스로 기대했던 바가 아닌가. 시세의 전회(轉廻)는, 어리석고 우둔한 저자(著者)와 같은 분묘(墳墓)를 이 국토에 쌓아 올리지 않도록 빠르게 움직이기를 멈추지 않는다. 이때를 맞이해, 제반의 개선에 열심인 조선총독부는 이 어리석고 둔한 사람의 이야기까지도 흘려듣지 않기 위해서인가, 지난 가을 저자를 초청해, 조선 각 도의 교육을 보여 주고, 그것에 관한 의견을 구했다.

이에 조선에 체류하면서 과거를 생각하고, 현재 상황을 조사하며, 격세의 기분을 멈출 수 없음과 동시에, 능히 이 발전한 경지를 만들어낸 당국자 및 일반 일본인[邦人]의 노력에 대해서 깊이 감사해야 함을 느꼈다. 저자는 이미 발로 세계의 식민지를 밟고, 또 일찍이 남만철도회사 일을 맡음으로써 우리 만주의 발전을 목격했다. 그러나 이번의 시찰처럼 흥미 풍부한 경험은 필시 일생을 통해 없으리라 생각된다.

돌아온 후, 끊임없이 용솟음쳐 나오는 흥미를 잃어버리는 것을 참을 수 없어, 휴가 중 생각나는 대로 필기한 것이 드디어 한 권의 책자가 되었다. 조선의 교육은, 그것을 다른 나라의 식민지와 비교해, 또 우리 만주에 견주어, 그 방식을 하나로 하지 못하는 바 있지만, 공통점 역시 반드시 뚜렷하다고 할 수 없다. 대체로 그것을 관망하면, 세계 선각민족(先覺民族)이 후진민족을 유도해 가는 능란함과 서투름이 역력하게 나타나 있다. 따라서 이 책자를 졸저『식민지 교육』및『만주관(滿洲觀)』의 자매편으로 한다.

이번 시찰에 즈음해서, 조선총독부로부터 과분한 배려를 받았고, 또 가는 곳마다 관헌지기(官憲知己)의 호의를 입었고, 또 고가와하라(小河) 시학관이 시종 저자를 이끌어 편의를 부여했던 것에 모두 감사한 바이다.

1918(大正 7)년 9월

히로시마 후타바 산방에서

저자 씀

〈목차〉

제1장 총설

1) 식민지교육의 면에서 본 조선
2) 내·선 양 지역의 과거 국풍에 나타난 특징
3) 신정의 효과
4) 개혁 착수 때의 소요
5) 신제에 의한 교육 방침
6) 국어의 보급
7) 농업의 개량과 신제교육
8) 보건·구료의 시설 및 교육
9) 동화의 경로

10) 지방의 교육 경영 및 그 반응의 유무

11) 보습교육에 관하여

12) 시학관

제2장 조선인 교육 각설

1) 보통학교의 연혁

2) 보통학교의 신시설

3) 보통학교의 내용

4) 조선 소·청년의 장점과 단점

5) 풍속의 추이

6) 교사와 사회교육

7) 조선인 교원

8) 여자의 교육

9) 고등보통교육에 대해

10) 조선 생도의 체격

11) 실업교육

12) 교과서의 정돈

13) 사립학교의 정비

14) 지배와 교육

15) 전문적 지능의 수습

16) 유학생

제3장 내지인 교육(생략)[5]

부록

1) 조선의 학생

2) 조선의 문교

3) 식민지의 교육에 관하여

---

5 이 부분은 재조선 일본인교육에 관한 내용이므로 본 번역에서 제외함.

제1장 총설

1) 식민지교육의 면에서 본 조선

조선을 반드시 다른 식민지와 동일시해야 하는 것은 아니다. 합방 이래 완전히 일본 제국의 일부가 되어, 본토를 가리켜 내지(內地)라고 말하며, 국민도 역시 같은 나라 사람으로 취급될 뿐만 아니라 실제 내지인과 크게 흑백의 구별은 없다. 인종, 종교, 문자, 풍속 면에서 그야말로 그렇게 부르는 점이 많다.

"제나라가 한 번 변하면 노나라에 이른다"는 공자의 말씀처럼, 조선이 일변하면 오키나와현처럼 될 것이 틀림없다. 그러나 오늘날에는 실제로 내지인과 같은 교육을 실시하는 것이 가능하지 않다. 그래서 자연스럽게 조선인 교육을 내지인 교육과 분할하고 있다.[6] 이런 상황에서 조선을 다른 식민지와 비교하는 것은 불가할 뿐만 아니라, 세계에서 유사한 곳을 먼저 살펴서 조선교육의 지위와 진가를 분명히 해 두는 것은 아주 필요하다고 생각한다.

조선의 신제(新制)에 의한 교육은 세계의 식민사 가운데 가장 새롭게 착수된 것 가운데 하나로, 우리 입장에서 보면 가장 성공을 기대하는 바이다. 그리고 이 교육이 어느 지역의 교육과 유사한지 찾아내 보면, 형식에 있어서는 네덜란드령의 동인도(東印度)와 아주 비슷하고, 내용에 있어서는 미국령의 필리핀(比利賓)과 유사하다.

조선의 교육이 형식에서 네덜란드령 동인도와 비슷하다는 것은 (1) 모국인 교육과 토착인 교육을 확실히 분할하고 있다는 것, (2) 초등교육에 무게를 두고 있다는 것, 이 두 가지 때문이다. 그렇지만 내용에서는 양자가 뜻을 달리하고 있다. 그런데 미국령 필리핀과 비교해 보면 그 사이에 공통점을 인정할 수 있다. 즉 (1) 적극적으로 모국어를 보급하고 있다는 것, (2) 실과교육에 무게를 두고 있다는 것이 아주 현저하게 유사하다.

세계의 식민지 가운데 조선교육과 유사한 바를 찾아보면 이와 같지만, 더 상세히 추구해 보면, 유사점 가운데 다소 의미가 다름을 발견할 수 있다. 우선 형식면에서 살펴보면, (1) 조선과 네덜란드령 동인도에서는 모국인 교육과 토착인 교육을 구별하고 있는데, 그 구별이란 것이 네덜란드령에서는 토착인으로 하여금 모국의 우등 인종을 인정하도록 하여 자신들

---

6   이하 밑줄이 있는 부분은 원문의 강조 표시를 살린 것이다.

은 그에 이르지 못한다는 것을 느끼게 해, 오래도록 모국을 존중하게 하는 것처럼 보인다. 그런데 조선에서의 이 구분은 현재의 실정에서 어쩔 수 없는 필요에서만 인정하고 있는데 불과하므로, 최후의 목적은 조선인으로 하여금 내지인과 같게 되도록 하는데 있다. (2) 조선과 네덜란드령 동인도 모두 초등교육에 무게를 두고 있지만, 네덜란드령 동인도에서는 초등교육을 간이하고 저급의 방면으로 확장해 가는데 비해, 조선에서는 장래 점차 향상적으로 확장하도록 하는 경향을 나타내고 있다.

 내용면에서는 다음과 같다.

 (1) 조선과 미국령 필리핀에는 모두 모국어를 보급하고 있지만, 미국인이 필리핀에서 모국어를 전파하려는 것은 과거 300년간 필리핀에서 세력이 왕성했던 스페인어를 물리쳐야 한다는 것이 있었고, 영어교육으로 필리핀인을 뛰어난 문명인으로 만들고 싶다는 생각도 있었다. 그렇게 되면 필리핀을 미국의 손에서 독립시키는 것까지 공언하고 있었다. 그런데 조선에서는 한학(漢學)을 반드시 극복해야 할 필요가 없고 그 의미도 없다. 다만 모국어 보급으로 일본인이 반세기 동안 고심해 동서양의 문명이 부딪쳐서 한덩어리로 이루어진 신문화를 가장 용이하게 조선에 전달할 뿐만 아니라, 조선인으로 하여금 가능한 한 빨리 내지인처럼 될 수 있다는 희망을 주는 의미에서, 국어의 전파에 힘을 다하고 있는 것이다. 이것이 곧 합방의 진짜 외미를 실천하도록 하는 것과 다름 아니다. (2) 조선과 필리핀은 모두 실과교육에 무게를 두고 있는데, 필리핀에서 주력하는 점은 수공(手工)이고, 조선에서는 농업이다. 이 차이는 모국인의 사고방식에 의한 것이기도 하지만, 토착지의 정황에서 일어난 것이기도 하다.

 그렇다면 한걸음 더 나아가, 조선에서 이루어진 새로운 제도에 의한 교육을 각 국민의 경험과 비교해서 그 진가를 판단해 보고자 한다.

 (1) 조선에서 합방 시작부터, 아니 오히려 그 이전의 보호국 시대부터 교육에 무게를 두었던 것이 당연했던 것과 같이, 처음부터 이것은 핵심에서 벗어나 있지 않았다. 각 국민이 식민지를 영유하는 데 있어, 토착인의 교육을 방치해 돌보지 않는 것은, 이미 구사상(舊思想)에 지나지 않는다. 따라서 토착인을 교육해야 하는가의 여부에 대한 연구는, 완전히 과거의 일이고, 문명의 오늘날에는 문제가 되지 않는다.

 300년 전, 네덜란드가 동인도를 영유한 당시에는 토착인 교육을 완전히 도외시하는 것으로 간주해, 2세기여 년 동안 손을 대지 않았다. 그러나 전 세기(前世紀) 중엽부터, 점차 그 필요를 인정하면서 일반의 토착인 교육을 시작했다. 그런데 동양의 속사정은, 서양인에게는 잘 이해되지 않는 것이었고, 2세기 동안의 지배 경험도 충분히 활용하지 못했다. 최초의 교육은 지나치게 유럽적인 색채가 농후해 얼마 지나지 않아 반동을 야기하여, 일시적으로 어쩔 수 없이 좌절하기에 이르렀다. 그 뒤 여러 고려 끝에, 1893년의 개혁을 거쳐 오늘날까지 진전해 온 것이다. 오늘날 동인도를 시찰해 보면, 이미 토착인을 고의로 억압하는 듯한 모습은 없고, 대체로 교육기관을 구비하고 있다.

영국령 인도 같은 곳은 18세기 중반 동인도상회의 지배가 시작된 이후, 한동안 교육을 개인의 사업에 맡기고 있었지만, 1782년 워렌 헤이스팅스[7]에 의해 회교도(回敎徒)를 위한 콜카타 마드라사가 세워지고, 1791년에는 힌두교를 위한 베나레스힌두대학까지 설립되었다.[8] 이들 학교는 오늘날에도 고등 정도의 학교로써, 명맥을 이어가고 있다. 그 결과 보통교육은 오히려 후퇴하는 모습이었으며, 그조차도 1815년에는 헤이스팅스가 최초로 보통교육에 관한 갖가지 생각을 발표하는 정도였다.

미국령 필리핀에서는 처음부터 영유지(領有地)의 교육에 전력을 경주(傾注)하는 태도를 나타냈던 것은 세계가 주지하는 사실이다. 오직 이집트가 영국의 세력 범위에 들어오고 나서, 이미 수십 년이 지난 오늘날까지 생각보다도 교육이 진전되지 못했는데, 필경 이것은 보호국이라는 점 이외는 이유가 없다. 이집트에 20여 년이라는 오랜 기간에 걸쳐 체류했던 로드 크로마[9]도 그 주된 힘을 문란해진 재정의 정리에 쏟았기 때문에, 교육을 충분히 변화시킬 만큼의 여유를 얻을 수 없었던 것으로 보인다. 그래도 토착지에 상응하는 교육사업은 이미 일어나고 있었다.

이처럼 오늘날 세계의 어떤 식민지라도 교육을 도외시하는 곳은 없다. 이것이 세계의 대세인 것으로 보아, 조선에서도 처음부터 교육에 손을 댔던 것은, 즉 상도(常道)를 밟아가는 타당한 일이라고 해도 좋다. 일러전쟁(日露戰爭) 후 신교육에 착수했던 시대에는 몹시 분투

---

7   워렌 헤이스팅스(Warren Hastings, 1732~1818년)는 1772년 영국령 인도의 초대 벵골 총독으로 취임하였다.
8   콜카타 마드라사와 베나레스힌두대학의 설립연도는 약간의 차이가 있지만 시데하라가 제시한 연도를 그대로 따랐다.
9   초대 크로마 백작인 이브린 버어링(Evelyn Baring, 1st Earl of Cromer, 1841~1917)은 영국의 식민지 행정관으로 1870년 이집트에 부임했다.

적(奮鬪的)이었고, 다양한 반항이나 협박이 있었음에도 불구하고, 우리 정부는 조선인의 교육에 마음을 다했다. 그리고 통감부시대, 총독시대가 되어 한층 더 그 색채를 농후하게 해 왔던 것은 지당한 처치라고 해야 한다.

(2) 조선에서 보통교육에 무게를 두는 이유는, 앞에서도 서술한 것처럼, 원래 토착인의 교육을 고등교육부터 시작해야 하는가, 초등교육부터 시작해야 하는가라는 것이 문제가 되었던 때가 있었기 때문이다. 영국인은 인도에서 고등교육부터 시작했던 경험이 있다. 그런데 그 결과가 생각대로 되지 않았기에, 후에 영유한 식민지에서는 인도에서의 경험을 반복하지 않게 되었다. 오늘날은 대체로 그 외 나라의 식민지에서도 보통교육에 힘을 들이는 것과 일치하고 있다.

간단한 예를 들어 보면, 영국령 인도에서 최초로 시작된 학교는 콜카타 마드라사 및 베나레스힌두대학 같은 고등 정도의 것이었다. 이밖에 영국풍의 학교라 해도, 칼리지의 설립에서 신교육의 맹아를 드러냈던 것이다. 필경 영국인은 본국의 역사를 인도에 발족하려 했던 것이리라. 1854년부터 진보된 주의로 교육기관을 확장하게 되어, 각 주에 보통학무국을 두고 대학을 설립하게 되었는데, 고등교육을 중시하는 분위기는 여전히 사라지지 않았다. 그러다 보니 오늘날에도 고등교육의 당당한 형세에 반해, 초등교육 내용은 상대적으로 볼만하지는 않다. 이렇게 해서 만들어졌던 한 세기 교육의 결과는 인도인의 머리는 만들었지만, 다리는 만들지 않는 모습이 되었다.

영국은 최근 영국령이 된 버마(현재 미얀마)와 같은 해협(海峽)식민지 등에서는 이와 완전히 반대의 교육정책을 취했고, 일찍이 대학 설립 요구가 있음에도 불구하고, 지금까지도 허용하지 않는 상태이다.

영유 처음부터 교육에 전력을 다한다고 소리 높였던 미국령 필리핀에서조차, 대학을 만드는 것은 미국인의 의지가 아니었다. 오직 토착인의 희망을 억누르기 어려워, 마닐라의 각종 전문학교를 병합해 대학이라고 하기에 이르렀지만, 교육에 통달한 미국인의 말에 의하면, 아직 대학 등을 운운하는 시기는 아니고, 보다 더 보통교육의 방면에 힘을 기울여야 한다고 하고 있다.

식민지를 본국의 연장으로 삼는다는 이상을 품고 있는 프랑스 사람들도, 아직 인도차이나에 대학을 만들지 않았다. 한 번은 동킹 하노이부(東京河(內)府)[10]에 대학의 단초를 열었는데, 학생들이 헛되이 독립의 공론(空論)을 제창하는 경향을 만들고 실력의 연마를 소홀히 하는 폐가 있음을 인정하고, 결국 중지했던 것이다.

만약 프랑스령 인도차이나처럼 된다면, 토착인의 교육기관은 주로 소학교이고, 게다가 간단하고 손쉬운 하급교육의 방면으로 확장시키는 것은 토착인의 필요에 응해서이기도 하고, 모국인의 사려를 덧붙인 것이기도 하다.

이와 같은 각국의 경험은, 초등교육부터 시작하는 것이 안전함을 깨달아, 어느 지역에서나 대체로 그렇게 실행하고 있는 것이 사실이다. 이렇게 본다면, 조선에서 보통교육에 무게를 두는 것이 온당함을 알 수 있을 것이다.

(3) 식민지 교육에서 고려할 필요가 있는 것은 문학적 교육과 실과적 교육의 경중(輕重) 문제이다. 대체로 생활 정도가 낮고 문명도 충분히 보급해 있지 않은 지방에서 국민에게 장황하게 형이상학을 강조하면 항심(恒心)을 생기게 하고, 일정한 생업이 주어지는 길을 강구하지 않으면 교육 자체가 자칫 공중누각(空中樓閣)처럼 될 우려가 있다. 현재 영국인은 인도에서 문학교육을 실시해 보았지만 결과가 탐탁지 않았다. 즉 인도의 5개 대학 및 여기에 속하는 수백 개의 칼리지 가운데 문과 교육을 하는 곳이 가장 많다. 그곳의 졸업자가 영국의 대학에 들어가 영국인과 똑같은 과정을 마친 자도 적지 않은데, 그들이 인도로 돌아와 관직을 얻으려면 영국인처럼 쉽지만은 않다. 원래 인도의 교육은 관리자의 양성에 있다고 함이 적절한 평가인데, 그 관리 자리도 만족하게 얻을 수 없다. 결국 거기에서 불평이 터져 나온다. 다수의 국민은 직업교육을 충분히 받고 있지 않으므로, 여전히 굶주린 생활을 지속하고 있다.

영국인은 이 경험 때문인지, 보호국인 이집트에서는 그 나라 국민의 자원인 나일강의 이용법에 주의해, 교육도 주로 이에 관해 힘을 기울였다. 그 외 프랑스인은 인도차이나에서, 네덜란드인은 동인도에서, 모두 보통교육으로 윤색해 직업 수여 교육을 하고 있다. 동킹(하노이)에는 직업학교와 의학교가 있고, 자바에는 공업학교와 의학교가 있다. 또 자바에는 바

---

10 하노이는 베트남 북부의 도시이다. 1800년대 초까지 탄롱(昇竜, タンロン), 동킹(東京, ドンキン/トンキン), 돈도(東都, ドンドー) 등의 이름으로 불렸다. 1831년 하노이로 된 이후, 1873년 프랑스가 점령하고, 1887년 이후 프랑스령 인도차이나의 중심지가 되었다.

이텐조루프(자바섬 행정구역)라는 유명한 식물원이 있어 여기에 농업학교를 열었지만, 이것은 정말로 보잘것없는 것이다.

　미국령 필리핀에서는 교육의 한 특징으로 실과교육이 이채(異彩)를 띠었다. 소학교 규칙에 의하면 4년의 수업연한 가운데 제3학년부터 수공을 부과하지만, 실제로는 제1학년부터 이미 상급교육 준비로 수공을 더하고 있다. 고등학교에서는 문학이나 역사 등을 가르치지만, 이미 소학교에서부터 수공에 힘을 쓰도록 되어 있고, 교원양성소인 사범학교와 같은 곳에서는 수공의 실습에 무게를 두고 있는 것에 크게 한번 놀랐을 뿐이다.

　앞서 말한 대로, 공론(公論)을 멋대로 논의하는 폐단으로 흐르지 않고, 직업을 가르쳐 일정한 생업[恒産]을 주며, 토착지의 실제에 적절한 교육을 실시하는 것이 식민교육을 하는데, 최근 크게 주목을 받고 있다. 정말로 일정한 생업이 없어 공론을 동경하는 국민만큼 위험한 자는 없으며, 또 다수의 민중에 행복을 부여하는 데는 한결같은 마음을 일으키는 것이 가장 좋다. 이 방면에서 관찰해도, 조선의 신제교육(新制敎育)이 국민 대다수의 직업인 농업에 유념해 국토를 개척하고, 국산(國産)을 증가하며, 이렇게 하여 나라에 유민(遊民)을 없앤다는 이상으로 나아가고 있는 것은, 그야말로 당연히 해야 할 일이다.

　(4) 모국어의 보급이라는 것도 과거에 논의가 있었던 문제인데, 오늘날에는 이미 해결된 것이라고 해도 좋다.

　19세기 초 영국인이 인도에서 교육을 실시하려 할 때, 토착 언어로 인도의 고전문학을 배워 익히도록 해야 한다는 주장과 영어로 유럽의 학문·지식을 가르쳐야 한다고 주장하는 두 파로 나뉘었다. 동인도상회(東印度商會)에서는 처음은 토착어 교육에 경도되었지만, 나중에는 결국 영어교육에 의한 것으로 결정한 뒤 그대로 오늘에 이르고 있다. 영국인이 처음부터 완전히 토착어를 억압했던 것은 아니다. 그들이 무게를 두었던 칼리지 교육에서는 영어로 교육했지만, 낮은 수준의 교육에서는 토착어를 그대로 방임해 두었던 것이다. 또 고등교육의 사다리 역할을 할 학교에서도 처음부터 영어로 가르치는 게 아니라 학생의 연령이 13세 이하인 경우에는 토착어를 사용하도록 하였다.

　프랑스령 인도차이나에서도 하급교육에서는 토착어를 사용하고, 상급교육에서는 모국어를 사용하도록 했다. 종래 모국어의 보급에 적극적이지 않던 네덜란드조차, 최근 동인도에서의 상급교육에 모국어를 많이 부과하게 되었다. 현재 일등소학(一等小學, 수업연한 6년)에서는 제3학년부터 네덜란드어를 배우기 시작해, 가능한 한 많은 시간을 배운다. 마지막 6학년에서는 네덜란드어로 수업을 하고 있는 상태이다. 미국령 필리핀에서는 신식 소학의 제1학년부터 적극적으로 모국어를 강제하고, 그 보급에 노력하고 있다. 그러나 아주 긴 시간 동안 스페인어가 사용되었으므로, 영어를 관용어로 사용하는 데에는 상당한 노력이 필요하다. 그렇지만 지금 수십만 명의 생도가 모국어를 배우고 있기 때문에, 상당히 빠른 속도로 보급되고 있는 것은 사실이다.

　국민마다 토착 지역에 따른 완급의 차이가 있고, 대체로 모국어 전파를 하지 않을 수 없다. 즉 조선에서 국어의 보급을 힘들여 행하고 있는 것도, 결코 무리가 아닌 것이 증명될 것이다. 국어의 보급으로 문화를 전파하는 지름길을 얻을 수 있을 뿐만 아니라 다른 여러 나라의 경험에서도 편의를 얻을 수 있다. 우리 국어는 조선어와 비교해 아주 비슷한 문법상의 연쇄(連鎖)도 있고, 이것저것 학습의 용이함이 있다. 따라서 조선은 이미 식민지로 취급되는 것을 좋아하지 않고, 내지와 동등한 위치에 서는 것을 희망한다. 내지인의 이상도 가능한 한 빨리 조선인을 같은 상태로 이끄는 데 있으므로, 국어의 보급은 더 한층 의의(意義)를 지니고 있다. 이 논의는 자연히 동화 문제에 맞닿아 있다.

　(5) 종래 서양인의 경험에 의하면, 식민지에서 시도하는 동화정책은 예상한 대로의 효과가 있지 않다는 것이다. 그 가장 극단의 예로 알제리를 들 수 있다. 알제리는 아프리카의 북단에 위치해 있어 모국인 프랑스와 가까웠다. 이에 프랑스는 알제리를 완전히 프랑스풍으로 개조하려고 했다. 종래 그 지역에서 행해졌던 가족제도를 없애고, 오로지 개인의 인권을 중시하도록 했으며, 결국에는 부락의 토지 소유도 금지했다. 알제리 사람들은 오랜 습관을 사라지게 하고 사회 조직의 근저를 뒤엎어 버리는 것을 참을 수 없어, 불평의 목소리를 드높였다. 그러자 프랑스도 점점 그 정책이 잘못되었음을 알아차렸고, 지식인들 가운데에서도 반대하는 자가 많아졌다. 이것이 프랑스령 '인도차이나'에서 경영 방침을 약간 변경해 토착지의 정황에 괴리되지 않는 교육방침을 고집하기에 이르렀던 까닭이다. 영국 역시 인도에 모국의 사상을 이식시키려다 실패한 적이 적지 않다. 즉 대의 정치를 도시에서 해보면 종교나 인종의 차이에 따라 대단한 분쟁과 소요를 일으켰던 것이다. 그 후 해협식민지나 버마에서는 가능한 한 토착인의 신앙에 관계없는 정책을 고집했고, 영국류를 반드시 강제하지는 않았다.

이런 관찰을 통해, 네덜란드가 동인도에서 가능한 한 무리하지 않고, 모국인과 토착인이 가진 두드러진 차이를 교란시키지 않으면서, 통제 효과를 거두려는 것도 반드시 의의가 없는 것은 아닌 것처럼 생각된다. 실제 네덜란드처럼 작은 나라가 인구의 6배에 달하는 식민지를 수세기에 걸쳐 무사히 지배하고, 아주 많은 분쟁과 소요를 일으키지 않은 것은 필경 경험의 결과라고 생각할 수 있다. 영국이, 필리핀에서 미국이 예의교육을 강화하는 것을 보며, 필시 실패로 끝날 것이라고 비평하는 이유도 이해할 수 있는 것이다.

하나하나 예를 들면 한이 없지만, 대체로 간추려 말하면, 서양인의 과거 경험은 동화정책이 예상한 대로의 성공을 이룰 수 없다는 것으로 귀착된다. 그러면 우리는 서양인의 경험을 어떻게 생각해야 할까. 이에 대해서는 일찍이 졸저『만주관』에서도 한마디했다. 원래 전자의 경험을 존중하고, 그 실패의 흔적을 고려해 결론을 경청해야 하는 것은 말할 것도 없다. 그러나 서양인의 경험을 자세히 살펴보면, 동양 식민지인과 사상의 토대에 공명(共鳴)을 결여한 부분이 있고, 아무래도 그것을 쉽게 이해할 수 없었던 듯하다. 이집트에서 20년이라는 오랜 기간을 머물렀던 크로마가 이집트인을 이해하기 어려웠다고 말했던 것도 무리는 아니다. 토착인에 대한 이해가 충분하지 않은데 마음대로 통제하고, 식민지를 뜻대로 변형하려는 것은 아주 곤란하다. 동양인으로서 관찰할 때, <u>귀중한 서양인의 경험 가운데 아주 철저하지 못한 점이 있는 것을 발견할 수 있다.</u>

그들이 알제리나 인도에서 가족제도를 파괴하거나 인권을 부여하는 것은 종래의 사회조직이 어떠한 역사적 근거를 가지는가를 깊이 고려하지 않고, 무턱대고 모국풍으로 변형시키려 시도한 것으로 우리가 볼 때 무모한 행동이라고밖에 생각하지 않을 수 없다. 인권을 부여하는 것이 서양인 입장에서 보면, 대단한 은혜일 것이다. 그러나 가족제도에서 발달했던 일종의 도덕적 관념을 마음에 품은 토착인에게 아무리 인권을 전수해도, 권리 행사의 사정에서는 경우에 따라서 혐오까지 생기게 해 일반에게 기뻐할 수 없는 이유가 포함되어 있음을 이해해야 한다.

또 의무의 관념이 충분히 발달되어 있지 않은 자에게 갑자기 권리라는 예리한 칼날을 전수하는 것은, 어린아이에게 날카로운 칼을 쥐여주면 위험하다는 것처럼 묻지 않아도 알 수 있는 것으로 위험하다.

이러한 국민적 사상의 토대를 탐구하지 않고, 오직 모국인이 입헌적 사회정책이라고 생각하는 것을 식민지에 실시하여 성급하게 서양풍으로 개조하려는 것은 나뭇가지로 물고기를 낚으려는 것이다. 따라서 역시 그 입헌적 사회정책을 충분히 이해하지 못하는 일지반해(一知半解)하는 토착인은 자기의 지식·능력을 고려하지 않거나 혹은 허망하게 반항을 기도하며, 자칫 독립을 앞장서서 외쳐 왕왕 사회의 파멸을 초래하는 듯하다. 식민지 사람을 지도하는 데는 좀 더 실제로 행복을 부여하는 길을 강구함이 어쩌면 가장 좋은 것이다. 서로 다른 환경에서 태어난 서양인이 미묘한 분위기라는 면에서, 식민지인의 마음속 깊은 곳을 건드릴 수 없는 것도 어쩌면 당연한 것이다.

결국, 우리는 서양인의 경험을 존중함과 동시에 그 가운데 철저하지 못한 점이 있음을 인정하는 것이다. 환언하면, 무리한 것을 강제해서 갑자기 식민지를 모국과 같은 모양으로 하려고 안달하는 것은, 방책이 아님을 이해하고 동시에 토착인의 사상 및 관습의 토대를 연구해, 그 길에 순응하고 그것을 이끌어 점차 문명으로 옮아가도록 하는 것이 그다지 어렵지 않고, 또 반드시 실망하는 실패만이 앞에 놓인 것은 아니라고 추측할 수 있다.

식민지인을 문명적으로 동화하는 것에 관해서 우리 동양인은, 서양인이 동양의 식민지를 이해하는 것보다 더 많은 이해와 편의를 가진다. 그러니 서양인이 난처해한다는 동화정책도 우리 동양인 동료끼리 행하는 경우에는, 반드시 똑같은 결과로 끝난다고 속단할 수는 없다. 아니, 우리 동양인 동료끼리는 인종, 사상, 풍속, 관습 등에서 거의 큰 차이는 없기 때문에, 과장해서 동화·비동화를 논할 정도는 아니라고 생각한다. 최근 오키나와현의 상태를 보아도, 그 일면을 알 수 있다. 신영토에서 일을 이루기 위해서는 굳이 눈앞의 성공을 위해 서두르지 말고, 반드시 백년의 대계를 수립해서, 보무정정(步武整整), 견인지구(堅忍持久)로써 대세를 제압하는 도량이 필요하다. 이를 잘 이해시켜 여기서 동화를 말해야 한다.

2) 내선(內鮮) 양 지역의 과거 국풍에 나타난 특징

한 걸음 더 나아가, 조선의 내부를 살펴 그 실상을 논하지 않으면 안 되는데, 그에 앞서 내지와 조선의 국풍 상의 특징 및 그 관계에 대해 논의해 보고자 한다.

역사를 거슬러 올라가, 일·선(日·鮮) 양 지역의 국풍 차이를 생각해 보면, 우리들의 눈에는 현저한 차이가 있었던 것으로 보인다. 그것이 무엇인지 한마디로 살펴보면, 일본 본토는 무(武)의 나라이고, 조선은 문(文)의 나라였다는 점이다. 이 한 가지가 양 지역의 국풍을 설명하기에 충분하고, 또 국제관계의 일면을 보여 주는 바는 아닐까 한다.

우리 본토가 무의 나라였던 것은 세모천족국(細矛千足國)[11]이라는 명칭으로도 잘 알 수 있고, 또 국민 고유의 기상이 응집해서 무사도라는 독특한 미풍을 발휘한 것으로도 잘 나타난다. "바다를 가면, 물에 흠뻑 젖은 시체가 되고"를 말한 지도 오래다. 만엽에 볼 수 있는, "방인(防人)의, 오늘부터는 뒤를 돌아보지 않고 천황의 강력한 방패로 임지로 떠나는 나는"이라는 술회라든가 "천지의, 신에게 기도하고, 배에 화살을 꽂아, 보라색 땅을 향해 나간다"는 서정의 노래 그리고 오토모노 야카모치가 "검도 칼도 연마해야 하고, 옛날부터 청명한 마음으로 천황 친위의 임무를 맡아 왔던 이름이다"라고 말해 일족(一族)을 격려했던 것 혹은 미나모토노 사네토모(源實朝)[12]의 "무사가 화살통의 화살을 정리하고 있으면, 활토시 위로 싸라기눈이 소리 내며 튀어 오르는", 나스의 시노하라(篠原)[13]라는 유명한 광경을 읊은 노래처럼, 우리나라 사람은 모두 무로 흥하고, 무로 나라를 유지해 왔던 옛날부터의 모습을 그리워한 것이다.

1853년, 미국의 흑선(黑船)이 우리 연해를 위협한 이래, 한층 범위를 확장해서 세계에서 지식을 구하고, 반세기에 걸쳐 무의 도에서 청출어람의 명성을 이루어 왔다. 우선 일청전쟁(日淸戰爭)을 시험 삼아서 승리를 얻었을 뿐 아니라, 유럽의 공포였던 러시아와도 싸워 국위를 휘날렸으며, 최근 손쉽게 칭타오(靑島)를 함락하며, 전전 더 무의 나리리는 특징을 발휘하고 있다. 바야흐로 일본이 세계의 정치무대에서 점차 일등국의 반열에 이르렀던 것은, 필경 모든 사람의 도로 얻은 것에 불과하다. 무 이외에 평상시 국민행동에서는 과연 일등국민의 진가를 발휘하고 있는가 하면, 반드시 그렇지만은 않다는 것이 일반이 인정하는 바이다. 상업 도덕(商業道德)은 영원히 발달되는 것이 아니며, 공업상의 대발견이라고 자랑해야 할 것도 없다. 우리는 나라를 부흥시킨 무를 소중히 여기는 것을 유지해 가면서 동시에, 장래 크게 다른 방면의 결함을 보충해서, 비상시나 평상시에도 일등국민으로의 수양을 쌓아야 한다.

이에 반해 조선은 문의 나라라는 특징을 나타내 왔다. 최근의 이야기부터 해도, 활판(活版)

---

11 아주 오랜 예부터 일본국을 칭송해 이르는 명칭이다.
12 가마쿠라 시대 전기의 가마쿠라바막부(鎌倉幕府) 제3대 정이대장군이다.
13 도치키현(栃木縣) 북동쪽 나카가와(那珂川) 상류 유역 나스(那須) 주변에 조릿대가 우거진 벌판 일대를 가리킨다.

의 발명 같은 것에서 우선 엿볼 수 있다. 원래 활판은 지나(支那) 남송(南宋)의 필승(畢昇)[14]에게서 시작되었다고 말하지만, 일반에서는 그다지 행해지지 않았다. 조선에서는 여말선초(麗末李初)에 활판을 궁리한 이래, 대대로 개량해서 활발하게 사용하고 있다. 그리고 그 활자를 우리나라에 전해 온 것이, 차츰 경장판(慶長版)이 되었던 것이다. 그만큼 조선에 뒤떨어지고 있었다.

서적에서도 조선의 것이 우리 본토의 것보다 훨씬 훌륭한 것은 깜짝 놀랄 만한 일일 뿐만 아니라, 그야말로 빈약한 반도에 어울리지 않는 정도이다. 또 내용면을 읽어 볼 때, 같은 사실에 대해 조선의 기록과 일본의 기록을 비교 연구한 사람은 필시 조선의 기록이 잘 정돈되어 있음을 깨닫게 될 것이다. 다만 이것은 과거의 사실이다. 지금은 기록은 물론이고, 모든 것이 조선의 것과는 비교되지 않을 정도로 진척되고 있다. 하지만 과거의 문헌을 조사하면, 조선의 것이 역시 문의 나라 사람에 의해 쓰어졌던 것이라는 점을 알 수 있다. 필경 이것은 지나의 영향을 많이 받았기 때문이다.

이런 점에서, 우리나라 상고에 문필을 담당하는 관직에 임용되었던 자도, 조선의 귀화인이 상당히 많았던 것은 사람들이 아는 바이다. 또 지나에서 조선으로 사절이 오는 등의 경우에, 뜻하지 않은 분규가 일어날 때 문장시부(文章詩賦)로 이를 설파했던 일도 적지 않았으므로, 문장가가 항상 응수(應酬)하는 임무를 맡은 사례이다. 이러한 풍조였으므로, 조선의 훌륭한 신하는 옛날부터 문관이 많고 무관은 적었다. 그리고 문관은 항상 높은 자리에 오르고, 무관은 낮은 자리로 나아가는 형세로 차차 이르게 되어 왔다. 이는 양반이라는 것을 보아도 알 수 있다. 양반이라고 하면 관리인이나 귀인(貴人)은 말하는 것으로 익숙해 있지만, 처음에는 동반(東班)·서반(西班)의 위치에서 생겨난 명칭이다. 즉 왕은 남쪽을 향해 서고, 그 앞에 군신(群臣)들이 나란히 설 때, 동쪽에 줄지어 섰던 것이 동반 즉 문관이고, 서쪽에 줄지어 섰던 것이 서반 즉 무관이다. 그리고 동반을 먼저 하고 서반을 나중에 하는 순서는, 흡사 우리의 좌대신과 우대신의 관계와 다름이 없다. 여기서부터 무관은 자연히 문관만큼 존중될 수 없었다. 또 문관이 무관을 겸직하는 예도 많았다.

역대에 문관을 중시한 것은 뚜렷해, 성균관 석전(釋奠)에 일품(一品)부터 이하 모두가 열석

---

14 중국 북송(北宋) 시기에 활판인쇄술을 발명한 사람.

(列席)해 연회를 베풀었다. 단 고려 말에는 불교의 세력이 왕성해서 유교가 일시 쇠퇴하고, 학교도 따라서 퇴폐로 향했다. 안유(安裕)와 같은 사람은

> 곳곳마다 향과 등불을 켜고 모두 부처에게 기도하고, 집집마다 풍물을 울리며 다투어 귀신에게 제사 지내네. 오직 몇 칸의 집으로 공자 사당이 있지만, 뜰에 가을 풀만 가득하고, 사람 발길 없어 쓸쓸하네

라고 노래하며 의기가 북받쳐 분개하고 원통해 했다. 하지만 머지않아 고려왕조가 멸망하고, 이조(李朝)는 예의 유교 회복에 힘썼다. 그 이후는, 오랫동안 구풍(舊風)의 답습만으로 흘러, 발랄(潑溂)한 문명의 진보를 이룰 수 없는 채로 최근에 이르렀던 것은 유감이라고 해야 한다.

대체로 일·선 양국은 하나는 무의 나라로, 하나는 문의 나라로 그 특징을 드러내 왔다. 따라서 양 지역 사이에서 일어났던 일이 모두 이 양쪽의 특징을 교차(交叉)하는 듯한 모양인 것도, 생각건대 자연스러운 기운이었던 바이다. 왕인(王仁)이 『논어(論語)』와 『천자문』을 가져와 우리나라 문명에 하나의 사다리를 만들었던 것은 말할 필요도 없고, 우리 정신계를 오늘날까지 지배하는 불교 역시 조선에서 수입한 것에 지나지 않는다. 그런데 우리나라 고유의 국민적 풍상(風尙)은, 이들 전래물(傳來物)을 윤색하는 데 필요한 일종의 색채로써, 여기에 일본 독특의 성질을 발현시켰다. 그 이외 역시 여러 가지 것들 가운데, 조선으로부터 전해진 것은 너무 많아 일일이 셀 수 없다. 예를 들어 도자기와 같은 것이 잘 알려진 예이다. 아리타 자기, 사쓰마 자기, 하기 자기 등이 그 시작을 살펴보면, 모두 조선에서 전래된 것이었다. 자기뿐만 아니라 의술, 기직(機織) 같은 것도 옛날에는 조선에 빚진 바가 많았다.

그런데 무에서 보면, 가령 다소의 예외는 있다 해도, 대체로 조선의 고대는 우리나라의 보호를 받았다고 말해도 지장이 없다. 다만 이 보호를 반도에 펼치는 데는 대륙 방면으로 장애가 있어서는 안 된다. 장애가 있는 경우에는 항상 국운을 거는 것과 같은 전쟁이 일어났다. 신라 개국 초기에 호공(瓠公)이라는 일본인이 정치를 이끌었는데, 나중에 신라는 일본과 사이가 그다지 좋지 않았다. 아주 일찍이 신라 때문에 멸망했던 나라 임나(任那)는 우리가 보호함으로써, 최후까지 그 국운을 유지하고 있었다. 또 우리 보호의 손이 미쳤던 백제(百濟)도 결코 임나에 뒤지지 않은 것이 있었다. 오진천황(應神天皇) 시대에 도래한 백제의 왕자로, 직

지(直支)라는 사람이 있다. 그의 부왕(父王)이 죽고, 나라가 어수선해지자 귀국하려 할 때, 우리나라 병사가 그를 호위해 그 나라의 왕위에 오르도록 한 것이, 조선의 문헌에 실려 있다. 그 뒤 문근왕(文斤王)[15]이 죽었을 때도, 우리나라에 와 있던 말다왕(末多王)에게 무기를 주어 쓰쿠시(筑紫)의 병사 500명을 붙여, 백제로 호송했던 것도 그 나라의 사적(史籍)에 분명히 기재되어 있다. 이처럼 무력에 의한 보호가 행해졌던 결과, 백제가 신라에 멸망될 때는 자연히 우리 병사가 당나라의 대군(大軍)과 싸우지 않으면 안 되는 처지가 되었다. 소위 백강(白江, 현재의 금강)전투에서, 불행히도 아군이 패배함으로써, 백제는 멸망하고, 또 우리 세력도 반도에서 갑자기 실추해, 오랫동안 회복할 수 없게 되었을 뿐만 아니라 반도는 결국 지나의 세력 범위가 되어 버렸던 것이다.

여러 가지 역사적 사실을 열거해 보면 흥미 있는 것이 적지 않은데, 여하튼 일·선 양국은 각각 그 장점을 교환했다는 견해가 있다. 여기에서 메이지유신(明治維新) 이후, 우리나라가 무력으로 조선을 보호하고 일청(日淸)·일러(日露)의 대전쟁을 치렀던 것도, 또한 그것을 피할 수 없었던 까닭도 분명해질 것이다. 그리고 백척간두(百尺竿頭)의 위기에서 한 걸음 더 나아가, 일·선 양국이 한 나라가 되면, 더더욱 내지의 보호가 조선에서 철저해야 함은 말할 필요도 없다. 또 조선이 학문이나 예술의 번성을 견지하면서 헛되이 예전의 낡은 방식을 답습하는데 머물며 고쳐서 광명을 기대하지 않던 사이에, 내지는 동서의 문화를 융합해 아주 새로운 문명을 만들었다. 이로써 내지는 점차 일등국의 반열에 설 수 있게 되었으며, 이렇게 해서 지금 그 은덕을 조선에도 나누는데 이르러, 문무 두 가지 도를 가지고 조선을 보호 유도하는 지위에 서 있다.

아무쪼록 조선은 문의 나라인 만큼, 국민에게 적당한 교육을 실시한다면, 비교적 다른 국민보다 빨리 앞서 가는 경향을 나타내게 되리라는 것은, 현재의 실황에 비추어 보아 충분히 알 수 있다. 최근 히로시마고등사범학교(廣島高等師範學校)에서 조선 유학생을 양성했던 경험에서 보아도, 지나의 유학생 등에 비해 훌륭하지도 열등하지도 않을 뿐 아니라 그 가운데에는 또 우리나라 생도에게도 뒤지지 않는 성적을 나타내는 자도 있다. 이 모두 조선의 신제교육이 중요한 가치를 가지고 있다는 것을 증명하기에 어렵지 않다.

---

15 백제의 제23대 삼근왕(三斤王)으로, 『일본서기』에는 문근왕으로 기록되어 있다.

3) 신정의 효과

앞서 말했던 것처럼, 과거에 조선이 문의 나라로서의 특징을 발휘했지만, 오랫동안 침체해 쇄신의 의기(意氣)를 나타내지 못했다. 그러면서 정치상 폐해가 해가 지남에 따라 쌓이고, 당파적 내분을 일으키고, 뇌물을 공공연히 행해 사람의 마음을 부패하게 했다. 그리고 관리는 정치적 권력에 의지해 이익을 농단(壟斷)하고, 모든 사람이 관리가 되어 안락한 생활을 얻을 것을 이상으로 꿈꾸며, 거의 다른 사람을 고려하지 않았다고 해도 과언은 아니다. 이런 까닭에 과거(科擧)가 있던 시대에는 급제해 관리가 되기 위해 선조가 준 재산을 탕진하면서까지 멀리 떨어진 도읍까지 올라와, 몇 년에 걸쳐 여러 번 되풀이하며 시험에 응하는 자도 있었다. 가깝게는 합방 이전에도, 권문세가의 사택에는 밤낮으로 관직을 구하려는 자들로 채워졌다.

이처럼 비생산적 면에 모든 힘을 기울이다 보니, 국민의 실력을 양성하려는 것에는 생각이 이르지 못했다. 즉 국토 자원은 개발시키지 않아 재산의 기초가 확립되지 않았고, 이에 사회 여러 분야 대부분이 막다른 골목에 이르는 상태에 빠졌던 것이다. 거기에 적폐(積弊)의 타파는 일한합방의 때를 기다리지 않고도, 이미 그 필요를 재촉하고 있었다. 이즈음 일러전쟁이 발발해, 자연스럽게 조선은 일본의 보호 아래 행동을 취하게 되었고, 조선 정부에 일본의 고문을 참여시키면서, 고문정치의 시대를 낳게 되었다. 또 통감부가 설치되면서 드디어 합방이 발표될 수 있었으며, 총독부가 설치되었다. 이 과도기에 일본인의 희생적 분투는, 가령 일시적으로 조선인의 오해와 반항을 자아냈다고는 하지만, 합방 이후에는 순조롭게 일을 진행시키는 하나의 동기가 되어, 오늘날은 거의 옛 모습을 일변(一變)시키기에 이르렀다.

통감부 설치 즈음, 사무를 이어가려고 조선을 떠났던 나는 이번에 만 12년 만에 조선을 시찰하고는 격세지감을 느꼈다. 매우 달라진 지금 상태를 열거해 보면, 너무 많아 일일이 셀 수도 없는데, 우선 (1) 산하의 모습이 바뀌어 만물이 생기를 띠어, 이토 공의 소위 "욕사한산초목소(欲使韓山草木蘇)"가 눈앞에서 실현된 것, (2) 모든 정치, 특히 재판이 공평해져 과거에 일어나던 뇌물이 행해지지 않게 된 것, (3) 생명·재산·명예의 안전이 확보되었고, 좀도둑의 흔적을 볼 수 없게 된 것, (4) 도로·교량·가옥 기타 토목공업이 일어나 시설의 외관이 아주 새롭게 된 것, (5) 교통기관이 아주 발달한 것, (6) 국토와 자원이 개척되면서 산업이 점차 진흥의 기운으로 향한 것, (7) 재정의 기초가 확립되어 모든 방면에 행복을 부여해, 내지의 경제보조에서 독립해 나간 것, (8) 문명에 대한 보호 인식을 퍼트려, 미술 보존에까지 이른 것 등이 가장 현저하게 달라진 바이다. 그 가운데 문화의 보급 및 국민의 개조에 공헌하고, 조선인 교육에 한 단계 활기찬 걸음을 진척시킨 것은, 이 나라를 위해 가장 기뻐해야 할 것이다.

신정이 사회 전반의 사업에 손을 뻗쳐 쇄신을 꾀하고, 나 자신 등이 고문정치의 벽두에서 약 30~40년 앞으로 예상하던 것을 십 수 년 지난 후인 지금에 이미 대체로 실현된 것은 아주 기쁘지 않을 수 없다. 신정의 성적이 이와 같지만, 조선 사람은 당연한 결과로써 어쩔 수 없는 동안은 항상 침묵하고 인내심을 지키며 모든 주위 상황 변화에 자신의 몸을 맡기지만, 만일의 경우 압력이 이완될 때면 반발하는 탄력 역시 약하지 않을 것이다. 그러니 위정자는 오늘의 상태에 결코 베개를 높이 해 만족해서는 안 되는 것이다.

이 신정을 역대 지나의 조선통치와 비교해 보면, 흥미로운 것이 또 있다. 지나가 조선을 최초로 지배했던 시기는 한 무제(武帝)가 위만(衛滿)의 손자인 우거(右渠)를 멸망시키고, 4군(四郡)을 두었던 때의 일이다. 이렇게 4개소의 행정청에 관리를 파견하여, 적확하게 통치의 결실을 올리려고 했던 것으로 보인다. 이 4군은 경성 이북(以北)에 두었고, 이남(以南)에는 설치하지 않았다. 군치(郡治)의 결과는 그다지 효과를 거두었다고는 생각할 수 없다. 즉 (1) 4군의 행정구역은 30년도 지나지 않은 사이에 변경되어 혼란이 일어나, 군위(郡衛)까지 여기저기로 자리를 옮겼던 것은 통치의 기초가 안전하거나 견고하지 않았음을 나타낸다. (2) 4군의 치적은 만족할 만한 것은 아니고 토호의 세력이 강해서 결국 행정청의 세력을 능가했다. (3) 군치에서도 원래는 관리를 요동(遼東)에 배치해 성적을 올리려고 했는데, 토호가 강해짐에 따라 한(漢) 정부도 당초의 정신을 점차 잃어버리게 되었다.

당(唐)은 백제를 멸망시키고, 그 자리에 5개의 도독부(都督府)를 두었고, 머지않아 고구려를 멸망시키고는 평양에 안동도호부(安東都護府)를 두고, 그 아래에 9도독부(九都督府)를 분속(分屬)시켰는데, 어차피 작은 것이었다. 이렇게 하여 신라가 반도를 통일할 즈음에는 안동도호부를 요양(遼陽)으로 옮기고, 웅진도독부(熊津都督府)를 건안(建安)으로 옮겨, 조선을 완전히 신라의 자치로 방임해 버렸다.

요(遼)나 금(金)이나 송(宋)이 나라를 일으킬 때마다 조선은 이들과 친교를 맺었으며, 조공을 행하던 중에 몽고의 쿠빌라이가 사자분신(獅子奮迅)의 기운을 펼치자, 항상 그래왔듯이 고려왕은 친히 몽고로 가서 친분을 닦기에 이르렀다. 그리고 몽고의 기세는 아주 맹렬해져,

조선의 정치에 간섭하고, 그 결과 왕의 폐위가 거행됨을 말리지 못했다. 결국 고려를 사주하여 일본 토벌에 앞장서도록 했던 것이다. 이렇게 해서, 고려 말기에는 왕이 몽고, 즉 원(元)의 도읍에 집을 지어 놓고는 대부분 그곳에 머물렀고, 특히 충렬왕(忠烈王) 이후에는 원의 비(妃)를 취하기에 이르렀다. 그 후 명(明)이 되었고, 이때 유교의 세력을 반도에 이식했던 것이 적지 않게 좋은 결과를 초래했다. 또한 태합(太閤)[16]의 정한(征韓)에, 대군(大軍)을 내어 조선을 도와, 문무 양쪽에서 조선에 큰 영향을 주었다. 이 때문에 역대 명나라만큼 조선에서 우러름을 받았던 나라는 없다. 그 뒤를 계승했던 청은 조선에 이렇다 할 사업을 남긴 것도 없으나, 마지막까지 사직(社稷)에 관여했다. 요컨대 역대 조선의 내치(內治)에 관여했던 적도 있었지만, 대부분은 조선 책봉(冊封)에 관여해 대권(大權)을 쥐고 있었고, 그 외는 거의 생각하지 않았다.

이러한 방식을 세상에서는 동양적이라고 말할 텐데, 이에 반해 이번의 신정은 동양적이라기보다는 오히려 문명적이라고 해야 한다. 즉 비단 통치의 대강을 장악할 뿐만 아니라, 사회의 모든 것에 취지를 살려 철저히 하려는 듯이 보인다. 이것이 바로 성적이 뚜렷한 이유지만, 지나로부터 종래 받았던 경험과는 차이가 있으므로, 우리 위정자가 유의해야 할 점 역시 여기에 존재한다.

여하튼 모든 면에서 빈틈없는 이상을 품으며, 과거의 기록을 깨뜨리고, 국민 개조에 힘써 종사하는 것은 정말로 정취가 있는 일이다. 이미 어떻게 할 수 없는 과거의 사람에 관해 이러저러 말하는 것보다 마땅히 개조해야 하는 것은 이제부터의 사람이다. 즉 어린 시기부터, 조선인의 풍상(風尙)·감정을 끌어내어, 점차로 이를 문명화하고, 이것에 행복을 부여하는 것은 인도(人道)에 공헌하는 이유이고, 또 일·선합방의 진정한 취지에 다름 아니다. 학제를 정리하는데 있어서도 처음부터 가능한 한 복잡한 제도는 피하고 수업연한 등을 지나치게 길지 않게 해 과정을 실용적이고 간소하게 했던 것도, 필경 조선의 국민 수준에 맞춰 출발점을 두고, 해결하려고 했기 때문이다. 오늘까지 쌓아 올렸던 기초 위에, 조선의 문명이 훌륭하게 건설되어, 유종의 미를 거둘 것을 희망한다.

---

16 도요토미 히데요시(豊臣秀吉)를 높여 부르는 말이다.

4) 개혁 착수 때의 소요

　조선인 역시, 신정이 진행되는 과정에서 지금까지 예상하지 못했던 문명 시설이, 생각하지 못했던 방법으로 실현되고 수행되는 데 대해서, 경이로운 눈으로 응시하고 있던 때가 적지 않다. 저 압록강의 가교와 같은 것도 그러하다. 처음 일본인이 압록강의 하천 바닥에 교각을 세울 때, 조선인은 이를 보고 비웃었다. "저 넓은 강에 어떻게 다리가 가설될 수 있는가. 불가능한 것을 사람의 힘으로 시도하려는 것은 무모함이 너무 지나치다. 우리는 단지 그 실패를 구경해 보자." 하지만 사업이 진행됨에 따라 훌륭한 철교가 설치되었고 완성되고 나니, 불과 몇 명의 손에 의해 일부분이 천천히 회전되어, 오르내리는 범선(帆船)을 자유로이 통과시키는 것을 보고, 실로 사람의 기교가 천공(天工)을 빼앗는 것이라며 놀랐다.

　또 신정에 의해 종래보다 모든 취급이 공평하게 되었으므로, 그것으로도 어느 정도 조선인의 불평이 완화되었다. 거기서 오늘날에는 국민의 신앙 및 풍습이 파괴되는 것이 아니라면, 굳이 신정에 반대하려는 자는 없어지고 있다. 비단 반대가 감소되었을 뿐만 아니라 나아가 신정에 의해 일찍이 완전한 문명국이 되고 싶다고 초조해 하는 태도마저 보인다.

　이는 순전히 문의 나라가 지닌 장점이라고도 생각된다. 그러나 그 형세를 순치(馴致)했던 것은 합방으로 체념이 이루어진 후의 일이고, 신정의 효과를 인정하고 나서의 일이었다. 아직 체념도 이루어지지 않고, 오리무중(五里霧中)에 배회(徘徊)하며 앞날의 광명을 인정하지 않았던 시대에는, 상당한 오해와 반항이 있었다. 다른 방면의 것은 당분간 제쳐놓고, 오직 교육계에 관해서만 약간 서술해 보자.

　과거가 폐지되고, 한학(漢學)이 임관의 표준이 아니게 되고 나서, 교육의 가치는 청년에게 인정을 받지 못하게 되고, 나아가 교육 받는 것을 열망하는 자가 없었다. 그래서 학교를 졸업하지 않으면 관리로 임용되지 못하도록 해서, 교육을 장려하려고 했다. 그러나 이즈음의 조선인은 상당히 놀랍도록 뇌동하는 분위기여서 뭔가 좋지 않은 일이 일어나면, 생도까지 정치운동에 가담하는 상태였다.

　일러전쟁 즈음, 1905년(明治 38)에 학문이라고 하면 한문 공부라고 생각하고 있던 바로 그때, 한문 복습 시간의 일부를 할애해 일본어 학습시간으로 충당시키려 했는데, 소학교의 교사까지 이에 찬성하지 않았다. 어떤 날은 수백 명의 생도가 학부(學部)에 몰려들어, 미리 대여하려던 교과서를 집어 던지고, 선동하는 무리가 더해져 소동이 일어났다. 또 그즈음 빙용

(聘用)하던 일본의 교사에게 고등소학교의 아동이 다가와서, "조선의 오늘이 있음은 한학이 존재하고 있기 때문이다. 지금 이런 소학교에서 한학 시간을 없애고, 일본어를 가르친다고 함은 우리나라 소년의 맹아(萌芽)를 콕 집어 없애고, 타국의 종자를 이식하는 것으로, 우리들은 이러한 수업을 받을 수 없다"고 말하는 일이 일어나기도 했다.

같은 해 11월, 이토 대사가 중대한 임무를 띠고, 경성에 오시게 되었다. 한국의 상하(上下) 모두는 안도하지 않는 모습이었다. 나를 비롯한 사람들은 그런 분위기를 진정시키려 백방으로 노력했다. 일진회(一進會)는 일본의 보호 아래 국운의 유지를 꾀해야 한다는 뜻의 선언서를 발표했다. 그러자 반대의 목소리가 상하로 드높고, 이를 목격한 정부 역시 입론광패(立論狂悖)해 조속히 취소하도록 했다. 국민교육회원(國民敎育會員) 및 기독교청년회원(基督敎靑年會員) 등이 소학생을 선동했던 것처럼, 다수의 생도가 회합을 개최해 다음과 같이 말했다. "일진회의 선언서는 교육과 양립할 수 없다. 왜냐하면 교육은 국민을 독립시키는 이유이기 때문이다. 그런데 교사가 그것에 반대하지 않는 것은 무슨 일인가." 이에 더 훈계를 해도 듣지 않아, 대표를 선정해 일진회 본부에 질문하도록 했다.

그 후 일본어학교에서도 생도는 국가의 존망에 즈음해서 평온하게 수업을 받을 수 없다고 하면서, 모두 울면서 교문을 나서는 일도 있었다. 이들에 대한 선후책은 적당하게 강구했지만, 다시 학부가 학교 단속에 관한 규정을 다음과 같이 발포했다. 즉 (1) 교육자 및 학도는 정치적인 운동에 관계해서는 안 된다. (2) 교육자 및 학도는 다수 동맹을 결성해서는 안 된다. (3) 이 2개의 조항에 저촉하는 것 또는 이것을 사주·선동한 자는 상응하는 처분을 받는다.

나 자신이 경험했던 것 역시 여러 가지 사실에 걸쳐 있는데, 앞서 말한 것과 같은 소요가 때때로 일어났고, 당국자로 하여금 처치에 고심하게 만들던 일이 적지 않았다. 뿐만 아니라 나 자신이 조선을 떠난 후에는, 한층 더 그것보다 심한 일이 있었다. 즉 1907년(明治 40)에 두 번째 일한협약(日韓協約)이 체결되었고, 각 부에서 일본인을 관리로 임용하게 되었다. 그 후 군대가 해산되었는데, 이때 해산되었던 장교 및 병사 가운데 학교교원이 된 자가 상당히 많고, 사립학교가 속속 세워지게 되었다. 그러면서 지난날 교육에 대한 냉담한 태도가 일변하고, 특히 이 협약의 체결 이후 갑자기 교육열이 일었다.

그 원인은 무엇에 의한 것인가. 내 뒤를 이었던 다와라 마고이치(俵孫一) 학부차관이 당시 경찰부장회의에서 한 훈시연설에 의하면, 그 동기는 다음과 같다. (1) 한국의 현상은 이를 타파해야 하는 것인데, 타파의 제1보는 학교에서 자제에게 병식 훈련을 하는데 있다. 이처럼 학교를 병영으로 생각하고, 교육을 군대의 교련과 마찬가지로 하려는 것, (2) 국리민복(國利民福)의 증진은 교육에 의해야 하기 때문에 교육을 왕성히 하고, 한국을 빈약하고 곤란한 상태에서 구해야만 하는 것, (3) 단지 교육열에 부화뇌동해서 학교 설치에 광분하는 것, (4) 학교의 설립자로 하여금 자기의 명예와 소양, 재산을 스스로 제공하고 또는 앞서 주장해 기부를 요구해서 학교를 세우는 것, (5) 학교설립이라는 미명 아래, 사리사욕을 채우려는 자들이 모여 소란을 피웠던 것이다. 가령 동기는 이처럼 구구해도, 결국은 일본의 보호에서 벗어나, 독립의 결실을 거두려는 것이었다.

　이처럼 그들의 교육방법도 아주 위험한 것이었고, 비분강개(悲憤慷慨)한 정치론을 이루거나 편협하고 고루한 애국심을 도발하며, 큰북을 치고 나팔을 불며 무모한 행동을 행함으로써, 충용의열(忠勇義烈)이 되는 듯한 상태였다. 1909년(明治 42) 8월, 학부차관이 신임 한성부 및 각 도 교육주무 및 주사를 초대해 행했던 훈시 가운데 당시의 정황을 잘 표현한 예를 인용한다. 그가 평양의 관립일어학교 및 공립보통학교의 개교식에 참례했을 때의 일이다. 마침 평안남도 및 황해도의 연합대운동회가 개최되었다. 참가 학교 수만 200여 개, 총인원이 7,000~8,000명에 달하고, 거리가 먼 곳은 며칠에 걸려 참석했다. 이와 같이 이루어진 바를 보면, 나팔이나 큰북으로 병대(兵隊)의 훈련처럼 행렬을 지어 걸었다. 이 대운동회를 위해 1주일에서 10일이라는 귀중한 시일을 소비하고 많은 비용을 지불했는데, 양복이나 나무총을 새로 만들고, 부형의 수행에 사용된 제반 비용을 모두 합하면, 약 5~6만 원이라는 큰 금액에 달했다. 평소의 과업 역시 이를 위한 예행연습을 하는데 불과했으므로, 대신(大臣)으로부터 훈령을 내리도록 하여, 하나의 군 이상이 모이는 연합운동회는 그 후 금지하도록 했다고 한다.

　또 정부가 보조해 공립학교를 세우는 것이 지방민이 환영하는 바라고 생각한 끝에, 사립학교를 공립학교로 바꾸려고 하면, "이 정부는 학교의 재산을 빼앗으려고 한다. 정부의 학교는, 정부의 이익을 위해 교육하는 곳이므로, 인민의 이익을 위해 설립할 사립학교를, 정부에 약탈당해서는 안 된다"고 말하면서, 공립학교가 되는 것을 기뻐하지 않았다. 특히 통감부를 설치해, 다수의 일본인이 들어가 한국의 사업에 관여하는 것을 보다 보면, 한국인은 일본인을 악마처럼 싫어했다. 친절하고 정성스러운 일본인 교사를 보면, 그들은 진심으로 의아해

하며, "저 일본인은 다른 자와 달리 한인에 친절하지만, 필시 그는 일본에서 나쁜 일을 해서 나라로 돌아갈 수 없기 때문일 것이다" 등등의 평을 한다니, 그 잘못된 생각의 정도를 알 수 있을 것이다.

또 일본어를 보통학교에서 실시하는 것에 관해서는, 장기간 오해가 불식되지 않았다. "일본인은 우리나라를 빼앗으려 하는 것으로, 그렇게 하기 위해 우선 조선어를 일본어로 바꾸려 하는 것이다"라고 말하거나, 낮은 계층의 국민들은 "일본어를 배우도록 하는 것은 우리를 일본에 보내, 병사로 만들거나 노동자로 만들 작정이다"라며 모든 종류의 상상을 다부지게 해서, 민심을 동요시켰다.

이런 그릇된 견해들은 한때 신제교육의 방해가 되었다. 공립보통학교는 생도 모집에 곤란을 일으켜, 수업료를 징수하지 않게 하였을 뿐만 아니라 서적이나 기구(器具)를 지급하는 데도 불구하고, 중산 계층 이상의 자제는 손쉬운 이곳에 입학하지 않고, 도리어 설비가 불완전하고 수업료가 유일한 유지비인 사립학교에 입학하였다. 그렇기에 일본인 교사가 백방으로 노력해서 모집한 생도는 대체로 중류 이하의 자제여서 보통학교는 그야말로 빈민학교의 모습이었다. 이러한 시대에서 변화해 신제교육의 광명을 인정하기까지는 정말로 쉽지 않은 어려움이 있었다.

1910년(明治 43) 1월, 한국의 학부대신 이용직(李容植)은 시폐교정(時弊矯正)에 관한 훈령 및 훈유를 발포했다. 훈령의 주지(主旨)는 학교직원 및 생도가 왕왕 본분을 잊고, 경거망동(輕擧妄動)을 감행하며, 시세(時勢)를 분개하여 시국을 비방하는 것은 더 나아가 사회의 질서를 어지럽히고, 국가의 복리를 저해(阻害)하는 것으로, 교육과 정치를 혼동해서는 안 된다는 것이었다. 훈유는 관·공·사립학교에 대해서 발했던 것으로, 대의(大意)는 다음과 같다. 무릇 학교 직원인 자는 생도로 하여금 항상 본분을 지키고, 착실하게 공부하도록 하며, 처세에 필수적인 지덕을 갖추도록 노력해야 한다. 특히 오늘날 가장 시급한 사항은 일을 하지 않고 빈둥거리는 풍습을 바꾸어, 근면(勤勉)한 산업을 다스리는 양풍(良風)을 일으켜, 인민으로 하여금 안심하고, 문명의 혜택을 입도록 하는데 있다. 그런데 자칫 정치와 교육을 혼동하여, 정치 문제를 기술한 도서를 교과용으로 제공하고, 또 서로 모여 시국을 비방하는 자는 엄격히 경계해야 할 것이다. 지금부터 교육자는 그 직책을 존중하여 학교 규칙을 제대로 세우는 데 힘쓰고, 좁은 소견을 물리치고, 사심을 버려, 생도로 하여금 향하는 바를 그르치지 않도록 하고, 능히 학교의 목적에 협력하고, 국리민복의 근본을 배양해, 교육의 효과를 완전히 하여, 세운(世運)의 진보에 이바지하자라는 것으로, 시세에 적절한 말이라고 할 수 있다.

나 자신이 여기서 소요(騷擾)의 유래에 관해 자세히 설명할 여유는 없지만, 지금까지의 사실은 자주 교육개혁 착수 때, 조선인의 사상을 드러내기에 충분하다고 생각했으므로, 잠시 여기에 삽입한 것이다. 진정 현재와 같은 질서와 진보에 이르기까지는 짧지 않은 소요의 시대를 거쳤고, 게다가 이때 일본인의 분투적 진력은 실로 적지 않은 점이 있었다. 지금 그것을 생각하면, 완전히 별세계처럼, 낡은 학교의 헛간에서 지난날 사용했던 큰북이나 나팔을 먼지구덩이에서 찾아내는 데 불과하다. 그러나 이들은 과도기 소요의 유물로써, 영구히 보존하도록 하는 것을 희망한다. 다행스럽게도 이 소요의 경험은 당국자에게 숙려와 결심을 부여해, 공론을 피하고 실과주의를 취하도록 하는 동기를 만들었다고 해도 좋다.

5) 신제에 의한 교육 방침

고문 시대부터 통감부 시대에 걸쳐, 앞서 서술했던 것처럼 소요를 경험하고는, 이들을 위했던 최초의 생각이 조금도 장해(障害)를 받지 않고, 아니 비가 온 뒤 땅이 더 굳어지는 것처럼 더욱 견고해졌다.

착수의 벽두에 내가 제출했던 「한국교육쇄신안(韓國敎育刷新案)」 가운데 우선 방침으로 5개조를 열거했다. (1) 일한의정서(日韓議定書)의 취지에 따라 교육의 개선을 행할 것, (2) 한국민으로 하여금 선량화평(善良和平)한 국민성을 함양하도록 할 것, (3) 일본어를 보급할 것, (4) 종래의 국교(國敎)였던 유교를 파괴하지 않고 일반에게 신지식을 더욱 알릴 것, (5) 학제는 번거로움을 피하고, 과정은 간단하고 편리하게 할 것 등이었다.

1910년(明治 43) 합방이 실현되었고, 총독부가 설치된 이래, 한층 더 백척간두(百尺竿頭) 한 걸음을 전진하여, 교육의 주의가 한층 명확해졌다. 원래 합방의 의의에 관해서는, 당시 각 지역의 이사관(理事官)에게 발포하도록 했던 통감의 훈령 가운데에 잘 명시되어 있다. 즉 양국이 서로 합심해 일체가 되고, 피아(彼我)의 차별을 철거해 상호 전반적인 안녕과 행복을 증진하도록 해야 한다는 것이다. 그런데 이를 바탕으로 강약이 양국의 성패(成敗)가 되고, 스스로 교만함을 가지며, 마음이 들떠 침착하지 못한 언행을 드러내는 일 등은 그 본지(本旨)를 몰각하는 것이다. 지금 다행히 새로이 시작하는 시기를 만나 종래 조선인에 대한 낡은 생각을 일변(一變)해, 새로운 영토의 민(民)이 곧 우리 동포임을 생각하고, 이를 접하는데 동정으로 하며, 이를 맞이하는데 우의(友誼)로 하여 서로 제휴해 처세(處世)에 따르며, 그럼으로써 국가의 융창(隆昌)에 공헌하도록 힘써야 한다는 것이다. 이런 아량(雅量)이 있어야 진짜 합방의 결실을 거두고, 신영토의 민(民)을 지도하기에 족한 것이다. 그런데 그것이 종래의 국민관계 상에서 충분히 발휘되지 않았던 바가 있었다.

이와 동시에 통감은 조선의 모든 민중에 대해서도, 역시 유고를 발포하여 시정의 강령을 나타낸 바가 있었는데, 그 가운데는 교육에 관한 논급도 있었다. 즉 인문의 발달은, 후진(後進)의 교육을 기다려야만 한다. 이처럼 교육이 필요한 이유는 지(智)를 향상시키고 덕(德)을 연마하여, 수신제가(修身齊家)에 이바지하는 데 있다. 그런데 모든 학생이 자칫 노동을 싫어해 안락을 취하고, 헛되이 공리(空理)를 말하며 방만(放漫)으로 흘러, 결국 무위도식하는 유민(遊民)인 자가 왕왕 있었다. 이후 그 폐단을 교정하고, 화려함을 멀리하여 결실을 취하여, 나태함이라는 누습을 새롭게 하며, 근검의 미풍을 함양하도록 노력해야 한다고 말하였다. 이것은 당시 이어져 온 나쁜 풍속을 교육을 통해 근본부터 혁신할 의기를 나타냈던 것이다.

이러한 취지에 근거해, 그다음 해 8월 조선교육령이 공포되었다. 이것으로 조선의 신제에 의한 교육의 대강이 법령으로 명시되었다. 그리고 그 강령의 제2조에 '교육은 교육에 관한 칙어의 취지에 근거해, 충량한 국민을 육성하는 것을 본의로 한다'고 언명했고, 제3조에 '교육은 시세 및 민도에 적합하도록 할 것을 기대해야 하며'라고 주의했으며, 제5조에 '보통교육은 보통의 지식·기능을 가르치고, 특히 국민으로서의 성격을 함양하며, 국어를 보급할 것을 목적으로 한다'고 규정되었다.

(1) 칙어의 취지에 근거해, 충량한 국민을 육성할 것을 딱 잘라 말한 것은 이전까지는 없었던 대담한 선언이지만, 이미 합방이 되어 하늘 아래 2개의 태양이 있을 수 없음이 명료하게 된 지금에서는 조금도 이상하게 생각할 말은 아니다. 그런데 그렇게 언명되었기 때문이라고 해서 종래의 역사·습관을 고려하지 않고, 갑자기 내지와 동일한 수단과 방법으로 교육을 실행하려고 한다면, 필시 그 안에서 좌절을 일으켜, 이 대방침을 체현할 수 없게 될 것이다. 이는 이런 과도기에 가장 경계하지 않으면 안 되는 바이다.

고로 총독 역시 깊게 생각한 바가 있던 것으로 보인다. 다음 해인 1912년(明治 45) 4월, 신임 공립보통학교장 강습회에서 제시되었던 훈시는 아주 알맞고 적절했다. 즉 교육의 최종 목적은 무엇보다 내지와 마찬가지로, 칙어의 취지에 따라, 충량한 국민을 육성하는 데 있다지만, 그 취하는 방법은 역사를 달리하고 풍습을 같이 하지 않는 조선에 내지의 것을 그대로 적용할 수 없는 것이 적지 않다. 따라서 조선의 역사와 습관을 연구하고 시세를 관찰하며, 민정(民情)을 고려하고 적당한 방법을 강구해, 그 교육을 실시하는 것이 긴요하다. 부디 착실하고 온건한 사상을 키우고, 검소함을 숭상하며, 근면역행(勤勉力行), 각자 그 업(業)을 장려해, 본분을 살피도록 함을 본의(本義)로 해야 한다. 이러한 예부터 내려온 조선의 미풍양속은 그 의미를 활용해 잃어버리지 않도록 노력함과 동시에, 결함은 지도하고 이끌어서 교정하지 않으면 안 된다고 말했다. 우리는 이 주의에 의해, 교육령의 실시가 생명력을 가져왔음을 기억한다.

 (2) 당시의 상황 및 민도에 적합한 교육을 이룰 필요는 각국의 식민지 경험에서조차 이미 증명하고 있다. 하물며 우리 동양국민이 시설(施設)하는 영토에 있어서야 당연한 일이다. 그런데 이 중요한 교육 임무를 맡아야 할 교사가 대체로 내지로부터 새로 오는 사람이었으므로, 주의가 한층 긴요(緊要)하지 않으면 안 된다. 그 때문인지 1912년(明治 45) 4월, 신임 공립보통학교장 강습회에서 정무총감 및 내무부장관은 이것을 반복해 훈유했을 뿐만 아니라, 1916년(大正 5) 1월 정해졌던 교원심득(敎員心得)에서도 다시 한 번 더 이를 지시하고 있다. 그리고 이 심득에서 비단 당시 상황과 민도에 적합한 교육이 필요하다는 것뿐만 아니라, 그 위에 생도의 성질이나 경우에 순응해서 교육을 실시해야 한다고 말하고 있다. 같은 해 5월, 공립보통학교 내지인교원강습회 총독 훈시에서도 다시 한 번 더 "조선에서의 교육시설은 조선의 당시 상황과 민도에 적응해, 점차 그 보무(步武)를 진행하도록 함을 방침으로 한다"고 분명히 말했다. 당국자가 당시 상황을 초월해서, 무모한 교육을 하는 것을 피한다는 주의가 도달되었다고 말해야 한다.

 (3) 국어 보급에 관해서는, 이 역시 앞서 서술했던 대로, 각 국민의 경험이 많든 적든 이를 필요로 하고, 특히 조선에서는 처음부터 이를 시행하는 것에 무게를 두었고, 그럼으로써 문명을 정착시키고 인지(人智) 개발의 바탕을 이루는 데 착목하도록 했던 것이다. 그리고 그때까지는 일어(日語)라고 칭해 왔지만, 병합 후에는 국어로 바꾸었던 것은 지극히 당연한 결정이었다. 그리고 조선교육령 시행에 관한 훈령에 의하면, 국어는 국민으로서의 성격을 함양하는 데 필요한 것일 뿐만 아니라 일상생활에 꼭 필요한 지식과 기능을 가르치는데도 빠뜨

릴 수 없는 것이다. 그러므로 이것의 교재는 수신·역사·지리·이과·실업·가사 등에 걸쳐 가능한 한 일상생활의 활용에 이바지하도록 해야 한다. 이처럼 국어의 학습은 생활에 필수적인 지식과 기능을 배우는 것이므로, 하층민은 직업을 얻기 위해 앞다투어 배우려 하게 되었고, 상류층 역시 교제(交際) 외의 편의를 위해 익히게 되면서, 결국 오늘날 국어 전반의 광경(光景)을 현출(現出)하기에 이르렀다. 이를 착수 초기의 일본어 가설(加設)에 저항을 받았던 시대와 비교해 보면, 꿈만 같은 느낌을 금할 수 없다.

그러나 조선 사람이 경쟁해서 국어를 수습(修習)했다고 해서, 내지 사람들은 그들이 조선어를 돌아보지 않는다고 생각할 수는 없다. 특히 내지인 교사는 교육을 실시하는데 생도의 성질을 알고, 부형과 마음(意志)의 소통을 꾀할 필요도 있으며, 아울러 조선어 연구를 게을리해서는 안 되므로, 강습회에서 가장 많은 시간을 조선어에 할애하고 있다. 이것은 1912년(明治 45) 4월 공립보통학교강습회에서의 내무부장관 훈시에서도 볼 수 있고, 1916년(大正 5) 5월의 내지인교원강습회 총독 훈시에서도 볼 수 있다. 총독 훈시 중에는, "교원으로 하여금 친밀하게 부모나 향당(鄕黨)에 접촉해서, 생도의 훈육에 이바지함과 동시에 사회교화의 결실을 거두는 데는 반드시 조선어의 힘에 의지해야 한다"라고 하였고, 교사에게는 단지 학교 안에서의 교육에만 머물지 말고, 나아가 사회 교화에도 힘쓸 것을 요구했다. 그리고 이런 일 등은 범위가 아주 넓어, 생도의 훈육보다도 한층 어려운 일임에도 불구하고, 오늘날의 조선을 시찰해 보면, 지역에 따라 그 일단을 엿볼 수 있는 것은 정말로 경하(慶賀)에 마지않는 바이다.

그런데 당시 상황은 세월과 함께 나아감을 멈추지 않았다. 1916년(大正 5) 1월에 정해진 교원심득은 1911년(明治 44) 조선교육령 시행에 관한 훈령이 발포되었던 때보다 그 내용에서 한 걸음 더 앞으로 나아갔다는 의견이 있다. 즉 교육의 중요한 근본을 서술하는 데 있어, 덕육의 방면에서는 충효를 근본으로 해서 덕성을 함양해야 함을 말하고, 지육(智育)에 있어서는 실용을 지(旨)로 해서 지식과 기능을 교수해야 함을 말한다. 그리고 체육의 방면에서는 더욱 강건한 신체를 육성해야 함을 말하고 있다. 즉 국가의 부강은 강건한 국민의 노력에 의지하는 것으로, 조선인의 체격 개량에 다대(多大)한 주의를 기울였던 것은 완전히 같은 나라 사람으로서의 취급을 분명히 드러낸 것이었다. 조선 재래의 교육에서는 한결같이 체육에 신경 쓰지 않았고, 신제에 의한 교육이 되면서부터 점차 체육을 힘써 행하게 되었는데, 초기 얼마간은 충분히 손이 닿지 않던 바가 있던 것을, 이번에 크게 힘을 들이게 되었던 것이라고 볼 수 있다. 고로 처음보다 보통학교의 아동 신체의 발달에 유의해서 교육해야 함을 말하고 있는데, 또 조선교육령에서도 말하고 있었지만, 교원심득에서처럼 강하게 말한 적은 없었던 것이다.

원래 유교에는 예(禮, 예의범절), 악(樂, 음악), 사(射, 활쏘기), 어(御, 말 타기), 서(書, 붓글씨), 산(算, 셈하기)이라고 말하는 바, 일반적인 무술이 육예(六藝) 가운데 추가되어 있지만, 조선에서 저반의 무술 연습은 완전히 형식만이 남아 있게 되었다. 학교에서도 실제로 체조라는 것을 부과했던 것은 신교육의 착수 이전에는 없었다. 지금이야 이것을 착착 실시하고, 교원심득 가운데에 체육이 강한 의미로 드러나 있을 뿐만 아니라, 체조와 함께 그 실시방법에 관한 주의도 다시 한 번 더 강조되며, 적당한 운동을 장려해야 한다고 말하고 있다. 즉 계절에 적합하고, 토지의 정황에 따라, 적당한 운동과 놀이를 행하게 하여, 신체를 단련하고 기력을 왕성히 하도록 했던 것이다. 이것을 구시대 큰북을 울리며 대운동회를 행했던 시대와 비교해 보면, 그 차이는 하늘과 땅 사이 이상으로 정도가 심한 점이 있다.

이런 교육의 근본 취지를 실시하는 방법에 관한 주의(注意)는 9개 조항으로 나누어 열거할 수 있는데, 마지막 3개 조항은 교사 스스로의 수양에 관한 것으로, 교육 본지의 실현은 완전히 교사의 지성과 노력에 의지하는 것이라고 결론을 맺고 있다. 이처럼 교사를 위해서 자주 강습회가 개최되었다. 미국령 필리핀에서 처음 교육에 착수하면서 교사의 부족을 느꼈기 때문에, 한때 본국에서 다수의 사람을 불러 어떠한 강습도 하지 않고 교육현장에 종사시켰는데, 오래지 않아 그 실패가 명료하게 나타났다. 결국 적당한 교사와 교체시켰던 것과 비교하면, 조선은 처음부터 진보적인 방법을 택했다고 해야 한다.

1916년(大正 5) 5월 내지인교원강습회에서의 훈시와 같이, 총독은 이러한 기회에 자주 조선교육의 본지를 말하고, 그것을 일반에게 철저히 하도록 했고, 또 이 강습회의 내무부장관 훈시 가운데에는 더욱 명확하게 그러면서도 대담하게 총독부가 뜻하는 바를 설명하였다. 즉 (1) 조선통치의 목적은 동화에 있음을 언명하고, (2) 동화는 주로 교육의 효과에 의지할 것, 바꿔 말하면 동화를 위한 교육이라는 것을 설파하고, (3) 보통학교 교원의 지위가 아주 중대해서 선인동화(鮮人同化)의 책무를 완수해야 하는 것임을 자세히 설명하고, (4) 이 직무를 완전하게 하려면, 노력과 지성이 필요하다는 점을 마지막으로 말하고 있다. 이 훈시에 의해 조선교육의 목적이 동화에 있다는 것이 말에서 분명하게 드러났고, 조선경영의 보무 역시 더욱 진척되어 왔음을 입증하는 것이라고 보아야 한다.

1917년(大正 6) 6월, 개성의 사립호수돈여숙(私立好壽敦女塾)에서 열린 조선기독교육회(朝鮮基督教育會)에서의 학무국장 강화(講話)에서도 마찬가지 의미가 언명되었다. 즉 조선교육의 요의(要義)는 충군애국의 국민적 사상을 키우는 것을 목적으로 하고, 정부의 시설은 모두 동화의 결실을 거두려는 것이다. 조선인이 충심으로 내지인과 동화할 각오가 없으면, 그 불행은 측정할 수 없다. 무릇 어떤 국민이라도 자기가 속한 국가에 충실하지 않는다면, 안심입명(安心立命)의 경지에 도달할 수는 없다. 고로 직간접으로 교육사업에 임하는 자는 능히 정부의 교육방침을 체득해, 국가가 요구하는 바의 교육 목적을 달성하는 것을 기해야 한다고 말하고 있다.

앞서 말한 바와 같이, 조선통치의 보무(步武)를 진행시킴에 따라, 점차 교육의 의의가 농후(濃厚)해져 왔다. 이것 역시 자연의 순서이고, 당시 상황과 병행하고 있는 것이다. 그리고 귀착하는 바는, 조선인을 일본인과 동등한 지위로 끌어 올려 같은 나라 사람으로서, 동포형제로서, 통일된 사상과 감정 아래 합방의 결실을 거두려는 것이다. 그리고 내·선 양 지역의 여러 밀접한 관계에서, 비교적 곤란하지 않게 행해지도록 하여, 다른 나라의 식민지에서 보는 바와 같은 예상 밖의 차질은 적었다.

6) 국어의 보급

1905년(明治 38) 보통교육에 일본어를 부과했을 때 조선인의 반항은 앞서 말했던 대로였다. 원래 조선인이 일본어에 대해 옛날부터 어떠한 취급을 해 왔는지 살펴보자. 일본의 본토는 아무튼 섬나라이고, 지나와 같이 대국(大國)이 아니어서 지나에 대해서는 사대(事大)의 예를 다하지만, 일본에 대해서는 교린(交隣)의 친분을 두는데 불과했다. 따라서 왜학(倭學)의 연구도 한학(漢學)의 연구에 비하면 실로 미미했으나, 일본과 가까운 중요한 곳에는 관비로서 왜학 연구생을 두고 있었다. 즉 옛날부터 일본 거류민의 중심지였던 제포(薺浦, 마산의 동쪽), 염포(鹽浦, 울산의 부근) 및 부산포의 3개 포구에는 말할 것도 없고, 제주, 거제 등에도 왜학생(倭學生)을 두고 있었다. 제포와 부산포에는 각 10명, 염포에는 6명을 배치했지만 나중에 폐지되어 두지 않았다. 제주는 15명에 달했고, 거제는 5명에 불과했다.

메이지유신 후 일본의 보호가 다시 조선에 미치면서 일본어가 점차 남쪽으로 확대되는 경향에 따라, 특히 부산·원산·인천의 세 항구가 개항이 되었다. 여기에 일본거류지가 열리자, 그 부근 및 경성(京城)에는 일본어를 아는 자의 수가 많아졌다.

이러한 가운데, 1891년(明治 24) 경성에 최초로 일어학교가 열렸다. 그 이전에 영어학교의 맹아는 이미 1883년(明治 16)부터 나타났는데, 시간이 흘러 1892년(明治 25)에는 한어학교도 그 시작을 알렸다. 이리하여 1895년(明治 28)에 외국어학교령이 발포되었고, 그때부터 점차 법어학교(法語學校), 아어학교(俄語學校), 덕어학교(德語學校) 등이 세워졌으며, 또 인천일어학교도 설치되었다. 이들 외국어학교에서는 각각 본국의 교사를 초빙했고, 각국의 전권공사가 이들을 보호하는 지위에 서 있었다. 각 학교의 성쇠는 자연히 각국 세력의 성쇠를 점치기에 충분할 정도였다. 내가 경성에 들어왔을 즈음인 1900년(明治 33)에 일어난 의화단사건(義和團事件)과 마주했을 때는 법어, 즉 프랑스어의 세력이 강했지만, 수년 사이에 아어, 즉 러시아어의 세력이 왕성하게 되었다. 이런 현상의 일면에는 일본과 러시아 사이에서 시작된 전쟁이 어쩔 수 없는 상태에 이르렀던 것을 말한다. 일러전쟁은 모든 사태를 변화시켜, 인천에서의 해전 이후 곧이어 러시아 공사가 깃발을 내려 경성에서 물러나자, 일어의 세력이 갑자기 늘어났던 것도 자연의 순서이다.

일본인은 비단 3개의 항구에 거주하는 데 머물지 않고, 옛 읍이나 큰 도시에 이전부터 산재하고 있어, 소재지에 일어학당(日語學堂)을 일으킨 자도 있었다. 인천일어학교는 관립이 되었지만, 원래는 인천 감리와 인천 영사가 창립과 관련되었다. 그리고 경성에는 해외교육회가 설립한 경성학당(京城學堂)이 있고, 부산에는 개성학교(開成學校)가 있으며, 평양에는 일어학당(日語學堂)이 있고, 대구에는 달성학교(達城學校)가 있으며, 군산·경주·수원·진남포·개성·나주 등에도 각각 사립의 일어학교가 있었다. 그 외 밀양·동래·마산 등에 있는 모든 학교를 열거하면, 거의 손가락으로 꼽을 수 있다.

이들 일어학교 설립 취지는 말할 것도 없이, 조선인에게 일본어를 가르쳐서 국교의 친선에 이바지하려는 것이다. 예를 들어 보면, 인천일어학교의 취지는 "일본어로써, 일본의 문화와 기풍을 주입하고, 일·한 양국의 친선을 견고히 하는데 있다"라고 했고, 부산의 개성학교도 "일어로써 개명(開明)의 학술을 닦아, 국교화친의 밑천으로 제공하도록 하는데 있다"라고 했다. 수원의 화성학교(華城學校)는 "한인의 교육은 생도에만 한정하지 않고, 그 지방 일반 한인을 교화하여, 일본의 정책 및 일본인이 되는 것을 방해하거나 또는 악감정을 품는 일 없이, 오직 왠지 모르는 좋은 감정으로 이를 환영하고, 만사주선(萬事周旋)의 노력을 인색하지 않도록 하는데 있다"라고 한 것도 있다.

물론 생도 수는 학교에 따라 차이가 있어, 인천의 일어학교는 30~40명, 가장 많은 경성학당은 항상 100여 명이 드나들었고, 부산의 개성학교는 본교 50~60명 가운데 일본어학과생(日本語學科生) 30~40명, 구관지교(舊館支校)에는 40~50명 가운데 일본어학과생 약 20명, 부산지교(釜山支校)에는 60~70명 가운데 일본어학과생 약 20명이 되었다. 수원의 화성학교도 거의 비슷하게 100명으로, 이들이 생도가 많은 곳이었다.

이들 학교 가운데 역사가 오래되고, 상당한 성적을 거두는 곳에는 학부에서 보조금을 교부했다. 즉 인천일어학교 같은 곳은 학부에서 매년 2,500여 원을 보조하고, 부산의 개성학교는 학부에서 1,200원, 외무성에서 3,000원의 보조가 있었다. 그리고 외무성의 보조금 가운데 1,000원은 마산·동래·밀양·대구·경주의 각 일어학교로 배분되었다.

이 상태에서 일러전쟁에 이르렀는데, 전쟁은 사회 전반에 변화를 일으켰다. 그 기세로 보통학교에 일본어를 부과하는 데는 대단한 반항에 맞닥뜨려졌다. 그렇지만 신교육의 큰 방침은 일본어를 보급해서 문화를 개발하는 데 있는 것이므로, 여하튼 착수한 이래로는 일본어가 조선에 전파되는 것은 아주 현저해졌다. 이 기세가 더욱 퍼졌고, 1910년(明治 43) 합방이 되면서는, 합방이 다시 조선교육의 형세를 변화시켰던 것은 말할 필요도 없다. 즉 일본어라는 명칭은 돌연히 사라지고, 국어라고 부르는 새로운 사실을 만들었다. 그리고 세월의 흐름과 함께 국어가 조선의 문화를 진척시키는 데 머물지 않고 생계의 길까지 조선인에게 부여했으므로 국어를 배우려는 열기는 대단한 기세로 높아졌다.

오늘에 이르러서는 조선의 보통교육은 국어를 가지고 가르치는 언어로 하는데 지장이 없고 조선어 및 한문은 하나의 교과목으로 존재하는데 지나지 않는다. 보호시대를 거친 것이 불과 10여 년, 일본어와 조선어의 지위가 전도되기에 이르렀던 것은 발전해 가는 시대가 만들어 낸 새로운 현상이다. 오늘날 조선의 학교를 시찰하는 자는 조선 교사에 의해 가르침을 받고 있는 보통학교의 아동이 내지의 아동과 거의 마찬가지로 국어를 구사하는 것을 보고 놀라지 않을 수 없다.

야학이나 기타의 방법으로 국어를 가르치는 것도 점차 행해지고 있다. 경상북도에서 조사한 바에 의하면, 군청, 보통학교, 헌병분견소(憲兵分遣所) 및 면장 등이 주최가 되어 여러 곳에 국어를 가르치는 곳을 열었고, 그 수가 1916년(大正 5)에는 47개소에 달했다. 개설 기간은 1개월부터 1년 사이로 수강자가 1,400여 명에 이르고 있었다.

원산과 같은 외지고 먼 곳에서도 보통학교에서는 매년 겨울철 3개월간 국어야학회를 열고 있고, 수원의 보통학교 같은 곳에서는 일요국어강습회라는 것을 설치했다. 이러한 것을 하나하나 열거할 것까지도 없다.

여기서 보면 도시 사람보다 지방 사람 중에 도리어 열심가(熱心家)가 많고, 왕왕 사람을 감동시키는 이야기조차 있다. 북청(北青)의 한 노인은 노령의 몸으로 국어 학습을 시작했고, 평안북도의 어떤 조선인 교사는 무슨 일이 있어도 자신의 처에게 국어를 배우도록 해야 한다며 일부러 아내를 경성에 데리고 가서 여자고등보통학교에 입학시킨 일도 있었다. 또 같은 지방의 어떤 여자는 국어를 배우고 싶어 해 박해를 당하지 않으려고 정성들여 남장을 하고 먼 거리를 말을 타고 보통학교에 다녔는데, 때마침 그 보통학교에서 체격 검사를 시작하자 놀란 어머니가 학교에 와서 사정을 고백하고 특별 전의(詮議)를 청했다는 이야기도 있다.

최근 국어열(國語熱)이 현저하게 높아지고, 국어를 이해하는 자가 날마다 달마다 많아지고 있다. 그렇다면 지금 국어를 이해하는 조선인의 수는 어느 정도가 되었을까 하면 물론 상세한 것은 알 수 없다. 그러나 학교의 생도는 모두 국어를 배우고 있으므로, 우선 그 총수를 들어 보면 1917년(大正 6) 5월 말 조사에서, 공립보통학교의 아동이 약 8만 2,000명, 남녀 고등보통학교의 생도가 약 1,800명, 사립고등보통학교의 생도가 약 2,900명, 공사립 실업학교의 생도가 약 4,000명, 관립전문학교의 생도가 700명으로 총합계 약 9만 명의 소·청년이 국어를 구사할 수 있다는 의미다. 그러면 그 외의 사람들은 어떠할까.

1916년(大正 5) 12월 말 평안남도 조사에 의하면, 도의 총인구 100만 명 가운데, 국어 회화에 지장이 없는 자는 남녀를 통해 6,700여 명이고, 약간 해득할 수 있는 자는 남녀를 통해 1만 3,800여 명으로 합계가 2만여 명이므로, 국어를 이해하는 자가 50명당 1명의 비율이었다. 부산에서 조사해 보면 부 내의 조선인 3만 1,000명 가운데 국어를 이해하는 자는 약 4,000명이다. 부산은 내지인과 관계가 밀접하므로 30명당 4명이 국어를 이해하는 것으로 나타난다. 인천에서는 부 내의 조선인 1만 8,600여 명 가운데 국어를 능히 이해하는 자가 800여 명, 약간 이해하는 자가 2,700여 명으로 합계가 3,500여 명의 이해자가 있는 것으로 나타나 대략 26명당 5명이 국어를 이해하는 자이다. 한층 더 작은 범위로써 수원공립보통학교의 조사에 의하면, 아동을 제외하고, 관내에 속한 가정 가운데 국어 이해자가 있는 가정은 188가구, 국어 이해자가 없는 가정은 204가구다. 대구의 수창(壽昌)공립보통학교 가정조사에 의하면 아동 이외에 국어 이해자가 있는 가정이 55가구, 언문 및 한문 이해자가 있는 가정이 73가구, 언문 이해자가 있는 가정이 24가구, 문자 이해자가 없는 가정이 11가구이다. 이처럼 경우에 따라서 각각 다를 뿐만 아니라 아직 전국에 걸친 조사가 없어 확실하게 말하는 것은 어렵지만, 조선의 총인구 1,630만 명 가운데 약 30~40만 명이 국어를 해득할 수 있다고 예상할 수 있다.

이는 주로 최근 14~15년간의 성적이라고 말해도 과언이 아니다. 그리고 지금까지 기초가 구축되어 있어 앞으로 10년은 한층 더 빠른 속도로 전파될 것이 틀림없다. 우리는 이처럼 국어의 진보가 현저함을 기뻐함과 동시에 문화의 발달 역시 이에 수반해서 가능하면 빨리 조선인이 내지인과 마찬가지로 될 것을 희망하는 바이다.

7) 농업의 개량과 신제교육

신제에 의한 교육 중 한 가지 특징은 실과교육에 무게를 두는 것이고, 농업 초보 및 상업 초보를 보통학교의 교과목으로 더할 수 있도록 했다. 이것은 공론부의(空論浮議)로 흘러서 실력의 방면을 보살피지 않았던 종래의 결함을 교정한다는 취지에 의한 것이다. 실제 실업과가 설치되지 않은 학교는 특별한 학교 이외에는 없다고 해도 좋다.

원래 조선은 옛날부터 농업국이다. 고로 1350년(正平 5)부터 약 1세기에 걸쳐서 옛날 우리 변경민이 조선에 침입했던 것, 즉 그 왜구(倭寇)의 목적도 결국 쌀을 얻기 위해서임에 틀림없었다. 1443년(嘉吉 3)에 조선과 대마(對馬) 사이에 조약이 성립해 조선에서 매년 대마의 종가(宗家)에 물건을 보내게 되었는데, 이것 역시 쌀과 콩이었다.

유신 이후에도 조선 쌀이 우리 국민의 식료에 상당히 공헌했음은, 일찍이 함경도의 아주 심각한 흉작에 즈음해 관찰사 조병식(趙秉式)이 방곡령(防穀令)을 선포했을 때, 우리 오이시(大石) 변리공사가 얼마나 강경하게 이를 반대했는가를 되돌아 생각하면, 어느 정도 추측할 수 있다. 오늘날에도 교토(京都) 부근에서 히고마이(肥後米) 등으로 칭하며 먹고 있는 것 대부분은 조선산이고, 매년 적지 않은 부족을 호소하던 우리나라 생산의 쌀은 일·선 병합에 의해, 아주 적절히 보전하는 방도를 얻었던 것이다.

또 콩 역시 그대로이다. 오늘날 조선의 대두(大豆)는 매년 100만 석이라는 수·이출이 있고, 그것이 주로 내지로 운반되었던 것이므로, 매년 40만 석의 대두 부족을 점차 보충할 수 있었던 것이다. 그리고 조선의 대두는 만주의 것보다 품질이 좋아, 두부나 된장으로서 우리 국민의 식료에 커다란 공급을 하고 있다. 면은 현재는 거의 내지로 산출(產出)하지 않게 되었지만, 우리 의복의 재료로 면을 가장 많이 사용하지 않으면 안 되므로 어쩔 수 없이 인도나 미국에서 무려 8억 1만 근, 2,700만 원이라는 다량을 수입하는데, 조선에서 면이 잘 된다는 것은 우리나라에는 대단한 행운이다.

이처럼 서서히 조선의 농산물이 내지의 일상생활에 대단한 관계를 가지는 것은 부정할 수 없는 바이다. 그렇지만 조선의 농업이 최근 내지인의 지도·진력(盡力)으로 매년 개량되어 수확이 증가한다는 것은, 종래 내지인의 의식에 공헌해 왔던 것과는 반대로 내지인의 공헌으로 되었다는 점에서 모두가 함께 좋은 일이다.

쌀, 면은 물론이고, 누에고치에서도 조선 재래의 것은 우리 개량종에 도저히 미치지 않는다. 왜냐하면 그 수확량만을 보아도 현저한 차이가 있기 때문이다.

벼에 관해 살펴보면, 6년 평균 1단보 수확량이 재래종은 1섬 5말 1되인 데 비해, 개량종은 2섬 1말 7되였다. 면은 재래종 27종을 평균한 1단보 수확량이 200근임에 비해, 개량육지면은 8년 평균 1단보 수확량이 271근이었다. 또한 집누에는 부화한 지 얼마 되지 않은 누에의 중량 1돈에서 거두어들이는 누에고치의 양이 재래종은 1말 8되에 비해, 개량종은 3말 2되에 이른다.

그리하여 조선인도 재래종보다 개량종이 훌륭하다는 것을 알고 점차 개량종으로 바꾸어가는 경향이었는데, 최근 그 속도가 현저하게 빨라졌던 것이다. 1916년(大正 5)의 계산에 따르면 쌀은 조선 전국에서 재래종 70만 정보에 비해, 내지종이 이미 45만 정보에 달했다. 그래서 수확도 합방한 해, 즉 1910년(明治 43)에 790만 섬이었던 것이 급속히 증가해서 1,250만 섬을 수확하게 되었다. 또 면은 재래면 2만 9,200정보에 비해, 개량육지면은 4만 7,900정보에 달했다. 1910년(明治 43) 육지면의 수확이 80만 근이었던 것이, 1916년(大正 5)에는 3,000만 근을 수확하게 되었다. 누에고치는 아주 현저하게 개량종이 효험을 나타내어, 재래종 3,700섬에 비해 내지종은 6만 8,000섬이라는 큰 금액으로 올라 있었다. 합방의 해에 내지종이 불과 1만 3,000섬이었던 것과 비교해 보면, 놀랄만한 진보라고 할 수 있다.

이번 권업모범장(勸業模範場)의 조사로 더 상세한 내용으로 파고 들어가 보면, 내지종 쌀 가운데 조선에서 가장 많이 선택한 것은 '하야신리키(早神力)'이다. 왜냐하면 이것이 가장 성과가 좋고 이익이 많기 때문이다. 하야신리키는 1912년(大正 1)에 재배면적 2만 2,000정보였는데, 다음 해인 1913년(大正 2)에는 6만 5,000정보가 되었고, 1914년(大正 3)에 9만 1,000정보, 1915년(大正 4)에 17만 정보, 또다시 1916년(大正 5)에는 20만 9,000정보로까지 올랐다. 하야신리키 다음은 '고쿠료미야코(穀良都)'로 1916년 재배면적이 10만 정보였다. '다마니시키(多摩錦)'가 그다음으로 4만 4,000정보, '다카치호(高千穗)'가 2만 5,000정보, '히노데(日の出)'가 2만 3,000정보, '미야코(都)'가 2만 1,000정보, '니시키(錦)'가 1만 4,000정보 순이다.

목화도 종래의 것은 나빠서 목화솜의 비율이 2할 5부 이내에 머물고 있었는데, 개량육지면은 수확도 많았을 뿐만 아니라 목화솜 비율이 3할 이상이어서 가격도 따라서 높았다. 여기서 조선인은 앞다투어 육지면의 종자를 요구하게 되었다. 원래 육지면은 아메리카가 원산지로 조선에서는 그 종자를 오사카부(大阪府)의 가시와라 농업시험장(柏原畿內農業試驗場)에서 가져가 1906(明治 39)년부터 계속 재배하고 있었다. 이것 역시 재배면적이 매년 급속히 증가해, 1906년에 불과 45정보였던 것이, 1912년(大正 1)에는 6,440정보가 되었고, 1916년(大正 5)에는 4만 7,900정보가 되었다.

양잠도 공기가 건조하기 때문에 성적이 아주 좋고 춘잠(春蠶)에 최고로 적합해 내지종이 매년 재래종을 능가했던 일반적인 상황은 앞에서 언급한 대로이다. 원예 역시 기후나 토질 관계에서 조선에 아주 적합해 오늘날 조선을 여행하는 자가 가을 하늘 아래 노랗게 익은 과실의 좋은 맛을 찬양할 때, 10년 전에는 볼 수 없었던 천혜를 감사하지 않을 수 없다. 그 가운데 포도는 가장 적어 재배면적이 겨우 510정보에 불과하지만 사과나 복숭아, 배 같은 것은 각 1,700~1,800정보에 이르고, 감은 2,000여 정보, 밤은 2만 3,000여 정보에 달하고 있었다.

이상은 조선의 농업 개량에 대해서 내지인의 진력이 직접·간접으로 발휘된 성적이다. 이런 개량이 두말할 것도 없이 농상공부의 노력이나 권업모범장의 시범 등에 의한 것이었지만, 다른 한편으로는 교육의 방침 및 이것을 실제로 시행하는 학교 교사의 지도가 적지 않은 책려(策勵)가 되었음을 생각하지 않으면 안 된다. 왜냐하면 조선의 교육은 실용에 무게를 둔 결과 상업 초보를 부과하는 소수의 보통학교를 제외하고는 모두 농업을 부과했고, 학교 교사 스스로 솔선해서 지방교화의 중심이 되도록 진력을 다한 것이 지방 산업과 깊은 관계를 가지기 때문이다. 이런 성적을 고려했기 때문인지 1915년(大正 4)부터 내지인 아동을 교양하는 심상소학교에도 5·6학년에서 토지의 정황에 따라 농업 혹은 상업 가운데 하나를 부과할 수 있게 되었다.

농업을 주로 하는 실업학교 및 보통학교에 부설된 간이실업학교가 농업 지식을 전파한 효과는 말할 것도 없고 보통학교에서조차 실습원은 물론이고, 보통작물원·특용작물원·채소밭·과수원·뽕나무밭·묘목원을 가지고 있었다. 더구나 그 크기가 작지 않았다. 가장 많은 곳이 충청북도로, 한 학교 평균 크기는 5정 2단보 정도였다. 다음은 경기도로 평균 4정 5단보 정도이고, 점점 내려가 가장 작은 지방인 함경북도조차 평균 2정보 정도이다. 이것은 1914년(大正 3) 11월 말의 상황이어서, 지금은 더 증가해 있을 것이다. 그리하여 실습 성적이 가정 및 지방에 다대한 영향을 미치고 있는 것은 말할 필요도 없다.

학교림(學校林)은 면적이 더욱 커져 어떤 학교에나 20정보까지는 무상 임대를 허가하고 여기에 식림(植林)하도록 하여 학교의 재산으로 삼도록 하자, 다투어 학교림을 경영하고 있었다. 전문기사의 말에 의하면 그 가운데에는 넓은 토지를 충분히 이용·정리할 수 있는지의 여부가 염려되는 곳도 있다고 할 정도였다. 그러나 이 방면의 협력에 의해 많은 민둥산이 점차 나무가 무성한 푸른 산으로 변하고 있다.

신영토 경영의 가장 중요한 일로, 경제 기초의 확립에 뜻을 두어 국민에게 항산(恒産)을 가르치고 안녕·행복을 향유하도록 하는 방침은 말할 것도 없이 적당한 착안이다. 그래서 처음에 일어났던 노동교육만을 강조한다는 오해는 점차 소멸하고, 서서히 내지인의 성의를 이해하게 되어 이제는 어떤 불편도 없다. 일찍이 어떤 지방에서 실과적 교육에 불만을 품던 학부형이 있었다. 그 학부형이 다음 날 밤 학교 부근을 우연히 지나가는데 내지인 교장이 농업실습지에 직접 비료를 주고 있는 모습을 봤다. 그는 뜻밖의 실상을 목격하고는 크게 감동했다. 이처럼 내지인은 우리들 조선인 자제를 노동자로 마치도록 하는 것이 아니라 조선의 개발에 마음을 쓰고 있는 것이라고 짐작하여, 의심을 완전히 풀었을 뿐만 아니라 이후부터는 학교를 원조하기에 이르렀다고 한다. 전체가 이러한 모양으로 지방의 학교 교육이 사회에 영향을 미치고 산업에 책려를 미치고 있는 것은 사실이다.

학교로부터 가정으로 좋은 종자를 분배하고, 또 가정에서도 학교에 요구하여, 그 결과 산업의 개량과 수입 증가를 얻는 일은 벌어지는 곳마다 그것을 인정받았다. 따라서 학교를 생계의 원조가 되는 곳이라고 생각하고, 또 생활상의 각종 상담, 즉 관혼상제(冠婚喪祭)에 이르기까지 학교가 중심이 되었다. 이런 곳에서 직접 들어보면, 조선 사람은 정직하고 약속을 잘 지키며 어떠한 일을 하라고 해도 누구도 불평을 하지 않는다고 말한다. 도시와 시골의 구별은 이제 이전과는 달리 대단한 차이이다. 장래 조선 전체가 모두 이처럼 되어 일반의 행복을 진척시켜 간다면 모든 방면에서 더욱더 교육의 효력을 인정받을 것이다.

8) 보건·구료 시설 및 교육

위생기관, 특히 자혜(慈惠)·구료(救療) 시설이 구석구석에까지 두루 미쳤다는 것도 확실히 신정의 덕택이라 해도 좋다. 지금까지는 조선인의 위생사상(衛生思想)이 진척되지 못했다는 것은 말할 필요도 없다. 일찍이 구한국 시대에 대일본사립위생회의 질문에 대해 답으로 잡지에 의견을 일부 게재한 적이 있다. 지금 그것을 다시 읽어 보아도 능히 당시의 위생 상태를 미루어 짐작하기에 충분하므로 그 몇 구절을 옮겨 보자.

병(病)에 대해서 신경이 느리고 둔한 조선인도 질병에 걸리지 않는 것은 아니다. 어떤 해에 또다시 이길이 경성에 유행했는데 환자가 있던 집의 변소는 여느 때와 마찬가지로 도랑으로 이어지고, 그 도랑은 우물 주위를 우회해서 다른 집의 변소로 연결되어 있다. 이렇게 그 우물에서 빨래도 하고 음식물도 씻는다. 머지않아 근처에서 곡성(哭聲)이 들린다.

친척과 오래된 친구는 그 집에 모여 음식물을 먹는다. 그곳으로 순검(巡檢)까지 가서 처음에는 잔소리도 했지만 결국 그들 자신도 음식물을 먹는 사람들 사이로 들어가는 듯한 모양새였다.

이런 병자·죽은 자에게 어떤 명의(名醫)가 있어 약을 주었던 것도 아니다. 단지 '무당'이라고 해서 무녀(巫女)와 같은 사람이 금압(禁壓)을 한다. 또 점쟁이가 점을 치는 경우도 있다. 무녀나 점쟁이의 힘으로 병을 고칠 수 있다면 좋겠지만 그렇게는 안 된다. 그런데 유행병이 창궐할 때는 무녀 전성기라고도 해야 하고, 경성에서조차 기도하는 소리가 밤낮으로 끊이질 않는다. 그래서 문명적 투약은 그들의 이상에 맞지 않는다. 임시로 물약을 주면, 질병은 한기(寒氣)의 재앙이므로 물약 등을 사용해서는 안 된다고 말하며, 머리를 얼음주머니로 차게 해야 할 때도 온돌을 지펴 그 실내에 병자를 신음하도록 하고 있다.

원래 이 온돌방은 상류의 것이라면 상당히 기분이 좋지만, 시골의 하류 것이라면 정말로 불결하다. 길을 다니면 집의 기둥에 "묻노니 주막은 어디에 있는가, 목동은 멀리 살구꽃 핀 마을을 가리키네(借問酒家在何處, 牧童遙指杏花村)" 등등과 같은 기려(綺麗)한 문구가 씌어져 있어서, 그래서 그 살구꽃 마을로 가 보니, 온돌의 입구 문은 기울고 천장은 낮으며 벽이나 마루는 흙으로 발라진 채이고, 마루 위는 몇 년이나 청소를 했던 적이 없어 갈라진 틈 가운데에는 벌레가 알을 낳았는데, 거기에 출입하는 조선인은 방의 귀퉁이에 아무렇지도 않게 가래를 뱉는다. 이 실제를 경험해 보지 않았다면, 조선의 속사정을 충분히 말할 수 없다.

게다가 상하를 불문하고 목욕탕을 갖고 있지 않다. 단지 때때로 물로 상체를 훔칠 뿐이다. 상류 사람은 기려(綺麗)하지만, 중류 이하는 때에 찌들어 있는 것이 지극히 당연하다. 그리고 집 주위를 둘러싸고 있는 도랑은 변소와 다를 바가 없다. 내리는 비는 천연 상태의 청결법으로, 이 도랑이나 길가의 불결한 물건을 하천으로 떠내려 보낸다. 옛날에는 도랑이 깨끗했고, 양 기슭은 말할 필요도 없이 바닥까지 돌로 쌓여 있었다. 그런데 오랫동안의 미신으로 불결한 물건을 하천으로 버리면서, 하천은 쓰레기장이 되었다. 그 쓰레기 사이를 흐르는 물을 이용하는 것이므로 위생사상이 진척해 있지 않았던 정도를 알 수 있다.

이와 같은 상태에서 당시 위생 시설 및 자혜·구료 기관의 보급 등은 조선인이 원하는 바가 아니었지만, 신정 이후 이 방면에도 주의를 기울여 조선인의 생명을 보전하고 박명(薄命)하는 자를 구휼(救恤)하는 데 커다란 공헌을 하고 있다. 프랑스령 인도차이나에서 프랑스인이 도덕상의 권위를 잃어버림에도 불구하고, 더욱더 토착인의 마음을 잘 묶어 두고 있었던 것은, 즉 의술·구료의 은혜 있음에 의한 것인데, 우리 조선에서도 이런 시혜는 분명히 조선인으로 하여금 신정에 만족하도록 하는 한 원인이라고 말함을 주저하지 않는다.

지금 모범적 의료병원으로서는 경성에 총독부의원이 있고, 기타 각 도 19개소에 자혜의원이 설치되었으며, 최근 나병원(癩病院) 1개소가 추가되었다. 그리고 간도(間島)에 살고 있는 조선인에 대해서 간도시료병원(間島施療病院)을 열어 병자를 구제하고 있는 상태이다. 또 경찰의(警察醫)를 각지에 배치해서 일반 환자의 진료에 종사하도록 하고, 1914년(大正 3) 4월부터는 새로이 공의제도(公醫制度)를 설치해 의료기관이 구비되지 않는 곳에 공의(公醫)를 배치해, 경찰의와 함께 의료에 힘을 쏟도록 하였다. 그리고 공의는 진료 이외에도 각 관청을 통한 위생사무에 종사한다. 또 1912년(大正 1)부터 순회진료를 시작하고, 자혜의원(慈惠醫院)이 그 임무를 담당하도록 했다. 이전 출장 진료의 손이 미치지 않던 곳까지 충분히 시혜를 베풀게 된 것은 조선인의 구제비(救濟費)로 많은 금액의 은사금이 하부(下附)되었던 덕택이다. 기타 의생(醫生)의 양성이나 산파·간호부·종두인허원(種痘認許員) 등과 같은 것을 설치한 것은 일일이 열거할 수 없는 정도이다.

이처럼 의술의 보급은 원래 교육의 힘을 기다리지 않으면 안 된다. 이것이 바로 조선총독부의원 부속의학강습소(朝鮮總督府醫院 附屬醫學講習所)가 있는 이유이다. 이 강습소는 원래 대한의원 부속의학교(大韓醫院 附屬醫學校)의 조직을 새로이 한 것으로, 조선인 의사 및 내·선인 조산부·간호부의 양성을 담당하고 있었다. 1916년(大正 5)부터 별도로 독립된 경성의학전문학교(京城醫學專門學校)로 개칭되어 주로 의사 양성을 담당하게 되었으므로, 총독부 의원 및 각 도청 소재지의 자혜의원에서는 조산부·간호부의 양성만을 담당하게 되었다. 그리고 의학전문학교의 졸업생은 우선 총독부의원 및 자혜의원에 취직하도록 하고, 점차 익숙해진 후에는 공의로 임명해, 개인 개업도 하도록 했다.

고아나 장애인에 대한 구제는 종래 외국인이 포교의 일부로 행하는 곳 2~3개에 불과했는데, 1911년(明治 44)에 제생원(濟生院)을 설립하여 고아의 교양, 맹아자(盲啞者)의 교육 및 정신병자의 구료를 행하게 되었다. 그 기본 재산은 임시은사금, 국채보상금 잔액으로 충당하고, 사업에 필요한 경비는 기금의 이자, 국고보조금 및 기부금으로 충당했으며, 같은 해에 다시 하부된 빈민구료자금을 더해 상당히 큰돈을 운용할 수 있게 되었다. 나중에 다소 변화된 것은 있었지만, 이 방면에 들였던 공은 적지 않다. 1917년(大正 6) 3월 말 현재 의원 및 제생원의 자금을 보면 총독부의원이 약 18만 원, 각 도 자혜병원이 약 350만 원, 제생원이 약 36만 원이다. 이로써 그 활동력의 일반 상황을 알 수 있다.

이들 자혜·구제의 기관이 갖추어짐과 동시에 보건 시설 역시 보급하고 있다. 우선 음료수의 개량으로 수도의 부설 및 모범적 공공 우물을 파고, 경성·인천·부산·평양 등 12개소에는 이미 수도를 설치했으며, 현재 공사 중인 곳도 여럿이다. 그 외 지방은 우물물·냇물·샘물 등을 사용하고 있는데, 아무튼 변소를 갖고 있지 않은 국민인 까닭에 수질은 점차 더러워져, 병독(病毒)이 전파하기 쉬운 경향이 있다. 수도가 불가능한 곳에는 국고보조금으로 공공

우물을 파도록 하거나 개수하도록 한 것이 1915년(大正 4) 말 이미 약 200개소를 넘어서고 있다.

한편으로 쓰레기의 제거, 분뇨의 취급, 공공변소의 설치, 도로의 청소, 살수 및 제설, 도랑 및 하수의 준설 등과 같은 더러운 것을 제거하는 사업은 경성 및 평양과 같은 대도시부터 서서히 실시하고, 기타 지방에서는 종종 위생 강연을 개최해, 봄가을 두 계절에 청결법을 실시하도록 하고 있다. 그러나 지방의 실제를 목격한 바에 따르면, 역시 아직 청결법의 의미가 민간에서 철저히 되고 있다고는 보기 어렵다. 또 음식물에 대해서도 불량하고 유해한 것을 제거하기 위해 여러 종류의 취급 규칙을 실시하게 되었다.

이러한 보건에 대한 주의가 점차로 두루 미치게 되었어도 콜레라·이질·장티푸스 등의 유행병이 각지에 만연한다. 특히 천연두는 거의 조선의 지방병이라고 해야 할 정도로, 종래는 사람의 힘으로 제거할 수 없는 병처럼 생각되었지만 최근 종두(種痘)를 시행해 이 성가신 것을 구제하기에 이르렀다. 초기에는 조선인이 종두를 싫어해, 기피하거나 은둔하는 자가 많았지만, 점점 그 효험을 알게 되어 지금은 이 때문에 구제되는 자가 실로 적지 않다. 1916년(大正 5)의 조사에 의하면, 이 해 종두했던 조선인이 남녀를 합해 128만 명에 이르고 있다. 이외에 행려병자 및 기아(棄兒)의 구호 등까지 열거해 보면 거의 제한이 없다.

학교에서도 앞서 서술한 의학전문학교 등에서 의술이나 위생의 강의가 있을 뿐만 아니라, 다양한 방면에서 위생사상을 향상하도록 노력하고 있다. 신의주의 보통학교에서는 생도에게 목욕의 필요를 설명하고 목욕탕을 학교에 설치했는데, 그때부터 지방민도 잇달아 목욕의 상쾌함을 깨닫게 되었다. 오늘날에는 목욕탕이 있는 건물과 특약을 맺어 생도에게 목욕을 하도록 하고 있다. 의주(義州)의 농학교 기숙사에서는 생도가 목욕탕을 스스로 데우는 것을 보았는데, 겨우 1주에 1회에 불과하다. 그렇지만 의주와 같이 외지고 먼 곳에 이르기까지 종래 국민이 가지지 않았던 목욕탕을 기숙사에 설치하게 된 것은 위생사상의 진보를 입증하는 것이다. 앞으로 체조·유희 등으로 체격(體格)을 개조하는 한편 나아가 보건적 지식의 증가에 뜻을 두는 것은 인도주의적으로 의의 있는 좋은 일이라고 해야 한다.

9) 동화의 경로

조선에 서서히 문명이 보급됨에 따라 조선 사람도 과거의 잘못됨을 한층 더 깨닫고, 내지인이 말하는 것도 듣게 되었다. 옛날 지나의 세력이 오랫동안 조선에 얽혀 있을 때는 좀처럼 그와 같이 않았고, 여전히 일본인을 섬에 사는 이민족 또는 왜노(倭奴) 등으로 경멸했다. 당시 상황은 조선을 상고(上古)의 상태로 되돌려 일본의 보호를 받지 않으면 안 되도록 만들었다. 그리하여 대세가 이미 명백하게 되었고 사회질서도 점차 정비됨에 따라, 내지 사람도 조선 사람을 맞이하는 것이 전과 다르고, 서로 제휴해 국가의 융창(隆昌)에 이바지한다고 생각하게 되었다.

그래서 총독의 유고 가운데 다음과 같이 서술되어 있다.

바야흐로 조선은 제국의 강역(疆域)으로서 속방(屬邦)이 아니다. 조선인은 제국의 신민(臣民)으로서 예서(隸庶)가 아니다. 건국 이래 역성혁명이 끝없는 작은 나라에서 일약 제국신민이 되기에 이른 것은 지위를 높이는 행운임을 터득하여, 태평 융성한 세상의 선량한 백성으로서 보효(報效)의 참된 마음을 다하려는 각오가 없어서는 안 된다. 내지인은 학술·기능 또는 경력에 있어 능히 의표(儀表)가 되어 후진(後進) 조선인을 지도하고 혹은 이와 제휴하여 전 국토의 개발을 촉진하고 내·선인의 융합·동화를 원활하도록 하는데 힘써야 한다고 하는 등등.

원래 그렇지 않으면 안 되는 것이다. 이미 신정은 내·선인을 같다고 보는 것이므로 구제(救濟)·요병(療病) 시설 같은 것도 구별을 두고 있지 않다. 특히 재판이 공평한 것은 조선인이 가장 감동하고 있는 바이다. 이처럼 내지인과 마찬가지의 취급을 받는 것은 조선인의 행복일 뿐만 아니라, 최근 내지에서 상층의 사람이 잇따라 조선으로 들어오게 되어 내지인에 대한 업신여김이나 모욕은 점차 없어지게 되었다.

지금까지 일·한 양 국민은 하는 일에서 항상 다툼을 끊어내지 못했다. 이 다툼이 일본인을 조선에 정착하도록 하는데 가장 커다란 장해가 되었다. 최근에는 도 주임(主任) 일가(一家)가 조선인에게 학살된 일도 있었다. 그러나 대체로는 이미 구시대와 같은 다툼이 없어진 것은 현저한 변화라고 해야 한다. 조선인 경주 군수의 말에 의하면, 부임 이래 조선인 사이의 다툼은 여러 번 마주했지만, 내·선인의 다툼은 거의 보지 못했다고 한다. 또 이리(裡里)의 내지인 헌병대장의 말에 따르면, 내지인 사이의 다툼은 여러 번 눈에 띄었지만, 내·선인의 다툼을 취급한 적은 거의 없었다고 한다. 가는 곳마다 이러한 이야기가 들리는 것은 가장 확실한 내·선인 융화의 증거이다.

　원래 교육의 방침도 그 본의에 있어 결코 내지인 교육과 특별하지 않음은 조선교육령 발포 당시 학무국장의 강화대로이다. 이 강화에 의하면, 조선인 교육은 칙어의 취지에 따라 충량한 국민을 육성하는 데 있는 것이므로, 내지인 교육과 차등이 없음을 언명하고, 단지 당시 상황과 민도에 적합하도록 하는데 주안점으로 두는 뜻을 서술했다. 그리고 당시 발포되었던 총독의 유고에 의하면, 조선은 아직 내지와 사정이 전혀 다르므로 특히 덕성의 함양과 국어의 보급에 주력함으로써 제국신민으로서의 자질과 품성을 갖추도록 하는 것을 필요로 한다. 결국 교육에 관한 칙어의 취지에 따르도록 교육하는 것이라고 한다면, 근본적인 차별이 있어야 하는 것은 아니다. 구한국 시대에는 아무래도 한 나라의 황제가 확실하게 존재했음으로 충군애국 사상의 고취는, 즉 일본의 보호로부터 독립하는 의미가 되기도 했다. 그런데 합방이 된 오늘에는 완전히 일천만승(一天萬乘)인 천황폐하를 받들어 모시는 충의를 가르치는 것이다. 그래서 그 사이 세월의 경과가 10년에 불과하여 혹시 다소의 곤란을 피할 수 없다는 생각도 했지만, 이번 시찰에서 보면 사실 그 정도가 아닌 것은 다소 안심해야 할 일이다. 오늘날에는 가는 곳마다 황은(皇恩)을 말하는 것을 들을 수 있었고, 다음 세대의 국민 사상을 서서히 변화시킬 수 있게 되었다. 그리고 황은은 조선인 교사가 조선 아동에게 설명하고 있는 것이므로 당연히 감정을 이끌기에 충분한 것이다.

　그렇다면 이것이 과연 어느 정도까지 아동의 뇌리에 들어오고 있는가라고 보면, 수원의 공립보통학교에서 1917년(大正6) 1월에 아동의 사상조사를 위해, 돌연 문제를 내어 답안을 쓰도록 한 적이 있다. 그 가운데 "우리들이 평안무사하게 살 수 있는 것은, 누구의 덕택인가"라는 물음에 대해 대다수의 사람이 "천황폐하의 덕택입니다"라고 답하고 있다. "충의란 어떤 것인가"라는 물음에는 "천황을 위해, 나라를 위해, 힘을 다하는 것"이라는 답이 가장 많았다. 또 "국기가 세워져 있는 것을 보면, 어떤 기분이 드는가"라는 물음에는 "기분이 좋다"고 답한 사람이 대다수이고, "용감하다"라든가 "기쁘다"라든가 "유쾌하다"라든가 하는 답도 상당히 많았다. 소수이지만 "황은을 생각한다"고 하는 답도 있었다. "우리나라가 세계의 어느 나라보다도 좋은 이유는 무엇인가"라는 물음에는 "만세일계의 천황을 모시고 있으므로"라고 답한 자가 가장 많았다. 1916년(大正 5) 12월에 개성의 제일공립보통학교에서도 문제를 내어 아동의 심정을 조사했는데, 이때에는 "가장 위대하다고 생각하는 사람"이라는 물음에 대해 "천황폐하"라고 답한 자가 대다수이고, "가장 중요하다고 생각하는 것"이라는 물음에는 "직업이 있는 것"이라고 대답한 자가 다수였다.

이상은 전부 학교에서 선생에게 배웠던 것에 근거해 답하고 있는 것이겠지만, 오랜 시간이 지나면 아동의 사상도 점차 변해 갈 것이다. 또 가정의 정황을 보아도 읍이나 도에서는 어느 정도 내지에 가까워지고, 전기등을 켜는 사람이 증가함은 말할 필요도 없고, 그 가운데에는 다다미방을 가진 가정도 볼 수 있게 되었다. 게다가 그것이 경성만이 아니다. 이것들은 전부 10년 전에는 볼 수 없었던 새로운 현상이다.

아동 및 가정이 변해 갈 뿐만 아니라 조선인 교사의 변화도 역시 놀랄 뿐이다. 그들도 이미 교사가 되어 내지인과 어깨를 견줄 때는 내지인과 같은 제복을 입는데, 제복의 착용은 마음에서 즐거워하는 바이다. 그리고 일반 조선인의 학교 교사에 대한 호감은 다른 것보다도 한층 두껍다. 즉 교사 제복을 착용한 사람에 대해서 일반 인민은 자신의 편으로 여기고, 또 자신을 도와주는 사람으로 보고 있다. 어떤 곳에서 폭도가 봉기했을 때, 인민은 내지인 교사에게 조선 옷을 입도록 하고 숨도록 했던 예도 있다. 또 폭도 쪽에서도 교사에게만은 손을 대지 않았던 예도 있다. 평안남도의 신창이라는 산촌에 학교가 있는데, 그 부근에 폭도가 일어나 통행하는 사람을 체포하였는데 그중 생도가 있었다. 지니고 있던 교과서 안에서 돈 30원을 발견했으나, 출처를 들어보니 관에서 교사에게 보내는 보조금임을 알고는 도둑 두목 김관수가 생도에게 돌려주고는 학교까지 호송해 주었다고 한다. 폭도조차 이러한 상태이므로 교사가 지방 사람의 교화에 힘을 다하는 데에는 비교적 어려움이 적다.

조선인이 점차로 신시대의 교육의 힘에 귀복(歸服)하고, 내지인과 융화하기에 이르는 일반적 상황은 이와 같아, 결국 이들이 종교 신앙에까지 영향을 미치게 되었다고 볼 수 있다. 야소교는 종래부터 외국인에 의해 전파되고 있었는데, 최근에는 외국인에 속하는 신도는 오히려 감소하고, 내지의 선교사에 속하는 신도가 점차로 증가해 왔다. 불교는 옛날부터 조선에서 일본에 전해질 정도였지만 고려시대에 융성한 후에는 이조의 억압 때문에 완전히 쇠미하여, 옛날의 흔적을 볼 수 없었는데, 신정이 신앙의 자유를 보증하고 난 이후 다시 두각을 나타내고 있다. 그러나 야소교든, 불교든 아무튼 종래부터 존재하고 있던 것이지만 최근 가장 내·선인의 융화를 증명하는 새로운 사실은 신도(神道)의 신자(信者)가 조선인 가운데서 나왔다는 것이다. 즉 1912년(大正 1) 말에는 약 5,000명, 1916년(大正 5) 말에는 8,500명을 헤아리기에 이르렀다.

조선인 교육은 굉장한 취미로 풍부해지고 동시에 노력의 효과를 해마다 인정할 수 있었으므로, 내지인 교사의 조선교육에 대한 흥미와 열심은 점차로 더해져서 보통의 내지인 교육보다 조선인 교육에 종사하는 것을 희망하는 목소리가 가는 곳마다 들린다. 고로 현재의 조선인 교육은 이미 식민지로서의 교육시대에서 일변하여, 같은 나라 사람으로서의 교육시대로 들어가는 경계에 서 있음을 분명히 인정할 수 있다. 따라서 요즈음 내지인 교육과 조선인 교육의 장벽을 철회하고, 내선공학(內鮮共學)으로 해야 하는가의 여부 문제가 일어나고 있다. 하지만 실제 현실에서는 그것을 행하는 것은 어렵다.

참으로 조선인이 점차로 내지인에 가까워지고 있는 것은 앞서 제시한 사실에서도 증명할 수 있지만, 아무래도 다수 인민의 용어는 여전히 조선어이고, 풍속 습관 및 기타 지식의 정도에서도 내지인과 비교하면 역시 커다란 등차가 있다. 고로 내지인 아이들을 조선인과 공학(共學)시킨다면 조선인 생도를 내지의 생도와 평등하게 끌어올리는 데 대단히 많은 힘이 들지만, 그 반대로 내지의 생도를 조선인 생도의 위치로 끌어내리기는 쉽다. 내지인은 전입 및 거주지 등의 관계에서 자제를 내지의 학교로 옮겨야만 하는 경우가 많다. 그럴 때는 상당한 불편을 느낄 뿐만 아니라 의무교육 연령에도 내지의 아이들이 얻는 만큼의 것을 받을 수 없게 된다. 이것은 내지인 학부형이 참아낼 수 없는 바이다. 덧붙여 국가가 국민을 육성하는 능률상에서도 커다란 장해를 입지 않을 수 없다. 고로 내선공학은 장래의 문제이고, 바로 지금의 문제가 되지 않음을 알 수 있다.

단지 특별한 사정이 있는 경우 조선인을 내지인 학교에 수용할 수 있음은 말할 것도 없고, 그중에는 내지인을 조선인 학교에 보내는 경우가 없는 것도 아니다. 경성부에서는 조선인을 내지인 소학교에 맡기는 데 매년 1명당 20원씩을 내고 있는데, 지금 이 조건에 따라 입학하는 조선 아동이 약 50명에 달하고 있다. 이들 특별한 아이들은 소학교에서 큰 불편을 느끼고 있지 않다. 경주의 심상고등소학교에는 내가 직접 시찰할 때 조선 아동 남자 4명, 여자 2명을 맡고 있었는데, 그 정황을 보면 여아는 기운이 없었지만 남아는 상당히 좋았다.

이처럼 조선 아동을 내지인 학교에 맡기는 것에 관해서 종종 당황하는 사람도 있는 것처럼 보이지만 이는 물론 지장이 없는 것이다. 만주에서의 경험에 의하면, 일본인 학교에 수용하는 지나인 생도 수가 적은 동안은 그다지 불편하지 않았지만, 그 수가 많아짐에 따라 지나인 쪽이 연장자가 많다 보니 자연히 일본 아동을 압도하는 폐단이 있어 훈육상 곤란한 문제를 만들었다. 조선에서는 아직 관련한 문제에 직면하지는 않았지만, 당분간은 수에 제한이 있어야 한다고 생각한다. 만주에서는 한 학급의 생도 수를 1/10까지 수용한다는 내규가 있었지만, 조선에서는 2/10도 좋을 것이다. 또한 학력 및 가정교육에 관해서도 제한을 설정할 수 있다고 생각한다. 네덜란드령 동인도에서는 유럽인 학교에 토착인의 생도가 많이 들어오면 유럽인 생도는 학교에 다니는 것을 싫어하므로, 언어·복장 등에서 유럽인에 열등하다면 유럽인 학교에 입학시키지 않는 제한을 붙이고 있다. 우리 신영토에서도 역시 이 정도의 제한은 있어도 좋다고 생각한다. 요컨대 예절에서나 학력에서 결코 내지인 아동에 뒤지지 않은 조선 아동은 학급 아동 수의 약 1/5까지 소학교에 입학할 수 있다고 하는 것이 당분간 적당한 처치일 것이다.

또 내지인이 극히 적은 지방에서는 소학교의 유지가 곤란하므로, 보통학교에 비해서 훨씬 뒤떨어졌던 곳이 없는 것은 아니다. 게다가 외지고 먼 곳은 소학교가 있지 않다. 그렇다고 그 아이들의 교육을 버려둘 수는 없으므로, 그 가운데에는 보통학교에 교육을 맡기는 자도 있다. 어떤 경우에는 국어 시간을 줄이고 지리·역사를 가설하는 학교도 있다. 또 보통학교에 맡기지도 못해서 결국 학령아동을 그대로 가정에 내버려두는 경향도 있다.

내지인은 한 지방에 10명 이상 아이들이 있으면 학교를 세운다. 초기에는 소학교의 내용이 빈약하기 때문에 그대로 내버려두면 성적이 보통학교에도 미치지 않게 되므로, 그러한 소학교에 대해서는 보조금을 많이 하부하던가 또는 별도로 설립하지 않게 하고 보통학교의 일부로 교실을 나눠 별치하도록 하는 것이 좋다. 왜냐하면 교구·교판 등을 공통으로 이용하는 것도 가능하고, 직원의 배합 등에도 융통성이 있어 편리할 뿐만 아니라 훈육상에도 빈약한 소학교를 특설하는 것보다 뒤떨어지는 것이 아니기 때문이다. 경비 분담의 배분은 어떻게 해도 된다고 생각한다.

보통교육 동안에는 내선인의 공학에 불편을 느끼지만 전문학교에서는 어떠한가. 조선 생도의 지식이 진척되고 국어가 숙달된 자에게는 내지인과 공학해도 조금의 불편함을 참아내기만 한다면 좋다고 본다. 예를 들어 의학전문학교 같은 곳은 이를 행하고 있는데, 이번에 다시 내지인을 위해 특별의학과를 둔 것을 보면, 다소의 불편은 피할 수 없는 것으로 보인다. 경성여자고등보통학교에 부설되었던 사범과 같은 곳도 내선공학을 실행하고 있는데, 재봉 및 조선어 시간을 특별히 하지 않으면 안 된다. 수원의 농림학교에서는 1917년(大正 6)부터 내지인도 함께 수용했는데, 수신(修身) 시간에 다소 보조를 맞추지 않음을 느끼는 것 이외에 그다지 불편함은 없다. 아무래도 공학으로 하면 진도가 다소 늦어지는 것과 교재의 참작을 요하는 것은 어쩔 수 없다. 정확한 교수를 진행하려면 내지인을 별도의 조로 나누어 하는 것이 좋다. 따라서 대구의 공립농업학교나 용산의 사립선린상업학교와 같은 곳은 내선인을 함께 입학시키고는 있지만, 교수는 별도로 하고 있다. 진남포의 공립상공학교에서는 다수의 조선인 생도 사이에 약간의 내지인 생도가 끼어 있는데, 이것은 이외에 학교가 없으므로 어쩔 수 없이 여기에 입학하고 있는 것에 불과하다.

이상과 같이 서술한 바에 따라, 선인의 동화는 아직 철저하지 않지만, 다른 식민지와는 달리 대체로 좋은 결과를 거둘 것이라고 예상할 수 있다. 다만 오늘날의 상태를 보고 곧바로 낙관해서는 안 된다. 왜냐하면 조선인이 크게 불평을 외치지 않는 것은, 이것을 외쳐도 실익이 없다는 것을 알고 묵계하기 때문이다. 지금 불평을 외치지 않는다고 해도 몰래 참으며 시대의 변화를 기다리고 있는 것도 적지는 않다고 각오하지 않으면 안 된다. 그렇기 때문에 조선의 국내는 평온해도 경계를 넘어서 블라디보스토크 방면에서는 아직도 배일(排日)의 기염을 토하고 있는 자가 있다. 작년 8월 블라디보스토크에서 조선인이 발행한 신문에서 '국치기념(國恥記念)'이라는 글이 게재된 것도 하나의 징표이다. 또 올해 6월 4일의 《오사카마이니치신문(大阪每日新聞)》에 북경특전(北京特電)으로 실린 바에 따르면, 다수의 조선인이 심양 사허에서 부흥회(復興會)라는 비밀결사를 조직하고 조선회복의 음모를 꾸미고 있는 것이 발각되어 경찰에 체포되었다. 이들 결사는 각지에 만연하는 모양으로, 만약 엄금하지 않았다면 사회의 안녕을 해칠 뿐 아니라, 일본과 지나 양국의 국교를 방해하는 것이므로 내무부 총장이 각 성마다 전훈(電訓)을 내려 단속을 명했다고 한다.

그러나 때때로 이와 같은 현상이 있다고 해서 그것을 마음에 두어 주저하면 적극적 시설을 이루는 것은 불가능하다. 우리 일본인은 마땅히 협심육력(協心戮力)해서 신정치의 이상을 실현하는 데 힘써야 한다. 왜냐하면 그것이 조선을 위해서이기도 하고 또 동양 평화를 위해서이기도 하기 때문이다.

10) 지방의 교육 경영 및 그 반응의 유무

고문정치 시대에 조선인은 아직 교육에 취미를 느끼지 않았고, 또 교육에 충당할 경비도 극히 빈약했다. 즉 학부 전체에 불과 20만 원이고, 그나마 지방의 학교 보조금까지 포함되어 있었다. 그즈음 지방의 소학교에는 한 학교당 매월 20원씩을 보조하는 것이 관례였는데, 실로 그 보조금으로 유지되던 상태였다.

이처럼 측은히 여겨야 할 상태를 바꾸기 위해서는 우선 자금부터 궁리하지 않으면 안 된다. 이 때를 직면하여 1906년(明治 39) 3월 한국 정부는 기업자금(起業資金)을 얻기 위해 일본에서 차관을 얻게 되었고, 그 가운데 50만 원을 할애해 임시학부확장비(臨時學部擴張費)로 충당했다. 사실 조금 많이 배당되었다고 생각하지만, 결국 그대로 되어 버렸다. 50만 원이라는 돈은 종래 학부가 사용했던 경비의 2년 반 분량으로, 당시로써는 많은 돈이라고 할 수 있다. 그 후 특히 합방 이후 여러 종류의 교육기관 내용이 충실하게 되었고, 그 가운데 공립보통학교의 확장에서 현저한 진보를 가져왔다. 그런데 합방에 즈음해 우리 황제 폐하는 수산(授産)·교육·흉겸구제(凶兼救濟)의 자본으로 임시은사금(臨時恩賜金) 1,700여만 원을 하사하시어, 그 이자의 1.5/5를 교육, 특히 보통교육의 확장에 충당하도록 했다. 이것이 신제의 교육에 커다란 은혜였던 것은 말할 필요도 없다. 따라서 보통학교에서 황은을 논할 때는 이것이 좋은 자료가 되고 있다.

이것으로 보통학교 유지의 기초가 확립되었으므로, 1911년(明治 44) 10월 공립보통학교 비용령 및 동 시행규칙을 발포하고, 설립·유지의 비목을 정하여 은사금 이자·향교 재산수입·기본재산수입·수업료·기부금·국고보조 및 지방비보조 등으로 하고, 부족할 때는 학교 설립구역 내의 조선인이 부담하는 것으로 하였다. 그러나 현재 유지비의 대부분은 은사금의 이자 이외에 국고보조금으로 충당하고 있다. 그것은 1915년(大正 4)의 공립보통학교 총경비 150만여 원 가운데, 은사금 이자가 약 26만 원, 국고보조금이 47만 원이 된 것을 보아도 이를 충분히 알 수 있다. 또 학교 창립 시에는 국고에서 2,000원씩 보조한다.

지금 시험 삼아 지방비 가운데 교육비로 어느 정도 사용하고 있는지, 또 교육비가 다른 비목(費目)에 비해 어떠한 지위에 있는지를 조사해 보면, 1917년(大正 6)에 지방 교육비가 약 120만 원이었다. 그런데 지방비의 총계가 458만 원이었으므로, 지방비 전체의 26%가 교육비로 되어 있다. 교육비 다음으로 많은 것은 토목비이지만, 교육비에 비하면 약 4/5, 즉 94만

원이다. 그다음은 수산비 92만 원, 권업비(勸業費) 90만 원이고, 이외에는 훨씬 낮다. 그런데 보통학교에 재학하는 아동 수가 8만 3,000명 남짓이므로 교육비 120만 원을 나누면, 즉 조선 아동 1명의 교양에 약 14원 남짓이 경비로 소요된다.

내지인 학교 쪽은 어떤지 보면, 구한국 시대에는 일본인회(日本人會) 또는 거류민단이 학교를 경영하고 있었는데, 통감부 시대에 학교조합령을 발포해서 주로 이 조합에서 처리하게 되었다. 합방 후 더욱더 학교조합을 장려했으므로 대체로 조합으로 변경되어 1917년(大正 6) 4월에 그 수가 329개에 달했고, 속하는 내지인의 호수(戶數)가 7만 8,000가구를 헤아리기에 이르렀다. 그래서 조합에서 경영하는 여러 학교의 경비를 생도·아동으로 분담해 1명당 소요액을 보면, 1915년(大正 4)의 경우 소학교는 24원 남짓, 고등여학교는 74원 남짓, 실업전수학교(간이전수학교를 포함)는 68원 남짓이 되어, 꽤 많은 금액을 사용하고 있는 셈이다.

수업료는 구한국 시대에는 조선 생도에게는 받지 않았는데도 입학자가 적었다. 하지만 지금은 수업료를 징수함에도 다투어 학교에 입학하는 상태이다. 프랑스령 동인도에서는 부형의 수입이 많고 적음에 따라 수업료에 차등을 두고 있는데, 우리나라의 보통교육에서는 전부 평등하게 취급함으로 조선의 보통학교에서도 수업료를 징수하는 곳은 매월 10전이 관례이다. 신의주의 공립보통학교 같은 곳은 수업료 외에 교과서까지 스스로 부담시켜도 부형이 기뻐하며 아동을 학교에 보낸다고 한다. 그도 그럴 것이 종래의 우리 데라코야(寺子屋)와 비슷한 서당에서조차 그 이상의 월사금을 징수하기 때문이다. 즉 경주의 한 서당에서는 매월 30전의 월사금을 징수할 뿐만 아니라 별도로 수리비도 내도록 하고 있다.

한국 시대에도 사립학교는 많은 수업료를 받았고, 정부 보조 학교는 받지 않았으나, 부형은 도리어 수업료가 있는 쪽에 입학시키는 경향이 있었다. 아마도 수업료가 없는 학교는 자연스럽게 빈민학교와 같은 분위기가 되었기 때문이었다. 신교육의 착수 후에도 보통교육의 학교는 일체 수업료를 징수하지 않았는데, 이 역시 빈민학교라는 평을 피할 수 없었다. 그런데 오늘날에는 입학 희망자가 점차 증가해서 소재지의 모집인 수를 초과하는 상황이 되어 수업료를 받는 것이 가능해졌을 뿐만 아니라, 너무나 빈궁한 가정의 아동은 맡을 수 없게 되었다. 그래서 빈민학교의 모습이 일변해서, 부자학교로서의 세(勢)를 나타내고 있다. 교육 정도가 높은 여러 학교에서는 이 경향이 더욱더 드러나고 있다. 현재 평양고등보통학교나 신설된 대구보통학교 역시 상당한 부유층 자제 외에는 맡을 수 없게 되었다.

내지인은 심상소학을 졸업한 아이들이 많아짐에 따라 이에 만족하지 않게 되었다. 군산 지방과 같은 곳에서 심상소학 졸업자는 거의 전부 고등소학교에 입학한다. 그러나 전체적으로 보면 고등소학에 나아가는 기세가 맹렬해도 만주에 비하면 약간 뒤떨어진다는 느낌이 있다. 이는 아마도 가정의 빈부 차이 때문일 것이다. 아무튼 교육을 좋아하는 국민이므로 사람 수가 적어서 유지가 곤란한 지방에도 학교를 세우는 것을 게을리하지 않는다. 그러다 보니 수업료를 징수하지 않으면 안 되었다. 고등소학에서는 50전, 심상소학에서는 30전 정도를 징수한다. 조선인도 최근 교육에 열심이다 보니 착수 시대 초에 보였던 것과 같은 냉담한 일은 없다. 이렇게 열심히 하게 된 동기도 소요시대(騷擾時代)에 주로 배일적 독립 고취에 있었던 것과는 완전히 달라, 오늘날에는 뛰어난 국민이 되기 위해서 교육을 받게 되었다.

또 신식교육을 받지 않는 자는 사회생활도 곤란하게 되므로 다투어 학교에 들어가게 된다. 이런 이유로 출석률이 해마다 향상하여, 비가 오면 학교에 가는 자가 적었던 것은 점차 과거의 이야기가 되었고, 오늘날에는 우천은커녕 농번기에도 결석을 하지 않게 되었다. 또 학교에서도 우비 등을 궁리해서 통학의 편의를 열고, 장려 깃발을 내걸어 출석을 겨루도록 하는 등 점차 내지와 마찬가지 상태가 되어 간다. 이것들은 모두 조선국민의 개조에 영향을 줌에 틀림없다. 또 생도가 점차 많아져, 지방 읍내에서 큰 건축물로 목격되는 것은 대부분 학교로, 이 넓고 큰 집 가운데에서 책 읽는 소리를 듣는 것은 당시 상황의 변화를 가장 잘 깨닫기에 충분하다.

그런데 여기에 조선인이 신제교육에 대해서 불편을 느끼고 불평을 하는 까닭이 있다. 주로 양반의 가정에서 발생하는데, 아마도 이 신제교육이 모든 계급을 통틀어 아이들을 평등하게 취급함으로 상민은 기뻐하는데 반해 양반은 불만족을 느낀다. 아무튼 종래 한문을 익히는 것으로 학문을 이루어 왔던 가정의 자식에게 신제교육은 하나같이 한문 시간이 적고, 국어가 많으며, 그 위에 그들이 가장 기뻐하지 않는 농업 등이 평등하게 부과되었기 때문이다. 보통학교의 학습만으로는 그다지 실력이 늘어나지 않는다며, 서당에 아이들을 또 보내어 한문을 배우도록 하는 자가 많다.

이처럼 양반 자제가 많은 보통학교에서는 한문 시간을 다소 증가하는 정도는 인정하여 허락해 주어도 좋다고 생각한다. 또 한문 시간은 토지의 정황에 따라 2시간까지 증가하는 것을 허락함에도 불구하고 실제로는 이를 참작하는 학교가 거의 없다. 교육자는 조선과 같은 신영토에서 반드시 천편일률의 획일주의를 고수하는 것이 아니라면, 다소의 머리를 쓰는 것도 좋다고 생각한다.

유가(儒家)의 사숙(私塾)은 지금까지 신제도를 싫어하지 않는 태도를 취하고 있었는데, 여러 방면에서 소통의 길이 열렸으므로, 신제도의 교육과 보조를 맞추는 것은 그들에게는 상당한 분발(奮發)이고, 또 이쪽에서도 고려해도 좋다고 생각한다. 경주 부근 양동에 있는 명유 회재(晦齋) 이언적의 뒤를 이은 숙(塾) 역시 일찍이 양동보통학교로 고쳤고, 안동군 하곡의 서애 류성룡의 뒤를 이은 동화학교(東華學校) 역시 기본금까지 제공해서 공립보통학교가 되길 희망했다. 안동군 도산에서 이퇴계의 뒤를 이었던 보문의숙(寶文義塾)도 일찍이 내지인 교사를 초빙하고 개선하여 공립보통학교로 변화할 참이다.

재래의 양반·유가 등도 이처럼 새로운 당시 상황으로 귀향하는 상태이다. 그러나 그들의 신정에 대한 감정은 오키나와에서 나하 구메무라(那覇久米村)의 구사족(舊士族)이 한때 신정치에 기뻐하지 않는 감정을 품었던 것과는 차이가 있다. 즉 구메무라의 구사족은 지나에 대한 종래의 감정 및 옛 주인에 대한 의리를 저버리고 신정치에 귀향할 때 일종의 번민을 하였는데, 바야흐로 조선의 양반·유가는 이런 방면의 번민은 거의 없었다고 상상할 수 있다. 혹시 경주의 한 서당에서 아이가 항우(項羽)의 전(傳)을 읽는 것을 보고, "항우가 어디 사람인가"라고 물어 보면, 아이는 "대국인(大國人)"이라고 답하는 것에 대해, 일행 가운데 있던 조선인 군수가 "대국인이 무엇인가, 부디 초나라 사람이라고 답해야 한다"고 말했다고 조사한 바가 있다. 이는 아주 훌륭하게 지나 세력의 흔적이 조선에서 사라지고 있다는 일반적 상황을 증명하기에 족하다. 현재 지방의 양반·유가가 신정치에 대해 고통을 느끼는 것이 어떠한 이유인가 보면 자신들의 지배권을 잃고, 신분이 천한 자가 군수나 군서기 등이 되어, 자연히 그 지시를 받지 않으면 안 된다는 것이다. 그들은 이대로 간섭하지 않고 조용히 내버려둔다면 어떤 불만도 없다고 한다.

또 양반·유가에 한하지 않고, 일반 인민이 신정에 대해 고통을 느끼는 데는 두 가지 이유가 있다. (1) 세금의 징수법이 종래와 같은 사회제도를 인정하지 않고 개인 본위가 되었던 것이다. 즉 종래는 모든 세금을 각 마을 단위로 나누고, 마을에서 그것을 배분할 때 신분에 상응해 부담의 비율을 정했던 것이어서 고통도 평균해 있었다. 그러다 보니 비교적 주구(誅求)를 느끼지 못할 뿐 아니라 세금을 납부할 수 없는 자가 있을 때는 다른 사람으로부터 금액을 보전해 세액을 달성하는 융통성이 있었다. 그러나 신정에서는 개인 단위로 세금이 할당되면서, 이러한 자유가 작동하지 않아 옛날보다 오히려 고통을 느끼게 된다. 게다가 매년 세금이 많아지는 것을 걱정해야 한다.

(2) 묘지의 제한 및 화장의 장려에도 일반이 고통을 느끼는 바이다. 종래 조선인은 묘지를 중요시하고 이에 대한 미신이 왕성해서 지형에 따라 묘지를 선택하였다. 그래서 언덕 위 훌륭한 경치의 땅은 소재지의 묘지로 모두 채워지고는 했다. 처음 경부철도를 부설할 때도 가장 곤란한 문제가 묘지와 관련한 다툼이었다. 이렇게 떠들썩한 묘지가 신정에 의해 집장제(集葬制)로 변경되어 특별한 경우를 제외하고, 공동묘지 이외에는 장례를 금지했으므로 조선인은 커다란 타격을 느꼈다. 또 종래는 토장(土葬)이어서 전염병자의 시체라도 태우는 일이 없었고, 천연두로 죽은 자도 다시 살아난다는 미신이 있어, 오랜 기간 흙 속에 묻지 않고 묘지 위에 드러내기도 했다. 신정에서 화장을 장려하고, 구폐를 일소하려고 계획한 것은 지극히 당연했지만, 조선인의 관점에서는 종래의 관습을 파괴하는 것으로 고통과 공포를 느꼈던 것이다.

이러한 사상도 문명의 진보와 함께 점차 소멸해야 하지만, 완급의 참작 없이 노력하기만 한다면 자연히 다소의 반감을 유발한다. 그러나 얼마간은 이러한 느낌이 있음에도 불구하고, 뭐니 뭐니 해도 보호는 두루 미치게 되고, 취급은 공평하게 되있으며, 문명석 시설은 발흥하여 제반의 편의가 열리게 됨에 따라, 일반에게는 좋은 감정 쪽이 강하여, 태평을 구가하고 있다. 또 학교 교육은 점차 지방의 문화를 개발하고, 고루한 사상을 변개하는데 힘을 들여, 완고하기로 유명한 경상북도와 같은 지방에서조차 고등보통학교의 개설 이후 주위의 인기가 바뀌고 있다고 알려지고 있어, 이후부터 국민의 이해력도 더욱더 진척될 것이다.

11) 보습교육에 관하여

조선의 교육이 점차 진전하고, 보통교육이 더욱더 보급되면서 다수의 졸업생을 어떻게 해야 할까를 생각해야 한다. 4년 동안의 보통학교이므로, 졸업생을 그대로 방임해 두면 신제교육의 효과를 완전히 하는 것이 불가능할 것이다. 그런 까닭에 세운(世運)의 진보와 함께 필요한 안건에 따라 보습교육이 발생하게 된다.

보통학교는 말할 것도 없이 일상의 보통 지식이나 기능을 전수하고, 그 졸업자가 각각 직장을 얻어 생업을 즐기는 것을 본지로 한다. 만약 세간에서 보통학교 과정을 마친 것만으로는 업무에 대한 지능이 부족하다고 한다면, 자연히 야학을 열거나 보습과를 부설해서 교육목적에 보태지 않으면 안 된다. 현재 조선의 민도는 아직 전체 보통학교에 보습교육을 요구할 정도로 진전되어 있지는 않지만, 분명히 그 가운데에는 이런 요구가 자연히 일어나고 있는 곳도 있다.

신의주와 같은 벽지의 신개척지 보통학교에서는 목공 및 양잠 등 생산품에 대한 세간의 수요가 매우 많아 학교에서 그 수요를 다 감당할 수 없어 졸업생을 학교에 머무르게 하여, 과업을 계속하게 한다. 이것이 이미 필요에 의해 보습교육의 일단을 열고 있는 것에 다름 아니다. 또 이 학교의 야학은 상당히 왕성해, 특히 부인이 많이 출석한다고 한다. 군산의 보통학교에도 야학 개시 이래 입학하는 자가 매우 많고, 그 땅에 거주하는 조선인 및 지나인의 기부 등도 있어, 야학만을 위한 건물을 건축하려는 기세이다. 야학은 주로 국어를 배우기 위해 열리지만, 입학하는 대다수는 보통학교 설치만으로는 만족하지 못하는 지방인으로, 이 추세로 보아 결국 보습학교의 필요를 어느 정도는 딱 잘라 말할 수 있다고 생각할 수 있다.

보습과는 처음 보통학교령을 발포하면서부터 고려하던 것인데, 제4조에 '보통학교에 보습과 및 유치원을 부설할 수 있다'고 했던 것이다. 또 1909년(明治 42) 12월, 학부차관으로부터 각 도 서기관 앞으로 보낸 통첩 가운데, '보통학교 보습과 시설상의 주의사항'이라는 것을 집어넣어, 그 설치의 본지를 분명히 했다. 업무에 종사시킬 수 있는 자는 보통학교의 졸업자 및 기타로 하여, 여가(餘暇)에 학교에 와서 교과를 보충 연습하고, 생업에 관한 이해를 깊게 하여, 처세의 실제에 한층 적응하도록 하는데 있으며, 그 교과목이나 교수의 기간이나 방법, 교과용도서에 관해서까지 자세히 언급했다. 그런데 실제로는 잘 행해지지 않는 가운데 합방이 되어, 긴급을 요하는 시설이 백출했다. 보습과가 규칙에 보였을 뿐이지만 실제는 손이 닿지 않는 모양인 채로 있다. 지금 제반의 정비에 따라 보습과 역시 중요한 문제가 될 것이다.

비단 지식이나 기능의 방면에만 머물지 않고, 조선인으로 하여금 제국의 신민으로서 그 면모를 잘 유지하도록 하는 면에서 생각해도, 보통학교 졸업 후 청년의 행동상태는 교육자의 주의를 벗어나서는 안 된다. 그것을 연령상에서나 정신발육상에서 생각해도 보통학교 졸업 후 연속적 훈련을 부여해, 국민의 성격을 완성하도록 하는 것이 필요하다. 또 지금 보는 바와 같이, 졸업생의 지도에 조금이라도 관여하는 바도 있다.

군산의 보통학교에서는 매년 졸업생을 소집해서 때마다 필요한 주의를 하고, 의주의 보통학교에서도 동창회를 개최해 졸업생 지도를 한다. 보통학교뿐만 아니라 목포의 간이상업학교와 같은 곳에서도 '졸업생 수양회'를 설치해 졸업 후 지도를 한다. 이들은 모두 훈육적으로도 졸업생을 그대로 방치하지 않고, 때때로 책려할 필요를 깨달았던 것이다. 일찍이 여기까지 손이 닿았다면 지금은 한걸음 더 나아가 졸업생을 중심으로 하는 청년회를 조직하고, 보습학교가 그 선봉에 서는 기획은 의미를 살릴 것으로 생각한다. 그래서 이에 관해 참고할 수 있는 과거의 양속은 바로 향약이다. 향약은 말할 것도 없이 지방의 합의이고, 주된 목적이 무엇에 있는가를 보면, 『반계수록(磻溪隨錄)』에 "무릇 고을의 규약이 네 가지가 있으니, 하나는 덕업상권, 둘은 과실상규, 셋은 예속상교, 넷은 환난상휼이다"라고 나와 있다. 그것을 오늘에 부활하는 것은 미풍양속 보존 방침에서도 의의 있다고 생각할 수 있다.

보습교육은 단지 조선의 아이들에게 하는 것일 뿐 아니라, 내지인의 자제에게도 한층 더 주의를 환기해야 한다. 의무교육의 연령을 넘어서고 나서 병역에 복무하기까지 청년의 교양은 의무교육과 마찬가지로 국가의 전도에 중대한 관계를 가지는 것은 다시 말할 필요도 없다. 이 시기는 신신(神身)의 발육이 왕성해서, 성욕의 문제 등도 고민되는 것이므로, 그 활력을 적당히 이용한다면 상당히 도움이 되지만, 만약 잠시라도 그것을 돌아보지 않을 때에는 왕왕 불결·불량한 습관에 빠져 사회를 해치기 쉽다.

조선에서는 중학교 및 전문학교의 수가 적고, 그렇다고 해서 내지로 자제를 보내는 데는 적지 않은 학자금이 필요할 뿐만 아니라 감독하는 것도 쉽지 않다. 그래서 실제로 소학교를 졸업한 자제가 공허하게 가정에서 세월을 보내는 경우도 적지 않다. 야학을 설치하는 곳은 아직 괜찮다고 해도, 그것조차 없는 곳에서는 지덕수양의 길이 전혀 없다. 그리고 벽지의 작은 부락이 아니라 대도시라 칭해야 할 곳도 야학을 볼 수 없는 곳이 있다.

이러한 실정이므로 도제학교(徒弟學校) 같은 종류를 부설하도록 요구하는 곳도 없지 않다. 목포심상고등소학교 같은 곳은 상당히 좋은 수공교실을 가지고 있어 소학교 교육 수료 후에도 생도를 통학하도록 하여, 목공 기타를 연습하도록 한다. 그럼으로써 직업 수여에 일조(一助)하도록 하는 것을 희망하는데, 이외에도 이런 종류의 일은 있을 것이라고 생각한다. 지금까지 기세가 성숙해 왔다면, 내지인 교육에서도 보습교육에 힘을 키워야 할 시기에 도착했다고 보아야 한다.

그런데 보습교육은 이번 대전쟁(大戰爭)으로 그 필요를 한층 더 느꼈다고 볼 수 있고, 영불 양국은 교육개선의 첫 번째 착수로써, 철저한 보습교육에 착목하고 있다. 즉 영국 문부위원회의 의견에 의하면, 소학교 졸업 연령을 14세로 균일하게 하고, 18세에 이르기까지 주간 보습학교에 1주 8시간 이상, 1년 40주 이상의 출석을 필수로 한다고 했다. 그리고 그곳에 출석하지 않는 자 및 출석시키지 않는 부모 또는 고용주가 있다면 처벌한다고 한다. 프랑스도 보습교육을 의무적으로 계속하게 하였다. 가장 유력한 의견에 의하면, 보습교육을 제1기 및 제2기로 나누어, 남자는 17세까지, 여자는 16세까지를 제1기로 하고, 남자 20세까지, 여자 18세 혹은 결혼까지를 제2기로 하여, 제1기의 보습교육에 출석해야 하는 최소한은 1년 300시간으로 하고, 제2기에는 200시간으로 하는 것이다. 이로써 전쟁 전부터 문제가 되었던 보습교육의 의무제가 드디어 현실화되어 나타나고 있다.

만주에서도 일찍부터 보습교육에 대해 생각하다가 1910년(明治 43) 이후 시작하였고, 보통교육을 마친 자에게 직업적 지능을 전수하고, 실무에 종사해 왔던 자에게 학술적 식견을 부여하여, 각 그 단점을 보충하고 국민의 발전력을 증진함과 동시에, 자칫 청년이 빠지기 쉬운 불건전한 폐풍에서 멀어지게 하기 위해서 주로 야간에 여는 것으로 했다. 보습교육은 매년 더욱더 융성하게 되어, 1914년(大正 3)과 1915년(大正 4) 만주철도 부속지에서는 거주하는 우리나라 사람의 1할 이상이 보습교육의 은택을 입게 되었으므로, 오늘날에는 어느 정도 다수에 올라 있을 것이다.

이들은 모두 장래 조선에서 교육사업을 진행시킬 때, 남아 있는 문제를 해결하기 위해 참고할 수 있는 좋은 자료가 될 것이다.

12) 시학관

교육의 대본(大本)은 이미 정해져 있어, 제반의 기관을 운영하고, 그 실제를 감찰(監察)하고 성적을 올릴 수 있도록 하기 위해서, 시학관을 필요로 하는 것은 말할 것도 없다. 특히 조선처럼 내지인 교육과 조선인 교육이 차별적 관계가 있고, 그래서 교육자도 피교육자도 복잡한 감정으로 집합되는 경우에는 항상 국면에서 관찰하여, 교육의 근본방침에서 타당한 지도를 하는 시학관을 필요로 한다.

시학관의 필요는 원래 옛날 사람도 알고 있었다. 그런 이유로 조선에서도 일찍이 사관(史

官)을 파견해 학교를 시찰하도록 했던 적도 있고(성종 시기), 제독관(提督官)을 팔도(八道)에 두어 제생(諸生)을 지도하도록 했던 적(선조 시기)도 있었다. 단지 그것이 영속되지 않고 중단되었으므로 큰 효과를 후세에 남기지는 못했다.

일러전쟁 즈음, 고문정치 시대에 학부에 시학 2명을 두고, 일본인과 조선인이 각각 담당하도록 하였는데, 그 후 통감부 시대가 되면서 얼마간은 학교 건설에 시학제도가 함께 발달하지는 못했던 것 같았다. 하지만 합방 이래, 총독부에는 현재 시학관 및 시학이 있어, 반도의 학사를 시찰하는 임무를 전수받았다. 단지, 그 숫자가 아직은 많지 않아 각 학교로 널리 퍼뜨려서 시찰과 지도를 충분히 행하는 데는, 불편을 면할 수 없다.

시학관은 총독부의 눈과 귀가 되어 중앙의 교육방침을 모든 도에 전달하고, 또 모든 도의 교육 실정을 중앙에 상달하도록 하는 기관이 된다. 교육 내용은 실로 시학관에 의해 좌우된다고 해도 좋으므로 그 임무는 무거운 동시에 크다. 고로 시학관은 교육의 근본방침을 이해하여, 신영토 행정의 정책에서부터 지도에 착수해야 한다. 혹은 개인적 감정에 갇히거나 혹은 지방의 작은 국면에 얽매여, 본래의 주의를 그릇치는 것과 같은 일을 해서는 안 된다.

이러한 견지에서 중앙에 시학관을 증가해, 총독부의 근본방침에 접촉하도록 해 둘 뿐만 아니라 나아가 건의도 할 수 있게 하는 소양을 부여하는 것이 꼭 필요하다. 내지에서는 문부성의 독학관, 부현에는 시학관 및 시학이 있고 군에는 군 시학이 있다. 일성 국민으로서 이루어야 할 교육상의 의무는 이미 명백히 알려졌고, 그 나머지는 각 지방마다의 특수한 사정을 참작해 학교 감독을 하는 것이므로, 이러한 제도도 괜찮을 것이다. 아니, 내가 생각하는 바로는 문부성 독학관의 수와 부현 시학의 수가 증가하면, 군 시학 등이 꼭 필요하다고 생각되지 않기 때문에, 조선과 같은 곳에서는 특히 중앙의 시학관을 증원해, 큰 국면에서의 지도를 주로 할 필요가 있다고 생각한다.

지금 중앙의 시학관을 증원한다면, 그 분담 방법은 어떻게 해야 할까. 지방별로 분담을 정할까, 학교별로 분담을 정할까 혹은 학과별로 해야 할까. 아니면 마땅히 분담을 정하지 않고, 수시로 총독부의 명을 받아 여기저기 시찰하는 것으로 할까. 이는 내지의 경험을 고려하고 또 조선의 현황에 비추어 생각하면, 지방별 분담으로 하는 것이 가장 적당하다. 그러면 시학관은 담당 지방에서 교육의 모든 책임을 느끼고, 지방 역시 그 시학관을 중심으로 해서 교육의 개선을 꾀하게 되어, 흡사 각 도에 시학관을 두는 것과 마찬가지 형태가 될 뿐만 아니라 무엇보다도 총독부의 대방침에 접촉하는 이익이 있다. 일단 총독부에서 시학관에게 사명을 전해 주고, 곧바로 담당 지방 전부에서 그것을 철저히 하도록 하는데도 좋다.

현재 보통학교장은 그 담당구역 내의 사립학교나 서당 등의 시찰을 행하여, 실제 군 시학의 임무를 다하고 있는데, 이것은 지금 그대로 좋다고 생각된다. 왜냐하면 학교 내외의 연결을 통해 강습을 행하는 등의 관계에서, 그와 같은 길을 열어 두는 것이 상당히 필요하기 때문이다.

그런데 시학관이 하는 비평 및 지도는 교육을 실질적으로 변화하게 할 정도의 힘이 있으므로, 아주 진중함을 요한다. 지금 조선 학교의 모습을 전체적으로 보면, 형식적 방면에서 현저히 장점을 발휘해 왔다. 내지인 아이들을 가르치는 소학교를 시찰하면, 기록의 정돈은 마음이 가는 곳으로 손을 뻗는 듯한데, 보통학교 방면도 매년 발달해, 규율 없는 조선인에 대해 학용품의 통일까지 힘써 행하는 곳이 있도록 할 참이다. 종래 조선교육이 혼돈시대를 탈각한 데에는 형식의 정리가 아주 적절했음이 확실하지만, 오늘날 살펴보면 형식뿐만 아니라 내용의 충실에 힘을 기울여야 할 시대가 되고 있다. 원래 조선의 교육계는 내지의 우량 교원을 많이 흡수했으므로, 내용 방면에서는 여유있게 매진할 힘을 가지고 있음을 믿는다. 그래서 이들 우량 교원을 오래 유지할 수 있게 하는 궁리 역시 꼭 필요하다. 이와 같은 주의는 전적으로 시학관의 고려를 기다리는 바가 많다.

우리 동포는 자칫 조급하다는 단점이 있다고 말한다. 신영토처럼 감정을 복잡하게 하는 곳에서는 교육자도 충분히 두뇌를 움직여 멋대로 사려 없는 획일화를 굳이 하고, 무리하게 눈앞의 성적을 올리려는 것과 같은 폐단을 경계해야 한다. 예로부터 영국령 인도에서 대국에 통용되지 않는 교육자가 헛되이 개인주의를 토착인에게 이식시키고, 권리 관념을 부추겼지만, 의무 관념에 철저를 기하지 않았기 때문에 국민이 불안한 상태가 되었다고 했다. 조선에서의 우리 교육가는 그것과는 아주 다른 취지로, 같은 동양 민족이라는 이해 아래 조선인을 인솔하고 있으므로 같은 과오에는 빠지지 않았지만, 감독자에게 성적을 인정받으려는 마음이 간절한 나머지 무리하게 고루 갖추려고 하여, 학교의 소란스러움을 일으키는 일도 없다고는 할 수 없다. 따라서 시학관은 이들의 일에도 유의해서 무엇이나 새로운 것을 급격하게 이루려고 몰아세우는 듯한 오해를 일으켜서는 안 된다. 아무튼 현재 교육은 대체로 성공하고 있음에 틀림없으므로, 미래에는 오늘의 것을 흔들림 없이 나아가도록 하는 주의가 꼭 필요하다.

　조선에는 보충교본(補充敎本)이라고 칭하는 교과서 외에 토지 정황에 맞춘 적절한 교수를 하기 위해, 교과서의 내용을 참작해 증감하거나 제외하는 교수 자료가 있다. 이것은 아주 친절한 생각이고, 학교마다 이의 완성을 기하도록 함이 당연하다. 단지, 지나치게 너무 친절해 이 역시 한꺼번에 생도의 머리에 주입시키는 것과 같은 상황이 생기게 해서는 안 된다. 또 조선인 교육 쪽에서 보아도, 미국령 필리핀에서 남녀를 묻지 않고, 소학교에서 레이스 짜기를 부과한 것과 같은 일은 참고가 된다. 조선에서도 여아에게는 이런 종류의 것을 가르쳐서 가정의 부업이 되게 한다면, 부인의 직업이 반드시 세탁만으로 끝나지는 않을 것이다. 또 필리핀에는 모자 제조, 삼태기 만들기, 의자 제작 등 실용적인 수공이 크게 장려되었는데, 조선에서도 농업 실습 외에 멍석이나 가마니 등을 만들게 하여, 많은 공급을 시장에 부여하는 것은 가정에도 사회에도 모두 유익하고, 장래 더욱더 발달하도록 해야 할 것이다.

　칙어의 취지에 근거해 교육을 실시하는 것은 원래 조선교육의 근본방침이다. 그렇다면 생도에게 그것을 충분히 체득시키는 것에 관해서는 깊은 주의와 연구를 요해야 할 것이다. 원래 내지인과 조선인은 과거의 역사를 달리하고 있으므로 내지의 소학교에서와 동일한 취급에 대해서는 그 철저함에 미덥지 못한 점이 있다고 생각된다. 고로 성물(聖物)의 복응(服膺)에 관해서는 특히 고려해야 하는데, 만약 내지 학교에서와 동일한 성물의 봉석(奉釋)에 머무르거나, 형식적 표로 매듭짓는 것으로 해야 할 일을 끝낸다면, 대상의 연구를 소홀히 한 것이라고 말해야 한다. 그런데 학교 방면에서는 이것에 관해 좋은 의견을 조금도 듣지 못했는데, 다행히 올해 6월, 총독부가 칙어 취지의 근해(謹解) 및 조선인을 복응시키는 심득에 관한 대의를 인쇄해서 발표했던 것은 정말 당연한 것으로, 소위 뜻밖의 기쁜 소식과 같다.

　조선인 교사가, 보통학교 방면에서 드러내고 있는 성적은 나쁘지 않지만, 장래에도 과연 이대로 발달을 이룰 수 있을까. 지도의 손이 강하면, 곧바로 퇴보하는 것과 같은 일은 없을까. 또 그 성적이 나쁘지 않으면, 필경 현재의 환경에서 말하는 것으로, 장래 모두가 진전해 간다면, 이대로 좋은가는 아직 의문이다. 무릇 이와 같은 실제 문제에 직접 입각해서, 그 보무를 밀고 나아가는 데에는 장래 증원시켜야 할 시학관의 활동을 신뢰하지 않을 수 없을 것이다.

제2장 조선인 교육 각설

1) 보통학교의 연혁

　조선의 교육 방침 외에는 대체적으로 앞 장에 서술했으므로, 여기서는 보다 더 상세히 보고자 한다.

　현재의 조선인 교육은 보통교육, 실업교육 및 전문교육의 3종으로, 보통교육에 속한 것은 보통학교, 고등보통학교 그리고 여자고등보통학교이다. 이들은 모두 국어의 보급과 국민성 함양에 중점을 두고 있다. 사범학교는 없지만 관립고등보통학교 및 여자고등보통학교에 교원양성기관을 부설하고 있다. 실업교육에 속한 것은 농업학교, 상업학교, 공업학교 및 간이실업학교가 있는데, 그중 가장 다수는 농업 지식을 전수하는 학교이다. 전문학교에 속한 것은 법제경제를 주로 하는 전수학교 그리고 의학전문학교, 공업전문학교 등으로, 이들은 모두 경성에 있으나 수원에 있던 농림학교가 이번에 농림전문학교가 되었다.

　이들은 나날이 발달해 왔다. 조선교육은 처음부터 보통교육을 중시하였고, 이를 보통학교로 칭하는 것에 대해 다양한 논의가 있었다. 처음에는 국민에게 보편적인 교육을 실시하는 바를 의미하여 국민학교로 명명했으나 당시의 학부대신이 말하기를 "우리나라에서 '민'이라 칭하는 것은 아직 조정에 벼슬이 없는 사람들을 지칭하는 것으로, 가령 관리가 되는 자는 '신'으로 칭한다. 즉 신과 민은 별개의 뜻을 가지고 있다. 지금 이를 국민학교라고 한다면, 곧 상민만의 자제를 교육하는 곳이 되므로, 소위 신이 된 자의 자제를 포함하지 않는 학교가 된다"며 명칭에 관한 논의가 일어났다. 이에 보통교육을 실시한다는 의미로, 보통학교로 하는 것이 더 크게 환영받아, 마침내 이로 결정했다.

　또한 그 수업연한을 4년으로 하는 것에 대해서도 다양한 숙고 끝에 정하였고, 고등 정도의 학교도 모두 4년의 수업연한으로 동일하게 했다. 즉 보통학교 4년과 고등학교 4년으로, 조선에서 일반교육을 완성시키도록 하였다. 당시 조선의 상황에서 이것이 확실하게 가능할 것으로 믿었어도, 과연 이에 만족해야 하는가의 여부로 오랜 생각과 고민이 있었는데, 그 후 세계의 식민지를 시찰한 후에야 비로소 안심했다.

　왜냐하면 모든 지역에서도 대체로 이와 다를 바가 없었기 때문이다. 우선 이집트에서는 조선과 완전히 동일하게 소학교 4년, 중학교 4년이다. 필리핀도 소학교 4년, 고등학교 4년이며, 그 사이에 중간학교 3년이 있다. 하와이도 심상소학 4년, 고등학교 4년이며, 그 사이에 문법학교 4년이 있다. 코우친(交趾)[17]도 소학교 수업연한을 연결하면 4년이다. 네덜란드령 동인도는 6년의 1등 소학이 있으나, 가장 많은 것은 4년의 2등 소학이다. 해협식민지의 영어 소학도 심상과는 4년이며, 인도의 소학도 심상과는 4년 또는 3년이다. 이렇게 비교했을 때, 보통학교를 4년 정도로 정했던 것은 그다지 부당하지 않은 것이었음을 알 수 있다.

입학연령은 8세로 정했으나 이는 조선 재래의 고제(古制)에 준한 것이다. 세종3년(1421)에 세자를 입학시킬 때, "임금께서 말씀하시기를 8세에 입학하는 것은 예로부터의 제도이다(上敎曰, 8歲 入學, 古之制也)"라고 한 것도 이를 뒷받침한다. 이는 재래의 관습을 따르도록 하고, 굳이 변경하지 않았다. 우리나라 취학연령과 비교하면 1년 정도의 차이가 있지만, 원래 조선에는 무려 수만 개의 서당이 있어 간단한 초등교육이라면 이곳에서 우선 이루어지고 있기 때문에, 보통학교 입학연령이 다소 늦어져도 결코 부적합한 것이 아님을 믿은 것이다. 그러나 보통학교의 발달과 함께 혹은 서당이 쇠퇴해 갈 수도 있어서, 보통학교 아래 유치원을 부설하고, 당시 상황에서 진운을 내다보고, 보통학교 위에 보습과를 부설했던 것이다.

그때까지 학교는 주로 관립을 존중하고, 관에서 보조를 받아 학부와 관계를 갖는 것을 좋아하는 풍조가 있었다. 그래서 거의 관에서 설립하는 것과 동등한 새로운 보통학교는 세간에서 환영받을 것으로 여겼으나, 그와 전혀 반대로 일정 기간 다양한 박해를 받았다. 또 일시에 많은 수의 학교를 설립할 수 없었으므로, 우선 모범적인 것을 구읍대도(舊邑大都)에 설립하는 것 이상은 할 수 없었다. 서당을 졸업하고 다시 신교육을 받으려는 중류 이상의 자가 보통학교에 들어가도록 했으나 실제는 행해지지 않았다. 중류 이상의 자는 보통학교에 입학하는 것을 좋아하지 않아서 다수가 서당이나 사립학교로 향하였기 때문에, 보통학교는 한때 빈민학교의 모습을 드러낸 바 있다. 그러나 하늘이 정하면 사람에게 통한다. 당시 상황의 진전에 따라 오해가 풀리고 교육의 의의도 납득되어 처음 예상한 대로 되돌아간 바는 이미 서술한 바와 같다.

의무교육제도는 도저히 처음부터 실시할 수는 없었고, 또 각국 식민지를 돌아보아도 이를 실행하는 지역이 극히 적었다. 고로 우선 모범적 학교를 설립하고, 이에 수용 가능한 생

---

17 Cochinchina; 프랑스 통치기 베트남 남부에 대한 호칭.

도를 선발하는 것으로 만족하는 수밖에 없다. 1909년(明治 42) 봄, 학부차관이 신임 각 도의 교육주사를 학부에 소집했을 당시의 훈시에도 이 사정을 잘 파악하여 다음과 같이 말하고 있다.

> 금일 한국에서 의무교육을 실시하는 것은 첫째 비용과 둘째 교원의 공급에 있어 불가능하다. 비용면에서 이를 말하면, 일본이 소학교육을 위해 시정촌(市町村)이 지출한 금액은 연간 3,500만 원으로, 이에 의해 학령아동의 100분의 95에 해당하는 인원이 취학을 이루고 있다. 그렇다면 한국에서 얼마의 경비를 투입하면 의무교육을 실시할 수 있을까는 한국 인구를 일본의 4분의 1이라고 간주하고, 따라서 학령아동 수도 일본의 4분의 1이라고 가정하고, 이로써 취학아동 수를 일본의 반수로 인정하면, 일본의 경비 3,500만 원에 대해 8분의 1, 즉 430만 원이 필요하다. 그러나 한국 정부의 재정은 국비 외에 부현비(府縣費)가 없고, 또 시정촌비도 없다. 그리고 정부의 수입은 1년에 1,000만 원으로 학부의 총수입이 60만 원에 불과한 현실에서, 어떻게 이 많은 교육비를 지출시킬 수 있겠는가. 또 교원 공급에서도 도저히 동시에 수요를 감당할 수 없다. 또한 일본의 교원을 빙용(聘傭)하려고 한다면 봉급을 감당할 수 없다. 고로 의무교육은 돈과 사람 때문에 실행하기 어렵다. 그런데도 조선인이 걸핏하면, 한국에 의무교육을 실시하지 않는 것을 볼 때 한국의 개발을 좋아하지 않기 때문이라는 등의 소리를 하는 것은 터무니없고 심하다고 말하지 않을 수 없다.

당시의 상황은 이와 같았다. 그 후 교육에 관한 사상도 실제도 크게 진보하여 왔지만 여전히 누구나 지방을 순시하고 직접 민정을 살펴보면, 의무교육의 실시가 이르다는 것은 명백하다.

지방에 보통학교를 세울 때 가장 처음 고려했던 것 중 하나는 지방 사람들이 이에 동정하여, 함께 기쁨과 슬픔을 느끼도록 경영해야 한다는 것이다. 그래서 지방의 명망가를 학교 책임자의 대열에 더하는 것이 가능하다고 믿고, 학무위원의 창설에 착목했다. 최초의 보통학교령 안에 '부현에서는 교육의 보급, 확장을 꾀하기 위해 학무위원을 두고, 학무위원에는 보통학교장을 추가한다'고 한 조가 추가된 바 있다. 후에 학부차관도 훈시 중에 이를 기술하고, 다음과 같이 말하고 있다.

학무위원은 일본에서는 시정촌의 교육 장려기관이지만, 한국에서는 공립보통학교의 사업을 도와주는 기관으로서, 즉 그 중재 역할이다. 학무위원 설치에 관한 훈령, 즉 학무위원규정준칙에 기초하여 도령(道令)을 발표하고 이를 설치하여, 지방의 유지가로 하여금 공립보통학교의 경영에 참가시키는 것이다. 이 정신을 각 지방에서 이해하도록 하여 지방 운영의 적절성을 기하는 데 힘을 다할 것을 희망한다.

학교 외부의 중재 역할이 가능해, 점점 모범적 공립보통학교를 설치할 시기가 됨에 따라 적어도 1군 1교(一郡一校)를 설립하는 결심으로 이에 착수했다. 그리고 1906년(明治 39)에 임시 학부 확장비로 50만 원을 받아, 이로써 조속하게 설립할 수 있는 단서가 열렸다. 그리고 관립보통학교는 말할 것도 없고, 국고 지불이나 공립보통학교는 본래 도·부·군의 경비에 의존해야 하지만, 당초는 지방에 재원이 없어서 신설 비용은 물론, 직원의 봉급까지도 국고에서 이를 보조하여, 실제는 관립과 큰 차이가 없었다. 그런데 보통학교의 증설은 경제상 곤란하였기 때문에 지방의 학교 중 아직 공립보통학교로 변경하지는 않았지만, 을종 보통학교라고 칭하여 다소의 보조를 주고, 또 상당한 설비와 유지방법을 갖춘 사립학교에도 보조를 주어 보통학교답게 하고, 이들은 취급상 보조 지정 보통학교로 칭하여 공립보통학교와 동일한 대우를 제공한 것이다.

이렇게 합방 당시에는 보통학교의 수가 100교에 이르렀고, 합방 후에는 다시 급진하여 수년 내에 서너 배가 늘었다. 즉 1914년(大正 3) 5월 말에는 381교가 되었고, 1917년(大正 6) 5월 말에는 더 늘어나 441교가 되었다. 그리하여 1군 1교의 목표는 어느 사이에 넘어 버렸다. 그리고 유지에 있어서는 합방 시 하사된 임시은사금의 이자를 기초로, 국고 및 지방비 보조, 향교재산수입 등을 합해 충당함으로써 유지 방법이 확실해졌다.

교장은 원래 조선인으로 충원하고, 내지인 훈도를 교감으로 삼아 교장을 보좌시켜, 생도의 교양 및 학교경영의 실제에 맞추게 했다. 이 당시의 어려움은 오늘날에 비하여 헤아리고도 남음이 있다. 합방 후 지방교육의 폐습을 제거하고, 교화의 중심이 되어 임무를 충분히 수행하도록 하기 위해 종래의 교감을 없애고, 내지인을 바로 교장으로 임명하여 명실공히 학교의 경영자가 되게 했다. 보통학교는 조선인 도야의 기초가 될 뿐 아니라, 모범적 교육을 실시하여 문명의 계발 자원이 되게 하는 것이기 때문에 사명의 중요성이 커짐도 역시 알아야 한다.

2) 보통학교의 신시설

보통학교는 조선 신교육의 기초이다. 그리고 조선의 교육은 보통학교가 시작하면서부터 참된 의의를 발휘해 왔다고 봐도 좋다. 종래의 교육은 읽고 쓰기뿐인 교육이어서 한편으로 치우친 것이었다. 교육의 근세적 의의에서 볼 때 일부분이 결여되었다고도 할 수 있다. 보통학교가 시작하면서부터 여러 방면에 교육상 주의를 기울여, 점차 근세 교육의 시대로 들어가게 된 것이다.

이번 여행 중 경성에서 원산으로 향할 때, 전 학부대신 이용직(李容稙)과 함께 기차에서 합류했다. 나는 신교육의 발전을 말하면서 요즘 학교에서 활발히 행해지는 체조 같은 것도, 종래 조선이 제외해 불문에 부쳤던 결함의 하나임을 말하였다. 이에 이용직은 체조도 요순삼대(堯舜三代)의 교육법에는 있었지만 조선에서는 오래도록 이를 홀대했던 것을, 이번 신제교육이 복고한 것에 불과하다고 말했다. 유가는 유가다운 견해를 갖고 있으나, 그럼에도 어쨌든 종래에 결여되었다가 신제교육에 의해 흥한 사실이 있음은 이렇게 남의 안목에서 보아도 의심할 수 없는 것이다.

신제교육에서는 종래 학교 교육에 없었던 많은 것을 설비(施設)하려고 했다. 앞서 서술한 체육도 그러하다. 보통학교에서 어린 시기부터 필수 교과목으로 체조를 부과한 것에 의해 소년의 체격이 좋아진 것은 분명히 인정된다. 실제 학교를 시찰하여 조례 후에 심호흡을 행하고 혹은 점심식사 후에 연합 체조를 행하게 하는 정황 등을 목격할 때는 조선 소년의 체격이 좋아질 수밖에 없음을 직접 납득할 수 있다. 이에 더해, 때때로 신체검사를 행하여 건강 증진에 주의를 게을리하지 않는 것도 전적으로 신제교육의 신사업에 의한 것이다.

지육의 방면에서 볼 때도, 종래는 교수법이라고는 전수받지 않은 교사가 한문의 뜻도 모른 채 오직 낭랑하게 음독(素讀)하는 것을 가르치는 것에 불과하였으나, 신교육에 의해 그 상태는 돌변하여 교수법을 전수받은 후 수업에 임하는 것이 시작되었고, 종래에는 볼 수 없었던 '교안의 준비' 등도 이루어졌다. 따라서 수업의 정교함과 서툼도 비평하게 되어, 소위 비평회를 만들기에 이르렀다. 또한 성적이 열등한 아동에 대해서는 특별 취급법을 만들거나 가정과 연락해 성적을 평가하는 방법의 하나로 학예회를 열거나 상식 고양을 겸하여 교수에 참고가 되도록 수시로 전문가를 초빙하여 과외 강연을 실시하거나, 환등회(幻燈會)를 개최하여 생도 및 부형의 지식을 증진하는 길을 강의한다든지, 지방 청년을 위한 야학회 또는 강습회를 여는 것에 이르기까지 점차적인 시행이 이루어져 왔다. 특히 출석 장려에 있어서는 내지와 동일하게, 출석 장려 깃발을 준비하여 성적이 좋은 한 개의 학급 교실에 이를 게양하는 것 역시 종래에는 없었던 것이다. 이래저래 과거에는 극히 낮았던 출석률이 근년은 현저히 높아져 내지와 거의 다를 바 없을 뿐 아니라, 조선에서 내지인 학교보다 오히려 그 비율이 높은 지방도 있다고 한다. 이를 필리핀 학교의 우천에 출석률이 저하되는 것과 비교할 때, 조선은 기대보다 빨리 좋은 성적을 얻은 것을 기뻐해야 한다.

실례로 출석률 향상 한 가지만을 예로 들면, 경성 의동공립보통학교에는 96% 또는 97%에 달하고, 개성제일공립보통학교도 이와 같고, 군산공립보통학교는 94%에서 98%까지 오르내리고, 목포공립보통학교에서는 96~97% 혹은 그 이상을 보이고 있다.

신의주공립보통학교는 1917년(大正 6) 4월 말에 95%였지만, 1916년에는 93%, 1915년에는 90%, 1914년에는 87%였던 것을 보면, 그 진보가 현저한 것을 알 수 있다. 특히 대구와 평양 같은 대도시에서, 조선 생도의 출석률이 내지인 생도보다 높은 것은 놀랍다고 말하지 않을 수 없다. 즉 대구공립보통학교의 출석률이 1916년에 97%였으나 대구 심상고등소학교는 같은 해에 96%였다. 평양제일공립보통학교가 98% 또는 99%였을 때, 내지인 소학교 쪽은 96% 또는 97%였다고 한다. 이 중에는 조사의 기초를 다소 달리한 바도 있다고 봐야 하지만, 어떻든 조선교육이 점점 충실해진 것을 분명하게 드러내는 것이라 봐야 할 것이다.

수업에 관계한 신시설로서 종래에 없던 학교 밭, 학교 정원 등을 짓고, 또 학교 숲을 일으켜, 학교에서 교육하는 것을 실제에 활용시키는 방법을 가르치고, 조선 유일의 생업으로 일컬어지는 농경에 마음을 써서 국민을 부강하게 하려는 생각이 강화되어 왔다.

또 덕육의 방면에서도, 생도의 개성에 따라 적당하게 지도하기 위해 가정과의 연락을 꾀하여, 가정방문을 개시했다. 무엇보다 방문 횟수 등은 지방에 따라 크게 차이가 있다. 예로, 수원공립보통학교에서는 연1회 이상이고, 원산공립보통학교는 월1회 이상이다. 이미 가정과 연락을 통해 교육을 실시하고 있기 때문에, 부형회(父兄會) 또는 모자회(母姉會)를 여는 것은 물론이고, 통신부(通信簿), 통신 쪽지 등을 가정에 보냈다.

여기에 더해, 교외 감독에도 주의를 기울여 왔다. 수원공립보통학교의 경우 특별히 면밀한 규정까지 만들었다. 즉 교외 감독을 담당하는 교사의 임무는 (1) 아동으로 하여 평소의 교훈을 능히 준수하도록 함, (2) 교외에서 유희를 적당히 지도 감독할 것, (3) 가사 도움을 권유할 것, (4) 아동 출석의 장려, (5) 복습, 예습 등을 조절하여 학습의 일반 정황을 알 것, (6) 교외 훈련에서 장려 및 금지 사항을 이행하도록 하는 것 등으로, 그 금지사항은 28개조에 이르고, 장려사항은 15개조에 걸쳐 정해져 있다. 너무 번거롭고 자질구레해서 싫은 것도 있지만, 주의가 빈틈없이 갖춰져 있다. 이외에 아동 예금의 장려에 이르기까지 여러 지방에서 추진하도록 하여, 원산보통학교의 경우 최다 금액이 100여 원에 이르는 자까지 있었다. 종래 미래를 예상하는 생활이 없었던 조선과 같은 처지에서는 예금 장려는 급무에 다름없으나, 지나치게 여기에 구애(拘泥)되어 인색(吝嗇)한 마음이나 도심(盜心) 등을 부추기지 않도록 주의해야 할 것이다.

그래서 보통학교는 그 자체로 완결된 교육을 시행하게 되었다. 그리고 일본 국민으로서의 덕성을 함양하고 칙어의 취지에 따라 충량한 국민이 되는 것을 본지로 하는 것이, 과거와 비교하고 또 현정을 돌아보면, 겨우 한 발자국 내딛는 것으로 볼 수도 있지만, 신제의 교육이 과감히 종래 없었던 신시설을 실행함으로써, 본지를 철저하게 꾀하고 있는 것은 기뻐해야 한다. 그뿐 아니라 교사는 보통학교만의 사업에 그치지 않고 사립학교 및 서당의 지도까지 이끌어야 된다.

지금 이와 같은 신사업을 보통학교에서 새롭게 익히게 한다면, 상당한 대사업일 뿐 아니라 또한 긴 세월을 요하는 것이지만, 다행히도 내지의 학교에서 이미 다년간 공부와 경험을 반복해 온 것을 조선의 학교에 이식하는 것이므로, 사정의 차이로 이를 실행하는 데 어려움이 있다 해도, 짧은 기간에 비교적 완전하게 하는 것이 가능한 것은 조선교육상의 경사이고 또 인도상의 경사이다.

3) 보통학교의 내용

조선의 신교육이 과거에 볼 수 없었던 여러 시설을 내지로부터 이식하여 순조롭게 발달시키고 있는 것은, 전적으로 내지로부터 경험과 우수한 교사를 적절하게 근무하게 했기 때문일 것이다. 그리고 조선의 교사도 이러한 내지의 교사에게 교수법까지 전수받아 교단에 오르게 되었기 때문에, 수업의 양상이 과거와는 크게 달라졌다. 그중에는 음독 방법을 가르치면서도, 교재인 각종 실물을 책상 위에 늘어놓고 이를 보여 주며 생도와 문답하고 있는 자도 있다. 또 조선인은 일정한 틀에 끼워 맞춰서 그 방법을 실행하는 것은 잘하는 것으로 보이는데, 수업 방법이 내지인에 조금도 뒤처지지 않는 교사도 적지 않다. 또 교수어에도 국어, 즉 내지어를 정교히 사용하고, 억양 완급까지 주의하고 있는 것을 인정한다. 유일한 아쉬움은 탁음을 발음하는 것이 어려운 것이다. 더 연습한다면, 내지인 교사와 다를 바가 없는 정도가 될 수도 있을 것이다. 또 아무래도 불과 몇 년간의 벼락치기이기 때문에 스스로 공부하여 교육 내용을 개선하는 등의 여유를 얻는 것은 더욱 장래의 일이다.

생도의 입장에서 볼 때도 원래 말하는 법에는 장점이 있는데다 나날이 편달과 책려를 가하였기 때문에 말하는 법의 진보는 실로 급속하다. 일일이 예를 들어 말할 것도 없지만, 경주의 공립보통학교에서도 분명히 이를 느꼈고, 인천의 공립보통학교에서는 이를 가장 주의하는 것을 볼 수 있었는데, 국어독본의 구어문, 요미가타와 같은 억양까지 상당히 훌륭하다. 부산의 공립보통학교에는 조선어 성적보다 오히려 국어 성적이 더 우수하다고 말할 정도이다.

글쓰기는 과거에도 글을 잘 쓰는 선비를 존경해 온 습관도 있고, 또 신제교육에 의해 글쓰기 교수법이 나아진 결과로서, 짧은 시간 안에 상당히 진보한 것을 볼 수 있다. 내가 수원의 공립보통학교에 부임했을 때, 교장의 부탁으로 여자부 생도를 한곳에 모아 모두에게 말했다. 그 뒤 3시간째에 있는 글쓰기 시간에 제4학년을 맡은 교사가 담화를 기억해서 글을 쓰도록 했는데, 실로 상상 이상으로 잘 되었다. 즉 담화를 충분히 듣고 이해할 것과 이를 잘 써야 하는 것 그리고 글자체가 선명할 것 등에서 우리는 심상 제4학년생이 상상 이상이라는 것을 알게 되었다. 그중에는 내지 아동은 틀리지 않는 오류 등도 섞여 있었지만, 이는 어느 정도 헤아리지 않으면 안 된다. 여기서 서체(字體)를 언급했지만, 조선인이 글자에 정교한 것은 이미 세간에 정평이 나 있는 것으로, 우리의 입장에서 보면 내지의 글쓰기 교본을 사용하게 한 결과로써, 오히려 종래 필법의 올바른 서풍(書風)을 파괴한 것은 아니었는가 하는 생각이 든다.

산술에 이르러서는, 과거의 조선 교육자 중에는 이를 전수하는 데 어려움을 호소하는 사람도 있지만, 그것은 완전히 틀린 것으로, 이를 적당히 지도하면 성적을 올릴 수 있다는데 의문의 여지가 없다. 이번에 시찰했던 곳을 보면, 암산 및 주산을 상당히 잘하는 것은 결코 내지 생도에 뒤지지 않는 감이 있다. 특히 주산의 칭호법이 순 일본식인 것 등은 조선 생도라고 전혀 생각하지 않을 정도였다. 그 외에 도화, 수공, 농업초보와 같이 종래에 없었던 교과까지 수년 안에 거의 내지 소학교에 비견할 정도가 되어온 것은 실로 신교육의 덕이다.

또한 보통학교는 상급학교의 예비교가 아니고, 대다수 조선인은 보통학교 졸업으로 교육을 우선 완료하는 것이므로, 졸업 후 유민을 만드는 것은 본지가 아니다. 고로 생업을 중시하고 근로를 좋아하는 습관을 양성하여 가능한 한 직업을 부여하고, 특히 타인의 힘에 기대지 않고 자영에 무게를 두게 하는 것이 필요하다. 이런 유민이 없도록 하는 취지가 점차 실현되는 것일까, 목포공립보통학교는 실무에 종사시킨 자가 최다수를 차지하고, 원산공립보통학교에서도 272명의 졸업자 중 224명까지는 실무 종사가이다. 만인에게 자리를 얻게 하고, 유민을 없애는 것은 사회정책에 있어서도 가장 중시해야 할 것이다.

이로써 보통학교는 일상생활에 필요한 지식, 기능을 전수한다. 군산의 공립보통학교에서 만들어지는 가마니는 시장에 많이 공급하고 있고, 대전에서도 아동이 제작한 가마니의 판로가 넓다고 들었다. 또 군산 쪽에서는 아동이 만든 농산물의 매상을 올려 동창회비를 지불하고도 남았다. 수원에서도 채소 판매와 행상 등까지 하게 했다. 이와 같이 생업과 교육과의 관계가 밀접하게 되고, 오직 교실에서 교사의 설명을 듣는 것뿐 아니라 아동 스스로 수족을 움직여 일한다는 소위 학교의 근로주의와도 유사한 형태가 되어 왔다. 그래서 과거 경멸되었던 근로라는 것이 신제교육에 의해 중대한 가치를 발휘하게 되었다.

종래 교육이라면 관리의 양성 같은 것으로 오해되었던 재래의 사상은 신교육에 의해 근거부터 뒤집혀, 교육이 그러한 협소한 것이 아니라 일반 국민에게 행복을 전수함으로써 일국 부강의 기초를 배가하고 위대한 의미를 지닌 것이라는 것이 점차 이해되어 왔다. 따라서 뇌물이나 요행 같은 생각은 소멸하고, 차츰 저축심이 생기고, 생산이 증가해 왔다. 고로 조선에서의 저금액을 보면, 수년 전까지는 140~150만 원이었으나 작년은 1,200만 원에 달했다. 이 중에는 내지인도 포함되어 있지만, 무엇보다 조선인 저축의 극적인 증가를 헤아려 아는 것이 어렵지 않다. 또 쌀 생산액도 합방 당시는 수확이 800만 석이었던 것이 작년에는 1,200만 석으로, 4~5할로 늘어났다. 양잠 같은 부업도 대단한 증가를 보이고 있는 것은 농업의 개량을 기술할 때 말했던 것처럼, 이는 모두 조선의 백성이 해마다 부유해지는 증거라고 볼 수 있다.

보통학교의 건물은 신축이 많았지만 최근에는 향교 혹은 객사와 같은 재래의 건축물을 수리해서 이를 충당하는 곳이 많다. 이는 한편으로는 경비를 고려하고, 또 한편으로는 공유 건축물을 공공의 용도로 사용되게 하기 위한 것이다. 그리고 이후 교사를 신축하는 경우 이제까지 보통학교에서 사용했던 큰 건물을 교장의 주택으로 충당해 교장으로서의 면목도 세위 주려 한다.

아동의 가정이 먼 지역에 떨어져 있어, 통학이 어려운 자에게 편의를 주기 위해 기숙사를 열어 숙박시키고 있다. 무엇보다 기숙사에 머무는 학생의 수는 장소에 따라 많은 경우도 있고, 적은 경우도 있다. 의주공립보통학교 기숙사의 경우는 겨우 2명뿐이지만, 그럼에도 온돌이 있는 가옥을 제공하고 있다. 기숙사에 아동을 숙박하게 하는데 드는 1인당 경비는 평균 1개월에 2원 정도에 불과하다. 이를 경상북도에 비교해 보면, 도 내 학동 기숙사의 수는 41개소이며, 아동 1인당 1개월의 경비를 평균해 보면 2원 50전이다. 어떤 이유로 이런 낮은 가격으로 지원되느냐 하면 땔감비는 학교에서 보조하고, 식료는 자택에서 지참시켜 공동 취사를 하고, 채소는 학교 실습원에서 아동 스스로 지은 것을 사용하기 때문이다.

아동 취학 수단에 대해서는 내지 아동과 동등하게 무임승차를 행하고 있다. 즉 통학을 위해서는 비용을 징수하지 않고 기차에 오르게 하고, 가정의 부근에서 학교 소재지까지 데려 다준다. 통학하는 것까지 고려하여, 다음 세대 국민의 개선을 위해 신경 쓰고 있는 것이다.

4) 조선 소·청년의 장점과 단점

무릇 어느 국민이라도 단점과 동시에 장점이 있다. 그 장단의 양 방면을 다 알면, 비로소 적당한 교도가 가능하다. 지금 조선의 소년에 대해 그 장점과 단점을 조사해 보면 내략 다음과 같음을 알 수 있다.

(1) 장점

조선의 청소년은 종래 자칫 단점만 인정하기 쉬웠으나 근년에는 상당한 장점도 알 수 있게 된 것은 기뻐해야 한다. 필경 동포로서의 동정이 더해진 자연스런 정애(情愛)에 기초한 것이리라.

개성제일공립보통학교에서 '조선아동성행조사' 중에 장점으로서 다음의 것이 열거되어 있다. ① 기억력이 강하다. ② 모방심이 풍부하다. ③ 기능에 뛰어나다. ④ 사령(辭令)에 교묘(巧妙)하다. ⑤ 사제의 정의(情誼)에 풍부하다. ⑥ 친구 간의 우애가 두텁다. ⑦ 선조를 존경한다. ⑧ 순종적이다. ⑨ 단결력이 강하다. ⑩ 유년에는 민첩하다. ⑪ 음외(淫猥)한 언행을 쓰지 않는다.

신의주공립보통학교에서 장점으로 인정되는 점은 다음과 같다. ① 선조를 숭배하는 마음이 두텁다. ② 가장(家長) 중심주의가 명량(明亮)하다. ③ 친족 간에 돕는다. ④ 순종적으로 어른을 존경한다. 또 충청남도의 조치원공립심상고등소학교 훈도의 말에 의하면, 조선인은 다음과 같은 점이 인정된다. ① 장유의 서가 바르다. ② 복장이 어지럽지 않고 머리를 바르게 묶는 풍습이 있다. ③ 묘를 중요시한다.

이를 참고하여 생각해 보면 다음과 같다.

① 순종적으로 장자를 존경하는 풍습은 실로 조선 소년의 장점으로 수긍될 수 있다. 이것은 다소 연령이 많은 청년에게도 인정되는 것이므로 확실하다 할 만한 것이다. 즉 경성고등보통학교장 오카 모토스케가 일찍이 잡지『조선 및 만주』에 기고했던「선인 자제의 미풍」이라는 제목의 글을 읽으니, 장유의 순서가 바른 것을 쓰고 있다. 즉 만약 등교할 때 길에서 교사를 만나면, 수업 시간에 늦을 것이 염려되어도 교사를 앞질러 가는 자가 없다. 할 수 없이 교사가 멈춰서 먼저 갈 것을 명하자, 생도는 경례를 크게 한 후 길의 한 귀퉁이를 더듬어 한참을 달려서 빠져나가 멀어져서야 비로소 안심하는 것처럼 보인다. 생도가 교사의 집에 방문할 때도 좀처럼 의자에 앉지 않는다. 차를 주면 공손하게 찻잔을 받아 올리고 후방을 향해 조용히 마신다. 생도에 과실이 있어 부형을 부르는 경우 부형은 신경을 써 주는 것을 감사하게 여기고, 수 주간 그 자제를 가정에 근신시키고, 다시 교사에게 마음 걱정을 끼치지 않겠다고 맹세한다. 이와 같은 아름다운 점은 오히려 내지에도 이식해야 할 정도이다.

대구고등보통학교장 다카하시 도루(高橋亨)가『일본사회학원연보』에 게재한「조선인」이라는 제목의 논문 중에도 역시 종순(從順)한 것이 언급되어 있다. "조선만큼 만사에 종순한 민족은 대단히 적을 것이 분명하다. 국가는 능히 종순하게 중국의 제도에 따르고, 상류의 사족은 국왕의 권력에 복종하고, 중인 및 상민은 능히 계급제도에 종순하여 사족의 압제에 복종하고 인민은 관부의 명령에 복종하고, 굶거나 얼어 죽기 전에는 세금을 내지 않는 자 없고, 유자(幼者)는 장자(長者)에 대해 종순하게, 제자는 선생에 대해 종순하게, 처는 남편에 대해 종순하게, 서얼은 적자에 대해 천한 대우를 받아들이고, 미혼자가 기혼자를 향해 종순하게, 노비가 주인에 대해 종순하게, 천류(賤類)가 상인에 대해 종순하게, 우마(牛馬)에 이르기까지, 사역(使役)에 종순하는, 일본에서는 도저히 볼 수 없는 현상이다"라고 했다. 아무튼 조선인의 성질이 종순하다는 것은 일치하는 의견으로, 이는 타당한 것이라 생각한다.

일러전쟁 후, 점점 이에 반대하는 현상을 본 것은 오직 일시의 파란이었으며, 이 역시 인정의 상규(常規)이다. 사토 잇사이(佐藤一齋)도 "인정은 물과 같으니, 물결이 부딪혀 흐름을 막고, 돌연 거칠고 무서운 기세의 파도를 일으켰다"고 말하고 있으나, 인정에 고금의 차이는 없다. 그래서 합방이 되어 형세가 안정된 이후에는 일벽만항(一碧萬項)이라는 평정으로 바로 돌아가, 다시 원래의 종순성을 드러내고 있다고 보아도 좋다. 지금 각 학교에서 '기미가요'를 훌륭하게 노래하는 것이 그 증거의 하나이다.

② 종순하여 장상(長上)을 존중하는 풍습에 따라, 선조를 숭상하고 존경하는 것도 사실이다. 원래 선조를 숭경하는 것은 동양 일반의 풍습이지만, 조선에서 특히 현저하게 보이는 것은 조치원 훈도의 말처럼 선조의 묘를 중시하는 것이다. 즉 기일에 제물을 올리기 위해 묘 앞에 평평한 돌을 놓고 있다. 또 묘소는 가장 좋은 땅을 골라서 세우고, 조상의 묘를 파괴하는 것은 무엇보다도 고통스런 바이다.

③ 선조를 숭경(崇敬)하는 것과 같은 사상이 가족 사이에도 흐르고 있고, 가장을 존중하고 친척 간에 서로 돕는 풍습이 현저한 것도 시인해야 한다. 고로, 족보는 매우 중시되어 모든 집의 계보를 조사하는 것을 일종의 직업으로 하는 사람조차 적지 않다. 또한 우리나라 중고(中古)[18] 시기 '씨(氏)족의 장자(長者)'와 유사한 것이 조선에도 있어 그가 세력을 뽐내는 경우도 있다. 20여 년간 조선에 미문 제임스 헌터 웰노 소선인의 다섯 가지 특색을 꼽으며, 그 첫 번째로 '가족의 사랑'을 넣고 있다. 그리고 이 가족애가 친척과 상부하는 풍습으로까지 확장되어, 일족(一族) 가운데 높은 녹봉을 받는 자가 있는 경우에 곤궁해진 친척은 거기에 많이 기식(寄食)하는 것이 보통이다.

④ 사령(辭令)에 능한 것도 일반적으로 받아들여지고 있지만, 원래 조선어는 기술어(記述語)로 사용되지 않고 단지 구술어(口述語)로 전해진 것이다. 고로 길거리 강담 같은 이야기들은 예부터 있었고, 실로 유창하게 억양의 묘를 다한 것이었다. 조선어로 기술된 것은 『용비어천가』를 별도로 하면, 소설 등에 이르기까지 극히 적다. 서포 김만중의 『구운몽』이나 『춘향전』 등이 억압되기 시작해, 그 후로 크게 발달하지 않았다. 조선인이 말 재주가 있는 것은 반드시 그 사용 언어 때문만은 아니고, 풍습에 있어 말 재주를 중시하는 것이 체력보다 심

---

18 일본에서는 상고와 근고(近古) 사이의 시대로 평안(平安) 시대에 해당한다.

하다. 그것은 "힘이 강한 아이를 바라기 보다, 말을 잘하는 아이를 바란다고 생각"한다는 말, "고기는 씹어야 맛이 있고 이야기는 말해 보는 맛이 있다"는 말이 있는 것에서 드러나고 증명된다. 이러한 입장에서, 사령에 능한 것은 자연스러운 것이다.

⑤ 사령에 능해 처세술이 있는 것치고는 음외(淫猥)한 언행이 청년에게 적은 것은 불가사의한 듯한데, 그러나 사실이다. 고로 악서(惡書)도 내지와는 취향을 달리하고 있다. 생도 사이에 남녀문제는 내지처럼 일어나지 않는다. 경성의 의학전문학교에서 들어 보면, 생도의 품행은 역시 바르다. 반면 한 번 내지로 가서 의학교 문을 통과하고 온 생도는 왕왕 남녀 간 문제를 일으킨다. 어찌하여 조선 청소년이 비교적 남녀관계에서 깨끗한가 생각해 보니 어쩌면 이는 조혼의 풍습이 그렇게 만든 것 같다. 단지 연령이 많아지면서 다소간 방탕으로 한 번 자랑하는 것 같은 모습이 없는 것도 아니지만 이것도 사회 환경이 만든 것으로 내지의 모습과는 조금 차이가 있다. 그래서 장래 조선에도, 가령 남녀 공학이 실시되어도 내지와 같은 남녀문제가 쌓이고 발생할 걱정은 없을 것이라고 생각된다.

⑥ 기억력, 모방력 및 기능 등에서도 상당히 뛰어나다는 것을 시인할 수 있다. 우선 기억력이 강한 것은 개성공립보통학교 같이 남아를 주로 하는 학교에서 현저하게 인정될 뿐 아니라 경성사립진명여학교처럼 여아의 학교에서도 이를 살펴볼 수 있기 때문에 크게 틀림은 없다. 모방력에서는 도처의 학교에서 습자에 능한 것으로써 그 정도를 알 수 있다. 다카하시 도루의 논문 중에 "조선의 지리적 관계와 민족의 중심 사상 부재로 인해 중국 문명 수입 후 정세가 전혀 일본과 같지 않기 때문이다. 완전히 자기를 버리고 타인을 모방함에 이르고, 사상에서 조선의 특색을 잃고, 결국 다시 이를 살리지 않고 만다"라고 하는 것도, 반드시 과언은 아니다.

또한 기능에 능한 것은 청소년 남녀의 수공과 수예 성적을 보면 알 수 있다. 평양공립보통학교에서 휴가 중 아동에게 국어독본을 묘사시키고 성적을 보니, 훌륭할 뿐만 아니라 그것의 정묘하고 세련됨은 때때로 원본처럼 아름답게 보이는 것도 없지 않다. 마산공립보통학교에서는 수공 교과에서 짚신을 만들게 했는데, 모두 직접 사용하기에 족하다. 또한 경성의 의동공립보통학교에 부설된 간이공업학교에서는 생도 하나가 건축 연습으로 1동 12평의 실습장을 훌륭하게 축조하여, 현재도 이 건물을 쓰고 있다. 여아가 자수에 뛰어난 것은 이미 일반이 익히 아는 바이다.

⑦ 단결력이 강한 것에 이르면, 사람의 인상에 따라 다르기 때문에 일괄해 이렇다고 단언할 수는 없다. 의외로 조선인은 작은 것에 의견이 많아서 갑이 동이라고 하면, 을은 서라고 하는 경향이 있다. 예부터 작은 당파가 나뉘었던 것도 작은 일에 맞대어 굴복하지 않아 단결할 수 없었던 증거로도 볼 수 있다.

⑧ 오히려 여러 학교의 조사에서 보이지 않는 것 중에 조선인에게 현저하게 보이는 특징은 느긋함이다. 즉 다른 국민이 고통으로 느끼는 것도 조선인은 크게 신경 쓰지 않는 분위기가 있다. 와에루는 이를 기락(氣樂)으로 칭하고, 다카하시 도루는 이를 낙천적(樂天的)이라며, 모두 이 특징을 인정한다. 우리나라 말로 한마디로 이를 포괄하면, "하루 하루를 살아가는" 생활에 길들여져 있다. 고로 조선인이 스스로 정치를 하는 동안은 확실한 예산·결산이 없었다 해도 과언이 아니다. 그렇게 보면 이 성질은 오히려 단점에 한 걸음 더 가깝다.

(2) 단점

개성제일공립보통학교의 아동성행조사에 의거해 단점을 들어 보면 다음과 같다.

① 추리력이 결여되어 있다. ② 사려 천박하여 주도면밀하지 않는다. ③ 미신이 많다. ④ 저축심이 결여되어 있다. ⑤ 염치심이 적다. ⑥ 감정이 농후하여 지나치다. ⑦ 질투심이 있다. ⑧ 시기하고 의심하는 마음이 많다. ⑨ 미적 징념이 결여되어 있다. ⑩ 물결하다. ⑪ 의지박약이다. ⑫ 의뢰심이 많다. ⑬ 인내력이 결여되어 있다. ⑭ 무책임하다. ⑮ 일하는 것을 싫어한다. ⑯ 공덕심이 결여되어 있다. ⑰ 질서를 중시하지 않는다. ⑱ 쾌활하지 않다. ⑲ 예의를 소홀히 한다. ⑳ 순진함이 없다.

신의주공립보통학교에서 단점으로 인정하고 있는 것은 이렇다. ① 이기심이 강하고, 염치심이 결여되어 있다. ② 인정 경박하여 일의 마무리가 없다. ③ 청결하지 않다. ④ 허영심이 강하다. ⑤ 근로를 싫어하고, 지구력이 없고, 의뢰심이 강하다. ⑥ 창작과 공부가 어렵다. ⑦ 사회적 및 국가 관념이 결여되었다.

이러한 조사에서 공통점을 구하고, 실제와 견주어 생각해 보면 다음과 같다.

① 추리, 창작 면에 결여된 것은 일반적으로 볼 수 있다. 부산상업학교에서도 대체로 사고력이 결여된 것을 인정하고 있다. 조선인을 고용하는 경우 일시에 여러 건의 일을 분별하게 하면 필시 실망할 것이다. 이것은 어쩌면 추리 응용 능력이 발달하지 않았기 때문이다. 다

카하시 도루가 논문 중에도 "모든 사상에서 중국에 종속되어 하등 조선적인 독창 사상으로 간주될 만한 것을 볼 수 없었다"고 단언하고, 오카 모토스케의 말 중에도 "응용력이 결여된 점은 벗어나지 못한다"고 한 말 등은 모두 이 방면에 관한 논의이다. 단지 오카 모토스케는 다소 관점을 달리하여 이성은 발달해 있다고 말하고 있다. 히로시마고등사범학교에서 조선 유학생에게서 이를 경험해보니, 두뇌는 상당히 좋고 이성의 발달도 결코 내지인에 뒤지지 않는다. 이는 모두 우수한 조선 학생에 대한 경험이고, 일반적으로 논단하는 것은 가능하지 않다. 하지만 어찌 되었든 현재는 조선인의 뇌력 단련의 과도시대이고, 장래 교육의 힘에 따라 충분히 고칠 수 있을 것이라고 생각한다.

② 염치심이 결여된 것은 나도 이를 믿는다. 시험을 볼 때, 커닝을 하는 것은 조선에서 드문 일이 아니다. 이는 과거부터 일찍이 있었던 사실로, 이수광의 『지봉유설』에 다음과 같이 실렸다.

> 속된 말로, 우리나라 공도(公道)는, 생각건대 과거(科擧)에 있는데, 세상의 도가 날로 낮아져, 간사하고 교묘함이 점점 성하여, 불공(不公)과 부정(不正)함이 근래 더욱 심하다.

최근까지 과거를 볼 때 '환권(換券)'이라 칭하는 답안을 교환하는 폐단이 성했던 것만 보아도, 염치심이 얕았던 것이 증명된다. 이에 절도가 그다지 죄악으로 간주되지 않는 것 또한 그 발로라고 해야 한다.

③ 불결은 다툴 여지없는 조선인의 단점이다. 굳이 어려운 논의에 이를 것 없이 조선인이 목욕을 하지 않고, 완전한 변소를 보유하지 않았던 것으로도 이를 알 수 있다. 우리 내지에 예부터 있었던 미소기하라이(禊祓)[19]의 풍속 등과 비교해 보아도 큰 차이를 충분히 알 수 있다.

④ 노고를 싫어하고 견디는 정신이 결여되고, 의뢰심이 강한 것도 대체로 수긍된다. 부산 상업학교에서도 생도의 기풍이 영속적이지 않다고 말하고 있다. 또한 일반적으로 요행을 바라는 마음이 성해서 진지하게 일하지 않으려는 경향이 있었던 것은 사실이다. 이것도 교육에 의해 점차 개선되고 있다.

---

19 목욕재계하여 부정을 씻는 일본의 의식을 말한다.

⑤ 미적 관념의 결여는 다카하시 도루도 논문 중에 이를 주장하고 있으나, 원래 이때까지 조선인은 생존을 잊고 미술 등에 깊게 신경 쓸 여유도 없었을 것이다. 또 불결함에 대한 무관심이나 무사태평함 같은 성정 때문에도 관심을 향상시키지 않았을 것이다. 오늘날 총독부가 힘써 고문명의 보존에 힘을 다하려 하여 점차 조선미술의 일부가 세간에 드러난 것을 보면, 과거에는 꽤 우수한 작품도 있었지만, 대체적으로 풍부하지 않고 빈약하다는 비난은 면하기 어렵다. 대구의 수창공립보통학교(壽昌公立普通學校)에서는 미적 관념을 양성하고, 동시에 내지인과 공통의 기호를 갖게 하기 위해 국화 재배를 장려하고 있는데, 화훼를 애완하는 것도 내지에 한참 못 미친다.

그 외, ⑥ 미신, ⑦ 시기·질투, ⑧ 허영, ⑨ 무책임, ⑩ 사려경박, ⑪ 의지박약, ⑫ 저축심의 결여 등은 확실하게 있기는 해도 정도의 문제로, 반드시 조선인 특유의 단점이라고 할 수 없다는 느낌이 있다. 현재 저축심 같은 것은 근래 상당히 증가해 왔다. 또 ⑬ 사회국가의 관념이 적은 것이나 ⑭ 공덕 결여 등도 금일의 경우는 시인되기 어려우나 교육의 힘에 따라 점차 변화하는 것이 가능할 것이다. 만약 ⑮ 예의를 중시하지 않는다든가, ⑯ 순진하지 않다든가, ⑰ 인정이 경박하다 등에 이르러서는 오히려 반대의 사실도 볼 수 있다. 무엇이라도 조선인은 때때로 예의를 고수하는 경향(상복의 제도 그 일례)이 있고, 또 일반인은 내지인보다 훨씬 무지하고 순진하며, 또 지금까지 조선에서 지방 인정의 후박(厚薄)은 오히려 거기에 거주하는 내지인의 많고 적음에 반비례한다고도 볼 수 있기 때문이다. 또 다른 방면에서 관찰하면, 조선인이 힘있는 자에게 달라붙고 힘없는 자에게 냉혹한 것을 보면, 경박한 점도 있으나 혹 이것은 예의 사대주의일지도 모른다. 이것들은 모두 보기에 따라 달라질 것이다.

5) 풍속의 추이

조선 청소년의 장단점을 아는 일 그 자체는 특별한 것이 아니다. 이것은 필경 수단이고, 목적은 다른 것에 있다. 즉 목적은 소위 장점을 취하고, 단점을 보완하여, 양풍은 힘써 보존하고, 악풍은 교정하는 것에 있다. 그러면 지금 조선의 청소년이 신교육을 전수하고 아울러 내지인과 접촉하여, 이 목적대로 되는지와 아닌지를 일단 조사해 볼 필요가 있다.

수원공립보통학교에서 교외 감독을 실시해 아동의 좋은 행위와 불량 행위를 검사한 실적을 보니, 불량 행위는 점차 감소하고, 좋은 행위가 증가하는 것은 기뻐해야 할 일이다. 즉 길위에서 또는 시장에서 과자·과일을 매식(買食)하는 자가 1915년(大正 4)에는 188명이었으나 1916년(大正 5)에는 130명으로 감소했고, 못된 장난을 치는 자가 1915년에는 89명이었으나 다음 해에는 79명으로 감소했으며, 도박이나 오입질 같은 나쁜 짓을 하는 자도 1915년에는 74명이었으나 다음 해에는 30명으로 감소했다. 돈치기를 하는 자가 1915년에는 71명이었으나 다음 해에는 2명으로 감소했고, 싸움을 하는 자가 1915년에는 45명이었으나 다음 해에는 39명으로 감소한 것으로 보아 불량 행위는 모두 감소하고 있었다.

이와 반대로, 집의 일을 도와주는 자가 1915년에는 44명이었으나 다음 해에는 계속 늘어 124명이 되고, 복습을 잘하는 자가 1915년에는 39명이었으나, 다음 해에는 68명으로 증가하였다. 풀을 베고, 나무를 하는 자가 전년도에는 33명이었으나 다음 해에는 38명으로 증가한 상태로서, 양호 행위로 봐야 하는 것은 대체로 증가하고 있다.

이 같은 소년 성행의 개선은 수원만이 아니라 다른 곳에도 얼마든지 사례가 있을 것이다. 필경 모두 교사의 지도 노력의 결과이다.

또 개성제일보통학교에서 조선 아동이 내지인으로부터 받은 감화에 대해 조사한 바를 보면, 다음과 같은 일이 인정된다. 근로라든가, 저축이라든가, 공덕이라든가, 향학심이라든가, 위생이라든가 하는 방면에서는 거의 좋은 감화만을 주고, 규율 등에서는 좋은 감화도 있으면 좋지 않은 감화도 있다는 것이다. 이를 사실을 통해 보면, 다음과 같다.

근로 면에서 보면 (1) 신분 있는 자까지 일을 잘 하려고 하고, (2) 업무가 민첩해지고, (3) 업무의 준비가 정확해지고, (4) 아동은 아침, 저녁 청소를 싫어하지 않을 뿐 아니라, (5) 학교의 여가까지 일을 잘하는 상태가 되었다.

저축 면에서 보면 (1) 일반적으로 낭비를 하지 않고, (2) 상당한 가정의 아동이라도 일을 잘하고 저축을 생각하게 되었다.

공덕 면에서 보면 (1) 공공의 물건에 대해 신경 쓰게 되고, (2) 조선인 일반이 법령을 잘 지키고, (3) 관명에 따르고, (4) 의연금과 기부 등도 스스로 나서서 내게 되었다. 따라서 의외로 이욕에 욕심이 없다.

향학심 면에서 보면 (1) 일반이 신문, 잡지를 구매해 읽고자 하고, (2) 가정에서 교육을 소홀히 하지 않는 모습을 어디서든지 볼 수 있게 되었다.

위생 면에서 보면 (1) 입욕을 점점 행하고, (2) 조혼을 하지 않고, (3) 의사가 하는 말을 잘 지키고, (4) 식량이 일정하게 되고, (5) 정원에 수목을 심어 미관을 더하는 공부를 하는 상태가 되었다. 의술도 크게 변해 왔다.

규율 면에서 보면 (1) 시간을 지키고, (2) 장상을 존중하고, (3) 예의를 중시하고, (4) 함부로 남의 울타리에 들어가지 않고, (5) 조선인 일반인이 만취 등을 하지 않게 되었는데, 일면에서는 (1) 내지인이 조선인에 대한 언어의 무례함을 흉내 내는 분위기를 만들고, (2) 내지인의 야비한 행동이 옮아간 경향이 있다.

그 외에는 내지인의 용감한 기상을 느끼는 것 같은 일도 있지만, 또 한편에서는 내지인의 복장과 휴대품을 보고 저절로 사치로 흘러 다소 거드름 피우고 싶어 하는 무리도 있다고 한다.

원래 개성은 고려의 옛 도시로 인지도 발전해 있고 현재도 상업이 성행하여 만사에 이해도 빠른 까닭에 아동이 내지인에게 받는 감화도 현저하다고 생각되나 타지방에서도 다소 이에 비견하는 감화가 있는 것은 틀림없다.

앞서 서술한 수원의 조사는 전적으로 아동에 관한 것만이고, 개성의 조사는 연장자도 혼입되어 있으나, 지방 전체의 풍속의 추이를 주로 해서 관찰한 것은 마산공립보통학교의 조사이다. 이 조사에 의하면 이 지방에서는 종래의 누습이 타파되어 있다고 간주해야 하는 것이 (1) 관혼상제의 쓸데없는 비용이 절약되고, (2) 조혼의 폐습이 점점 고쳐지고, (3) 소년의 흡연이 적어지고, (4) 긴 담뱃대를 쓰는 자가 줄어들고, (5) 종두를 싫어하지 않게 되고, (6) 입욕하는 자가 증가하고, (7) 위생, 청결에 대한 사상이 점점 나아지고, (8) 기도에 의존해서 병을 치료하는 미신이 약해지고, (9) 추석, 정월 등의 휴일이 줄어들고, (10) 도박 또는 그와 유사한 유희가 줄어든 일 등에서 개성 지역과 공통점이 적지 않다.

이와 같은 조사를 곳곳에서 행해 보고, 이를 하나로 정리해 보면, 다양한 사실이 드러나서 매우 유익한 결과를 얻을 수 있을 것이다. 그러나 대체로 이 3개교의 조사만으로도 목표에 도달한다. 즉 보통학교 교육 방면에서는 신교육에 의해 조선 청소년의 단점을 착실하게 개선시키는 것에 힘써서 풍습도 대체로 잘 되고 있는 것을 알아야 한다. 실제 보통학교에서는 교육상 합리적으로 장점을 취하고 단점을 보완하는 것에 집중하여, 종래에 보지 못한 교외 감독까지도 실시하고 있기 때문에 잘 되어야만 하는 이치이다. 더구나 체조와 같은 교과를 힘써 행함에 의해 규율적 습관을 만들고 있다. 이것을 유신 시기에, 우리 국민이 앞뒤를 생각하지 않고 종래의 풍속을 타파하고, 하나 둘 서양 습관을 이식하려다 실패했던 것과 비교해 볼 때, 예사롭지 않은 행, 불행이 있다.

그러면서도 이 조사에서 어렴풋이 알 수 있듯이, 문명의 진보와 반비례로 이제까지의 미풍이 없어져 가는 것은 조선 지도방침에 반하는 것으로 경계를 요하는 바이다. 오늘날 노인을 받들고, 어른을 존경하는 분위기가 쇠하는 것은 마산 지역만이 아니고, 각 지방에서 많이 듣는 소리이다. 개성 지방 같이 장상을 존경하는 경향이 나타났다고 말하는 것은, 오히려 적은 편이다. 그러나 이를 대신하는 신기풍(新氣風)으로서 법률의 규정만을 지키고, 남의 일을 중시하지 않게 되고, 심하면 법망을 빠져 나가는 자도 증가되는 기세를 야기하기 쉽다. 경상도 및 충청도 주변에서는 조선인 사기 혹은 문서위조 등의 범죄가 증가하는 경향이 나타나고 있다. 어쩌면 종래에 거의 불문율 같은 상태에 있던 조선이 돌연 법치국이 되면서 국민의 그릇된 생각 탓도 있지만, 교육자도 민간에 끼치는 폐해를 미리 막는 마음이 중요하다. 따라서 우리는 보통학교 재학 중에 아동의 성행조사만으로 만족하지 말고, 교육의 효과가 얼마나 철저하게 이루어지는가를 알아, 학교 졸업 이후 청년들의 상태에 신경을 써야 한다.

6) 교사와 사회교육

민심의 계배(啓培)와 관계있는 것은 교사와 사회와의 접촉이다. 과거 조선에서는 인간을 교육하는 것이 있었지만 교사가 사회교육에까지 손을 뻗는 일은 없었는데, 신제교육 이후 이 방면에도 신경을 쓰게 되었다.

보통학교의 교장은 지금은 합방 이전과 달리, 모두 내지인으로 임명하고 있다. 5학급 이상의 곳에서는 교장 외 1명의 내지인 교사를 배당하고 있다. 4학급인 곳에 배당이 더해진 경우도 있다. 내지인 교사는 조선인 교사를 통솔하여, 단지 학교 안에서의 아동 훈련뿐 아니라 나아가 사회교육까지도 마음을 쏟게 되는 것이다.

이 일이 교사로서는 몹시 무거운 짐이지만 조선같이 신문화의 침윤을 필요로 하는 곳에서는 소국민(少國民)의 도야와 함께 큰 가치를 지닌다. 그것은 이전 1909년(明治 42)에 학부차이 각 도 서기관에게 지시한 '보통학교 교양에 관한 시설 강요' 안에도 "지방의 선량한 향학심을 유치하고, 그 외 학교 관계자 및 유지, 부형과 왕래하여 의지의 소통을 꾀하여 지방 민심의 계발, 선도에 힘쓸 것"을 교감에게 요구한 바 있다. 그리고 합방 후에는 이를 더욱 강조하여 성과를 올릴 것을 기대했음은 1912년(明治 45) 4월의 보통학교 강습회에서 내무부 장관이

한 훈시와 같은 해 7월 강습회에서 학무국장이 한 훈시 등에서 보아도 분명하다.

내무부 장관의 훈시에는, "여러분의 임무는 마음을 다해 학교의 내용을 충실히 하고, 교화를 퍼지게 하여 총독 정치의 본지를 온전하게 하는 데 있다"고 하였고, 학무국장의 훈시에는 "제군의 교화는 학교를 중심으로 하여 1군 1향에 미쳐야 한다. 제군은 실로 지방 감화의 중심으로 적당한 지위와 자격을 가진 것"이라고 되어 있다. 이에 더해 1916년(大正 5) 1월에 결정된 교원 심득 중에도 "교사는 부형, 향당에 가까이하여 이를 교화하는 것을 각오할 것"이라는 것이 보인다. 교사에게 학교 내부의 사업을 방기하면서까지 사회교육에 힘을 쓰라는 것은 아니지만 교육을 학교 내부에만 국한하지 말고, 교문 밖에까지 흘러나가게 하는 것이 조선에서 기대되는 바이다.

이 때문에 조선어 연구는 필요한 일로 장려되어 최근에도 그 장려에 관한 총독의 유고가 있고, 조선인 교육에 종사하는 내지인은 1920년(大正 9)부터 조선어 시험을 봐야 하게 된 것이다. 즉 아동의 성격을 알고, 조선인 교원에 대한 지도를 하는 것만이 아니라 나아가 부형 및 사회와 연락을 유지하기 위해서는 조선인에게 국어를 숙달하도록 하는 것뿐 아니라 내지인 교사 역시 조선어에 숙달하도록 해야 한다. 이에 종전부터 교원강습회에서 많은 시간을 조선어 강습에 할당했던 바이다.

그러면 실제에서 조선인에게 감화를 주는 것이 가능한가 불가한가 하는 점에 있어서는 금일의 형세로 보면 이는 의외로 유망하다. 따라서 아키야마(秋山) 시학관이 일찍이 조선교육회 잡지에 발표했던 기사에도 매우 미미한 사립학교에서조차 내지인 교사가 비상한 감화를 준 예증이 있다. 춘천군 원면(院面)이라 불리는 산촌의 사립 증익(增益)학교에 임용되었던 교사는 생도는 물론 촌민에게까지도 예사롭지 않게 신뢰받고 마을의 크고 작은 일들을 해결해 주었다. 그런데 뜻하지 않게 불경기가 되어 세금이 모이지 않자 봉급도 수개월에 걸쳐 지불되지 않았다. 이를 들은 내지인이 서로 도와 부유한 마을로 이 교사를 옮겨 주었다. 이에 마을의 남녀노소가 그 좋은 일본인 교사를 다른 곳에 빼앗기지 않으려고 수백 명의 조선인이 교사의 집 주위에 모이기도 하고 군청에 몰려가 혼잡을 이루었다. 그리하여 이 교사는 사람들을 향해 다시 오래도록 이 마을을 위해 힘쓰겠다고 고함으로써 간신히 없었던 일로 하게 되었다. 이것은 1915(大正 4)년의 일로, 이 교사가 취직한 지 겨우 3년여에 불과한 때의 일이었다.

내지에도 이같은 미담이 적지않아, 지방에서도 조선인 교육에 대한 관심을 밝히는 것이 가능하다. 내지인 교사가 내지인 교육보다 오히려 한층 높은 관심을 가지고 조선인 교육에 종사하고 또 종사하기를 희망하는 것, 이것은 결코 우연은 아니다. 이는 타국 식민지에서는 흔히 보기 어려운 현상이다.

마산공립보통학교처럼 가정방문을 행하여 학교와 사회와의 연락을 꾀하는 것은 말할 것도 없이, 사회교육으로서는 (1) 학교 및 촌락에서 환등회를 시행하고, (2) 1년에 3회 통속간담회(通俗懇談會)를 학교에서 열어 풍습 교정의 실행 문제를 결의하고, (3) 다시 여자만 모아 교육부인회를 개최한다. 그리고 이 통속간담회는 실로 잘 이루어져 그 효과도 보고 있다. 교장의 경험담에 의하면, 조선인은 정직하고 결의사항을 잘 실행한다고 한다. 이 간담회는 헛된 공론이 아닌 실천궁행을 목표로 하기 때문에 간담회 실행부라는 것을 만들었다. 그 사업의 세목은 다음과 같다.

(1) 미풍양속의 유지에 관한 사항으로는 ① 존로, 경장, ② 인보집목(隣保輯睦), 길흉상조, ③ 효자, 절부, 의복(義僕) 그 외 독행자(篤行者)의 선정과 칭찬을 행하고, (2) 공덕심의 양성에 관한 사항으로는 ① 법률, 명령의 준수, ② 공사, 집회에서 시간의 격수, ③ 도로의 보호·수선, 병목의 식재 및 애호, ④ 산림, 수목 도벌의 방지, ⑤ 납세의 엄격한 시행, ⑥ 빈곤자의 구휼, ⑦ 공공사업의 경영, ⑧ 호적 등 제 서류의 제출을 엄격하게 시행한다. (3) 풍기를 바로 잡고 사회질서 유지에 관한 사항으로는 ① 상하의 조화, ② 야간경계의 조직, ③ 노인회 조직, ④ 청년회 설치, (4) 악습의 교정에 관한 사항으로서는 ① 조혼, ② 소년 흡연, ③ 도박·무위도식, ④ 부녀(婦女)의 더럽고 좁은집, ⑤ 풍수·지사(地師)·복서(卜筮)·가지(加持)[20]·기도 등의 폐를 교정하고, ⑥ 관혼상제의 낭비를 돌아보고, ⑦ 휴일을 단축하고, (5) 근검, 저축에 관한 사항으로는 ① 흉년 대비 저축 조합, ② 근검저축 조합, ③ 산업계, 상포계, 축우계 그 외 저축에 관한 계를 만들며, (6) 위생에 관한 사항으로는 ① 종두의 보급, ② 주택 내외의 청결 유지, ③ 변소, ④ 우물의 개량, ⑤ 하수, ⑥ 녹애, 오물의 청소, ⑦ 파리의 구제(驅除), ⑧ 시가지의 청결 등을 실행한다. (7) 신교육의 보급 및 청년의 지도에 관한 사항으로는 ① 취

---

20 병·재난을 면하기 위하여 올리는 기도.

학의 권유, ② 서당의 개선, ③ 국어의 보급, ④ 문묘제례의 시행, ⑤ 청년 공동 서적 구입, ⑥ 청년 공동 경작 장려 등을 행하고, (8) 법령의 주지에 관한 사항으로는 ① 법령, 인쇄물의 배포·회람, ② 아동·청년에게 법령 설명, ③ 관혼제일 그 외 각종 집회를 이용한 설명 등을 시행한다. (9) 그 외의 사항으로는 교육 및 산업에 관한 관청의 장려를 보급, 조성하는 것처럼 제반 사안에 걸쳐 있으나 일시에 이를 시행하는 것은 물론 가능하지 않기 때문에 그때그때 적당한 것을 취해 나가 시행되기를 기대해야 할 것이다. 그리고 조선인도 그것이 자기에게 나쁜 것이 아닌 이상 합의한 것에 잘 따른다. 단지 장래에까지 좋은 경향이 계속 되게 하는 데는 지나치게 사소한 것에 간섭하여 인심을 피곤에 이르게 하지 않는 노력이 필요하다.

신의주공립보통학교에서도 통속간담회라 칭하며, 순회강연을 한다. 그리고 여기에 조선인만의 모임과 내지인만의 모임을 만들었다. 또 목욕을 장려하여 학교의 목욕장으로 모범을 보이고 있다. 원래 평안북도에서는 학교에 목욕장을 설치하고 실업의 장려와 함께 신체의 청결을 일종의 습관이 되도록 한다. 지역인들이 학교에 와서 스스로 목욕을 하는 자도 있게 되자, 입욕 방법까지 게시하기에 이르렀다.

신의주공립보통학교는 이같이 사회교육에도 힘을 다하였으나 인근 의주공립보통학교에 나아가 보면 제반 계획이 아직 능히 실행되기에 이르지 못함은 학교장 경질로 인해 중심인물이 결여된 까닭이나. 이를 보아노 교상 같은 중심인물이 교화 사업에 무엇보다 필요한 것을 알고도 남음이 있다.

어쨌든 보통학교에서 내지인 교사가 사회에 대해 다하고 있는 공로는 적지 않다. 이에 따라 조선 부형 및 사회도 학교에 대해 좋은 감정을 지녀 왔다. 거기에 부형회, 모자회 혹은 기념행사일 등에 지방인이 학교에 모이는 것은 소학교에 내지인 부형이 모이는 것보다도 오히려 출석률이 높다. 이것은 한편으로는 조선인이 내지인에 비해 많은 여가가 있고 명령이 쉽게 행해지는 데 기인하는 것도 있지만, 학교에 좋은 감정을 지니고 있지 않다면 이런 일은 있을 수 없다.

가정방문의 경우에도 가난 때문이거나 다른 오해로 인해 교사의 방문을 좋아하지 않는 가정도 있지만, 대체로는 환영하는 분위기를 보이고 있다. 대구의 수창보통학교 조사에 의하면 재적 아동 120명에 대해 가정방문을 한 결과, 정중히 환영한 곳이 104가구였다. 그럼에도 불구하고 교육에 열심인 가정은 90가구였던 것으로 드러나지만 대부분은 학교에 좋은 감정을 지니고 있는 것이 관찰된다. 본래 이 학교는 사립학교를 공립학교로 변형하여 학구에서 감정이 쉽게 융화되지 않고 있는데도 이러한 성과를 얻었다고 한다면, 그 외는 미루어 알 수 있을 것이다.

이와 같기 때문에, 학교 일에 관한 기부라고 하면 많은 모금이 가능하다. 군산의 보통학교에서도 그 사실을 목격했고, 대전의 보통학교에서는 아직 교문을 만들지 않았을 때 부형이 합의하여 돈을 모아 훌륭한 석문을 지어, 이를 학교에 기부했다. 그리고 그 계획은 석문이 완성될 때까지 따로 학교에 알리지 않았다. 이런 일이 곳곳에서 있기에 조선인 교육에 대한 내지인의 관심이 더욱더 커져가는 것도 도리이다.

학교의 경영을 돕기 위한 것이 학무위원이다. 학무위원은 학구(學區)에 5명 또는 7명을 두도록 했다. 실제 이 정도로 사용하지 않는 곳도 있었지만, 설치의 정신대로 효과를 보는 것도 적지 않다. 원래 학무위원은 지역인으로서 교육을 방해하지 않고 학교에 편리를 제공해야 하지만, 지금은 그 사정이 점차 크게 변하고 있다. 이번 시찰 중에도 대구수창보통학교 및 경성의동보통학교에서는 각 1씩 2명의 학무위원이 일부러 학교에 와서 시찰을 기다리고 있는 것이 내지와 조금도 다름없는 현상이다.

교육과 사회의 관계가 이렇게 밀접해지고 있는 것은 기뻐할 일이나 이때 유의할 것은 가급적 간이·순박을 위주로 하여 단순생활과 어느 정도까지 조화하려는 노력이다. 무엇인가 하면, 우리 동포의 고질적 버릇으로, 번거로운 규정을 만들어서 다루려는 경향이 있기 때문이다. 한때 어떤 곳에서 소사(小使) 규정을 30여 개조 만들었다는 것 등이 가장 현저한 사례이다. 고로 형식의 정비에 치중하고 내용의 충실을 함께 하지 않는 경향이 내지뿐 아니라 조선에도 이식된다는 것에 대한 식자의 고려를 요하는 바이다.

7) 조선인 교원

보통학교에서 내지인 교사는 부형과 지역 사람을 상대로 하여 사회교육에 힘을 다하는 것뿐 아니라, 한편으로는 조선인 교원을 지도해야 한다. 1909년(明治 42) 학부차관 통첩 중에도 "시기를 보아, 군내 또는 부근의 여러 학교를 때때로 방문·참관하고, 미리 그 정황을 정확히 알기에 힘쓰고, 나아가 이들 학교에서 점차 모범학교의 시설·경영을 본받는 기운을 촉성하며, 나아가서는 직원 특히 교감을 신뢰하고, 스스로 간절하게 유도하고 돕는 것을 달게 받도록 해야 한다"는 것을 언급하고 있다.

금일은 더욱 한층 정돈하여, 학교장(즉 내지인)은 상시 조선인 교원의 지도 및 학력 보충에 힘을 다하고, 매년 여름방학을 이용하여 각 도에서 보통학교 및 사립학교 교원강습회를 열고, 또 1912년(大正 1)부터는 매년 경성고등보통학교에 공립보통학교 교원양성강습회를 특설한다. 각 도 장관이 추천한 공립보통학교의 조선인 부훈도(副訓導)를 재직 중 학비를 주고 소집하여, 성적이 좋은 자에 대해서는 훈도로 승임(陞任)하게 한 것은 조선인 교원 개선에서 진일보한 것이다.

학교장은 또 설치 구역 내의 사립학교 및 서당을 다스리는 책임이 있기 때문에 때때로 순시하여 지도할 뿐 아니라, 교원도 때때로 모아 강습한다. 이처럼 조선인 교원은 무릇 내지인 교사의 지도를 받아 교육을 개선해 가는 것이기 때문에 내지인 교사의 책임이 깊고 무거운 동시에 내지에서보다 더 큰 권력을 가졌다고 말해도 좋다.

원래 조선인 교원에 대한 강습의 시초는 1905년(明治 38) 7월이다. 그러나 이때의 강습은 단지 교육자로 하여금 교육의 참된 의의를 알게 하는 것에 불과했기 때문에 교육학 및 심리학의 초보 정도를 익히게 하는 것에 그쳤다. 지금은 어느 정도 진보하여 강습도 구체적이 되었다. 조선인 교원의 강습 학과목은 수신, 국어, 산술, 교육, 체조 등 여러 학과에 걸치며, 강습 기한도 5개월에 이르고 있다. 이를 처음 시도할 때 3주간이었던 것에 비교하면, 그 자이를 헤아려 알 수 있다.

이와 같이 진보해 왔기 때문에 강습 내용에서도 조선인 교원은 교사로서의 기술과 지식이 10년 전과는 크게 변해 있다. 오늘날의 보통학교 교원은 이미 교사로서 뛰어난 자격을 갖추고 있다. 군산공립보통학교에서 어느 조선인 교원이 1학년생에게 화폐를 설명하는 것을 보았는데, 다양한 화폐를 집어내어 이를 보여 주며 계산을 시키고 있었다. 이 같은 실물 시범교육은 과거에는 보기 어려웠던 일이다.

그럼에도 불구하고 가르치는 것에 숙련되지 못하고 국어에도 충분하게 통달하지 않은 자도 아직 많이 있는 것은 두말할 것도 없다. 교원의 공급이 완전하지 않은 금일에는 어쩔 수 없는 것이다. 또 사립학교 특히 서당에 이르면, 옛날 그대로의 교원도 많다. 그리고 가령 가르치는 모습 등에서 전혀 내지인과 다르지 않은 조선인이라도 청탁음의 오류에 따라 내지인 여부를 알 수 있으니, 국어의 수득에 일단의 분발을 바라 마지않는다. 이 결함이 전혀 없다면 수업이 한층 좋아질 것이다.

　원래 조선어에는 탁음이 없어서 국어의 탁음을 사용하는 어려움은 상상하고 남음이 있지만, 말 속에 탁음이 있는 것도 음편(音便)의 경우에 불과한 것이므로 연습을 반복함에 따라 점점 좋아질 것임에 틀림없다. 이외에 또 조선 고유의 발음 때문에 국어를 말하고 표현하는 법을 잘못하는 예도 많다. 경성고등보통학교의 교유 오이데 마사히로(大出正篤)가 『조선교육연구회잡지』에 발표한 바에 의하면, 조선 생도가 틀리기 쉬운 발음 제1이 청탁음이고, 그 다음 제2는 장음, 단음의 오류라고 하고 있다. 예를 들면, 일요를 니치요(ニチヨ)라고 발음하고, 부모를 후보우(フボウ)라고 발음하는 것이 그러하다. 이 오류는 조선음과 비교하여 가르치는 것으로 고칠 수 있다고 믿는다. 제3으로는 촉음과 직음의 오류이다. 예를 들어 악기를 가키(ガキ)라고 하고, 세간을 셋켄(セツケン)이라고 하는 종류이나, 이것 역시 조선음에서 교정될 수 있을 것이다. 제4는 수없이 많은 요음과 직음의 오류로 수부(首府)를 수후(スフ)라 하고, 교장을 키요치요우(キヨチヨウ)라고 하는 것이 그러하다. 이것은 조선 발음 그대로 아직 국어와 동화되지 않아서이다. 제5는 나(ナ) 행과 라(ラ) 행의 오류이나, 이것도 조선 고유의 말투이기 때문에 처음에는 이를 혼동하는 것도 무리가 아니다. 제6으로 수없이 많은 니(ニ)와 이(イ)의 오류 역시 그러하다. 그 외 사(サ)행이 타(タ)행, 치아(チヤ)행이 되는 것, 자(ザ)행이 타(タ)행, 치아(チヤ)행이 되는 것 등 상세한 것도 있지만, 이는 조선 고유의 말투를 혼입하는 것과 국어의 발음을 충분히 이해하지 못한 것에 귀착한다. 따라서 앞으로는 국어를 완전히 또 명확하게 발음하는 습관을 길러야 한다.

　이번 시찰에서 무엇보다 놀라운 것은 여자가 이미 교사가 되었다는 것만이 아니라 그 수업이 상당히 좋았다는 것이다. 10여 년 전 여자가 교육사회에서 완전히 제외되어 여자로부터 교육을 받은 자가 없었고, 하물며 여자가 교단에 서는 교사가 되는 것 등은 생각할 수도 없었으나 최근 10년 사이에 여자가 교육사회에 맹진(猛進)해 왔다. 그러나 남자에 비해 우수하고, 열등하지 않다는 정황에 놀라지 않을 수 없다. 웅천의 보통학교를 시찰할 때에도 아직 공립으로 된 지 얼마 안 된 때였음에도 불구하고, 교사 중에 2명의 조선 여교원이 있어서, 남교원과 함께 태연히 응접하는 것이 내지의 학교와 조금도 다르지 않았다. 이는 무엇보다도 현저한 당시 상황의 변화이다.

　이와 같이 공립보통학교에서 조선인 교원은 최근 10년 사이에 장족의 진보를 해 왔다. 한편에서 이를 관찰하면 가르치는 형식 등을 전혀 터득하지 않은 자가 새롭게 전달되는 교수법 등에 흥미를 가지고, 몸에 익혀 앞으로 얼마나 진보할 것인가는 여전히 문제이다. 프랑스령 인도차이나에서 들은 바에 의하면, 토착인 교사는 어느 지점까지는 진보하지만, 현저한 독려를 게을리할 때는 그대로 정체되거나 아니면 퇴보한다고 한다. 지금 인도차이나의 토착인과 조선인을 비교하면, 그 기력에서 이미 큰 우열이 있기 때문에 그들의 경험이 조선에 꼭 참고가 될 것으로 기대할 수는 없다. 그렇지만 교수법 연구는 조선인에게는 다소간 새로운 것이고, 짧은 기간에 급속히 가르쳤기 때문에, 앞으로는 스스로 생각하는 것을 활용하여 새로운 기법을 끌어내야 한다. 만약 저들이 기법을 창출할 수 있다면, 조선인은 내지인에 열등하지 않은 사고력을 가진 자이다. 단지 현재의 상태만으로 이를 관찰하면, 지금까지 끌어올려진 조선인의 교수력을 유지하기 위해 상당한 독려가 필요하다고 볼 수 있다.

8) 여자의 교육

내가 옛날에 조선에 있을 때는 여자의 교육은 기생 교육 정도에 그쳤다. 기생은 주로 양반을 접대해야 하기 때문에 그림도 잘 그리고, 때때로 시도 지을 필요가 있다. 그래서 이런 기생에게 교육이 필요했던 것이다. 인도의 과거에도 이러한 것이 있었다. 기생 교육이라 하지만 당당한 학교가 있었던 것은 아니고, 그저 서당에 지나지 않았다.

그런 중에 여학교가 시작되었으나 남자는 이에 가까이 갈 수 없었다. 소위 7세 이상 남녀가 자리를 같이 하지 않는 유교주의에 다름 아니었다. 어느 여학교의 개교식에 우리도 특별히 초대되었던 적이 있었으나, 식장의 중앙에 흰 막이 쳐져서 우리는 여자 쪽 자리는 엿볼 수 없었다. 남자 자리 쪽에는 여러 개의 다리가 있는 걸상이 있어서 여기에 내빈이 나란히 앉았다. 얼마 안 있어 보이지 않는 여자 자리 쪽에서 교장으로 여겨지는 여자 목소리가 식을 여는 취지를 말했다. 내빈의 축사 차례가 되었을 때 남자 자리 쪽에서도 연설이 시작되었다. 그리고 그 연설의 요지는 모두가 다 여자를 남자로부터 독립시켜야 한다는 것 같은 뜻밖의 논의였다. 요컨대 여자 교육의 본지는 잘 이해되지 않았다.

이런 상태였기 때문에 교육개혁 시작 시기에도 여학교의 착수는 제2기 개혁에서 하는 것으로 하였다. 그 사이에 야소교 학교에서 종교를 선전하는 사업의 중점을 여자 교육에 두고 하나둘씩 여학교를 개설하기에 이르렀다. 그리하여 여자가 만일 교육을 받으려고 생각한다면 자연히 야소교 학교에 입학시키는 것 외에는 길이 없었다. 이에 한국 정부도 1908년(明治 41)에 고등여학교령 및 그 시행규칙을 발포하고, 경성을 시작으로 고등여학교를 설치하고 예과를 만들었으며, 이 예과에서 남자 보통학교 정도와 동등한 교과를 배우고 이후 본과에 들어갈 수 있게 했다. 이것이 금일의 경성여자고등보통학교의 전신이다.

지방의 보통학교에서 차차 여자도 수용해 보자는 희망이 일어나고, 여자학교를 더 설립하라는 요구가 자주 등장해 왔다. 이러저러하여 1909년(明治 42)에 보통학교에서의 여자 교육 실시 방침을 학부에서 각 도에 지시하게 되었다. 그러나 이 방침에 따라 여자 생도가 많아지기를 바란 것은 결코 아니다. 단지 주로 중류 이상 가정의 여자에게 그 부형의 지망이 확실한 자에 한하여, 이를 학교에 수용시켜 아동의 수에 맞춰 이중의 교수를 행하고, 그 학급 수는 어떤 경우에도 2학급을 넘지 않는 것으로 하였다. 지역에서 하등의 오해나 의혹을 일으키지 않는 경우 편의상 남녀를 동일 학급에 편제해도 좋다고 하였다. 즉 여자 교육은 반드시 해야 해서 실시하게 된 것이 아니고, 이를 실시하는 경우에도 설비의 허용 범위 안에서만 이루어지고, 그 교과도 간이적절하고 실용적인 것이었다.

초창기부터 이러한 방침은 어느 정도 요구되었던 것이나, 중류 이상 가정의 여자에게 교육받게 하려 한 것은 실제적인 내용이 아니다. 중류, 특히 상류 가정에서는 종래의 습관상 자유롭게 여자를 외출시키지 않았기 때문이다.

이들 가정에서도 여자에게 교육을 시키는 것은 반대하지 않았지만, 풍습에 의해 사정이 허락하지 않는 것은 어찌할 도리가 없었다. 그러나 정부의 방침도 강하게 수학을 권장하는 것은 아니었기 때문에 다행히 큰 모순은 아니었다. 그래서 처음 얼마간은 자연히 빈민 여자만 학교에 입학하는 것을 피하기 어려웠다. 그 사이에 당시 상황은 변천하여 합방이 되고, 문화의 보급이 가정까지 미침에 따라 부형의 향학심은 비교적 빠르게 발달하여, 차츰 중류층도 여자를 학교에 보내려는 형세에 순응했다. 또 국어의 보급과 함께 조선인 사이에 국어를 배우려는 관심이 커진 결과로서, 국어를 배우지 않는 자는 만사에 뒤처진다는 기운이 재촉하여, 여자들로 하여금 점점 학교에 입학하는 것을 희망하게 했다. 이윽고 평안도 같은 벽지에서 남장까지 하고 보통학교에 입학하는 여자를 보게 되었다.

금일에는 이미 여자의 취학은 보통이 되고, 과거 이를 권장하지 않았던 것에 반하여, 지금은 가급적 이를 독려하고, 지역의 정황에 따라 여자학교를 특설하거나 남녀공학법에 따라 그 취급법에 대해서도 민정의 추이에 신경을 쓰게 된 것은 1916년(大正 5) 9월, 각 도의 장관 앞으로 보낸 정무총감의 통첩을 보아도 확실하다. 따라서 내지와 동등하게 하급(저학년)의 남녀 아동에게 공학을 실시하는 김해공립보통학교 같은 경우도 있지만, 대개는 여자를 특별 학급으로 편제하고 있다. 이러한 특별학급은 남자 교원이 가르치는 대구공립보통학교 여자부 같은 경우도 있지만, 대개는 여자 교원이 교육을 담당하고 있다. 여자 교원에는 내지인도 있고 조선인도 있지만 조선 여교원의 성적이 상당히 만만치 않은 것은 전술한 대로이다. 여자 아동들이 내지와 같은 교육을 받고 체조, 유기까지 하고 있는 것은 실로 급속한 진보라 해도 좋다.

그렇다면 금일 여자 취학은 이미 남자와 조금도 다르지 않지 않은가라는 것에는, 아직 그렇지 않으며 남자에 미치지 못한다고 할 수 있다. 그 이유는 여러 가지가 있겠으나 신의주공립보통학교 조사에 의하면, (1) 여자 교육의 필요를 인정하지 않는 예부터의 풍습, (2) 남녀가 자리를 함께 하지 않는 관습, (3) 조혼, (4) 가사의 전수, (5) 교육을 받는 여자에게는 결혼 제안이 적은 것과 같은 사회의 실정, (6) 학자금의 부족, (7) 통학의 불편 등을 들고 있다. 지역의 사정은 다소 차이가 있기 때문에 반드시 한 가지 형태는 아니지만 공통점은 분명히 많다고 믿는다. 중도 퇴학이 무엇보다 많은 것도 여자이다. 경성여자고등보통학교에 부속된 여자보통학교에서도 입학 아동이 졸업 시까지 반수로 줄어드는 것도 금일 실정에서 어쩔 수 없다.

단 조선의 여자는 비율적으로 지식의 발달이 빠르다. 그 증거는 1915년(大正 4) 4월 경성여자고등보통학교 부속여자보통학교 신입학 아동 조사에서도 이를 알 수 있다. 이 조사에 의하면 문자를 알고 있는 자(한 글자라도)가 68%에 이르고, 문자를 전혀 알지 못하는 자는 32%일 뿐이다. 이를 내지의 소학교 신입학 아동의 다수가 문자를 알지 못하는 것과 비교해 보면 내지에서는 전혀 볼 수 없는 좋은 성적이다. 그래서 이유를 찾아보면 서당에 들어가 문자를 익힌 자는 1명도 없고, 단지 사숙 또는 유치원 등에서 견습한 자가 약간 있고, 부형이 가정에서 가르치고, 또 연장자로부터 배우거나 스스로 터득한 것으로 추정할 수 있다.

이 조사의 시행 대상 평균연령은 약 8년 10개월이었기 때문에 내지의 신입학 아동보다 2세 가량 연장인 것이 그 성적이 좋은 큰 원인이라고 생각할 수 있지만, 그렇다 하더라도 어린 시절 지식의 발달이 내지의 아동에 비해 우수하고 뒤떨어지지 않는 하나의 증거라고 여겨진다. 이 조사 안에 도덕적 관념에 관한 검사가 있는데, 이를 내지 아동 만 7세부터 8세까지와 비교하면 제법 어른다운 장점이 나타나 있다. 내지 아동은 '좋은 일'과 '좋아하는 일'을 혼동하여 그 답이 구체적이지만, 조선 여자 아동은 이미 추상적인 답에 기울어 있다. 훈도 고마쓰 히사오(小松久夫)는 이러한 조선 여자의 관념 범위가 가정 도덕을 떠나 학교 도덕에 어느 정도 미치고 있어서, 조선인이 이미 어른답게 학교에 맞추려는 동기를 간파하고 있는 것이라고 말한다. 동기 여하는 어떻든 지식 발달의 속도가 어린 시기에는 오히려 내지 아동을 능가하는 일면을 이로써도 알 수 있다.

이 지식의 발달이, 어느 정도에 그칠 것인가는 장래의 문제로서, 발달이 빠른 여자를 교육하는 것이 뒤진 것은 조선 고유의 구습이 남긴 폐단이다. 그러나 최근 조선인 중에서 내지인에 뒤지지 않는 여자 교육가가 나오게 된 것은 그들을 위해서도 축하해야 할 것이다. 개성의 김정혜라는 한 과부는 1906년(明治 39) 송계(松桂)학당이라는 학교를 일으켜서 여자 교육의 단서를 열었으나, 일반사회가 아직 여자 교육에 귀를 기울일지 않는 시대였기 때문에 생도는 거의 없었다. 그럼에도 불구하고 불요불굴의 정신으로 학교를 경영하고, 자기의 사재를 들여 학교의 유지를 도모하여, 오랜 친구들과 지인들에게 이야기하여 여자 교육의 필요함을 알게 하였다. 점차 80여 명의 생도를 얻어 1910년(明治 43)에 정화(貞和)여학교로 개칭하고, 학부대신의 인가를 얻어 그 내용을 더욱 개선하고, 1915년(大正 4)에는 100여 명의 생도를 갖기에 이르렀다.

조선의 여자 중에서 이와 같이 훌륭한 교육가를 낸 것은 여자의 두뇌가 실망할 것만은 아니라는 것을 증명한다고 해도 어쩌면 과언이 아닐 것이다. 종래 조선여자라고 하면 빨래로 일생을 보내는 것처럼 생각했으나, 금일에는 양잠 등도 여자의 부업으로 인정되어 왔다. 수원권업모범장의 여자강습소 졸업생 가운데는 지방의 산업전습소 및 치잠(稚蠶)공동사육소 등에 고용된 사람이 많고, 또 스스로 양잠을 실시하는 자도 있어 지방 산업의 개량에 이바지하고 있는 바이다. 조선의 풍습상 남자는 여자의 내방에 들어갈 수 없기 때문에, 여자 산업을 장려하는 데는 남교사보다도 여자 산업강습소 졸업생의 경우가 더 적당하다.

학교 방면에서도 여자에게는 특히 생활상의 유용한 지식·기술을 가르치는 것을 본지로 하기 때문에, 재봉·자수에 중점을 둔 경성 진명여자고등보통학교의 경우는 기계 직물까지도 가르치고 있다. 그리고 사립여자기예학교가 북방 경계에 있는 의주에서 만들어지는 상황이 형성되어 왔다. 이렇게 여자의 훈육은 그 천분(天分)과 실제 생활에 비추어 수신·제가에 적절함을 기하고, 무엇보다 들뜨고 경박한 경향을 경계하고 있다. 이를 저 필리핀의 마닐라에서 신교육을 받은 청년 남녀가 화려한 의복을 입고 춤 배우는 것을 좋아하는 것과 비교하면, 그 득실은 물어보지 않아도 가히 알 수 있을 것이다.

9) 고등보통교육에 대해

구한국 정부가 처음으로 중등교육에 착수하던 때는, 조선에도 중학교가 있어야 한다는 의미에서 그 내용을 미처 깊이 고려하지 않았고, 수업연한의 경우도 심상중학과 4년, 고등중학과 3년을 합하여 7년이었는데, 이는 조선 당시의 실정에서는 적당하지 않았다고 하지 않을 수 없다. 또 소학, 중학, 대학이라는 차례로 계속 올라가는 내지의 방식은 조선에는 적절하지 않을 뿐 아니라, 대학교육은 본디 실시할 수 있는 여유도 없었다. 그런 고로 일러전쟁 개전 후, 교육의 개선을 실시할 때도 학교 그 자체를 완결해야 할 성질의 것이라고 보는 것이 우세하여, 이에 소학을 고쳐 보통학교로, 중학을 고쳐 고등학교로 하고, 모두 수업연한을 4년으로 하며, 대학은 설치하지 않고 오직 성균관(지금의 경학원)의 개선에 그쳤던 것이다. 이는 고문 시대 제1기 교육개혁의 근본적인 사안으로서, 당시 조선의 실정에서 무엇보다 적절하다고 인정된 것이었다.

합방 후 고등학교는 고등보통학교로 개칭되었으나, 그 주지에는 큰 변화가 없다. 단지 고등여학교가 변형되어 여자고등보통학교로 되고, 그 수업연한은 3년이다. 그리고 실업에 관한 색채가 농후해지고, 농상업 실업과 및 수공과가 남자고등보통학교의 필수과목 안에 더해졌다. 이는 실업교육을 착실히 하여 근로를 숭상하는 기풍을 양성하려는 일반적 방침에 따른 것이다. 그 실제를 시찰하면, 실로 적절하고 잘 운영되는 실과중학으로 칭해야 한다. 평양고등보통학교의 경우, 학교가 보유한 3,000평의 농장, 2,000평의 식목지(교외 11정보여의 식목지), 600평의 표본림 등을 세는 것만으로도 교육 내용의 단면을 미루어 알기 충분할 것이다. 총독부가 고등보통학교의 방침을 분명히 밝히고, 실과주의 교육과 함께 국민성 함양을 정심(精深)하게 하여, 중류사회의 충량한 인물을 양성하겠다고 하는 것도 역시 의당한 일이다. 그리고 이 실과주의는 여자고등보통학교에도 물론 적용될 수 있는 것으로, 이과, 가사, 재봉 및 수예에 많은 시간을 할애하고, 재봉·수예 안에 염색, 기계 직물 등을 더해 실제 생활에 가깝게 하고 있다.

합방 후에 변천된 것 중 하나는 교원양성기관의 모습 변화이다. 원래 양성기관으로는 한성사범학교라는 것이 있어서 한학의 강습 말고는 아무 의미 없는 교육을 실시했으나, 일러전쟁 개전 후 그 내용을 개선했다. 합방 후 이 학교는 폐교되어, 고등보통학교 및 여자고등보통학교에 교원양성기관을 부설하게 되었다. 즉 사범과 또는 교원속성과를 설치하고 별도의 학교를 설치하지 않았다. 그리하여 고등보통학교를 졸업한 자는 사범과에 들어갈 수 있도록 하고, 고등보통학교 제2학년 과정을 수료한 자 또는 이와 동등 이상의 학력을 지닌 자는 교원속성과에 입학할 수 있었다. 수업연한은 전자를 1년, 후자를 1년 이내로 정했다.

일시적이고 당면한 급한 상황에 대응하기 위해 경성고등보통학교에 임시교원양성소를 부설하여, 보통학교 교원을 양성하고, 그것을 제1부와 제2부로 나누어 제1부는 3년 정도의 조선인 교원양성소로 하고, 제2부는 1년 정도의 내지인 교원양성소로 했다. 1913년(大正 2) 4월에 이르러, 비로소 경성고등보통학교에 사범과를 설치하고, 다음 해 4월 평양고등보통학교 및 경성여자고등보통학교에 사범과를 설치함과 동시에 교원속성과 및 임시교원양성소의 제1부를 중지했다.

이 사범과는 전술한 것처럼 고등보통학교의 졸업자를 수용하고, 1년의 사범교육을 실시하였는데, 경성중학교에 부설된 임시소학교 교원양성소, 즉 내지인 소학교 교원을 훈련하는 곳과 양쪽이 서로 대립하는 것이다. 후자는 중학교 졸업자를 수용하여 1년간의 사범교육을 실시한 곳이다. 무엇보다 조선인 측의 사범과 생도는 조선인만으로 한정한 것이 아니다. 내지인도 들어갈 수 있다. 특히 경성여자고등보통학교 사범과에는 내가 시찰했을 때는 내지 여자가 5명까지 입학해 있었는데, 모두 고등여학교의 졸업자였다. 단 이들도 졸업 후 보통학교에 봉직하게 되는데, 그 수요는 상당히 많다. 이 생도들에게 조선인과 같은 곳에서 국어를 배우게 할 필요는 없기 때문에 조선어로 대신하고, 재봉도 조선인과 별도로 수업했다.

이번에 고등여학교를 졸업한 내지인 여자로서 사범과를 거쳐 보통학교 교사가 된 자의 성적은 무난했다. 그러나 임시소학교 교원양성소를 졸업하고 내지인 소학교에 교편을 잡은 자 그리고 사범과를 졸업하고 보통학교에 교편을 잡은 조선인 교사에 대해 조사해 보면, 생각보다는 양호하지만 아직 충분한 성적을 올리고 있다고는 볼 수 없다. 따라서 소학교 교수력을 약화하지 않고, 보통학교 교육을 완전히 한다는 점에서 이를 생각하면, 교원양성기관 내용의 충실화가 필요함을 점점 느끼게 될 것이다. 지금도 그렇기 때문에 앞으로 더 나아감에 따라 양성기관의 수업연한을 적어도 지금보다 1년 연장할 필요가 있다. 교원양성기관의 관문을 통과한 조선인 교사라도 이런 상황이어서, 이 문호를 거치지 않고 교편을 잡은 자에 이르면 심히 불안하다.

다만 우리는 10여 년 전 아직 조선인이 교수법 등을 심득하지 못했던 시대와 비교해서 금일의 진보가 현저함을 알 뿐이다.

10) 조선 생도의 체격

종래 조선인은 실제로 정식 운동, 유희라 할 만한 것이 없었다. 그러나 신제교육에 의해서 체조가 학교에서 엄중하게 부과되고, 적당한 운동, 유희가 장려되고, 강건한 국민을 만들기 위한 기력을 왕성히 하고, 고난과 결핍을 견디는 힘을 배양하게 되었다. 여러 외국의 식민지가 체조를 거의 하지 않는 것과 비교해 보면 큰 차이가 있다.

체조는 이미 여러 학교에서 중점을 두고 실시된다. 합동체조 등에 의해 생도 전체의 체격 및 건강상태를 검열하는 기회를 부여할 때마다 조선의 소년이 얼마나 구원되고 있는가를 식감하고 남음이 있다. 대구보통학교의 경우는 교사용 체조 교수서까지 배포하고, 훈육의 정황에 비추어 실정에 맞추기 어려운 것은 생략하지만, 내지에서 행하는 체조, 유희를 헤아려 실시하고 있다. 이 학교에서는 지역의 기풍이 경박에 흐르는 것을 체조에 의해 교정시키려 하고 있다. 또 의주와 같은 북쪽 경계지역에서는 스케이트를 적당한 운동이라고 보고 체조 외에 이를 하도록 하고 있다.

그리하여 최근 신교육으로 얼마나 조선 청소년의 체격이 교정되었는가는 저들의 자세가 크게 변해 온 것에서도 알 수 있다. 그들에게 양복을 입히면 옛날에는 무엇보다 자세가 불량한 것을 알 수 있었으나, 오늘날은 거의 내지 청소년과 구별이 어려워졌다. 이는 그들의 체격이 충실해져 온 것이다. 다만 체격 검사에서 척추의 굴곡이 많이 나타나는 것은 체조가 없었던 옛날의 자취라고 할 수 있을 것이다.

그렇다면 지금 재조 내지인과 비교하여 체격에 어떠한 차이가 있는가 하면, 1913년(大正 2) 체격검사를 창시한 이래, 해마다 다소 차이는 피할 수 없지만, 대개 같은 경향을 볼 수 있다. 우선 남자에 대해 살펴보면, (1) 신장은 7, 8, 9세경까지는 조선인이 크다. 10세가 되면 재조선 내지인과 조선인은 거의 동등하게 된다. 그리고 11세 이후에는 재조 내지인이 점점 커진다. 20세경에 이르면, 조선인이 다시 내지인을 따라와서 결국 이를 능가하는 기세를 보인다. (2) 체중도 7, 8세 혹은 9세까지는 조선인 쪽이 많이 나가고, 10세 전후부터 재선 내지인 쪽이 무거워진다. 그리고 21세 이후가 되면, 다시 조선인이 내지인에 이른다. (3) 가슴둘레도 10세 전후까지는 조선인 쪽이 크고, 그 이후는 순서가 반대로 되어 내지인이 커진다. 그리고 20세 전후에 이르면 조선인이 따라와 결국 내지인을 능가하는 세가 된다.

이를 요약하면 7, 8세 혹은 9, 10세경까지는 조선인 쪽의 발육이 양호하다. 그러나 그 후 나이가 듦에 따라 내지인이 능가하여, 15, 16, 17, 18세경에 가장 현저하게 차이가 생기다가, 다시 21세경에 이르면 거의 동등하게 되는 것은 해마다의 통계에 나타나는 바이다.

다음으로 조선 여자에 대해 살펴보면, (1) 신장은 내지인보다 크다. (2) 체중도 내지인보다 무겁다. 그리고 내지인 여자보다 1년씩 빨리 체질이 변화해 간다. (3) 그러나 흉위에 이르면 내지인보다 줄곧 적다. 그리고 그 공영(空盈)의 차이는 내지인의 반에도 미치지 않는다. 경성여자고등보통학교 교유인 니시자와 유시치(西澤勇志智)의 발표에 의하면, 조선 여자 흉위의 발육 불량은 의복의 긴박이 심해서이다. 이렇게 긴박된 가슴은 내장을 변형시키는 것에 다름 아니어서, 이에 따라 상처 부위가 방임된 결과 거꾸로 선 아이를 출산하는 자가 많다고 말한다. 그리고 조선 여자는 특히 척추의 굴곡이 두드러진다.

전체에 걸쳐서 보니, 대체로 조선의 남자 생도는 신장·체중·흉위 및 체질이 모두 내지인보다 못하고, 유독 흉위 공영의 차이만 우월하나, 여자는 전혀 이와 반대로, 신장도, 체중도 모두 내지인보다 우월하나 유독 흉위에서 내지인보다 두드러지게 뒤처지고 있다.

또 그 외의 사항에서 이를 비교하면, 여자는 잠시 제쳐두고, 남자는 (1) 체격 박약한 자가 조선인에게 많다. (2) 척추도 재조 내지인 남자가 훨씬 바르기 때문에 조선인은 이와 비교될 수 없다. (3) 그러나 시력에서는 조선인이 훨씬 양호하여 내지인이 비견하지 못한 바이다. (4) 눈병 역시 조선인 쪽이 한참 적다. (5) 충치는 내지인이 조선인에 비해 4배 내지 5배나 많다. 내지인은 눈과 특히 치아를 소중히 하지 않으면 안 될 것이다. (6) 귀 질환도 재조 내지인의 남자가 많다. (7) 재조 내지인의 병은 편도선 질환이 가장 많고, 그다음 피부병, 그다음 선병(腺病)으로, 이들이 일반 질환의 2/3를 차지하고 있다. 그러나 조선인에게 가장 많은 것은 피부병이고, 다음은 편도선 질환, 코 질환, 인후병, 선병 순으로, 이들이 질환의 약 반을 차지하고 있다.

11) 실업교육

원래 조선인에게는 관리가 되는 것이 일생의 지극한 바람이어서, 실업은 극히 낮게 보아 어쩔 수 없이 종사하는 자 외는 이를 원하지 않았다. 그리하여 산은 민둥산이 되고, 하천은 거칠고, 제조업 등은 거의 일어나지 않았다.

따라서 국리, 민복을 꾀하려면 반드시 실업교육을 시작하는 것 말고는 없다는 것을 여러 번 권해 보았지만 전혀 현실화되지 않다가, 고 민영환이 학부대신일 때 처음으로 이에 착수하려고 결심했다. 이것이 1904년(明治 37) 4월의 일이다. 민영환은 묘한 말을 했던 사람으로, "당신도 조선을 위해 걱정해 주는 것에는 틀림이 없지만, 만약 틀림이 있다면 나는 당신을 죽일지도 모른다. 그러나 내가 틀린 것을 한다면, 당신은 나를 죽여도 좋다"라고 한 바 있으나, 다음 해 11월 일한협약이 성립되자 결국 자진했다. 실업교육의 창설에 있어서는 우선 농림학교와 상공학교를 모범적으로 개설시킬 것을 권했다. 그러나 조선 당시의 실정이 허락하지 않았기 때문이라고는 하나 결국 농상공학교로 9월 개교식을 행했다. 오직 학교가 생겼을 뿐, 내용의 목표도 없었고 예괴적인 보통교육을 행한 채, 대신은 바뀌고 당시 상황은 변해 갔다.

고문 시대가 되면서 점점 정리·확장의 계획을 세우고, 우선 농학사(農學士)를 초빙해서 농과 수업에 착수했다. 이는 국민 제일의 생업을 충실·개선하려는 취지였다. 그러나 보통학을 가르쳤던 때는 생도가 약간 있었으나 농과를 전문으로 가르치게 되니 이런 천업의 공부를 하려는 자가 없어 생도는 1명도 없었다. 점점 소학교 등에서 국가를 개혁하여 부강을 도모해야 함을 설명한 결과 4명의 생도가 왔다. 이것이 조선에서의 실업교육의 시작이었다.

농과의 개학과 함께 농사시험장의 개설을 하지 못하자 농학사에게 여름휴가 중에 여러 지역을 탐색하게 한 끝에 둑도(纛島)가 가장 적당하다고 보기에 이르렀다. 이런 과정을 거쳐 내용도 점차 정비의 실마리를 얻게 되고, 생도도 증가하여 20명이 되었다. 그래서 새롭게 공학사(工學士)를 구하여 공과의 개학에 착수했다. 이 무렵 농상공학교의 경비는 겨우 1만 6,000원에 불과했지만 학부에서 교육 전체에 지불하는 경비가 21만 원이었음을 생각하면 소액이라고 웃을 수도 없다. 이듬해부터는 시험장에만 3만 원이 요구되었다.

이는 1905년(明治 38) 10월 내가 고무라(小村) 외무대신에게 제출한 보고서 안에 그 실정을 다 썼기 때문에 그 일부를 인용한다.

농상공학교의 개량이 대한의 경영에서 흥미 있는 것은 앞서 말한 바와 같이, 재정 방면에서 실제로 이 종류 학교의 졸업생에 대한 수요가 점차 급해지는 것 때문이다. 제국 공사 및 재정 고문과 협의하여 농과 및 공과에 각각 전문 일본교사를 빙용하고, 예정대로 교수의 임무를 맡게 한다. 이는 실로 한국에서 실업교육 희망의 징조(曙光)이며, 이제까지 많은 어려움을 잊고 앞길의 성공을 기대하는 바이다.

상과(商科)는 아직 일본 교사를 들이는 것에 합의를 얻지 못했는데, 그래서 일본으로 유학해 상업을 배우고 귀국한 한국인에게 그 교과를 담당시킨다. 이상 세 과(科)의 분립은 외형으로는 전문학을 강구(講究)하는 것으로 보이지만, 내용은 보통학의 범위를 벗어나지 않는다. 말하자면, 실용에 기여하는 것에 목적을 둔다. 그리고 학생들은 종래에 이런 교육은 전혀 없었을 뿐 아니라 많은 경우 일본어조차 입학 후에야 비로소 배우기 때문에, 그 교수는 밖에서 상상하는 것보다도 어렵다.

농상공학교에 부속하여 새롭게 농사시험장을 설치하는 계획이 있다. 천연자원 이용에 유망한 한국에 농사시험장 하나 없음은 경영상의 아쉬운 일이어서 재정고문 역시 기쁘게 이 경비의 지출을 허락하였다. 땅을 알아본 결과 한성 동대문 밖에 크고 작은 2개소를 구했다. 그중 작은 것은 동대문 앞에서 동쪽으로 이어진 숙전(熟田)으로 학생들의 실습에 쓰도록 하고, 큰 것은 동대문에서 걸어 3리인 둑도에 있다. 각 관청이 가진 땅이 가장 많은 까닭에 여기를 선택했다.

둑도의 실습장은 한 방향은 한강에 임하고, 다른 방향은 관 소유의 구 목장에 연결되어 주위 약 2리가 매우 유망하기 때문에 그 시설을 서둘렀고, 또 학부대신으로 하여금 중개에 힘쓰도록 했다. 그런데 대신의 경질이 주마등과 같아서, 요령(要領)을 이루는 듯하면서도 이루지 못하여, 사람들을 노심초사 하게 했다. 그리고 그 경계를 측량하는데 궁중의 반대도 있었다. 아마도 그 땅이 천황·황후의 무덤 경계 안에 들어가 있다고. 맨 처음 땅을 판단할 때 그 무덤의 경계를 피했으나 지금은 이에 이의(異議)가 있을 뿐 아니라, 자칫하면 시험장 일대의 땅을 일본인에게 점령한다는 오해를 품어, 대신도 부담스럽고 어려운 책임을 기피하여 사무를 진행하지 않는 인상이다. 반도를 위해 이익이 생기도록 하는 것이 실로 쉽지 않다.

생각해 보면 옛날과 다른 지금의 변화에 대한 감개를 실로 견디기 어렵다. 그러나 내용의 정비와 함께 애초의 희망대로 농림학교와 상공학교를 나눌 필요도 생기고, 결국 그것이 실현되는 시기가 도래했다. 혼다 고스케(本田幸介) 박사의 수원권업모범장 및 농림학교의 경영, 오쿠라 기하치로(大倉喜八郞)의 선린상업학교 건설, 고치베 다다쓰네(巨智部忠承) 박사, 도요나가 마사토(豊永眞里) 박사 등의 공업전습소 계획으로 이루어져 오게 된 것이다. 그리고 농림학교와 공업전습소는 농상공부의 소관으로 옮겨졌으나 합방 후 다시 조선총독부 직할이 되었다. 그리고 이들이 조선 부의 원천을 개척하는 데 공헌해 온 바가 크다는 것은 말할 것도 없다. 또 1916년(大正 5)부터 공업전문학교(수업 3년)도 한 군데에 생겼다.

실업교육은 이것만으로 그만둘 수가 없기 때문에 1909년(明治 42)에는 실업학교령이 발표되고, 다음 해에는 보습학교규정도 제정되어 다시금 발전의 기운을 향했다. 합방 다음 해 조선교육령이 공포되고, 이에 의해 조선의 교육은 보통교육, 실업교육 및 전문교육으로 대별되었다. 실업학교는 농업학교, 상업학교, 공업학교 및 간이실업학교로 하고, 농상공학교는 보통학교 졸업자에게 2년 또는 3년의 실업교육을 실시하는 바로 하고, 간이실업학교는 보통학교 및 실업학교에 부설하여 계절과 현지 실정에 맞춰 학과 과정을 정했다. 그리고 잠업, 산림, 축산 또는 수산에 관한 사항을 주로 교수하는 학교는 농업학교로 간주하게 되었다.

1913년(大正 2) 2월 총독부는 새롭게 실업교육의 본의를 설하여, 상하 능히 직업을 장려하여 근검하게 산업을 관리하고, 산업의 발달을 꾀하며, 생업을 충실하게 하여 공급을 외래 물자에 기대지 않고, 나아가 다른 수요가 있는 지역에 이르게 하려는 것임을 밝혔다. 참으로 실업교육에 의해 조선의 번영과 재정 독립이 이루어진다면 내지와 조선 모두에게 지극한 다행이다.

실업, 특히 농업학교는 중점을 두고 있는 실습이 비료를 다루는 것이어서 처음에는 생도도 부형도 이를 싫어하였다. 그러나 직원이 솔선하여 모범을 보이고, 점차 좋은 성적을 내자 차츰 지방의 몽매함을 깨워 오늘날에는 차차 양반, 유생의 자제도 입학하는 형세가 되었다.

상업학교, 공업학교 역시 그렇다. 이러한 공립실업학교는 각 도청이 경영하는 곳이었으나 총독부에서도 보조금을 하사하여 이를 장려하고 있다. 그 경비는 전체 20만 원이다.

아무래도 농업은 조선인에게는 무엇보다 중요한 생업이다. 하기(夏期)는 실습상 필요한 계절이기 때문에 학교에서는 여름방학을 없앴다. 농업교육이 지방의 실업에 미치는 영향은 해마다 커지고 있다. 평양의 농업학교에 지방인 참관자가 상당히 많은 것도 전적으로 이 때문이다. 또 보통교육도 당시 상황과 민도에 적절한 것으로 신경 쓴 결과 농업 과목을 부과하고 있기 때문에 농업학교에서는 때때로 보통학교 교원에게 강습회를 연다. 또 둑도공립보통학교의 경우는 권업모범장에 접근하게 한다. 이는 광대한 농원을 보유하고 있고, 교과의 내용도 거의 농업학교와 비슷한 바가 있다. 즉 이 학교의 면적 2만 8,000평 안에 농원이 2만 5,900평을 차지하고 있어서, 1학년 및 2학년 남학생에게 매주 6시간 이상 농업 실습을 시키기 위해 특수한 시설을 활용하고 있다. 또 이에 부설된 공립간이농업학교도, 이에 상당한 정도로 대응하여 4,000여 그루의 과수와 41정보 가량의 학림(學林)을 갖고 있다.

충청남도의 면천공립보통학교의 훈도 이홍로의 발표에 의하면, 이 학교에서는 조선 재래의 쌀고르기 방법 개량과 부업 장려를 위해 멍석 만들기를 행하도록 했는데, 이에서 얻을 수 있는 훈련사항으로서는, (1) 생도의 경쟁심을 배양함과 함께 서로 돕고, 가르치고, 이끄는 마음을 배양, (2) 경제사상을 증진하고, (3) 시간을 이용하고, (4) 작업을 민첩하게 하고, (5) 정신을 치밀하게 하고, (6) 뒤처리를 잘하고, (7) 저축심을 고취하고, (8) 스스로 일하는 관습을 갖는다는 것이다. 실로 있어야 할 것들이고, 이는 조선인이 배양해야만 할 것들이기 때문에 여러 지방에서 이루어지는 학교의 작업이 이 같은 결과를 낳기를 희망한다.

원래 실업학교는 그 전수하는 바를 수행하는 능력에 따라 졸업자를 취직하게 하고, 국리민복을 일으키기 위한 목적으로, 특히 간이실업학교에 이르면 무엇보다 실제적 지도를 주로 하였기에, 졸업자 중에는 이 목적에 맞는 모범자도 나왔다. 밀양공립간이농업학교의 졸업생에 엄종윤이라는 사람이 있었는데, 1915년(大正 4)에 학교를 졸업한 것과 상관없이 착실·근면하게 경작에 힘써서 지방 청년의 모범으로 촉망되고 있다. 벼농사 개량과 양잠 성과는 무엇보다 주목할 가치가 있다. 농업 방법은 모두 개량법에 따라, 일찍이 그 생산물을 군 개최 품평회에 출품하여 일등상을 받을 수 있었다. 그리고 양호한 종자를 부근 농가의 희망에 따라 분배하고 있다. 그 지방은 일반적으로 진흙땅이어서 벼의 생육이 나빴다. 먼저 일부에서 모래를 혼입해 좋은 결과를 얻었기 때문에 점차 이를 다른 곳에도 파급하려 하고 있다. 또 종래 농가는 논농사에 초목재(草木灰)을 쓰는 자가 없었으나 엄 씨는 이를 시도하고 효험이 두드러져서 다른 농가도 이를 따르게 되었다. 양잠에 있어서도 공동 판매에서 1등 성적을 얻었다. 거기서 일반 농가의 편리를 도모하며 차차 공동 사육을 하려고 계획 중이다. 그 외 규모가 작은 집을 지어 좋은 비료 제조에 힘쓰고, 부근의 농가에도 이를 장려하고 있다. 겨울철 부업으로는 자리 짜기를 시도하여 이 역시 부근의 농가에 이익을 알려 점차 이를 따라 하도록 하고 있다.

이와 같이 소년과 청년으로 하여금 근로를 싫어하지 않고, 일을 숭상하는 습관을 함양시키는 것은 한국 시대부터의 이상이었음에도 불구하고, 당시에는 다소 철저하지 못했으나 10년 후인 오늘에 이르러 점차 실현시켜 온 것은 실로 잘된 일이다. 그리고 이 기풍이 사회 일반에 미쳐, 국민 근로의 능률을 증가하게 하는 것도 주목해야 한다. 어느 흑연 공장주의 말에 의하면, 조선인 직공은 5~6년 전까지 이틀 일하면 하루를 쉬어, 1개월 취업 일수가 가장 많은 경우라도 2/3에 불과했다. 그러나 금일에는 1개월 중 27~28일의 근로를 괴로워하지 않게 되었다고 하며, 안동의 목재회사에서도 근래 조선 직공의 근면과 저축의 증가를 인정하고 있다.

농업은 해마다 진전되고 있으나 수산 등의 방면은 별로 발진하지 않았다. 그러나 군산은 수산에 적합한 곳이기 때문에 일하는 어민들에게 지식을 전하려 공립간이수산학교가 설립되었다. 수산학교는 조선 안에 1개교뿐이기 때문에 이 학교에서는 수업료를 징수하지 않고 오히려 매월 현미로 식비를 주고, 어획한 것의 10%를 사료로 주어 이를 변제하게 하고, 어망 등 기타 어구(漁具)를 제작하게 하여 임금을 준다. 졸업 시에는 5명을 1조로 하여, 1조마다 배 1척과 어망 1매를 주어 어업단을 조직한다. 수업연한은 1년 반에 불과했지만 재학 중에는 가정에서 학비를 조금도 지불할 필요가 없고 학교 유지의 재원은 주로 은사금의 이자로 충당한다. 지방의 몽매함을 깨우는 것은 이러한 것에서 출발하도록 하지 않으면 안 된다.

큰 공업은 일어나지 않았으나, 한때 사라진 고려자기가 새로운 시대가 되어 부활하였다. 과거의 저 웅려하고 함축된 고려자기에 그 절묘한 재주를 발휘했던 조선인이, 오랜 기간 그 기능을 쓰지 않았다고 할 수 있으므로, 다시 책려하고 단련하면 기능을 회복하는 것이 비교적 용이할 것이라는 것은 충분히 상상할 수 있다. 따라서 공업전습소에서 제조되고 있는 도

자기가 일견 고려자기 상품에 뒤떨어지지 않는 것도 역시 우연은 아니다. 아니, 오히려 고려자기보다 아름답게 완성된다. 단지 그 아름다운 부분이 고려자기에 미치지 않는다는 점이다. 나는 시대 상황의 진운에 맞춰, 이처럼 조선 고유의 공예 능력을 발휘시키는 데 일조하기 위해, 공업 도제 정도의 학교를 지방에 건설하는 것도 좋다고 생각한다.

이 의미에서 나는 재작년 4월 나카무라 세시치로(中村精七郞)의 기부로 진남포에 공립상공업학교가 건립된 것을 환영한 사람이다. 이 안에 요업(窯業)은 없고 상업, 목공, 금속공뿐이었으나 건축도 추가하고 있다. 수업연한은 2년에 불과하지만, 생도의 작품을 점검해 보면, 무시할 수 없는 기능을 드러내고 있다. 이 정도의 학교가 주변에 없기 때문에, 내지인 자제도 입학하여 공동 교육을 받고 있는 상태이다. 무엇보다 공립간이공업학교는 조선 전체에 아직 2개교에 불과하다.

수산과 공업 방면이 부족한 것에 비교하면, 상업 쪽은 일 진보해 있다. 즉 사립선린상업학교 제2부가 조선인 자제에게 상업을 가르치고 있을 뿐 아니라, 관립인천일어학교에서 변형된 인천공립상업학교, 사립개성학교가 변형된 부산상업학교, 그 외 8개교의 공립간이상업학교가 있다. 이들 학교의 현황을 보면, 조선인 자제는 변함없이 주산 및 습자에서 장점을 드러내고 있다. 그러나 사고력에서는 아직 내지인에 미치지 않는다.

뭐니 뭐니 해도 조선은 농업국이다. 이조 제4대 세종 때부터 이미 경험 많은 농부의 설을 모아서 『농사직설』을 간행했던 사실도 있고, 일상생활에 필수적인 지식을 국민에게 가르치는 것에서 말하자면, 상공업에 앞서 농업교육이 보급되는 것은 말할 것도 없다. 따라서 상공업학교가 아직 발흥하지 않은 오늘날 전국 주요 지역에는 이미 15개교의 공립농업학교를 두고, 공립간이실업학교 64교 중 53교가 농업을 가르치는 것도 결코 이상한 것은 아니다. 십수 년 전까지는 천업(賤業)으로 고려되지 않았던 실업교육이 오늘날 이렇게 싹을 틔우고, 국리민복을 발전케 하는 것을 볼 때 우리들은 뜻하지 않은 기쁨을 느낀다.

12) 교과서의 정돈

현재의 조선 교과서는 잘 나오고 있다. 보통학교의 교과서는 물론, 고등 정도의 교과서, 실업학교의 교과서조차도 잘 나오고 있다. 이처럼 빠르게 정돈이 된 것은 각국에서 유례를 볼 수 없다. 차츰 갖추어지고 있다고 할 수 있는 조선에 가까운 지역으로는 필리핀의 소학독본, 이집트의 나일 독본, 자바섬의 순다니스어 독본 등을 헤아릴 수 있다. 인도 각 주의 학무국에서도 토착어 독본을 편집하는 것이 있지만 많은 검정에 따르고 있다. 그중 해협식민지같이 필리핀의 독본을 그대로 사용하는 곳조차 있다.

이것들은 주로 언어 수습 독본이다. 각 교과에는 모국의 것을 그대로 사용하는 것이 많다. 이렇게 모국의 것을 사용하는 곳부터 필리핀처럼 곤란을 겪은 곳도 있다. 말할 것도 없이 교과서는 그 지역에 맞고 그 지역 사람들에 맞는 것을 이상적인 것으로 한다. 이 점에서 조선은 두각을 나타내어, 하나에서 열까지 모두 갖추고, 또 편집의 방침도 서고, 교과서의 가격 또한 저렴해서 이를 정돈했다. 이번에는 특히 학교작법서(學校作法書)까지 만들고 있다.

교과서가 오늘날 정돈되기까지 5번의 변천 과정이 있었다.

(1) 거의 교과서가 없었던 시대: 이 시대에도 편집국이라 칭하는 것은 학부 안에 있었지만 인원은 극히 적었다. 이 무렵 나온 책들은 세계만국연계 및 조선지지류에 그치고, 그 외에 내가 신학문 강역을 한 것을 인쇄했던 정도에 불과했으나, 이는 정도가 좀 높아서 보통학교에서 많이 사용할 수는 없었다.

(2) 신식 교과서 편집 착수의 시대: 고문 시대가 되어 제1착으로 실행했던 것이 보통학교 독본외 편찬이다. 이에 관해서는 1905년(明治 38) 6월 구보타(久保田) 문교내신에 보고한 것의 1절에 "장래 신교육의 근거가 되어야 할 일어 독본 및 기타 교과 편찬의 계획에 착수하고, 여러 차례 제국 공사와 전의(詮議)를 거듭하고, 학부 편집국에 일본인을 추가하여 편수를 맡겼다. 이 일본인은 지금 2명으로, 6월 21일부터 학부에 출근시켰다"고 말했으나 지금 보면 매우 불안한 일이었다.

(3) 교과서 반포(頒布)의 시대: 통감부 설치 이래 교과서 편찬은 급속히 이루어져 1906년(明治 39)부터 1908년(明治 41)까지는 하나로 통하는 보통학교용을 완비하여 이를 반포했다. 그리고 보통학교 이외의 사립학교에서도 사용을 권장하고, 이제까지 사립학교에서 이루어졌던 불완전한 교과서는 정부 편찬의 것으로 바꾸게 했다. 그러나 이 무렵은 한국이 아직 하나의 국가로 있던 시기였기 때문에 그중에는 몹시 과격한 기사를 공유하는 것도 있어, 교과서 감독이 하나의 필수사항으로 되어 왔다. 그래서 이렇게 불온당한 것을 모두 철폐시키고 학부 편찬의 교과서를 사용하게 하는 방침으로 바뀌었다.

이 시기에 편수에 종사했던 미쓰치 츄조(三土忠造)가 1908년(明治 41) 6월, 보통학교 직원회에서 설명했던 바에 의하면, 당시 한국인 측에서는 3개조에 이의를 제기했다. 즉 지리 역사 교과서가 없는 것, 초년급부터 일어독본을 사용하게 하는 것, 한문독본이 난해한 것, 이 세 가지 점이었다. 이에 대해서 미쓰치는 지리 역사를 위해 특별히 교과서를 만들지 않은 것은 학교의 교과목을 과다하게 하지 않으려는 까닭이고, 초년급부터 일어독본을 사용하게 하는 것은 일어의 필요가 날로 늘어났기 때문이며, 한문독본은 차차 그 정도를 낮출 방침이라는 것을 설명했다. 이러한 것은 모두 오늘날에까지 복선을 지닌 것이다.

　1908년(明治 41)부터 교과서 검정을 개시하여, 멋대로 한국의 사태에 분개하여 불온한 문자를 나열한 교과서는 국가의 생존에 위해를 미치는 것임으로, 교과서는 검정을 출원(出願)해야 하는 것이 되었다. 그러나 한국인은 이를 오해하여, 충군애국의 문자를 부정하는 것이고 한국을 멸망시키려는 방침으로 비난하는 자가 있었다. 그럼에도 실제는 기탄없이 진행되고 있었다. 학부 편찬 혹은 학부대신의 검정을 거치지 않은 교과서를 사용할 때에는 사용인가를 받도록 했다.

　종래 관립 및 이에 상당한 공립학교에는 학부 편찬의 교과서를 급여하여 왔으나, 1909년(明治 42)부터 이를 대여하는 것으로 고치고, 또 지정 보조의 보통학교에 대해서는 구매하게 하는 것을 방침으로 했다. 사립학교에 대해서는 적당한 교과서를 갖고 있지 않았기 때문에 널리 수요에 맞추기 위해 사립학교령 발포 이후 학부 편찬 교과용 도서 발매 규정을 제정하고, 각지에서 정가로 발매하게 했다.

　(4) 정정본(訂正本) 사용의 시대: 일한합방 후 당시 상황의 격변과 함께 종래 학부 편찬 교과서는 그 내용이 부적당해져서 이를 정정할 필요가 생겼다. 학부에서 검정 인가 받은 도서에 대해서도 마찬가지이다. 그러나 이들 다수의 도서를 갑자기 개작하는 것은 용이하지 않았기 때문에 종래의 교과용 도서 사용에 관한 교수 상의 주의 및 자구를 정정하여 인쇄해, 이를 널리 학교에 배포했다. 일방에서는 학부 편찬 교과서의 정정, 출판을 서둘러, 1911(明治 44)년 초부터 정정본을 사용하게 했다.

　(5) 교과서 정돈시대: 이와 같은 변천을 거쳐 마침내 금일의 정돈이 이루어졌으나 정정본 교과서는 완전한 것이 아니기 때문에 1911년(明治 44) 다시 편수관을 두어 조선교육령이 발포된 후 이에 준거하여 교과서 편찬을 진행하였다. 1912년(大正 1) 12월, 국어독본의 일부분

을 간행한 것을 시작으로 하여, 점차 구교과서를 신교과서로 바꿔 오늘날에 이른 것이다.

오다(小田) 편집과장의 발표에 의하면, 국어의 가명법(假名遣)은 역사적인 것에 강하게 따르지 않고 옛 문부성 국어조사회에서 사정된 가명법과 큰 차이 없이 하고, 언문가명법도 통일하였다. 일반적 편찬방침은 조선교육령에 준거한 것은 물론, 조선어 및 한문독본 이외에는 국어로 기술하고, 한층 국어가 보급될 때까지 사립학교용을 위해 수신서, 농업서 등의 특수 분야에 한하여 특별히 조선 역문(譯文)을 만들었다. 교과서의 내용은 교과목에 따라 차이는 있지만 직접적으로 국민성의 양성에 관계있는 교과에는 ① 조선이 일본 제국의 일부이고, ② 우리 제국은 만세일계의 천황이 통치해 주시고, ③ 조선인이 세계 일등국의 국민이 되어 행복한 생활을 영위하는 것은 전적으로 황실의 은택에 의한 것으로, 각자가 그 본분을 지켜 국가에 다해야 할 바 등을 알게 하고, ④ 실용, 근면을 주로 하고, 공리 공론을 피하게 하는 것을 유의하고 있다.

보통학교 교과용 도서는 반드시 총독부가 편찬한 것을 사용하고, 혹 그것이 없을 때에는 총독부의 검정을 거친 것 또는 인가받은 것을 사용할 것은 보통학교규칙에 정해져 있는 대로이다. 그러나 금일에는 400여 관·공·사립 보통학교 및 같은 수준의 1,000여 각종 공사립 학교가 거의 전부 총독부 편찬의 신식교과서를 사용하고 있다. 그리고 교과서의 공급도, 원래는 이를 공급하고 그 후에 대여제로 고쳤으나, 1913년(大正 2)부터는 차차 생도에게 스스로 비용을 부담하게 하였다. 지금도 대여하고 있는 지방이 있지만, 대개는 자비로 하도록 정해 온 것은 당시 상황의 일진보이다. 자비로 하는 것을 부형이 싫어하지 않을 뿐 아니라 다투어 그 자제를 학교에 보내고 있는 것은, 한편으로는 저들의 부의 정도가 증진되어 온 까닭일 것이다.

13) 사립학교의 정비

원래 조선의 정치는 오랜 기간 완전히 부패하여 조선인 스스로의 힘으로는 이미 개선하기 어렵게 되었다. 국민 역시 관리의 주구를 피해 생명, 재산의 안전을 얻기 위해서는 같은 나라 사람 사이에서 이를 구할 도리가 없고, 세력이 강한 타국인에게 의지하는 것 외에는 없었다.

이 추세를 이미 잘 이용한 것은 외국 선교사이다. 처음 천주교 선교사가 중국에서 조선에 들어온 시대에는 여러 번 박해를 받았지만, 후에 프로테스탄트 선교사가 들어온 시기에는 이미 전도가 순조롭게 되었고, 특히 미한(米韓)협약의 체결로 종교의 자유가 인정된 이래 전도에 비상한 속력을 가했다. 무릇 세계에서 조선보다 전도에 용이한 지방은 없다고 일컬어진다. 이를 오늘날과 비교해 보면 조선교육이 내지인 교사에게 상당한 취미를 부여하고 있다는 점을 비추어 보아도 전도의 용이함을 상상할 수 있는 것으로, 필경 정치의 부패가 큰 원인이었다고는 하더라도, 또 하나는 조선인이 종순함에 기인한다. 그러나 들어가기 쉬운 것은 나가기도 쉽기 때문에 교육자도 느긋하게 마음을 편하게 가져서는 안 된다.

선교사는 산간벽지를 마다하지 않고 일신의 어려움을 잊고 종교를 선전했다. 그리고 조선의 인정, 풍습에 따르고 이를 위해 먼저 조선어를 연습하여 오직 조선어로써 전도에 종사했기 때문에 야소교 전파의 속력은 차차 빨라졌다. 전도와 함께 선교사의 손에서 비롯되어 경영된 것은 병원과 학교이다. 즉 의술로 조선인의 불행을 구하고, 교육으로 계몽의 도를 가르쳐 인심을 지배하는 요체를 실시하여 착착 효과를 냈다.

그 가운데는 그다지 좋지 않은 사람이 있었던 것이 내 기억에 지금도 새로우나, 한편으로 조선인을 구해 주는 힘이었던 독행자도 적지 않았다. 그 일례를 들면, 평양의 홀 여사와 같은 이들이다. 홀 여사는 미국에서 태어나 의학을 배우고 조선에 건너와 많은 난치병인을 구했다. 후에 영국인 닥터 홀과 결혼하고, 부부가 함께 평양에 병원을 열어 여사는 조선 부인의 진료에 종사하였다. 이윽고 닥터 홀은 불귀의 객이 되었고, 여사는 혼자 힘으로 빈민의 질환구제에 힘을 다하며, 종교학교를 세워 주변 맹인을 수용하여 교양하였다. 평소 농아교육의 필요를 인정하여 조선 학생을 청나라 지부농학교(芝罘啞學校)에서 배우게 하고는 졸업해 고향에 돌아오기를 기다려 농아교육을 시작했다.[21] 지금 이 학교를 나와 도쿄맹학교, 농아학교에 입학한 자도 있고, 그 밖의 많은 졸업생이 가정주부가 되거나 종교 사업에 종사하는 한편, 각지의 맹아교육에 관계되어 있는 자들도 있다. 한 부인의 몸으로서 이런 사람조차

---

21 홀은 청의 지부학교(芝罘學校)에 이익만을 파견해 농아교육방법을 배우게 하였고, 귀국할 때 그 학교에 근무하던 생질을 데려오게 하여 1909년 우리나라 최초의 농학교인 평양맹아학교를 설립하였다(『한국민족문화대백과사전』, http://encykorea.aks.ac.kr/).

있었던 것이다.

그런 고로 야소교는 타국에 비교할 수 없는 속도로 전파되었고, 그 세력이 깊이 일어나 평양이 그 중심이 되었다. 통감부가 설치되어 정무가 차차 쇄신되기 시작했어도 하급관리는 종래의 풍을 고치지 못하고, 이에 더해 일본인 중에는 세력에 편승하여 무모한 횡포를 가하는 자도 많아 원성이 끊이지 않았다. 그래서 조선인은 차츰 선교사에게 의뢰하고, 또 선교사도 이를 좋은 기회로 삼아 많은 교도를 보호하며 야소교를 믿는 자는 치외법권에 따라 생명, 재산의 안전을 얻게 되었다.

또 지나의 세력 실추 이후에, 러시아의 위력도 예상하지 않게 시들고, 영국은 일본의 동맹이고, 프랑스와 독일 양국은 조선과 연고가 멀었다. 오직 미국인만은 이미 종교 방면에서도 조선에 큰 세력을 갖고 있어서, 당시의 조선인으로 하여금 미국인과 연결해야 가장 안전하다고 생각하게 했다. 이와 같이 하여 종교학교도 점점 번성했으나, 조선인 스스로도 다수의 사립학교를 세워 교육으로써 독립을 만회하려고 시도했다. 그러나 이런 방법은 매우 무모하게도 군대식 훈련을 그 특징으로 하는 식이었다.

이 사이에 신교육이 앞으로 나아가고 있었으나, 도저히 사립학교의 격증과는 비교할 수 없었다. 그럼에도 정부는 처음부터 공립학교로써 사립학교와 경쟁하게 하는 우를 범하지 않고, 오히려 상위에 서서 모범적 지도의 태도를 취했다. 그 모습은 필리핀에서 미국인이 신교육을 시작할 때 종래 교육을 장악했던 스페인 신부가 새로운 미국식 교육을 능가하여 학교를 남설했던 것과 비슷했다. 그러나 그 속사정이 전적으로 같지 않았던 것은, 필리핀에서는 스페인 신부가 재래의 세력을 실추당하지 않으려고 했던 것이고, 조선에서는 외국인, 특히 미국 선교사의 전도와 조선인의 독립운동이 서로 횃불을 손에 들었던 것이었다. 당시 상황이 점점 안정되어 이러한 사립학교가 차츰 문을 닫고 신식 공립학교가 이를 대신하여 차츰 싹을 내는 상태는 전적으로 필리핀에서와 꼭 맞는 것이었다. 사립학교 정리의 첫 번째는 1908년(明治 41)에 한국 정부가 발포한 사립학교령이다. 이 사립학교령은 학교의 내용과 정도, 설비 등에 중점을 두지 않고, 교과용 도서에 집중하며, 특히 설립인가를 받게 하는 것을 엄중히 권장하려는 것이다. 또 종교학교가 종래 조선인 개발을 위해 한 공적을 인정하고, 의무교육제도를 행하지 않는 조선에서 무리하게 종교학교를 배척하여 학도를 도로에서 방황하도록 두지 않고, 학교 안에서 종교를 가르치도록 인정했다. 단지 정치적 의론을 내는 것은 조선을 위험에 빠뜨리는 것이므로, 이를 단속하려는 것이었다. 그러나 조선인은 사립학교를 종교학교로 만들면 학교령에 복종할 의무가 없다고 오해하여, 여전히 반항하는 모양이었으나 선교사 측에서는 차츰 종교학교의 설립 인가를 받으려고 해 왔다.

미국 선교사가 이와 같이 태도를 고쳤던 것은 감독 하리스 박사와 랏도 교수 등의 노력이 컸을 뿐 아니라, 통감이 친히 선교사를 면회하여 의지의 소통을 꾀한 것도 큰 원인이 되었다. 아무튼 선교사는 당시 상황의 변화를 인정하고, 합법적인 통감 정치하에 전도하는 것 외에는 길이 없는 것을 깨닫고 그 태도를 크게 바꾸었으나 그 아래에 속한 조선의 목사 등은 반항적 태도를 쉽게 고치지 않았다.

그럼에도 선교사 등이 솔선해서 인가를 받았기 때문에, 조선인들도 세월의 경과와 함께 같이 보조를 취해야 하는 형세가 되었다. 무엇보다 이 경우는 정부의 취급도 매우 관대해서 어떠한 학교라도 인가해 주었다. 사립학교가 대체로 정부의 감독 범위 안에 정리되어 온 이상 이미 종전처럼 위험한 국권 회복열을 고취하지 않았다. 이제까지는 격앙하여 기부 모금에 응한 자도 많았지만, 형세가 차츰 변하여 갹출자도 적어져, 학교의 유지가 점차 곤란해지자 합병되거나 폐절된 학교도 많다. 고로 합방 당시는 사립학교의 수가 무려 2,200여 개교에 이르고, 그중 800여 개교가 외국 선교사와 관계되었으나, 이후 해마다 줄어들었다. 1917년(大正 6)의 조선요람에는 사립학교 총수가 1,062개교, 그중 선교사 관리와 관련된 것이 420여 개교였다. 올해 요람에는 다시 감소하여 총수 908개교, 선교사 관리와 관련한 것은 360여 개교였다. 내년도와 내후년도가 되면 더욱 감소할 것이다.

사립학교가 이렇게 감소하는 것은, 한편으로는 정부의 감독이 점차 빈틈없이 미치는 것과 또 한편으로는 조선인의 오해가 없어진 것에 기인하는 것이다. 합방 다음 해, 사립학교규칙이 발포되고, 감독과 지도에서 한걸음 나아가 성적이 양호한 것은 공립학교로 변경시키게 되었다. 1915년(大正 4) 3월, 이를 개정하여 보통교육, 실업교육 또는 전문교육을 실시하는 사립학교는 보통학교, 고등보통학교, 여자고등보통학교, 실업학교 또는 전문학교에 관한 규정에 준해서 그 내용을 정하고, 관공립학교와 동등하게 완전하고 일관성 있는 교육을 실시하는 방침을 취했다. 이와 동시에 초등보통교육을 실시하는 사립학교의 교원시험규칙을 발포하고 각지에서 시험으로 그 자격을 인정하게 하고 있다. 또 사립학교개정규칙에 관한 훈령을 발포하고, 내지와 동등하게 국민교육을 종교 밖에 세우는 방침을 취함에 이르렀다.

이에 학교에서 종교적인 교육을 실시하거나 그 의식을 행하는 것을 인정하지 않는다. 단지 교수시간 외에 학교 건물을 종교상의 일에 이용하는 것은 제한하지 않는다. 이같이 정한 것은 내지와 조선 국민교육의 통일에 필요했기 때문이다.

또 국어는 사회에서 필수일 뿐 아니라 충량한 신민을 육성하는 것에도 없어서는 안 되는 것이었다. 그리고 사립학교의 수는 해마다 감소하지만, 그 영향은 여전히 크기 때문에 역시 총독이 정한 교육방침에 따라야 한다. 그러나 지금 갑자기 이 개정규칙에 따르게 하는 것은, 특히 종교와 교육과의 분리는 내부 사정이 허락해야 하는 점을 고려하여, 이미 설립된 학교에 대해서는 1915년(大正 4) 이후 10년간의 여유를 주어 개선하게 하였다.

최근에는 내지인 교원을 고용하여 내용을 개선한 경우가 많고, 또 실제에서 공립학교의 성적은 날로 높아지고, 시설에서, 교수에서 또 훈련에서 사립학교를 능가하고 있는 것이 조선인의 눈에도 명확히 인식되고 있기 때문에, 부형 및 생도도 사립학교보다 오히려 공립학교 쪽을 선택하게 되었다. 이미 사립학교에 입학한 자도 빈번히 공립학교로 전학한다. 종교학교는 그 외관이 당당한 건물이 많지만 안에 들어가 보면 공립학교보다 못하다. 교실에 의자도 없이 아이들을 앉힌 곳도 적지 않고 교수어는 조선어를 많이 쓴다. 점차 근래에는 공립학교를 따라 체조 등을 부과함에 따라 국어 및 체조 교사로 내지인을 둔 곳이 많다.

종교학교 가운데 대두(泰斗)외 히나리고도 하는 경성의 배재학당노 하리스 감독의 지도에 의해 개선되었다. 배재고등보통학교는 완전히 신교육에 보조를 맞추어, 국어는 매주 10시간을 부과하고, 농업을 국어로 가르치는 한편, 영어는 겨우 2시간을 유지할 뿐이다. 이와 비교하여 여자만을 교육하는 이화학당의 경우는 상당히 보수적이라고는 하지만, 근래는 국어를 부과하기 위해 내지인을 들이고, 고등사범학교 졸업자의 파견을 요구하고 있다. 개성의 종교학교도 고등보통학교라는 명칭을 취하고, 영어가 2시간인데 비해 국어는 8시간을 부과하며 내지인 교사를 들이고 있다. 평양의 광성학교도 영어를 2시간, 국어를 6시간으로 하며, 내지인을 고용했다. 원래 평양은 종교학교의 중심이었으나, 그 학교들이 점차 신제교육을 모방하는 한 단면으로, 신설된 평양중학교에서 조례를 행하면 근처의 사립학교도 이를 따라 조례를 행하려 한다는 것을 통해 알 수 있다.

원산의 종교여학교에서는 국어는 8시간 부과하지만 영어는 이미 가르치고 있지 않다. 대구에서는 5개교의 종교학교 중 1개교는 이미 종교 교수를 없앴다. 인천의 프랑스인 경영 사립 박문학교는 남자부가 매우 적은 것과 대조적으로 여자부는 알맞게 커져서 고아반도 부설했는데, 이미 프랑스어를 가르치지 않고, 조선어 12시간, 국어 6시간을 부과하며, 일본 부인을 교사로 초빙하고 있다. 인천 사립 영화여학교의 경우도 국어 시간은 많지만 영어 시간은 적은 상태다.

또 선교사 중에는 당시 상황을 통찰하여 학교를 닫고 그 생도 전부를 공립보통학교에 위탁하는 경향도 있다. 성천군의 요파(了波)라는 곳에 그 예가 있고, 수원에 프랑스인이 경영했던 진명학교도 이번 전쟁 이후 생도 전부를 보통학교에 맡기고 귀국했다. 목포에서도 아동이 보통학교를 많이 선택하여 입학하려 하고, 종교학교에 가는 자는 이 섬 저 섬에 있는 빈민이 다수를 차지하고 있다. 그리하여 오늘날 각지의 종교학교는 주로 여자 교육과 유치원 쪽에 힘을 기울이고 있는 것을 볼 수 있다. 또 천장절(天長節)에 학교를 쉬는 것도 점차 행해지고 있다.

종교학교의 교장이 총독부의 지배 하의 일반적 교육방침과 저촉되는 교육방식을 채용한 것은, 일찍이 평양의 연합야소교대학교의 교장 경질 후, 신임 교장 레이나의 취임 연설을 읽어 봐도 그 생각이 지나치게 짧았던 점이 있다. 레이나는 야소교 교육이 교육적 편의가 하등 갖추어지지 않았던 시대에 공헌한 것은 의심할 수 없지만, 동시에 교회 자신을 위한 지도자 양성 준비에만 한정하여, 조선인의 경제적 수요에 관해서는 깊이 고려하지 않았다고 말한다. 총독부 교육의 목적인 정직한 품성의 양성, 강렬한 애국심 함양, 당시 상황에 적응된 학술의 교수 중 제1의 목적에 대해서는 종교교육도 종래부터 이를 수행해 왔지만, 다른 두 가지에 관해서는 야소교 대학은 아직 그 임무를 다하지 않아서 오늘날 야소교 교육의 수단을 고칠 필요가 임박해졌다고 한다. 조선인에게 무엇보다 부족한 바는 실업적 훈련이고, 교회의 지도도 이미 양반주의에 준한 것을 허락하지 않으며, 실업적 훈련을 거친 지도자야말로 교회에서도 기둥이 되어야 하므로, 가령 저들이 목사로서 일생을 바칠 경우라면 누구라도 이런 교육을 받는 것은 그 사람의 가치를 높이는 것이라고 말하고 있다.

오랜 기원과 기초가 확실한 여러 지방의 종교학교가 이미 이러하다. 조선인이 한때 남설한 사립학교는 오늘날 거의 흩어지고 사라져 어떠한 힘도 없고, 또 행정상 조금도 지장을 주지 않게 되었다. 이는 한편으로는 감독에 따른 당연한 바이지만, 다른 한편으로는 신교육의 내용이 충실해서 모두 사립학교를 능가한 실적 덕분이다. 이처럼 쇠퇴한 조선인의 사립학교 중에서 홀로 서당만은 의연하게 구태를 고치지 않을 뿐 아니라 그 수도 장소에 따라서는 증가하고 있다. 이는 구한국 정부 시대부터 현재 총독부에 이르기까지 가급적 이를 보존하여 점차 지도 개발하고자 했기 때문이다. 또한 보통학교 교육기관이 아직 내지처럼 고루 미치지 못할 때 돌연 서당을 폐하는 것은 서당에 재학하는 20만 아동에게 취학의 길을 잃게 하는 것이 된다. 이는 조선의 현재 상태에 적응하는 바가 못 된다. 그러나 지방의 당국자는 교육 쇄신에 급한 나머지 폐지·개조를 주장하는 자도 있지만, 무해·유익한 서당을 없애는 것은 단지 아동 취학의 길을 잃게 하는 것뿐 아니라 서당 교사의 의식(衣食)을 궁핍하게 해서 인심을 불안에 빠뜨리는 것으로, 총독부가 취할 바가 아니다. 종래의 읽고 쓰기에 국어, 산술 등을 더하게 하고 혹은 공립보통학교와 연결되게 하고 혹은 도 주최 조선인 교원강습회에 서당 교사를 출석시키는 등의 지도와 도움은 곳곳에서 이루어지고 있다.

원래 서당은 한학의 초보를 가르치는 곳(오히려 문자를 가르치는 곳)으로, 각 촌락에 산재하고, 그 수는 2만에 달한다. 아동 수는 5~6명에서 20~30명에 이르고, 평균 약 18명을 수용하고 있다. 그 설립의 사정은 다양하게 차이가 있는데, 양반, 부호 등이 집의 온돌을 제공하여 자기 자제 및 인근 사람을 모아 한문의 음독을 배우기 위해 유생을 모신 곳도 있고, 지방의 유지가 숙사(塾舍)를 만들어 자제를 교양하기 위해 교사를 부른 곳도 있다. 또 일정한 숙사 없이 교사가 날을 정해 순회교수를 하는 곳도 있고, 교사가 자신의 집에 아동을 보아 교수하는 곳도 있다.

경비에 어려움이 없는 것은 어떻게든 하고, 그렇지 않으면 아동의 부형으로부터 보리·전분·대두·밤·장작·연초·의복 등을 갹출하고 또 왕왕 서당계를 만들어 비용을 변통하는 곳도 있다. 교사, 즉 향선생(鄕先生)은 생활을 겨우 지탱하는데 지나지 않지만 향당 사이에는 상당한 신망이 있다. 그러나 신지식이 결핍되어 있기 때문에 『동몽선습』과 『통감』의 음독에 몰두하여, 사회생활의 실제를 접하지 못한다. 이번 시찰 중 경주의 서당에서 아동이 항우전(項羽傳)을 읽고 있는 것을 보고, 군수가 '항우는 어느 나라 사람인가'라고 물었더니, 아동이 '대국인(大國人)'이라고 답하는 것을 볼 때 세상과 변화에 얼마나 늦은가를 상상하고 남음이 있다. 그러나 의무교육의 실시가 어려운 조선에서 서당을 전폐하는 것은 사실상 어렵다.

14) 지배와 교육

신영토의 지배에는 먼저 대방침을 확립하고, 대강을 담아 방침의 실행을 도모해야 한다. 그러나 주로 하급 관리, 특히 직접 민중을 취급하는 자는 그 지역 사람을 기용하는 것을 수단으로 삼는다. 통치자가 민중을 직접 다룰 때는 자칫 잘못하면 원한이 생기기 쉽다. 현지 사람을 쓰면 지역 정황에 정통해 있기 때문에 제반 편의를 얻을 뿐 아니라 저들이 좋아하는 관리가 되는 길도 사라지지 않고, 행정의 일부분을 분담했다는 자각을 저들에게 일으켜, 결국 통치에 공감하게 한다. 통치자가 직접 말하는 것보다도 토착인이 말하게 하는 편이 오히려 이로운 점이 많다. 사토 잇사이(佐藤一齋)의 『언지록(言志錄)』에 "인생 매사를 스스로 명령하면 위엄이 적고, 건너서 남에게 맡기면 사람들이 엄하게 보고 두려워한다"고 한 것이 참으로 타당하다.

내지에서도 이 움직임이 있는데, 하물며 신영토 같이 감정이 복잡한 지방에서는 무엇보다도 이것을 마음에 둘 것을 요한다. 그렇다면 민중을 직접적으로 대하는 관리는 어떤 종류의 사람을 써야 하는가를 말하자면, 재능은 본디 필요조건이지만 그 외에 상응하는 문벌도 있고, 조금이라도 남보다 경외되어, 토착인들도 이를 적당하다고 보는 인물이어야 한다. 가령 어느 정도 준재(俊才)라 하더라도 가정이 천한 자이면, 상황이 안정될 때까지는 지방민을 일정 정도 기꺼이 복종하게 만들기 어렵다. 하물며 종래의 문벌가를 지배하게 하는 것에 있어서랴.

네덜란드인은 식민지를 통치한 오랜 경험에 의해 이 재량을 터득했기 때문에 본국의 힘이 약함에도 불구하고 그 광대한 식민지를 금일까지 무난히 통치해 왔다. 네덜란드령 동인도에 가보면 그 실황이 명확히 파악된다. 네덜란드령 동인도는 38개 주로 나뉘고, 각 주의 요처에 레지덴트(Resident)[22]와 콘트롤러(controller)를 배치해 정망(政網)을 수집하고 있다. 토착인과 직접적 교섭 임무를 담당하는 자는 가급적 총독이 임명 혹은 승인한 지역의 문벌가에서 기용하고 있다. 모국인과의 혼혈아로 고등관리가 되어 있는 자도 적지 않다. 이 문벌가의 자제를 기용해서 토착인을 접하도록 할 필요에서 토착인 관리양성학교도 열었던 것이다.

이 학교의 수업연한은 원래 4년이었던 것을 연장하여 5년으로 하고, 네덜란드어에 중점

---

22 옛 네덜란드령 인도의 지사이다.

을 두며, 대부분의 학과는 네덜란드어를 교수어로 하고 있다. 학과목은 보통의 것 외에 측량, 지도 묘사, 법학, 기타 지식에 관한 학과 등도 있다. 토착인 문벌을 위해 이러한 학교를 만들고 또 모국인의 자제로 현지 관리가 되려는 자를 위해서도 특수한 교육을 실시하고 있다. 즉 바타비아[23] '윌리엄 3세 김나지움'의 제2부에서는 연령 18세 이상의 중등교육 수료자에게 2년간의 수업을 시키고 있다. 이곳을 졸업하면 문관고등시험에 응하게 하고, 이 시험을 통과하면 대관(大官)이 되는 것이 가능하다. 예전에 필리핀 학무국장 파로스 박사가 네덜란드령을 시찰했을 때, 이 방법에 감동하여 본국에 이를 보고한 바 있다.

조선의 지방관은 도에 장관이 있고, 부에 부윤이 있고, 군에 군수가 있으며, 그 아래 면, 동, 리에 각각 장을 두는 순서이다. 도의 장관은 내지인이 많지만, 조선인도 있다. 부는 부유한 곳으로서 내지인 거주자가 많기 때문에 부윤에는 내지인을 임명하고 있다. 군수는 종래 모두 조선인이었으나 올해부터 내지인을 임명하기 시작했다. 면장도 모두 조선인이었지만 이번에 내지인이 많은 곳은 내지인을 면장으로 하게 되었다. 동과 리는 거의 조선인만의 장소이기 때문에 조선인을 임명하고 있다.

고로 지방의 장에 내지인을 기용할지의 여부는 그곳에 거주하는 내지인의 다소에 따른 것이다. 다만 도장관에 조선인을 기용하는 것은 조선인 우대의 일환일 것이다. 이와 같이 조선인이 많은 곳에서 직접 교섭 임무를 담당하는 데는 조선인을 기용하는 것이 당연하나, 년에서도 가급적 조선인을 장으로 두는 것이 좋다고 생각한다. 동과 리는 더욱 그러하다. 자칫하면 이 하급 지배자도 조선인보다 내지인으로 하는 것이 성공적이라고 할 수 있겠지만, 이는 사려가 있는 사람의 말이 아니라고 생각한다. 지나가 종래 조선에 했던 지배 방법의 경우는 방임에 지나지 않았고, 러시아가 만주를 통치한 방식은 상당히 이기적이었다. 우리 국민이 신영토를 취급함에 있어서 지나와 러시아를 배울 필요는 없지만, 어디라도 오직 내지인에게만 권력을 모이게 한다면 그것은 성공이라고 할 수 없다.

또한 일상적으로 민중을 다루고 있는 군청에 가 보면, 군수 밑에 속한 서무주임 및 재무주임은 청 내 중요한 임무를 맡고 있기 때문에 이를 내지인에게 맡기고 있다. 그 밑에 군서기 및 직원은 내지인과 조선인이 서로 나누어 하고 있다. 아마도 이 정도로 행정업무에 밝은 조

---

23 인도네시아 자카르타의 옛 이름이다.

선인이 없고, 또 있다 하더라도 구폐에 익숙한 경향이 있기 때문에, 하급관리(아전)까지 내지인을 기용해 온 것은 어쩔 수 없었으나, 점점 한국인이 교육받게 되면 이는 조선인만을 기용해도 좋다고 생각한다.

하급관리의 채용에서 신교육을 받은 자를 필요로 하는 것은 말할 것도 없다. 다만 신교육을 받은 적당한 후보자 중 양반의 자제와 상민의 자제가 있을 때에는 후자보다 전자를 택하는 것이 조선 현상에 맞는 것임은 앞서 말했다. 우리나라는 사민평등의 교육법과 등용법에 따른 효과를 발휘하고 있다. 이 효력의 요체는 유신 대혁명으로, 국민 각자의 자각 위에 서서 이를 단행한 바 있다. 조선은 합방에 의해 본의 아니게 내지의 지배를 받아야만 하는 대세에 따르게 되어 스스로 자각이 충분히 일어나지 않았는데, 내지인과 동등하게 사민평등법을 적용한 것이기 때문에, 다소 출발점이 다르다. 이것이 경상, 충청 각 도의 양반, 유생 등이 오늘날까지 불평하는 바일 것이다.

양반은 종래의 지배권으로부터 멀어져 지방에 칩거한 상태이나 때때로 군청의 명에 따라 출두해 보면 다름 아닌 상민의 젊은 무리가 군서기 등이 되어 이래라 저래라 하여 큰 치욕을 느낀다. 당시 상황에서는 어쩔 수 없어서 부득이 농사에 종사해도, 자손만큼은 과거하던 대로 관리를 시키고 싶다고 생각하여 자제를 보통학교에 보낸다. 그러나 그것이 반드시 본의는 아니기 때문에 자제를 서당 쪽에도 보낸다. 왜 본의가 아닌가 하면 (보통학교에) 한문학습의 시간이 짧고 국어 및 근로교육의 시간이 많기 때문이다. 사실 한문이 저들의 교제에 가치가 있는 이상 어쩔 수 없다고 여겨진다.

이러한 사정에서 보면 귀족, 양반의 자제를 모아서 특별한 교육을 하는 학교 1개 정도는 조선에 있는 것이 불가한 것은 아니라고 생각한다. 그러나 그것보다 더욱 급한 문제는 양반 자제가 많은 경상도, 충청도 학교에서 한문 시간을 늘릴 것을 권하는 바이다. 1916년(大正 5) 9월 보통학교 교육의 개선에 관해서 정무총감이 각 도장관에게 보낸 통첩에도 현지의 정황, 학교의 성질, 생도의 학력, 개성 등을 고려해야 한다는 것을 쓰고 있는 것에 극히 동감한다.

모국인에게 토착지의 지배 학문을 하게 하는 것도 크게 고려해야 하지만, 네덜란드령 동인도와 조선은 다소 국정(國情)이 다른 바도 있고, 또 국법 적용의 실정도 다르다. 따라서 동인도처럼 토착지 학문의 수업을 하면, 문관고등시험에 합격하는 것은 불가능하다. 아니 종래에는 조선의 사정을 잘 아는 자에 대해 오히려 조선화된다고 하며, 이를 배척하려는 것이 우리의 국정이다. 다만 총독부는 이에 생각하는 바가 있어 내지인 교사에 대해서도 내지에서 온 그대로 교편을 잡지 않고, 조선 사정에 관한 상당한 강습을 실시하여 직무를 하게 하고, 특히 1920년(大正 9)부터는 조선어 시험을 실시하여 그 성적을 고과에 참고하여 이 시험에 급제하지 않는 자는 특별한 경우를 제외하고 새로운 공립보통학교 교장이 되는 것을 허락하지 않았다. 단지 교원뿐 아니라 민중을 접촉하는 일반관리도 이를 심득해야 한다고 생각할 수 있다.

15) 전문적 지능의 수습

학문이라 하면 한학이라고 생각해 온 조선은 과거의 역사 무대에 묻히고, 지금 이를 대신해서 나온 것은 일상의 필수적 학문을 해야 한다는 것이 시세의 흐름이다.

원래 한학이라면 어렵고 과거에는 필수학문이었다. 즉 과거에 급제하지 않으면 관리가 되는 것이 가능하지 않았다. 남자가 세상에 나서 관리가 되는 능력이 없으면 체면이 안 서는 사회였기 때문에 농공상은 고려하지 않고, 오직 유학 강습에 여념이 없었던 것도 우연이 아니다. 과거는 먼저 지방에서 제1차 시험(감시 혹은 초시라 한다)을 행하고, 이에 합격한 자는 생원으로 불리며, 다시 경성에서 제2차 시험(복시)을 치르고, 이에 합격하면 소위 진사 급제로, 관리에 임명되었다. 다시 성균관, 즉 당시 대학에 들어가 제3차 시험(내과)을 거쳐 최우등 성적을 받은 자는 소위 장원으로 바로 고위 고관에 등용되는 것이다.[24] 후에 사사로운 문제들이 많아져서 그 폐해가 교정되어야 함에 이르러, 1894년(明治 27)에 과거가 폐지되었다.

이와 같이 향교 및 성균관은 과거의 한학전문학교였다. 향교는 이미 서당에서 문자를 익히고 연령이 적어도 15~16세에 달한 유생의 자손을 입학시킨 곳으로 각 부·군에 설치되고 그 수업 목적은 과거에 응시하기 위한 것이었다. 고로 과거를 폐지하는 것과 동시에 향교 역시 운명을 함께 하였다. 이에 속한 재산은 지방의 유생이 자의로 소비하도록 맡겨져 재산 정리가 교육 개혁에 있어 하나의 중요한 안건이었다. 그리하여 1910년(明治 43) 학부는 향교재산관리규정을 발포하여 그 용도를 지정하고, 이 재산에서 생긴 수입은 문묘향사비, 수리비 및 그 부·군 내의 공립학교의 경비 또는 관찰사가 지정한 학교의 경비에 쓰이게 되었다.

---

24 이 내용은 시데하라의 의견으로 사실과 다르다.

향교는 이미 폐지되어 버렸지만, 성균관은 의연히 보존되었다. 그러나 주로 문묘에 배향하고 한학을 강습하는 곳이 되어 과거의 뼈대만 겨우 유지할 뿐이었다. 그래도 과거 교육의 최고학부로 또 관장과 그 외 많은 학자가 임명되어 있어 세인의 존경을 완전히 잃은 것은 아니었다. 그래서 최초의 교육개혁안에도 제2기 개혁예정안 속에 성균관의 내용 개선을 넣었다. 그러나 당시 상황은 이 개혁을 급히 재촉하여 1907년(明治 40) 옛 한국 황태자가 문묘에 참배할 때 성균관 재학 유생들이 신학문 수습의 희망을 올리게 되었다. 다음 해 전 황제가 알성(謁聖)을 할 때, 당시 수행했던 학무대신에게 속히 유생의 원을 허가해야 한다는 것을 친히 깨우쳤다. 이로부터 성균관의 학과목 중에도 일본어, 이과, 지리, 수학, 도화, 법제, 경제, 체조 등을 추가할 수 있었다.

합방 후 1911년(明治 44) 6월에 이르러 경학원 규정이 발포되어, 성균관을 폐하고 경학원을 만들어 문묘에 향사하고 경학을 강하며 각 도의 석학·명가를 강사로 하고, 때때로 이를 지방에도 파견하여 일반 교화를 돕게 했다. 그리고 메이지 천황은, 특히 국고 25만 원을 하사하여 이를 경학원의 기금으로 주고, 그 이자로 유지비를 충당하게 하였다. 실로 훌륭한 배려를 받들어 살피고도 남음이 있다. 이에 경학원의 유지에는 하등의 고려를 요하지 않게 되고 경학원의 경영과 함께 지방의 학자와 덕망가도 후하게 대우하여 소위 재야에 남은 현인이 없는 정황이 되어, 봄·가을 2회는 옛날에도 볼 수 없었던 완비된 석전을 행할 뿐 아니라, 매월에는 유학 강연을 열고, 또 강사가 지방에 출장하여 순회강연을 함에 따라 지방의 양속을 보존하고, 유행하는 나쁜 풍속을 교정하고, 이로써 일반 교육을 돕게 된 것은 필시 성은의 여택(餘澤)이다. 그리고 이들 강사는 옛것에 흐려지거나 고루하고 좁음에 빠져 있는 것도 아니어서, 내지를 시찰하여 근세 문화를 섭취하도록 하고 있다.

예전에 외국어학교라 칭했던, 각국 세력의 흥망성쇠를 대표하는 듯한 학교도 있었다. 그 기원은 각국인이 조선에 들어와서 점차 세력이 커짐에 따라 자국의 언어를 조선인에게 가르칠 곳이 생긴 것에 연원이 있다. 영어학교, 일어학교, 한어(漢語)학교 등은 이전부터 그 단서가 열려 있었으나, 외국어학교라는 이름으로 된 것은 1895년(明治 28)부터였던 것은 전에도 말한 바 있다. 한어학교는 1897년(明治 30)에 완전한 학교가 되었고, 그 전해에 프랑스어학교 및 러시아어학교도 설립되었으며, 1898년(明治 31)에는 독일어학교도 세워져, 이에 일, 한, 영, 불, 독, 아의 6개 어학교를 갖게 되었다. 이를 병칭해서 관립외국어학교라고 했다. 각 학교는 2명씩의 각국인을 고용하고 있어 그 외국인에 관한 계약은 각국 공사가 정부와 교섭하여 정하였기 때문에, 고용 외국인이 본국의 세력을 짊어지고 있는 사람인 것처럼 외국어학교도 그렇게 각국 세력의 부식 장소로 보였다.

일러전쟁이 일어나면서부터 러시아어학교는 폐쇄되었으나, 한때 떨쳐나가지 못했던 일어학교는 반대로 성하게 되고, 영어학교가 그다음이었고, 나머지는 미미했다. 그래도 5개국의 어학교가 서로 분립하여 세력을 다투는 모양이 된 것은 교육상 경계되어야 해서 이의 정리도 역시 학제개혁의 한 안건이 되는 것을 면할 수 없었다. 그리하여 1907년(明治 40)에 이르러, 이들 5개교를 병합하여 명실공히 한 학교로 하고, 그 학교장은 학부의 일본인 서기관이 하도록 했다. 합방 당시 생도의 수는 일어부에 310명이 있었던 데 비해, 불어부는 10여 명에 불과한 상황이어서, 각국 어학부를 특설할 필요도 없게 되어 결국 합방 후에는 외국어학교의 모습을 교육에서 볼 수 없게 되었던 것도 당시 상황에 의한 것이다.

이외 전문학교의 종류에 속해야 할 것으로 1895년(明治 28)년 평리원(平理院) 내에 창립된 법관양성소가 있었다. 한때 중단되었다가, 1903년(明治 36)부터 다시 부활된 무렵부터는 프랑스인이 들어와 프랑스법도 가르쳤다. 후에 그 프랑스인은 귀국하고 1909년(明治 42)부터 법부(法部)의 소관을 벗어나 학부에 속하며, 이름을 법학교로 개칭하였다. 합방 후에는 총독부 직할로 되고, 이듬해 규정을 바꾸어 경성전수학교라 칭하고, 1916년(大正 5) 전문학교관제 발포와 함께 전문학교로 취급되었다. 수업연한은 3년으로, 조선교육령에 기초해 법률, 경제에 관한 교육을 실시하고 공사의 업무에 종사할 자를 양성한다. 법률을 배우는 자는 권리를 주장하여 의무를 생각하지 않기 때문에, 이 학교에서는 이에 주의함과 동시에 특히 국헌(國憲)을 중시해 국법에 따르는 취지를 철저하게 하고 있다.

다음으로 의학교는 1899년(明治 32)에 설립되었는데, 당시는 초근목피를 가지고 질병을 치료하고, 기도, 금압으로 병마를 억누르려는 세상이었기 때문에, 학교도 활발하지 않았다. 1907년(明治 40) 대한의원관제(大韓醫院官制)의 발포와 함께 그 안에 합병되어, 학부의 관할을 벗어났다. 합방 후 의원이 총독부의 직할로 되면서, 부속의학강습소가 되어 의사 및 산파, 간호사 양성을 장악하고 교수어를 국어로 하였다. 관비를 본위로 하던 것을 고쳐서 사비본위로 변화시키고, 얼마 후 의사 및 산파 면허장을 부여하게 되었다. 전문학교관제의 발포 후 승격하여 경성의학전문학교가 되었다. 수업연한은 4년까지였으나 교수는 기초의학과 임상의학을 불문하고, 헛되게 고원한 학리에 흐르지 않고 실리 유용한 신지식을 가르쳐 부단히 연찬을 거듭하는 습관을 기르는 것을 주지로 하고 있다.

그 밖에 공업전습소는 통감부 시대부터 설치된 것으로, 앞서 기술한 대로 전문학교령의 발포와 함께 경성공업전문학교가 설치되고, 이에 부속공업전습소를 부설하게 되었다. 공업전문학교는 조선교육령에 기초하여 공업의 진보, 발전에 필요한 기술자 또는 경영자를 양성하고, 부속공업전습소는 공업에 종사해야 할 도제를 양성하는 것이다. 그리고 고원한 학리보다도 실지로 유용한 지식을 중시하도록 하는 것은 어떤 학교에도 공통의 주의이다. 본교의 학과는 염직과, 응용화학과, 요업과, 토목과, 건축과, 광산과의 6분과로 하였다. 부속공업전습소는 목공과, 금공과, 직물과, 화학제품과, 도기과의 5분과로 하고, 수업연한은 본교 3년, 전습소 2년이다.

수원의 농림학교는 1906년(明治 39)부터 혼다(本田) 박사 등에 의해 창립된 것은 앞에 기술한 바와 같으나 올해부터 농림전문학교로 칭하게 되어, 이에 법·의·공·농의 각 전문학교로 나눠지게 되었다. 이들 전문학교의 정돈은 조선교육발달의 기운을 높여 줄 수 있는 것으로 이 기운이 없으면 학교만 만들어지고 내용은 충실하지 않다. 따라서 1911년(明治 44) 조선교육령의 발포와 함께 전문교육의 요령도 규정되었으나, 이것의 설비는 보통교육의 발달을 기다려 순차적으로 하겠다는 취지를 선언했다. 그 후 보통교육은 점차 진보하고 고등보통학교 및 실업학교에 입학하는 자가 늘어나 그 졸업자들도 나아가 고등의 학술, 기예를 수득하고자 희망하는 자도 따라서 많아졌다. 이에 차츰 당시 상황에 적응해서 전문학교 규칙을 발포하고, 1916년(大正 5)부터 전수, 의학, 공업의 3개 전문학교가 열려 고등 정도의 교육에서 하나의 신기원을 만들었다. 전문교육을 받고자 하는 자는 내지 혹은 외국에 나가 곤란과 위험을 무릅쓸 것 없이 국내에서 안심하고 면학할 수 있게 되었던 것이다.

전문학교는 그 주지인 조선인의 자제를 위해 고등의 교육을 가르치고 있지만, 조선에 거주하는 내지인의 자제는 이런 교육을 받을 특별 시설을 갖고 있지 않다. 따라서 의학전문학교 및 공업전문학교에는 생도 총수 1/3까지 내지인 자제를 수용할 것을 인정하고 있다. 수원의 농림전문학교에서도 작년부터 내지인 자제를 수용했다.

이상 관립전문학교 외에 작년 야소교 재단의 설립으로 연희전문학교 및 세브란스의학전문학교가 생겼다. 말할 것도 없이 전문학교의 설치는 총독부가 인정한 것이지만 이런 종류의 학교는 기초가 무엇보다 견고하고 상당한 설비 및 교사를 가져야 비로소 효과를 올리는 것이기 때문에 유지를 감당할 재산을 가진 법인이 아니면 이를 허락하지 않는 것이다. 연희전문학교는 문학과, 신학과, 농학과, 상업과, 수물과, 응용화학과의 6분과가 있고, 또 세브란스 전문학교는 병원에서 발전한 것으로 모두 경성 내에 있다.

앞서와 같이, 각종 전문학교가 건설되는 것에 부쳐 나는 앞으로 염직학교가 생겨날 것을 희망하는 사람이다. 공업전문학교 안에 한 분과로 염직과는 설치되어 있지만 현재 별로 성하지 않은데, 이 방면의 지식을 조선인에게 주는 것이 시의적절할 것이라고 인정하는 사람이다. 왜냐하면 조선에는, 특히 염물에 대한 지식이 적어, 관복에 색물이 필요한 경우에도 대개 지나의 수입품으로 이를 변통하는 것에 그쳤다. 저들이 오늘날에 이르러서도 백색 옷을 버리는 것을 능히 하지 않는 원인의 하나는 이에 있는 것이다. 그러나 국민의 성질로는 색물을 꼭 좋아하지 않는 것은 아니다. 근래 특히 백색만으로 만족하지 않는다는 경향은 생명주실 비단과 줄무늬 직물의 수요로써 나타나고 있다. 그리고 생명주실 비단과 같은 고가의 물건은 조선 가정에서 많이 사용될 수 없기 때문에, 보통의 일반 천에 착색하는 방법을 가르치면 겨울에도 백색을 빨래하는 것이 점차 사라져 이 역시 조선 개발의 일단이 될 것이라고 생각한다. 조선인의 말에, 지나인은 음식을 중시하고 내지인은 주거를 중시하고 조선인은 의복을 중시하는 국민이라는 것이 일면 진리를 꿰뚫고 있다. 조선인이 그렇게 의복에 열중하는 것은 쉽게 오염되는 흰색을 세탁하고 있기 때문이다. 고로 그 개선은 국민 활동에도 또 사상에도 영향을 주는 것이다. 이 밖에 조선에서는 점차 땅속의 부도 발굴하고 있기 때문에, 채광, 야금의 지식을 가르치는 학교도 있어야 할 것이다.

마지막으로 생각할 것은 대학 문제이다. 이제까지는 원래 이를 설립할 필요가 없었을 뿐만 아니라 어느 의미에서는 오히려 유해한 것으로 인정해야 했다. 아니 오늘날이라 하더라도 그 설립은 시기상조이다. 이 시대에 대학을 설립하면 이름만 있고 내용은 없는 것이 될 것은 불문가지이다. 현재 선교사들이 평양에 열고 있는 대학을 살펴봐도, 이름 자체는 대학이라 칭하고 문과, 이과, 실업과(주로 상업) 등이 설립되어 있지만 내용은 심히 빈약함은 그 단편으로 알 수 있다. 고로 대학 문제는 장래의 일이지만 몇 년 후 정말로 조선인의 지능이 상당히 진보하여 국민 스스로 차츰 견실하고 부의 정도가 높아지며 시세와 민도가 더욱 발달하는 때가 된다면, 조선에 대학을 세우는 것도 결코 불가한 것은 아니다.

16) 유학생

시세와 민도가 계속 발달하여 이에 적응할 고등교육을 실시하는 것이 조선에 없다면, 그 정도의 교육을 받기 희망하는 조선인은 국내에 머무르지 않고 내지 또는 외국에 나아가 그 뜻하는 방면의 연구를 하려고 할 것이다.

만약 타지방에 유학하지 않으면 가급적 외국에 가지 않고 내지에 가서 동서문화의 정신을 완미하는 것이 좋을 뿐 아니라, 조선인의 공부에 무엇보다 용이한 방법이다. 이것이 구한국시대부터 국비로 일본에 유학생을 보냈던 까닭이다.

그러나 그 결과는 당연히 꼭 좋지는 않다. 1905년(明治 38)에는 도쿄부립제1중학교에 의탁했던 40여 명의 유학생이 동맹 휴교를 꾀해 퇴학을 당했다. 그 밖에 졸업 후 귀국한 자도 그다지 좋은 평판을 받지 못하며, 힘써서 자립하지 않는 상태이고, 일본을 그다지 좋게 생각하고 있지 않는 것은 지나 유학생과 한가지이다.

1906년(明治 39) 일본 유학생 규정을 만들어 유학생의 선정, 학자 지급 및 유학생의 의무 등을 정하고, 그때까지 궁내부에서 지출하던 학자금은 새로운 학부로부터 나오도록 고쳐 여전히 약 50명의 관비생을 일본에 보냈다. 그러나 이외 사비로 도쿄 등에 유학한 자 역시 매우 많아서 전체 500~600명이나 되기 때문에 그대로 내버려두어서는 안 된다고 하여 학부에서 유학생 감독을 도쿄에 보내고 문부성에도 이의 시찰을 의뢰했다.

합방 후 유학생 규정을 더욱 고치고, 1911년(明治 44)부터는 조선인 감독 외에 내지인 감독을 두고 힘을 합해 유학생을 독려하여, 한뜻으로 마음을 다해 앞으로의 학업에 매진하게 하려 했다. 그리고 관비유학생은, 특히 조선의 당시 상황에서 필수적인 지능을 수득하게 하기 위해 면밀히 논의하여 총독이 유학을 명한 것이다. 최근 더욱 주의를 가해, 유학생을 관립학교에 맡겨 상당히 성실해지고 성적도 좋아졌다. 현재 히로시마 고등사범학교에 유학한 여러 명에 대해 검토해도 본래부터 준수했다고 하며, 학업 성적이 대체로 우량하고 내지인에게 뒤처지지 않는 것은 필경 저들의 성실성과 순종해 온 것, 또 하나는 학교에서도 내지인과 똑같이 이들을 취급하기에 힘써서 그 재능을 키우도록 도모한 결과일 것이다.

그러나 사비생에 이르면 이런 독려를 하는 것이 어렵다. 이에 더해, 우리 동포는 유학생을 다룰 때 주의하지 않아서인지, 한때 타국 유학생을 탈취하는 추태를 연출하여, 지나의 유학생 등은 일본의 학교를 학점(學店)이라 칭한 시대도 있고, 하숙집까지도 유학생을 업신여기고 금전을 탐했다. 유학생들도 하숙집에서 관찰된 어두운 면의 일본을 본국에 선전하는 상황에서, 국민의 암흑면을 폭로할 때 반성하지 않는 우리 동포는 유학생에게 한층 더 약점을 보이게 된다. 저 구미에 유학한 자가 외국인 다루는 것에 잘 길들여진 국민 사이에 있다가, 귀국 후에는 다투어 자신이 유학한 나라를 추켜올리는 것과 비교할 때 심상치 않은 차이인 것을 어찌 할 것인가.

그래서 1912년(明治 45)부터 유학생 기숙사를 도쿄에 만든 것은 시의적절한 시설이라 하겠지만 오히려 전혀 좋지 않은 분위기에 빠진 자가 없다고는 보증하기 어렵다. 왜냐하면 경성의학전문학교 생도의 품행에서 가끔 불량한 자가 생기는 경우, 대개 내지의 의학교에 유학하고 있던 자라는 것 같은 사정이기 때문이다. 이 방면에서 생각해 보면 내지 유학을 그다지 장려하기도 어렵다. 오히려 조선에서 학문을 종결하게 하는 방법이 좋을 것이다.

이제 내지의 관립, 사립 등의 학교에 유학한 생도 수는 600명에 달하나, 그중 어학이 충분하지 않아서 예비 교육을 받는 자 등을 제외하면 법률, 경제를 배우는 자가 가장 많아 전체의 약 1/4을 점하고 있다. 이는 정치론을 좋아하는 동양풍이 전혀 벗겨지지 않은 것, 조선에서 현재의 교육이 실과에 경도된 것, 법률·경제가 저들에게 가장 배우기 쉬운 것이라는 것, 이를 가르치는 사립학교가 도쿄에 가장 많이 있는 것 등에 기인하는 것일 것이다. 그러나 과거와 같이 비분강개하여 공론을 다투는 풍은 차츰 약해지고 실학을 중시하는 추세를 보이고 있는 것은 기쁘다. 단 이것으로 국민의 성질이 개량되었다고 보면 잘못이 있을 것이다.

부록

1) 조선의 학생*

조선인 교육 이야기에 대해서, 당장 여기서는 8개의 사항만을 말하고 싶다고 생각한다. (1) 조선인 교육의 할 수 있음과 없음, (2) 지식적 학과와 기능적 학과 중 어느 것이 나을까,

---

* 이것은 오래전, 내가 한국에 있었을 때의 기억을, 동양협회에서 이야기한 대강의 내용이다. 오늘날과 비교해 보면, 다소의 변천을 느낄 수 있다. 그러나 그 변천을 느낄 수 있는 바가 교육의 진보를 나타내기에 충분하기 때문에 여기에 이것을 부록의 제1로 한다.

(3) 과연 어학에 능통할까, (4) 가장 좋아하는 학과는 무엇일까, (5) 체격은 어떠한가, (6) 도덕상의 소양은 어떠한가, (7) 사회에서 학생의 지위, (8) 교육상 주의할 요점, 이 8개이다.

(1) 조선인 교육의 할 수 있음과 없음

일찍이 내가 조선에 살았을 때, 저 국민을 과연 교육할 수 있는가 없는가라는 것이 적잖이 사람들의 화제에 오르고, 나 자신도 여러 번 그 질문을 받은 적이 있다. 또 여러 해 교육을 했던 사람들 가운데 조선인은 교육해도 안 된다는 느낌을 갖고 있는 사람도 있었다. 그렇지만 실제 교육에서 본 바에 의하면, 결코 그런 일은 없었다. 어떤 국민인가를 묻지 않고, 교육을 하여 효과가 없다는 답은 없고, 심지어 인디언이나 니그로라 하여도 교육받으면 얼굴 생김새까지 변하였다고 한다. 곧 교육받지 않은 동안은 어렴풋이 입을 열어 얼빠진 얼굴을 하고 있는 자가 교육을 받으면 입도 다잡고, 얼굴의 근육이 긴장하고, 말하는 방식까지 변해 왔다는 것이다. 하물며 옛날에는 어느 정도 문화가 핀 조선에서 교육의 효과가 없다고 하는 것은 결단코 아니다.

교육의 효과가 없다는 사람들의 이야기를 들어 보면, 그 요점은 약 세 가지이다. 첫째는 조선인의 이해력이 대단히 낮기 때문에, 그런 국민을 상대로는 교육자가 실망할 수밖에 없다는 논지이다. 둘째는 조선인은 성실하게 공부하지 않는다는 설이다. 셋째는 망은(忘恩)이라는 것인데, 몇 년을 교육해도, 곧바로 은혜를 잊어 마지막에는 교육한 보람이 조금도 없다는 것이다. 그러나 내 경험에 의하면, 이 세 가지는 모두 근거가 깊지 않은 논의라고 하지 않을 수 없다.

이해력이 적은 것에 대해서 생각해 보면, 종래 한학만을 해 온 국민에게 새로운 지식, 신방면의 학문을 신속하게 개척하도록 하고 처음부터 충분히 이해하기를 바란다면, 그것을 기대하는 사람의 잘못은 아닐까. 오히려 낮은 정도에서 만족하는 것이야말로 교육자의 상식이 아닐까 생각한다. 이런 생각을 하고 있기 때문에 비교적 예상보다 이해력이 높은 것으로 받아들여졌다.

다음으로 성실하게 공부하지 않는다는 것도, 국정을 살펴보면 꼭 무리는 아니다. 한학이 폐지된 오늘, 학문하는 자에 대해 세간은 어떤 존경도, 대우도 하지 않고 있다. 공부를 하면 할수록 시간낭비라고 하는 말을 조선의 청년은 여러 번 말한다. 그것도 잘못된 것이지만, 청년으로 하여금 그렇게 생각하게 했던 원인도 확실히 있다. 한학이 융성했던 때는 과거를 통과하면 곧 관리가 되었다. 물론 소과와 대과가 있어, 소과를 통과한 것만으로는 높은 관직에 나아갈 수 없었지만, 대과에 급제한 자는 의정(議政), 즉 총리대신까지 할 수 있는 영달의 길이 열렸기 때문에, 한학의 공부가 융성했다. 그런데 한학이 폐지되고, 과거도 없어지고, 시간 들여 학문을 하는 것보다 말단 공무원이라도 빨리 되는 사람이 형편이 좋아졌기 때문에, 성실하게 공부하지 않게 되었다.

또 몇 년이나 가르쳐도 은혜를 알지 못한다고 하는 것도, 방패의 반쪽만을 본 논의라고 생각한다. 처음에 그들의 지역 풍속에 익숙하지 못했을 때는, 어떻게 해도 망은처럼 느껴지는 것이 있다. 5~6년이나 가르치고 내 자식처럼 사랑한 학생이 학교를 나가 관리라도 되면, 인사도 전혀 하지 않고 길에서 만나도 모르는 척하고 지나간다. 잠깐 보면, 정말이지 망은이다. 그러나 사실은 아니다. 그들의 심중에 들어가서 보면, 꽤 잘 기억하고 있지만 사회 관습상 도무지 남 앞에서 지나치게 머리 숙이기를 어려워한다. 또 하나는 그들이 아주 타산적인 국민인 것에도 기인한다. 물론 그 가운데는 선생보다 자신의 위치가 높다고 하는 허영심에서 예를 잃은 자도 있지만, 완전히 은혜를 잊은 것은 결코 아니다. 이러한 단점은 교육하면 차차 고쳐질 것이 틀림없다. 물론 조선인은 교육해도 효과가 없다는 결론을 바꾸기에는 충분하지 않다.

(2) 지식적 학과와 기능적 학과 중 어느 것이 나을까

조선인은 대개 지식적 학과보다 기능적 학과 편이 우수하다고 여겨진다. 다만 지식적 학과라 해도 완전히 흥미가 없다는 것은 아니다. 물리·화학 등에도 맞는 흥미를 갖고, 특히 산술 같은 것은 상당한 성적을 올릴 수 있다. 단지 오래 전부터 한학 일변도로 성장해 온 자에게는 신학문이 매우 이상하게 보일지 모르지만, 학문을 새롭게 시작하는 소년에게 신학문은 흥미를 주고 있음을 느낀다. 한학만을 해 온 자의 입장에서 보면, "공자께서는 괴이한 일과 힘을 쓰는 일과 어지러운 일과 귀신에 대해서는 말씀하지 않으셨다"고 말하는데, 전기(電氣)라는 것을 말해도, 이를 일종의 이단(異端)인 듯이 생각한다. "왕께서는 하필 이익을 말씀하십니까? 인의(仁義)가 있을 뿐입니다"라고 했는데, 재산이 어떻다든가 이렇다든가 하는 경제학은 미천하다고 생각함에 틀림없다. 화학을 가르치면서 산소를 설명하면, '산'이라고 하는데 시큼하지 않은 것이 이상하다고 한다. 그렇지만 점차 상황이 변하고, 한학에만 편중

된 것은 더 이상 허용되지 않게 되었다. 근래에는 서당에서도, 산술 등을 가르치고 있고, 점차 개화되고 있다.

이상과 같이, 지식적 학과는 그들의 장점이 아니기 때문에 가르치기 매우 어렵지만, 기능적 학과에 이르러서는 상당히 능력을 발휘한다. 베껴 쓰기를 시켜 보면, 일본 성인이 쓴 것보다 훨씬 훌륭하다. 느리기는 하지만, 글자는 훌륭하다. 또 여자가 고운 바느질에 아주 능숙한 것은, 그들이 득의양양하게 자랑하는 바이다. 예를 들어 일본식 버선 같은 것에 곱게 자수하여 사람들에게 보낸다. 또 어학 같은 것도 그렇다. 지식적 연구가 아니라 발표, 곧 말하는 편을 좋아하고, 또 이를 스스로 장점이라고 여긴다. 일반적으로 조선인은 발표를 잘하고, 연설과 같은 것에 특히 능숙하다. 학생 연설도 그 침착함, 억양 등이 총체적으로 훌륭하다. 혹자는 길에서 부부싸움을 보고, 서양 연극을 보는 것 같다고 하지만, 정말이지 그러하다. 더욱 놀라운 것은 군악(軍樂)을 배울 때, 진보의 빠르기였다. 2~3개월을 가르치면, 대부분 일본의 군악대 주악(奏樂)과 다르지 않은 정도로 진보가 빨랐다. 다시 말하면, 끈질기고 차분하게 심사숙고하는 것들은 잘하지 못하지만, 조금이라도 이치를 알게 되면 곧장 그것을 실제로 사용하는 경향을 가지고 있는 것으로 보인다. 이것이 신교육의 착수에서 실제적 방침을 취한 이유 중 하나이다.

(3) 과연 어학에 능통할까

조선인이 어학을 잘한다고 하는 것은 누구나가 말하는 바이다. 과연 조선의 글자를 보면, 일본의 가나(문자)로 말하고 나타낼 수 없는 발음을 나타낼 수 있다. 원래 pf 발음 등은 없지만, ö나 eu의 발음은 쉽다. 그런데 청음(淸音)의 나라이고, 탁음(濁音)은 매우 어려워한다. 발표를 잘하기 때문에 어학 학습을 시작하면 곧바로 사람과 이야기를 해 본다. 넉살 좋게 지껄이는 경향이 있다. 이 점에서 일본의 학생과 약간 다르다. 일본의 학생은 될 수 있는 한 이야기를 하지 않으려는 버릇이 있어, 영어를 배우는 자가 아무리 말을 걸어도 잠자코 있는 듯한 상황이지만, 조선인은 반대로 보인다. 그 대신 책을 정독하는 것은 별로 좋아하지 않는다.

그래서 이야기하는 것은 점점 나아지지만 연구하는 편은 아니다. 조선인은 한문을 제외하고, 외국이나 타국의 말로 책을 쓰는 일도 없고, 또 한문 이외의 문학 연구는 아직 시도하지 않았다. 근대까지는 각국의 언어를 배우는 장소가 있어, 경성에는 사역원이 있었고, 변경에는 청어는 물론, 몽고어를 가르치는 곳, 여진어를 가르치는 곳, 왜어 곧 일본어를 가르치는 곳 등이 여러 곳 있었다. 그곳에 모두 학생이 있었지만, 이것도 필경 통변을 배우는 데 불과했다. 거기서 이들의 연구 흔적은 인정되지 않는 것처럼 되어 버렸다. 일찍이 몽고어를 조사해 보고 싶다고 생각해서 책을 찾아본 적이 있었는데, 겨우 어느 옛집에서 일부를 찾는 것에 불과했다. 게다가 몽고어를 가르쳐 주는 사람은 전혀 없었다. 일본어를 배우는 책 가운데도, 『첩해신어(捷解新語)』[25]라는 것은 있지만 역시 통변학으로 끝나 버린다.

이로써 추측하면, 조선인이 어학에 아주 능하다고 하는 것은 단지 말하는 것을 좋아할 뿐이라고 할 수 있다. 『삼운성휘(三韻聲彙)』에는 세상에서 귀한 것은 한음(漢音)이요, 천한 것은 방음(方音)이라고 한다. 자신의 나라 말을 천하게 여기고, 지나의 말을 존중한다. 그것도 존중하는 것까지이며, 연구에 천재를 발휘했다고 할 정도는 아니다.

(4) 가장 좋아하는 학과는 무엇일까

조선인은 유교의 영향으로 치국평천하를 학문의 오의(奧義)라고 생각해 온 습관이 여전히 없어지지 않았다. 그래서 매우 정치적 기질을 띠며 논의를 좋아하는 경향이 있다. 나는 몇 해 전 조선인에게 경제학을 강의해 보았다. 경제라는 것이 경국제민(經國濟民)이고 실로 훌륭한 학문이어서, 처음에는 매우 기뻐하였다. 자자 실명해 가면서 생산이라는가, 부라든가 하는 것에 이르게 되면 "왕은 하필 이(利)를 말씀하십니까?(王何必利)"가 나왔다. 또 물리학 같은 것도 한학을 가르치는 자는 처음에는 잘 알지 못했다. 그래서 유교를 근거로 물리를 말해 보니, 크게 성공하였다. 그런데 나이가 적어 한학에 치우치지 않은 자는 호기심에 끌려서, 제법 흥미를 갖고 공부하였다.

그리고 조선인은 조숙하여, 소학 연령이라도 뛰어난 것을 말한다. 그런가 하면 30~40세가 된 사람도 큰 발달은 없는 것처럼 보인다. 아이들인데도 정치운동에 관계하는 것을 보았다. 조사해 보면 원인은 전부 누군가의 부추김에 의한 것이지만, 우리에게는 대단히 의외이다.

그러한 경향이 있기 때문에 실업 관련 학과는 대단히 천하게 되어 버렸다. 그래서 실업교

---

25 조선시대의 일본어 학습서이다. 총 10권으로 되어 있으며, 1676년 처음 발간된 이래, 개편을 거듭했다. 회화체, 문어체 서한문의 일본어 발음·의미를 한글로 붙인 것이다.

육 창설에는 대단한 고심을 하였다. 그런데 한학이라면 무엇을 버려서라도 거기에 착수한다. 바꾸어 말하면 한학을 후세의 대사로 받들고, 그 밖의 것을 전혀 고려하지 않는 모습을 보였다. 내가 조선에서 처음으로 상류사회를 좋게 생각했던 것도, 필시 한학의 소양을 쌓은 사람, 공맹의 가르침을 받는 사람으로서, 그들이 공명점(共鳴點)을 보였기 때문일 것이다.

요컨대, 한학과 회화, 이것이 학생의 흥미를 이끌어 내는 학과라는 것이다. 원래 생활문제가 비교적 일찍부터 그들을 고통스럽게 했기 때문에, 등으로 배를 대신할 수 없다. 최근 여러 종류의 학문을 하게 된 것은, 그 땅의 문운(文運)을 위해 실로 경사이다.

(5) 체격은 어떠한가

체격은 어떤가 하면, 남자는 가능한 한 크고, 넉넉한 경향을 이상으로 하고, 또 그러한 사람은 쓸모가 있다. 그래서 용모와 자태에 상당히 주의한다. 그 증거는 인삼을 복용하는 것에서도 알 수 있다. 인삼을 복용하면, 살이 찌고 혈색이 좋아진다고 한다. 그리고 남자도 항상 거울을 휴대하고 있다. 이러한 상황에서 장성한 남자 중에는 용모가 훌륭한 사람이 많다. 일본인의 경우 약삭빠르게 보이는 자는 위험하게 본다. 일본인과 지나인과 조선인을 한곳에 나란히 놓고 보면, 조선인은 주인으로, 지나인은 지배인으로, 일본인은 사환이라고 하는 평가도 있는데, 적합하지는 않지만 크게 틀리지 않으며, 거의 옳은 추측이다. 조선인은 빈객에 대해서도, 일본인과 같이 순박하게 절하지 않는다. 그리고 주인의 자리가 상단에 설치되어 있다. 이러한 풍습이 있기 때문에 걸을 때도 느긋하게 천천히 걷는다. 부채를 사용하는 것도 일본인처럼 급하게 하지 않는다. 전체적으로 몸이 태연하고 침착하여 서두르지 않기 때문에 의기양양하다.

체격도 그것에 상응하여 이루어진다. 거기에 우리가 보아 좋다고 하는 체격과는 조금 다르다. 일본인은 체조를 하기 때문에, 신체가 바르고, 여러 부분의 발육의 조화가 잡혀 있는 것을 좋다고 말하지만, 조선인은 가슴이 움푹 들어가 있어도, 등 가운데가 굽어 있어도, 그런 것에 별로 구애하지 않는다. 오직 느긋하게 살찌고, 서두르지 않을 수 있는 것을 이상으로 한다.

청년은 아직 나이가 어리기 때문에 이상대로 신체가 완성될 수 없다. 게다가 원래 체조가 없었으므로, 체조하기 전에 자세를 바로잡는 방법이나 시간도 없었다. 그래서 양복을 입혀 보면 체격이 나쁜 것을 먼저 알게 된다. 몸에 힘이 없고 근육 발달이 나쁘다. 가슴둘레가 좁고 목이 길어서 앞쪽으로 나와 있다. 손은 가늘고, 특히 발은 여름 겨울에도 솜이 들어간 양말을 신고 있기 때문에, 특히 약하다. 학교의 소풍 등에는 견딜 수 없다.

이상 진술한 것은 학생 또는 중류 이상의 자제에 대해서이고, 노동자는 물론 그렇지 않다. 노동자는 맨발에 짚신을 신고, 힘도 강하다. 그러나 상류층에서는 신체가 지나치게 강하지 않은 것을 오히려 자랑스러워하는 것으로 보인다. 그들 나라의 고문서를 살펴보면, 필자가 스스로 '병부(病夫)' 혹은 '병수(病叟)'라고 했듯이, 많은 서간문에서 자신을 병인(病人) 취급하여 쓰고 있다. 서적에도 『병후만록(病後漫錄)』이라든가 『순오지(旬五志)』와 같은 병중에 작성한 것이 상당히 있다. 굳이 말하면, '병'이라는 것은, '한(閑)'과 공통으로 사용하여, 세상의 번잡한 일을 피하는 구실로 사용하는 표현이라고 짐작할 정도이다.

또한, 학습하는 데 매우 곤란한 것이 관례(冠禮)이다. 이것은 아이들에게 어른이 되는 표상인데, 될 수 있는 한 빨리 '갓'을 쓰고 싶어 한다. 갓을 쓰기 전에는 총각이라고 하여, 만사에 아이 취급을 받는다. 갓은 보통 머리 위에 쓰기 때문에 이마에서 머리카락을 당겨 망건이라는 것을 쓴다. 총각인 동안에는 머리카락을 뒤로 길게 늘어뜨리지만, 이를 시작으로 머리카락을 거두어 올려서, 망건으로 단단히 올린다. 이것이 특별히 학생의 건강을 방해한다. 갓을 사용하면서 2~3개월 동안은 현기증이 있다든가, 머리가 아프다든가, 보를 한다든가 하는 여러 종류의 고장이 나면서, 질병 결석이 많다.

다음은 혼례인데, 대부분은 비용이 들기 때문에, 관과 혼을 동시에 진행한다. 그래서 대개 조혼이다. 이것 또한 학생의 신체를 약하게 하기 때문에, 잠깐의 격렬한 운동에도 견딜 수 없게 된 자도 있다. 또 여자는 될 수 있는 한 작고 어린 자를 좋아한다. 그래서 남자가 큰 데 반비례하여 작아 보인다.

(6) 도덕상의 소양은 어떠한가

유교가 일본에 들어온 것과 조선에 들어온 것은 아주 양상이 달랐다. 일본인은 정신을 주로 채택하였지만, 조선에서는 형식 방면에 치우쳤다. 조선인이 유교의 형식을 지키고 있는 것은 놀라울 따름이다. 부모의 상중(喪中)에 있는 자는 옷의 재단법부터 다르다는 것, 의례 그대로일뿐만 아니라 걸음걸이까지 다르다. 그리고 삼베로 입을 누르고 있다.

유교의 정신적 방면은 소홀히 하고 있다. 의리라든가 염치라든가는 별로 중요하게 여기지 않는다. 그리고 허위라든가 뇌물이라든가 절도라든가 하는 부덕은 사회의 각 방면에 공공연히 나타나서 그다지 이상하지 않다. 사회적 제재는 박약하다. 다년간 저 땅에서 교육에 종사한 사람이 청년의 죄악으로 네 가지를 꼽았다. 첫째는 방탕, 둘째는 도박, 셋째는 절도, 넷째는 사기로, 그중 특히 방탕과 도박이 가장 많다는 것이다. 내 경험은 다소 다르지만, 이런 말을 하도록 한 것은 사회의 죄라고 생각한다.

가정에서도 당치도 않은 일을 도리어 장려하고 있는 게 아닌가 생각될 정도이다. 일찍이 조선에 가짜 돈이 많이 생겨, 다분히 많이 섞여 들어 왔다. 간혹 10살도 되지 않은 어린이가 책을 익히러 와서 그 가짜 돈을 보고, 이를 몰래 써도 된다고 말했다. 또 자기 집의 모퉁이에 돌을 사서 모아 두었는데, 이웃의 부모는 자기 아이에게 이것을 훔치게 한다. 우연히 집안에서 사람이 보고 있어 아이는 놀라서 돌아갔는데, 아버지가 어째서 가지고 돌아오지 않았는가 질책한다. 결국 아이는 울기 시작하였다. 불쌍히 여길 것은 아이이다.

원래 조선인 사이에는 자타 소유의 구별이 적다. 내 물건도 다른 사람의 물건도 큰 차이가 없다. 잠시 타인의 물건을 가지고 가서 돌려주지 않으면 그것으로 끝이기 때문에, 그다지 타박하지 않는 풍습이 있다. 그들의 생애는 상당한 부침이 있다. 오늘날 번창하다고 생각하면, 내일은 떨어질 수 있다. 번창할 때에는 첩을 둔다. 그 때문에 조금 상류가 되면 집을 5~6채 가진 자가 적지 않다. 별장은 모두 공개하여 누구라도 자유롭게 왕래한다. 그런데 집 내부의 생활 상태는 대개 쇠락한 것이 많다.

또 근면을 오히려 멸시하고, 요행을 좋아하는 풍습이 있다. 만사 그날 벌어 그날 사는 상태로, "일은 지내보지 않으면 알 수 없다"고 끝내 버린다. 시험 등의 때도 커닝을 부끄러워하지 않는다. 혹시 영국인 교사가 생도의 허언을 꾸짖어 거의 얼굴을 붉히면서 교실을 나갔지만, 생도는 어째서 그렇게 화를 낼까라는 얼굴을 하고 있었다. 민풍(民風)이 다르기 때문이다. 이런 사정 때문에 조선인 교육함에 있어 허위는 죄악이고, 성실한 근로는 존중해야 한다고 하는 것을 마음에서 깨닫게 해야 한다.

(7) 사회에서 학생의 지위

사회 일반의 기풍 감화는 실로 강력한 것이다. 일본에서 공부하고 대부분 일본인과 다르지 않은 교육을 받고 돌아가도, 반년이 지나면 원래의 조선인이 된다. 조혼은 일찍부터 그들을 생활문제에 봉착하게 하고, 정착된 공부를 하지 못하게 한다. 심원한 학문을 이룰 수 없는 것 중 하나는 사회에서 학생의 지위가 그렇게 여겨지는 데 있다. 학제가 간이하고 실용을 주로 하는 이유이다.

또 사회에 위생사상이 발달하지 않았다. 유행병은 한 번 만연하면 극성을 부린다. 병에 걸린 자가 있으면, 의사를 부르지 않고 기도자를 부른다. 지방의 여관 등에서 숙박하는 것을 보면, 실로 불결하고, 더러운 흙방의 온돌 위에 빈대 소굴의 이부자리를 펴고, 그 위에 아무렇지도 않게 누운 그들은 실내에서 가래를 뱉는다. 무엇보다도 조선인을 구하려면 위생사상을 키우는 것을 급무로 한다. 또 사회의 풍조가 무사태평한 것을 좋게 여기어, 아득바득하는 것을 촌스럽다고 생각하기 때문에, 예의 긴 담뱃대가 상당히 의기로 보인다. 단 담배는 어른 앞에서 무례하다고 보기 때문에, 학생은 선생 앞에서 담배를 피우지 않는다.

또 빗속을 왕래하는 것은 하등한 것으로 되어 있다. 거기에 신발도 완전하지 않다. 또 우의를 갖지 않은 국민이기 때문에, 우천에는 학교를 쉬는 자가 많다. 다만 근래는 양산을 사용하게 되어, 차차 변하고 있다. 그렇기는 하지만 물건을 휴대하는 것을 천하게 여기는 풍조는 아직 남아 있다. 신사(양반)는 반드시 종을 데리고 가서, 물건을 가져 간다. 따라서 사람을 방문할 때도, 종이 많이 따라붙는다. 학생도 역시 사회의 풍습을 받아서, 많은 물건을 손에 휴대하는 것을 좋아하지 않는다. 종래 유학을 공부한 자는 상당히 귀해서, 유생은 멋대로 정치를 의논하고, 지방관은 유생의 의논에 의해 임면될 정도이다. 오늘날은 그런 모습이 없지만, 한학을 하는 자를 일반적으로 중시하는 풍조는 남아 있다.

여자를 멸시하는 것이 심해, 여자는 지금까지 교육을 받지 않았다고 말해도 좋다. 물론 일본의 무라사키 시키부(紫式部)에 비할 허난설헌 등의 여류문학가도 2~3명 있지만, 일반은 교육받지 못했다. 이래서는 안 되기 때문에 최근 여자 교육을 시작하였다. 그런데 교사될 사람을 구하기 어렵다. 남녀가 자리를 같이 하지 않는 풍속이 있기 때문에, 남자가 교사가 되는 일은 일어날 수 없다.[26] 이와 관련된 방면도 이제 조금 빨리 열리도록 해야 한다.

---

26 원문대로의 내용이다.

(8) 교육상 주의할 점

이상 서술한 바에 의거하여 미루어 보면, 교육으로 조선인의 행복과 안녕을 도모하기 위해서는 먼저 그들에게 부화(浮華)·교격(矯激)한 공론을 피하고, 착실·온건한 자활의 방법을 익히게 해야 한다. 또 회화를 좋아하는 특징을 이용하여, 일본어를 보급하고, 문명을 심도록 해야 한다. 일본인도 역시 될 수 있는 한 조선어를 연구하여, 서로 의지의 소통을 도모하는 것이 좋겠다. 언어가 통하지 않기 때문에, 얼마만큼 감정이 장애가 될지는 헤아릴 수 없다. 조선 학생은 일본어를 배우는 것에 의해 직업을 얻는 편리도 많다.

또 한학에 바탕을 둔 것을 추구하고, 비근(卑近)한 일상 도덕을 실행하고자 한다. 이 실행에 의해 그들의 결함을 보완하는 것은 어느 정도일까? 음일·허위·요행·절도 등은 모두 마음가짐이 좋지 못한 까닭을 엄히 알게 하여, 정직한 근로를 중히 하고, 청결·정돈을 높이는 것과 같은 미풍을 일으키는 것에 인도하고자 하는 것이다.

또 계획·정리의 재능도 양성하려고 생각한다. 여유가 있어도 생각 없이 낭비하고, 재산이 다 떨어지면, 단식해서 태연하게 사는 풍습은 고쳐야 한다. 앞을 내다보고 일을 하는 능력을 주고 싶다. 정부의 사업에서도, 조병창이나 유리제조소 또는 정미소 등을 벽돌로 절반 짓다가 중도에 자금이 떨어지면 그대로 내버려둔다. 이러한 모양 때문에 어떻게 해도 계획·정리의 재능을 교육을 통해 얻을 수 없다. 또 조선인은 작은 일에도 의견을 세우고 일치하지 않는 풍습이 있다. 특히 과격해서 화평을 결여한 단점이 나타나고, 일시적으로 격해져서 미치지 않았나 생각해도, 곧이어 잊어 버려서 끝난다. 이 같은 것에도 교육상 주의해서, 될 수 있는 한 허심탄회, 작은 일에 소동하는 일이 없는 풍습을 일으키고 싶다고 생각한다.

2) 조선의 문교*

말할 것도 없이, 옛날 한국은 우리나라의 문명에 기여한 것이 적지 않다. 왕인처럼 『논어』, 『천자문』을 가지고 와서 일본의 문교에 한 시대를 만든 사람도 있고 혹은 담징(曇徵)처럼 그림에 뛰어난 사람이 와서 법륭사(法隆寺)에 벽화를 남긴 사람도 있다. 불교 전래에서 도공(陶工)을 전하고, 의술을 전수하고, 직물을 수입한 것 등은 상고 시대이고, 중고 아시카가(足利)

---

* 이 내용은 제국교육회에서 강연한 바이지만, 조선교육약사라고 해도 되기 때문에, 이것을 부록의 제2로 한다.

시대에는 쇼군가(將軍家)에서 대장경(大藏經)을 조선에서 구한 것이 몇 번인지 모를 정도이다. 그 외에 근고(近古)에는 이경(李敬)의 하기야키(萩燒), 이삼평(李三平)의 아리타야키(有田陶) 그 뒤 사쓰마야키(薩摩燒)나 미카와치야키(三河內燒) 등 공예상의 영향을 받은 것도 많다. 이처럼 지금까지 우리나라의 문화에 공헌한 조선이, 오늘날은 오히려 반대로 일본인에 의해 개발되어야만 하는 재미있는 변천이다. 흥미로운 조선의 일을 옛날부터 지금까지 말하자면, 그 연대를 대강 먼저 기억해 두어야 한다.

최초에 단군이 나라를 열었다는 신화가 있지만, 이것은 전혀 믿을 수 없다. 그다음 기자(箕子)가 왔다고 하지만, 이것은 오늘날의 조선 반도에 온 것이 아니라 요하 연안까지 온 것이다. 그 후예는 점점 지나로부터 마침내 압록강을 건너 평양에 온 것으로 보인다. 기자의 이야기는 전부 꾸며낸 이야기라는 새로운 설이 나오고 있지만, 여기서는 그것을 채택하지 않는다. 정작 기자조선이 41대라고 하지만 이도 후세 사람들의 날조이다. 그다음 연나라의 망명자인 위만(衛滿)이라는 자가 와서, 기자의 후예인 기준을 축출하고, 평양을 도읍으로 하였지만, 이것도 3대에서 망하고, 연수(年數)가 상세하지 않다. 그다음은 마·진·변의 삼한이지만, 이것도 연수가 판명되지 않았다. 그다음에 고구려·백제·신라의 삼국이 일어났다. 이 삼국에 와서야 비로소 연대를 알 수 있다. 삼국이 싹을 틔우면서부터, 신라의 통일에 이르기까지가 700여 년이다. 신라가 삼국을 통일하고 망할 때까지가 268년이다. 그 후 고려가 신라를 대신하고, 이조가 일어나기까지를 456년으로 한다. 다음이 곧 이조이다. 이조가 고려를 이으면서, 일한병합에 이르기까지가 580년 사이를 지나 온 순서이다. 그래서 연대를 알 수 있는 기간이 약 1900년이다.

다소 옛날의 일은 기록이 없기 때문에 증거를 대는 것이 어렵다. 『일본서기』를 보면, 「백제본기」라든가 「백제기」라는 것이 인용되어 있다. 진구황후기(神功皇后紀) 62년 풀이에 처음으로 「백제기」가 보이는데, 내용을 보면 꽤 상세하다. 햇수도 단지 몇 년이라고 했을 뿐만 아니라, 간지(干支)도 도입되었다. 그렇게 좋았던 것이 오늘날 줄어든 것은 실로 유감천만이다. 대체로 이러한 기록이 어느 무렵부터 생겼는가 하면, 지금부터 약 1500년 정도 전, 백제 근초고왕 29년에 고흥이라는 박사가 처음으로 기록하였다. 그 이후 고구려에 유명한 호태왕(好太王)[27]

---

27 고구려 광개토왕을 지칭한다.

이라는 자도 있다. 그 왕의 비문이 회인현(懷仁縣)의 동구(東溝)라는 곳에 있는데, 훌륭한 문장이다. 그래서 이 시대의 일을 상상하기에 족하지만, 다른 기록이 남아 있지는 않다. 고구려의 국초에 『유기(留記)』라는 것이 있었다고 하지만 과연 어떠할지. 그리고 영양왕 41년, 즉 지금으로부터 약 1400년 전에 이문진이라는 사람이 『유기』를 첨삭하여 신집 5권으로 저술했다고 하는데, 오늘날에는 전해지지 않는다. 신라의 경우는 지금부터 약 1440년 전, 진흥왕 6년에 국사를 편수한 것이 보인다. 아마도 『해동고기』 또는 『신라고기』 등이 이것인 듯하다. 요컨대 고구려, 백제, 신라 모두 기록은 있으나 애석하게도 오늘날에는 전하지 않기에 증거를 댈 수 없다.

그런데 후대의 기록을 대조하여 보면, 고구려의 소수림왕 2년에 대학을 세웠다고 하는 것이 보인다. 이것이 오늘날보다 약 1500년 전, 반도에 나타난 학교의 시초로, 교육의 일이 기록상 보이는 단서이다. 소수림왕 2년에 전진의 왕 부견(符堅)이 승 순도(順道)와 불상·불경을 고구려에 주었다. 이것이 반도 불교의 시초이다. 그 후 12년, 마라난타(摩羅難陀)라는 승려가 진에서 백제에 왔다. 백제 침류왕 원년으로, 성명왕(聖明王)이 우리 일본에 불교를 전해 준 시기[흠명천황(欽命天皇) 18년]보다 168년 전이다.

진에서 백제에 불교가 전해진 후 약 40년 뒤, 신라 눌지왕 시기에 신라에서 불교가 일어났다. 고구려의 승려 묵호자가 신라에 와 있을 때, 신라에서는 양나라에서 받은 향목(香木)이 무엇인지 몰라 고민하고 있었는데, 이를 묵호자가 보고, 태워서 기원을 하면 반드시 이뤄진다고 설명하였다. 그러다 얼마 지나지 않아 신라의 여왕이 병이 들었는데, 묵호자가 기도하여 병을 치료하여 주었다고 한다. 이 일을 시작으로 불교가 신라에도 전해졌다. 이렇게 문명에 관한 기사가 있는 가운데도, 학교는 일절 기록에 보이지 않는다.

그런데 신라가 삼국을 통일한 후 교육사업도 일어났다. 나라가 발흥한 때는 교육이 융성하여, 국어의 발달도 수반된다. 신라가 삼국을 통일한 때도 역시 그러했다. 통일 후 얼마 지나지 않아, 신문왕 2년에 비로소 국학을 세웠다. 지금부터 1200년 정도 전이다. 신라의 학제는 역시 한학뿐이어서, 『주역(周易)』, 『상서(尙書)』, 『모시(毛詩)』, 『예기(禮記)』, 『좌전(左傳)』, 『문선(文選)』을 읽었다. 학생이 국학에 재학하는 연령은 15세부터 30세까지였지만, 수업연한은 9년이다. 9년이 지나도 남아 공부할 수 있었지만, 그래도 나아지지 않는 자는 퇴학되었다. 국학을 나오면, 문관에 등용되었다. 곧 나마(奈麻)라든가, 대나마 등의 역할을 맡았다. 여하튼 관리 등용의 길을 열어 학문을 장려하였다.

동시에 신문왕 12년에 국문(國文)이 고안되었다. 유명한 설총이라는 학자가 이두(吏吐)를 만들었다. 『문예유찬(文藝類纂)』의 편자 사카키바라 요시노(榊原芳野) 등은 이를 의심하기는 하나, 여기서는 종래의 설을 따른다. 본래 신라에서 사용하였던 말을 나타내는 특별한 문자가 없었지만, 이때에 이르러 한자를 적용시켜서 신라의 말을 나타내는 방법을 설총이 고안하였기 때문에, 마치 일본의 만요우가나(萬葉假名)[28]에 비견되는 것이다. 만요우도 음대로 나타낸 글자도 있고, 의미를 취한 글자도 있다. 설총의 이두도 이와 같기 때문에, 이 두 사람은 연락을 했다고 생각한다. 후에 또 오쿠리가나(送り假名)[29]의 시기에 더 쉽게 나타내는 방법을 생각해서, 획을 줄인 글자를 만들었다. 마치 일본의 가타가나를 방불케 한다.

이즈음 선덕여왕이 천문대를 만들었다. 오늘날 경주에 현존하는 첨성대가 이것이다. 이러한 유물을 오늘날 볼 수 있는 것은 당시의 문명을 짐작하는데 아주 좋은 재료이다. 설총에 이어서, 신라 말기에 최치원이라는 학자가 있다. 이 사람은 중국 당나라 사람들로부터 존경을 받았고, 『당서』에도 실려 있다. 그의 문집인 『계원필경』은 오늘날까지 전해지고 있으니, 실로 훌륭한 한문이다.

고려시대에는 불교가 상당히 융성하였다. 고려의 태조 왕건은 훈요10조를 남겨 자손을 단속하였는데(이를 의심하는 사람도 있다), 제1조에 국가의 대업은 제불호위(諸佛護衛)의 힘을 세우는 것이라 했다. 흡사 성덕태자 때에 헌법에 숭불사상이 크게 가미된 것과 같다. 따라서 고려시대에 불교가 융성한 이유도 알 수 있다.

태조 13년에 학교에 대한 것을 볼 수 있다. 태조가 서경(평양)에 행차하여, 비로소 학교를 만들었다. 이것이 오늘날로부터 980년 전이다. 그 뒤 제4대 광종 때 과거, 즉 문관등용시험이 생겼다. 제6대 성종 때는 여러 주·군·현에 명령을 내려, 자제를 선발하여 서울로 올려보내, 학문을 배우도록 하였다. 그래서 시골에서부터 학생이 올라왔다. 그 명수가 어느 정도인가 하면, 학생의 귀향을 허락할 때 향리로 돌아간 학생이 270명, 서울에 남은 자가 253명이

---

28 만요우가나는 주로 고대 일본어를 표기하기 위해서 한자의 음을 빌려 쓴 문자로, 『만엽집』의 표기에 만요우가나가 사용된 연유에 기원한다.
29 오쿠리가나는 일본어를 한자와 가나를 섞어 써서 표기할 때, 한자로 표기한 일본어를 쉽게 읽게 하기 위해 한자 뒤에 덧붙는 가나를 뜻한다.

었다. 그래서 약 500명의 학생이 시골에서 왔다고 알려졌다. 당시로서는 상당히 융성한 것이었다고 생각한다.

성종 대가 되어서는 유교를 크게 일으켰기 때문에, 경학박사를 설치하였다. 당시에 꽤 유명한 학자가 고려의 도에 사숙을 열었다. 특히 문종 때 최충이라는 사람이 있었다. 이 사람은 해동공자라는 칭호를 받으면서 존경을 받았다. 이는 지금으로부터 840년 정도 전이다. 사실 최충의 학당에는 훌륭한 인재가 많이 있었다. 그 당시 학당을 열어 학생을 교수하였던 유명한 사람들이 30명이었다. 학당 중 최충이 가장 유명했고, 당시의 과거에 응시한 자 중에 이 학당에 들어가지 않은 자가 없다고 할 정도로 성황이었다.

그리고 인종 5년(지금으로부터 780년 정도 전)에는 주에 명령을 내려 학교를 세우고, 교육을 보급하였다. 인종 9년에는 노장의 학문을 닦는 것을 금지하고 정부로부터 『효경』・『논어』를 생도에게 나누어 주었다. 이렇게 옛날부터 무를 경시하고, 문을 높였다. 한편 무인 측에서는 점차 폐해가 일어났다.

실제로 의종 23년에는 문무의 다툼이 일어나서, 문신이 학살되었다. 어째서 그러한 일이 일어났는가 하면, 의종은 시문을 몹시 좋아해 늘 문신을 가까이하고, 여럿이 노는 곳에서는 글을 읽고 시를 지었기 때문에 수행하는 무인은 견딜 수가 없었다. 언제나 부러운 듯이 문신의 연회와 유희를 바라보았다. 심할 때는 배가 고파도 먹을 것을 얻지 못하기도 했다. 그래서 크게 분노하여, 배반을 모색하여 문신을 학살할 결의를 하고, 이의방・이고 등이 정중부에게 의뢰하여 난을 일으켰다. 어느 날 왕이 문신을 불러서 보현원이라고 하는 곳에 가는 것을 계기로 보현원 문을 들어갈 때, 무인이 여러 방면으로부터 모여 문신을 갑자기 죽였다. 이때 임종식・한뢰 등이 모두 죽임을 당했다. 무인은 여기에 만족하지 않고, 날쌔고 용맹한 자를 보내, 궁궐에 들어가 학살을 하였다. 태자의 궁료(宮僚)도 죽였다. 적어도 문관을 하고 있는 자를 일망타진하는 큰 사태였다. 이후 문무의 알력이 자주 있었다.

고려 말에는 문장학을 닦는 것으로 되돌아갔고, 정주학(程朱學)이 널리 퍼졌다. 당시의 유명한 학자인 이제현・박충좌 등은 모두 백이정(白頤正)에게 배운 사람들이다. 이즈음 고려는 원의 지배하에 있었고, 왕은 시종일관 원에 따랐다. 원의 도읍에는 고려왕의 집이 있었다. 그 집안에 충선왕은 만권당을 짓고, 이제현을 부르고, 원의 학자도 모아서, 경서 강의를 들었다고 한다. 이때부터 경학이 반도에 큰 영향을 미쳤다. 권부(權溥)는 『사서집주(四書集注)』

를 개간했다. 또 이색·권근·이인복 등의 학자도 배출했는데, 특히 권근은 유명한 『동국사략』 외에 『입학도설』, 『오경천견록』 등의 책을 지었다. 그 외에 김구용·박상충·박의중·정몽주 등은 정가에서 문학관을 겸한 사람이다. 이 중 이색은 호가 목은이고, 정몽주는 포은이다. 정몽주의 문인에 길재라는 학자가 있었고, 호를 야은이라고 하였다. 이 3명을 겸칭하여, 여말삼은이라고 할 정도로 명성이 자자하였다. 특히 정몽주는 동방 이학(理學)의 종주로 불리기도 한다.

 정몽주는 김득배의 문인이었고, 예조정랑 겸 성균박사가 되었고, 경서를 강할 때 종종 새로운 견해를 주장하여 청강자를 놀라게 했다. 후에 호병문의 『사서통(四書通)』이라는 책이 고려에 들어와 보급되었는데, 사람들이 포은의 온축(蘊蓄)의 깊이에 감복하였다. 이 사람은 일본에 사신으로도 간 적이 있는데, 이마가와 사다요(今川貞世)를 만나 왜구를 담판하였다. 이러한 사람들이 여말에 배출되어 경학을 일으키며 교육의 내용이 다소 변화하였다.

 그 가운데 인쇄술도 발달하였다. 지금으로부터 900년 정도 전, 성종 때 대장경을 출판하였다. 이때에는 송본의 대장경과 함께 거란본(契丹本) 대장경을 구해 교합하였는데, 목판이었다. 오늘날에도 고려판 대장경의 판목이 해인사에 보존되어 있다. 또 문종 10년(지금으로부터 870년 정도 전) 서경, 즉 평양에서 궁중 비각(祕閣)의 장서를 베껴 나누어 주었다고 알려져 왔다. 그것은 세간에 전해진 서적이 특별히 잘못된 것이 많았기 때문이다. 그래서 왕은 유사에게 명하여, 이것을 인쇄하여 시골에 보내게 하였다. 선종 때는 요·송과 더불어 일본에서 서적 4,000권을 구입하여 간행했다. 또 공양왕 4년, 즉 이조 태조 이성계가 즉위한 해에 서적원이라는 것을 두어, 비로소 활판을 만들고, 주자(鑄字)로 인쇄물을 간행하였다. 즉 지금보다 500여 년 전에 이미 조선에서 활판이 나왔다. 일본의 경장판보다 200년 정도 앞선 것이다. 공양왕 4년은 서양 최초의 인쇄물이라는 니콜라스 제5세의 면죄부가 나오기보다 59년 이전이다. 지나에서는 남송의 필승(畢昇)이라는 사람이 처음으로 활판을 만들었다고 하니, 이때보다 150년 정도 전이니 그 당시는 아마도 많이 사용된 것 같다.

 이조 태조 이성계는 무인이자 동시에 끊임없이 문교를 진흥하고자 했기에, 인재를 구하고, 과거의 법을 정하고, 즉위 6년에는 대학을 설립하였다. 바로 성균관으로, 오늘날 경학원의 전신이다. 이것을 만들어 학전을 설치하고, 노비 300구를 주는 등 학문을 장려하여 교육을 진흥하는 것에 힘썼다. 정종 때에 이르러 건국의 기초로 이미 정했지만, 살기가 아직 수

습되지 않았기에 다시 문교를 진흥하려고 집현전을 만들어, 문신을 교대로 근무하게 하고, 경의(經義)의 의논에 겸하여, 정치의 고문을 하게 하였다. 그리고 조준·권근 등이 그 임무를 맡았다.

　태종 때에 4부 학당을 만들었다. 본래는 동·서·남·북·중의 5부 학당이었으나, 북학이 언제부턴가 없어지고, 사학이 되었다. 오늘날 사학의 옛터를 알 수 있다. 당시는 서책이 다소 적었고, 문교를 진흥하는 데 불편이 있었기 때문에, 다시 동으로 활자를 만들어서 태종 3년에 주자소(鑄字所)를 설치하고, 역소(役所)나 사원의 동기를 녹여서, 수십만의 활자를 만들었다. 주자소가 처음으로 건립된 곳은 지금 총독부 아래쪽에 있는 주동(鑄洞)이라는 마을로, 오늘날에는 욱정(旭町)이라고 한다. 이때 서적을 많이 간행하고, 이직·박석명 등이 간행 사업을 담당하였다. 이 해가 계미년이었기 때문에, 이때 만들어진 활자를 계미자[『동각잡기(東閣雜記)』에는 정해자라고 되어 있다]라고 불렀다. 물론 창작시대(創作時代)의 일이기 때문에, 글자 모양이 다른 것도 있다. 그리고 세종 2년에 개량한 것이 경자자이다. 세종 16년에 개량을 더했는데, 이것을 갑인자라고 한다. 이러한 분위기에서 활판 개량이 가능했기 때문에, 도서의 간행이 성행했다.

　세종 시대는 실로 이조의 황금시대라고 해도 좋다. 어느 때에 진주에서 아버지를 죽인 자가 있었는데, 그 일을 들은 왕이 우리 영내에 이 같은 자를 살게 하는 것은 유감이라고 하여, 군신과 논의하여 효행을 장려하고, 문신에게 명하여 『효행록』을 만들어 인민에게 읽도록 하였다. 또 농업·식산의 일을 강구하여, 문신으로 하여금 노농(老農)의 실험담을 듣고 그 이야기를 모아 『농사직설(農事直說)』을 편찬해 이것을 조정과 민간에 나누어 주었다. 또 사람의 생명을 중시하고, 고문을 하더라도 등을 채찍질하지 않게 하며, 또 음악을 주의하여 의식에 아악을 사용하게 하였다. 그 외에 천문역상에도 신경을 써 우량을 측량하는 기구인 측우기를 만들게 한 것은 임금이 친히 허락한 것이다. 그뿐만 아니라 권제·정인지 등에게 명하여, 태조의 4대 전부터 태조 즉위 전까지의 사적을 노래로 만들어 절회(節會)에서 불렀는데, 이를 『용비어천가』라고 한다. 또 사적 가운데에 가장 권선징악이 되는 것을 수집하여 이것을 『치평요람(治平要覽)』이라고 이름 붙였다. 이렇게 활판의 진보나 학문의 흥륭(興隆)은 실로 찬연(燦然)하게 보아야 할 점이다.

　이외에 이조가 가장 자랑할 만한 것이 있다. 그것은 바로 문자의 제작이다. 세종 28년, 곧 오늘날로부터 470년 전에, 이것을 중외(中外)에 반포한 것이다. 이것은 정인지·신숙주·성삼문 등 유명한 학자가 모여 지혜를 교환하였고, 그 위에 여러 번 지나의 요양에 가서 상담을 하였다. 그 이유는 요양에 있는 명나라의 황찬(黃瓚)이라는 사람이 비교적 음악학에 정통하였기 때문에, 성삼문이 이 사람의 설을 듣기 위해 13번이나 요양에 갔다고 한다. 그 연구토의 결과, 고안된 것이 지금 사용되는 언문이다. 언문은 일본의 가나보다 후에 만들어졌으나, 가나보다 오히려 잘 되어 있다.

언문의 자모는 전부 28자이다. 이것을 종류별로 나누어 보면, 아음·설음·순음·치음·후음·반설음·반치음 및 중성이다. 아음은 세 가지이다. (1) ㄱ, 즉 K의 음을 낼 때의 글자, (2) ㅋ, 즉 K를 강하게 말하는 경우, (3) ㅇ, 즉 ng의 소리를 내나, 글자의 처음에 올 때는 소리가 없다. 그리고 설음도 세 가지이다. (1) ㄷ, 즉 T의 음을 표현하는 글자, (2) ㅌ, 즉 ㄷ의 격음, (3) ㄴ, 즉 N의 발음을 내는 글자이다. 그리고 순음도 세 가지이다. (1) ㅂ, 즉 P의 소리, (2) ㅍ, 즉 ㅂ의 격음, (3) ㅁ, 즉 M의 소리를 나타내는 글자이다. 치음 역시 세 가지이다. (1) ㅈ, 즉 ch, (2) ㅊ, 즉 ㅈ의 격음, (3) ㅅ, 즉 S의 소리이다. 후음도 역시 세 가지로 (1) ㆆ, (2) ㅎ, (3) ㅇ이다. 이 중 (1)과 (3)은 지금은 없어져서 사용되지 않는다. (2)는 h의 소리이다. 다음으로 반설음은 하나로, ㄹ 곧 L소리가 난다. 반치음도 하나로 ㅿ, 곧 Z 소리가 나지만, 지금은 없어져서 사용하지 않는다.『용비어천가』에는 이들 없어진 글자까지 모두 남아 있기 때문에 참고가 된다. 또 중성은 ·(ā), ㅡ(eu), ㅣ(i), ㅗ(o), ㅏ(a), ㅜ(u), ㅓ(ō), ㅛ(yo), ㅑ(ya), ㅠ(yu), ㅕ(yō)로 11가지이다. 이상 글자를 각각 조합하여 발음을 나타낸다.

세종 때는 이 같은 황금시대로 나라 글자가 고안되고, 서책이 출판되어 학교가 성행하였다. 그 외에 관비(官費)로 독서생을 만들었다. 이는 후하게 녹(祿)을 주어서 서책을 읽게 하는 것이다. 정말로 훌륭한 것으로, 당시 선발된 청년이 이를 명예로 삼은 것은 우연이 아니다. 또 세자가 8세가 되면 학교에 들어간다는 것도 이때 정했다. 그뿐 아니라 이조의 법전도 만들어졌다. 이것이 곧『경국원전(經國元典)』으로, 이어서『경국속전(經國續典)』이 나오고, 다시 세조대에 완성한 것이『경국대전』이며, 성종 2년에 이르러 비로소 중외에 반포되었다. 후에 영조 때 속편이 나왔으며, 정조 때 통편이 나오고, 다시 대원군 집정 시기에『대전회통』이 완성되었다. 모두『경국대전』의 윤색·증보에 지나지 않는다.

그래서 이 법전에 따른 여러 방면의 학생 정원을 이야기하면, 먼저 경성의 성균관은 유학을 공부하는 학생의 정원이 200명이지만, 후에 줄어들어서 126명이 되었다. 사학의 유학생은 100인이었지만, 후에 5명으로 줄었다. 사역원에서 공부하는 자는 한학생이 35명, 몽학생이 10명, 여진학생 40명, 청학생 34명, 왜학생 15명으로 후에 증원되었다. 그 가운데 왜학생과 몽학생의 정원이 가장 많아서 25명이 되었다. 또 전의감에는 의학을 하는 자가 있었고, 관상감에는 천문학을 하는 자나 지리학을 하는 자가 있었고, 호조에는 산술을 하는 자, 형조에는 율학을 하는 자, 도화서(圖畫署)에는 화학(畫學)을 하는 자가 있어, 각각 분업해 연구하도록 했다.

또 말할 것은 이즈음 지나의 사절과 일본의 사절을 맞는 예가 달랐다는 것이다. 간단하게 보면, 지나의 사절이 당당하게 의주(義主)에서 오면 먼저 원접사(遠接使)를 의주로 보낸다. 그리고 도중에 5개소에 선위사(宣慰使)를 파견한다. 원접사도, 선위사도, 전부 2품 이상의 대관이다. 이들이 도중에 영송(迎送)하고 위로연을 한다. 사절이 서울에 도착하면 하마연(下馬宴)이라는 것을 연다. 또 돌아갈 때도 전연(餞宴)이라고 해서 전별의 연회를 연다. 일본의 사자에 대해서는, 선위사는 보냈지만 원접사는 없었다. 이 선위사는 3품의 조관으로, 지나보다 1등 아래다. 사자가 배에서 내릴 때 연도(沿道)에서 역시 연회를 연다. 사자가 서울에 가면 예빈사(禮賓寺)가 맞는다. 왕에게 알현하는 날은 궐내에서 연회를 하지만, 전별에는 의식이 없다. 무엇보다도 일본의 사자는 칙사가 아니다. 그렇기는 하지만 어느 모로 보나 일본의 국정을 잘 모르기 때문에 일본 국왕의 사절이라고 하였다. 이러한 모양새가 소위 사대와 교린의 차이였다.

성종 6년에 경성의 성균관 명륜당의 북방에 존경각을 세웠다. 이것은 도서관이다. 궁중에 두어서 사서오경을 반사하였다. 또 전교서라고 하여 서책 출판을 담당하는 곳을 세워, 8도에 명령을 내려 판목이 있는 것은 모두 인쇄·표장하여, 존경각에 보냈다.

명종 원년에는, 「학교절목」이 나왔다. 이는 다음과 같다. (1) 문관으로 학문·품행이 좋고, 사람들의 사표가 될 만한 자는 선발하여 성균관의 사성(司成) 이하 전적(典籍) 이상에 임명한다. (2) 성균관의 생원·진사 및 사학의 유생 독서일수는 『대학』은 1개월, 『중용』은 2개월, 『논어』·『맹자』는 각 4개월, 『시』·『서』·『춘추』는 각 6개월, 『주역』·『예기』는 각 7개월이라는 공부 기한을 정하고, 여름 초에 시험한다. 시험의 결과, 우등생 5명을 선발하여, 대과에 응시할 수 있게 한다. (3) 동몽훈도는 사족이나 서울을 막론한다. 또 양반·상민의 자제,

8~9세부터 15~16세까지는 누구라도 학교에 들어가게 한다. 학교에 오면, 먼저 『소학』을 가르친다. 『소학』에 밝아지면, 『대학』·『논어』·『맹자』·『중용』을 순차적으로 가르친다. 이는 오늘날에 이르기까지 큰 차이가 없다.

선조 24년에는 부제학 김성일이 건의하여 학교 부진을 논하고, 폐해를 지적하여 세 가지 사항을 올린다. 첫째, 선생이 역할을 다하지 못한다. 둘째, 학생의 풍의가 좋지 않다. 셋째, 과거가 사람을 괴롭힌다. 이 세 가지가 실로 그렇다고 생각한다. 교육의 개량에 착목한 김성일은 호를 학봉이라고 하고, 그의 문집은 오늘날에도 남아 있다. 그런데 이 사람은 도요토미 히데요시(豊臣秀吉, 太閤)의 정한의 역(征韓の役) 이전에 일본으로 와서, 도요토미를 만나고 돌아간 사람이다. 이즈음 지방의 유생이 점점 세력을 얻어 경학의 공부에 만족하지 않고, 정치를 의논하고, 대신 재상의 탄핵을 시작하였다. 곧 전라의 유생 정암(丁巖)이라는 자가 그때의 대신 이산해 및 유성룡을 탄핵하였다.

지방의 학교를 보면, 지방에는 향교라는 것이 있다. 초대 태조 때, 이미 제주에 학교가 나온 것을 보면, 시골에도 일찍부터 학교가 있었다고 할 수 있다. 세조 때는 왕이 이런 명령을 내렸다. "최근 도무지 학교가 번성하지 않는 것은 위에 있는 사람이 힘써 장려하지 않기 때문이다. 나는 몇 번 성균관 및 사학에 가서 학생을 시험하고, 권장에 힘을 썼다. 지방관도 그 뜻을 두고, 스스로 향교에 가서 시험을 하거나 교관을 경계하거나 하여, 학문을 번성하도록 하라." 지방에서도 부 또는 목에서는 유학생이 60명이나 90명 정도로 정해져 있었다. 지나에 가까운 지방에는 한학이나 여진학을 연구하는 자를 두고, 일본에 가까운 지방에는 왜학을 공부하게 하였다. 옛날 일본의 식민지인 삼포, 즉 부산포·제포(마산 동쪽)·염포(울산 동쪽)에는 물론이고, 거제도 같은 곳에도 오래 전부터 일본어를 배우는 자가 있었다.

선조 18년에는 학관(學官)을 팔도에 두었고, 인조 25년에는 계속되는 병란으로 학교가 황폐해졌기 때문에, 유생 등이 돈을 들여 사립학교를 만들었고, 이에 상을 주어 장려하였다. 효종 10년에는 송준길에게 명하여 학규를 만들었다. 또 시골의 촌마다 반드시 서당을 세워, 훈장으로 성적이 좋은 자는 잘 써서 장려하도록 논의하였다.

지방에는 또 서원이라는 것이 있다. 이것은 모두 명유(名儒)·현신(賢臣)의 유령(遺靈)을 제사 지내기 위해 만들었고, 청년자제가 여기에 모여 경서를 읽고 연구하는 곳이었기 때문에, 그 오점은 졸저 『한국정쟁사』에도 서술해 두었지만, 이들 유생이 진면목으로 공부만 했다면 교육상에 큰 도움이 되었음에 틀림없겠지만, 얼마 후에는 정치의 득실을 논하여, 점차 폐해가 늘어났기 때문에 영조 때 300여 개를 철회하고, 대원군 때는 전국의 서원을 정리하였다. 그러나 충신을 기리는 곳이라는 형식만은 유지시켜 두었다. 서원에 배향된 명현·석학을 보면, 조선의 유학사가 되기 때문에, 지금 일일이 서술하지는 않지만, 다만 이조 주자학의 전통만이라도 여기에 차례로 적으려고 한다. 먼저 정포은을 시작으로 하여, 문인으로 길야은이 나오고, 야은의 문하에서 김강호(金江湖)를 배출하였다. 강호의 다음은 아들인 점필재(佔畢齋)가 이었고, 그 문인에는 김한훤(金寒暄)을 배출하였다. 한훤의 문인에 조정암(趙靜庵), 그 문인에 성청송(成聽訟), 청송의 아들 우계(牛溪)가 나왔다. 그즈음 유명한 이율곡은 여러 설을 모아 대성하였다. 그 문인에 김사계(金沙溪)가 있고, 사계의 제자에 송우암(宋尤庵), 우암의 제자에 권수암(權遂庵), 수암의 제자에 이도암(李陶庵)을 배출했다고 하는 순서이다. 이를 요약하면 이조 대대로 유학의 전통이 전해졌다.

 이와 같이 학교로서는 경성에는 성균관·사학, 지방에는 서원·향교, 그 아래 서당이 있었다. 서당(또는 서방)은 일본의 데라코야이다. 서당에서 가르치는 것은 먼저 처음에 『천자문』 또는 『유합(類合)』으로 언문을 가르친다. 그리고 『동몽선습』 또는 『계몽편』 등을 가르친다. 그 후에 『통감』·『효경』·『소학』 등을 거친다. 많은 서당이 이 수준에서 멈춘다. 그 위의 학교에서는 『대학』·『중용』·『맹자』·『논어』로 진행하고, 『시전』·『서전』·『주역』 등에 이르렀다.

 성균관이나 향교 등에서 공부한 자는 옛날에는 과거에 응시하였다. 이 시험은 일청전쟁 전까지 있었다. 과거를 보는 장소는 창덕궁의 뒤에 남아 있다. 이곳은 오직 넓은 토지로, 별도의 건물은 없다. 수험자는 무척 많아서, 도무지 관청이나 학교에서 수용할 수 없었기 때문에 넓은 훈련장 같은 장소에서 하였다. 다수의 무리가 모래 위에서 답안을 작성하였다. 문벌이나 뇌물이 있었을 뿐만 아니라 책을 바꾸거나 답안을 바꾸기도 하였다. 시험을 보기 전에, 대체로 급제하는 사람이 정해질 지경이었다. 진사 급제는 상당히 영예로웠고, 가장 먼저 의복이 바뀐다. 관복이라고 하여 관리의 옷이었다. 가슴에 끈이 매어지고 갓의 모양이 달라진다. 말을 타고 당당하게 향리로 돌아온다. 향리 사람들은 자신의 마을에서 진사 급제자를 배출한 것이 자랑스러웠기 때문에 이 명예를 얻기 위해, 전 생애를 과거에 쓰는 사람도 적지 않았다. 대대로 내려온 선조의 재산을 탕진해서라도, 과거에 급제하고자 하는 사람이 많았다. 그래서 폐해가 속출하였기 때문에, 일청전쟁 후에 과거를 폐지하였다.

정말로 일청전쟁은 조선인을 각성시킨 큰 사건이었다. 그때까지는 일본인을 도이(島夷) 왜노(倭奴)라고 부르며 경멸했지만, 대국 지나에게 이겼기 때문에 실로 꿈에서 깨어날 정도로 놀랐고, 그 결과 조선의 교육계에도 상당한 영향을 주었다. 일본식 소학교는 1895년(明治 28)에 나왔다. 사범학교가 나오면서 일어학교·영어학교, 기타 외국어학교도 나왔다. 1899년(明治 32)에는 의학교, 1900년(明治 33)에는 중학교가 나왔다. 이런 변천의 시기에 조선의 교육 상태는 실로 혼돈스러웠다. 그 혼돈의 와중에 나는 한국 정부에 초빙되었는데, 실로 다양한 일을 하게 되었다. 학정을 상담하거나 경제학·화학·물리학·동물학·식물학 등 소위 신학문을 유생에게 가르치고, 문화를 개발하는 것까지 인수해야 했다. 물론 크게 불완전했지만, 조선에서 이들 신학문의 맹아를 틔운 것을 생각하면 스스로 위로가 된다.

과거는 폐지되고, 점차 신학문은 일어났다. 한학을 공부할 필요가 차차 적어졌기 때문에 시골의 향교도 폐지되었다. 단 서당은 의연하게 남았다. 또 서원·향교 등에 부속된 학전도 그대로여서 수입은 유생 등의 양식이 되었다. 서원이나 향교는 폐지되었지만, 경성의 성균관만은 여전히 존경을 받았으나, 학생은 30명에 불과했다. 이러한 상태에서 일러전쟁의 막이 열렸고, 전쟁이 시작되기 전은 실로 말할 수 없는 압박을 받았다. 러시아는 만주를 점령하고 있었다. 조선인은 물론이고, 다른 외국인들도 "일본은 결코 러시아와 전쟁을 하지 않을 것이다. 만약 전쟁을 하게 돼도, 개가 곰의 빵을 취하는 것은 불가능한 것 아닌가. 조선은 어느 길에 있는가. 러시아의 세력 범위에 들어갈 것 같다"라는 식으로 생각했다.

전쟁이 시작되었다. 인천에 정박된 러시아 함대 바랴크 및 코리츠는 자폭하였다. 시곗바늘의 회전이 시시각각으로, 정치상 및 교육상에서 상당한 변화를 보였다. 꿈일까 현실일까. 어떻게 하면 개는 곰의 식량을 취할 것인가. 이제 곧 일본인을 조선 정부의 고문으로 들인다. 종래와는 현격히 다르게, 만사 잘 부탁하는 모양이다. 그리고 내가 내놓은 우안(愚案)의 조선교육 개량 계획도 점차 정부에 수용되어, 교육개혁의 단서가 열렸다. 먼저 5개조의 방침을 확립하고, 3기로 나누어 개혁의 발걸음을 내딛었다.

제1기의 개혁에는 지금까지의 소학교 조직을 일변해, 보통학교라는 것으로 하고, 입학을 장려하는 방법을 세우고, 시학을 두고, 교과서를 편찬하고, 의학교 및 교원양성기관을 정리하고, 외국어학교를 통일하고, 중학교를 개선하여 고등학교로서, 농·상·공학교의 기초를 확립하고, 사립 일어학당을 정리한다. 제2기에는 여학교를 창설하고, 농·상·공학교를 각 분립하고, 필요에 따라 고등학교와 함께 여러 종류의 전문학교를 증설하고, 성균관을 개혁한다. 제3기에는 보통학교의 보습과를 설치하고, 또 사정에 따라 고등전문학교를 설립한다. 이와 같은 목표였고, 그 후 여기저기 실적이 나오는 것을 보니, 무엇보다도 기뻤다.

그렇게 착수할 때에, 여러 반항·협박을 받거나 여러 종류의 곤란을 당한 것 등은 말하고 싶지 않은 기분이지만, 이것은 다른 날에 양보하고, 여기에서는 간단히 교육상 주의할 사항 하나를 말하고 마치려고 한다. 먼저 희망하는 것은 조선 1,000여 만 명의 국민으로 하여금, 교육의 침로(針路)를 그르치지 않게 하고 싶다. 일본에서 온 교사들에게도 조선교육의 유래 및 그 진수를 잘 받아들이게 하고 싶다. 조선인이 관리가 되기 위해서 열심히 공부하는 습관은 한학의 쇠퇴와 함께 다소 변해 왔지만, 전부 버릴 것은 아니다. 또 일본어를 배우는 것이 그들에게 큰 이익이 됨은 말하지 않아도 된다. 먼저 일본어는 무엇보다 배우기 쉽다. 일본어에 의해 일본이 만들어 낸 문명을 힘들이지 않고 섭취하는 것이 가능하다.

오늘날 조선 청년의 상태는 여러 면에서 주의를 기울일 것이 많다. 그것을 생리상에서 보면, 조선인은 조숙하다. 따라서 길게 하나의 일을 계속해 나가는 힘이 박약하다. 어느 정도까지 나가는 것은 빠르지만, 그 이상 진보하는 것은 대개 곤란하다.

다음에 복장에서 보면, 의관이 교육상에 불편을 준다. 원래는 모자를 쓰는데, 모자는 가벼워서 쓰기가 좋지 않으므로, 그 아래에 망건이라고 하는 것을 매니 위생상 좋지 않다. 또 복장도 흰색이기에 모양은 좋지만, 비가 오면 곤란하다. 곧 더러워질 뿐 아니라 풀이 나온다. 우산이 발달해 있지 않은데, 모자는 값이 비싸기 때문에 모자만의 우산이 나왔다. 그리고 신발인데, 신발 속에 사용하는 버선에는 면이 들어가 있어서, 여름에도 그것을 벗지 않으므로, 중류 이상의 자는 발이 약하다.

그리고 도덕상에서 생각해 보면, 유교는 종래 조선의 국교였지만, 많은 것이 형해화 되어 있고, 정신은 충분히 체득하지 못하고 있다. 염치라든가 의리라든가 하는 것은 생각하지 않고, 허기(虛欺)를 전혀 생각하지 않는다. 그래서 그들의 국민 개조에 힘을 다할 때는 이와 같은 부덕을 뿌리부터 제거하여, 보통 도덕을 고창·궁행하는 것이 꼭 필요하다.

또 사회상의 위치에서 청년을 보아도 일본의 서생과는 조금 양상이 달라서, 14~15세가 되면 대개 아내를 맞이하기 때문에, 빨리 생계 일에 나아가게 한다. 따라서 태평하게 학문은 하지 않고, 처세의 지혜는 발달해 왔다. 경제학의 질문 등은 상당히 재미있는 것이 많다.

지능상에서 살펴보아도, 조선인은 어학이 능숙하다고 하지만, 정교한 일어를 말하는 조선인도 소학독본을 잘 읽지 못하는 자가 많다. 그에 대해 말하면, 어학상의 능력이 다소 세간으로부터 과대평가 되고 있는 것이라서, 이런 조선인에게 일본어를 가르치는 것도 정식으로 책을 읽게 하지 않으면 안 된다. 또 수학이 되지 않는다든가, 이과 방면은 사용하지 않는다는 오해도 있다. 15~16세까지는 일본 학생과 별로 다르지 않다고 생각한다.

종래 일·선 양국인 사이의 상호 간 오해를 면하지 못했던 것은 유감이다. 조선인도 일본인을 보면, 옛날의 왜구 당시의 난민처럼 생각하는 경향이 있다. 지금 일본인은 대국의 가운데 서서 치욕 없는 국민이 되었기(실제는 아직 국민적 단련이 충분이 되지 않았지만) 때문에, 조선인도 일본인에 대해서 왜노의 관념을 버리고, 충심호의로 하는 충고를 실행하지 않으면 안 된다. 교육을 시행하여, 지침을 그르치지 않게 하는 것이 가장 꼭 필요하다.

3) 식민지 교육에 대해*

식민지에는 선례란 없다고 한다. 그 양상이 구분되는 식민지에 있어서 교육의 전부를 제한적인 짧은 시간 내에 이야기를 다할 수 없기 때문에, 여기에서는 (1) 학교 제도에 대해, (2) 교육 내용에 대해, (3) 교육사상의 변천에 대해, (4) 모국인과 토착인과의 관계에 대해, 이 네 가지를 이야기하려고 한다.

(1) 학교 제도

식민지 교육을 이야기하려면, 먼저 학교 제도에 대해 다루어 두지 않으면 나머지도 짐작할 수 없다. 학교 제도를 각국의 식민지에 대해 통람하여, 모국인 교육과 토착인 교육을 확연하게 구별하지 않는 것, 철두철미하게 구별하는 것, 이 두 가지로 분류할 수 있다. 대부분은 제1종의 분류에 속하지만, 네덜란드의 식민지와 우리 일본의 신영토는 제2종에 속한다.

현재 그 영역이 가장 넓고 교육시설이 가장 오래된 영국령 인도로부터 이야기를 시작하

---

* 이것은 히로시마고등사범학교 교육연구회에서의 강연 필기를, 도쿄 동문관의 교육학술연구회의 도움을 받아 동계강습록에 실은 것으로 다소 중복된 점도 있으나, 감안하여 부록의 제3으로 한다.

자. 영국령 인도에서 다른 식민지와 큰 차이를 보이는 특징은 5개 대학을 갖고 있다는 것이다. 이 5개 대학이 넓은 인도를 5개 지방으로 나눠서 최고 교육을 분담하고 있다. 거기에 약 200개 정도 되는 칼리지가 5개의 대학에 각각 분속되어 있다. 이 칼리지의 교육이 인도에서 가장 높은 교육이다. 그리고 학생을 시험하는 곳이 대학이다. 일본의 경우에 대학이라고 하면, 별도 학교라고 생각할지 모르지만 인도에서는 결코 아니다. 대학은 칼리지에서의 학문을 닦는 정도에 따라 학위를 받는 시험을 실시하는 곳이다.

칼리지에 입학하는 자격은 하이스쿨(고등학교)의 졸업은 말할 것도 없고, 적어도 15~16세가 된 청년으로 마티큘레이션(Matriculation), 곧 입학시험에 합격한 자가 아니면 안 된다. 이 마티큘레이션은 인도에서 상당히 중요한 것이다. 칼리지의 입학자격을 얻을 뿐 아니라 교육을 완성한다는 증명의 의미도 갖는다. 칼리지에 들어가지 않고도, 마티큘레이션을 통과하면, 교육을 완성한 사람이라고 세간으로부터 인정받는다. 그래서 청년의 목표는 마티큘레이션에 합격하는 것에 있다.

그 아래 중등학교가 있는데, 중등학교는 하이스쿨(고등학교)과 미들스쿨(중학교)로 나눌 수 있다. 고등학교는 16세까지로 대학에 입학시험을 칠 수 있는 자격을 부여하고, 교양에 목적을 둔다. 중학교는 거기에서 훨씬 정도가 낮아져, 즉 약 3년이 지나기 전에 마치게 된다. 중학교는 영어로 가르치는 중학교 외에 토착어를 사용하여 가르치는 중학교(vernacular middle school)가 있다. 그러나 이들은 많이 독립되어 있지 않고, 소학교에 부설되어 있다.

소학교 역시 영어소학과 토어소학으로 나눠져 있지만, 영어소학은 대체로 중등학교 가운데 포함되어 있다. 하지만 뭄바이 지방만은 소학교를 별도로 두고 있다. 일본의 경우는 중학교와 소학교가 구분되어 있지 않다. 소학교는 어퍼 프라이머리 스쿨(upper primary school, 고등소학교)과 로어 프라이머리스쿨(lower primary school, 심상소학교)의 2개로 나누어진다. 그 아래 유치급이 있다.

대체로 체제는 이와 같지만, 중학교에 상당하는 소학교 수는 실제로 많이 있다. 중학교만 해도 3,000개쯤 있지만, 인도는 넓기 때문에 심히 적을 뿐 아니라, 실제로 시찰해서 보면 조금도 많다고 할 수 없다. 특히 토어로 가르치는 소학교는 실제로 빈약하다. 결국 인도에서 가장 힘을 들인 것은 칼리지 교육이다. 바꿔 말하면 고등교육에 가장 힘을 실었다고 볼 수밖에 없다.

그러나 이미 중·소학교가 있는 이상 그 교사를 양성하는 곳 곧 사범학교가 없어서는 안 된다. 그래서 사범학교도 중등학교의 교사를 양성하는 곳, 토어소학교의 교사를 양성하는 곳으로 나누어져 있다. 또 정도가 높은 학교도 있고, 낮은 학교도 있다.

전문교육의 방면을 보면 학교는 여러 가지가 있다. 예를 들어 미술학교, 법학교, 의학교, 공업학교, 농업학교, 임업학교, 수의학교, 상업학교, 광산학교, 직물학교 그리고 기계학을 가르치는 학교, 가죽 다루는 방법을 가르치는 학교 등 종류가 많이 있지만, 실제 이곳을 시찰해 보면 아무것도 발달했다고 말할 수가 없다. 그 가운데 2, 3개를 제외하고는 유치한 수준이다. 인도에는 종래 토호, 즉 토착 귀족이 많이 살고 있었기 때문에 그들을 위한 학교도 만들어졌다. 이미 알고 있겠지만, 인도는 계급 구조가 상당히 단단해서 서로 결혼하지 않는 등 엄격한 구별이 있다. 그러다 보니 계급에 따른 특별 학교 역시 만들었다. 예를 들어 같은 하이스쿨이라고 해도, 크샤트리아를 위한 크샤트리아 스쿨이라는 것이 있다. 그러나 이러한 학교도 아직 충분히 발달해 있다고는 볼 수 없다.

그러면 모국인의 자녀는 어떻게 하는지 살펴보자. 영국인은 대체로 어떤 지방에 가서도 연령에 맞춰 모국으로 돌아가 교육한다. 특히 식민지의 다수가 열대지방이어서, 열대에서 자란 자녀는 심신의 단련을 충분히 하지 못하기 때문에, 역시 모국에 돌아가서 교육을 받는다. 하지만 중류 이하의 영국인은 그러한 사치를 부릴 수 없다. 그래서 토인을 위해 만든 학교에 자녀를 보낸다. 그렇지만 유럽인 자녀의 장래가 이래서는 안 되기 때문에, 1860년 이래, 유럽인의 자녀를 위한 학교를 만들었고, 오늘날에는 보통교육을 시행하는 곳도 많이 생겼다. 이 중에는 칼리지 교육까지 가능한 곳도 있다. 따라서 사범학교도 별도로 있고, 공업학교의 경우도 유사하지만, 인도인을 위해 설립된 학교에 비하면 실로 적어 구우일모(九牛一毛)라고 할 수 있다. 이것이 인도 교육기관의 대요이다.

다음으로 인도와 반대로 주로 보통교육에 힘을 기울인 곳이 가장 새로운 식민지인 미국령의 필리핀이다. 미국이 필리핀을 영유한 지는 겨우 20년이기 때문에, 결코 긴 경험이라고 할 수는 없다. 그렇지만 미국인이 필리핀에서 한 방침은 인도와 전혀 반대이다. 그 정황을 대략 서술해 보면, 필리핀에는 대학이라고 하는 것이 아직 하나도 완성되지 않았다. 인도가 오랜 국가로 5개의 큰 대학을 갖고 있는 것에 비할 수는 없다. 단, 필리핀은 섬나라로 300년의 긴 시간 동안 스페인의 지배를 받았기 때문에 스페인 사제에 의해 유지된 대학 정도가 남아 있다. 산토스 토마스대학과 같은 것이다. 이 학교는 상당히 큰 학교로 박물(博物)의 표본 용기는 어지간히 완비되어 있지만, 인도 대학에 비하면 지엽적이다. 그리고 다음으로 하이스쿨(고등학교)이 있다. 이 고등학교 내에 교원양성의 길을 열어 두었다. 그다음에 인터미디어트 스쿨이라고 하는 학교가 있다. 소학교와 중학교의 중간 정도이고, 일본으로 말하자면 고등소학교 정도이다. 이것을 가상으로 중간학교라고 해 두자. 그 아래에는 물론 소학교가 있다.

대체로 이 같은 학교 제도에서 소학교는 매우 충분하다. 종래부터 있기도 하고, 미국이 영유한 이래 신식 소학교를 많이 만들었다. 따라서 그 교원을 양성하는 곳인 사범학교도 있다. 전문교육의 방면에서 보면, 공예학교라는 것이 있고, 그 안에 직공 양성소와 실업교원 양성소가 부설되어 있다. 이 공예학교의 종류에 속하는 것은 마닐라뿐만 아니라 다른 곳에도 있다. 마닐라에는 상업학교, 의학교, 미술학교, 법학교라고 하는 것도 2개씩 있다. 단 법학교는 아메리카 사람이 경영하지 않고, 필리핀 사람이 경영에 관계되어 있다. 전문학교는 4~5개를 언급했지만, 주로 마닐라에만 있기 때문에 지방에서는 많이 볼 수 없다. 심지어는 불충분한 느낌이다. 필리핀 사람이 경영하는 곳은 법학교 외에, 아테네오 데 마닐라라는 학교가 있다. 이곳은 중학교보다 조금 높은 정도의 학교이다. 또 리세오 데 마닐라라는 학교도 있다. 이곳도 중등학교이다. 그리고 여자중앙학원이라는 곳이 있다. 이곳은 고등여학교이다. 이 세 학교는 그 안에 소학교, 중학교, 고등학교가 모두 설치되어 있다.

모국인 교육은 대략 전부 필리핀인을 위해 만들어진 학교에 다니면서, 공동교육을 하고 있다. 단 하나 마닐라에 아메리칸 믹스드 스쿨라는 곳이 있다. 이곳은 주로 모국인을 위해 설립된 학교이지만, 외국인도 들어간다. 토착인도 들어가지 못하는 것은 아니다. 그래서 믹스드 스쿨이라고 한다. 이보다 높은 정도는 모두 자녀를 본국에 보내서 교육을 받게 한다.

이것이 필리핀 학교의 대요이다. 이를 요약하여 말하자면, 힘을 들인 것은 보통교육 방면이고, 거기에 전문학교가 약간 더해진 것에 불과하다고 말할 수 있다.

다음은 인도와 필리핀의 중간에 위치해서 모국인과 토착인의 자녀를 약간 나누어 가르치고 있는 식민지 프랑스령 인도차이나이다. 이 프랑스령 인도차이나는 5개의 나라로 되어 있다. 곧 통킹(東京)·코우친(交趾)[30]·안남(安南)·라오스·캄보디아로, 프랑스와의 관계가 대부

---

30 현재 베트남 북부 지역을 말한다.

분 다르다. 통킹과 코우친은 프랑스의 식민지이지만, 다른 곳은 아직 보호국이다. 따라서 이를 균일하게 이야기할 수는 없다. 여기에서는 프랑스의 식민지인 통킹과 코우친에 대한 이야기만 하고자 한다.

프랑스인의 방식을 보면, 영국인과도 다르고, 미국인과도 다소 다르다. 프랑스령 인도차이나에는 대학이라는 것이 없다. 아니 일찍이 대학을 만들었지만, 안남인이 거기에서 오히려 불온한 사상을 품었기 때문에 중지하고 그만두었다.

그리고 중등학교가 있지만, 이것도 참으로 적다. 통킹의 도읍인 하노이와 코우친의 도읍인 사이공에 각 1개씩 중학교가 있다. 하노이에는 콜레주 드 프로테크토라트라는 학교가 있고, 이 콜레주 안에 들어가 보면, 학교가 두 동으로 나누어져 있다. 그 한 동에는 프랑스, 곧 모국의 자녀 교육을 하고, 다른 한 동에서는 토착인의 자녀를 교육한다. 이런 식으로 학교는 하나지만, 그 안에서 동이 나누어져서 모국인과 토착인을 나눈다. 사이공 중학교는 샤스루로파라는 것이지만, 그곳도 역시 두 동으로 나눠져 있어서 하노이와 같이 한 동에서는 모국인, 다른 한 동에서는 토착인의 교육을 하고 있다. 그리고 이 샤스루로파 아래 콜레주 드 미토라는 중등학교가 있다. 토착인은 소학교를 나와 미토의 중학교에 들어가서 졸업하면, 샤스루로파에 들어간다.

다음은 소학교인데, 그 종류가 세 가지로 나누어지며, 프랑스어소학교, 베트남어소학교 그리고 프-베혼어소학교이다. 프랑스어소학교는 대체로 프랑스어를 사용하여 가르치는 소학교이다. 베트남어소학교는 물론 토어를 이용해 가르친다. 프-베혼어소학교는 양쪽을 섞어서 가르친다. 어느 쪽이든, 그 내용은 고등소학과·중등소학과·초등소학과·예과로 나누어 있지만, 이 4개가 전부 있는 학교는 적고, 대부분은 일부만 있다.

대체로 학제는 이와 같다. 그 외에 통킹에 프랑스인 여자를 위한 학교가 한두 개 있고, 토착인 여자아이를 위한 학교도 설립되어 있지만 많은 것은 아니다. 또 전문교육을 하는 직업학교와 의학교도 하노이에 하나씩 있다. 이것을 일반적으로 말하면, 프랑스령 인도차이나의 교육은 결코 인도와 같은 칼리지 교육이 아니다. 또 모국인과 토착인의 교육을 다소 나눈 기미가 있다.

또한, 철두철미하게 모국인과 토착인을 나눈 경우로는 네덜란드령 동인도와 일본의 신영토가 있다. 먼저 네덜란드령 동인도를 보면, 교육을 양분하여 유럽인 교육과 토착인 교육으로 나누었는데, 유럽인 교육에도 아직 대학이 없다. 중등 정도의 학교가 인도네시아의 자카르타에 있다. 윌리엄 3세 김나지움은 상당히 좋은 학교이다. 이 학교의 특징은 내부를 제1부와 제2부로 나눈 것이다. 제1부는 보통의 중등교육과 함께 고등교육을 위한 준비를 겸하게 하였는데, 제2부가 상당히 재미있다. 이곳은 제1부의 졸업생에서 생도로 취해, 네덜란드령 동인도의 지배자가 되는 데 필요한 학과를 가르친다. 이것은 다른 식민지에서 볼 수 없는 것으로, 상당히 참고가 된다고 생각한다. 윌리엄 3세 김나지움보다 조금 정도가 낮은 퀸 빌헬미나 학교라는 곳이 있다. 여기서도 중등 정도의 교육을 시행하였지만, 실업학교의 색채를 띠고 있다. 그 외에 사마란과 함께 수라바야에, 각각 고등중학교가 있다. 아래가 곧 소학교이다. 소학교에는 남녀공학과 여자만을 교육하는 곳이 있다. 이것이 유럽인 교육의 대요이다. 그리고 토착인 교육 쪽을 보면 지극히 간단한데, 대체로 소학교뿐이다. 소학교에 2종류가 있는데, 1등소학과 2등소학이다. 이는 정도에 의해 구별을 하고 있다. 그 아래에 간단한 뎃사 스홀, 곧 촌락학교라는 것이 있다.

 토착인 소학교가 이같이 되어 있기 때문에, 그 교육을 담당하는 사람을 양성하는 곳, 즉 사범학교도 오래 전부터 만들어졌다. 또한 그 외에 진귀한 학교가 하나 있다. 그것은 토인관리양성학교이다. 네덜란드인이 상당한 정도로 토착지 지배에 대해 고려하고 있음을 알 수 있다. 그 외 전문학교로는 의학교가 하나, 법관양성소가 하나, 공업학교가 3개 있어, 아직 많다고 할 정도는 아니다.

 네덜란드령 동인도의 교육은 결국 모국인과 토착인의 교육을 나누고, 토착인은 귀족의 자제를 제외하고, 일반적으로는 피치자로서의 보통교육을 받는 정도라고 말할 수 있다. 이와 같이 비교해 봤는데, 우리 일본은 어떠할까. 일본의 신영토도 차츰 늘어나고 있지만, 지금은 조선의 경우만을 예로 들어 말해 보려고 한다.

 조선의 교육은 그 제도를 세우는 방법으로 보면, 네덜란드령과 전적으로 같다. 즉 모국인 교육과 토착인 교육을 전부 구별하고 있다. 조선에 있어서는 조선을 일본과 같은 나라로 보기 때문에 내지인 교육, 조선인 교육이라고 한다. 내지인의 교육제도는 일본의 내지와 같다. 대학이 없기는 하지만, 중학교, 고등여학교, 소학교 모두 일본과 같다. 그 외에 상업전수학교라는 것이 있다. 그리고 사립선린상업학교라는 것은 조선인을 위해 만든 학교이지만, 그 안에 내지인도 교육한다.

조선인 교육은 어느 정도인가 하면, 대학은 전혀 없다. 이 정도로 높은 것은 고등보통학교로, 여자를 위한 것은 여자고등보통학교가 있다. 그리고 그 아래에 보통학교가 있다. 보통학교라는 것은 우리 소학교에 상당한다. 그 아래는 종래부터 서당(혹은 서방)이라고 하는 것이 있고, 이것은 옛날 데라코야와 같다.

그 외에 농업학교, 상업학교, 공업학교와 함께 간이실업학교라는 것도 있으나, 대부분은 농업학교이다. 그리고 잠업·산림·축산 또는 수산 등에 관계되는 것은 농업학교 안에 있다. 그리고 전문학교령에 의해, 전문학교의 범위에 들어가는 것으로 경성전수학교가 있다. 이것은 법률학교로 고등보통학교의 졸업생이 들어가므로, 그 정도가 높다. 그 외 경성의학전문학교, 경성공업전문학교 및 수원의 농림전문학교가 있다. 또 종래부터 한학의 최고 강구소(講究所)로서 자리해 온 성균관이라는, 일본으로 말하면 에도의 창평횡(昌平黌)이라 할 격식의 것이 있다. 최근에는 이것을 경학원으로 부르며 한학을 강구하고 선성의 제전을 하는 곳이 되었다. 외국인이 경영하는 학교도 많다. 가장 이름난 것은 경성의 배재학당(조선인 남자 생도를 가르침) 및 그것과 상대하는 이화학당(여자 생도를 가르침)이며, 지방(특히 평양)에도 이와 같은 것이 많다.

학교의 종류로서는 이상과 같으며, 대학은 없지만 다른 교육기관은 점차 충실하게 되고 있다. 이것을 네널란드령과 비교해 보면, 네덜란드의 경우는 어느 곳에도 모국인과 토착인의 현격한 차이를 유지한 채 교육을 이분화 하지만, 조선에서는 조선인이 내지인과 같은 정도가 될 때까지만 교육을 이분하고 있다. 내지인 자제는 내지의 학교로 전학 등의 필요가 있기 때문에, 조선인과 똑같이 하지 않고 일시적으로 이렇게 구별하지 않을 수 없다. 따라서 제도를 만든 것은 네덜란드령과 꽤 비슷하지만, 근본정신에 있어서는 많이 다르다.

이상의 이야기에서, 각국 식민지 제도의 대략을 알 수 있었다고 생각한다. 이것을 마음에 두고 다른 관찰로 옮겨 가고자 한다.

(2) 교육의 내용

앞서 말한, 학교 제도는 우리 신영토와 네덜란드령이 꽤 비슷하지만, 교육 내용을 보면 대개 다르다. 우리 신영토, 특히 조선의 교육 내용은 네덜란드령과 비슷하지 않고, 도리어 미국령 필리핀과 유사하다. 즉 ① 모국어를 보급하는 점에서, ② 실과적 교육을 보급하는 점에서 상당히 비슷하다. 이야기의 순서로서, 역시 영국령 인도부터 점검을 시작하고자 한다.

영국령 인도의 교육은 앞서 말한 대로 칼리지 교육을 특징으로 하며, 이 방면의 수업에 대해서는 할 말이 많다. 교사는 주로 영국인이고, 따라서 교수어도 영어이다. 그리고 수업의 정도에 대해서 대학에서 시험을 봐서, 학위를 준다. 이 칼리지에서 가르치는 학과는 주로 어떤 것일까? 이것이 내용을 결정하는 일대 표준이다. 그러나 많은 칼리지 가운데 가장 번성한 것은 문과이다. 문과의 칼리지가 대부분을 점하고 있다고 해도 좋다. 이 점에서 영국령 인도에서 영국인의 하는 방식은 미국인의 필리핀에서 하는 방식, 더불어 우리나라의 조선에 대한 방식과 전혀 반대이다. 영국령 인도에서도 다른 학문을 가르치지 않는 것은 아니다. 가르치기는 하지만, 문학에 편중된 교육을 하고 있다. 그 증거로 내가 시찰한 때는 176개의 칼리지 가운데 161개가 문과의 칼리지였다. 이를 보아도 인도의 교육이 문과에 편중되어 있는 것은 확실하다. 그 외의 칼리지는 어떤 것을 배우는가 하면, 의학 칼리지가 4개, 법과·공과·교육과 칼리지가 각 3개씩 있고, 농과와 동양과가 각 1개씩 있다. 그래서 인도에서 칼리지의 교육은 결국 문과의 교육이라고 해도 된다.

그래서 인도인은 항상 불평한다. 실업에 관한 교육을 좀 더 받았으면 좋겠다는 소리가 전국적으로 적지 않게 들린다. 그러나 어떤 이유로 영국인이 인도에 문과교육을 시행했는가는, 첫 번째로 영국인의 성질에서 기인한다고 생각한다. 영국인은 나라 스스로 대학부터 시작하여 발달했다는 국풍을 인도에 그대로 이식했다고 볼 수 있고, 또 영국인의 기호가 귀족적이기 때문에 상급의 문학적 교육에 자연스럽게 손이 간 것도 있다. 둘째로는 인도인의 성질에도 기인한다고 생각한다. 인도인은 상당한 문학적 장점을 가지고 있다. 동양에서 인도보다 큰 국민문학을 가진 나라는 지나를 제외하면 보지 못했다. 그래서 문과 교육에 치우쳤을 수도 있다. 셋째로는 영국인의 대인도 정책일 것이다. 산스크리트문학에 대해 뻗어 나갈 필요도 있고, 그것보다 먼저 인도인을 하급관리로 사용할 필요 때문에 문학교육을 주로 일으켰음에 틀림없다. 이와 관련하여 문과가 융성했다고 생각한다.

중등학교는 칼리지 예비교육과 국민교육을 완성하는 두 가지 의미라는 점은 앞서 입학시험 이야기를 할 때에 대강 진술한 바로, 입학시험은 칼리지의 입학시험이면서 동시에 교육 완성의 증명과 같다. 특히 중등학교 가운데 하이스쿨은 칼리지 입학 자격을 얻는 정도까지의 공부를 하는 곳이었다. 이랬기 때문에 하이스쿨은 영어를 교수어로 사용할 뿐만 아니라,

문과적 취미의 승리라고 할 수 있다. 하이스쿨의 아래에 있는 중학교, 곧 미들스쿨에는 토어 중학도 있고, 많은 경우가 영어 중학이었다. 단 영어를 취급할 때는 하나의 학과로서 취급하는 지방도 있고, 상급의 교수어로서 사용하는 지방도 있었다. 그 아래 소학교 역시 영어소학교와 토어소학교로 나누어져 있었고, 영어소학교의 내용은 어느 정도 정리되어 있었지만, 토어소학의 경우는 빈약하였다. 정부가 이를 원하지 않을 것이라 여겨지는 상태도 종종 있었다. 이상의 사실에 따라, 인도의 교육 내용은 문학에 편중되고, 영어는 상급교육에 사용되며, 아래는 전부 손이 닿지 않고 있다는 실정을 확실히 알 수 있다고 생각한다.

그리고 이번에는 눈을 돌려, 프랑스령 인도차이나를 보자. 프랑스령 인도차이나에서는 모국어를 어느 수준으로 취급하고 있는가 하면, 앞에서 말한 세 가지 소학교는 보통교육에서 모국어의 위치를 말한 것이다. 즉 프랑스어소학교, 토어소학교, 프-베혼어소학교로서, 토어소학교가 가장 많다. 촌락에 있는 소학교는 모두 토어소학교라는 것은 말할 것도 없고, 군 소재지에도 가장 많다. 나아가 주 소재지가 되면 프-베혼어소학교가 세워져 있고, 나라의 수도에는 프-베혼어소학교뿐만 아니라 통킹의 하노이에는 프랑스어만 하는 소학교가 있다. 프랑스인은 식민지를 모국의 연장이라는 것을 이상으로 삼아 인도차이나에서 철두철미하게 모국어를 강제하고 있지는 않았다. 그렇지만 의학교와 같이 수준 높은 학교는 모두 프랑스어로 교수를 하였고, 입학시험도 특별히 6민 보아, 도인의 입학은 쉽지 않다.

인도차이나는 앞서도 말했지만, 소학교 외에는 2~3개의 중등학교와 겨우 2개의 전문학교가 있어서, 아직 충분한 교육의 발걸음을 내딛었다고 할 수는 없다. 단 그 2개의 전문학교가 의학교와 직업학교이다. 따라서 학교의 종류에 비추어 보아도 인도와 같이 문과 교육을 중히 여긴 것은 아닌 것으로 보인다. 아니 문과교육보다 기능교육에 힘을 썼다.

이상의 이야기는 통킹과 코우친에 관한 것이다. 안남이라든가, 특히 라오스나 캄보디아와 같은 곳이 이렇다고는 이야기할 수 없다.

다음은 네덜란드령 동인도의 상황을 살펴보면, 제도에서는 우리 신영토와 매우 비슷하지만, 내용에서는 아주 다르다. 먼저 네덜란드령 동인도에서 모국어는 어떤 식으로 취급되는가 하면, 유럽인의 자제 교육에서는 물론 네덜란드어를 사용하여 교수어로서 하지만, 토착인의 교육에서는 오히려 모국어를 가르치지 않는다. 모국의 말은 고상하고 어려운 언어라는 관념을 토착인에게 오래 심는 것에서부터 출발했다는 것이다. 모국어를 토착인에게 별로 가르치지 않는 방침은 역시 식민지 안에서 변하고 있다. 무엇보다 지금은 상당히 달라졌다. 동인도의 소학교 가운데 1등소학이라고 하는 것은 상류사회의 자제를 위해 고등보통교육을 다소 시행하는 곳이기에, 5년의 수업연한 가운데 3년째부터 네덜란드어를 가르친다. 그렇지만 2등소학에서는 그것보다도 정도가 낮은 까닭에, 네덜란드어를 전혀 가르치지 않는다. 하물며 최근 가장 유행하는 낮은 학교, 즉 뎃사 스홀에서는 말할 것도 없다.

네덜란드령 동인도에서 특이한 학교인 토인관리양성학교는 관리로서, 모국인과 함께 일할 정도의 토착인을 교양하는 곳이기 때문에 네덜란드어가 필요하다는 것은 말할 것도 없고, 법률 등도 가르쳤다. 그러나 일반적으로는 문과적 학과에 무게를 두지 않고, 직업 수여의 필요에 따라 공업학교와 농업학교가 점차 설치되었지만, 이들도 보습학교 정도의 느낌이다. 이러한 상태에서 네덜란드인이 하는 방법은 모국어를 별로 강제하지 않고, 또 문과적 교육에 편중되지도 않는 보통교육을 실시하는 것에 있다.

이상 서술한 것과는 전혀 다르게, 모국어의 보급과 기능교육에 전력을 다한 것은 미국령 필리핀이다. 필리핀에서 미국인의 손에 의해 설립된 신식학교는 영어를 열심히 가르치고 있다. 따라서 소학교의 교과목을 보아도 상당히 적극적이다. 제1학년은 영어 초보 및 산술, 제2학년은 읽기, 산술, 도화, 습자, 창가, 제3학년은 지리와 수공이 더해지고, 제4학년은 생리위생과 국민심득이 더해졌다. 이것이 필리핀의 소학교 교과목이다. 그렇기 때문에 토어는 안중에 두지 않는다.

이와 같이 모국어에 상당히 중점을 두고, 토어를 고려하지 않은 것에는 여러 원인이 있겠지만 그중 하나는 필리핀이라고 하는 곳이 300년의 긴 기간 스페인의 지배를 받아서, 스페인어가 특히 세력을 갖고 있었기 때문에 그에 대항할 필요가 있었던 것이라고 생각한다. 책자를 보면, 미국인의 영유 이래, 필리핀에는 영어가 상당히 퍼지고, 스페인어는 대부분 쇠퇴하고 말았다고 기록되어 있지만, 그것은 잘못이다. 스페인어는 여전히 세력을 갖고 있다. 상류사회의 교제어도 스페인어이다. 그러나 미국인이 영어를 강제한 결과, 해가 갈수록 영어의 전파가 속력을 내고 있다.

영어 외에 가장 힘을 들인 교과는 수공이다. 소학교의 제3학년부터 수공이 추가되었다고 말했지만, 실제 필리핀의 소학교를 보면, 2학년부터나 1학년부터 이미 수공을 하고 있다. 규칙에 없는 것은 아닌가 할 수 있지만, 이것은 3학년부터 부과된 수공의 준비를 한다고 할 수 있다. 이를 예를 들어 보면, 모자 제조, 바구니 만들기, 자수 및 레이스 만들기 등으로 각 토지의 정황에 적당한 것을 부과한다. 그리고 이들은 남녀를 막론하고 한다. 가장 최상급인 제4학년이 되면, 남학생에게는 농업, 원예, 기구제작 등을 하게 하고, 여학생에게는 가사, 바느질, 편물, 기타 요리, 보육법 등을 부과하고 있다. 이와 같이 수공이 소학교에서 중요한 교과가 되어 있다. 따라서 필리핀의 소학교가 원래는 3년 정도였던 것을 4년 정도로 연장한 것은 전적으로 수공을 충분히 가르치기 위한 것이다.

이미 소학교가 이와 같이 수공 중심에 있기 때문에 그 교원을 양성하는 사범학교의 내용을 보면, 공예학교의 상태로 수공에 상당히 힘을 쓰고 있다. 그래서 소학교의 상급학교인 인터미디어트 스쿨에 가 보면, 보통 부과되는 학과 외에 교육과, 농과, 기계제조과, 가사과, 상업과 등이 설치되어 있다. 모두 가장 중점을 둔 것은 실습이다. 매일 실습시간이 3시간씩 있기 때문에, 실습을 중시했다는 것을 알 수 있다. 이와 같이 필리핀에서 문학교육보다 기능교육 방면에 힘을 쓴 것은 인도와 정반대이다. 어째서 그렇게 기능교육에 중점을 두었는가 하면, 하나는 이것도 미국인의 성질에 따른 것이다. 미국의 교육은 실제적 경향을 가지고 있다. 미국인의 성질이 곧 실제적이다. 따라서 식민지에서도 이론보다도 실제적 학문을 가르쳤던 것이다. 다른 하나는 필리핀인의 성질이 자칫하면 근거 없는 자유를 요구하고 싶어 하기 때문이다. 자유라든가 독립이라든가 하는 것을 동경하여, 나라를 부상하게 만드는 근본인 실업을 낮게 여기는 경향이 있다. 이런 오해를 없애서, 어릴 때부터 실업교육에 힘을 기울인 것 같다.

그러면 우리 조선은 어떠할까. 조선교육의 내용은 필리핀과 유사하다. 조선교육의 요령으로는 국민성의 함양과 국어의 보급에 힘을 쓰고, 일상생활에 필수적인 지식·기능을 가르치고, 학교의 계통 및 정도를 극히 간략하게 하여, 민도의 실제에 적응하게 하였다. 이것이 곧 조선교육령의 요지이다. 거기서 소위 모국어의 위치가 어떤가를 보면, 현재 조선에서는 모국어 정도가 아니라, 완전히 자가(自家)의 국어라고 할 만하다. 국어는 보통학교의 교과과정 중 중요한 위치를 차지하지만, 미국령 필리핀과 같이 모국어를 중시하고 토어를 무시하는 것은 아니다. 그러나 또 모국어를 종적 위치에 두지 않고, 어디까지나 주요 위치에 두고 있다. 이렇게 조선어 역시 하나의 교과목으로서 배운다. 일본어라고 말하지 않고 국어라고 말하는 것은 어디까지나 조선인을 타국인 취급하지 않고, 같은 나라 사람 취급하기 때문이다.

그런데 그 성적이 상당히 좋다. 국어를 조선인이 배우는 기세가 상당히 좋기 때문이다. 시골의 어떤 여자가 남장을 하고 학교에 가서 국어를 배운 예 등을 보아도, 그 정도를 알 수 있다. 모국어를 다루는 일의 교묘함 또 그것을 깨닫는 일의 빠름을 보면, 조선인과 같은 경우는 없다고 생각한다. 필리핀의 소학교 아동도 꽤 하고 있다. 그렇지만 아마 조선의 보통학교 아동에는 미치지 못한다고 생각한다. 그 이유도 분명하다. 왜냐하면 조선 사람이 내지의 말을 배우는 것은 실로 쉽다. 우리가 조선어를 배우려고 해도 그대로이다. 즉 문법이 유사하고, 말하는 순서가 같다. 또 옛날부터 관계를 갖고 있던 민족끼리이므로, 그 가운데에는 동일한 말의 분명치 않은 점 역시 학습하기 쉬운 이유일 것이라고 생각한다. 그리고 보통학교 4년을 졸업하면, 먼저 국어를 말하는 것이 가능하다. 보통학교의 실제를 보면, 전혀 내지 학교와 다르지 않다.

또 보통학교의 교과목 가운데, 수공, 재봉 등이 있는 것도 말할 것이 없다. 그 외 농업 초보, 상업 보초라는 것도 들어가 있다. 이것은 토지의 정황에 의해 빠지기도 하지만, 오늘날 보면 많은 학교에서 농장을 갖고 있다. 농장을 갖고 있지 않은 학교는 거의 없을 정도이다. 그렇게 때문에 시골의 보통학교는 대강 우리 내지의 소학교에 농업보습학교를 가미한 모양이다. 무엇보다 그 위의 고등보통학교에서도 역시 필수과목으로서 농업 또는 상업과 같은 실업과와 수공과는 부과된다. 그래서 고등보통학교에서도 주로 실과주의의 교육을 실시하는 동시에 국민성 함양을 한층 정밀하고 깊이 있는 수준으로 한다.

이상 매우 대략에 지나지 않지만, 각국의 사정과 필요에 의해 다른 요점을 서술하였다. 각 사정이 다르기 때문에 어느 쪽이 나쁘다고 단언할 수는 없다. 다만 모국인이 토착인의 교육에 심대한 취미를 갖고 있는 것은 우리 동포가 가장 첫째일 것이다. 그리고 교육 내용에 있어서도, 조선에서는 상당히 동정에 가득 찬 교육을 하고 있다. 이렇게 나아가면, 끝내는 조선의 아이들을 교양하는 보통학교가 내지인의 아이들을 교양하는 소학교에 감히 뒤떨어진다고 할 수 없을 것이다. 아니, 내지인이 깨닫지 못하면, 소학교보다 보통학교가 진보할지도 모른다.

(3) 교육사상의 변천

각국이 식민지에서 교육에 착수했을 때의 사상과 착수 후 시대를 지나 경험을 쌓고 난 이후 사상에 차이가 생겨난 것을 관찰하는 것은 필요하고, 또 흥미 있는 일이다. 그리고 착수

시대에는 국민마다 사상에 커다란 다름이 있는 것을 인정해도, 시대와 함께 다소의 변천을 겪어 결국에는 대략 같은 경로에 귀착되는 점이 적지 않다. 이 또한 흥미를 갖고 보고 있다. 또 우리 동양인에게 재미있어 보이는 것은 서양 사람들이 동양에 식민지를 영유하고, 그곳에 서양 사상을 이용하여 교육하다가 결국 왕왕 곤란에 빠지는 경험이다.

먼저 영국령 인도에 대해 서술해 보자. 인도에서 영국인이 교육에 착수한 때는 그 취지가 주로 유럽 지식의 보급에 있었다. 굳이 종래의 교육방법을 파괴하는 것은 아니더라도 인도를 지배하는데, 토착인 가운데 영어로 소통하고 유럽의 지식을 가진 하급관리를 필요로 하는 까닭에 영국적 교육을 이곳에서 실시하게 되었고, 특히 1835년 맥컬리(Macaulay)의 각서가 나와서, 드디어 그것을 결행하게 되었다. 1854년에 대학 설립을 결정하고, 5개의 대학을 세웠다. 무엇보다 설립과 동시에 종래 인도의 학교도 보호했다고 하지만, 주력은 5개의 대학을 중심으로 영국류의 교육에 투입하였다. 이 영국적인 교육에 의해 토착인의 지식을 높이고, 토착인의 관리를 개선하는 일에는 이익이 있었다. 그렇지만 주로 상급교육에 주의를 기울이고, 하급교육에는 주의를 기울이지 않는 경향이 있었던 것은 앞에도 이야기하였다. 따라서 교육이 철저하지 않았고, 머리만 발달하여 다리가 땅에 붙어 있지 않는 상태를 만들어 냈다.

그리고 5개의 촌락이 있다면, 그 가운데 4개는 학교가 없었다. 남자 아동이 4명 있다면, 그 중 3명이 무교육자이다. 여자 아동은 40명 가운데, 겨우 1명이 취학하였다고 비유할 수 있다. 그리고 교육의 결점으로 인지되는 것 역시 다섯 가지이다. 첫째 영국류의 고등교육이 관리양성으로 흘러 이 목적의 바깥에 있는 자는 다른 직업에는 부적당한 고등낭인을 만드는 결과에 빠졌다는 것, 둘째 시험이 과중하다는 것, 셋째 교육이 거의 문학에 편중되어 있었다는 것, 넷째 학생의 지능을 연마하는 것보다 기억하는 것으로 기울었다는 것, 다섯째 토착지의 학문을 무시하였다는 것이다. 이 다섯 가지 결점은 오늘날 당국자도 신경 쓰고 있다.

영국인은 경험에 비추어 미얀마에서의 대학 설립 요구를 허가하지 않을 뿐만 아니라, 말레이반도 및 이집트 등에서는 방법을 전혀 달리 하고 있다. 이것은 곧 영국인의 교육사상 변천을 알기에 충분한 것이다. 말레이반도에서는 오늘날 소학교와 중학교를 설치하는 데 그치고, 사범과를 부설하는 정도에 지나지 않는다. 이집트에서도 소학교를 계속 설치하여 토어를 교수할 뿐이며, 중학교는 숫자가 적지만 설비가 좋은 곳이 있다. 그러나 대학은 관립이 하나도 없다. 단지 토인의 사립대학이 한두 개 있을 뿐이다. 이와 같이 새로이 영유한 식민지에는 고등인 대학교육을 처음부터 강하게 하지 않고 있다. 그리고 이집트에서도 농상공 교육부라는 것이 있고, 그 직할로서 공예학교나 농업학교 그리고 공업도제학교, 실용가정학교, 모범공장 등을 설립하고, 실용교육을 시행하는 것에 힘을 쓰고 있다. 더 이상 문학에 편중된 교육을 볼 수 없다. 이렇게 영국인의 식민교육에 대한 사상의 변천이 분명히 있었다.

영국인의 사상 변천과 약간 비슷한 것이 프랑스인의 경영에 관계된 인도차이나이다. 프랑스인 역시 그 식민지에서 프랑스류의 교육을 시행한 것은 마치 영국인이 인도에서 한 것과 같았다. 그리고 처음은 베트남어를 프랑스어로 바꾸는 것부터 착수한 것으로 보였다. 알제리의 실패도 있었고, 또 본국에서 동화정책 반대론이 일어나 토착지의 사정에 적절한 교육 모양을 고심하여 왔기도 하다. 수년 전 인도차이나 총독 클로뷔코프스키(A. W. Klobukowski, 1908~1911 재임)가 연설 중에 이 일을 논하였다. 인도차이나의 교육은 야소교 사제의 손에 의해 만들어진 것은 아니다. 야소교 사상에 의해 동양인을 다스리는 일은 자못 곤란하다. 동양에는 수세기에 걸쳐 조상숭배의 풍습이 있다. 이것을 존중하지 않으면 안 된다. 그리고 토착인의 감정과 큰 차이가 없는 교육을 시행하지 않으면 안 된다. 총독의 연설에서 프랑스의 방침을 언명한 것이다. 따라서 프랑스인은 인도차이나에서는 대학 교육을 실시하지 않았고, 또 문과 교육에 편중되지도 않게 하였다. 여기에서는 인도와 다소 달랐다.

그리고 가장 높은 학교로 간주되는 중학교는 전기·후기로 나누어, 전기 2년 동안은 기능적 학과와 문학적 학과를 모두 부과하고, 후기 3년 동안 문학적 학과는 전기에 이어 배우지만, 기능적 학과를 농·공·상의 세 가지로 나누어서 한층 깊이 있는 실용적 소양을 주고, 상급에 이르면 점차 프랑스어로 가르치게 하였다. 이것은 전년에 나온 중학개량안이었다. 프랑스령 인도차이나에서도 토착지에 적합한 실용교육을 하는 방향이었다.

말머리를 돌려 네덜란드령을 보면, 네덜란드인은 예부터 도량이 그다지 넓지 않다고 한다. 우리 도쿠가와 막부 때도 자신만이 막부와 무역을 하고, 다른 국민을 배척한 것에서도 그 일면을 알 수 있다. 식민지 교육에 있어서도, 모국인의 자제는 잘해 주고 토착인은 거의 안중에 두지 않고 혐오하였다. 그래서 동인도를 영유하고도 200여 년간은 토착인의 교육을 별로 하지 않았다. 그러다 19세기 중반부터 점차 시작하였는데, 그 이유는 토착지를 지배하기 위한 하급관리 양성이 필요해서였다. 그러나 시작한 후에는 인도와 비슷한 경험을 하였다. 1872년부터 실시했던 교육 보급책은 상당히 유럽풍이었기 때문에 1882년에 반동이 일어나고, 폐쇄한 학교도 적지 않았다. 이 경험에 비추어 고안한 것이 1893년의 교육개혁이다. 이 개혁에 의해서 다른 국민의 경험과 대략 같은 경로를 취해 왔다. 1등소학이라든가, 2등소학이라든가는 곧 이 교육사상의 변천에 수반된 산물에 지나지 않는다. 또 근년에 증설된 촌락학교와 같은 것도 필경 헛되이 고등교육을 동경하는 것보다 실용적 교육을 보급하는 것에 취지가 있었다.

네덜란드령의 토착인 교육에 대해 당초의 사상과는 전혀 반대로, 신영토 지배 시작의 처음부터 교육에 심대한 주의를 쓴 것은 미국인이다. 실로 미국령 필리핀에서 처음부터 주안으로 한 교육은 식민사의 기록을 파괴한 것으로 불린다. 어떤 이유에서 한 기록 파괴였을까. 착수 당시 미국인의 사상은 맥킨리 대통령의 선언에 있듯이 필리핀의 문명이 진전되고 인지가 열려서 스스로 지배할 수 있을 때까지는 미국의 영토로 두지만, 자주·자치의 수양과 자격을 가진다면 개방하여 독립시킨다는 것이었다. 이것이 선언에 있었다. 이 사상에 기초하여, 인지 개발을 위해서 교육에 큰 주의를 기울였다. 실제로 필리핀인을 교육하여 더 미국식이 된 사람을 우대하고, 토착인에게 여러 종류의 권리를 주었지만, 그들은 주어진 만큼 더 많은 것을 요구하게 되었다. 이런 나라의 기초는 쉽게 확립되지 않았다. 나라의 부도 갑자기 증가하지는 않는다. 결국 기초 없는 독립을 요구하여, 나라를 불안한 사태에 빠지게 하는 경향이 없지 않았다. 또 맥킨리 대통령의 말대로 하자면, 무한의 자본을 필리핀에 투입하지 않으면 안 되었다. 이것은 미국도, 누구도 불가능한 일이었다.

이러한 상태에 이르자, 미국도 정신이 들었는지 작년 태프트 국무장관이 필리핀에서 열린 제1회 국민의회 개회식 연설에서 이 일을 언급하였다. 필리핀인이 독립하는 것은 전도가 요원하다. 1세기 후인가 2세기 후인가 지금에서 보면 짐작이 가지 않는다. 그리고 소학교에서 수공교육을 주력하고, 극단적일 정도까지 실과교육 시행을 철저하게 하는 것을 보면, 미국인의 필리핀에 대한 사상의 변천을 알기 어렵지 않을 것이다. 또 제1대 필리핀 총독 태프트 시대에는 필리핀은 필리핀인의 것이라는 주장에 따라, 본국으로부터 자본을 수입하지 않았다. 그러나 필리핀 개발이 안정되지 않는 것을 차츰 알게 되어, 다음 총독인 라이트 시대부터는 필리핀은 필리핀인의 것이라는 입장을 바꾸고, 미국인도 필리핀인도 기회 균등이라는 주의를 채택하고, 이때부터 미국의 자본을 계속 필리핀에 수입하였다. 이것이 오늘날 필리핀 개척의 길을 연 단서이다.

영국인은 미국인이 필리핀에서 처음부터 교육 본위로 하는 것을 보고, 여러 비평을 하였다. 그 비평 가운데 하나를 들어 보면, 미국이 필리핀인을 자주적 국민이 되게 하려면, 결코 교육만으로는 실현 불가능한 일이다. 먼저 첫째로 나라의 부를 만들지 않으면 안 된다. 이러한 비평을 하였다. 미국인이 필리핀의 개척에 착수하고, 또 교육에서도 실과적 취미를 농후하게 한 것은 영국인의 비평에 귀를 기울였기 때문이 아닌가 하지만, 역시 교육에 대한 사상의 변천 가운데 하나로 볼 수 있을 것이다.

또 필리핀에서 미국의 교육이 세계의 기록을 깼다면, 조선에서 일본의 교육은 다시 기록을 깨는 것이라고 말하는 것도 불가능한 것은 아니다. 왜냐하면 일본은 조선병합 처음부터, 아니 그 전에 한국을 보호국으로 한 시대부터 이미 교육에 착수하였을 뿐 아니라, 지금 보아도 교육의 이상으로 조선인을 우리의 같은 국민으로, 우리 동포로 평등하게 인도하고 있다. 이것은 다른 식민지에서 모국인이 토착인을 어디까지나 토인으로서 취급하는 것과는 굉장히 차이가 있다.

돌아보면 1905년(明治 38) 신교육의 단서를 연 때와 지금을 비교해 보면, 대체로 변화가 없다. 그러나 교육 사상에서는 다소의 변천이 있는 것을 이번 조선시찰에 의해 알게 되었다.

개혁 당시 조선은 아무튼 외국이었다. 따라서 일본어를 보통교육의 교과목 가운데 넣는 것을 선언한 때 상당한 반항이 있었다. 실업교육을 국가에 유용의 것으로 개시한 때도 조선인을 노역에 복무하게 하는 교육이라는 오해가 있어 입학자가 극히 적었다. 그러나 지금 사상은 일변하여 조선인을 어느새 동포로 취급한다. 또 일본인을 어느새 일본인으로 부르지 않고 내지인으로 부르고, 일본어를 일본어라고 하지 않고 국어라고 부르는 것만으로도 알 수 있다. 조선인이 국어를 습득하는 일에 열심이고 또 뛰어나서, 10년 전과 비교해 보면 실로 별천지의 느낌이다. 실업교육도 지금은 상당히 융성하다. 융성할 뿐만 아니라 오히려 나라 전부가 실업교육으로 기울어 가고 있다. 참으로 금석지감(今昔之感)을 견딜 수 없다.

개혁의 처음에는 어느 정도 외국의 일이었기 때문에, 만사가 생각한 대로 진행되지 않아 오해나 협박이 있었다. 또 개혁에 수반되는 자금도 한국 정부의 수입으로 처리할 수 없었기 때문에, 1906년(明治 39) 3월 일본에서 차입된 기업자금에서 50만 원을 나눠서 학교를 세우는 비용에 충당하였다. 하지만 그 시기의 한국인은 그렇게 생각하지 않아서 오히려 반항하고, 나를 죽인다고 하는 자조차 있었다.

그런데 일한병합 후에는 사상에 큰 변화가 있었고, 그 가운데는 참으로 기쁜 일도 많았다. 우리 선황제 폐하는 수산(授産), 교육 및 흉년 구제의 자금에 충당하라고 1,700만 원이라는 거액의 은사금을 내려 주셨고, 그 이자의 1.5/5를 교육, 특히 보통교육의 자금으로 충당하도록 정해 주셨다. 비단 그것만이 아니다. 경학원에 대해서는 다시금 25만 원을 하사하여 주시고, 그 유지에 보태도록 해 주셨다. 이러한 일이 있었기 때문에 조선의 교육은 한층 정돈되었다. 그리고 조선인 측에서도 역시 감정의 변화가 있는 것을 알기 어렵지는 않다.

(4) 모국인과 토착인과의 관계

모국인과 토착인의 관계가 비교적 무난하여 화평을 잃지 않고, 또 모국인이 토착인에 대해 우월한 지위를 갖고 있는 것이, 네덜란드령 동인도일 것이다. 네덜란드령 동인도에서는 모국인이 위엄을 실추하거나 타락에 빠진 적이 없고, 여러 종류의 제재가 만들어져 있다. 예를 들어 모국의 여자가 토착인의 하인 혹은 첩이 되면 안 된다는 것이 있다. 또 술 취한 남자가 길거리에서 배회하면 그를 총살해도 괜찮다는 조항이 있다. 이 같은 방법으로 모국인의 위엄을 실추하지 않도록 대단히 고심하고 있다.

한편 토착인 측을 잘 억제하여 모국인과 대등한 대우를 주지 않는다. 토착인은 어떤 경우에도 일단 낮은 것으로 취급한다. 지금까지 토착인은 기차의 1등 칸에 타지 않는다. 모국인이 3등 열차에 타는 경우에는 토착인이 타는 3등 열차와 구별하고, 모국인의 3등 열차를 이동한다. 언어 역시 모국어를 대단히 높이 생각한다. 이렇게 모국인과 토착인 사이에 현격한 차이가 있지만, 네덜란드령 동인도를 여행해 보면, 토착인이 네덜란드인에 대해서 그다지 불평의 목소리를 내지 않는다. 3세기에 걸친 긴 기간의 지배 습관이 만들어 낸 자연스러운 성정이라는 것에도 이유가 있지만, 또 하나는 네덜란드라는 나라가 지금은 유럽의 약소국으로 본국의 힘이 충분히 식민지에 미칠 수 없었으므로, 식민지는 식민지에서 지배의 결실을 거두어 가야 했다. 따라서 지나치게 강제적인 것을 하지 않으면서, 또 토착인에게 고개를 들지 못하게 하는 수단이 다년간의 경험에서 충분히 단련되어 온 것에 기인한다고도 생각할 수 있다.

네덜란드령 인도에서는 이와 같은 차별주의를 취하고 있기 때문에, 동화는 그다지 당면한 문제가 아니다. 따라서 정치를 행할 때도 모국인은 될 수 있는 한 대강을 통치하고, 요소요소를 장악은 해도 직접 인민과 접촉해서, 그들의 원망을 받는 일은 극력 피하고 있다. 이렇게 정면으로 마주하는 위치에는 대개 토착인을 배치하고 있다.

토착인을 눈 아래로 보고, 모국인과 큰 현격을 가지고 만사를 취급하는 점이 네덜란드인 이상이라고 생각하는 것이 프랑스인이다. 동화는 프랑스령에서 큰 문제가 되었다. 먼저 프랑스령 인도차이나에서는 경영의 초기에 프랑스인이 이상적으로 식민지를 모국의 연장으로 하는 주의를 시행하려고 했던 것 같다. 그러나 결국 이를 충분히 발휘하는데 이르지는 못했다. 아니 오히려 교육은 그 후 그다지 강요되지 않는 듯한 모습을 보여 왔다. 일견 이상한 느낌이 들기는 하지만, 결코 희한한 일은 아니다. 즉 이는 본국에서 동화정책 반대의 목소리가 높아진 결과에 다름 아니었다.

그렇지만 최근에는 프·베 절충 교육이 발걸음도 당당한 모습으로 이루어지고 있다. 어느 정도 프랑스인은 토착인을 깔보기 때문에 그들에 대한 취급은 자못 엄혹하였다. 기차의 상등에 타지 못하는 것은 네덜란드와 조금도 다르지 않지만, 그 외에 더 심하다고 생각하는 것이 있다. 호텔에 묵을 때, 밖으로 나오면 많은 차부(車夫)가 모이게 된다. 프랑스인 지배인이 채찍을 가지고 와서 차부의 모자 위를 때린다. 맞은 차부는 거기서 쓸모없다는 증명을 받아 물러난다. 맞지 않은 자는 곧 손님을 태우고 간다. 프랑스인이 돌봐 주는 것은 고맙지만, 정말이지 베트남인도 딱하다.

그러나 베트남인은 진실로 유순한 국민으로 무기력하다고 할 만한 풍조가 있다. 맞아도 조금도 불평하지 않는다. 이런 취급을 받아도 크게 반항하지 않는다. 느긋하게 모국인의 명령을 따른다. 이렇게 유순한 베트남인도 프랑스인의 나쁜 품행을 보면, 모국인을 신뢰하지 않게 될 것이다. 그래서 프랑스인은 근래 상당히 반성하고, 이미 도덕의 힘으로는 토착인에게 자랑할 수 없기 때문에, 토착인의 신망을 얻기 위해서는 지식의 힘으로 할 수밖에 없다고 한다. 또 토착인의 원한의 대상이 되기 쉬운 곳은 모국인이 직접 지배하지 않고 많은 경우 토착관리를 임명하고 있다. 이 점에서는 프랑스령 인도차이나 역시 네덜란드령 동인도와 같은 경향을 나타낸다. 장래 프랑스인의 경영이 해마다 더욱 나아가고, 교육의 내용이 점차 정돈되어서 인도차이나가 어떤 식으로 변천하는가는 미래의 문제이지만, 오늘날에도 모국인과 토착인 사이는 현격한 채로 무사한 상태에 있다.

모국인과 토착인 사이가 이같이 차별적이지 않고, 오히려 개인 존중적임에도 불구하고, 네덜란드령이나 프랑스령처럼 평화롭지 않은 것이 영국령 인도이다. 우리가 상당히 억압적인 것을 기대한 바는 아니지만, 서양류의 개인 본위적인 것 역시 결함이 있다는 것을 보았다. 자유계약주의를 자세히 보면 재산가는 농산물을 오래 갖고 있고, 쉽게 그것을 팔지 않는다. 그러다 기근이 닥치면 고가에 팔아서 현금을 만든다. 이것 때문에 다수의 인도인이 상당히 괴로운 상태에서, 지나친 서양류(西洋流)의 인도 종래의 관습에 부응하지 않는 개혁은 대개 실패로 끝났다.

교육에서도 마찬가지다. 영국풍의 교육을 강제하고, 다수의 인도인을 영국민과 같이 하려고 했던 것은 결국 시행되지 않았다. 무심코 교육하면, 교육하는 만큼 위험하다. 영국사를 배워 본 경험에 의하면, 그 역사에는 헌법사 가운데에 있는 권력의 쟁탈이나 정권에 반항하는 사실 등이 계속 쓰여 있다. 이것을 읽은 인도인은 사정의 차이는 조금도 생각하지 않고, 동일한 시도를 인도에서 반복하려고 한다. 그리고 헌법 정치에 단련되지 않은 국민일수록, 그 반항이 무모하다. 이처럼 인도인은 사상만 높아져서, 자신의 실력이나 근거도 없으면서 불평을 높이고 있다.

이집트와 같은 경우에는 아직 보호국 상태여서, 영국인에 반항하는 태도는 한층 심하다. 학무성에 가 보니, 토착인의 교육에 대해 토착의 학무국장과 유럽식 교육을 관장하는 영국인 학무국장이 계속해서 서로 으르렁거리고 있었다. 카이로부의 나스리에 사범학교에 가 보면, 영어로 쓴 전체 지도를 이즈음 아라비아어로 고쳤다고 자랑하는 기세이다. 어떤 이집트 왕족이 일본을 유람(漫遊)해, 일본인이 유럽 국민과 전쟁해 이겼다는 것을 듣고, 여러 가지 일본의 것을 긁어모아 썼던 『라이징 선(떠오르는 태양)』이라는 책은 대단한 기세로 이집트인에게 애독되었다. 만일 학교 교사가 영국에서처럼 채찍으로 생도를 때리는 일이 있다면, 이집트에서는 큰 정치 문제를 일으킬 것이다.

무엇보다 영국령이라고 해도 반드시 같은 처지는 아니다. 해협 식민지와 같은 곳은 전혀 별천지라고 해도 좋다. 홍콩처럼 영국의 직할 아래, 완전히 서양식이 되어 버린 곳에서는 하등 불안한 상태를 볼 수 없다.

무엇보다 토착인 개인의 인격을 인정하고, 그 자유를 존중하는 관점은 미국령 필리핀이다. 그러나 토착인은 결코 만족하고 있지 않다. 미국이 필리핀을 영유하고 나서 4년째에, 필리핀 국민의회를 열도록 허락하였다. 다만 의회를 열었을 뿐만 아니라 필리핀의 대의원 2명을 워싱턴에 보냈다. 그랬음에도 불구하고 토착인은 스페인 지배 말년에 자유를 주창해서 총살형에 처해진 리살(의사)을 숭배하고, 신처럼 생각하여 학교에 그 초상을 걸 정도로 자유를 동경하고 있다. 필경 이는 최초 영유 즈음의 미국의 정책, 즉 필리핀 독립이라는 것이 하나의 큰 원인을 제공했을 것이다. 이미 독립을 최종 목적으로 하는 이상, 미국에 동화되지 않을 것이다. 그러나 미국은 필리핀에, 철저하게 미국식 교육을 강제하고 있다. 이는 필경 필리핀을 빠르게 문명국으로 만들어 낸다고 하는 미국인의 이상과 장래 독립국이 된 때에도 미국의 세력 범위 안의 국민으로 있을 것으로 생각하는 것도 있을 것이다.

　미국이 필리핀을 영유한 당시는, 스페인 사제의 세력이 상당히 강했다. 따라서 사제는 교육에서 큰 힘을 잃지 않고 있는 것 같다. 그래서 지배자가 바뀌어도, 미국인 교육을 업신여기고, 종래의 노력과 권력을 갖고 있었다고 한다. 미국이 필리핀의 교육에 착수한 때는 적당한 교사가 충분하지 않았기 때문에 1901년에 1,000명이라는 많은 교사를 배에 가득 태워 보냈다. 충분히 정선할 틈이 없었던 것은 충분히 상상할 수 있다. 미국인의 방식의 거친 정도는 이 정도였다. 미국인이 이들 교사에 의한 교육에 착수하자, 스페인 사제는 허둥대며 터무니없이 학교를 증설하였다. 여기저기 민가를 매입하여, 학교로 만들었다. 그렇게 급히 세운 학교가 불충분한 것은 말할 것도 없다. 머지않아 학교 쇠퇴의 원인이 되었고, 이윽고 미국인과의 경쟁에서 졌다. 조선에서도 유사한 일이 있었던 것이 비단 우연은 아닐 것이다.

　근래 필리핀에서는 기능교육이 성행하고, 토착인에게 직업을 수여하는 길이 크게 열린 모양이다. 하지만 그곳 토착인은 기능교육을 좋아하고, 문학교육을 좋아하지 않는다고 하는데, 정반대로 기능교육보다 문학교육을 좋아한다. 역시 근로를 싫어하고 빈둥빈둥 노는 풍습에서 벗어나지 못했다. 인도에서 문학교육을 지나치게 실시했기 때문에, 기능교육 요구의 목소리가 일어난 것과 정확히 정반대였다. 필리핀에서 남녀공학의 풍습이 차차 성행했다는 것은 정말이지 미국식 교육의 결과라고 생각한다. 이것을 통해 보면, 토착인에게 미국인이 일종의 감화를 준 것이 확실하다고 할 수 있다.

　그런데 무엇보다 착수가 새롭고, 그리고 가장 동화의 기치를 선명하게 한 것은 우리 조선이다. 그러나 조선에서는 이번 시찰에 의하면 모국인, 즉 내지인과 토착인인 조선인의 관계가, 날마다 달마다 친밀해져 가고 있다는 것을 알 수 있다. 필경 서로 동양인끼리의 관계가 있기 때문이 틀림없다. 10년 전까지 조선인의 일본인에 대한 태도 및 일본인의 조선인에 대한 태도는 다른 식민지에서 보듯이, 상호 간에 친밀함을 느끼지 않았다. 특히 노동계급에서는 모이면 지장이 있고, 다툼이 있었다. 그러나 이번에 조선을 시찰하고 보니, 대부분 변화하고 있다. 이미 저 땅에서 옛날과 같은 다툼은 없어졌다.

이와 같이, 내지인과 조선인의 사이가 좋아진 것이 어떤 이유였는지 생각해 보면 ① 조선인이 동포로서의 취급을 받은 결과, 내지인이 그렇게 무리하지 않게 되었다. ② 내지인이 조선인과 다투면 사람들에게 좋은 말을 듣지 못하게 되었다. 자네는 내지인 아닌가 하면, 조선인을 상대하여 소란을 피워봤자 소용없는 게 아닌가 하고 오히려 웃음거리가 되어 버렸다. ③ 조선인도 점차 내지인을 신뢰하는 것 외에 길이 없다는 것을 알게 되었다. ④ 사회 전반에 편의가 열렸고, 비단 교통뿐만이 아니라 생명·재산·명예의 안전도 확실히 보장된다. 누가 보더라도 이런 것이 통절히 느껴지니, 조선인의 반항심은 자연히 완화되었다. ⑤ 내지인 교육자가 매우 노력을 기울여 조선인을 선도하는 데 힘쓴 것을 조선인도 점차 알게 된 것이 아닌가 생각한다.

내지인 교육자가 조선인을 선도하는 노력을 하고 있는 것에 대해 한마디 좀 해야겠다. 조선 학교에서는 학교 교육만을 능사로 하지 않고, 사회의 교화에도 한걸음 들어가게 하는 것을 방침으로 한다. 실제로 교육자가 이에 힘쓰고 있다. 또 학교와 지방 실업의 관계가 상당히 밀접하고, 지방의 실업은 보통교육 방면에서도 차차 발달하고 있다. 그러는 중에 교육자의 신용이 꽤 높아졌다. 군수보다 인민의 신망을 받고 있는 교육자가 적지 않다. 교육사가 입고 있는 제복의 깃에 '교(敎)'라는 글자가 붙어 있다. '교'라는 글자가 붙은 제복을 입은 사람을 만나면, 조선인은 자신의 편이라고 생각하고 존경한다. 오직 오늘날까지도 내지인에게 복종하지 않는 기분이 있는 것은 그 뜻을 이루지 못한 양반이다.

조선의 교육이 이미 이렇게 발걸음을 내딛고 있음에도 불구하고 내지인 학교와 조선인 학교를 분리하고 있는 것은 어떤 이유에서일까. 이것은 내지인이 그 자녀에게 내지와 같은 학습을 하게 하고, 내지에 전학하는 경우 편의를 얻기 위해서는 조선인 자녀와 공동으로 학습해서는 아직 서로 맞지 않을 뿐 아니라, 또 조선인 측에도 지금은 토지 정황에 적절한 교육이 필요하기 때문에 어쩔 수 없이 분리하는 것이다. 따라서 조선 개발이 차차 진행되고, 조선인이 내지인과 같아지면, 공동의 교육으로 이행될 것이다. 이것이 약 반세기 안에 실현되어 사실상 같은 나라 사람이 되기에 이른다면, 참으로 세계의 기록을 깨는 것이다.

Ⅱ

조선교육의 역사를 정리하다

해제

3·1운동 전후부터 조선교육에 대한 역사적 접근의 연구가 조선총독부 일본인 관료 사이에서 하나의 흐름을 형성하며 나타나기 시작하였다. 1920년 다카하시 도루(高橋亨)의 「조선교육제도약사」, 1921년 다카하시 하마키치(高橋濱吉)의 「조선교육연혁」, 1922년 다카하시 하마키치의 「조선교육연혁약사」, 1924년 오다 쇼고(小田省吾)의 「조선교육제도사」, 1927년 다카하시 하마키치의 「조선교육사고」 등을 들 수 있다.

다카하시 하마키치는 1887년생으로 기후현사범학교, 히로시마고등사범학교를 졸업하고 1913년 26세에 조선으로 건너와 1945년 8월 59세가 되기까지 33년 동안 조선에서 교원, 교유, 교장, 시학, 시학관, 교학관을 지내며 학무 관료로 일생을 보냈다.

「조선교육연혁약사」는 다카하시 하마키치가 임시교육조사위원회 서기 업무를 담당하면서 회의 보고용으로 정리한 「조선교육연혁」을 바탕으로 한 것으로, 제2차 조선교육령 개정 특집호인 1922년 3월 『조선교육』 6권 6호에 실렸다. 원래 「조선교육연혁약사」는 15쪽 분량의 전편 조선인 교육과 11쪽 분량의 후편 내지인 교육으로 구성되어 있다. 이 가운데 조선인 교육 부분은 1923년 5월 조선어로 된 조선총독부 기관지 『조선: 조선문』 85호에도 실렸다. 이외에도 조선교육 부분만 소책자 형태로 발간되어 교원강습회, 재조일본인 관료 교육 등에 활용되었다.

다카하시 하마키치의 「조선교육연혁약사」는 조선총독부의 공식 관찬 교육사 자료라고 평가하기는 어렵지만, 제2차 조선교육령 개정 이후 조선총독부에 의해 널리 배포 유통되었고, 1927년 『조선교육사고』라는 단행본의 바탕이 된 글이다.

경성사범학교에서는 보통과 4학년과 5학년이 교육사 강의를 이수하였고, 연습과와 강습과에서도 교육사 수업을 들었다. 경성여자사범학교와 경성사범학교의 교장을 역임한 다카하시 하마키치의 『조선교육사고』 가운데 조선교육에 대한 인식과 서술 내용은 식민지 조선의 초등교원 양성교육에 여러모로 영향력을 행사하였다고 볼 수 있다.

오다 쇼고는 1871년생으로 미에현 출신이다. 1899년 7월 도쿄제국대학 문과를 졸업하고, 일본제일고등학교 교수를 역임했다. 1908년 11월 대한제국 학부 서기관으로 발령받아 조선에서 교과용 도서 편찬 및 업무를 담당했다. 병탄 이후인 1910년 10월 1일 학무국 편집과장으로 승진하여 14년간 근무하였는데, 학무국에서 가장 오랫동안 머물렀던 과장이었다. 편집과장을 지내며 고적조사사업, 조선반도사 편찬 실무도 맡았다. 1924년 경성제국대학 예과 교수로 임명되어 경성제국대학 창설 업무를 맡았고, 1926년부터 경성제국대학 법문학부에서 조선사학부 강좌장을 맡아 1932년까지 일했다. 조선사편수회 위원, 조선반도사 편찬위원으로 활동했고, 경성부사, 시정25년사, 시정30년사 등의 편찬을 주도했다.

「조선교육제도사」는 공식 관찬 역사 서술을 추구한 조선반도사편찬위원회의 활동이 결국 성공하지 못하자, 조선사학회의 조선사 강좌에 참여했던 오다 쇼고 개인의 저술로 1924년 조선사강좌Ⅱ-분류사의 일부분으로 만들어졌다.

다카하시 하마키치의 「조선교육연혁약사」와 오다 쇼고의 「조선교육제도사」는 일본인 관료의 입장에서 정리·서술된 조선교육사 자료로, 교육사 서술에서 식민사관의 실체를 파악하는 데 도움이 될 것이다.

「조선교육연혁약사」는 『조선』 제68호(1923년 5월호)에 실린 「조선인 교육에 대하여」를, 「조선교육제도사」는 『일본식민지교육 정책사료집성(조선편)』 26권에 실린 자료를 저본으로 번역 작업을 수행하였다.

<자료 03> 朝鮮敎育沿革略史(高橋濱吉, 1922)

조선교육연혁약사[1]

총독부 학무국 다카하시 하마키치

　　본문의 필자인 다카하시 하마키치는 총독부 학무국 학무과의 요직에서 다년간 조선의 교육행정에 종사하여, 이 계통에 큰 공적이 있는 사람이다. 이에 조선교육에 대해서는 조예와 연찬이 깊다. 다음에 소개하는 「조선교육연혁약사」는 아주 장문으로 전후 두 편으로 구성되었다. 그 전편은 조선인 교육, 후편은 내지인 교육에 대해서 병합 이전부터 최근에 이르기까지를 계통적으로 논술한 것이다. 여기에는 그 전편인 조선인 교육에 관한 것을 연재함으로써 일반 독자의 참고에 이바지하노라.

1　원문은 국한문혼용체로 서술되어 있으며, 일본어 번역투를 문맥에 맞게 조정하였음을 밝힌다.

제1장 병합 이전의 교육

병합 이전 이조 500여 년간의 교육연혁은 대체로 다음 3기로 구분하는 것이 편리하다.
제1기 구시대 교육[이조의 초기부터 1894년(明治 27), 즉 조선 개국 503년의 혁신까지]
제2기 과도시대 교육[1895년(明治 28)부터 1906년(明治 39) 통감부 개설 전까지]
제3기 보호시대 교육[1906년(明治 39) 통감부 개설부터 1910년(明治 43) 한국병합 전까지]

제1기 구시대 교육

이조 태조 7년(1398년) 경성에 대학을 설치하여 이를 성균관이라 칭하고, 공자를 기리는 묘를 문묘라 칭하며, 학(學)을 강(講)하는 곳을 명륜당이라 했다. 태조는 또 영(令)을 내려 지방관청에 향교를 설치해 성균관의 제도를 모방하게 하였고, 제3대 태종 11년(1411년)에는 다시 경성 내에 사학(동, 서, 중, 남)을 건설함으로써 교육기관이 조비(粗備)되었다. 이들은 모두 관설의 기관으로, 모두 전답노비가 지급되었으니, 그 전답은 현재에 있는 향교 재산의 기원이다. 이외 각지에 산재한 무수히 많은 서방은 서당이라 칭하였으니, 모두 사설로 동몽에게 초보의 한문 교수를 하는 곳이며, 이 서방을 졸업한 자는 향교에 들어가 가르침을 받고, 그 업을 끝낸 자는 다시 나아가 성균관에 들어가는 것을 순서로 하였다. 또 당시의 학문은, 즉 경학의 연구를 주로 하고, 그 목적은 과거에 응하여 이에 급제하여 관리에 등용됨에 있었는데, 이 제도는 약 500년을 통해 이조 말기에 이르기까지 지속되었다. 그 중엽에는 서원이란 것이 일어났는데, 서원은 개인들이 설립한 것으로 제11대 중종경에 창시되었으며, 이전 현유의 유령을 사(祀)하며, 지방 유생이 모여 학문을 배우고 도를 깨우치는 곳이었다. 국왕이 여기에 액(額)을 하사하고 전답을 지급한 것이 적지 않아, 한때는 아주 성하더니 후에 남설(濫設)의 경향이 있고 폐해가 많아 정부는 영을 내려 이를 금지하기 여러 번이었다. 이리하여 1894년(明治 27) 일청전쟁이 개시되자, 국왕은 일본 이노우에(井上) 공사의 권고를 담아, 일본의 충언에 따라 종묘에 맹세하고 서정혁신의 결실을 주고자 함에 있어, 교육제도 역시 개혁되었으니, 이에 제2기로 옮겨가게 된다.

제2기 과도시대 교육

종래 학교 및 과거에 관한 사항은 예조의 소관이었는데, 1894년(明治 27, 조선 개국 503)에 중앙정부의 조직을 크게 고쳐, 새로이 관제를 발표하였다. 이에 따라 예조는 폐지되고, 동시에 과거제도 역시 중지되었으며, 학정은 모두 학무아문(다음 해에 학부로 고침)의 소관으로 옮겨, 이때 옛날의 교육기관은 성균관 외에는 자연 폐멸(廢滅)되고, 다만 전국에 무수한 서당만 의연히 그 구태를 존속하였다. 1895년(明治 28) 한국 정부는 서정의 개혁을 행하는 동시에 새로이 교육제도를 수립하여, 속속 법규를 제정 발표하였다. 그러나 이 신학제는 모두 일본의 법령을 모방한 것뿐이었으므로, 당시 조선의 국정에는 적합지 못했고, 또 이를 운용할 교사를 얻지 못한바, 규정의 대부분은 공문(空文)에 속하여 결국 실효를 거두지 못하였다. 고로 이 시기의 교육은 옛날의 교육을 크게 일변해 다음 시기, 즉 제3기 내지인의 손으로 신교육 시설이 생겨나기까지의 사이에 있는 과도기적인 것임에 불과하다.

이 개혁의 선구는 1895년(明治 28) 4월에 발표한 한성사범학교관제이고, 그다음으로는 같은 해 5월 외국어학교관제, 같은 해 7월 소학교령의 발표를 보게 되었다. 또 중학교관제는 그로부터 4년 후인 1899년(明治 32, 광무 3) 4월에 이르러서야 비로소 제정되었는데, 여기서는 소학교, 중학교, 사범학교 등의 순서로 이 개요를 서술하고자 한다. 당시에는 소학교를 제외하고는 각 학교의 관제가 있을 뿐이고 각 학교령의 제정은 이루어지지 않았다.

(1) 소학교

소학교령에 의하면 소학교는 심상·고등의 두 과로 나누어, 그 수업연한은 심상과 3년, 고등과 2년 또는 3년으로 하고, 아동의 학령을 만 7세부터 만 15세까지로 정하며, 각 부·군은 그 영내의 학령아동을 취학케 할 소학교를 설치하는 것으로 했다. 소학교는 그 설립 주체에 따라 관립·공립·사립의 3종으로 했지만, 그 수는 모두 아주 적었고, 또 소학교라 칭하는 것의 대부분은 완전히 서당과 다른 데가 없는 상태였다. 그밖에 일본인 및 외국 선교사가 경영한 소학교 정도의 사립학교는 그 수가 적지 않았는데, 그 가운데 선교사 측에 속하는 것이 당시 이미 100개에 이르렀다.

(2) 중학교

중등교육기관은 중학교관제에 의해 비로소 설립된 유일한 관립중학교가 있었을 뿐인데, 그 수업연한은 7년으로 이를 심상·고등 두 과로 나누어, 심상과 4년, 고등과 3년으로 하고, 입학연령은 만 17세부터 무려 만 25세까지로 정하니, 해당 중학교의 내용은 다른 관립학교에 비하여 약간 가관(可觀)할 것이 있었으나 고등과는 설치되지 않았으며, 그 설비 역시 아주 불완전함을 면치 못하였다.

(3) 사범학교

사범학교는 경성에 설치했던 한성사범학교 1교가 있으니, 해당 학교에는 수업연한 2년(1899년, 광무 3년에 4년으로 고침)의 본과와 수업연한 6개월의 속성과를 두고, 입학연령은 본과는 20세 이상 25세 이하, 속성과는 22세 이상 35세 이하로 하며, 부속소학교를 설치하는 규정이 있었으나, 그 규모가 작을 뿐 아니라 각종 학과를 담임할 교원이 결여됨으로써 소기의 목적에 부응하는 교육을 얻을 수 없는 상태였다.

이와 같이 신학제에 의하여 설치된 학교는 모두 미미하고 부진한 상태에 있었는데, 이 중에서 비교적 융성하였던 것은 오직 외국어학교이다. 구한국 정부는 외교 관계상 일찍부터 이런 종류의 학교를 설치하였으나, 이 시기에 일어, 한어, 영어, 불어, 독어, 로어의 각 어학교가 각별히 존재하였다. 1895년(明治 28)에 발표한 외국어학교관제는 법문상으로만 이를 일괄하였음에 지나지 않고, 또 그 수업연한은 일어학, 한어학은 각 3년, 기타는 각 5년으로 하였지만, 단지 형식에 불과하였다. 여기서 주의할 것은 당시 일본인 및 외국 선교사가 경영하는 사립학교도 다수는 어학교에 다름 아니었다는 것이다.

이상의 것 외에 학부 소관의 관립학교로 성균관, 경성의학교[1899년(明治 32) 창립], 농상공학교[1904년(明治 37) 창립]가 있었다.

제3기 보호시대 교육

1904년(明治 37, 광무 8) 8월 일한협약 체결의 결과로 고문정치가 개시되었고, 학부도 역시 일본인 학정참여관을 두어 고문으로 삼아, 교육행정의 중요한 정무에 참여케 하였다. 이어 1906년(明治 39, 광무 10) 통감부가 설치되었고, 이토 통감이 부임하자 한국의 개발에 치중하였다. 한국 정부는 일본은행으로부터 500만 원의 차관을 얻어 당시의 중요한 기업자금에 투자하였다. 그리고 이 가운데 50만 원을 할애해 임시학사확장비에 충당하기로 한 까닭에 한국 정부는 우선 교육제도 정비를 기대해, 일본인의 참여 아래 교육에 관한 제 법령(보통학교령, 고등학교령, 사범학교령, 외국어학교령 등)을 제정하였고, 같은 해 8월에 이를 발표함에 이르렀다.

이 개정은 학제 조직의 대요가 앞 시기와 다른바 없으나, 앞에 서술한 자금으로 학교를 증설하도록 했을 뿐만 아니라, 이 설비를 완전히 하고 또 그 내용을 충실히 하기 위하여 각 관립학교에 일본인 교원을 초빙하도록 하였는데, 고등 정도의 학교에서는 학감이라 칭하고, 초등 정도의 학교에서는 교감이라 칭하여, 사실상 학교의 수뇌가 되게 하였다. 그 결실로 조선교육에 한 신기원을 그었고, 일한병합 후 반도 교육의 바탕을 구축한 것이라 말할 수 있다. 지금부터 시설의 개요를 서술하고자 한다.

(1) 보통교육

종래의 소학교를 고쳐서 보통학교라 칭하고, 심상·고등의 구별을 두지 않으며, 가능한 한 조선의 사정에 적응하도록 하기 위하여 그 조직을 단일하게 하고, 수업연한을 4년으로 하되 지방 상황에 의하여 3년 이내의 보습과를 설치할 수 있게 하였으며, 초년급에 수용하는 아동의 연령은 만 8세 이상 12세 이하로 하고, 당분간 4세까지 입학을 허가하였다. 구 소학교령에 아동의 학령을 정하는 초등의무교육의 정신을 가미함과 같음은 완전히 폐지하였고, 또 그 교과과정은 대개 내지에 있는 심상소학교와 고등소학교의 중간을 표준으로 한다.

이번의 개혁은 원래 무게를 보통학교에 두고, 이것에 의해 각 지방에 신교육의 모범을 나타냄으로써, 일반교육의 풍조를 개선하기를 기대한다. 그리하여 보통학교령의 제정과 함께 동 학교에 사용할 교과용 도서 편찬의 사업을 개시하고, 경성에 있는 9개의 관립보통학교 외에 1906년(明治 39) 9월 이후 각 관찰도 소재지 기타 중요한 지역에 점차 공립보통학교를 증설한다. 이들 공립보통학교는 갑종, 을종 및 보조지정의 구별을 두었는데, 갑종공립보통학교는 관립보통학교와 거의 마찬가지로 국고의 보조를 받는 것이요, 또 보조지정은 사립학교 및 을종보통학교 가운에 적당하다고 인정하는 것을 지정하되, 그 조직을 보통학교령에 의하여 변경할 수 있게 하고, 국고로부터 교원봉급을 보조하는 것이니, 둘 다 모두 겨우 완전한 설비를 가지고 내지인 교감을 둔 소위 모범적 학교이다. 을종공립보통학교는 이에 반하여 구공립소학교를 그대로 존속하도록 인정한 것인바, 갑종 및 보조지정에 비하여 불완전함을 면치 못하였는데, 이들 보통학교의 수는 을종을 제외하고 1910년(明治 43) 병합할 때에 마침 100교에 이르렀다.

(2) 사범학교

보통교육의 개선에 수반하여 교원양성기관인 사범학교를 확장한다는 본시 논의를 불사(不俟)할 것이니, 1906년(明治 39) 구한성사범학교관제를 폐지하고, 사범학교령 및 동 시행규칙을 제정하여, 새로이 관립한성사범학교를 설치하였다. 본과의 수업연한은 3년으로 하고, 부속보통학교를 설치하여 그 내용을 크게 개선하였으며, 보통학교교원양성기관으로서의 결실을 갖추도록 하고, 별도로 동 학교 내에 단기의 임시교원양성과를 설치하여 보통학교의 부교원을 양성한다.

(3) 고등학교

종래의 중학교를 개칭한 것인데, 심상과·고등과의 구별을 폐지하고, 수업연한을 4년으로 하되, 필요에 응하여 1년 이내의 예과 및 보습과를 둘 수 있게 하였으며, 그 입학연령은 보통학교와의 연결상 만 12세 이상으로 하였다. 또 구관립중학교는 이를 관립한성고등학교라 개칭하여 부지(敷地)를 넓게 하고 교사(校舍)를 증축하였으며, 다음으로 1908년(明治 41) 평양의 관립일어학교를 고등학교로 바꾸었기에 관립고등학교는 2교가 되었다.

(4) 외국어학교

이전 시기부터 존재한 외국어학교는 그 조직이 심히 복잡해, 개혁과 동시에 당분간 각 학교 개개의 존립을 인정하고, 인천 및 평양에도 관립일어학교를 설치하였다. 그런데 1908년(明治 41) 경성의 각 외국어학교를 병합하여 하나의 학교로 할 필요를 인정하여 관립한성외국어학교라 고쳐 칭해, 명실공히 하나의 학교가 되기에 이르렀다.

이상은 이전 시기 학제의 정리확충이라고도 해야 할 것인데, 본 기간에 완전히 신설된 사항은 1908년(明治 41, 융희 2) 고등여학교령 및 동 시행규칙을 발포하여 여자 교육기관을 창설했고, 같은 해에 사립학교령을 발포하여 당시 무수히 존재하던 사립학교의 감독에 착수하였으며, 다음 해인 1909년(明治 42, 융희 3) 실업학교령을 발포하여 실업, 특히 농업교육을 장려하였음이다. 다음은 그 개황을 서술한 것이다.

(1) 여자 교육

구시대 조선에서는 여자 교육기관이 없었는데, 최근 야소교의 유포에 수반하여 선교사 등이 여자 교육을 왕성히 개시하였다. 여자는 야소교 학교에 입학하지 않으면 교육을 받기 불가능한 상태가 되었다. 정부는 이에 보는 바가 있어, 1908년(明治 41) 고등여학교령의 발포와 함께 경성에 고등여학교를 설치하여 본과 3년 외에 예과 2년을 둔 여자 교육기관을 창시하였다. 그러나 일반 여자 교육에 대해서는 소극적 방침을 취하여 병합 당시까지 여아를 수용한 보통학교는 전국에 불과 20여 교에 불과하였다.

(2) 실업교육

일찍이 학부 소관으로 관립농상공학교란 것이 있었으나, 본 기간의 초기에 그 농과는 농림(農林)학교가 되어 수원에, 공과는 공업전습소로 하여 경성에 두어, 모두 농상공부(農商工部)의 소관으로 옮겨졌다. 1909년(明治 42, 隆熙 3) 새로이 발포된 실업학교령에 양 부는 상호 호응하여 실업학교의 장려에 진력함에 이르렀는데, 이 영은 실업학교의 종류를 농업학교, 상업학교, 공업학교 및 실업보습학교로 하고, 실업학교의 수업연한을 3년으로 하되, 2년 이내의 속성과를 둘 수 있게 하였다. 이것이 일반 실업교육에 대한 최초의 시설로서, 정부는 실업에 무게를 두는, 실제에 적절한 농업교육의 실시를 장려하고자 함에 기인한 것이다. 그러나 병합에 이르기까지 본 기간 중에 설립된 실업학교의 수는 공립농업학교 및 농림학교를 합하여 10교, 공립상업학교 2교, 이외에 오쿠라 기하치로(大倉喜八郎)가 사재를 투자하여 1906년(明治 39) 설립한 재단법인 사립선린상업학교가 있었다.

(3) 사립학교의 감독

조선에는 사립각종학교가 벌써부터 존재하여 설립자는 조선인 외에 일본인, 서양인이었는데, 임의로 설립하고 또 임의로 폐지하되 학부는 추호도 관여하는 바 없었으니, 이는 실로 학정상의 일대 결함이었다. 그러나 1905년(明治 38)부터 교육열이 진흥하여, 각지에서 경쟁으로 사립학교를 설립하고, 그 가운데 평안북도가 가장 왕성하여 심한 곳은 하나의 군 안에 100개를 세는 상황이 나타났다. 이들 사립학교 가운데 이름을 학교에 두었으나, 거의 그 실(實)이 없거나 혹은 청년자제를 모아 종일 유희 조련만 하고, 혹은 불량의 교과서를 사용하여 학생의 앞날을 그르치게 하는 것이 많았다. 더구나 학교의 유지가 곤란해 학교 재산의 쟁탈, 기부금의 강제, 잡세의 징수 등 폐해가 속발(續發)하여 끝나는 바를 알지 못하기에 이르렀다. 여기에 정부는 1908년(明治 41, 융희 2) 사립학교령을 발포하고, 전국의 모든 사립학교는 사립학교령에 따른 감독·지도를 받도록 하였다. 이는 당시 아주 영단(英斷)의 조치라 할 수 있는 것으로, 외국인은 치외법권을 가지고 있기에 선교사 등이 설립한 다수의 사립학교는 기필코 해당 영의 적용을 받지 않았으나 학부 모두의 간곡한 타이름에 응하여, 스스로 해당 영에 의하여 인가를 받기에 이르렀다.

병합 전 수개월의 통계에 의하면, 이때까지 학부의 인가를 받은 사립각종학교는 합계가 2,225교로서 그 가운데 일반 각종학교가 1,402교, 종교학교가 823교이니, 당시의 상세를 관찰하고자 한다.

이외에 이 기간 초에 학부 소관에서 농상공부로 이관한 공업전습소는 현재의 공업전문학교의 전신, 수원농림학교는 현재의 수원농림전문학교의 선신, 같은 학부 소관에서 내부로 이관한 관립의학교는 현재의 경성의학전문학교의 전신이고, 또 1909년(明治 42) 법부 폐지와 동시에 학부 소관으로 돌아온 법학교(이전 법관양성소)는 현재의 경성법학전문학교의 전신이다.

제2장 병합 이후의 교육

병합 이후의 교육은 편의상 두 시기로 나눈다.
제1기 신교육 여명기[1910년(明治 43)부터 1919년(大正 8) 전반기까지]
제2기 신교육 혁신기[1919년(大正 8) 후반기 이후]

제1기 신교육 여명기

1910년(明治 43) 8월에 한국이 일본 제국에 병합되자, 종래의 교육제도를 근본으로부터 개정할 필요가 생기게 되었다. 그러나 이것이 용이한 일이 아님으로 이 조사연구에 시일(時日)을 소비하길 약 1년, 1911년(明治 44) 칙령 제229호로서 조선교육령이 드디어 발포되어, 같은 해 10월 조선통감부령으로 이 관계법규를 발포함과 동시에, 같은 해 11월 1일로써 실시되었다. 본 조선교육령에서는 교육을 대별하여 보통교육, 실업교육 및 전문교육의 3종으로 하고, 각 교육에 속한 학교의 종류 계통을 분명히 하여, 일일이 그 목적, 수업연한, 입학자격을 규정하였으며, 교원양성기관은 이를 특설치 않고 관립의 고등보통학교 및 여자고등보통학교에 사범과(수업연한 1년) 또는 교원속성과(수업연한 1년 이내)를 두어 보통학교의 교원될 자에게 필요한 교육을 실시할 수 있게 하고, 또 그 계통 이외에 속한 학교에 대하여는 조선총독이 정하는 바에 의하기로 한다.

해당 교육령의 정신은 규정한 바와 같이 교육에 관한 칙어의 취지에 바탕을 두어 충량한 국민의 육성을 본의로 하고, 교육을 당시 상황과 민도에 적합하게 함에 있다. 고로 힘써 학교의 계통 및 정도를 간략히 하여 조선의 실정에 적응하게 함을 도모한다.

(1) 보통교육

본령에 따르는 보통교육기관은 보통학교, 고등보통학교 및 여자고등보통학교로 한다.

보통학교는 구시대의 명칭을 답습하였으나, 그 본령(本領)에 있어서는 자연히 병합 이전과 크게 다른 것이 있음은 말할 필요도 없다. 국민성의 함양, 국어의 보급에 가장 중요한 기관이 될 뿐만 아니라, 한편으로 향당을 지도하여 지방교화의 중심이 되게 하는 것을 기대한다. 그런즉 병합 이래 이 증설 개선에 대해서는 당국이 크게 있는 힘을 다한 결과로, 병합 당시에 불과 100교였던 것이 1919년(大正 8) 5월 말 현재 관공립 483교, 사립 33교이고, 그 수용아동은 약 8만 9,000명에 이르렀으나, 향학심 진흥의 추세를 고려해 1919년(大正 8)부터 이후 8년간 3면 1교의 계획을 수립하여 교육상 지장이 없기를 기대한다.

보통학교의 수업연한은 4년이지만, 토지의 정황에 따라 3년으로 단축할 수 있게 하고 연령 8세 이상인 자의 입학을 허락하는 규정이다.

보통학교의 경비는 병합할 때 선제 폐하가 준 임시은사금 이자(은사금 1,700여 만 원의 이자 가운데 5분의 1을 보통학교 경비에 충당하니, 약 27만 원이다)를 위시하여 국고 및 지방비의 보조, 기본재산수입, 향교재산수입[1920년(大正 9)부터 충당치 아니함], 수업료, 기부금 및 부과금으로 지불하는데, 그 가운데 주된 것은 종래 국고 및 지방비의 보조(경리상 임시은사금 이자는 지방비 가운데 포함)이니, 이는 총 수입의 45%를 점하며, 부과금은 겨우 21%(1919년, 大正 8)에 불과하였다.

고등보통학교는 수업연한이 4년인데, 여기에 입학할 자는 연령 12세 이상으로 수업연한 4년의 보통학교를 졸업한 자 또는 동등 이상의 학력을 가진 자로 하며, 여자고등보통학교는 수업연한은 3년으로 그 입학자격은 이와 마찬가지이다. 1919년(大正 8) 5월 말 현재의 관공립 고등보통학교는 5교(경성, 평양, 대구, 함흥, 전주)이고, 관립여자고등보통학교는 2교(경성, 평양)가 있으며, 이외에 사립고등보통학교 7교, 사립여자고등보통학교 4교를 헤아린다.

사범교육기관을 특설치 아니함은 전술함과 같으며, 병합 당시 경성, 평양의 양 고등보통학교에 교원속성과를 설치하였으나, 1914년(大正 3)에 이르러 이를 폐지하고, 같은 해 4월부터 양 고등보통학교 및 경성여자고등보통학교에 사범과를 설치하여, 보통학교 조선인 교원 양성기관으로 하였다. 또 별도로 경성고등보통학교 임시교원양성소를 부설하여, 보통학교 교원이 될 내지인 및 조선인을 양성하는 것으로 했으나, 후에는 온전한 보통학교 내지인 교원의 양성기관으로 하였다.

(2) 실업교육

실업을 비천해 하고 근로를 가로막는 조선 고래의 폐풍을 타파하여, 근로 진작의 습관을 양성함은 어떤 학교에서도 일제히 노력하는 바라 할지라도, 그 가운데 실업교육에서는 힘을 이 점에 이르도록 하고, 본부 권업방침과 서로 어우러져 산업의 발달개선에 이바지하기를 기대하였다. 그런데 실업학교는 관립이 없어, 공립실업학교는 모두 지방비에 속하여 국고는 매년 상당한 보조를 부여하며, 사립의 실업학교에 대해서도 그 성적이 양호한 것에는 보조를 한다.

실업학교(농업학교, 상업학교, 공업학교)의 수업연한은 2년 내지 3년으로 하고, 연령은 12세 이상으로, 수업연한 4년의 보통학교를 졸업한 자 또는 동등 이상의 학력이 있는 자를 입학하게 하는 규정이다. 실업학교에는 동일 학교 내에 내지인과 조선인을 공학하도록 하는 곳이 있다. 학교 수는 1919년(大正 8) 5월 말 현재 각 도를 통하여 공립 23교(교내 상업 또는 상공을 과하는 곳 6교, 농업을 과하는 곳 17교), 사립 2교(상업을 과하는 곳)가 있다.

간이실업학교는 토지의 상황에 의하여 적절한 방법을 활용해 비근(卑近)한 실업교육을 행하는 것인데, 수업연한, 입학자격은 일정치 않으며, 1919년(大正 8) 5월 말 현재 농업이 49, 수산이 2, 상업이 6, 공업이 10이니, 수산 1교를 제한 것 외에는 모두 공립보통학교에 부설했다.

(3) 전문교육

전문학교의 수업연한은 3년 내지 4년인데, 입학자격은 연령 16세 이상으로 고등보통학교를 졸업한 자 또는 이와 동등 이상의 학력을 가진 자를 요한다. 조선교육령 시행 당초에 전문교육은 조선의 민도를 고려하여 실시의 운용에 이르지 못하였다. 그 후 중등교육의 보급과 당시 상황에 수반해 이 시설의 필요를 인정하고, 1915년(大正 4) 3월에 전문학교규칙을 제정하고, 다음 해인 1916년(大正 5) 4월에 경성전수학교(법제경제를 교수함), 경성의학전문학교 및 경성공업전문학교를 창립하며, 그 다음 해 1918년(大正 7) 4월에는 수원농림학교를 개교하였다. 그런데 이상의 4개 관립전문학교 가운데 경성전수학교 이외의 3교에는 특히 내지인 생도를 수용하여 교육하는 길을 두었다. 사립전문학교의 설립은 특히 법인에 한하여 이를 허용하는 것을 규정함으로써 그 특권을 확실히 하고, 설비 및 교육에 완전을 기하였다. 사립전문학교는 연희전문(문학과, 신학과, 농학과, 상업과, 수리과 등) 및 세브란스의학전문 2교로 모두 외국인이 설립에 관련한 것이다.

(4) 사립각종학교 및 서당

병합 당시에 사립각종학교가 존재한 것이 각 도를 통해 2,200여 교로 그 가운데 외국 선교사와 관계한 것은 800여 교를 헤아렸으나, 1911년(明治 44) 10월에 사립학교규칙을 발포하여 그 정리개선에 진력하였다. 이후 기초가 박약하여 유지에 곤란한 학교는 폐합을 행하여, 존치하는 것은 정해 놓은 규칙에 따르는 학교로 바꾸고, 이에 준하여 그 조직을 변경하여, 점차 면목을 일신하는 동시에 그 수를 줄이며, 나아가 내지인 교원을 빙용하는 데가 적지 않음에 이르렀다. 1919년(大正 8) 5월 말 현재의 사립각종학교는 그 수가 일반학교 440교, 종교학교 298교, 합계 742교이니, 병합 당시의 1/3 미만에 불과하다 하더라도, 역시 중요한 위치를 점한다.

서당은 옛날부터 존재한 사립의 교육기관인데, 지금 역시 각 부·군 도처에서 볼 수 있다. 그 설비가 불완전하고 가르치는 바는 한문을 주로 하며 교수법도 역시 아주 졸렬하나, 보통 교육기관이 아직 미흡하여 여전히 이의 개폐를 시도하는 것은 결코 좋은 방침이 아니어서 종래대로 이를 존치하고 서서히 지도계발을 더하는 방침을 채택했다. 그러나 병합 후 몇 해를 지나면서 제반 교육시설이 함께 진전됨에 이르렀기에 서당에 대해서도 간이 규정을 두어 이를 단속할 필요를 인정하였다. 1918년(大正 7) 2월 서당규칙을 제정하여 그 개폐(改廢) 등을 부윤, 군수 또는 도사에게 신고하도록 하였다. 이와 동시에 서당에 관한 훈령을 발하여 지도 감독의 방침을 드러내고, 서당에서 교수할 서적을 예시하였다. 서당은 그 흥폐(興廢)가 일정하지 않아 그 수를 확정키 어려우나, 1919년(大正 8) 3월 말 조사에 의하면 전체 도를 통해서 11만 9,556개소로 헤아려진다.

(5) 교과용 도서

보통학교의 교과용 도서는 모두 조선총독부가 편찬한 것을 사용하게 하고, 기타 제 학교의 교과용 도서는 조선총독부가 편찬한 것 또는 조선총독부의 검정을 거친 것을 사용하게 하기로 하며, 전항의 교과서가 없을 때는 조선총독의 인가를 받아 다른 도서를 사용할 수 있게 하였다. 동시에 숭능학교 성노 제 학교 및 전문학교의 교과서 중 특히 필요한 것은 본부에서 이를 편찬하여 사용하게 하며, 기타 일일이 본부에서 그 내용을 심사하여 인가를 부여한다.

제2기 신교육 혁신기

일시동인의 대의를 받들어, 민중의 안녕과 행복을 증진함으로써 동양의 평화를 영원히 지키고 유지함은 실로 일한병합의 대정신이며, 조선통치의 근본방침이 이 취지의 실현을 계획함에 있음은 말할 필요도 없는 바이다. 이제까지 약 10년을 조선통치를 담당한 자, 모두 올바르게 병합의 정신에 따라 반도 개발과 2천만 민중의 복리 증진과 교육 및 여러 가지 시설의 신전(伸展)에 노력한바 반도문화의 발달이 실로 눈에 띄기에 이르렀음은 안팎에서 모두 승인하는 바이다.

현 총독이 새로이 그 임무를 맡아 민력 발전의 실황에 더 나아가 제반의 개혁을 단행하였으니, 즉 성심성의로 일한병합의 본지에 근거해, 메이지천황 금상폐하(今上陛下)의 취지를 존봉(尊奉)하여, 공명정대하게 착착 문화적 시설의 확립을 행한바, 1920년(大正 9) 예산에서 문화적 신시설을 위해, 특히 경비 증액한 것이 2,800여만 원에 달하였으니, 이로써 문화정치의 일반을 알기에 족한 것이다.

(1) 공립보통학교의 급설

1919년(大正 8) 이후 8년에 걸쳐 공립보통학교 증설계획을 수립하였음은 전술한 바이나 최근 일반의 향학심이 특히 왕성한 추세라서 이와 같은 장기 계획으로는 도저히 만족하기 불가능하게 되었다. 이에 종래의 계획에 변경을 가해 1919년(大正 8) 이후 4년에 걸쳐 3면 1교의 표준으로 급설(急設)하기로 한바, 내년에 이것이 완성될 것이니, 계획이 완성되면 공립보통학교 총수가 870여 교를 넘어설 것이다.

(2) 조선교육령의 일부 개정

조선교육령이 실시된 지 약 10년, 이 사이 조선의 당시 상황과 민도의 신전이 극히 현저하여, 도저히 현시의 정세에 적합지 않으므로, 1919년(大正 8) 8월 신총독이 취임하자 교육령 전부의 개혁을 행하려는 계획을 수립하였다. 그러나 이는 국민교육의 근본의(根本義)에 관한 중대 문제라 진중한 조사를 요하는 바 있어, 1920년(大正 9) 11월 19일에 다소간 일부의 개정을 더하였으니, 개정 요항은 다음과 같다.

① 종래 보통학교의 수업연한은 4년을 본칙으로 한 것을 6년으로 하되, 토지 상황에 따라서는 5년 또는 4년으로 할 수 있게 할 것.
② 종래 보통학교의 교과목은 필수과로 수신, 국어, 조선어 한문 및 산술에 한정했던 것에 다시 이과, 체조, 도화를 더할 것.
③ 6년의 보통학교에 새로이 지리, 역사를 더할 것.
④ 고등보통학교 졸업자를 위해서 다시 2년 이내의 보습과를 설치할 수 있게 할 것.

이상으로 개정의 조항은 극히 간단하나 보통학교는 종래의 것에 비하여 일단의 정신을 더하였으며, 특히 고등보통학교 보습과 졸업생이 내지 고등학교, 전문학교 등의 입학시험을 정식으로 수험할 자격을 얻을 수 있도록 한 것은 국민의 지덕계발과 중대한 관련이 있고, 또 이 일부 개정은 1922(大正 11)년 공포된 신조선교육령에 이르도록 준비하게 하였다.

(3) 고등보통학교 및 여자고등보통학교 규칙의 개정

1919년(大正 8) 12월 고등보통학교 및 여자고등보통학교의 교과목 교과과정 및 교칙의 개정을 가했다. 즉 고등보통학교에 있어서는 주로 상급학교와 관련하여, 내지 학제와의 연결에 유의하여 종래 수의과목이던 영어를 외국어(영어, 독어 또는 불어)로 고쳐 이를 필수과로 하고, 새로이 실업과 법제 및 경제과 3과목을 설치하는 등 전적으로 중학교와 마찬가지의 교육을 실시함을 주안으로 하였다. 여자고등보통학교에서는 종래 외국어(영어 또는 불어)를 부과할 수 없었는데, 새로이 수의과목으로 이를 부과할 수 있게 하고, 산술을 수학으로 고치는 등 전적으로 고등여학교에 준하는 교육을 실시하는 것을 목적으로 하는 것 외에, 여자 교육이 토지의 상황에 한층 적절하도록 편의를 고려하였다. 1920년(大正 9) 1월 1일부터 이를 실시한다.

(4) 사립학교규칙의 개정

1911년(明治 44) 10월에 발포되었던 사립학교규칙은 1915년(大正 5) 3월에 개정을 더했으나, 당시 상황의 추이에 따라 다시 이를 개정할 필요를 인정하고 1920년(大正 9) 3월 1일에 이를 개정한 결과, 종래 보통학교, 고등보통학교, 여자고등보통학교, 전문학교가 아니고 보통, 실업 또는 전문의 교육을 실시하는 사립학교의 교과과정은 모두 이의 제 학교규칙에 준하여 정한바, 이외의 교과과정은 이에 더할 수 없던 것도 그 제한을 철폐하였으므로, 이들 사립각종학교에서는 종교도 더할 수 있도록 하였고, 또 사립학교의 교원에 관한 규정 및 사립학교규칙 가운데 실시상 불편사항에 대해 개폐를 가했다.

(5) 임시교육조사위원회 및 교과서조사위원회

1920년(大正 9) 12월 23일 임시교육조사위원회규정이 공포되니, 필경 교육제도의 근본적 개혁은 아주 중대하여 진중한 연구를 요함으로써, 동 위원회로 하여금 총독의 자문에 응하여 조선교육의 중요한 사항을 조사 심의하게 하였다. 위원장은 정무총감으로 하고, 위원은 내지 및 조선에 있는 교육에 경험 있는 명사로 촉탁하였는데, 제1회에는 학무국은 초등, 중등, 전문, 대학 기타의 각 교육계통에 관하여 대체의 복안을 위원회에 제시하니, 각 위원은 열심 토의를 수행하여, 다음의 대강을 결의하였다.

① 조선에 있는 교육제도는 민도 사정이 허락하는 한에서 내지의 교육제도에 준거할 것.
② 조선인의 교육에 관하여 특별한 제도를 설치하는 경우에도 각 제도 아래 내지인을 교육함도 무방할 것.
③ 내지와 조선에 있는 학교 간 연결을 한층 치밀히 할 것.
④ 향학심을 존중하여 사정이 허락하는 한 이에 응하는 시설을 행할 것.

제2회 회의에는 이 4대 요강에 기초하여 수립한 학무국의 제시안에 대하여 다시 진중하게 심의하여 원안을 가결하였다. 교육제도 확립과 동시에 그 효과의 발양(發揚)을 완전히 하기 위하여 교과서조사위원회란 것을 설치하고 학교 교과서에 관한 중요 사항을 조사 심의하기로 하였는데, 동 위원회의 조직은 대략 교육조사위원회와 같이 내지 및 조선에 있는 교육계의 명사를 위원으로 촉탁하고, 1921년(大正 10) 1월 12일부터 무려 4일간에 걸쳐 제1회의 회의를 열었다. 학무국에서는 교육제도의 근본적 혁신을 전제로 하여 교과서 편찬에 관한 심의안을 제출하니, 위원회는 이에 관하여 심의를 거듭한 후 대강 교과서용 국어가나표기법, 언문철자법, 국문, 조선문의 병기 및 조선번역문의 제작 등에 관하여 별도로 위원을 두어 조사할 것, 교과서의 교재는 한층 생도의 성정 취미에 적당한 것을 선택할 것 및 수신서는 실천궁행의 장려를 본지로 할 것 등의 취지에 관한 답신을 하였다.

(6) 개정 조선교육령의 공포

임시교육조사위원회의 결의에 기초하여 학무국에서는 점차 안건을 만들어 각각 수속 중인데, 1922년(大正 11) 1월 29일, 섭정궁전하(攝政宮殿下)가 임어(臨御)하신 추밀원본회의에서 만장일치로 가결된 후 2월 6일 칙령 제19호로 공포되었다.

이것은 실로 조선교육에 한 신기원을 긋는 것이라 할 것이며, 조선 문화 향상에 새로운 '에포크'를 만들게 될 것이다.

개정교육제도는 일시동인의 성지에 의하여 차별철폐를 기하고, 내지와 동일한 제도에 의

함을 주의로 하니, 그 결과 구령(舊令)은 단지 조선인에 대한 학제였지만, 신령(新令)에서는 조선 내의 교육에 인종적 차별을 두지 않는 하나의 법령으로 통합되었다. 조선에 있는 국민은 그 일상생활에 국어를 사용하는 자와 그렇지 않은 자가 있으며, 그 풍속 습관 등에서도 역시 같지 않은 것이 있기 때문에, 보통교육에 완전히 동일한 제도를 널리 하고 공학, 즉 혼합교육을 주의로 실행함은 적당치 못한 사정이 있다. 이에 보통교육에 한하여 국어를 상용하는 자는 소학교, 중학교 또는 고등여학교로, 국어를 상용치 않는 자는 보통학교, 고등보통학교 또는 여자고등보통학교에 입학함을 본체로 하되, 특별한 사정이 있는 경우에만 교호입학(交互入學)할 수 있게 하였으니, 명칭상으로는 국어를 상용하는 자와 그렇지 않은 자 사이에 같지 않은 바가 있다고 할지라도 교육 내용에 있어서는 동일하며, 입학자격, 수업연한, 학과과정 및 상급학교의 입학자격 등은 모두 동일하게 개정되었다. 그 가운데 보통학교의 수업연한을 단축할 수 있는 길을 둔 것은 조선의 현재 사정을 고려하여 교육의 보급을 신속하게 하려는 필요에서 나온 것에 다름 아니다.

  신교육령에서는 각 학교의 입학자격, 수업연한 및 학과과정 등을 높이고, 새로이 대학교육 및 사범교육을 더했음이 가장 분명한 개정이다. 실업교육, 전문교육 및 대학교육은 완전히 내지와 동일 제도로 하되, 사범교육은 조선의 사정에 적응하기를 기대하여 내선 공통의 신제도를 수립하여, 국어를 상용하는 자와 아닌 자에 의하여 구별을 두지 않고 모두 공학, 즉 혼합교육을 실시하는 방침이 되었음이 가장 현저한 요점이라 할 것이다.

(7) 보통학교의 경비

  종래의 보통학교 경비에 관하여는 전술한 바와 같지만, 학교의 확장과 증설계획에 따른 경비의 증가를 현저히 초래하기 때문에 이 재원을 부과금의 증징(增徵)에 기댈 수만은 없는 상태가 되어 한편으로 시운의 추세에 따라 민의를 징수할 필요를 인정하였다. 이에 1920년(大正 9) 7월 29일 제령 제40호로 학교비령을 발포하고 경비에 관하여 자문하는 기관으로 학교평의회를 두게 되었다.

(8) 중등 고등 정도의 학교 증설 또는 설치

  공립보통학교 급설 계획은 다음 연도에 완성할 것이며, 관립고등보통학교는 1921년(大正

10) 5월 말에 7교, 여자고등보통학교 2교였으나, 1922년(大正 11)에는 고등보통학교 4교를 증설하기로 결정하였던 바, 한두 해 안에 1도 1교의 설치를 보기에 이를 것이다.

전문학교는 1921년(大正 10)에 4교이지만, 1922년(大正 11)에 사립고등상업학교를 관립으로 옮겨 이것의 완성을 기하고, 대학은 1922년(大正 11)에 예과의 교사 건축에 착수하여, 1923년(大正 12)에, 또 학부는 1925년(大正 14)에 각각 개교될 것이다.

이상 열거한 사항 외에 교관의 해외파견, 재외 조선인 교육시설 사범학교의 설치, 조선인 공립보통학교장 임용, 조선인 시학관 시학, 도서편수관 임용 등 열거하려면 수많은 사항이 있을 것이다.

요컨대 병합 후 신교육이 조선에 이식되어 그 가치가 인정된 1910년(明治 43)부터 1919년(大正 8) 중반에 이르는 약 10년간을 여명기라 하면, 1919년(大正 8) 8월 관제가 개혁되어 내선을 합쳐 일시동인 문화적 정치의 확립에 의하여 반도의 민생으로 하여금 각자 그곳을 얻고, 그 생을 즐기며, 휴명(休明)의 덕택을 향유하게 하기 위하여, 그 법령의 개정을 기다릴 만한 것은 바꾸고, 그 예산을 요할 만한 것은 요구하며, 즉시 실행할 수 있는 것은 확실히 실현하려고 노력하였으므로, 1919년(大正 8) 후반기 이후를 신교육 혁신기라 칭할 것이다.

<자료 04> 朝鮮敎育制度史(小田省吾, 1924)

조선교육제도사

문학박사 오다 쇼고(경성제국대학 예과 부장, 조선사편찬위원)

〈목차〉
  서언
  제1기 삼국시대
        1) 고구려 2) 백제 3) 신라
  제2기 통일신라시대
        1) 통일신라 전의 문화 2) 국학 3) 인재등용법 4) 당으로 간 유학생
  제3기 고려시대
    제1장 학교
        제1절 건국 초기의 교육제도
        제2절 국자감
        제3절 향교
        제4절 동서학당과 오부학당
        제5절 사학
        제6절 고려학제의 성쇠
    제2장 과거
  제4기 조선시대
    제1장 학교 및 서원
        1) 성균관 2) 사학 3) 향교 4) 서원
  제5기 최신 시대
    제1장 갑오개혁 이후의 교육제도
        제1절 총설
        제2절 각설
        제3절 구제도의 변경

제2장 보호시대의 교육제도

　제1절 총설

　제2절 초등교육

　제3절 고등교육

　제4절 여자 교육

　제5절 사립학교

　제6절 실업학교

　제7절 학부 소관 이외의 제 학교

　제8절 교과 도서

서언

조선사에서 학사에 관한 가장 오래된 기사는 고구려의 소수림왕(小獸林王, 제17대) 2년(서기 372년)에 대학을 세우고 자제를 가르쳤다는 것이다. 이때 처음으로 대학을 세웠다고 한다면, 지나(支那)의 학술은 필시 그 이전부터 전해지고 있었을 것이다. 『동국통감』의 편찬자 서거정(徐居正) 등은 그것에 대해, "고구려라는 나라를 세우고 나서 지금 400여 년, 이에 이르러 대학을 세워 자제를 가르친다. 왜 학(學)을 만들고 사(師)를 세움이 늦었는가"라고 말하고 있다. 다음으로 서력 7세기 즈음에 이르러, 신라 신문왕(神文王) 2년에, 처음으로 이 나라에서 국학을 세웠다. 그것에 대해 고려 말의 학자 권근(權近)은 "신라가 세워진 지 30대, 여기에 이르러 처음으로 국학을 둔 것, 오호라 그것 늦었구나"라고 한탄하고 있다. 이처럼 반도의 학술 전래는 상당히 빨랐을지도 모르지만, 학제의 발달은 비교적 늦었던 듯하다. 옛날의 것은 너무 많이 쓴 것도 아니지만, 대체로 본 강의를 다음의 5기로 구별해 서술하고자 한다.

　제1기 삼국시대

　제2기 통일신라시대

　제3기 고려시대

　제4대 조선시대

제5기 최신 시대

무릇 옛날 교육은 원래 인륜도덕을 분명히 하는 데 있지만, 소위 인재를 양성하고 치국평천하의 길을 강구하는 데도 있다. 고로 학사의 장려와 인재의 등용은 밀접해 분리할 수 없는 관계를 가지고 있다. 이 인재등용의 방법으로 가장 잘 행해진 것은, 소위 과거(科擧)이다. 고로 본 강의에서도 학제에 수반해서 과거제도를 말하는 것이다. 그러나 그것을 각 시대에 상세히 서술하는 것은 자칫 번잡에 빠지게 하고, 독자의 참고가 되는 것이 비교적 적다고 믿기 때문에, 과거에 관해서는 제4기 조선시대에서만 상술하려고 한다.

그래서 각 시기를 통해 정부가 장려하려는 학술은 유교 외에는 없는 것이므로, 반도의 교육제도는 결국 유교에 관한 제도임을 독자는 알아 둘 필요가 있다. 또 정부에서 시설한 제도가 아니라도, 사적으로 발달한 곳이 없는 것도 아니다. 즉 고려시대의 12도, 조선시대의 서원과 같다. 그것 역시 본 강의에서 설명하고자 하는 바이다.

만약 우리 최근세에 이르러 구래의 제도가 무너지고, 새로이 신교육이 흥하는 데 이르러서는 교육의 의의 역시 스스로 옛날과 다르게 되었다. 그것 역시 확실히 한 시기로 나누어 서술할 가치가 있다고 생각한다. 따라서 본 강의에서는 그것에 대해서 한 시기를 두고, 현재 반도에서 행해지는 학제의 원천을 탐구하는 데 이바지하고자 한다.

제1기 삼국시대

1) 고구려

지금부터 약 1,552년 전 고구려 소수림왕 2년에 대학[2]을 세워서 자제들을 교육했다. 이것이 조선역사에서 교육과 관련된 일의 시작이었다. 그러나 그 당시 고구려는 압록강 북쪽 지역에 수도가 있어서 한반도의 바깥이었다. 그 후 50여 년에 걸쳐 한반도의 대부분을 영토로 얻었고, 수도를 현재 평양으로 옮겼다. 그때 대학도 옮겼는지, 그것에 관해서는 어떤 기사도 찾을 수 없었다. 고구려시대에 대학을 세웠던 해는 마침 불상과 경문(經文)이 중국에서 조선으로 전래되었던 해였으므로, 동시에 고구려 문화에서는 신기원을 이루는 것이었다고 말해도 좋다.

평양 천도 이후 2세기가 지나서 중국은 당(唐) 시대가 되었고, 삼국은 앞다투어 그의 신하가 되어 받들었다. 고구려 영류왕(榮留王, 제27대) 때는 자제들을 당에 파견해서 국학에 입학시켰는데, 고구려의 대학은 어떻게 되었는지 알 수가 없다.

2) 백제

백제는 개국 이후 아직 글자로 기록을 남기지 않아 대학을 세웠다는 것을 보여 주는 기사가 없지만, 『삼국사기』에 의하면 서기 4세기 백제의 근초고왕(近肖古王, 제13대) 시기에 박사(博士) 고흥(高興)을 얻어 비로소 기록을 하도록 했다. 또한 백제에서 일본으로 갔던 유명한 박사 왕인(王仁)도 거의 같은 시기의 인물이었는데, 그는 일본 역사서에서만 확인되고 조선 역사서에서는 기재된 바가 없다. 박사 고흥도 마찬가지로 『삼국사기』에 "그는 어디에서 온 사람인지에 대해 아는 바가 없다"라고 기재되어 있어, 아마도 조선인이 아니었다고 여겨진다. 왕인은 일본 성씨록(姓氏錄)에 한고조(漢高祖)의 후예라고 기술되어 있다. 이를 근거로 생각해 보면, 두 사람 모두 낙랑군 혹은 대방군에서 이주해 온 중국인의 후손이었을 것이다. 왜냐하면 낙랑군이 고구려로 인해 멸망되었던 것은 박사 고흥 시절에서 약 60년 전이고, 대방군 역시 고구려에 잠식되어 갔기 때문이다. 백제가 최초로 박사 고흥을 얻은 것은 고구려

---

2 고구려의 학교는 태학(太學)으로 알려져 있으나, 이 글 원문에서 저자 오다 쇼고(小田省吾)는 대학(大學)으로 표기하고 있어 그대로 두었다.

에 대학이 세워진 이후 얼마 되지 않은 시기였다는 것을 보면, 양국의 문화는 매우 달랐던 모양이다. 그것은 전자는 중국과 경계를 접하고 있었음에 반해, 후자는 그렇지 않았기 때문으로 여겨진다. 이렇게 고구려의 영류왕이 자제를 당의 국학에 입학시켰을 때와 같은 해, 백제의 무왕 역시 같은 방침을 취하고 있었는데, 이후 20년 만에 나라가 망했기 때문에 문화의 발달이 크게 이루어지 않았던 모양이다.

3) 신라

신라는 중국으로 가기에는 두 국가보다 멀었다. 따라서 그 문화의 수입도 크게 뒤처졌다. 신라 선덕왕(善德王, 제27대) 9년(고구려, 백제의 자제를 당의 국학에 입학시킨 것과 같은 해)에 최초로 자제를 당에 파견해서 그 나라의 국학에 입학시켰다는 것 이외에, 그 이전 교육에 관한 어떤 기사도 없다.

요컨대 기원전 1세기부터 서기 7세기 후반, 즉 신라가 백제, 고구려 양국을 멸망시키고 그들을 통일했을 때까지, 반도의 문화 역시 아직 미미해 진흥하지 못했고, 따라서 교육에 관한 제도도 별다르게 보아야 할 바가 없었던 것이다.

제2기 통일신라시대

1) 통일신라 이전의 문화

신라 문화에 중국 문화의 색채가 뚜렷하게 나타난 것은 서기 6세기 초 지증왕(智證王, 제22대) 때부터이다. 지증왕 시기에 최초로 국호를 신라로 하고, 군주의 칭호를 왕이라 일컫고, 주·군·현이라는 제도를 정하는 등 모두 중국 문화의 영향을 받은 것이었다. 당시 중국은 남북조 모두 초기였고, 다음 왕인 법흥왕(法興王) 때는 두 나라에 사신을 파견해 방물(方物)을 바치고, 신하의 예를 취했을 뿐만 아니라 뒤이어 불법(佛法)을 행해 중국 문명을 섭취하는 데 더욱 노력했다. 그 후 약 100년이 경과하여, 중국은 당의 시대가 되어, 종래에 볼 수 없던 강국이 되었다. 이때 반도의 여러 나라들이 앞다투어 당의 신하가 되어 받들고, 모두 세자 혹은 왕실 자제를 파견해서 당의 국학에 입학시켰다. 그것은 통일신라 이전의 상황으로, 설립된 학제는 아직 볼 수 없었다.

2) 국학

서기 7세기 중반을 지난 무렵에, 신라는 당과 연합하여 백제·고구려 두 나라를 공격해 멸망시켰고, 결국 통일의 업을 이루었던 것이 제30대 문무왕(文武王) 시대였다. 이후 당을 섬기는 일을 더욱 두텁게 하였고, 문화의 발전 또한 더욱 현저해졌다. 이에 이르러 신문왕(神文王, 제31대) 2년에 비로소 국학을 세우고 예부에 종속시켰다. 이때가 서기 682년이다. 다만 통일 이전 진덕왕(眞德王, 제28대) 2년에 왕족 김춘추(金春秋, 이후 태종 무열왕)가 당에 파견되었을 때, 청하여 당 국학에 참배하고, 석전 및 강론을 보고 돌아왔던 적이 있고, 진덕왕 5년에 박사·조교·대사라는 관직을 두었다는 기사를 보았으므로, 무언가 국학에 관련해 그 전신이라도 되는 것이 설치되었다고 여겨지는데, 이때에 이르러 드디어 국학을 두었던 것이다.

국학의 직제로서는, 장으로 경(卿) 1명이 있었고, 그 아래로 전술한 박사(정원 없음), 조교(정원 없음), 대사 2명 이외에, 사(史) 4명을 두었다.

국학에서 가르친 것은 유학과 산학(算學)이었다. 유학에는 『주역』, 『상서』, 『모시』, 『예기』, 『춘추』, 『좌전』, 『문선』을 두 과목씩 나눠서 가르쳤고, 이외에 『논어』와 『효경』은 반드시 부과되었다. 예컨대 박사 혹은 조교 1명이 『예기』·『주역』·『논어』·『효경』 혹은 『춘추』·『좌전』·『모시』·『논어』·『효경』 혹은 『상서』·『문선』·『논어』·『효경』과 같이 조합해서 담당하도록 했다. 산학은 마찬가지로 박사 혹은 조교 1명으로 하여금 그 일반을 가르치도록 했다.

학생의 연령은 15세부터 30세까지였고, 수업연한은 최대 9년이었으며, 만약 저능하여 장래성이 없는 자는 퇴학시키고, 재능은 있지만 미숙한 자는 9년을 넘어도 재학을 허가했다. 원래 당시 학교의 목적은 말할 필요도 없이 관리 양성이었다. 따라서 학생은 대사 이하의 지위를 가지는 자 및 자리가 없는 자로 채워졌고, 대나마(大奈麻) 및 나마(奈麻)의 지위를 얻어 졸업하는 것으로 되었다.

신문왕 때 학자로 설총(薛聰)이라고 부르는 사람이 있었다. 명승 원효(元曉)의 아들로 처음에는 불문에 입문했지만, 이후 유교에 귀의해 스스로 소성거사(小性居士)라고 칭했다. 설총이 방언(方言)으로써 구경(九經)을 해석하고, 여러 생(生)들을 훈도했던 것은, 유학에 대한 그의 가장 현저한 공적으로, 오늘날까지 전해지고 있다. 방언이란 당시의 신라어를 가리키며, 요컨대 통속적 해석으로써 유학의 보급에 노력했던 것을 말한다. 또 그는 문장에 능통했는데, 그 문장들이 오늘날에 전해지지 않는 것은 애석해야 할 일이다. 생각해 보면 설총은 확실히 반도 유학의 개척자였음에 틀림없다. 신라통일 이후 유학의 발흥에 있어서는 크게 큰 힘이 있었던 인물이었다고 해야 할 것이다. 또한 그는 유명한 화왕(花王)의 비유를 써서, 신문왕을 감명시켜 중용되었다. 고려시대가 되어 첫째로 공자를 모시는 문묘에 그를 종사(從祀)했던 것은, 이러한 이유가 있었던 것이다.

신문왕 때 국학을 창립하고 나서 36년이 지난 성덕왕(聖德王, 제33대) 16년에, 이미 당의 조정에 들어가 숙위(宿衛)하고 있던 왕자 김수충(金守忠)이라는 인물이 귀국하며, 문선왕 공자(文宣王 孔子) 및 10철(十哲), 72제자의 화상(畫像)을 가져와 국왕에게 헌상했다. 국왕의 명으로 그 화상은 국학에 두도록 하였다. 이것이 사실상 국학에서 공자의 상(像)을 모시는 시작이었다.

이후 경덕왕(景德王, 제35대 742~765년) 즈음에 이르러, 신라의 제도와 문물 등이 대부분 정비되었는데, 경덕왕 6년에는 국학에 제업박사(諸業博士) 및 조교를 두었다. 제업박사가 어떤 것이었는지는 분명하지 않지만, 그 후 천문박사·누각박사(漏刻博士)·율령박사 등을 볼 수 있었으므로, 국학에서 기술자도 양성했을 것이라고 생각된다. 이처럼 경덕왕 때 국학을 고쳐 대학감(大學監)으로 했는데, 그 연도는 분명하지 않다. 그것은 다만 일시적인 것이었고, 다음 왕인 혜공왕(惠恭王) 때는 다시 국학으로 되돌아갔다. 그렇지만 경덕왕이 죽고 혜공왕의 칭립 원년 대학에 행차해, 박사에게 명해서 『상서』를 강의하도록 하고, 12년에 다시 국학에 가서 청강했다. 그것은 실로 국왕이 대학에 들어가는 선례가 되었던 것으로, 이후의 왕에게도 이 같은 예가 몇 번 있었다[경문왕(景文王, 제48대) 3년, 헌강왕(憲康王, 제49대) 5년]. 이 부분만 봐도 신라 중반 이후 유학이 얼마나 존중되었는지를 알 수 있다.

이상과 같이, 국학이라는 제도는 신문왕 2년 창립 이후 점차 발달되어, 경덕왕에 이르러 완성 단계에 이르렀으며, 이로써 신라 전 시대에 걸쳐 존유사상(尊儒思想)의 중심이 되었다고 해석할 수 있다. 그러나 신라시대에는 존유(尊儒)보다는 숭불(崇佛)이 생각 이상으로 강성했다. 국가가 무게를 두었던 것은 전자보다 오히려 후자에 있었던 것이다.

3) 인재등용법

다음으로 국학 제도와 관련해서 한 가지 언급해야 하는 것은 신라에서 행해진 인재등용법이다. 옛날 신라의 인재등용에는 기발한 방법이 있었다. 첫째는 미녀들을 선택하고, 많은 사람을 모아 무리지어 놀도록 하여, 그동안에 그들 각각의 행동거지를 관찰해서 그 결과를 보고 등용하는 법이다. 그것은 진흥왕(眞興王, 제24대) 때에 시도되었던 법으로, 이때 남모(南毛)와 준정(俊貞)이라는 미녀 2명을 선발하고, 무리 300명을 모았다. 그런데 2명의 미녀는 서로 질시하여, 결국 준정이 남모를 자신의 집으로 꾀어, 술을 강제로 권해 남모를 취하도록 만들어 강물에 던져 죽여 버렸다. 이로 인해 이 법도 실패로 끝나 버렸다는 것이다. 둘째는 화랑이다. 이 역시 진흥왕 때 이전의 법을 대신하여 행해졌던 것으로, 귀족 소년 가운데 미모의 자를 선발해 분장(粉粧)을 시키고 혹은 연마하는데 서로 도의(道義)로써 하고 혹은 서로 기뻐하며 노래하고 즐기고 혹은 국내의 도처에 있는 산수(山水)를 노닐고, 이를 통해 그 사람의 그릇됨과 올바름을 알아, 선한 자를 골라 등용했던 것이다. 이 방법이 언제까지 행해졌는지는 명확하지 않지만, 이들이 무열왕(武烈王)·문무왕(文武王) 두 왕 모두를 보좌했으며, 백제·고구려를 멸망시켜 신라의 통일사업을 이룬 최고의 영웅인 김유신(金庾信)도 15세 때에 화랑이었다는 것이므로, 짧아도 70~80년 동안은 행해졌던 것으로 보인다. 셋째는 활과 화살을 가지고 사람을 선발했다고 하는 것인데, 언제 어떤 방법이었는가는 명료하지 않다.

이상 설명한 바와 같이, 이후 국학이 완비되어 학문이 왕성해짐에 따라 독서의 힘, 즉 유학 지식의 높고 낮음을 가지고 인재를 채용하게 되었다. 이 방법을 정했던 것은 제38대 원성왕(元聖王) 4년으로, 계급을 셋으로 구분했으므로 독서삼품(讀書三品)이라고 일컬었다. 첫째는 『춘추좌씨전』, 『예기』, 『문선』을 읽고 그 뜻을 잘 아는 자를 상(上)으로 했다. 둘째는 『곡례』, 『논어』, 『효경』을 읽는 자를 하(下)로 했다. 이 밖에 널리 오경과 삼사, 제자백가를 이해하는 자는 특등으로 해서 발탁해 채용했던 것이다. 이는 종래는 사람의 품성·행의·무술 등을 가지고 인재등용의 표준으로 했던 것이, 오직 문적의 힘으로 대신하게 된 것이다. 후세 과거법의 전제라고 말해도 좋을 것이다.

4) 당으로 간 유학생

신라의 국학과 인재등용법은 이와 같았다. 당시 신라에서는 당으로 왕성하게 유학했고, 또 그 땅에서 과거에 급제해 채용된 자들도 적지 않았다. 그것에 관해서는 안정복(安鼎福)이 쓴 『동사강목(東史綱目)』에 기술된 바[진성여왕 3년 조(條)]를 소개하는 것이 가장 편리할 것이라 믿는다. 즉 다음과 같다.

신라는 당을 섬기게 된 후, 항상 왕자를 파견해서 숙위하도록 하고, 또 학생을 파견해 당의 대학에 들어가 업을 익히도록 했다. 그들 유학생들이 10년의 기한을 마치고 귀국하면, 또 다른 학생들을 파견했는데, 많게는 그 수가 100명에 달했다. 그들 유학생이 서적을 구입하는 은화(銀貨)는 본국에서 지급하고, 그리고 옷과 식량은 당의 홍로시(鴻臚寺, 외국인을 대접하는 곳)에서 공급했다. 여기에서 학생의 왕래 서로 계속되었는데, 장경(長慶) 초기[당 목왕(穆王), 신라 헌덕왕(憲德王) 즈음]에 김운경(金雲卿)이 처음 빈공과(賓貢科) 과거에 급제하고 나서, 당 말기에 이르기까지 등과(登科)한 자가 58명, 그다음 오대(五代) 때까지 32명이 있었다. 당의 과거에 급제한 자 가운데, 이름을 알 만한 사람들을 들면, 19명(성명은 생략) 정도이다. 그 가운데 박인범(朴仁範)은 시로 이름을 날렸고, 김악(金渥)은 예로 유명했으며, 최치원(崔致遠)은 시문으로 이름을 높였고, 기타 최신지(崔愼之)·최승우(崔承祐) 역시 아주 저명했다. 또 원걸(元傑)·왕거인(王巨人)·김수훈(金垂訓) 등은 모두 문장으로 이름을 알렸는데, 사료가 사라져서 자세한 것은 전해지지 않는다.

부록 : 최치원 약전

최치원은 스가와라노 미치자네(菅原道眞)와 같은 시기에 나타난 인물로, 자는 고운(孤雲)으로 신라 말기의 학자이다. 12세 즈음부터 당에 유학해서 장년기에 진사에 급세했다. 곳곳에서 '황소의 난'이 일어나자, 최치원은 당의 장군인 고병(高騈)의 휘하에서 종사하게 되어 토벌에 따라가 격문을 만든 것을 계기로 문명(文名)을 그 땅에 떨쳤다. 헌강왕(憲康王, 제49대) 때 귀국해서 왕의 시강이 되어 재학(才學)·문장 모두에 유능했는데, 그 뜻을 신장시킬 수는 없었다. 그러한 것에서 결국 진사의 뜻을 접고, 이후 가야산 해인사에 은둔해서 세상을 마쳤다. 그의 저서는 아주 많았는데, 오늘날까지 전해지는 것은 불과 『계원필경집(桂苑筆耕集)』 20권뿐이고, 이것이 오늘날에 현존하는 저서 가운데 가장 오래된 것이다.

제3기 고려시대

고려 태조 개국 초에는 오직 신라의 제도를 따랐고, 이어서 당 제도를 모방했는데, 창조적인 어떤 일도 크게 갖추는 데는 아직 이르지 못했다. 그 후 제6대 성종(成宗) 때에 이르러, 고려 제도가 처음으로 정비되었고, 학제 역시 이 시기부터 눈에 띄는 부분이 나타났다. 당시 학제는 소위 "상서(庠序: 학교)로써 사람을 양성하고 과목(科目: 과거)을 통해 인재를 채용한다"(『고려사』)고 했듯이, 학교는 곧 관리 양성기관이었다. 과거라는 제도에 의해, 시험으로 인재를 등용했으므로, 이하 학교와 과거 이렇게 2장으로 나누어 서술하려고 한다. 하지만 고려의 과거는 단지 부수적인 것으로 간단히 그것을 서술하고, 조선시대에 이르러 상술할 생각이다.

제1장 학교

제1절 건국 초기의 교육제도

『고려사』에 의하면 "태조 13년[다이고 천황(醍醐天皇), 延長 8년, 서기 930년]에 왕이 서경(西京)에 가서 학교를 창설하고 수재(수재는 과거에 합격한 자를 칭한다) 정악(廷鶚)을 서학박사(書學博士)로 임명했으며 따로 학원을 창설하고 6부의 생도를 모아 교수하였는데, 후에 태조가 그 학업이 진흥된다는 말을 듣고 비단을 주어 이를 장려하였다. 여기에 의학과 복학 두 과목을 병설하고, 창고의 곡식 100석을 내려 교육비로 쓰게 하였다"고 서술되어 있다. 서경은 지금의 평양인데, 그 땅은 고구려 멸망 이래 완전히 황폐되어 초목이 무성해졌고 번인(蕃人)들이 유랑하며 수렵하고 있었다. 고려 태조가 왕위에 오르자, 비로소 그 경영에 착수하였다. 주로 지금의 황해도 지역 사람들을 이끌어, 그곳을 충실하게 만들어 대도호부(大都護府)로 하였고, 이어 서경으로 바꾸었다. 태조 13년 무렵은 여전히 새로 개발된 지역이 되었고, 당시 경성, 즉 지금의 개성과는 비교가 되지 않았다. 그렇다면 이때 서경에 창설했던 학교는 현재의 소학교 정도로 낮은 것으로, 독서·습자를 주로 했을 것이다.

다음에 기록되어 있는 학원이라는 것은 그 내용이 아주 불분명하다. 그것은 "별도로 창립했다"고 하였고, 또 앞서 인용한 『고려사』의 기사 다음에, "성종(成宗, 제6대) 고하길 모든 주·군·현에 명을 내려, 자제들을 선발하고 경(京)에 초청해 업(業)을 배우도록 했다"고 한 것을 보면, 이 학원이라는 것을 필시 당시의 수도인 개성에 두었을 것이라고 여겨진다. 태조가 개성으로 수도를 옮겼던 것은 즉위 2년의 일이었으므로, 이후 이 땅에 어떤 시설도 만들지 않고 새로 연 서경에만 똑같은 두 개의 시설을 만들었다고 생각할 수는 없다. 또 이 학원에서는 6부의 생도를 모아 가르쳤다고 한다. 6부는 곧 이부(吏部), 호부(戶部), 예부(禮部), 병부(兵部), 형부(刑部), 공부(工部)를 가리키는 것으로, 당시 여러 관성(官省)의 관리가 될 생도를 지칭하는 것이리라. 그래서 이 학원을 다음 절에서 설명하는 국자감의 전신이라고도 칭해야 한다고 생각할 수 있다. 이렇게 태조 13년은 신라가 멸망하기 이전이었으므로, 신라 신문왕(제31대) 때 설치되었던 태학(太學)은 이 시기에도 여전히 수도 경주에 존재했던 셈이다.

제2절 국자감

고려 1대의 학제는 중앙의 국자감·동서학당과 지방의 향교가 그 주체를 이루고 있다. 이중 먼저 국자감부터 살펴보자.

(1) 국자감의 창설과 조직

『고려사』에 의하면 제6대 성종 11년[서기 992년, 이치조 천황(一條天皇) 7년] 12월에 국왕이 학교를 세우라는 가르침을 내리고, 유사(有司)에게 명하여 좋은 곳을 찾아 학사와 서재를 운영하도록 했으며, 전답을 주어 국자감을 창립했다. 이는 정말로 눈에 띌 만한 사실이다. 그런데 국자감이란 어떤 것이었는가라는 문제가 따라온다. 당시대의 국자감은 매우 복잡한 조직으로, 초등교육부터 중등교육·대학교육·귀속교육과 함께 전문교육도 포함하고 있있다. 『구당서(舊唐書)』의 「직관지(職官志)」를 보면, 다음이 있다.

> 국자감에는 육학이 있다. 첫째 국자학, 둘째 태학, 셋째 사문학, 넷째 율학, 다섯째 서학, 여섯째 산학

고려는 이를 그대로 모방했던 것이다. 이에 관한 자세한 내용은 인종(仁宗, 제17대) 때 식목도감(式目都監)에서 상세히 정한 학식으로 대략 알 수 있다. 학식은 다음과 같이 정해져 있다.

> 국자학의 학생은 문무관 3품 이상의 아들과 손자와 훈관(勳官) 2품으로 현공(縣公) 이상을 띤 자와 아울러 경관 4품으로 3품 이상의 훈봉자(勳封者) 아들로 학생을 삼는다.
> 태학생은 문무관 5품 이상 자손 및 정·종 3품의 증손 및 훈관 3품 이상으로 유봉자(有封者)

의 아들로 학생을 삼는다.

사문학생은 훈관 3품 이상으로 무봉자(無封者)거나 4품으로 유봉자이거나 문무관 7품 이상의 아들로 학생을 삼는다.

율학·서학·산학 및 주·현(州縣) 학생은 모두 8품 이상의 아들과 서인으로 학생을 삼는다.

7품 이상의 아들 가운데 꼭 원하는 자는 들어준다.

이 기록을 보면, 국자감은 육학으로 구성되어 문무관, 즉 양반계급의 자제를 대체로 4계급으로 나누어 교육했음을 알 수 있다. 그 가운데 고급이었던 것이 국자학이고 그다음이 태학, 사문학 순이고, 다음은 율·서·산이라는 기능적 전문학부였다. 이 전문학부는 지방 주·현의 학교와 마찬가지로, 최하급 양반 자제들을 수용했고, 서인의 자제 역시 그들과 마찬가지의 교육을 받도록 허용했던 것이다. 따라서 앞서 제시했던 사문(四門)이란, 곧 소학(小學)으로, 태학의 사문에 설치되었기에 그러한 명칭으로 일컬어졌다. 태학은 수준 높은 학문소였음에 틀림이 없지만, 태학과 국자학이 어떻게 다른가는 분명치 않다. 아마도 앞서 말했던 것처럼 학생 계급의 구별이었고, 학과과정의 차이는 아니었다고 여겨진다. 조선 말기 학자인 정약용(丁若鏞)은 그의 저서 『아언각비(雅言覺非)』에서 조선시대에는 국자학과 태학의 구별이 없고 잘못해 그것을 혼동했다고 변명하고 있는데, 고려시대에는 양자가 분명히 구별되는 것이었다.

국자학·태학·사문의 학생 정원은 인종(仁宗) 때의 학식을 보면 각 300명으로 되어 있다. 지나치게 많은 듯하지만 실제 인원은 분명하지 않다. 또 이들 학생의 재학은 나이로 차례를 정했다. 무릇 잡로(雜路) 및 공·상·악(樂)에 이름이 올라 있는 등의 천한 일에 관련하는 자, 가까운 일가와 친척 사이에서 혼인을 범한 자, 가도(家道)가 올바르지 못한 자, 악역을 범하고 귀향한 자, 천인·향인·부곡인 사람들의 자손 및 자신이 사죄(私罪)를 범한 자는 입학을 허용치 않는다. 이런 율학·서학·산학은 모두 국자학에서 가르친다는 규정이 있다.

육학의 교사에 관해서는 같은 학식에 의하면 국자·태학·사문 모두 박사와 조교를 둘 뿐으로, 그 정원은 알 수 없다. 율·서·산의 3학은 신라시대부터 각각 박사가 있었으므로, 각 학부에 박사를 두었을 것이다.

(2) 국자감의 발전

이상은 고려 국자감의 개요이고, 창립 이후 약 100년 동안은 그다지 번영하지 못했다. 예종(睿宗, 제16대) 시대에 이르러, 유학의 진흥에 힘을 다하고, 예종 4년에는 국학에 칠재(七齋)를 두고 문무 학생 78명(유학생 70명, 무학생 8명)을 시취(試取)했고, 9년에는 왕이 친히 국학에 참배해 성현 공자의 상에 대해, 술을 따르는 예를 행했다. 같은 해에는 국자감 학생 장자(張仔) 등 60명이 궁궐로 가서 국학을 세울 것을 청원하였고, 11년에 왕제(王制)로 문무 두 학문은 국가 교육의 근원이므로, 하루속히 지휘를 내려서 양학을 세우길 바라지만, 유사(有司) 각각 다른 의견을 고집해 정하지 못했다. 속히 잘 시행하기를 바란다고 한다. 이를 보면 왕은 군신의 뜻을 물리치고, 새로이 규모를 확장해서 국학은 신축했다는 것으로, 『동문선(東文選)』에 보면 고려의 학자 김수자(金守雎)가 "생각해 보니 우리 예종(睿廟) 강명(剛明)하게 스스로 결단해 중론(衆論)을 물리치고 횡사(黌舍)를 처음 만들어 재(才)를 키우고 도를 존중하니, 사방의 많은 인재가 스스로 복종하고 따르게 된다"고 했던 것은, 곧 이를 가리키는 말이다. 결코 예종 때 처음으로 국자감이 설립되었다고 이해해서는 안 된다. 또 국자감의 위치도 동시에 변경되었던 것은 다음에 설명하는 바로 분명할 것이다. 이상과 같이, 예종은 슬기롭고 용기 있는 결단으로 국학의 규모를 새로이 했을 뿐 아니라, 예종 14년에야 비로소 국학에 양현고(養賢庫)를 세워 유학생 60명, 무학생 17명을 키웠다. 가까운 신하로 하여금 그 사무를 관리하게 했으며, 훌륭한 유학자를 선발해 학관, 박사로 삼아 경서의 뜻을 강론하게 하였다.

요컨대, 예종 4년 이전, 수대에 걸쳐 북방 여진족의 방비에 난처해 하고 있어 국가는 아직 뜻을 문교에 기울일 여유가 없었지만, 이후에는 여진족의 공격이 멈추었으므로, 비로소 문교의 방면에 힘을 쓸 수 있게 되었을 것이라고 본다. 당시는 원래 불교가 왕성했던 시기였는데, 인재양성의 필요에서 역대 유학의 진흥에도 뜻을 두었고, 예종 시기부터 크게 발전하기에 이르렀던 것이다. 다음 왕인 인종(仁宗, 제17대) 때는 극성기라고 칭할 수 있을 정도였는데, 앞서 말한 것처럼 학식도 제정되었고, 국자·태학·사문의 학생이 각 300명이 되기에 이르렀다.

(3) 국자감의 위치(생략)

(4) 문선왕묘, 즉 공자묘(생략)

(5) 국자감 명칭의 변천

마지막으로 국자감 명칭의 변천에 대해 한마디해 둔다. 이것은 『중경지(中京誌)』에 기록된 바에 따라 서술한 것이다. 국자감은 성종 때 창립되고 나서 약 190년 동안 국자감이라고 칭했는데, 제25대 충렬왕(忠烈王) 때에 국학(國學)으로 바뀌었다. 그리고 나서 약 20년이 지난 제26대 충선왕(忠宣王) 때에 성균관(成均館)으로 고쳤다. 거기서 약 60년이 지난 제31대 공민왕(恭愍王) 때, 다시 국자감으로 바뀌었지만, 돌연 다시 성균관이라고 불렀다. 그리고 고려 말에 이르기까지 성균관으로 불렀고, 이어 조선이 되어서도 역시 이 명칭을 계승했던 것이다. 성균이란 『주례(周禮)』에 "대사악(大司樂)은 성균의 법을 장악하고, 그럼으로써 건국의 학정(學政)을 다스리며 그리고 국가의 자제들을 모은다"라고 했는데, 지금의 소위 교육을 의미하는 것이라고 말해도 좋을 것이다.

제3절 향교

(1) 향교의 창시

향교란 지방의 학교를 가리키는 것인데, 고려의 향교가 언제 시작되었는지는 분명하지 않은 점이 조금 있는 듯하다. 나는 『고려사』(禮志 學校)에, "인종 5년 3월, 여러 주(州)에 명해 학(學)을 세움으로써 널리 도를 가르친다"고 한 것에서, 그때부터 향교가 각 지방에 두어졌다고 판단할 수 있다. 당시의 주는 현재의 도에 해당하는 행정구획의 명칭으로, 그 가운데 군·현이 있었다. 그 군·현에 향교가 설치되었던 것이다. 이보다 앞서, 성종 6년에 경학박사·의학박사 각 1명씩을 12목[당시 국내를 12주로 나눠서 각 지역에 목(牧)을 두었다]에 파견하고, 정중하게 잘 가르치고 타일러, 모든 주·군·현의 장리(長吏)와 백성의 아이들로서 가르쳐야 할 자가 있으면 그것을 훈계하도록 했다. 즉 권학관을 각 주에 두었던 것이다. 그렇지만 이때는 별도로 학교를 설치했다는 기록은 찾을 수 없다. 그래서 지방에 학교를 설치했던 것은 인종 때가 처음이었다고 보는 것이 옳다[성종 때의 권학관 제도는 이후 오랜 기간 행해졌던 듯하고, 의종 22년 조서(詔書)를 내어, "조종으로부터 이후 외관(外官)에서 문사 1명을 보냄으로써 학을 권장했다"고 했음은 이를 가리키는 것이리라]. 앞서 인용했던 인종 5년, 모든 주에 명해 학을 세운 기록 가운데 뚜렷하게 향교라는 글자가 없었으므로, 어떤 의문의 여지가 없는 것은 아니라고 여겨지지만, 그것에 관해서는 한 가지 유력한 자료가 있다. 내가 이전에 한 번 말했던, 고려 학자인 김수자는 인종 때의 사람으로, 인종 5년에 여러 주에 향교 설치의 교령(教令)을 내린 2년 후에 왕친(王親)들이 국학에 가서 문묘에 석전의 예를 행한 적이 있었다. 이때 김수자는 『행학기(幸學記)』를 쓰고 있었는데, 이 기사 가운데 "아, 정(鄭)이라는 사람이 향교(鄉校)를 헐어 버리려 하니 시인(詩人)은 그를 비난한다. 지금 우리나라는 경제를 숭상하고, 교양의 선택을 장려하며, 노랫소리가 수도에서 시작해 머나먼 외지에까지 이른다"고 말하고 있다. 즉 당시 수도 개성의 국학에서부터, 지방 향교의 존재를 의미하고 있는 것이라고 해도 지장이 없다. 이 가운데에는 향교의 시작을 훨씬 먼 후세인 충렬왕(제25대) 즈음에 두고자 하는 논자가 없는 것도 아니지만, 그것은 아직 크게 규명되지 않은 학설이고, 그것이 채택되기에 충분하지 않다는 점은 다음에 설명하는 것과 같다.

다음으로 향교라는 제도는 공자를 모시는 문선왕묘를 두고, 이를 중심으로 해서 학을 강의하는 명륜당이 설치되어 있었다. 고려 후기의 학자인 이곡(李穀)도 "본국의 향교라는 세도는 묘학궁(廟學宮)을 똑같이 한 것이다"(『동문선』영해부신작소학기)라고 쓰고 있다. 즉 오늘날까지 남아 있는 조선시대의 향교와 큰 차이가 없었던 것이었으리라. 향교의 교사는 조교라고 불렸던 듯하다(『고려사』예지).

(2) 향교의 쇠퇴와 그 부흥

앞서 말한 것처럼, 고려의 향교는 인종 초에 처음 만들어졌고, 점차 국내에 보급되었다. 그것은 예종의 뜻을 이어 더욱 학제의 완성을 꾀했던 것이었다고 믿는다. 신라 신문왕 때에 당시 수도였던 경주[고려의 동경(東京)]에 세워졌던 국학도, 고려 이후에 향교가 되었던 것은 『동경잡기(東京雜記)』에서도 볼 수 있다. 그런데 이들 향교도 의종 이후, 일반 학제의 폐지와 함께 크게 쇠퇴하였고, 고려가 원나라에 복속되었던 즈음에는 거의 전멸한 상태였다. 충숙왕(忠肅王, 제27대 복위, 14세기 전반) 때에 원나라의 순제는 천하에 명해 널리 학교를 새로이 만들어, 문치를 진흥하려 하였다. 그러자 원나라에 출사해 한림국사원검열관(翰林國史院檢閱官)이 되어 문명(文名)을 그 나라에 떨쳤던 유명한 고려의 학자 이곡은 그 흥학의 조서를 받들고 반도(고려)로 돌아와 친히 여러 군을 돌아다녔다. 그는 이때의 일을 다음과 같이 기록하였다.

나는 천조(원나라)의 지체 있는 사람의 반열에 올라 이 명을 받들고, 돌아와 동방에 보급할 수 있도록 여러 군을 돌아다니는데, 묘학(廟學) 무너지고, 학생은 업을 게을리하니, 왕왕 모두 이러하다.[3]

또 다른 곳에서는 "왕궁 수도에서부터 주·현에 이르기까지 무릇 교기(敎基)라고 하는 것이 심하게 폐추(廢墜)되어 있다고 하지 않을 수 없다"[4]고 말하고 있다. 또 같은 시기의 학자 안축(安軸)의 문장 중에 "내가 이 마을에 이르러 그것을 덕망 있는 노인에게 들으니, 마을 북쪽에 동이 있다. 대대로 이어진 문선왕동(文宣王洞)이라고 한다. 그것은 필시 옛날의 학기(學基), 이렇게 황폐한 것이 이미 오래다"[『동문선』 양양신학기(襄陽新學記)]라고 있다. 이들에 따르면, 중앙 및 지방의 학교가 얼마나 폐퇴했는가를 알 수 있다. 이런 내용은 모두 그 당시의 문장이므로, 믿기에 충분하다. 그러나 또 일면, 이들의 문장에 의하면, 일단 극도로 쇠퇴한 향교도 조금씩 부흥되었던 곳이 있었음을 알 수 있다. 거기에는 원제국 흥학의 조서가 내려져 큰 힘이 있었다는 점도 믿을 수 있다.

그런데 여기에 하나의 이설이 있다. 조선시대의 학자 권문해(權文海)가 쓴 『대동운부군옥(大東韻府群玉)』에 "우리 동쪽에는 향교가 없다. 고려 충렬왕 때, 강릉의 안렴사인 김승인(金承印)이 문묘를 화부산 현적암(花浮山 峴滴巖)에 건립했고, 이어 마을에 계속 일어났다"라는 기

---

3   이 부분은 『동문선』 「금해부향교수헌기(金海府鄕校水軒記)」의 원문 가운데 필자가 발췌해 제시한 것인데, 그 전문을 보면 다음과 같다.
    東文選卷之七十 …余猥廁天朝搢紳之列得奉是 詔來布東方 歷觀諸郡 廟學頹壞 生徒惰業 往往皆是 孰知聖元崇儒美意乎…
4   이 부분은 『동문선』 「영해부신작소학기(寧海府新作小學記)」의 원문 가운데 필자가 발췌해 제시한 것인데, 그 전문을 보면 다음과 같다.
    東文選卷之七十一 …余惟本國文風之不振也久矣 盖以功利爲急務 敎化爲餘事 自王宮國都 以及州縣 凡曰敎基 鮮不廢墜 李君乃能留意於斯 可謂知所先務矣…

사가 있다.

이는 그 뜻을 이해하기 매우 어려운데, 만약 제25대 충렬왕 시기부터 과연 향교가 시작되었다고 한다면, 이즈음부터 이곡, 안축 등이 살았던 충숙왕 때까지 겨우 60~70년 동안 지방의 향교가 이들 학자가 썼던 것처럼 거의 완전히 폐절(廢絶)로 돌아갔을 리가 없다. 강릉의 안렴사 김승인이 건설했던 문묘는 당시 향교 부흥의 선구를 이루었던 것은 아닐까.『대동운부군옥』의 저자는 잘못 알고 그것을 향교의 처음 시작인 것처럼 썼을 것이라고 생각할 수 있다. 이상의 이유에 따라, 나는 고려 향교의 처음 시작은 어디까지나 인종 5년이라고 단정하는 것이다.

제4절 동서학당 및 오부학당

향교에 이어 서술하고자 하는 것은 동서학당(東西學堂)이다. 이것은 인종 5년부터 약 30년 후, 고려가 몽고에 복속하기에 이르렀던 원종(元宗, 제24대) 2년에 처음으로 설립되었고, 각각 별감을 파견해 교학 교도하게 하였다.『고려사』에서 볼 수 있는 동서학당의 기사는 아주 간단한 것으로, 상세히 알 수는 없다. 그렇지만 '밖으로는 향교, 안으로는 학당'이라 하였고, 당시의 관·공·사립학교를 총칭해서 '성균 12도, 동서학당, 제 주·군 향교'라고 한 것을 보면, 동서학당은 수도인 개성에 두어져, 지방의 향교와 대립하고 있었음을 알 수 있다. 그런데 동서학당에는 문선왕묘를 두지 않았던 듯하다. 그것은『고려사』예지에 국자감의 문선왕묘와 여러 주·현의 문선왕묘가 제시되었음에도 불구하고, 두 학당의 문묘에 관해 기술된 바가 없다는 것으로 판단할 수 있다. 그것은 이미 국자감에 문묘가 있는 이상, 수도에 문묘를 설치할 필요가 없었기 때문이다. 조선시대 경성에 설치되었던 오부학당(五部學堂, 이후의 사학)에도 문묘를 두지 않았던 것은, 그것을 모방했던 것이리라.

고려 말 공양왕(恭讓王) 때에 이르러, 당시의 공신으로 주자학의 태두였던 정몽주(鄭夢周)가 성균관 대사성을 겸임하여, 흥업을 위해 크게 힘써, "안으로는 오부학당을 세우고, 밖으로는 향교를 세워서 유술(儒術)을 진흥했다"(『고려사』정몽주전)고 하였다. 여기서 동서 두 학당은 확충되었고 오부학당이 되었다. 또 그와 함께 향교도 부흥시킬 수 있었을 것이다.

제5절 사학

조선의 사학을 설명하는 사람은 반드시 먼저 문헌공 최충(文憲公 崔沖)을 말해야 한다. 최충의 자는 호연(浩然)이고, 해주 대녕군 사람이다. 목종(穆宗, 제7대)·현종(顯宗, 제8대)·덕종(德宗, 제9대)·정종(靖宗, 제10대)·문종(文宗, 제11대)이라는 5대에 걸쳐 연이어 벼슬을 했고, 문무의 재능을 겸비했으며, 정종 때 일찍이 국경 지역을 진압한 공적이 있다. 문종 때에는 원훈(元勳)[5]으로써 당대의 요직을 차지했고, 문하시중(門下侍中)으로써 도병마사(都兵馬使)를 겸하여, 공신의 호를 하사받았다. 문종 9년 중서령(中書令)으로 임명되어 부임했는데, 이때 이미 72세였다. 최충이 퇴임 후이기는 했지만, 군국(軍國)의 큰일에 관해 국왕은 항상 그에게 의견을 물었다. 고려는 현종 때 자주 거란(契丹)의 침입을 당해서 결국은 거란에 굴복했다. 그 이후는 전쟁에서 약간 멀어져 살았지만, 아직 문교에 대한 관심이 사라지지 않았는데, 최충은 후진들을 모아서 계속 교회(敎誨)를 태만히 하지 않았다. 이때 학도들이 사방에서 와 책이 거리에 가득해지기에 이르러, 결국 이들을 9재(九齋)로 나눠서 수용했다. 따라서 세상은 그들을 시중 최공(崔公)의 도(徒)라고 일컬으며, 널리 존중했다. 무릇 과거에 응하고자 하는 자제들은 반드시 먼저 이 무리에 속해 수학하고, 매년 여름에는 귀법사(歸法寺)의 승방을 빌려서 하기 강습을 행했다. 같은 무리의 학도 가운데 우등생으로 과거에 급제하였으나, 아직 등용되지 않은 자를 뽑아서 교사로 하여, 구경(九經)과 삼사(三史)를 교수하였고 때로는 시를 가르치고 작은 잔치를 마련했다. 무리 가운데 여러 자제 모두는 진퇴의 예의가 있고, 장유의 서열이 있어, 세상 사람들은 이를 칭찬하지 않는 사람이 없었다. 앞서 언급했듯이, 당시 중앙의 국자감은 미미해 번성하지 못했고, 지방 향교는 역시 진흥하는 데 이르지 못했던 시대였으므로, 이 사학이 고려의 문교에 미쳤던 공적은 실로 위대한 것이었으리라. 당시 사람들이 최충을 일컬어 해동공자라고 했던 것도 아주 지당한 것이었다. 사학은 단지 이뿐만 아니었다. 유신 최충을 모방해 학도를 모아 교수하는 자가 적지 않았다. 이 가운데 유명한 것 11개가 있었는데, 최충의 도와 합해 그들을 십이도라고 칭했다. 그렇지만 왕성함은 시중 최공의 도에는 미치지 못했다. 이렇게 소위 십이도라는 것은 고려시대를 통해 존재했던 것으로, 마지막 공양왕(제34대) 3년에 이르러 중지되었다.

---

5 나라를 위(爲)한 가장 큰 공훈(功勳)이다.

제6절 고려학제의 성쇠

이미 누차 말했듯이, 고려의 학제는 그 단서를 태조 때에 발견할 수 있다. 성종 때 비로소 그 기초를 두었는데, 이후 거란·여진과 분쟁이 끊이지 않았기에 쉽게 융성의 기운으로 향하지 못했다. 다행이 사학 십이도라는 것이 일어나, 자제의 교육에 유익한 것이 적지 않았다. 예종 때부터 점차 관학이 융성하게 되어 국자감의 규모는 확장되었고, 다음 왕인 인종 때는 더욱 융성하였다. 이때가 고려 중기다. 이 시대 고려 문교의 상황을 알기 위해서는, 선화봉사(宣和奉使, 서기 1123년) 가운데 1명이었던 서긍(徐兢)의 견문록, 즉 『고려도경(高麗圖經)』의 기록을 독자에게 소개함이 가장 빠르고, 또 가장 정확하다고 믿는다. 『고려도경』 제40권 유학의 조항에 다음과 같이 기재되어 있다.

> 사신이 거기에 도착해, 물어 임천각(臨川閣, 王城 내의 장서각)의 장서 수만 권에 이르고, 또 청연각(淸燕閣, 송 황제의 조칙 서화를 저장한다)이 있어, 그 안에는 경(經)·사(史)·자(子)·집(集)의 사부(四部) 책이 있음을 알았다. 국자감을 세워 유관(儒官)을 뽑아 잘 갖추었다. 새로이 학사(黌舍)를 갖추어, 태학의 제도에 따라 학생을 급제시켰다. 위로는 조정에 관리들이 포진하여 위의(威儀)는 넉넉하고, 문장은 여유 있다. 아래로는 여염집과 누추한 거리에도 책을 파는 서사가 두셋 서로 마주보고 있다. 민(民)의 자제 가운데 아직 결혼하지 않은 자는 함께 거처하면서 스승을 좇아 경서를 익혔으며, 조금 더 커서는 벗을 골라 비슷한 부류끼리 사관(寺觀, 寺는 불교, 觀은 도교의 건축물)에서 강습한다. 아래로는 평민의 어린아이들까지도 역시 향선생을 찾아 배웠다. 아 얼마나 왕성한가.

이때는 향교가 아직 발전하지 못했던 시대이므로 거기에는 언급되어 있지 않았지만, 향선생이라는 자는 예전부터 현재까지의 조선에 존재했던 수많은 서당 선생과 같은 것으로, 이들이 지방의 동몽교육을 담당했을 것이다. 이 동몽교육기관과 최고학부 사이에 있는 향교를 각 주에 설치하도록 명령을 내렸던 것은, 선화봉사 후 5년(인종 5년, 이전 절 참고)이었으므로, 이어서 고려의 교육은 한층 왕성해졌던 것이다.

예종·인종 때는 마침 일본의 헤이안(平安) 시대 말기 즈음에 해당하는, 서기 12세기 초였는데, 고려의 문교 쪽이 최고조에 달했던 때였다. 그 후 오래지 않아, 12세기 중반 이후가 되는 의종왕(毅宗王, 제18대) 때, 문무관의 알력이 심해지고, 말년에는 무관파의 두령인 정중부(鄭仲夫) 등이 도모했던 쿠데타로, 문관은 커다란 타격을 당하였고, 이후 고려는 완전히 무인천하가 되었다. 이 시기부터 사람들은 모두 무를 숭상하고 문을 얕잡아 보아, 흥륭의 기운이 있었던 문교도 쇠락으로 향하게 되었고, 모처럼 정비됐던 교육제도도 유명무실하게 되기에 이르렀던 것이다. 특히 의종 양위 후 약 50년에 걸쳐, 고종(高宗, 제23대) 때까지 자주 몽고의 침략을 당했고, 결국 그에 복속되었다. 충렬왕(제25대) 때에 고려군은 원나라 군사의 향도(嚮導)가 되어 일본을 침략하기에 이르렀다. 이 때문에 모든 군사가 매우 분주했고 문사를 할 여유가 없었다. 모든 나라의 전국(戰國)시대에서 볼 수 있듯이, 문교에 관한 것은 승려의 손으로 간신히 지속되었고, 학자도 모두 승려에게서 유학을 배우는 상황이 되었다. 충렬왕 다음 왕인 충선왕(제26대)은 당시 명신(名臣) 이제현(李齊賢)을 향해 물었다.

우리나라, 옛날에는 문물이 중국과 같다고 칭했는데, 지금 그 학자 모두가 석가의 제자인 승려를 따라 장구(章句)를 배움은 어찌 된 일인가.

제현은 이에 답했다.

옛날에 태조는 미개(草昧)함을 경륜(經綸)하는데, 하루도 안 쉬었다. 주로 학교를 진흥시켜 인재를 양성하고, 광묘(光廟, 제4대 광종) 이후 더욱 문교를 닦아, 안으로는 국학을 숭상하고, 밖으로는 향교를 세워, 동리마다 상서(庠序)를 보급하여 글 읽는 소리가 가는 곳마다 들린다. 소위 문물이 중화와 동등하다고 해도 과언이 아니다. 불행하게도 의왕의 해에 무인의 봉기가 일어나서, 옥석(玉石)이 불태워져서 이 몸만 가까스로 벗어나 깊은 산으로 피해 달아나서, 관대(冠帶)를 두르고 가사를 입으면서 여생을 마쳤다. 이후 국가도 점점 문치를 회복해서 학을 지향하는 선비가 있었지만 배울 수 있는 곳이 없다. 모두 무리(승려)를 뒤따르고 그것을 강습한다. 신하들도 즐거이 학자인 석가를 뒤쫓아 배우는 것은 그 기원 여기서 시작한다. 운운.

이 일장의 문답은 실로 당시 실정을 딱 잘라 말한 것이라 해도 좋다. 이제현의 선배였던 안향(安珦)은 국학이 나날이 쇠퇴하고, 양현고의 재정이 완전히 바닥나서 선비를 양성할 힘이 없음을 우려해, 문무 관리들에게 기부를 모집했다. 이에 기부된 자금의 이자를 양사(養士)의 재정으로 하고, 그것을 섬학전이라고 칭했으며, 국왕 역시 그 독실한 뜻에 공감해 내탕금을 내어 이를 도왔다. 이와 함께 안향이 그 돈 가운데 여분의 비용으로 중국(당시 원)에 사람들을 파견해 공자와 70제자의 상을 그리도록 하고, 제기·악기·경사(經史) 등을 구했다는 것은 아주 유명한 사실인데, 이를 통해 옛날의 국자감이 이즈음이 되어 얼마나 쇠퇴했는지를 알 수 있다. 또 이즈음 지방의 향교도 볼품이 없을 정도로 폐퇴했다는 것은, 향교의 항목에서 이미 서술한 대로이다.

이처럼 학정(學政) 쇠퇴의 때에 해당하는, 제27대 충숙왕 치세에, 충청남도 남포(藍浦) 사람인 백이정(白頤正)이 당시 중국, 즉 원나라로부터 처음으로 반도에 주자학을 전래했다는 것은, 반도 문교사에서 특필해야 할 일대 사실이다. 고려 말 조선 초기에 유명했던 주자학자들은 이 시기부터 점차 배출되기에 이르렀다. 그렇지만 교육제도는 별로 개선된 부분이 없이, 한층 더 심하게 쇠퇴하고 있었다. 공민왕(제31대) 원년에 "학교상서(學校庠序)는 풍습을 잘 교화하는 원천이다. 국학은 이름만 있고 내용이 없으며 12도와 동서학당은 쇠퇴하고 무너져 배우지 못하는데, 잘 정리하고 다스려 생도를 양육시켜야 한다. 운운"이라는 명령을 내린 것만 봐도, 수도의 여러 학교가 얼마나 폐퇴해 있는가를 알 수 있다. 또 공양왕(제34대) 원년에는, 대사헌 조준(趙浚) 등의 상소 가운데 "최근 병(兵)이 흥함에 따라, 학교의 느슨해짐이 극에 달해 무성한 풀이 되었다. 운운"이라고 말해, 지방학교의 폐퇴를 탄식하고 있다. 모두 고려 말 학제가 피폐하고 느슨해진 모습을 나타낸 것으로, 그에 대해 국왕은 누누이 훈령 명령을 내리고 있지만, 그 만회에는 어떤 효과도 없었다. 일찍이 제2절에서 서술한 것처럼, 공민왕 16년에 성균관을 동대문 밖으로 옮겨서 건축했던 즈음에는 이색(李穡)이 대사성이 되었고, 정몽주 등도 교관이 되어 마지막 활기를 내보이고 있었다. 이어서 공양왕 때는 정몽주가 성균관 대사성이 되었으므로, 학자의 배출로 일시적으로 고려 학제의 최후를 장식해 학제 부흥의 기운을 보여 주었는데, 오래지 않아 이성계가 고려 왕씨를 대신해 반도의 주권을 쥐기에 이르렀다. 이태조는 학교의 진흥을 치국(治國)의 요체(要道)로 하여, 국초부터 학제의 완비를 도모했던 것이, 정말로 이유 있는 것이었다고 해야 한다.

제2장 과거

과거란 관리등용시험을 가리킨다. 고려에서는 광종(제4대) 9년 한림박사(翰林博士) 쌍기(雙冀)의 의견을 채용한 것이 시작이었다. 쌍기는 원래 후주(後周)의 인물이고 책사를 따라 고려에 왔다가 병에 걸려서 체류했고, 결국 고려를 섬겼고 문병(文柄)을 쥐기에 이르렀다. 그래서 고려의 과거는 대체로 당의 제도를 기준으로 삼아 따랐던 것이다. 이 방식은 해마다 지방관이 지원자를 문선왕묘에서 시험해 1~3명 정도 적당한 자를 선발해, 관리로 하여 중앙에 보냈다. 이를 진사(進士)라고 칭했다. 그 수의 합계는 약 400명에 달했는데, 중앙의 국자감에서는 시험을 더 행했고, 이를 감시(監試)라고 칭했다. 감시에 급제한 합격자는 별도로 정원이 없었고, 갑·을·병의 3등급으로 나뉘어졌다. 진사 시험은 제술(시문을 주로 한다)과 명경의 두 업으로 구별했고, 이외에 제업이라고 하는 의·복·지리(풍수)·율·서·산 등의 시험도 행해졌다. 선종(제13대) 때 진사 및 제업의 시험은 3년에 한 번 행하는 것으로 정하고, 헌종(제14대) 때부터 격년에 한 번으로 개정되었는데, 실제로는 매년 혹은 격년으로 행해졌던 듯하다. 의종 때 무인정권 시대가 되어도 과거는 여전히 행해지고 있었는데, 그 방법은 아주 혼란스러웠다. 특히 이상했던 것은, 무과는 고려 말기 공민왕(제31대) 시대의 유명한 학자 이색이 상소로 설치할 것을 청했는데 아직 시행되지 않았고, 마지막 공양왕 때에는 확실히 실제 방법까지 의논하여 결정되었지만 결국 행해지지 않았다. 또 원종 이후 완전히 원의 제도를 받아들인 시대가 되었어도, 과거는 여전히 옛법을 따랐던 듯한데, 『고려사』에는 공민왕 18년에 비로소 원나라 조정의 제도를 활용했다고 한다.

과거를 담당하는 관리를 지공거(知貢擧)라 칭했으며, 쌍기가 최초로 임명되었다. 이후 문관 1명을 임명하는 것이 관례가 되었다. 이것을 차관이라고도 칭해야 했지만 마찬가지로 지공거라고 했다. 그 이외 시험관은 그들을 총칭해서 학사라고 불렀다.

과거에 급제한 사람에게는 홍패(紅牌, 홍색 종이 증서)가 수여되었고, 일정한 전답이 지급되었다. 국왕이 친히 그들을 접견해 주식공복(酒食公服)을 하사하는 등의 영예를 주었다. 특히 형제 3명까지 등과한 자의 부친에게는 관직을 주고, 모친에게는 매년 쌀 30석을 관청에서 지급하여 그것을 표창하는 특전도 있었다. 『삼국사기』를 쓴 유명한 김부식(金富軾) 형제는 4명이나 등과했으므로, 그 모친에게 관례에 따라 쌀 10석을 더 주어 총 40석을 하사했다고 한다. 이처럼 과거 급제는 정말로 남자로서는 최고의 명예가 되었던 것이다.

이외에도 경종(景宗, 제5대) 때 김행성(金行成)을 파견해 송나라의 국자감에 입학시켰는데, 그는 결국 송나라의 과거에 급제했다. 그것을 비롯해 송으로 들어가 등과했던 자도 몇 명 있었다. 원나라에 복속한 시대에 이르러서도, 마찬가지로 그 나라의 과거에 급제해 지방관 등으로 등용된 자도 있었다.

제4기 조선시대

고려 말기에 유학, 특히 주자학 융성의 서광이 비추고, 교육제도도 조금은 부활의 기운으로 향했다는 것은 이미 서술한 대로이다. 이 시기에 맞추어 왕씨 대신에 반도의 주도권을 가진 이태조는 이전 시대 불교의 폐해를 깊이 고려해, 새로운 기운을 이용해 유교를 진흥함으로써 신정의 일대 강령을 세우고자 했다. 이태조 자신은 필시 불교를 깊이 믿고 있었음에도 불구하고, 이런 방침을 취한 것은 상당히 뛰어난 생각이었고, 후손들은 그 뜻을 이어 끝까지 배불존유(排佛尊儒)의 주의를 단행했으며, 결국 완전한 유교국가를 출현시키기에 이르렀다. 그렇다면 조선의 교육제도는 유교와 함께 고려에서 계승해 배양 발달시킨 것에 다름이 아니다. 이하 몇 장에 걸쳐 아주 간략하게 그 대강을 강술해 보고자 한다.

제1장 학교 및 서원

조선시대에는 최근의 갑오(明治 27) 혁신에 이르기까지 중앙에 성균관이 있었고, 그 아래에 사학(四學, 처음에는 오부학당)이 있었고, 지방에 향교가 있었다. 성균관과 사학은 중앙정부의 예조에 직속해서 지금의 관립학교와 같았고, 향교는 주·부·군·현이 경영에 관여해, 지금의 공립학교에 해당하는 것이었다. 그리고 일반 인민의 교육기관으로는 각 지역에 존재했던 수많은 서당이 있었다. 사대부의 자제는 7~8세가 되면 서당에 들어가서 한문의 초보와 습자를 배우고, 15~16세경이 되면 향교 혹은 사학으로 나아가 몇 년 동안 공부한 후, 제1차 과거에 응하고 그 합격자는 생원·진사의 칭호를 받고, 성균관으로 더욱 나아갈 수 있었다. 성균관에 들어간 자들은 더 나아가 문과시험에 응하고, 거기에 급제하면 비로소 고급 관직을 얻을 자격을 얻는다. 이하 성균관·사학·향교에 관해 각각 간략히 설명한다.

(1) 성균관

조선 태조 즉위 3년, 도읍을 개성에서 한성(현재의 경성)으로 옮기고, 태조 6년에 태학의 부지를 국군(國郡)의 동북쪽 숭교방(崇敎坊)으로 정해 공사를 시작해서, 다음 해 7년에 완성되었다. 고려시대의 명칭을 계승해서, 이를 성균관이라 칭했다. 공자를 모시는 곳을 문묘라고 일컬었고, 학을 강하는 곳을 명륜당이라고 불렀으며, 유생이 있는 곳을 재(齋, 동재와 서재)라고 불렀던 것은 고려의 제도와 동일하다. 그 규모는 성종(제9대) 때 완성되었고, 이때 향관청(享官廳, 제관의 대기소) 및 존경각(尊經閣, 도서고)을 증설했다. 후세에 이르러 현종(제18대) 때, 성균관의 서쪽 근처에 비천당(丕闡堂, 과거장)을 세웠고, 숙종(제19대) 때 성균관 서북에 계성사(啓聖祠)를 세워 이에 부속시켰다. 계성사란 공자 및 4명의 성현(안자, 증자, 자사, 맹자)의 부친을 모신 곳이다. 또 성균관의 동쪽에는 영조(제21대) 때 세워진 사현사(四賢祠, 도의를 위해 진력한 지나인을 모신다)가 있었다. 그것은 지금의 경성고등상업학교 위치이다.

성균관 문묘에 모시는 인물은 말할 필요도 없이, 공자를 주로 하여 사성(四聖)·십철(十哲) 및 송나라의 육현(六賢)을 배향한다(이상 21명은 문묘의 정전인 대성전에 모신다). 이외에도 공자의 제자와 중국인으로 경학에 훌륭한 공적이나 업적이 있는 학자 94명과 마찬가지의 공적이 있는 조선인 유학자 18명을 종향(從享)한다[이상 112명을 동서 양무(兩廡)로 나누어 모신다. 무(廡)란 대성전 전방 좌우에 있는 큰 건물을 말한다]. 문묘에 향사하는 인물은 공자를 포함해 모두 136명이다. 참고로 조선의 유학자로서 문묘에 종사된 인물은 다음과 같다.

시대	사람 이름	종사 연대
신라	최치원(문창공)	고려 현종 11년
신라	설총(홍유공)	고려 현종 13년
고려	안향(문성공)	충숙왕 6년
고려	정몽주(문충공)	조선 중종 12년
조선	김굉필(문경공)	광해군 2년
조선	조광조(문정공)	광해군 2년
조선	이황(문순공)	광해군 2년
조선	정여창(문헌공)	광해군 2년

조선	이언적(문원공)	광해군 2년
조선	이이(문성공)	숙종 8년, 15년 철향, 20년 복향
조선	성혼(문간공)	숙종 8년, 15년 철향, 20년 복향
조선	김장생(문원공)	숙종 43년
조선	송시열(문정공)	영조 32년
조선	송준길(문정공)	영조 32년
조선	박세채(문순공)	영조 40년
조선	김인후(문정공)	정조 20년
조선	조헌(문열공)	이태왕 20년
조선	김집(문경공)	이태왕 20년

　태종(제3대)은 성균관에 학전과 노비를 주었고, 이후의 왕들도 전결(田結)을 하사한 경우가 적지 않았다. 동시에 전라남도 연해 여러 섬의 어장과 기타 경기도의 섬들도 성균관에 부속시켰다. 따라서 그 수입으로 제사 비용과 양사의 비용을 충당하였다. 학생의 식량을 공급하기 위해서 성균관 근처에 양현고가 설치되었다.

　성균관의 장을 지관사(知館事)라고 했는데, 홍문관 혹은 예문관의 대제학이 그것을 겸임했고, 그 아래를 마찬가지로 지관사라고 불렀고 역시 겸관(兼官)이었다. 전임관(專任官)으로는 대사성(1명)을 수석으로, 그 아래에 좨주(祭酒, 2명, 겸임), 사성(司成, 1명), 사예(司藝, 2명), 사업(司業, 2명), 직강(直講, 4명) 전적(典籍, 13명), 박사(博士, 3명), 학정(學正, 3명), 학록(學錄, 3명), 학유(學諭, 3명)가 있었다. 이 가운데 박사 이하는 정원 이외에도 겸관이었고, 봉상시(奉常寺, 제사 등을 행함)의 관리 및 사학의 훈도가 이를 겸했다. 이들 직원은 문묘의 제사와 유생의 교회(教誨)를 관장하였다. 문묘는 봄과 가을 2기로 나눠서 반드시 제사를 행한다. 이를 석전이라고 칭한다. 태종(제3대)은 즉위하자 친히 대학에 참배해서, 선성(先聖)을 받들어 모시고, 세자에게 명해 입학하도록 하였다. 그로부터 국왕의 행학알성(幸學謁聖) 및 왕세자의 입학이 상례가 되었다. 이는 유학의 진흥에 크게 공헌했다.

　성균관에서 가르치고 배우는 유생의 정원은 200명으로 생원 혹은 진사의 자격을 가진 자이며, 만약 학생 수가 부족할 경우 사학의 학생 등에서 보충했다. 이들 유생은 모두 동서의 양재에 기숙하고 있었다. 후세에 이르러 양사(養士)의 경비가 부족해 그 수를 줄여서 영조 때 126명, 이태왕(李太王)[6] 때 100명이 되었다. 그리고 이 가운데 20명은 특별히 생원·진사 이외의 자를 수용했다.

(2) 사학

고려 말에 개성에 오부학당을 두었다고 설명했는데, 조선시대에 들어서 수도를 현재의 경성으로 옮긴 후, 고려의 제도를 모방해 성안을 동·서·중·남·북의 오부로 구획해서, 각 부에 하나씩 학교를 설치하고, 이를 오부학당이라 칭했다. 그 처음 시작의 연월은 상세하지 않지만, 『조선왕조실록』에 따르면 정종(定宗, 제2대) 2년 이전에 이미 설치되어 있었다. 다만 창조되었을 때 아직 학당(黌舍)을 세우는 데까지는 이르지 못했고 대부분은 성안의 사원을 이용하고 있었는데, 점차 학당을 신축했던 것이다. 그런데 오부학당 가운데 북부학당은 오래지 않아 폐지되었다. 그 시기 역시 확실하지 않은데, 실록에는 세종(제4대) 27년 9월까지 오부학당으로 나와 있고, 세종 28년 3월 이후에는 사부학당이라고 나와 있는 것에서, 27~28년의 전환기에 폐지되었을 것이리라. 근세까지 존속했던 것은 동·서·중·남의 사부학당으로, 보통 이를 사학이라고 부른다.

사학에는 명륜당과 재를 설치했지만 문묘를 두지는 않았다. 이것도 고려의 제도와 마찬가지이다. 역대 여러 왕들이 누누이 학전·노비를 지급했을 뿐만이 아니라, 전라북도 연안 여러 섬들의 어장을 주고, 그 세금을 양사의 비용으로 충당하도록 했다.

사학에는 학교마다 교수 2명 및 훈도 2명을 두었고, 모두 성균관의 직원이 겸무하도록 했는데, 이후 각 1명을 줄여 겸무를 멈추었다. 학생 정원은 학교마다 100명이고, 임진왜란 때 사학이 모두 전쟁으로 불탔고, 이후 복구했지만 미미하게나마 이어갔을 뿐 끝까지 활발해지지는 않았다. 각 학교의 정원도 이후 10명으로 감소했고, 인조(제16대) 때 2명으로 줄었으며, 다시 5명으로 늘어남으로써 근세에 이르렀던 것이다. 그래서 사학은 조선 중기 이후 거의 유명무실해졌다고 말해도 좋다.

---

6 일제가 합병 이후 대한제국 고종 황제에 대해 사용한 칭호(대한제국 전 황제로서의 호칭)이다.

(3) 향교

향교의 기원이 고려 인종 시대였다는 것은 이미 상술했다. 조선의 태조 이성계는 즉위 원년에 모든 도의 안찰사에 명해서, 학교의 흥폐를 수령, 즉 지방관 고과의 법으로 하도록 했다. 그것에 의해 고려 중기 이후 쇠미한 향교도 비로소 부활하기에 이르렀다. 여기서 부·목·군·현(상시의 행정구획)에 각각 1개씩 향교를 설치하도록 해, 그 시설 전체가 조선에 널리 이르렀다. 향교에는 각각 문묘·명륜당 및 양재·양무를 갖추어, 그 제도를 성균관과 똑같이 했는데, 단지 규모가 작을 뿐이었다. 유생의 정원은 부·목과 같이 큰 곳은 90명, 도호부는 70명, 군은 50명, 현은 30명으로 정했다. 그 직원으로는 교수·훈도가 각 1명이 있고, 작은 군에는 훈도만을 두었다. 학전은 영조 때의 『속대전』에 의하면 7결 내지 5결이었다. 그러나 이 관급 학전 이외에 지방 인민에게 징수한 것과 유림의 재정으로 매수한 전답도 적지 않았다. 이것은 현재의 향교재산이라는 것으로, 지금 역시 존속하고 있다. 실제 1918년(大正 7)의 조사에 의하면, 각 도 향교의 총수는 335개소이고, 그에 속한 토지는 합해서 48만 여 평에 달해, 평균 한 향교당 1,432평에 이르고 있다.

이것으로 성균관·사학·향교의 설명을 마치는데, 여기서 한마디해 두고 싶은 것은, 이상 서술했던 성균관·사학·향교는 오늘날의 대학·중학·소학처럼 연결 계통이 있는 것은 아니라는 점이다. 즉 성균관에는 생원·진사를 수용해도, 생원·진사가 반드시 향교와 사학에서만 배웠던 것은 아니다. 또 성균관 유생은 문과의 과거에 응하는 편의를 가지고 있어도, 문과에 응하는 자가 성균관 유생에 한정되지 않았고, 누구나 응시하는 것이 허용되었던 것이다. 다시 말하면 각각은 독립된 교육기관이었다.

(4) 서원

조선시대 중기에 이르러 서원이라는 것이 나타났다. 그 시작은 보통 중종(제11대) 36년, 경상도 풍기군수 주세붕이라는 사람이 같은 군내의 순흥이 고려의 학자 문성공 안향(초기 이름 裕)이 살던 곳이었으므로, 그 옛터에 백운동 서원을 세워 안향을 모신 데 있다. 그 이전에는 일찍이 태종 원년에 경남 단성에 도천서원(道川書院, 고려 문익점을 모심)이 생겼고, 중종 23년에는 경북 성주에 천곡서원(川谷書院, 김굉필을 모심), 중종 29년 전북 부안에 도동서원(道洞書院, 고려 김구를 모심)이 완성되었다(시데하라 문학박사의 『한국정쟁지』에 의함). 안향은 앞에서도 말했던 것처럼, 고려시대 학문이 가장 쇠퇴한 시기에 기부금을 모아 국학의 부흥에 힘을 다했던 사람이었으므로, 명종(제13대) 때 이황(퇴계)이 왕에게 상신한 내용에 따라 백운동서원에 특별히 소수서원이라는 사액을 하사하고, 또 서책·노비·전결을 지급해 소위 사액서원의 선구가 되었고, 그 때문에 특히 유명해졌다. 이때 이황은 상언(上言)에 이런 글을 올렸다.

> 제가 보건대, 지금 국학(성균관)은 현명한 선비가 관여하고 있지만, 저 군·현의 학교는 한갓 허울만 남기고 가르침이 크게 무너져, 선비들이 도리어 향교에서 지내는 것을 수치로 여겨 시들고 피폐함이 극심하여 구제할 방법이 없으니, 한심하다. 오직 서원 교육이 오늘날 성대하게 일어난다면 무너진 학정(學政)을 구해야 하니,

이것으로 보아도, 조선의 향교라는 것이 선조(宣祖) 이전에 이미 교육의 내실을 잃어 버렸다는 점을 알 수 있다.

원래 서원이라는 것은 국내외의 이름난 학자들의 현신을 모시고, 청년자제가 그곳에 모여 덕을 닦고 학을 강하며, 소위 사자(士子, 즉 유생) 수양하는 곳으로 설치된 사설기관이다. 필시 지방의 공립학교인 향교는 크게 쇠퇴하였고 정부는 이를 부흥시킬 힘이 없었기 때문에, 서원은 거기에 부응해 왕성히 건설되었다. 관에서도 유서 깊은 곳에는 소수서원의 사례에 의거해 국왕이 사액을 하사하고, 노비와 전결을 지급해서 장려했던 것이다. 이외에도 소위 충절한 선비를 제사 지내는 사(祠)를 세우는 것도 행해졌다. 그렇지만 그 후 점차 남설의 폐단을 일으켜, 새로이 원사(院祠)를 건설하려는 경우는, 각 도에서 예조에 상신해 그 허가를 얻어야 비로소 착수하도록 정했는데, 조금도 실행되지 않고 무허가로 건설되었다. 또 동일한 학자 등에 대해 서원 또는 사우(祠宇)를 첩설(疊設)하는 것도 금지되었지만, 그것 역시 행해지지 않았다. 이렇게 하여 숙종(제19대) 때는 읍에 꼭 원사가 있었고, 한 읍 내에서 몇 개의 원사를 보는 곳조차 있어, 한 도에 80~90개를 헤아리기에 이르렀다. 뿐만 아니라 이들 서원은 거기에 부속된 광대한 논밭에 붙은 조세를 내지 않고, 또 양민이 원노(院奴)가 돼서 군역을 피하는 도피처가 되었다. 유생은 모두 향교를 떠나서 서원으로 돌아갔지만, 강학수도(講學修道)를 하는 자는 적고 유식횡의(遊食橫議)하는 무리가 되어 중앙 정계의 붕당과 표리를 이루어 조정을 비난하고, 심할 경우는 서원을 근거지로 하여 서민을 고통스럽게 만드는 등

그 폐해가 백출하기에 이르렀다. 여기서 숙종 이후, 원사에 대한 단속은 정부의 중대한 정무 가운데 하나가 되어, 누누이 개인이 세운 원사를 철폐시켰는데, 정조(제22대) 때는 원사의 합계가 약 650개가 존재했다. 이 가운데 가장 세력이 있었던 것은, 그 유명한 노론의 수령인 송시열(宋時烈)을 모신 충북 괴산군 청천면 화양리에 있는 화양서원(華陽書院)과, 같은 곳에 있는 만동묘(萬東廟, 송시열의 유명으로 명의 신종, 의종을 모시는 묘사)였고, 당시 화양서원이 발행했던 서간을 화양묵패(華陽墨牌)라고 칭해 누구라도 그 명령에 위배되는 자가 없었다고 할 정도였다.

　이렇게 원사에 대한 처분은 행정상 일대 큰 문제로서 최근까지 남아 있었지만, 다행히 이태왕 때 집정 대원군의 수완으로 비로소 해결할 수 있었다. 즉 이태왕 원년 8월, 먼저 종래의 사액서원과 함께 향현사(鄕賢祠)에 부여했던 특권은 전부 폐지하고, 동시에 원사의 증설과 사설을 엄금했다. 이어 이태왕 2년 5월에 원사 가운데 선구인 만동묘를 철폐하도록 명했다. 그리고 이태왕 8년 3월에 이르러, 단호히 8도의 첩향서원(疊享書院, 한 사람에 대해 2개 이상의 서원을 짓고 제사지내는 것), 향현사를 전부 철폐시키는 명을 내리고 도학충절(道學忠節)이 특히 뛰어난 인물에 대해서만 1개소의 서원 혹은 향현사의 존재를 허락했다. 동시에 장래 원사의 신설을 엄금하고, 반드시 모셔야 할 자가 있다면, 특별히 허가받았던 기존의 원사에 합사하는 것으로 했다. 만일 이 명령을 받들지 않는 군·현이 있다면, 그 수령을 임빌에 저하도록 했으므로, 여러 도에서 이를 두려워하여 한꺼번에 원사 철폐를 행했다. 이것이 서원과 사의 말로였다. 이렇게 하여 이때에 특별히 존속을 허가받았던 원사는 불과 47개로, 즉 현존하는 곳은 이외에 없다. 여기서 참고로 다음에 그것을 열거한다.

<경기>	
개성, 숭양서원(崧陽書院, 문충공 정몽주)	김포, 우저서원(牛渚書院, 문열공 조헌)
용인, 심곡서원(深谷書院, 문정공 조광조)	포천, 용연서원(龍淵書院, 문익공 이덕형)
파주, 파산서원(坡山書院, 문간공 성혼)	과천, 사충서원(四忠書院, 충헌공 김창집)
여주, 강한사(江漢祠, 문정공 송시열)	양성, 덕봉서원(德峯書院, 충정공 오두인)
강화, 충렬사(忠烈祠, 문충공 김상용)	과천, 노강서원(鷺江書院, 문열공 박태보)
광주, 현절사(顯節祠, 문정공 김상헌)	고양, 기공사(紀功祠, 장렬공 권율)

<충청도>	
연산, 돈암서원(遯巖書院, 문원공 김장생)	노성, 노강서원(魯岡書院, 문정공 윤황)
홍산, 창렬사(彰烈祠, 문정공 윤집)	충주, 충렬사(忠烈祠, 충민공 임경업)
청주, 표충사(表忠祠, 충민공 이봉상)	

<전라도>	
태인, 무성서원(武城書院, 문창후 최치원)	장성, 필암서원(筆巖書院, 문정공 김인후)
광주, 포충사(褒忠祠, 충렬공 고경명)	

<경상도>	
경주, 서악서원(西岳書院, 홍유후 설총)	순흥, 소수서원(紹修書院, 문성공 안유)
선산, 금오서원(金烏書院, 충절공 길재)	현풍, 도동서원(道東書院, 문경공 김굉필)
함양, 남계서원(藍溪書院, 문헌공 정여창)	경주, 옥산서원(玉山書院, 문원공 이언적)
예안, 도산서원(陶山書院, 문순공 이황)	상주, 흥암서원(興巖書院, 문정공 송준길)
상주, 옥동서원(玉洞書院, 익성공 황희)	동래, 충렬사(忠烈祠, 충렬공 송상현)
안동, 병산서원(屛山書院, 문충공 유성룡)	진주, 창렬사(彰烈祠, 문열공 김천일)
고성, 충렬사(忠烈祠, 충무공 이순신)	거창, 포충사(褒忠祠, 충강공 이술원)

<강원도>	
영월, 창절서원(彰節書院, 충정공 박팽년)	김화, 충렬서원(忠烈書院, 충렬공 홍명구)
철원, 포충사(褒忠祠, 충무공 김응하)	

<황해도>	
해주, 청성묘(淸聖廟, 청혜후 백이)	평산, 태사사(太師祠, 장절공 신숭겸)
배천, 문회서원(文會書院, 문성공 이이)	장연, 봉양서원(鳳陽書院, 문순공 박세채)

<함경도>	
북청, 노덕서원(老德書院, 문충공 이항복)	

<평안도>	
영유, 삼충사(三忠祠, 무향후 제갈량)	평양, 무열사(武烈祠, 상서 석성)
안주, 충민사(忠愍祠, 충장공 남이흥)	정주, 표절사(表節祠, 충렬공 정시)
영변, 수충사(酬忠祠, 서산대사 휴정)	

제5기 최신 시대

최신 시대는 다시 이를 작게 4개로 시기를 구분할 수 있다. 즉 (1) 1894년(조선개국 503, 明治 27) 갑오개혁부터 1904년(明治 37) 일한협약 체결까지, (2) 일한협약 체결부터 일한병합까지, (3) 1911년(明治 44) 조선교육령 발포부터 1923년(大正 12)[7] 신조선교육령 실시까지, (4) 1923년(大正 12) 신조선교육령 실시 이후 현재에 이르기까지이다. 이 가운데, 제1소기는 과도기이자 구시대의 교육제도가 크게 변하여 다음 시기에 일본인에 의한 소위 신교육이 실시될 때까지의 약 10년 동안이다. 이때의 학제는 완전히 일본 법령을 모방한 것이었으므로, 모방시대라고 불러도 좋다. 제2소기는 보호국 시대의 교육으로, 일본인 고문이 있던 시대부터 통감부 시대를 포함한 십몇 년간을 가리킨다. 이토 통감이 한국 개발 사업의 일부로서 교육을 행했던 시대로, 소위 모범교육을 표방한 시대였다. 제3소기는 완전히 일본 제국의 영도로서 최초로 조선에 교육령을 선포해, 데라우치(寺內) 총독이 당시 상황과 민도를 간이실용주의로 한 시대였다. 이 시기는 약 십수 년 동안이다. 제4소기는 일시동인을 주로 하는 신교육령의 취지에 따라, 문화정치에 순응하는 바의 교육을 실시했던 시대이다. 따라서 제3소기 이후는 현재 사람들도 기억하고 있는 바이고, 또 이전에 조선총독부 학무국 학무과 유게 고타로(弓削幸太郎, 현 재조선 총독부 철도부장)가 최근에 지술한 『조선의 교육(朝鮮の教育)』에 자세히 서술되어 있으므로, 본 강의에서는 이를 생략하고 제1소기와 제2소기를 간단히 서술하는 데 머물고자 한다.

제1장 갑오개혁 이후의 교육제도(제1소기)

제1절 총설

1894년(明治 27) 반도에서 동학당의 반란이 있었고, 이어서 청국과 일본의 국교가 바로 깨진 것을 보게 되자, 우리 정부는 혼자 힘으로 한국 부조(扶助)의 뜻을 정하고, 당시 주한공사 오토리 게이스케(大鳥圭介)에 명해 조선정부에 혁폐시의오조(革弊時宜五條)를 제출하도록 하

---

7 제2차 조선교육령은 1922년(大正 11)에 공포, 실시되었으나 원문에는 1923년(大正 12)으로 표기되어 있다.

였다. 그 가운데 한 조항에 '학제를 완비하여 인재 양성에 노력할 것'이라는 부분이 있다. 실제로 조선시대 중반 이후 침체·황폐화된 제도를 개혁하고 국민 교육에 힘을 다하고 있었던 조선국왕은 나라의 운명이 내외로 다사다난한 것을 보고, 그것을 깊이 우려해 일본공사가 권하는 것에 따라 일본의 충언을 받아들여 여러 제도를 개혁하기로 결의했다. 이에 따라 오랫동안 이어졌던 청과의 종속 관계를 단절하고 우리나라와 관계를 맺었고, 새로이 군국기무처(軍國機務處)라는 합의기관을 중앙정부 안에 설치했으며, 또 중앙정부의 조직을 고쳐서 최고관청인 의정부의 관장(官長)을 총리대신으로 하고, 그 아래에 있던 육조(六曹)를 폐지하여 팔아문(八衙門)을 설치했는데, 각 아문의 장관은 대신이라 칭하여 종래 예조가 장악했던 교육을 학무아문(다음 해 학부로 개칭됨) 소관으로 하였다. 이때 개화당의 수령 김홍집으로 하여금 총리대신을 하도록 하고, 동시에 군국기무처의 총재를 맡겨, 군국기무처에서 정치상 및 사회상의 문제를 심의 개혁하도록 했다. 이러한 개혁들을 그해 간지(干支)에 따라 보통 갑오개혁이라고 일컬었다. 이 개혁은 불과 동년 7월부터 12월까지 계속되었는데, 군국기무처는 종래 행해졌던 과거법을 폐지하고 새로이 관리등용법을 설치해야 할 것과 함께, 학무아문은 소학교 교과서를 편찬해야 할 것을 의결했다. 당시 교육에 대한 정부의 이상은 같은 해, 즉 개국 503년 7월 학무아문의 이름으로 발포된 고시를 보면 알 수 있다. 이 고시는 약 700글자로 이루어진 순한문의 글로, 그 일부를 번역하면 다음과 같다.

생각해 보면 지금의 시국은 크게 변하여, 대략 100개의 제도가 동시에 이루어져 새로이 되니, 그래서 영재를 교육함은 지극히 당연한 첫 번째 급무이다. 이에 따라 본 아문은 소학교·사범학교를 세워서 우선 서울에서 행하여, 위로는 공경대부의 자식부터 아래로는 평민의 수재에 이르기까지 모두 이 학에 들어가, 경서·자전·육예(六藝)·백가의 글을 배워 아침에 암송하고 밤에 익힌다. 결국은 마땅히 일을 판별해 그럼으로써 때를 구하며, 내수외교(內修外交) 각각 그 쓰임에 적합하도록 한다. 정말로 일대 기회이다. 대학교 전문학교 역시 마땅히 다음으로 설치하도록 한다. 무릇 우리 사방의 학자 경(經)을 옆에 매고, 피리를 불며 오직 가르침을 듣고 천자가 다스리는 세상을 만든다는 뜻에 져서는 안 된다.

다음으로 같은 해 12월 국왕은 세자와 함께 대묘(大廟)를 알현하여 홍범 14조를 선언하고,

그 실시를 조종(祖宗)의 영(靈)에 맹세했다. 이 가운데 '나라 안의 총명하고 준수한 자제는 널리 파견하여, 그럼으로써 외국의 학술 기예를 습득하도록 한다'는 조항이 있다. 그것은 실로 조선교육사에서 한 시대의 획을 긋는 사건이라고 해야 한다.

그리고 다음 해인 1895년(조선개국 504년, 明治 28) 한성사범학교관제 발포를 시작으로 해서, 이후 5~6년 동안 대략 신학제의 기초가 정해졌다. 이어서 같은 해 3월 중앙정부의 조직이 다시 개편되어 의정부를 내각으로 개칭하고, 교육은 즉시 학부의 관할이 되었다. 여기서 먼저 당시 발포되었던 법령 중 중요한 것들을 연도순으로 열거하고, 간략히 설명하고자 한다.

> 한성사범학교관제(漢城師範學校官制) [1895년(조선개국 504, 明治 28) 4월 16일 칙령 제79호]
> 외국어학교관제(外國語學校官制) (동년 5월 10일 칙령 제88호)
> 성균관관제(成均館官制) (동년 7월 2일 칙령 제136호)
> 소학교령(小學校令) (동년 7월 19일 칙령 145호)
> 한성사범학교규칙(漢城師範學校規則) (동년 7월 23일 학부령 제1호)
> 성균관경학과규칙(成均館經學科規則) (동년 8월 9일 학부령 제2호)
> 소학교교칙대강(小學校敎則大綱) (동년 8월 12일 학부령 제3호)
> 보조공립소학교규칙(補助公立小學校規則) [1896년(조선개국 505, 明治 29) 2월 20일 학부령 제1호]
> 중학교관제(中學校官制) [1899년(광무 3, 明治 32) 4월 4일 칙령 제11호]
> 외국어학교규칙(外國語學校規則) [1900년(광무 4, 明治 33) 6월 27일 학부령 제11호]
> (위의 내용에서 개국 505년 이후는 양력으로 표기함)

이상 법령의 대부분이 당시 내지 법령을 모방했다는 것은 말할 필요도 없다. 또 그 법령도 관제와 규칙이 있었고, 지금처럼 각 학교령과 같은 것은 없었다. 중학교는 관제만 있었던 듯하다.

제2절 각설

여기서 앞서 기술한 법령에 따라 각 학교의 개략을 설명하고자 한다.

(1) 사범학교

이 학교는 1895년(明治 28), 즉 조선개국 504년에 한성사범학교관제에 의해서 처음으로 경성에 설치되었다. 본교에는 본과와 속성과 두 과를 두었고, 수업연한은 본과가 2년이고 속성과가 6개월이었는데, 1899년(광무 3, 明治 32)에 본과의 수업연한을 4년으로 개정했다. 입학자의 연령은 본과가 20세 이상 25세 이하이고, 속성과는 22세 이상 35세 이하였다. 학년은 7월 21일에 시작해 다음 해 6월 15일에 끝나고, 12월을 전후해 두 학기로 나누어서 교수했다. 또 본교에는 부설소학교를 두었고, 심상과와 고등과가 각 3년이었다.

(2) 소학교

1895년(明治 28) 소학교령에 의하면 관·공·사립의 3종류가 있는데, 관립소학교는 정부가, 공립소학교는 부·군이, 사립소학교는 개인이 설립하는 것으로 했다. 사립소학교의 설치는 관찰사의 인가가 필요하고, 그 경비는 국고 혹은 지방비용으로 보조할 수 있도록 했다. 소학교는 심상과와 고등과로 나누었고, 그 수업연한은 심상과가 3년, 고등과가 2년 혹은 3년이었다. 아동 만 7세부터 만 15세까지 8년을 학령으로 정해, 각 부·군은 그 관내에 학령 아동이 취학해야 할 공립소학교를 설치하는 것으로 했고, 우리나라 당시의 소학령을 모방해 의무교육 정신을 채용했다. 단, 공립소학교가 설치되기 전까지는 사립학교로 대신하는 것을 허락했다. 이 소학교령은 1895년(조선개국 504, 明治 28) 8월 1일부터 각 지방의 상황에 따라 점차적으로 시행하는 것으로 되어 있었다. 교과과정은 당시 우리나라의 소학교령을 완전히 모방했고, 동시에 필요할 경우 외국어를 추가하는 것으로 되어 있었다. 외국어란 곧 일본어를 의미하는 것이다.

(3) 중학교

1899년(明治 32), 즉 광무 3년 중학교관제에 따라 유일한 관립중학교가 설치되었다. 관제에 의하면 이 학교의 목적은 '실업으로 나아가려는 인민에게 정덕이용후생(正德利用厚生)의 중등보통교육을 교수하는 곳으로 정한다'고 규정되어 있다. 수업연한은 7년이고, 처음 4년을 심상과 그 후의 3년을 고등과로 했다. 지방 상황에 따라 중학교를 설립할 때는, 우선 심상과를 설치하는 것으로 하고, 동시에 지방에 중학교를 설립할 때는 그 처소를 해당 군의 향교로 한다고 정했던 것은 주의해야 할 것으로, 즉 당시 폐교의 처지에 있던 향교를 중학교로 대신할 계획이었다고 볼 수 있다. 중학교 입학연령은 만 17세 이상 25세 이하로 규정했다.

이상은 갑오개혁 이후 조선에 처음 설치되었던 보통교육기관으로, 법규가 나타내는 바에 따라 서술한 것이다. 이처럼 법규는 매우 정연한 것 같아도, 너무나 급격하게 서양풍의 멋스러운 개혁을 행했으므로, 당시의 국정에 전혀 적합하지 않았고, 또 그것을 운용할 교사도 없어 규정의 대부분은 공문(空文)으로 돌아가 실효를 얻을 수 없었던 결과로 끝났다. 지금 그 실제의 방향을 서술해 보면 다음과 같다. 즉 소학교의 학과과정은 소학교령에 따라 훌륭하게 정해진 것인데, 실제 대부분은 오직 한문 서적을 읽는 데 전력을 기울이는 한편 습자(習字)를 교수하는 것에 머물렀다. 학급의 편성과 교사의 설비 등에 이르러서는 그것을 거의 염두에 두지 않아, 완전히 서당과 다를 바 없었다. 또 법령에는 의무교육의 정신을 더하여, 부·군은 그 관내의 학령아동을 수용해야 할 학교를 설치한다는 규정이어도, 원래 그러한 민력(民力)이 있을 리 없어, 당시 학교 수를 보면 경성에 관립고등소학교 1교, 관립심상소학교 8교, 지방에 공립심상소학교 57교가 있었을 뿐이었다. 게다가 그 대부분은 경기도로, 여타의 각 도에는 거의 존재하지 않는 상황이었다. 학부는 공립소학교에 한 학교당 월 15원에서 22원 50전의 보조금을 주었어도, 교원은 대체로 한 학교에 1명으로, 단급조직(單級組織)이었고, 생도 수는 많아야 50명 적게는 10여 명에 불과했다. 사립소학교는 그 수에서 공립소학교보다 훨씬 많아, 한성부 내에만 해도 약 30교를 헤아리는데, 그 대부분은 완전한 사숙으로 책상조차 갖추지 못한 경우가 많았다.

외국인이 설치한 사립학교 가운데 소학교 수준이었던 학교도 적지 않았는데, 미국계 야소교회 및 프랑스계 야소교회는 각각 100개 이상의 종교적 소학교를 사설했고, 일본 불교도들도 이런 종류의 학교를 신설했다. 또 종래 일본인이 경영했던 일어학교 가운데 십중팔구는 소학 정도의 어학교로, 우리 소학교령의 학과과정에 가까운 것이 많았는데, 교사 설비의 불완전함은 한인이 경영하는 곳과 거의 다를 바가 없는 상황이었다.

다음으로 관립소학교라 해도 역시 미미한 작은 설비에 머물러, 불과 24~25명의 생도를 수용해야 하는 하나의 교실이 있는 데 불과했다. 그러므로 그 생도가 얼추 수업연한을 경과하지 않으면 새로이 모집할 수가 없었다. 또 수업연한의 규정이 있었음에도 불구하고, 1년 또는 1년 반으로 졸업하는 자도 있었고, 입학연령도 일정한 제한이 있었지만 20세 이하로 입학하는 자도 때때로 있었다. 학과도 각종 학과의 담임교원이 없었으므로 도저히 기대하는 바의 교육을 실시할 수 없었으며, 가르치는 것은 주로 한학에 머물고 실지 수업의 연습 등은 처음부터 할 수 없었다. 중학교는 학교 건물이 벽돌로 만들어졌고 규모가 크지 않아도 다른 관립학교에 비교될 만했고, 내용도 다른 학교에 비해 다소 좋았지만, 설비는 아주 불완전했고 고등과는 결국 설치되지 못했다.

다음으로 전문교육 및 실업교육에 관해 어떠한 시설이 있었는지를 서술해 보면, 우선 외국어학교가 설치되었고, 의학교, 농상공학교 순으로 설치되었다.

(4) 외국어학교

1895년(조선개국 504, 明治 28) 일청전쟁의 결과, 한국의 독립을 선언하도록 한 이래, 한국은 여러 나라와 공사를 교환하기 위해, 경성에 있는 각국 공사관에서 일하거나 또는 해외에 파견해야 할 공사관원을 양성할 필요 등으로 해서, 일어학교·영어학교·법어(法語, 프랑스어)학교를 각각 정부에서 설립하고, 1895년 발표한 외국어학교관제로 이들 학교를 법적으로 관리했다. 다음 해인 1896년(건양 원년, 明治 29)에는 아어(俄語, 러시아어)학교를 설립했다. 그 후 1900년(광무 4, 明治 33)에 정해진 외국어학교규칙은 이들 학교에 더불어 한어학과 덕어학(德語學, 독일어학)도 추가되었고, 입학연령을 15세 이상 20세 이하로 개정(예전에는 16세 이상 25세 이하)하였으며, 수업연한은 일어학·한어학은 각각 3년, 영어학·프랑스어학·러시아어학·독일어학은 모두 각 5년으로 정하였다.

이상 6개의 어학교는 각각 부지와 교사를 가졌을 뿐만 아니라, 직원도 경제도 모두 각각 분립했다. 수업연한은 규정해도, 생도가 보통의 통역에 지장이 없으면 이르게 퇴학함을 예사로 하였는데, 규칙에 따른 학과를 이수하고 졸업을 완료한 자는 아주 드물었다.

이런 각 관립외국어학교 이외에, 경성에 일본해외교육회(日本海外教育會)의 설치와 관련된 경성학당이 있었는데, 1906년(明治 39) 초 한국 정부에 기부했고, 이후 학부의 관리 아래 그것을 제2일어학교라고 칭했다. 그 외에 인천에 관립일어학교의 분교가 있었고, 또 평양에도 일본인이 경영에 관계하는 일어학교가 있었다.

이미 설명했듯이 신학제에 따라 설치된 보통교육의 학교는 미미하고 부진한 상황에 있었는데, 그 사이에 서서 오로지 외국어학교만은 비교적 번창하였다. 그러나 당시 조선의 외국 세력은 서로 경쟁하는 모습이었고, 이들 각 어학교의 성쇠소장(盛衰消長)은 경성의 각국 세력의 정도를 나타내는 바로미터였다고 한다. 러시아어학교의 경우는 일러전쟁이 일어난 이후 러시아 공사의 퇴거와 동시에 폐멸되고 말했다. 또 여기서 주목해야 할 것은, 이전에도 말했던 본방인(本邦人, 일본인) 및 외국 선교사가 경영하는 초등 정도의 사립학교도 실제의 내용은 모두 일종의 외국어학교에 다름 아닌 모습이었다는 것이다.

(5) 경성의학교

이 학교는 1903년(明治 36) 즉 광무 7년에 창설되었고, 학부에 속해 의학교육을 담당하였으며, 매년 1만여 원의 경비를 필요로 했다. 그러나 실제 교수를 맡을 수 있는 사람은 일본인 교관 1명에 불과했고, 졸업생도는 수십 명으로 그쳤다. 부설 병원은 있었지만 모두 유명무실했고, 더하여 환자를 수용했던 적이 없었다고 한다. 따라서 당시 한국의 의료위생기관으로서는 1899년(明治 32) 창설된 광제원(廣濟院, 내부에 속하여 일반 치료와 종두의 보급을 목적으로 함)이 있었다. 또 그 후 1905년(明治 38)에 세워진 한국적십자병원(궁내부 소속으로 빈민 시료를 목적으로 함)이 있었다. 이들이 이후 대한의원(大韓醫院, 조선총독부의원의 전신)의 기원이었고, 경성의학교는 곧 이 의원의 의학부가 되는 것이다.

(6) 농상공학교

이것은 1904년(明治 37), 광무 8년에 경성에 설치된 유일한 실업교육기관이었다. 학과는 농·상·공의 세 과로 나뉘었고, 수업연한은 각각 예과 1년과 본과 3년으로 하였으며, 생도 수는 많아도 한 과에 30명을 넘지 않았고, 적을 때는 10명을 채우지 못해 아주 부진한 상태였다. 그것이 이후 관립농림학교(수원고등농림학교의 전신), 공업전습 및 사립선린상업학교의 전신이 되었다.

이상이 갑오 이후 제1소기 동안에 선포되었던 신학제의 개요이다. 요컨대 이 시기의 교육은 일본의 지도로 움직여지고 행해졌지만, 불행히도 일본의 세력이 일진일퇴했고, 특히 일러전쟁 전에는 러시아 세력이 아주 왕성해져서 도저히 발전할 여유가 없었다. 그러나 여하튼 일본의 힘으로 제2소기에 괄목할 만한 발전을 이룰 계기를 만들었다고 해도 좋다. 여기서 한 가지 간과해서 안 될 것은 성균관을 위시해 옛날의 교육기관이 어떻게 되었는가 하는 것이다. 그래서 별도로 다음 한 절을 두어 그에 관한 한마디하고자 한다.

제3절 구제도의 변경

(1) 향교

앞서 언급했던 것처럼, 중학교관제에서는 지방에 중학교를 설치하는 경우, 학교를 그 교사로 설치한다는 것이었는데, 사실상 경성에 관립학교 1교가 있을 뿐이어서, 지방의 향교는 여전히 그 형태만 존재했고, 서당 역시 전국에 걸쳐 1만 개 가까이 존재하고 있었다. 이 모습은 예전 시대와 별로 변한 바가 없었다.

(2) 성균관

성균관은 1895년(明治 28), 즉 개국 504년에 새로이 성균관관제를 공포해, 그 제1조에 '성균관은 학부대신의 관리에 속하며 문묘를 모시고 경학과를 배우는 곳으로 한다'고 규정해, 종래의 관직을 폐지하고 장·교수·직원을 두었다. 그리고 같은 해 8월에 학부령으로써 경학과규칙이라는 것이 제정되었고, 그 제1조에 '학생이 경학을 배우고 덕행을 닦아 갖추어 문명의 진보에 주의하도록 함을 요지로 한다'는 것을 내걸었다. 그 학과목은 삼경·사서 및 그 언해 이외에 강목(宋·元·明史)과 본국사(조선사)·작문을 부과했고, 상황에 따라 본국지지(조선지지)·만국사·만국지지·산술을 배우도록 했다면, 예전과 비교해 대단한 개혁이었다고 말해야 한다. 또 수업연한을 3년으로 해 학생은 전부 기숙하도록 했고, 관에서 학자금을 급여했으며, 수업일수·시험제도 등을 정했는데, 오늘날 보아 가장 특이한 것은 그 입학자격을 ① 연령은 20세 이상부터 40세까지 이르는 자, ② 품행방정한 자, ③ 확고한 의지를 가진 자, ④ 의리를 지키는 자, ⑤ 당시의 사정을 잘 아는 자로 했던 것이다. 이 성균관경학과규칙은 다음 해인 1896년(조선개국 505, 明治 29) 7월에 개정되었고, 그 학과목 등에 큰 차이는 없었지만, 입학연령을 20세 이상 50세까지로 고쳤고, 수업연한을 폐지해 연종(年終)시험에 급제하는 것을 졸업의 시기로 정했다. 그리고 시험제도를 엄격히 정해, 시험을 일과(日課)·월과(月課)·연종시(年終試)의 세 종류로 하고, 연종시에 급제한 자에게는 홍지(紅紙)에 크게 쓴 증서(과거 급제자에게 수여하던 홍패에 상당하는 것)를 주었고, 급제자는 학부에서 궁내부 및 내각 각부에 널리 빛내도록 하여, 순차로 상당하는 직을 주는 것으로 했다. 다시 말하면 연종시험으로 과거를 대신했던 것에 다름 아니었다. 그리고 연종시 급제자에 의해 생긴 성균관 학생의 결원은 고등학교(즉 중학교) 생도 가운데 우수자 및 사범학교 고급 생도에서 선발 보충하는 것으로 했다.

이것을 요약하면, 예전의 향교는 여전히 존재했고, 성균관은 어느 정도 문명적 제도를 모방함으로써 개혁을 행했지만, 역시 예전과 마찬가지로 일종의 관리양성기관으로 존재했으며, 과거는 폐지되었지만 아직 그 좋지 않은 기풍을 벗어날 수는 없었던 것이다.

제2장 보호시대의 교육제도(제2소기)

제1절 총설

이 시기 교육제도의 개요는 당시 통감부와 학부가 발표한 인쇄물에 의거하는 것이 가장 정확하고 편리하다고 보아, 이를 그대로 받아쓴 것도 적지 않다. 따라서 이를 먼저 말해 둔다.

1904년(明治 37) 8월 일한협약이 체결되어 일본인이 한국 정부의 고문으로서 행정사무에 참여하기에 이르러, 문학박사 시데하라 다이라가 학부참여관으로 교육행정의 역할을 맡았다. 다음 해 11월 일한신협약이 체결되어 한국에 대한 일본의 보호권이 확립되었고, 다음 해인 1906년(광무 10, 明治 39) 2월부터 통감부가 개설되어 3월에 이토 통감이 처음으로 경성에 착임했고, 이후부터는 모든 일을 아주 새롭게 하기에 이르렀다. 그리고 시데하라 박사는 1906년 봄에 사임해 일본으로 돌아갔고, 그 대신 통감부 서기관 다와라 마고이치(俵孫一)가 뒤를 이어 학무차관으로서 당국의 대신을 보좌해 교육행정의 역할을 맡았다.

그렇다면 교육제도의 혁신은 어떤 사정 아래 행해졌을까. 이토 통감은 한국의 개발에 무게를 두어 한국 정부로 하여금 일본의 은행에서 500만 원의 차관을 쓰도록 하여 당시의 중요한 기업자금으로 하도록 했는데, 1906년 3월에 이 차관이 성립되자 그 가운데 50만 원을 들여 교육사업의 임시확장비로 충당했던 것이다. 거기서 당시 한국 정부는 일본인 관리의 참여 아래 교육제도의 정비를 꾀하게 되었는데, 그것을 세 단계로 구별할 수 있다.

1906년 8월에 (1) 사범학교령 및 동 시행규칙, (2) 고등학교령 및 동 시행규칙, (3) 외국어학교령 및 동 시행규칙, (4) 보통학교령 및 동 시행규칙을, 1908년(융희 2, 明治 41) 4월 및 8월에 (5) 고등여학교령 및 동 시행규칙, (6) 사립학교령 및 동 학교보조규정, (7) 교과용 도서 검정규정 및 학부 편찬 교과용 도서 발매 규정, (8) 학회령을, 1909년(융희 3, 明治 42) 7월에 (9) 실업학교령 및 동시행규칙을 발포했다. 다시 말하면 통감부의 설치부터 병합되기 전년까지 대강의 정비를 마쳤던 것이다.

또 한국교육의 현상은 복잡한 제도나 수업연한이 장기간에 이르는 학교를 갖추어야 하는 상황이 아니어서, 오히려 학제를 단순히 하고, 과정을 간단하고 편리하게 했으며, 또 실용에 적합하도록 할 필요가 있으므로, 이번 개혁은 정리의 기초를 보통교육에 두고, 또 기타 학교에 미치도록 하였으며, 점차 보통교육의 확장을 꾀하는 것을 주안으로 삼았다.

이상 학제의 정비·개선에 따라 학부는 소위 신교육을 시작했다. 학부가 시행하는 소위 신교육은, 곧 교육의 모범을 보여 주는 데 있었다. 어떻게든지 인습이 오래된 한국교육계의 적폐는 쉽게 개선되지 못했을 뿐만 아니라, 교사들은 교수·훈련·관리의 어떤 것도 이해하지 못했고, 특히 최근에 일어난 사립학교의 대부분은 겉으로는 한국의 부강개발을 구실로 삼지만 실제로 그에 수반하는 것이 없고, 당시 상황의 기운에 응해 실시해야 할 교육의 방법을 알지 못하여, 헛되이 자제를 잘못 인도할 뿐이었다. 이에 학부는 근세의 교육제도를 참작하고 한국의 국정 민속을 고려함으로써 국리민복을 증진해야 할 교육의 대본을 세우고, 솔선해 교육의 모범을 국민에게 제시해, 진정으로 교육이 어떠한 것인가를 사실로 증명했고, 그럼으로써 점차 혁신의 기운을 유도하도록 노력했던 것이다. 이것이야말로 당시 모범교육을 표방했던 이유이다.

모범교육의 시설에서 빼놓아서는 안 될 것은 직원을 얻는 데 있는데, 원래 경험과 소양이 모두 부족한 한국인은 도저히 신교육의 운용을 온전히 할 수 없었다. 그래서 중등 정도의 학교에서는 한 학교에 수 명, 보통학교에 있어서는 대략 1명씩의 일본인 교사를 배치했는데,

전자는 그 가운데 1명을 학감이라 칭했고, 후자는 교감이라 칭했다. 학교장에는 모두 한국인을 임용했는데, 학감과 교감이었던 일본인 교원은 교장 및 다른 직원을 보좌해, 사실상 학교의 수뇌로서 신교육의 모범을 실제로 제시했다. 그러나 학부가 관공립학교의 신설 개선을 행하자, 이것은 곧 관학이 된다고 하여 그것을 싫어하는 자가 많았고, 또 일본인 교원, 일본어에 대해 불쾌한 생각을 품는 자도 적지 않았으므로, 지도 개발은 실로 쉽지 않았다.

다음으로 신설 학교에서 사용해야 할 교과용 도서는 한학에 관한 것 이외에, 거의 적당한 것이 없어, 1905년(광무 9, 明治 38) 이래 학정참여관의 감독 아래 위원을 두어 교과용 도서 편찬에 착수해, 다음 해에 보통학교 교과서의 일부가 완성되었다. 이에 같은 해 9월 우선 보통학교의 시작과 함께 그것을 사용하도록 했고, 당분간 관립보통학교 및 공립은 갑종의 생도에 대해서만 무상으로 지급했다. 이후 학부에서는 교과용 도서의 편찬을 계속했을 뿐만 아니라, 민간에서 만든 교과용 도서에 대해 검정규정을 제정해, 그것을 장려함과 동시에 그 내용이 적절치 않은 것을 단속했다.

제2절 초등교육

(1) 보통학교

한국에서 처음으로 소학교령이 반포되어 초등교육의 단서를 열었던 것은 1895년(明治 28)이었는데, 그 법령은 당시 국정민속에 적합하지 않았고, 설립되었던 관공립 수십 개의 소학교는 그 내용이 종래의 서당과 큰 차이가 없는 상태로, 그것을 개선하는 일이 급선무였다. 그래서 1906년(광무 10, 明治 39) 8월 새로 보통학교령과 동 시행규칙이 발포되었다. 요항은 다음과 같다.

① 보통학교는 관립·공립·사립의 세 가지로 한다.
② 보통학교는 심상, 고등의 구별을 두지 않고 그 조직을 단일하게 하며, 수업연한을 4년으로 하고, 지방의 정황에 따라 3년 이내의 보습과를 둘 수 있다.
③ 학령을 정하고 강제교육을 실시하는 것은 시기에 맞지 않는다고 보아, 가능한 한 많은 입학 희망자를 만족시키기 위해, 입학연령을 만 8세 이상 12세까지로 했으며, 당분간

14세까지 그것을 허용했다. 만 8세 이하의 아동은 종래의 서당 또는 가정에 맡겼다.
④ 한 학급은 대략 50명, 한 학교 200명을 정원으로 하고, 지방 상황에 따라 늘릴 수 있다.
⑤ 교과목은 고등소학교의 교과목을 모방했고, 특히 조선어·한문 및 일본어를 부과했으며 필수과목으로 실업과를 더했다. 교과의 정도는 심상소학보다 약간 높았다.

이외에도 교과용 도서는 학부에서 급하게 편찬해서 그것을 사용하게 했다. 직원은 학교장·교감·본과 및 전과의 훈도 또는 부훈도로, 교감은 1908년(明治 41) 1월 보통학교령의 개정에 따라 두었는데, 학교장을 보좌하며 학교장이 사정이 있을 때는 그 직무를 대리하고, 동시에 학도의 교육을 담당했다. 교감은 일본인 훈도로 하여금 거기에 대응하도록, 관공립보통학교 및 보조지정보통학교에 각 1명씩을 배치했다.

이들 공립보통학교에는 각 학무위원이 몇 명씩 있었고, 그 경영에 있는 힘을 다했다. 학무위원은 도에서 지방 유지의 가문에 명했던 것으로, 공립보통학교 교감은 이를 지도해 사업을 보조하게 했다.

공립보통학교는 갑종(甲種)·을종(乙種)의 두 종류로 나눴다. 종래 각 도에 있었던 공립심상소학교는 모두 공립보통학교로 바꾸어 불렀는데, 그 가운데 설비를 더해 경영을 새롭게 했던 것을 취급의 편의상 갑종으로 하고, 구제도에 의하면서 큰 개정이 없었던 것을 을종이라 칭했다. 갑종은 직원의 봉급·여비·수당에 이르기까지 보조라는 이름으로 전부 지급했는데 관립과 거의 다를 바는 없다. 을종은 해마다 불과 180원씩의 보조를 주는 데 불과했다. 관공립학교의 증설은 당면 급무라고 해도 국가재정상 어려운 일에 속하므로, 1909년(明治 42) 새로 계획을 세워 사립학교 및 을종공립보통학교 가운데 적당한 것 31교(다음 해에 10교를 증가)를 선정해서, 국고보조 아래 그것을 경영하게 했다. 이것을 보조지정보통학교라고 칭했다. 보조방법은 학부가 임명하는 일본인 교원 1명(교감), 한국인 교원 1명을 파견해서 이들 교원의 봉급 전부를 국고에서 지급함으로써 보조의 한도로 정한 것이었다.

(2) 보통학교의 설치

관공립보통학교의 배치는 앞에서 말한 모범학교의 취지에 따라, 관립은 모두 경성에 두고, 공립은 13도의 각 관찰도 소재지를 우선으로 하여, 점차 교통이 빈번한 중요한 지점으로 파급되도록 했다. 지금 독자가 참고하도록 각 시기의 순서에 따라 그 수 및 지점을 표기하면 다음과 같다.

제1기: 1906년(광무 10, 明治 39)	신설, 관립 9교, 공립 13교
관립: 교동, 재동, 양현동, 양사동, 인현(이전 주동), 수하동, 정동, 매동(梅洞), 안동[이후 양현동, 양사동은 합병해 어의동으로 개칭하고, 안동은 관립사범학교부속으로 옮겼고, 새로이 한동(漢洞)의 1교를 더함. 고로 관립은 사범부속을 포함해 9교임] 공립: 수원, 공주, 충주, 광주, 전주, 진주, 대구, 춘천, 평양, 영변, 해주, 함흥, 경성(鏡城)	
제2기: 1907년(광무 11, 明治 40)	증설, 공립 28교
진남포, 안주, 의주, 정주, 마산, 동래, 울산, 성주, 상주, 경주, 원산, 북청, 황주, 홍주, 강경, 목포, 제주, 나주, 군산, 남원, 청주, 원주, 강릉, 성진, 회령, 인천, 안성, 개성	
제3기: 1908년(융희 2, 明治 41)	증설, 공립 9교
나주, 군산, 남원, 청주, 원주, 강릉, 성진, 회령, 인천, 안성, 개성	
제4기: 1909년(융희 3, 明治 42)	증설, 공립 1교 보조지정 31교
공립: 부산 보조 지정(위치생략)	
제5기: 1910년(융희 4, 明治 43)	증설, 보조지정 10교
(위치 생략)	

(이상의 공립 59교는 갑종보통학교임. 이외에 을종보통학교 39교가 있음. 그 가운데 보조지정인 것도 약간 있음.)

또한 이들 학교 수 및 누적 생도 수 증가의 상황을 표로 나타내면 다음과 같다.

연도별	관립		공립		보조지정		합계	
	학교 수	생도 수	학교 수	생도 수	학교 수	생도 수	학교 수	생도 수
1906년(明治 39)	9	1,062	13	862	-	-	2	1,924
1907년(明治 40)	9	1,681	41	3,166	-	-	50	4,847
1908년(明治 41)	9	1,781	50	5,962	-	-	59	7,743
1909년(明治 42)	9	2,256	51	8,658	31	2,332	91	13,246
1910년(明治 43)	-*	293	39	12,496	41	4,214	101	16,946

* 한성부 내의 관공립보통학교는 사범부속 이외는 공립으로 변경함.

이것으로 1910년(明治 43) 일한병합 때의 관공립보통학교 학교 수와 생도 수를 알 수 있다. 이외에 사립보통학교가 33교 있었는데, 그 가운데 24교는 보조지정보통학교가 되었으므로 완전한 사립보통학교는 불과 9교이다. 이것을 3면1교제(三面一校制)가 완성된 지금의 학교 수 1,033교, 생도 수 약 49만 8,000여 명[1923년(大正 12) 10월 조사]과 비교하면, 병합 후 10여 년 사이에 얼마나 발달했는가를 알 수 있을 것이다.

제3절 고등교육

(1) 사범학교

사범학교는 1895년(조선개국 504, 明治 28) 한성사범학교관제에 따라 처음으로 경성에 설치되었는데, 설비가 불완전하고 교사는 아주 좁은 교실 하나에 불과했다. 그리하여 1906년(광무 10, 明治 39) 학제개혁에 즈음해, 사범학교의 정비에 가장 힘을 기울여, 보통학교의 확장에 따른 교원양성의 결실을 거두기 위해 새로이 사범학교령 및 동 시행규칙을 제정했고, 총 경비 7만 4,000여 원을 투자해서 교지를 구입하고 교사를 신축해 설비를 정비하였다. 1907년(明治 40) 12월 새로운 교사가 완성되어 이곳으로 이전함과 동시에 관립안동보통학교를 부속보통학교로 하여 새로운 교사로 이전하도록 했다. 신령(新令)의 내용은 다음과 같다.

① 사범학교는 관립·공립의 두 종류로 하고, 사립은 허용하지 않는다.
② 본과 이외에 예과·속성과 및 강습과를 둘 수 있다. 본과는 수업연한 3년으로 하고, 이외는 각 1년 이내로 한다.
③ 본과에 입학할 수 있는 자는 보통학교 졸업 이상의 학력을 가지고, 또 본과·예과·속성과 모두 입학시험에 합격한 자일 것을 요한다.
④ 본과의 정원은 120명으로 했다. 일본의 제도를 모방해 학비급여제(學費給與制)를 채용하고 본과 및 속성과 생도는 모두 기숙사에 들어가며, 사비 통학생도 허용했다. 본과생 및 속성과생은 졸업 후 일정 기간 동안, 문부대신이 지정하는 보통학교에 재직할 의무가 있다.
⑤ 이외에 한성사범학교 내에 단기졸업의 임시교원양성과를 설치했다. 그것은 관립보통

학교에 필요한 통역교원양성을 위한 것으로, 그 졸업생은 각 보통학교의 부훈도로 통역에 종사하도록 하였다.

일한병합 후 데라우치 총독이 제정한 학제에는 사범교육기관의 특설을 허용하지 않고, 관립의 고등보통학교에 사범과 및 교원속성과를 두어 보통학교 교원이 될 자의 양성을 핵심으로 하고 있었으므로, 한성사범학교는 폐지되고 경성고등보통학교 부속 임시교원양성소(京城高等普通學校附屬臨時敎員養成所)로 일정 기간 존속했다.

(2) 고등학교

이전 시기까지 보통교육의 최고기관은 경성에 설치되었던 유일한 관립중학교였지만, 이번 시기의 개혁에 즈음해 고등학교령 및 동 시행규칙을 제정하고, 명칭을 고등학교로 고쳤다. 그 요강은 다음과 같다.

① 고등학교는 관립·공립·사립의 세 종류로 한다.
② 수업연한은 4년으로 하고 토지의 정황에 따라 1년을 단축할 수 있다. 또 필요에 응해 1년 이내의 예과 및 보습과를 둘 수 있다.
③ 본과의 정원은 200명으로 하고, 보통학교와 연결상 만 12세 이상의 자를 입학시킨다.
④ 보통학교 졸업생은 바로 입학을 허락하고, 이외는 같은 정도에 의해 입학시험을 행하고 그것을 수용한다.
⑤ 실업과목을 더 설치하고 소위 실과중학 정도로 했다.

이상의 법령 반포와 동시에 종래의 관립중학교를 관립한성고등학교로 개칭하고, 수업연한을 4년으로 했으며 상업과를 추가했다. 그리고 경비 약 3만 원을 투자해서 교사의 증축, 설비의 개선을 행했다. 교장을 한국인으로 하고, 학감은 일본인으로 하여금 담당하게 했던 것은 사범학교와 마찬가지였다. 1909년(융희 3, 明治 42) 4월 관립평양일어학교(官立平壤日語學校)의 조직을 변경해서 관립평양고등학교로 바꿔 불렀다. 이 학교는 원래 일본인이 경영했던 사립의 일어학교였지만, 1908년(융희 2, 明治 41)[8]에 관립으로 고치고, 이번에 변경을 행했던 것이다. 수업연한은 3년이고 농업과를 더 설치했다. 그런데 당시에 고등학교는 불과 2교였다. 병합 후 발포된 조선교육령에서는 고등학교를 폐지해서 고등보통학교로 했던 것이다. 그 후 점차 증설해 지금은 그 수가 13개교에 달했다.

(3) 외국어학교

이전 시기에서 서술했듯이 가장 복잡한 조직을 가지고 있던 외국어학교에 대해서는 1906년(광무 10, 明治 39)의 학제개혁에 즈음해 외국어학교령과 동 시행규칙을 발포하기에 이르렀고, 1908년에 비로소 경성 안에 산재했던 각 어학교를 합해 관립한성외국어학교라고 칭하여, 명실공히 1교가 되었다. 덧붙여 같은 해 4월 관립평양일어학교(예전의 사립일어학교를 관립으로 함)는 고등학교로 변경되었고, 같은 해 5월에 관립인천일어학교(분교를 독립함)는 관립실업학교(상업)로 변경되었다. 이것이 곧 지금의 평양고등보통학교 및 인천공립상업학교의 전신이다. 여기에서 관립한성외국어학교는 외국어만을 가르치는 유일한 교육기관이 되었고, 교사로는 일본인 6명, 영국·프랑스·독일·청 각 1명이었다. 이 학교는 일한병합과 동시에 폐지되었다.

(4) 성균관

1906년 학제개혁에 즈음해 성균관은 칙령으로써 학부직할학교로 편입되었지만, 별도로 조직에 변경은 없었다. 다음 해(융희 원년)에 한국황제가 황태자 영친왕 은(英親王 垠, 현재 이왕세자)을 일본에 유학시키려고 하자, 영친왕은 일본으로 건너가기 전에 성균관의 문묘를 참배하시니, 성균관 생도는 영친왕에게 의서(意書)를 드리고 신학문을 전수받을 것을 탄원했다. 또 다음 해인 1908년에 한국황제가 문묘에 참배하실 때에, 학부대신에게 학과의 상황을 자문하고 신교육을 더해야 한다는 뜻의 명이 있었다. 그래서 같은 해 11월 성균관 학제를 제정하였고, 학부대신의 인가를 받아 새로이 국어(조선어)·일어(일본어)·역사·지리·수학·이과·도화·법제·경제·체조 등의 학과를 더했다. 입학자를 20세 이상 30세 이하로 해서 경학

---

8 학교설립연도 표기에 오류가 있으나 원문에 따랐다.

에 소양 있는 자 가운데 선발했고, 이를 1909년 4월부터 시행했으며 학원의 수는 30명으로 하여 성균관 안에 기숙시키고 식비를 지급했다. 이러한 변동은 얼마나 개혁의 기운이 일반적으로 나아가고 있었는가를 입증하는 것이었다.

여기서 처음으로 한마디 언급해 두고자 하는 것은 성균관 및 향교의 직제와 성균관 박사 및 성균관 사업에 관해서이다.

1908년에 개정했던 성균관관제에 의하면, 성균관에는 관장(칙임) 1명, 교수(주임 혹은 판임) 3명, 직원 2명(교수 가운데서 겸임)을 두었다(별도로 강사를 두어 교수를 담임하도록 할 수 있음). 또 이때 비로소 향교에 직원 1명(판임)을 두고 해당 군의 유림 가운데에서 선임하며 봉급을 지급하지 않는 명예직으로 했다. 이것이 성균관의 마지막 직제였는데, 1895년(조선개국 504, 明治 28)에 관제를 반포하고 나서 여러 번의 개정을 거쳤다. 즉 1898년(광무 2, 明治 31) 관제를 개정하여 처음으로 박사 3명(판임)을 두었고, 교수로 하여금 그것을 겸임하도록 하고, 별도로 정원 외의 박사 약간 명을 두고 성균관 경학과 유생 가운데에서 선임했다. 다음 해(광무 3) 이 선임의 범위를 확장해서 경학과 유생 이외에 3년에 1회는 경성 및 각 도에서 경의대문(經義對問) 및 시무책(時務策)에 응해 선발되었던 자 중에서, 평상시에는 각 도의 숙학노유(宿學老儒) 가운데서 선임해, 그 수를 합해 20명을 넘지 않게 하여 각 관청의 봉직자 중에서도 재능을 헤아려 수용했다. 이후 3년에 1번 선발하는 박사의 수를 33명으로 하고, 그것을 각 도에 할당했다[1903년(明治 36)]. 이 박사선임의 제도는 1907년(융희 원년, 明治 40)까지 계속되었는데, 같은 해 관제개혁에 의해서 박사를 사업(司業)으로 고쳤고, 사업선임의 수는 경학과 유생 중에서 10명, 경성 및 각 도 40세 이상의 유생으로 경의대문 및 시무책에 응했던 자 중에서 40명, 합계 50명을 순차적으로 선정했고, 또 관청 봉직자 중에서도 수용했다. 거기서 박사선서(博士選敍)의 제도는 사업선서(司業選敍)로 변했다.

성균관 직원으로서의 사업은 1908년(융희2, 明治 41)에 성균관관제로 폐지되었는데, 동시에 성균관관제에서 사업이라는 제도를 정하고 성균관에서 매년 1회 사업시선(司業試選)을 행하는 것으로 하였으며, 그 합격자에게는 증서를 수여해 성균관 졸업생 또는 사업시선합격증서를 가진 자를 사업이라고 칭하고 판임관으로 대우했다. 그것은 자격만을 줄 뿐으로 일정한 직을 부여했던 것은 아니다. 이 사업시선은 별도로 학부대신이 정하는 규정에 의해 행하는 것으로, 초고(初考)와 회고(會考) 두 종류로 하였다. 초고는 전국에서 40세 이상의 유생에게 필답으로 응시하게 하고, 회고는 초고 합격자만을 학부에 소집해서 시험을 치르게 했다. 요컨대 예전 제도에서 행해진 과거의 흔적에 불과하다. 이 시험과목에는 사서삼경 이외에 정치·법률·내외 역사 지리·수학도 있었다.

그리고 일한병합과 동시에 국초부터 계속되었던 성균관의 교육사업은 전부 폐지되었고, 새로이 경학원으로 개칭되었으며, 경학원은 조선총독의 감독 아래서 경학을 연구하여 풍교덕화(風敎德化)를 돕는 것을 목적으로 지금까지 존재하고 있다. 경학원은 임시은사금 25만 원을 기금으로 한다.

(5) 법학교

건국 이래 행정관리의 수중에 장악되었던 한국의 사법권은 1894년(조선개국 504, 明治 28) 재판소 구성법의 제정으로 제도에서만은 개혁의 서광이 비쳤다. 이때 법부의 소관인 법관양성소가 칙령으로 창설되었다. 통감정치 개설 이후 일본인 관리의 참여하에 재판사무는 점차 쇄신을 더했고, 법관양성소도 그대로 존속했다. 1909년(융희 3, 明治 42) 7월에 한국의 사법 및 감옥사무를 일본 제국 정부에 위임한다는 각서를 조인시키자, 같은 해 10월 내에, 양성소를 법부에서 학부 소관으로 옮기고, 동시에 법학교라고 개칭했으며, 관제를 공포하고 학칙을 제정했다. 법학교관제 및 학칙에 의하면, 법학교의 수업연한은 본과 3년, 예과 1년이었다. 본과는 법률·경제를 주로 하고 거기에 보통학을 더했으며, 예과는 보통학만을 교수했다. 연령은 18세 이상으로 관립고등학교 또는 관립외국어학교를 졸업한 자 및 그와 동등 이상의 학력 있는 자를 본과에, 보통학의 시험에 급제한 자를 예과에 입학하도록 하였다. 이 학교는 일한병합 이후 경성전수학교(京城專修學校)로 개칭하였고, 1916년(大正 5)에 이르러 전문학교규칙의 실시와 함께 조선교육령에 의한 전문학교로 승격했다. 그 후 다시 법학전문학교로 개칭되었다.

제4절 여자 교육

보호시대의 교육제도로서 제2차로 개선했던 바는 여자 교육의 제도이다. 원래 남자 교육을 존중하고 여자 교육을 경시하는 것은 동양 일반의 폐풍으로, 한국에서는 아직 여자 교육기관인 관공립학교가 하나도 없고 오직 소수의 사립여학교가 미미하게 존재했을 뿐이다. 그런데 야소교회는 널리 여자 교육에 힘을 다하여 경성에 몇몇의 여학교를 설치했고, 지방에서는 남자 학교와 병치토록 한 것이 많았다. 그 때문에 여자는 야소교학교에 들어가지 않으면 교육을 받을 수 없는 상태였다. 그래서 학부는 1908년(융희 2, 明治 41) 4월에 칙령으로 새로이 고등여학교령 및 동 시행규칙을 공포하였고, 동시에 경성에 관립고등여학교를 설립했으며, 또 한편에서 관공립보통학교에 여자부를 설치했으므로, 여기서 여자 교육의 맹아가 발생하기에 이르렀다.

(1) 고등여학교

관립한성고등여학교는 앞서 언급한 고등여학교령에 따라 1908년(明治 41) 5월에 설립되었던 것으로, 수업연한은 본과 3년, 예과 3년이었다. 학과는 보통학교 학과 이외에 재봉·수예·가사 등에 중점을 두어 여자에게 적절한 실제적 지식·기예를 가르치는 것을 목적으로 했다. 또 이 학교에 2년 이상의 기예 전수과를 두었다. 이것이 병합 이전에 존재했던 유일한 관립여자고등교육기관이다.

(2) 보통학교 여자부

보통학교의 여자 취학은 가장 장려해야 하는 것이지만, 원래 한국에서는 남녀가 자리를 함께 할 수 없는 습관상, 여자학교에 대해서는 완전히 교실을 별도로 하여 학급을 운영하지 않을 수 없는 곤란함이 있었다. 이에 각 지역의 요구를 무한히 허용할 수 없는 재정상의 이유와 적당한 여교원이 부족하다는 이유로 관공립보통학교에서도 아직 충분한 시설을 이룰 수 없었다. 1908년(明治 41)에 대구·함흥·군산·의주의 4개 지역 공립학교에 비로소 여자 학급이 창설되었고, 이어서 1909년(明治 42)에 관립은 어의동, 공립은 평양·개성·강화·목포·전주·마산의 7개 지역 보통학교에 각 한 학급씩이 신설되었다. 이를 요약하면 병합 이전의 여자 교육은 큰 변화를 이루지 못했던 것이다.

1910년(明治 43) 3월 말 현재				
학교 종류		학교 수	생도 수	졸업생 수
보통학교	관립	1	220	38
	갑종공립	59	10,774	1,472
	을종공립	29	2,179	-
	보조지정	41	3,989	360
	사립	43	2,960	-
	총계	173	20,122 (여자 1,274명 포함)	1,870

1911년(明治 44) 3월 말 현재		
관립고등 정도의 제 학교	생도 수	졸업생 수
성균관	26	-
법학교	116	29
한성사범학교	239	88
한성고등학교	165	15
평양고등학교	62	16
한성외국어학교	295	93
한성고등여학교	175	31
총계	1,078	272

제5절 사립학교

(1) 사립학교의 정황과 사립학교령 발포

여자 교육과 거의 동시에 제2차로 행해졌던 것은 사립학교에 대한 단속이었다. 원래 한국의 사립학교는 처음에 외국 선교사가 포교상의 편의를 위해서 설립한 것이 그 선구를 이루었는데, 통감부 설치 전후부터 현저하게 그 수가 증가했다. 특히 1907년(明治 40)에 군대 해산 이후는 일종의 어떤 의미에서 격렬한 교육열의 발흥을 초래해 각 지방학교의 설립을 빈번하게 앞다투는 모습이었고, 1909년 즈음에는 그 수가 수천에 이르렀다. 그들 대부분은 설비가 아주 빈약하고 협소한 온돌 1~2칸에 4~5명의 생도를 수용해 학교라고 칭했던 것이다. 또 그 학교의 설립자들은 한국의 개발 부강을 입에 담지만, 학교경영에 관해서는 전혀 알지 못하고, 헛되이 야외연습 혹은 소풍을 가서 나팔을 불고 큰북을 치며 대오를 만들어 줄지어 거니는 것으로 학교 교육의 근본 의미라고 하는 자가 다수를 점했다. 평안북도·황해도·함경남북도는 이런 분위기가 가장 심했던 지역이었다. 요컨대 다수의 사립학교 가운데 그 내용이 양호한 곳은 아주 적었을 뿐 아니라, 공연히 시세를 분개하고 불량의 교과서를 사용하며 불온한 창가를 부르도록 해, 그로 인해 과격한 사상을 주입해서 소년 자제의 앞날을 잘못 인도하고, 동시에 학교설립이라는 미명 아래 재산의 수탈과 기부금의 강제를 마음대로 하는 등 그 폐해는 실로 간과할 수 없을 정도였다. 이에 그 감독에서 어떠한 법규도 없었다는 것은 큰 결함으로, 이들 사립학교의 폐해를 교정하고 선도하는 것은 가장 중요하고 긴급한 일이었으므로, 학부는 1908년 8월 칙령으로 사립학교령을 반포했고, 같은 해 10월 1일부터 이것을 실시했다. 사립학교령은 전문 17개조로 이루어졌고, 그 규정의 주된 내용은, ① 사립학교의 설립에는 학부대신의 인가를 받을 것을 필요로 하고, 인가받지 못한 학교는 그 설립을 허용하지 않고, ② 수업연한, 학년, 학과목, 학도 정원, 입학자격 등에 관해 학칙을 설정해야 할 것, ③ 교과서에 관해서는 특히 무게를 두고, 학부 편찬 또는 검정에 관련한 것 외에는 모두 학부의 인가를 받아 사용하고, ④ 사립학교의 설비, 수업 기타 부적당한 사항은 학부대신이 변경을 요할 것, ⑤ 법령 또는 학부대신의 명령을 위배하여 유해하다고 인정되는 사립학교는 학부대신이 폐쇄를 명하는 것 등이다.

(2) 사립학교의 단속

학부는 할 수 있는 한 힘을 다해 사립학교령을 알리는 데 노력해, 간절하고 신중하게 지도해 사립학교 설립자에게 인가를 출원하도록 했다. 약 2,000교의 사립학교 가운데 약 800교는 야소교회 각 파에 속하는 종교학교였고, 외국인은 당시 한국 국내에서 치외법권을 가졌으므로, 한국인 중에는 외국 선교사의 비호 아래 정부의 간섭을 면하려 하고, 야소교학교는 사립학교령에 복종할 의무가 없다고 생각했던 자도 있었지만, 외국 선교사들도 사립학교령의 취지를 잘 이해해, 모두 학부의 인가를 신청하기에 이르렀다. 일한병합 3개월 전인 1910년(明治 43) 5월의 통계에 따르면, 이러한 사립각종학교의 수는 2,225교였고, 이 중 823교가 종교학교였다. 학부는 사립학교령의 공포와 동시에 사립학교보조의 규정을 제정해서, 일정한 표준 아래 학교에 보조금을 주었다. 병합 후 이들 사립학교의 태도가 일변했고, 그들 가운데 기초가 미약한 많은 학교가 자연히 도태되거나 합병 혹은 폐교되었고, 기초가 견고한 것은 이를 보도(補導)해 점차 공립보통학교로 했으므로, 점차 그 수가 줄어들었다. 지금은 그 수가 약 630교에 이르렀다.

제6절 실업교육

보호시대의 제3차 개선으로, 한국민의 실업사상 발전을 도모하기 위해, 1909년(융희 3,

明治 42) 4월 실업학교령을 제정해 실업교육의 기초를 열고, 그와 함께 각 학교령 및 동 시행규칙을 개정했고, 사범학교·고등학교 및 보통학교에 실업에 관한 과목을 더 설치했다. 또 같은 해 7월 실업학교령시행규칙을 제정해, 가능한 한 실업교육의 이론을 피하고 실제를 주로 하여, 무게를 실습으로 이끌어 가도록 하는 방침을 취했다. 실업학교령에 따르면 실업학교의 종류는 농업학교·상업학교·공업학교 및 실업보습학교의 4종류이고, 2종류 이상을 합쳐 1교로 할 수 있게 했으며, 또 그것을 관·공·사립의 3종류로 하여 수업연한을 각 3년으로 하였고, 지역 상황에 따라 1년 이내로 늘리고 줄일 수 있게 함과 동시에 별도로 2년 이내의 속성과를 병치하는 것을 허가했다.

(1) 관공립실업학교

여기서 학부는 관립인천일어학교의 조직을 개편해서 관립인천실업학교로 했으며, 일본인이 사립의 경영에 관여하는 부산의 개성학교(開成學校)를 설립자가 정부에 헌납함에 따라, 1909년 4월에 이를 공립부산실업학교로 하였다. 이들 실업학교는 모두 수업연한 3년으로 상업학을 부과했다. 그리고 또 1910년(明治 43) 4월까지 농업교육을 실시해야 하는 도립 또는 군립의 실업학교를 10교 설립했으며, 그 후 또 3교를 증설했다.

이들 일반실업학교 이외에 더욱더 간단하고 손쉬운 실업교육을 장려할 필요를 인정해 1910년 4월에 실업보습학교규정을 공포했다. 실업보습학교의 수업연한은 2년 이내로, 시간 또는 계절을 골라 정당히 교수할 수 있게 하고, 또 그것을 공립보통학교에 부설할 수 있도록 했다. 그러나 이 종류의 학교는 병합 이전에 불과 4교를 부설한데 불과했다.

종별		학교 수	생도 수
실업학교	관립	1	127
	공립	14	542
	사립	6	249
공립실업보습학교		4	93

(2) 사립선린학교

1906년(明治 39)에 학제개혁을 진행하는 데 있어, 실과적인 학교는 학부 소관으로 하기보다 오히려 농상공부로 이전하는 것이 편리하다는 것을 인정해, 종래 존재시켰던 유일한 실업교육기관인 관립농상공학교(제1장 2절 참고)를 폐지하였고, 그 농과·공과는 농상공부의 소관으로 옮기고, 상과는 같은 해 때마침 오쿠라 기하치로(大倉喜八郞)가 20만 원의 사재를 들여서 재단법인으로 경성에 상업학교를 설립하고 싶다는 희망을 비침으로써, 한국 정부가 그에 대해 부지·교사를 기부했고, 재단으로 하여금 실업학교령에 의한 상업학교를 설립하도록 하여, 학부 소관 아래 두었다. 그 이름을 선린이라고 했던 것은 이토 통감이 명명에 관여한 것이었다. 그것이 병합 전에 존재했던 재단법인으로서 성립되었던 유일한 학교였고, 지금에 이르기까지 존속하고 있다.

제7절 학부 소관 이외의 제 학교

1906년(明治 39) 학제개혁에 즈음해, 기타 특별한 실업교육 기관은 오히려 해당 부서가 그것을 관리하도록 하는 것이 다 편리하다는 점이 인정되어, 약간의 학교를 학부 소관 이외에 두었다. 지금 그것에 관해 한마디한다.

(1) 수학원

수학원(修學院)은 1906년 창설과 관련해, 영친왕이 아직 황태자로 책봉되기 이전, 영친왕을 교육함과 동시에 그 학우를 교육할 필요에서 설립하도록 한 것이다. 이것은 궁내부 관할에 속했다. 수학원 관제에 따르면, 본원은 황족 및 귀족의 교육을 위해 설치되었고, 그 학과목은 수신·국어·한문·외국어·수학·지리·역사·이과·도화·음악·체조였고, 별도로 수업연한은 정하지 않았다.

(2) 수원농림학교

농림학교관제는 1906년(광무 10, 明治 39)에 칙령으로 공포되었고, 같은 해 9월에 구농상공학교(사립선린학교의 항목을 참고)의 농과 생도 및 사립경성학당(제1장 외국어학교의 항목을 참고)

의 농업 속성과 생도를 1학년에 편입하여 경성에 있던 구농상공학교에서 수업을 시작했다. 이후 경기도 수원권업모범장(水原勸業模範場) 인근 땅에 교사를 건축하고, 1907년(明治 40) 1월에 공사를 마쳤다. 그 용지 총면적은 3만 7,500여 평이었다. 수업연한은 본과 2년, 연구과 1년이고, 별도로 정부의 사업에 종사하는 기술원을 양성할 목적으로 1년 이내의 속성과를 설치해서 농업·임업 혹은 수의학과 관련된 과목을 교수했다. 농상공부의 소관에 속했고, 병합 이후에 학무국 소관으로 옮겨져 조선총독부 농림학교로 개칭되었으며, 1918년(大正 7)에 이르러 수원농림전문학교가 되어 이후 고등농림학교로 승격되었다.

(3) 공업전습소

한국의 현상은 아직 공업국으로서의 수준에 달하지 못해도, 간이하고 낮은 수준의 공업교육기관을 설치함은 상업개발을 위해 아주 필요하다는 점을 인정해, 1906년에 공학박사 히라가 요시미(平賀義美)를 초청해 한국 정부 공업고문으로 하였고, 농상공부의 소관 아래 1907년 공업전습소를 경성 이화동에 신축했으며, 같은 해 4월부터 수업을 시작했다. 교과는 염직·도자기·금공·목공·응용화학 및 토목의 6과목으로, 수업연한은 각 2년으로 하였으며, 별도로 1년의 전공과를 두었다. 병합 후에 이르러 학무국 소관으로 옮겨져 조선총독부 공업전습소로 칭해졌으며, 1916년(大正 5) 비로소 경성공업전문학교로 설치되었는데, 종래의 공업전습소는 그 전문학교의 소속이 되었고, 공업 도제 교육기관이 되었다. 경성공업전문학교는 곧 지금의 경성고등공업학교의 전신이다.

(4) 대한의원부속의학교

이미 서술했듯이, 종래 한국 정부의 의료기관이었던 것은 광혜원·경성의학교 및 부속병원 한국적십자병원이 있었는데, 모두 미미한 것이었다. 보호정치 확립 후, 이 세 기관을 폐지하고 모범적 의료기관을 건설할 뜻을 결정해, 1906년에 사토(佐藤) 육군 군의총감을 촉탁하여 조사 계획하도록 한 결과 1907년 3월 대한의원관제를 발포해 대한의원을 내각에 직속시키고, 이와 동시에 앞서의 세 의료기관의 옛 건물을 이용해 대한의원의 사무를 시작했다. 1907년 봄부터 부지를 경성동소문 내 마등산으로 정하고 건축에 착수했다. 다음 해인 1908년(明治 41) 11월 11일 일부의 공사가 완성됨에 따라 신청사로 이전하고, 이어 관제를 개정해 내부의 소관으로 이관시켰다. 대한의원 원장은 사토 군의감이 담당하고, 치료부·의육부(醫育部) 및 위생시험부를 두었다. 그 건축비 29만 3,000여 원, 설비비 6만 4,000여 원, 합계 약 35만 7,000원을 썼고, 1년 경상비는 15만여 원이 필요했다. 의육부는 일본의 의학전문학교 정도를 표준으로 하여 관비생 및 사비생을 수용했다. 1909년(明治 42) 관제 개정에 따라 대한의원부속의학교(大韓醫院附屬醫學校)로 바뀌었으며, 병합 이후 조선총독부의학강습소가 되었지만, 1916년에 이르러 조선교육령에 의해 전문학교로 승격해 경성의학전문학교로 개칭되었다. 병합 이전에는 상술한 관립의 대한의원 의육부 이외에 대구 및 평양의 동인병원과 경성에 있던 미국인이 경영에 관여하는 세브란스병원부속의학교가 있었다.

제8절 교과도서

구한국 정부 학부에서 1905년(明治 38)부터 보통학교 교과용 도서의 편찬에 착수하고, 1906년 보통학교 개설과 동시에 그것을 사용하도록 했다는 것은, 앞의 제1절에서 서술했다. 이렇게 점차 교과서 편찬을 계속하여, 1908년 말까지 수신·국어(조선어)·일어·한문·이과·도화의 6종이 출판을 마쳤고, 1909년(明治 42) 초에는 습자첩(習字帖) 및 산술서(교원용)를 출판했으며, 창가와 체조 이외에도 계속해서 부족한 교과서를 편찬했다. 또 고등 정도의 제 학교 교과용 도서로는 1908년부터 1909년까지 한국지리·이과용 도서, 한국역사 및 일어독본을 편찬했다.

관공립보통학교의 교과용 도서는 종래 생도에게 주어 이들의 취학을 장려했는데, 1909년(明治 42)부터는 이 제도를 폐지해 각 생도에게 대여하는 것으로 개정했으며, 점차 생도로 하여금 자비로 구하는 방침을 취했다.

1907년(明治 40)부터 사립각종학교의 설립이 왕성해지고, 그와 함께 엉성하고 허술한 교과용 도서가 항간에 사용되는 일이 많았는데, 심하게는 시국을 분개하고 배외사상을 고취하는 등 유해하고 위험한 것도 적지 않았으므로, 학부는 이를 단속하기 위해 1908년(明治 41)에 교과용 도서 검정규정을 공포해 교과용 도서 원고의 심사규정을 엄격하게 했다. 또 이와 동시에 사립학교령을 제정해, 그 가운데 교과용 도서에 관한 사항을 추가해서 학부가 편찬한 것 또는 학부대신의 검정을 거친 것 이외는 학부대신의 인가를 얻지 않으면 사용할 수 없도록 하여 위험도서가 학교에서 사용되는 것을 방지했다. 한편 1909년 11월 학부 편찬 교과용 도서 발매 규정을 개정해 교과용 도서의 보급을 도모하기로 했다. 이처럼 교과용 도서의 편찬·단속 및 보급 사업은 병합 이후 계속 이어졌고, 특히 편찬 및 출판 사업은 교육제도의 완성, 학교의 증설과 함께 더욱더 확장시켰다.

이처럼 구시대의 교육제도부터 신시대의 교육제도에 이르기까지의 변천을 대략 설명해 보았다. 병합 후 또 약간의 변천을 거쳐 지금의 조선교육령에 나타나는 것처럼 완전히 내지와 동일한 제도가 되기에 이르렀던 것인데, 본 강의는 병합 전까지를 서술한다는 취지였으므로, 이로써 완결한다. 부디 독자가 이를 양해해 주길 바란다.

III

조선교육 정책을 비판하다

해제

이북만(李北滿)은 1908년 천안에서 태어났다. 보통학교와 상업학교를 졸업하고 1926년 일본으로 건너가 일본의 사회주의 계열의 문학가들과 교류하면서 제3전선사를 결성하고, 일본프롤레타리아예술가동맹(NAPF, 나프)에 가입하는 등 프롤레타리아 문예운동을 전개했다. 1927년 조선프롤레타리아예술가동맹(KAPF, 카프) 중앙위원으로 선임되었고, 카프 도쿄지부, 무산자사, 동지사 등을 결성하고 활동하였다. 1932년 조선공산당 재건사업에 관여하다 1933년 투옥되었다. 해방 이후 민족문화연구소 연구원, 《독립신보》 논설위원으로 활동하다가 6·25전쟁 이후 일본으로 건너가 남북통일촉진협의회 등에 관여하면서 평화통일운동을 하였다

이북만은 1931년 「제국주의 치하 조선의 교육상태」를 썼는데, 1930년 일본에서 마르크스주의 교육을 표방한 신흥교육연구소가 설립되어 잡지 『신흥교육』을 발간하며 활동하자, 이 활동에 함께하면서 쓴 것이다. 조선에서도 교원들이 『신흥교육』을 구독하며 조선교육노동자 조합운동을 전개하고 있었는데, 신흥교육연구소 연구원이었던 이북만은 교육노동자조합 조선지부 건설 투쟁을 기리며 조선에서 전개된 일제교육정책과 조선교육 실태를 분석하였다고 한다. 이북만의 책이 교육노동자조합 사건 후인 1931년에 출판되었으나 당시 조선에서 『신흥교육』이 광범위하게 읽혀지고 있었음을 볼 때 이북만의 인식은 당시 교육 조직 운동에 참여한 사람들의 교육문제 인식에 상당한 영향을 미쳤을 것이고 교원 활동의 이념적 기반을 제공해 주었다고 볼 수 있다(강명숙, 「1930년대 교원조직운동 연구」, 『교육사학연구』 4호, 1992 참고).

주요섭(朱耀燮)은 1902년 평양에서 출생하여 평양 숭덕소학교와 숭실중학에서 공부했다. 아버지 주공삼(朱孔三) 목사를 따라 일본으로 가서 아오야마(青山)학원 중학부를 다녔고, 3·1운동으로 귀국하여 신문을 발행하다 형을 살았다. 이후 중국으로 건너가 1927년에 후장(滬江)대학 교육학과를 졸업하였다. 1928년 미국으로 건너가 스탠퍼드대학에서 교육

심리학을 전공하고 석사학위를 받았다. 귀국 후《동아일보》편집국장이던 형의 도움으로 동아일보사에 입사하여 『신동아』의 주간으로 일하면서 여성과 아동의 교육에 관한 여러 편의 글을 썼다. 1934년 중국의 보인(輔仁)대학 교수로 취임하여 교육학 및 서양문학 등을 가르쳤다. 해방 후 경희대학교 교수를 역임하였다. 「사랑손님과 어머니」의 작가로 이름을 날리기도 했다. 미국 유학 생활의 경험을 바탕으로 「구름을 잡으려고」, 「유미외기」 등의 글을 썼고, 해방 후에는 「대학교수와 모리배」, 「여대생과 밍크 코우트」 등의 작품을 발표하였다.

『조선교육의 결함』은 스탠퍼드대학의 석사학위논문을 정리한 것으로, 1930년 9월 3일부터 24회에 걸쳐 《동아일보》에 연재되었다. 연재된 것을 바탕으로 단행본으로 발간하였다. 연재 도중에 사립학교 교원으로부터 "개인의 성장양육과 의지발전을 존중해야겠다는 것은 대찬성이나 수신교육에서 중요한 실행성 함양이 되지 않을까 우려된다. 남녀공학이 소학교나 중등학교 수준에서 가능한지" 등의 공개 질의(《동아일보》 1930년 10월 5일 자)가 있었고, 이에 《동아일보》는 10월 7일자부터 3회에 걸쳐 주요섭의 답변을 싣기도 했다.

이북만과 주요섭은 서로 다른 활동의 궤적을 지닌 인물로, 1930년대 초 대조적인 이 두 사람의 글은 조선인의 입장에서 조선교육의 현실을 어떻게 인식했으며, 개혁 방향에 대한 고민이 무엇인지를 파악하는 데 참고할 만하다.

<자료 05> 帝國主義 治下における朝鮮の敎育狀態(李北滿, 1931)

제국주의 치하 조선의 교육상태

이북만

신흥교육 팸플릿 발행에 즈음하여

'신흥교육연구소'도 곧 탄생 만 1년을 맞는다. 그렇지만 이 짧은 기간은 우리들에게 기억해야 할 1년이었다.

세계 공황의 내습과 그에 수반한 농촌의 피폐가 교육노동자에게 전해 준 타격은 매우 컸다. 영원한 안전지대라고 불리던 교원들에게도 해고, 임금인하의 폭풍은 가차 없이 불어닥쳤으며 또한 부르주아적 반동교육에 대한 불만은 경제적 불안과 맞물려 교육노동자층의 급속한 자각을 불러일으켰다. 그들은 차츰 사회적 관심에 눈떴으며 그 눈을 '신흥교육'으로 돌리려 하고 있다.

그 때문에 전환기에서 교육노동자의 계몽을 그 주요 임무의 하나로 하는 우리 연구소의 임무는 점점 중대함을 더하고 있다 하겠다.

더욱이 지금까지 우리나라에서는 마르크스주의 교육문헌으로 책임 있는 저작은 거의 없고, 정확한 교육자료 등도 매우 적다.

우리들은 장래를 생각하여 우리가 있는 곳의 임무를 다하기 위하여 여기에 신흥교육 팸플릿을 발행하고, 제1호로 동지 이북만의 『제국주의 치하 조선의 교육상태』를 제군들에게 보낸다. 원래는 이와 같은 계획도 교육노동자 제군의 원조 없이는 한걸음도 나아갈 수 없다. 부디 제군들의 절대적인 지지를 희망하는 바이다.

더욱이 따로 우리 연구소는 신흥교육총서의 간행을 계획하고 있다. 아울러 제군들의 지지를 바란다.

마지막으로 장정의 노고를 해 주신 P.P의 동지 제군에게 감사의 뜻을 표한다.

1931년 7월
신흥교육연구소

서

세계의 1/6을 점하는 프롤레타리아 ○××, 소비에트 동맹으로 사회주의 건설이 급속도로 발전하며 공황도 없고 실업은 전부 없어졌을 때, 다른 쪽 5/6를 점한 자본주의 여러 국가에서는 지금도 공황이 폭풍과 같이 거칠게 불고, 실업자는 홍수와 같이 생산되며 광범위한 국민대중의 곤란과 궁핍과 영락(零落)에 대해, 부르주아들은 베푸는 방법을 조금도 모른다(「사회주의건설 5개년 계획」의 제3년도 인터내셔널 4월호 18쪽).

이리하여 수년 전 노동자의 분격(憤激), 굶주림과 수탈에 반대하여 궐기한 수억 농민의 성난 부르짖음 그리고 몰락해 가는 소부르주아들의 원망과 한탄 등이 완전히 썩어 버린 자본주의 체제를 ××하려 하고 있다. 몇몇 나라가 경제적 위기에서 정치적 위기로 쫓기게 되면서 거대한 식민지의 노예가 제국주의의 근본적 ××를 위해 분기하고 있다. 그 가운데 하나로 우리들은 ××제국주의인 식민지 조선을 마주한다. 거기에는 일본을 습격하는 세계적 규모의 경제공황, 특히 농업공황이 아주 첨예하게 습격하고 있다. 우리는 거기서 말로 표현하기 어려울 정도의 값싼 임금과 상상할 수 없을 정도의 노동 강화로 인해 힘들어 하고 있는 수만의 노동자 대중과, 봉건적인 착취형태라는 아주 교묘한 방식으로 수탈당하고 있는 수백만의 농민과, 일본 금융자본의 거대한 위력에 의욕을 잃어 날마다 몰락해가는 소부르주아 층을 목격한다. 그리고 지식 있는 혹은 지식 없는 부르주아의 비천한 충복(忠僕)들이 눈사태처럼 적의 진영으로 달려드는 것을 본다. 다른 쪽에서 우리들은 이런 가혹할 정도로 착취되고, 억압당하는 노예들이 드디어 분기한 사실을 본다! 이제 그 조선의 공장에서는 분노한 노동자가 파업(스트라이크)과 시위(데모)로 탐욕스러운 자본가에게 역습하고, 농민대중은 소작쟁의와 직접적인 폭동을 통해 수탈자를 압박하며, 광범위한 소부르주아층도 그들의 이익옹호를 위해 싸울 필요가 있다.

××제국주의의 통치 이후 노예교육에 대한 학생 대중의 투쟁은 멈춘 적이 없었다. 그렇지만 지금 온연(穩然)한 반항은 일반적으로 이루어지고, 분산적인 투쟁은 조직적인 그것으로, 자연발생적인 그것은 의식적 계획적 투쟁으로 발전하고 있다. 그것은 특히 1929년 원산 동맹파업 이래, 학교에 대한 투쟁이 아니라 반제국주의 투쟁으로, ××제국주의의 타도로 발전했다. 특히 1929년 말부터 30년에 모든 조선에 걸친 학생 동맹휴교는 노동자 농민의 투쟁과 결합하여 ××제국주의의 지배체제를 흔들었다. 그것은 ××제국

주의의 노예교육 정책이 그들에게는 이미 참을 수 없는 것이 되었다는 것, 그에 반해 ××제국주의는 더욱 반동적인 이데올로기를 강제해야 한다는 것을 말해 주는 것에 다름 아닙니다.

나는 이 짧은 팸플릿 속에서 20 수년간, ××제국주의가 조선민중에게 어떤 이데올로기를 강요했는지, 어떻게 반동적인 교육정책을 시도했는지를 연구하고 그것에 대해서 조선의 학생 대중이 어떤 태도를 취하였는지, 그리고 결국 ××제국주의에 봉사하고, 또 봉사하려는 토착부르주아나 소부르주아의 이데올로기 모두가 조선민중을 어떻게 우롱하고 기만하려 했는가를 조사해 보고자 생각했던 것이다. 말할 것도 없이 조선의 교육에 관한 모든 문제를 광범위하게 혹은 세세하게 다루고자 하는 것은 아니다. 이것은 단지 조선에서 ××제국주의의 지극히 간단한 교육정책사이지만 이 문제와 직접 혹은 간접으로 관련 있는 문제, 예를 들어 이 교육정책에 대한 학생 제군의 태도, 토착부르주아 및 부르주아의 그것을 다루지 않을 수 없었다. 그렇지만 아주 가치가 적은 이런 팸플릿으로 제군들은 조선에 대한 ××제국주의의 문화시설, 그 가운데 교육상태, 학생운동, 어수룩한 신사 제군이 경멸할 만한 어리석음을 대충 알게 되리라 생각한다. 이때 유감으로 여기는 것은 교육가임을 자부하는 주요섭 군에 대한 비판을 다룰 수 없었던 점이지만, 이는 머지않아 『신흥교육(新興敎育)』지에서 다루고자 한다.

본서 간행에 있어 조선의 교육을 ××시키자고 시도하는 것에 원조를 주었던 때문인가, 이미 반년 이상 모든 자유를 박탈당하고 경성형무소에 투옥된 동지 야마시타 도쿠지(山下德治) 씨 및 이구치(井口) 씨에게 만강(滿腔)의 경의를 표하는 바이다.

또한 '신흥교육'의 동지 제군 및 출간의 노고를 다했던 미술가동맹의 동지에게도 감사한다.

본서는 작년에 간행될 예정이었지만, 전후 2회에 걸쳐 ×는 원고를 몰수해 버렸다. 그 결과 이 원고는 세 번째로 써야 했던 것으로 예정보다 대단히 늦어 버렸다. 독자 제군의 관용을 청하는 바이다.

1931. 7. 저자

1.

지배적 계급의 사상은 각 시대의 지배적 사상이다. 즉 사회의 지배적인 물질적 권력인 계급이 동시에 사회의 지배적인 정신적 권력인 것이다. …물질적 생산수단을 자유롭게 지배하는 계급은 그것과 동시에 정신적 생산 등도 지배한다. 그렇기 때문에 정신적 생산의 수단을 갖지 않는 계급의 사상은 동시에 대개 지배계급의 사상에 복종하게 된다. 지배적 사상은 지배적 물적 관계의 관념적 표현, 즉 사상으로서 나타난 지배적 물적 관계에 지나지 않으며, 이렇게 하여 하나의 계급을 지배계급으로 하는 바의 관계의 사상적 표현에 지나지 않는다. 지배계급을 구성하고 있는 각 개인은, 특히 그런 의식을 가지고, 그것에 의해 사유한다. 그들이 이와 같이 계급적으로 지배하고, 한 역사적 시기의 전 영역을 결정하는 한, 그들은 그들 모든 범위에 걸쳐서, 특히 또 사유자로서, 즉 사상의 생산자로서 지배하고, 그 시대의 사상의 생산 및 분배를 장악하고, 이렇게 하여 그들의 사상은 시대의 지배적 사상이 된다.

– 마르크스·엥겔스(Karl Heinrich Marx·Friedrich Engels) 『독일 이데올로기(Die Deutsche Ideologie)』

그런데 긴 시간 동안 집요한 투쟁에 의해 봉건적 체제를 뒤집은 부르주아는 비단 경제적으로만 지배적인 위치에 있었던 것이 아니리, 그 상부구조에 있는 관념 형태까지도 자신의 것으로 하여 프롤레타리아의 착취에 기초를 두었던 자본주의 제도를 영구히 유지하려 함과 동시에 또 그들의 문화까지도 유지하려고 노력한다. 그들은 "노동자를 부르주아의 형편에 맞도록 하기 위해 노동자를 호도하고, 속이고, 분열시킨다.(…)"(레닌) 그런데 이것은 그들이 교육을 독점하는 것에 그치지 않는다.

부르주아는 그들 자신의 필요에서, 봉건계급에 독점되었던 교육을 강제로 다시 빼앗았다. 한때 그들은 그것이 마치 전 인류가 동등하게 향유할 수 있는 것인 양 운운했다. 그렇지만 필경 부르주아의 해방이 전 인류의 해방이 아니었던 것처럼, 아니 그들의 해방이 프롤레타리아를 그들에게 예속시켰던 것과 마찬가지로, 자유, 평등, 박애의 뒤에 숨겨져 있던 일체의 요란한 미사여구가, 바로 정반대의 것을 의미하게 되었다. 우리들은 "자본주의는 문화를 단지 소수자를 위한 것으로 한다"(레닌)는 것을 잘 알고 있다. 그들이 교육기관을 독점하고, '학문의 전당'이라는 문을 탐욕스럽게 닫아 버린 것에 관해 니콜라이 부하린(Nikolai Ivanovich

Bukharin)은 다음과 같이 말하고 있다.

지배계급이 얼마나 지식의 독점에 관심이 있는가를 우리들은 알고 있다. 고대에는 지식을 독점했던 승려들이 '학문의 전당'의 문을 닫았고, 그곳에서는 소수의 선택받은 사람들만을 들이도록 했다. 이 경우 지식 그 자체는 존엄한 신의 신비한 운무에 가려져 있고, 그 비밀에는 단지 소수의 성자나 현인만이 가까이할 수 있을 뿐이었다. 지배계급이 어떻게 지식의 독점을 존중하는가는, 예를 들어 독일의 유명한 관념철학자 파울젠(Friedrich Paulsen)의 다음과 같은 말에서도 알 수 있다. 장래, 사회적 사정 때문에 어쩔 수 없이 수공업자의 직업이나 그 생활에 종사하는 사람들에게는, 학자의 교육을 본받는 것이 바로 결코 이익이 되지는 않았을 것이다. 그것은 그의 생활을 높여 주는 것이 아니라, 오히려 곤란하게 만들었을 것이다[부하린 저·히로시마 사다마치(廣島定吉) 역, 『유물사관』, 383~384쪽].

부르주아의 교육정책이 그 식민지에 채용되었던 때라고 말해도, 그 본질에는 어떠한 변화를 가져오지 않았던 것은 말할 것도 없다. 단지 그것이 본국에서 행해지는 것보다 한층 철저했고, 더욱 노골적일 뿐이라는 것이다. 그러므로 조선에 대한 ××제국주의의 교육정책도 일반적인 그것―제국주의 교육정책―과 범주를 달리하는 것은 아니다. 그렇다면 ××제국주의는 구체적으로 조선에 어떠한 교육정책을 바랐던 것일까? 이 문제를 결정한 것은 ××제국주의에 있어 조선이 어떠한 지위에 있는가라고 말하는 것이다. 그런 까닭에, 우리들이 만약 ××제국주의 통치하에서 조선의 교육 상태에 관해 알려고 한다면, 조선 그 자체가 어떤 지위에 있는가를 일단 알아야 한다.

조선은 일본과 어떤 관계에 있는가? 이 문제에 관해서 우리들은 얼마나 많은 사람들로부터, 얼마나 많은 서로 다른 의견을 들었는가! 그렇지만 우리들이 만약 그것을 가장 정확하게 파악하려고 생각한다면, 다음과 같이 이해할 수밖에 없다.

즉 조선은 ××제국주의의 원료자원이고 상품시장인 동시에, ××자본주의의 발전에 있어 없어서는 안 될 만주 진출의 발판으로, 바야흐로 자본의 투자 지역으로서 원초적 축적을 위한 가장 좋은 땅이다. 그러므로 ××제국주의는 조선 노동자 농민의 노동력의 극단적 ×취급, 일본상품의 강제적 매매, 원료 및 토지 그 외의 수탈, 금융자본의 절대적 통제에 의한 토착부르주아 및 지주의 경제적 정치적 지배, 중산계급에 대한 타격, 이들 모두를 합리적으로 수행하기 위한 ×력 행사이다. 따라서 교육정책 역시 이러한 기준에 의해 결정될 것이라는 것은 말할 것도 없다. 우리들은 다음으로 그것을 살펴볼 것이다. 그러나 우리들은 이 제한된 지면에서 조선에 대한 ××제국주의의 교육정책의 모든 것을 다 비판하는 것은 도저히 할 수 없다. 단지 여기에서는 그 본질을 폭로하는 데 그치며, 우리들은 그것을 시작하기 전에 편의상 병합(倂合) 이전의 교육 상태를 살펴볼 필요가 있다.

2.

조선에서 봉건적 지배 형태의 최종으로서 이조는 이전의 고려조(高麗朝)가 관념적 기초를 불교에서 구하려고 했던 것에 반해, 유교에 두었다. 다시 말하면 지배계급에 의한 피지배계급의 봉건적 착취관계를 무조건적인 지상명령으로 하고, 피지배계급의 지배계급에 대한 절대적 복종을 완전히 공허하고 화려한 언어를 빌려 결론 내린 것에 불과하다. 따라서 교육 문제 역시 그들에게 지극히 편리하게 만들어졌다는 것은 두말할 여지가 없다. 그들은 모든 지배계급이 그런 것처럼, 교육기관을 독점해 버렸다. 즉 그것은 비생산적인 계급은 양반계급(지배계급) 및 소수의 중인이 점유하고, 피지배계급인 성인(평민) 및 노예 등은 도저히 그 은혜를 입는 것이 허락되지 않았던 것이다. 다시 말하자면, 양반계급은 놀면서-아주 엄밀하게 말한다면 착취하고, 억압하면서 그리고 그것을 하기 위하여-학문만을 하면 되었던 것이고, 피지배계급은 언제까지나 몽매한 상태에 만족해, 그것에 의해 한층 더 끊임없는 착취와 억압을 받으면 되었던 것이다.

이렇게 양반계급의 자녀는 태어나면서 교육받을 자유가 있었으므로, 그들은 누구를 막론하고 서당, 향교 또는 사학을 거쳐 최고학부인 성균관으로 나아갔고, 과업을 이루면 과거라는 등용문에 올랐으며, 그러고 나서 정식으로 권력행사자의 자격을 얻었던 것이다. 이들에게 민중의 착취와 억압의 권리는 물론, 그들의 생살여탈(生殺與奪)의 권력까지 장악되어 있었다. 그런데 19세기 후반부터 동아시아로 확장되었던 자본주의의 '마수(魔手)'는 조선도 그 소용돌이 속으로 끌어들였으며, 뒤떨어진 자연경제를 남김없이 파헤치기 시작했다. 이렇게 하여 조선에서의 경제적 기초는 심하게 흔들리고, 파괴되어 버렸다. 게다가 그것은 조선인에 의한 자본주의적인 생산방법의 수입이었던 게 아니라, 외국자본가에 의해 착수되고, 거의 완성되었던 것이다. 그 가운데에서도 가장 세력을 얻었던 자는 말할 것도 없이 ××제국주의였다. 그들은 경제적인 기초를 구축하고, 정치적 권리를 취득하기에 이르렀으며[××제국주의는 지금까지 지나에 대해 집요하게 주장해 왔던 조선의 '독립 자주'를 손바닥을 뒤집듯이 잊어버리고(!) '내정의 개혁'(1895년)을 단행했던 것이다], 이번에는 그 마수를 문화의 방면으로 확장하기 시작했다. 이렇게 하여 일청전쟁이 개시된 1894년(明治 27)에는 일본 정부의 압박에 의해 과거 제도가 폐지되었고, 새롭게 제정 발포된 소학교령을 비롯한 여러 법규만 하더라도 경성관립사범학교, 중학교, 일·영·독·불·러·한의 외국어학교, 의학교, 농상공학교, 심상소학교 및 소학교의 설립 등이 모두 일본 정부의 지휘 아래 결행되었던 것이다. 이외에 외국인 선교사들에 의해 설치된 많은 학교가 있었는데, 그것은 자비로운 신의 사랑과 진리를 설교하며, 그것에 대해 말할 수 없는 환희의 눈물과 감사로써 응답해야 했다. 그들의 학교는 정확히 1900년 전후에 여기저기 나타났지만 1907~1908년경에는 그 수가 실로 700~800교에 달하는 정도였다. 여기에서 ××제국주의는 단지 지휘만으로는 불안하다는 것을 통감했으므로, 대일본해외교육회(大日本海外教育會), 동아동문회(東亞同文會) 등으로 하여 '교육사업'에 전력을 다하도록 했는데, 일러전쟁의 개전 즈음에 일본은 조선을 강제로 소위 '일한협약(日韓協約)'이라는 것을 체결하도록 하고, ××제국주의의 소위 '고문정치(顧問政治)'가 개시되었던 것이다. 이 시기 일본은 조선 정부의 중요한 기관에 고문을 파견함과 동시에 학정참여관을 두도록 하여, 조선의 교육을 마음대로 지도할 수 있는 지위를 획득하게 되었다. 이 시기 이후 조선의 교육은 사실상 ××제국주의의 완전한 지배하에 놓여졌다.

일러전쟁에서 승리한 일본은 오랫동안의 숙원이었던 조선 병합에 관한 음모를 노골적으로 추진해 갔다.

거기에 1906년에는 조선에 통감부가 설치되고, 이토 히로부미(伊藤博文)가 통감으로 취임하자 정치적인 모든 권리는 ××제국주의가 장악하게 되었다. 이렇게 하여 정치적 시설의 한 계열의 변혁이 정신없이 행해짐과 함께, 이토의 지도 아래 통감부 서기관 다와라 마고이치[俵孫一, 하마구치 오사치(濱口雄幸) 내각 당시의 상공대신]가 학부에 들어가 학제 전부를 개혁하였으며, 일본인 교원을 채용함과 동시에 일본어 교수가 교수 과목의 중심이 되었다. 그리고 다음 해인 1907년에는 새로운 조약이 체결되어, 다와라가 정식으로 학부차관에 취임하기에 이르렀고, 조선의 교육행정은 더욱더 명실공히 ××제국주의의 손아귀에 쥐어지게 되었다. 이처럼 관련된 상태가 4년 후인 일한병합 후 1911년 8월 조선교육령이 발포하기까지 지속되었다. 조선총독부 발행 『조선교육요람(朝鮮教育要覽)』은 다음과 같이 말하고 있다.

> 1910년(明治 43) 10월 조선총독부관제가 반포되고, 제반 행정조직이 새롭게 되었으며, 백사유신(百事維新)의 결실을 이루었지만 오직 교육제도는 그 근본의 문제에 속해 있어 신중하게 심의해 장래의 대계를 계획할 필요가 있으므로 경솔하게 개폐를 행하지 않는다.

이 간단한 문장에서도 명료한 것처럼, 그들 제국주의자가 식민지 민중의 교육에 대하여 얼마나 주의 깊고 용의주도한 정책을 행했는가를 쉽게 엿볼 수 있지 않은가.

앞에서도 보았듯이 ××제국주의는 조선의 교육기관을 1906년 고문정치 개시부터 조금씩 점령해 갔던 것인데, 『조선교육요람』이 보고한 바에 의하면 다음과 같이 변화해 갔다.

학교명/연도	1906년	1907년	1908년	1909년	1910년(병합 당시)
성균관	1	1	1	1	1
법학교	1	1	1	1	1
사범학교	1	1	1	1	1
고등학교	1	1	2	2	2
외국어학교	7	7	3	1	1
고등여학교	0	0	0	1	1
실업학교	0	0	0	4	15
실업보습학교	0	0	0	0	4
보통학교	22	50	59	91	101
합계	33	61	67	102	127

비고) 본 표에서 다루고 있는 것은 모두 관공립학교이고, 사립학교는 다루지 않았다. 단 보통학교 가운데 보조지정학교는 포함한다.

표는 확실히 외국어학교를 점차 폐지하고, 그 대신 실업학교 및 실업보습학교로 하고 보통학교의 증설에 노력하고 있음을 나타내고 있다. 이것은 결국 교육행정의 실권이 ××제국주의의 손안에 꽉 쥐어져 있음을 말하는 것에 다름 아니다. (우리들은 머지않아 성균관이 단지 기념품으로써 놓이게 될 것이라는 것을 알고 있었다.) 그렇지만 여기에 나타난 학교 수의 증감률만으로는 그 진상을 규명하기에 충분하지 않다. 왜냐하면 우리들은 거기에 질적인 변화가 있었다는 것—이것이 가장 중요한 것이지만—을 놓쳐서는 안 된다. 즉 ××제국주의는 조선의 교육제도를 철저하게 변혁해서, 조선민족으로 하여금 ××제국주의의 노예가 되기를 강제했을 뿐만 아니라, 그것을 가장 효과적으로 수행해야 할 보통학교(소학교)에는 전부 일본인 교감을 배치하여 학교 내의 모든 실권은 사실상 일본인 교감이 장악하게 되었던 것이다. 이렇게 하여 순진한 소년은 ××제국주의의 노예교육에 의해, 그 어린 창조성을 자유롭게 발휘하는 것을 거부할 뿐 아니라, 어릴 적부터 있다고 생각할 수 있는 모든 정신적 굴욕을 감수해야 하며, 굴복적인 노예적 존재로 내몰리는 것을 강요당해야 했던 것이다. 즉 "부르주아는 소년이라는 거대한 대중을 착취하는 것에만 만족하지 않고, 그들을 정신적으로도 노예화하고 있다. 학교 및 모든 국영교육기관은 부르주아에 의해 계급교육의 기관으로서 이용되고 있다"(산노쿄토지소(産勞京都支所) 역, 「청년코민테른 강령」 121쪽).

그렇다고 하더라도 ××제국주의는 조선의 진보적인 청년층으로 하여금, 자신의 편으로 얼마간이라도 호의를 갖도록, 그렇게 하는 것으로 조선 민중의 분노를 조금이라도 경감시키려 노력하는 것에 인색하지 않았다. 그들은 일찍부터 조선 청년을 일본으로 유학시키는 것으로 얻을 수 있는 이득에 유의하고 있었다. 경제적 그리고 정치적으로 조선에 대해 확고한 기초를 구축해 낸 일본은, 조선 청년이 자신들의 문화를 수입하도록 했던 것은, 그들을 직접 자신의 꼭두각시로 만드는 것에 다름 아니었다. 왜냐하면 지금 점차 싹트려는 어린 조선의 부르주아적 요소가 청신(淸新)한 자본주의 문화를 만나, 무관심한 태도가 만들어졌던 것일까? 아니, 그들은 열심히 그것을 수입하려고 했다. 더구나 그것은 바로 일본의 새로운 문화였다. 그래서 우리들은 알고 있다. 당시 조선의 진보적인 청년층 가운데, 일본에 심취한 자와 친일파를 많이 볼 수 있다는 것을. 어찌 되었든 ××제국주의는 조선인 청년의 일본 유학을 장려하고 도쿄에 조선유학생감독부(朝鮮留學生監督府)를 두었고, 1911년(明治 44)에는 조선총독부유학생규정을 제정 발표하여, 일본인 감독으로 하여금 '감독'시켰으며, 다음 해인 1912년에는 도쿄에 유학생 기숙사를 설치해 합숙하도록 하여, 한층 더 충량한 일본 신민으로서의 자격을 갖추도록 노력을 기울였다. 거기서 소위 관비생인 자가 매년 50명씩 보내어져, 경비는 2만 2,500여 원(1918년도)을 지출했다. 말할 것도 없이 이들 유학생은 졸업 후 일정의 조건 아래 '××제국'을 위하여 충실히 일해야 할 의무와 책임을 가지는 자였다.

3.

××제국주의가 조선의 병합을 공공연하게 발표하고, 모든 권리가 명실공히 그 손안에 쥐어진 후에도 "교육제도는 그 근본의 문제에 속해 있어 신중하게 심의하여 장래의 대계를 계획할 필요"를 인정하고, '경솔하게 개폐를 행'하지 않았던 것은 충분한 이유가 있었다. 실제로 정말로 그들은 '신중'하게 생각해 충분히 연마한 결과, 1911년 8월에 이르러 칙령 제229호로서 발표되었고, 동년 11월 1일부터 실시되었던 조선교육령은 지금까지의 그것보다도 몇 배나 완전에 가까운 것이었다. 우리들은 우선 그것이 얼마나 노골적인 형태로, 게다가 속이 뻔히 보이는 공허함으로 가득 찬 미사여구로 장식되었는가를 알기 위해 그 가운데 몇 부분을 다음에 열거해 보고자 한다.

> 교육은 교육에 관한 칙어의 취지에 기초해 충량한 국민을 육성하는 것을 본의로 한다. (제2조)
> 보통교육은 보통의 지식 기능을 전수하고 특히 국민으로서의 성격을 함양하고 국어를 보급하는 것을 목적으로 한다. (제5조)

더욱이 교육령이 반포될 때 조선총독부는 다음과 같은 유고를 발표했다.

> 제국교육의 대본은 일찍이 교육에 관한 칙어에 명시되었는바 그것을 국체에 기초하여 그것을 역사에 비추어 확고부동하게 움직이지 않게 해야 한다. 조선교육의 본의는 여기에 있고, (중략) 그 교육은 특히 덕성의 함양과 국어의 보급에 힘씀으로써 제국신민으로서의 자질과 품성을 구비해야 할 것을 요한다.

또한 우사미 가쓰오(宇佐美勝夫) 내무부장은 1912년 4월 공립보통학교장 강습회의 훈시에서 다음과 같이 말한다.

> (전략) 현재에는 교육의 중심, 다시 말하면 교화의 중심은 공립보통학교에 있다. 이로써 여러분의 임무는 전념해 학교의 내용을 충실히 하고, 그 교화를 지방에 널리 퍼지게 함으로써 총독부 정치의 본지를 온전히 하는 데 있고, 공립보통학교의 경영은 총독부가 가장 중요하게 두는 바로서 여러분의 소임이 매우 중차대한 것이며, 이것으로 여러분은 먼저 오로지 힘을 학교의 내용 충실에 쏟고, 또 여력이 있다면 나아가 사립학교 및 서당을 이끌어 도와주는 데 힘써야 한다. 또 보통학교는 그 목적이 결코 졸업생으로 하여금 중학, 대학 등 계급을 쫓아 향상함으로써 더욱더 학술의 연구를 이룩하도록 하는 데 있지 않다. (이 말과 부하린이 이용한 파울젠의 말을 비교하라!) 따라서 공립보통학교를 마치면 바로 실무에 복무하여 성실 근면, 힘든 노동을 꺼리지 않고 국어를 능숙히 함과 동시에 상당히 실제적인 지식 기능을 가진 충량한 신민을 양성하는 것을 본지로 하는 것이니. (이상 『조선교육요람』에 근거함.)

이리하여 우리들은 ××제국주의의 교육정책의 의도가 어디에 있는지를 간파할 수 있다. (1) 그들은 보통학교에 '가장 무게를 두었고' 어린 아동들에게 그 정신적인 권력을 이식하여, 나아가 그것을 '지방으로 널리 퍼지게' 하는 것이며, (2) 그들에게는 결코 지식의 보고를 개방하지 않고, 아니 오히려 그것을 봉쇄하고 억압하면서 국어(조선인에 있어 일본어가 국어임에 반하여, 그들의 언어는 조선어이다)를 보급하고, '국민으로서의 성격을 배양하고', '충량한 제국신민'으로 하는 것이며, (3) 항상 '성실 근면' 하고 '힘든 노동을 꺼리지 않는' 그들의 지치지 않는 착취와 억압을 감수하도록 하는 것이, 조선인 교육사업의 본질이다! 이미 분명한 것처럼, 거기에는 조금의 창의성도 용인되지 않았으며, 민족 고유의 문화는 발전하는 대신에, 무참히 박멸될 운명에 마주했던 것이다. 그렇다! 조선총독부 교육 대강의 이면에는 분명히 이렇게 써져야만 했다. "돼지 같은 놈, 그냥 움직여! 지식은 너희들에게는 불행의 근원인 것이다. 무지(채찍)와 힘든 노동만이 부여된다면 충분히 잠자코 있어라!" 정말로 조선 민중을 향한 후퇴주의의 강제는 ××제국주의에게 필요불가결한 것이었다. 그리고 이것을 완전하게 수행시켜야 하는 일체의 방책이 만들어졌고, 온갖 행정기관은 그물코와 같이 얽혀 있었다. 우리들은 학교라는 것이 어떤 기관에게 지배당하고, 그들의 이데올로기가 어떤 경로를 밟아 조선의 소년에게 이식되었는지를 표시하고자 한다.

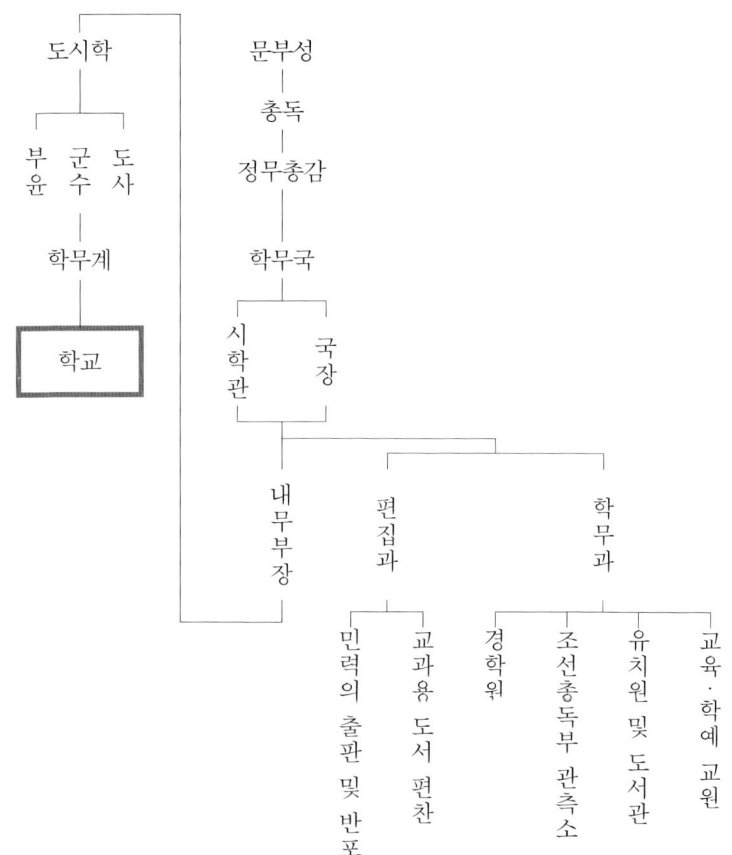

이러한 복잡한 기관을 통해 하달되는 강압적인 명령은 각 학교의 교장에게 절대복종하도록 촉구했지만, 그럼에도 조선인 교장들이 불편하다 생각했는지 새로운 법령이 반포됨과 동시에 종래의 조선인 교장은 일본인으로 대치되었고, 교감은 폐지되었으며, 훈도는 모두 칼을 차고 무장하기에 이르렀다! 소학생 앞에 나설 때조차 무장이 필요했던 것이다. 거기에는 성장하려는 어린 제너레이션에 대한 친절한 교도 대신에 위협이 있었다. 그렇지만 그들에게는 그 이외에 방법이 없었을는지도 모른다. 왜냐하면 1주 37~38시간의 교수과정 가운데, 조선어와 한문이 겨우 4~5시간 할당되었을 뿐, 이외의 모든 시간은 일본어(그들이 말하는 '국어') 시간 혹은 일본어로 쓰인 교과서를 강요했을 뿐만 아니라, 교실 안에서 아동 간의 언어교환조차 일본어를 사용하도록 무리하게 요구했으며(조선어 한마디에 50전 정도 벌금을 징수하거나 체형에 처했다), 창가의 시간에는 언제나 ××제국주의에 대한 찬가로 채워지도록 했던 것이므로 그것은 불가피하게 소년들에 대해 '위엄'을 가질 필요가 있어, 소년의 심리에 공포심을 품게 하도록 요청했다. 우리들은 여기에서 한 번 더 반복할 것이다! 이와 같이 '교육'은 과연 조선민족을 문화적으로 향상시키고, 그들을 '문화의 은혜'에 충만하도록 하며, 창조성과 민족고유의 문화를 발달시키는 데 기여하는 것이었는가라고.

4.

우리들은 지금까지 조선총독부가 경영하는 학교에 관해 언급한 것에 불과한데, 그들이 소위 사립학교에 내렸던 탄압, 매수정책이라는 것도 결코 흥미 없는 대상이 아니다.

××제국주의의 사립학교에 대한 태도는 이미 1908년(明治 41년 8월)까지 거의 결정되었다. 즉 그것은 소위 사립학교령이라는 형태로 나타났고, 모든 사립학교는 통감부(당시는 아직 통감부 시대였다)의 규정에 따르는 것, 다시 말하자면 ××제국주의 교육방침에 복종할 것이 선포되었다. 그것은 1911년에 이르러 사립학교령은 사립학교규칙으로 개정되었는데, 거기에는 모든 민족주의적 혹은 종교적 색채를 지우는 것이 한층 명료하고 확신을 갖고 선언되었다. 즉 지금까지 아주 미약한 모습으로 남아 있던 민족주의와 외국의 선교사들이 부식하려 했던 종교라는 외피를 두른 음참(陰慘)한 살해가, ××제국주의라는 확고부동한 힘에 의해 강제로 일소되는 것을 목도하였다. 그렇지만 이러한 것들은 그로부터 4년 후인 1915년에 발표된 아주 굴욕적인 법령에 비하면 역시 참기 쉬운 것이었는지도 모른다.

××제국주의는 자신이 직접 손을 뻗어 학교 이외의 사립학교 및 서당을 끊임없이 감시(일주일에 적어도 3~4번은 감시하러 돌아다녔다) 간섭하고, 총독부에서 편집 발행한 교과서 및 교재를 사용하도록 하여, 조선어, 조선역사의 교수를 엄하게 금지하였으며, 할 수 있는 한의 모든 탄압과 박해를 더하는 한편, 사립학교의 매수와 박멸에 모든 힘을 다하였다. 그리고 이것은 1915년 세 번째로 개정된 법령과 맞물려 더욱더 노골적으로 강행되었다. 새로운 법령의 특징 중 한 가지는, 1915년까지 총독부의 통제권 내에 완전하게 편입되지 않은 것에 대

해서는, 향후 10년 이내에 어떤 일이 있어도 '개정'되어야 할 의무가 주어지게 되었다. 조선총독부가 사립학교 및 서당의 박멸에 대해, 얼마나 정력적으로 움직였는가는 그들 스스로가 말하는 바이다. 우리들은 이번 조선총독부발행의 『조선교육요람』 및 『조선총독부 통계년보』(1927년 발행)에서 두세 개의 숫자를 차용하고자 한다.

그들이 가리키는 숫자에 의하면 병합 당시인 1910년의 사립학교 수(총독부의 허가를 얻은 것에 한함)는 2,200여 교(가운데 기독교계 800여 교)였다고 하는데, 그로부터 14년 후인 1925년에는 그 수가 불과 635교(가운데 종교단체계 245교)로 격감했다고 한다. 서당 역시 현저하게 감소해, 1920년 2만 5,482개에서 5년 후인 1925년에는 1만 6,873개였다. 이렇게 그들은 사립학교 및 서당의 파괴에도 성공을 거둘 수 있었던 것이다. 그리고 이 모든 것은 우리들이 지금까지 보아온 대로 ××제국주의의 조선 민중 착취와 그것을 정신적으로 정당화하고, 합리화하려는 이상 아무것도 아니며, 그런 까닭에 그들이 밤낮 입버릇처럼 반복했던 '조선인을 위한 교육'이라든지 '조선민족의 문화향상'을 위해 극력 힘썼다고 뽐내듯이 거짓말을 한 것이 단지 공허한 내용을 지닌 말이었을 뿐만 아니라, 조선 민중을 착취·억압하고 그것을 정당한 것이라고 인정받으려고 안달하며, 또 조선 민중을 우롱하는 것에 다름 아니었다. 그들에게 있어 아주 불행한 것은, 우리들은 ××제국주의의 조선에 대한 교육시설이라는 것이 이러한 의도 아래 행해지고 있다는 것을 간파했고, 그때에 한정해 그것에 결정적으로 반대하는 것이라는 점이다.

5.

우리들이 알고 있는 한에서, 일본의 학생들은 소학교부터 대학교에 이르기까지 그들이 발을 디디는 모든 학교에서, 자비심 깊은 일본은 어떻게 해서 동정해야 할 조선을 구제했는가를 그리고 그 때문에 일본은 의협심에 가득 찬 나라이며, 동정해야 할 조선인에게 감사받고, 조선인은 그에 대해 보답하지 않으면 안 된다고 하는 것을 듣게 될 것이다. 조선의 소년 역시 이에 못지않게 ××제국주의의 고마움과 그것이 비길 데 없이 훌륭한 국가라는 것, 그런 까닭에 그들에게 교도되고, 복종하고, 반항해서는 안 된다고 하는 것을 주입받고 있다. 그리고 우리들은 ××제국주의의 영광스러운 정치가, 대학교수, 박학한 학자 제군이 '이웃

나라의 우애'와 '동양의 평화'와 '행복'에 관해 끝도 없이 신탁을 늘어놓는 것을 알고 있다. (이것의 반동성에 관해서는 후술하도록 한다.) 그리고 그것이 만약 사실이라고 한다면, 조선 민중은 '××제국'에 대해 끝없는 감사와 존경을 지불했을 것이다! 그런데 무슨 불행인가! ××제국주의는 1919년에 이르러 그야말로 상상외(?)의 사실에 봉착했던 것이다. 그 우매한 조선인들은 그들의 행복을 내쳐 버리기 위하여 피를 흘리고 생명을 내던졌을 뿐만 아니라, 그 '사육주'에게 대들었던 것이다! 게다가 그 슬픔에 한층 박차를 가한 것은 '사육주'에게 대들었던 자들이 그가 경멸해야 하는 무지몽매한 패거리들이 아닌, 대부분이 '문화수준이 높은 자'였을 뿐만 아니라, 자신들의 손으로 교육시켰던 자들이었다는 것이다. 그렇지만 그들은 이 '의외'인 사변 앞에 몹시 놀라는 대신 다른 방법을 알고 있었다. 즉 그는 이 은혜를 모르는 무뢰한당들을 대하는 데 가차 없는 일격으로 대했다. 거기에서 우리들은 1919년 3월 전투의 패배 이후, 봉건적 잔재와 우익 부르주아의 겁쟁이들이 어떠한 경로를 밟아 왔는지를 분명히 볼 수 있었다.

××제국주의의 조선경영에 있어 일대 불상사였던 '3·1사건'은 어떻게 '어려움 없이 진압'되었다 할지라도, 그것은 일본에서는 완전히 의외인 것이었을 뿐만 아니라, 일본의 정책이 '지나치게 좋지 않았다'는 것을 의미했다는 것을 깨닫게 했다. 거기서 아주 제한성이 있는 것이고 기만적인 것이었다고 하더라도, 어쨌든 손톱의 때만큼 정치적 자유라고 하는 것이 부여되기에 이르렀다. 그 후의 모습은 지금까지 막아 두었던 물이 세찬 물줄기가 되어 흐르는 것처럼 보일 정도로, 조선의 신흥 부르주아적 요소가 짙게, 모든 부분에서 새로운 운동이 일어났다. 그것은 당연히 교육에도 파급될 수밖에 없었으며, 학교에 대한 원시적인 반항과 소규모의 개량주의적, 개혁운동이 개시되었다.

1919년 5월에는 일찍이 전 조선중등학교 정도 이상의 학생 대중 단체 '조선학생대회(朝鮮學生大會)'가 생겨났다. 이 단체는 새롭게 수입된 부르주아적 풍조에 커다란 영향을 받았을 뿐만 아니라 그것을 사상적 내용으로 하고 있었다. 더욱이 그들은 (1) 학생 대중의 단결 및 친목을 도모할 것, (2) 물산(국산)장려, (3) 지방열 타파 등이 그 주요한 강령이었다. 이 단체는 ××제국주의 및 봉건적 잔재에 대해 투쟁할 것을 표명함에 따라, 1921년 7월 보성전문학교, 중앙고보교를 중심으로 하는 소위 '7교장회의' 반대로, 조선총독부의 탄압에 의해 괴멸을 강요받았다. 그 후 1924년 7월에 조선학생총연합회(朝鮮學生總聯合會)를 계획했지만 실패로 끝났고, 1925년 5월에 이르러 사회주의적 경향을 지녔던 학생들에 의해 '공학회(共學會)'가 창립되었다. '공학회'는 (1) 사회과학 연구 (2) 민중본위의 교육실현 등의 기치를 내세워 만들어진 것인데, 이것이 조선에서 학생사회과학연구단체의 효시이다. 그 이후 조선의 급진적인 학생 대중은 종래의 좁은 민족주의적 영역에서 탈피하여 사회과학에 관심을 갖게 되었으며, 광범위한 투쟁의 무대에까지 등장하게 되었다. 동년 9월에는 새롭게 경성에 '조선학생과학연구회'가 창립되어, 기관지 발행과 민중도서관을 계획했지만 실패로 끝났고, 수시로 학술강연회를 여는 것으로 만족해야만 했다. 그해 10월 들어 공학회는 총독부로부터 강령 및 구성분자가 불온하다는 이유로 해산되었지만, 다음 해 11월 '경성학생연맹'이 창립되었고, 이어 다음 해 1월에는 '서울학생구락부'가 생겨났다. 해외에서도 '간도용정촌과학연구회(間島龍井村科學研究會)', '북경사회과학연구회'가 창립되었고, 도쿄에 '신흥과학연구회'가 생겼다. 이들 가운데 신흥과학연구회는 올해 봄까지 존립하여 국내 학생운동에 많은 사상적 영향을 미쳤다.

우리들은 이 기간 중에 매우 광범위한 영역에 걸쳐, 자연발생적인 학생스트라이크가 일어났다는 것을 잊어버릴 수 없다. 무서울 정도의 반동적인 교육정책을 강요받았던 학생 대중은 그것이 자연발생적인, 비조직적, 분산적인 투쟁이었지만, 놀라울 정도로 많은 학생을 동원할 수 있었다. 그들은 아주 무력한 지도부와 투쟁수단을 갖고 있으면서도, 이를 데 없이 야만적인 경찰 테러에 대항하였고, 학교 당국의 봉건적인 잔재와 부모형제의 몰이해와도 싸웠다. 우리들은 이러한 곤란함 속에서도 거의 매일 투쟁을 멈춘 적이 없는 모습을 볼 수 있었다. 교육가 히라이 미쓰오(平井三男)가 작년 4월 13일 《도쿄아사히신문(東京朝日新聞)》에서 개탄했던 것처럼, 그것은 "총독부 직할의 관립전문학교에서조차, 민족운동 음모사건을 야기하는 등 약 반년 사이에 동맹휴교 50건을 넘었고, 피처분자가 2천 수백 명에 달해, 왕왕 노골적인 민족심리에 지배당하였고, 형법에 저촉된 자도 적지 않았다"는 것이다. 그러나 사실은 이 마음 약한 교육가가 놀란 것보다도 훨씬 위험한 것이었다. 그가 본 것은 불과 1928년 반년 동안에 일어난 사실일 뿐만이 아니라, 그것이 단지 학교 당국에 대한 투쟁에 머물러 전국적인 투쟁이 되지 않고 통일적인 반제투쟁으로 발전하기에는 아직 여지가 있던 시대의 이야기에 지나지 않는다. 실로 당시는 이러한 투지에 가득 찬 학생 대중에 대해 올바른 지도가 이루어지지 못하고, 조선의 ××주의운동에 가장 큰 해독을 끼친 소부르주아적 영웅주의자들의 개인적인 세력다툼 때문에, 보다 강력한 투쟁의 전개를 볼 수 없었다. 그렇지만 그것은 우리들이 나중에 보는 것처럼, 단지 학교 대 학생 혹은 한 학교만의 투쟁에 멈추지 않았다. 머지않아 그들의 전투력은 몇 배나 강해지고, 그것은 전국적인 규모로 조직되어 학교에 대한 투쟁은 한층 정치적 성질을 띠고 반제투쟁으로 발전해 갔던 것이다.

우리들은 신사 여러분의 원망을 사지 않도록 다시금 무미건조한 문제를 끌어내 보자. 우리들은 이제부터 신사 여러분의 고상한, 동정에 가득 찬 '교육사업'에 관하여 논하고자 한다. 1920년 6월에 조선의 교육자 및 교육에 관심을 갖는 명사 여러분에 의해 조선교육협회(朝鮮敎育協會)라는 것이 창립되었다. 이 향기 높은 단체에서는 (1) 교육에 관한 조사연구, (2) 교육에 관한 잡지 발행, (3) 교육공로자 표창, (4) 도서관 경영 기타 목적을 수행할 것이었다. 그리고 조금 후의 일이지만, 소위 '민립대학 설립' 운동을 동아일보사 등과 공동으로 일으켰던 것도 그들의 공로(!)로 돌아가야 한다. 그런데 이 가련한 신사 여러분의 위대한 사업은 그들이 그 정도로 열심히 했음에도 불구하고, 지금까지 50 수회의 순회강연(우리들은 여기서 그 내용을 문제로 할 만큼 잔혹하고 싶지 않다)과 노동독본 3권, 노동산술 1권, 한자초보독본 1권, 과외독본 1권을 간행하고, '지도분자'를 양성해야 하는 수회에 걸친 강좌를 연 것에 머무른다. 이것이 그들 고상한 신사 여러분이 10여 년을 통한 투쟁의 전체 수확이었던 것이다!

어찌되었든, 이상과 같이 모든 정세의 변화는 '조선통치의 공로자'인 사이토 마코토(齋藤實)로 하여금 조선교육령을 개정하도록 분발하게 했다. 거기서 그는 '다수 유식자'의 협찬을 얻어 1922년 2월 새롭게 조선교육령을 반포하기에 이르렀는데, 우리들은 거기에 주목하기에 앞서 학생 여러분의 학교에 대한 투쟁 및 신사 여러분의 '교육사업'에 관해 우선 비판해 보고자 한다.

6.

우리들은 조선에서 학생 대중의 스트라이크가 다른 나라에 비해 현저하게 발달하고, 그것이 매우 광범위한 층을 끌어당겼던 것은 보았다. 그리고 식민지 운동에서 잘 나타나는 인텔리겐치아 학생 등의 사상적 영향이 노동자 농민에게도 어느 정도 반영되었다고 말할 수 있다. 사실 문화적으로 뒤떨어진 여러 국가, 특히 식민지에서 자주 보이는 것을 조선에서도 알아차릴 수 있다. 우리들은 조선에서의 학생운동을 과소평가하려는 것이 아니다. 그렇지만 과거에 있어 그것은 대부분이 단순히 학교 당국에 대한 투쟁에 지나지 않았다고 하는 점에, 또 전국의 학생 대중이 동일한 요구를 갖고 있음에도 불구하고 통일적인 투쟁이 되지 않았던 것, 그것이 노동자 농민, 기타 대중투쟁과 결합되지 않았던바에, 한마디로 말하자면 정치적인 성질을 띠지 않고, 따라서 광범위한 반제국주의적 투쟁으로써 싸우지 못했다는 점에 잘못이 있었다. 말할 것도 없이, 거기에는 시간적인 조건이 있었다고 해야겠지만, 사회주의적 색채를 농후하게 갖추었던 여러 종류의 스트라이크의 경우에서조차, "조선어로 교수하라!", "조선역사를 가르쳐라!" 등등의 슬로건이 정치적인 요구와는 무관계하게 제시되었던 것이다. 즉 그것은 마치 조선 그 자체가 ××제국주의의 지배로부터 해방되지 않더라도, 민족 독자의 문화가 충분히 발전할 가능성이 있는 것처럼 생각되었던 것이다. 그렇지만 그것은 분명히 잘못된 것이다. 민족 고유의 문화는 프롤레타리아트의 승리 후, 프롤레타리아트××의 시기에서만 가능한 것이다. 스탈린(Joseph Stalin)은 소비에트동맹 공산당 제16회 당대회에서의 보고 마지막 말로 부르주아적인 민족문화와 프롤레타리아적인 민족문화에 대하여 다음과 같이 말했다.

> 부르주아 지배하의 민족적 문화란 무엇인가? 이는 내용에서 부르주아적, 형식에서 민족적이고, 그 목적으로 하는 바는 민족주의에 의해 대중을 해치고, 그럼으로써 부르주아 지배를 더욱 공고히 하려는 것이다. 프롤레타리아 독재하의 민족적 문화란 무엇인가? 이는 내용에서 사회주의적, 형식에서 민족적이며, 그 목적으로 하는 바는 대중을 국제주의의 정신으로 교육하고, 그럼으로써 프롤레타리아 독재를 더욱 공고하게 세우려고 하는 것이다.

그러나 우리들은 1928~1929년경부터 이런 잘못된 경향이 점차 청산되어 가고 있음을 보고 있다. 대구 지역에서의 적우동맹(赤友同盟), 특히 작년 11월부터 올해 2월까지 계속했던 학생 대중의 광범위한 반제투쟁이, 아직 노동자 농민의 투쟁과 긴밀하게 연결되지 않았다고는 하지만, 몇몇 부분은 그것에 가까워지고 있을 뿐만 아니라, 학교에 대한 투쟁이 반제투쟁으로 전화(轉化)되었던 것을 인정하지 않으면 안 된다.

자각한 학생 대중이 반동적인 노예교육에 반대하여 제국주의 지배의 전복으로 나아갈 때 고상한 신사 제군은 정반대의 방향으로 계속 걸어 나간다. 그들의 '지도분자 양성', '문자 보급', '상식 보급', '민립대학 기성운동' 등이 일견 문화를 ××제국주의로부터 지키고, 문화적 요구를 '자유'롭게 발전시키며, 정신적 욕망을 만족시킬 가능성을 줄 것처럼 보여도, 그것은 단지 가상에 불과할 뿐 아니라, 한층 반동적인 의의를 갖는다. 왜냐하면 그들은 국민적 문화발전의 문제를 결코 ××제국주의와의 투쟁문제로 연결시키지 않는다. 그런데 조선민족의 해방은 오로지 '민중'의 일정하게 높은 문화 수준이 필요하다고 생각한다. 그들은 해방을 바라기에 앞서 계몽과 문화가 필요하다고 주장한다. 작년 총독부와의 협력 아래 행해졌던 조선일보사의 '생활개신운동(生活改新運動)' 문자보급반의 활동, 조선문 및 문법연구의 왕성한 선전 등등은 《동아일보》, 《중외일보》 등등 부르주아 신문 및 여러 종류의 부르주아 잡지가 특히 두드러지게 취급했던 문제이다. 정회풍(鄭萱風) 등의 부르주아 문학자는 어제보다도 격렬하게 조선 문학 건설을 외치며, 『별건곤(別乾坤)』, 『삼천리(三千里)』 등의 잡지는 조선혼에 호소하고 있다. 이러한 것이 모두 잘못된 것일 뿐만 아니라, 극히 반동적인 것임은 말할 필요도 없다. 그들이 주장하는 '민족문화'라는 것이 부르주아의 것인 한 프롤레타리아트의 통일체를 분쇄하고, "아주 조금이기는 하지만, 근로자의 힘을 분열시킴으로써 자본주의의 권력을 드높이는 일을 한다". 레닌도 「문화국민적 자율에 관하여」라는 논문에서 다음과 같이 말하고 있다.

"프롤레타리아트에 조력하려는 자는 만국의 노동자를 단결시키고", 또 "자국과 타국을 불문하고 부르주아 국가주의와 양보 없이 싸우지 않으면 안 된다. 국민적 문화의 슬로건을 옹호하는 것은 국가주의적 시민 아래서 그 위치를 구하라, 그리고 마르크스주의자 아래서 구하지 말라"라고. 또 같은 논문의 다른 곳에서는 이렇게 말한다.

"노동자 계급의 이익과 일반의 정치적 자유는… 예외 없이 한 국가 내 전 국민의 완전하고 동질적으로, 그리고 국민간의 경계 철폐, 전 국민의 아동을 단일적인 학교로 합병하는 것을 요구한다."

건전하고 참된 국민적 문화는 프롤레타리아트의 독재기에서만 개화하는 것이다. 마지막으로 '계몽'과 '문화의 수준'에 관해 한마디해 둔다. 우리들은 부르주아 사회제도 아래에서는 프롤레타리아는 경제적으로 착취되고, 정치적으로 억압받으며, 문화적으로 억눌린다는 것을 알고 있다. 그런 까닭에 부르주아 독재 아래에서는 프롤레타리아의 문화 향상은 도저히 바랄 수 없다.

봉건주의에 대한 부르주아 혁명이 봉건적 사회체제 내에서 싹트고, 문화적 성숙으로 보면 지배계급보다 고도하며, 이미 봉건제도 아래에서 경제생활의 지배자가 된 하나의 새로운 계급이 존재한다는 것을 전제한다. 이에 반해 프롤레탈리아××는 그것과는 다른 조건 아래서 발전한다. 노동자계급은 자본주의적 사회에서는 경제적으로 착취당하고, 정치적으로 억압받으며 그리고 문화적 관계에서 억눌리고 있다. 과도기에 국가권력을 장악한 후에 비로소 부르주아적 교육 독점을 타파하여, 모든 지식을 체득하고, 거대한 건설 사업에 임한 경험의 도움에 의해 그들 자신의 천성을 개조하는 것이다(다카야마 요키치(高山洋吉) 역, 『코민테른 선언·강령·규약』, 82쪽).

이와 같이 우리들은 고상한 신사 여러분이 10여 년간이나 노력해 온 것이 반동적인 역할 이외에는 아무 것도 아니며, 그것이 또 당연히 실패로 끝날 것이라는 것을 알 수 있다.

7.

그렇다면 우리는 1922년에 개정 시행되었던 조선교육령이 어떤 기획 아래서 고안된 것인가, 그리고 그것이 어떻게 반영되었는가에 관하여 연구해야 하지 않을까. 일본의 교육 및 조선의 교육에 관심을 갖고 있을 뿐만 아니라 그에 대해 이미 걱정(!)하는 히라이 미쓰오에 의하면 다음과 같다.

조선교육령은 1922년(大正 11) 2월 공포된 칙령으로, 1919년(大正 8) 대소요(大騷擾) 이후 총독이라는 큰 임무를 받들어 경성역 앞에서 폭탄 세례를 받으면서도 차분하게 착임했던 사이토에 의해 행해졌던 조선 미증유의 학제대개혁의 결정이었다. 내선의 영원한 결합과 평화를 근본 기조로 하고, 새 영토의 민심 안정을 영구히 확립하기 위해 내선조야의 다수 유식자를 위원으로 하여 신중히 조사 토의를 거듭해 입안하고, 추밀원의 자문을 거쳐 재가를 얻은 통치의 근본 법규이다(히라이 미쓰오, 〈조선교육령 문제〉, 《경성일보》 1929년 4월 13일).

'조선통치의 공로자'이며, 교육제도 개정의 일대 은인(!)인 사이토 총독은 다음과 같은 유고를 발했다.

조선교육령 시행 이래 성상(星霜)을 세어 보니 이미 10여 년 그동안 사회의 진보 민력의 신장이 매우 현저하고 대체로 조선 옛날의 면목을 새로이 하는 측면이 있어, 나는 취임 초에 즈음해 우선 사회문화의 바탕인 교육의 쇄신에 관해 선명한바 있어, 이 후 교육제도의 개정을 기획해 제반의 조사를 하고 또 임시교육조사위원회를 설치해 조야의 유식한 선비에게 자문하는바 있었고, 이번에 드디어 조선교육령의 공포를 보기에 이르렀다. 대저 종래의 조선교육령은 그 당시의 세태와 민도를 고려해 간이하게 하여 실용을 주로 하는 시설을 만들 취지로 나온 것임은 능히 사회의 실정에 적합하고 문운(文運)의 융창(隆昌)에 기여하는 것이 적지 않음은 세상이 인정하는바이다. 그런데 시세의 추세는 공연히 구주(舊株)를 지키는 것을 허락하지 않으니 필시 그에 대한 적당한 개정을 실시하여 도움이 되는 제도를 정비하고 시설을 완성해야 함은 말할 것도 없다. 이번에 새로운 사범교육 및 대학교육을 더하고 동시에 보통교육, 실업교육 및 전문교육의 정도를 향상시켜 내선 공통의 정신에 기초해 동일제도 아래에 시설의 완비를 기하기에 이른 이유이다. 단 내선 스스로 사정을 달리하는 것이 있으므로 보통교육기관은 특히 종래의 명칭을 답습해 교육을 실시하고 또 자제의 특별한 사정에 따라 학습할 수 있는 길을 열어 놓았다. 생각건대 최근 시세에 따르면 향학심이 높아지고 교육시설의 충실한 정비를 촉구해야 할 필요가 있어, 이번 가을에 새로운 조선교육령을 공포함은 이것에 의해 더욱 교육의 보급에 철저를 꾀하고 민중으로 하여 한층 문명의 혜택을 누리도록 하여 그 복지를 증진시키려는 취지 외에 다름 아니다. 관민이 부디 협심 협력하여 신령(新令)의 정신에 따라 질실건전(質實健全)한 시설을 이룸으로써 제국의 규운(奎運)을 다잡고 나아가 세계 문화의 발전에 이바지하는 것을 바라는 바이다(조선총독부 학무국 발행 『조선교육법규』).

이상과 같은 감사한 조선교육시설은 조선인의 문화향상에 어느 정도 기여했는가? 다음 숫자로 그것을 알아보자.

조선총독부의 통계에 의하면 1929년 말 모든 조선에 있는 공립보통학교 수는 1,500교, 수용 학생은 44만 6,757명(이 가운데 여자 7만 2,375명), 사립보통학교(1927년 현재) 81교, 학생 수 1만 9,460명, 합계 학교 수 1,581교, 학생 수 46만 6,117명이었다. 이것을 1928년 말 현재의 조선인구 총수와 비교해 보면 각각 다음과 같은 표가 된다.

<표 1> 보통학교(소학교)

	조선인	일본인
인구 총수	18,667,334	469,043
학교 수	1,581	461
한 학교에 해당하는 인구수	11,807	1,017
아동 수	466,217	57,432
인구에 대한 아동 수 비교	40	8
학령아동 수	2,240,000	57,604
100명 중 취학 보합	20%	99.7%

<표 2> 고등보통학교(중학교)

		조선인	일본인
학교 수	남	24	11
	여	15	23
	합계	39	34
학생 수	남	11,457	5,860
	여	3,760	6,841
	합계	15,217	12,701
보통학교에서 고등보통학교로 진학한 학생 수		3.4%	20%

<표 3> 각종실업학교(관·공·사립농업, 농잠, 농림, 상업, 상공, 수산, 실업학교)

학교 수		50
학생 수	조선인	8,077
	일본인	3,812
비율	조선인	1.7%
	일본인	6.6%

Ⅲ. 조선교육 정책을 비판하다

<표 4> 공사립 각종보습학교

학교 수		69
학생 수	조선인	2,530
	일본인	982
비율	조선인	0.5%
	일본인	1.7%

<표 5> 사범학교

학교 수		14
학생 수	조선인	1,224
	일본인	617
비율	조선인	0.3%
	일본인	1%

<표 6> 전문학교

관립학교 수		5
사립학교 수		6
관립학교 학생 수	조선인	372
	일본인	806
사립학교 학생 수	조선인	917
	일본인	175
합계	조선인	1,289
	일본인	981

<표 7> 대학 및 대학 예과

학교 수	조선인	275
	일본인	957

비고) 이상의 표는 조선총독부 학무국에서 발행한 『조선제학교일람』에 근거해 만든 것이다(1928년 현재). 중등학교, 각종보습학교, 사범학교에 붙여진 비율은 소학교(일본인 아동), 보통학교(조선인 아동)를 졸업한 아동 가운데 어느 정도의 사람이 중등학교로 나아갈 수 있는가를 비교한 것이다.

조선총독부의 통계에 의하면 재조선 일본인 아동이 100명 중 99명 이상이 취학할 수 있었음에 반해, 조선인 아동은 학령아동 100명 중 고작 20명만이 학교에 들어갈 수 있었다. 〈표 2〉에서는 보통학교 시기 80명이나 탈락되었음에도 불구하고, 고등보통학교(중학교)에 들어간 자가 3.4%임에 반하여, 일본인 아동은 중학교에도 조선인보다 6배 이상 진학할 수 있었다. 표에서 열거했던 초등학교 및 중학교는 일본과 조선의 학생이 각기 구별된 학교이지만, 1922년에 개정되어 '공학제(共學制)'가 실시된 학교는 어땠을까? 유감스럽게도 거기에서도 우리들은 '불쌍한 조선인'의 수를 볼 수 있다.

각종실업학교를 점하고 있는 조선인 학생은 1.7%에 지나지 않음에 반해, 일본인은 그 4배인 6.6%를 점하고 있으며, 각종보습학교에도 조선인은 단지 0.5%를 점하는데 반해, 일본인은 그 3배 이상인 1.7%로 높다. 그것은 또한 사범학교에서도 동일한 현상을 나타낸다. 아니 여기에서는 적지 않았지만 자격 있는 관립사범에는 일본인 학생 수가 절대 다수를 점하고 있었다. (일본인 571명에 대해 조선인은 겨우 185명이었다.) 전체적으로 말해도 조선인 학생은 일본인의 3분의 1에 지나지 않는다. 그렇다면 이들 학교를 나와 더 진학하는 전문학교 및 대학에서는 어떠할까? 우리들은 거기에서 한층 참담한 광경을 접하는 것이다! 관립전문학교에서 일본인 학생은 조선인 학생의 2배 이상이며, 대학교에서 일본인 학생은 조선인 학생에 비해 실로 그 3배 반에 이르는 것이나! 세군들! 재소선 일본인 수의 약 4배를 웃도는 조선인 수와 일본인 취학률을 합하여 생각해 보라! 제군이 만약 일체의 사항을 왜곡하는 것을 좋아하지 않는다면, 지배계급의 대대적인 선전인 공학제가 결코 조선인 교육을 위한 것이 아님을 간파할 수 있을 것이다. 또한 우리들은 일체 사항의 현상형태만을 파악해서는 안 된다. 이 경우 조선인 아동을 수용하는 보통학교가 4년제와 6년제로 되어 있음에 반해, 일본인 아동의 소학교는 모두 6년제였을 뿐만 아니라, 그 위에 대부분 고등소학이라는 곳이 2년을 쓸데없이 물고 늘어진다는 것이다. 즉 실제로는 총독부에서 발표한 숫자보다 소학교 쪽이 훨씬 높다는 것이다. 그뿐만 아니라 소학교, 중학교를 졸업한 일본인 학생 및 전문학교를 졸업한 자가 대다수 일본으로 향한다고 하는 것이다. 즉 이것은 조선에 남아 있는 일본인 거의 전부가 중학교 및 전문, 대학교에 진학할 수 있다는 것을 의미한다.

그렇다면 이와 같은 불합리는 무엇에 근거한 것일까? 조선인은 착취된 나머지 학교에 갈 여유가 없는 것인가? 아니면 일본인 아동에 비해 그 정도 두뇌의 움직임이 뒤떨어진 것일까? 그것도 아니라면 공학제를 바라지 않는 것인가? 그들 지배계급의 충실한 심부름꾼인 '교육가' 제군에게 말하도록 한다면, 이런 이유는 타당할 지도 모른다. 그렇지만 우리들은 머지않아 그것이 뻔한 거짓말이라는 것을 알 것이다. 그보다도 우리들은 착취되고, 계속 억압받고 있는 민족의 젊은 세대가, 어떻게 그 고난 속에서 광명을 구하려고 하는지를 보자.

1931년 3월 10일 《중외일보》의 보도에 의하면 경성 시내의 18개 공립보통학교 입학지원자 수 및 그 초과자 수가 다음의 표와 같았다.

연도	지원자 수	모집 인원수	초과 인원수
1928년	4,016	2,493	1,523
1929년	4,566	2,521	2,045
1930년	4,844	2400	2,472

이 표가 나타내는 바에 의하면, 경성 시내에서만도 보통학교로 들어갈 수 없는 아동이 모집 인원의 배 이상이라는 것을 알 수 있다. 또 3월 6일의 《조선일보》 보도에 의하면, 강원도의 학령아동 17만 명에 대한 보통학교 총수는 92교에 불과하고, 현재의 재적 아동은 겨우 2만 4명, 즉 8배 반 이상의 학령아동이 취학할 수 없다는 현상이다.

이런 현상은 단지 소학교에서 볼 수 있는 것일 뿐 아니라, 중등학교, 전문학교, 대학교에서도 눈에 띄는 현상이다. 1931년 3월 30일 《중외일보》 사설에 의하면, 본년도 경성제일고보교의 모집 인원 200명에 대해 지원자는 678명(약 4배)이었고, 각종사립중학교에서도 남녀교 모두 평균 3배에서 5~6배의 초과를 볼 수 있다고 전하고 있다. 전문학교의 예를 들어 보면 경성의학전문은 80명 정원에 대해 904명(8배 반)의 지원자가 있었으며, 대학예과에는 문리(의)과 모두 정원 80명에 대해, 전자가 359명(3배 반)이었고 후자는 721명(9배)의 지원자가 있었다. 더욱이 이들 숫자는 최근 현저하게 몰락한 중산계급의 자녀가 취학의 염원을 포기했다는 것을 잊어 버리지 말고 관찰해야 할 것이다. 즉 실질적으로는 입학 지망자가 인구의 증가율로 말하면 감소하고 있는 것이다. 그럼에도 불구하고 이 정도로 많은 학교 부족이 있다는 것이다. 그런 까닭에 우리들은 현명한 ××제국주의 통치하의 조선에서, 전 세계에서 아주 볼 수 없을 정도의 입학난을 마주하고 있다. 제군들! 신학기가 시작할 즈음 조선에서 각 학교 및 아동을 상상해 보자! 거기에는 어떻게 처참한 광경이 전개되고 있을 것인가!

8.

우리들은 앞서 일본인 아동에게는 조선인이 열등한 민족이라고 하는 것, 조선인 아동에게는 일본 및 일본인이 세계 속에서 가장 강국이며 가장 훌륭한 국민이라고 항상 주입되었던 것에 관해 말하고자 한다. 이제 우리들은 그것을 규명해야 될 때가 왔다.

매년 무서울 정도로 과잉하는 입학생을 그들은 어떻게 취급하고 있는가? 이어서 경성의 각 공학제 학교에 관해 《중외일보》에서 조사한 올해 일본인과 조선인 학생의 입학률을 인용한다.

<표 8> 각종 중등학교 입학률

학교 명		합격자	정원 비율
경성사범	일본인	276	49%
	조선인	290	31%
경기상업	일본인	62	57%
	조선인	47	43%
경성철도	일본인	62	89%
	조선인	8	11%
경성상업	일본인	110	100%
	조선인	-	-
선린상업	일본인	49	40%
	조선인	73	59%
경성농업	일본인	13	13%
	조선인	88	87%
합계	일본인	622	53%
	조선인	506	47%

<표 9> 전문 및 대학 입학률

학교 명		합격자	정원 비율
법학전문	일본인	22	29%
	조선인	55	71%
고등공업	일본인	53	81%
	조선인	12	19%
고등상업	일본인	83	85%
	조선인	15	25%
고등농업	일본인	41	65%
	조선인	22	35%
제국대학	일본인	95	68%
	조선인	45	32%
합계	일본인	293	66%
	조선인	149	34%

　표에 의하면 중등학교든 전문학교든 관립학교의 입학률은 일본인 학생이 조선인보다 훨씬 많고, 특히 경성철도와 같은 경우 일본인이 89%인데 반해, 조선인은 11%를 점하는 것에 지나지 않으며, 경성상업과 같은 경우 조선인은 한사람도 입학하지 않았다. 전문, 대학에 이르러서는 특히 그 차가 현저하다. 사립학교의 법률전문을 제외하고는 모두가 2배, 3배, 4배 이상 일본인이 점하고 있으며, 전체 수의 합계에서 보아도 일본인 학생 수는 조선인의 배로 높다. 이러한 사실은 단지 입학의 경우에만 해당되는 것이 아니라는 것이다. 그것은 필연적으로 졸업생 비율에서도 반영되고 있다. 이것에 관해《중외일보》는 3월 23일 사설에서 다음과 같이 논하고 있다.

　5개 관립전문학교의 졸업생 총수는 321명이며, 그 가운데 일본인은 213명이고, 조선인은 108명에 불과하다. 따라서 총수에 대한 조선인의 비율은 33.5%로, 작년도 38.5%에 비하면 5% 감소했다. 더욱이 입학자의 비율을 시기적으로 보면 1922년(大正 11)과 1923년(大正 12)

에는 일본인과 조선인이 균형을 유지하였지만, 그 이후 조선인 입학자 수는 점차 감소되어, 1927년(昭和 2)에 이르러 일본인 입학자의 수는 조선인의 2배 이상이 되었고, 그 후 올해에 이르기까지 1대 2의 비율이 지속되고 있다.

그런데도 만일 조선인과 일본인의 입학자 비율과 그에 따른 졸업자 비율에 대해 시정자가 어떠한 비책을 세우고 있지 않다고 한다면, 어떤 이유에 의해 항상 조선인은 30% 내외를 오르내리며, 일본인은 60% 내외를 점하고 있는지, 이것이 일률적인 비율로 매년 반복되는 것을 보면 누구라도 시정자가 일본인 및 조선인 수의 제한에 대한 비책을 가지고 있구나 하고 의아하게 생각하지 않을 수 없다.

우리들은 앞에서 예증했던 약간의 사실에 의해서만으로도 《중외일보》가 갖고 있는 '의심'이 결코 무리가 아니라는 것을 안다. 또 조선의 부르주아 신문이 말하듯이, 태어나면서 일본어로 말하는 일본인과 조선인을 동일한 궤도에 두고 경쟁시키는 것 및 일본인 교육기관보다도 열등한 곳에서 배웠던 자를 동등한 레벨에 세우려고 하는 것 자체가 이미 '편파적'이라는 것에 대해서도 수긍한다. 그렇지만 그들 부르주아지의 편협한 고찰방법이란 바로 같지 않은 곳에 그 비밀이 있음을 알아야 한다.

우리들은 또 다음과 같은 사실도 알고 있다. 조선에 있는 전문학교 및 대학에 입학하는 일본인 학생은 우수한 두뇌의 소유자가 아니고, 대부분 일본에서 낙제한 자라는 것, 올해부터 일본 각지에서 가능한 한 조선인 학생을 입학시키지 않는 방침을 취하는 것, 작년까지 조선총독부에서 보내고 있는 일본유학생을 올해부터 폐지한 것, 조선에 단지 하나밖에 없는 관립대학에 법, 문, 의, 철, 사학과만을 두고 다른 학과는 제한한 것, 조선총독부의 총예산 가운데 교육비용이 가장 적다는 것(1928년 총 세출예산 2억 2,267만 4,042원 가운데 도서관 및 학교비용은 겨우 328만 7,289원에 불과했다) 등등.

이들 모두를 우리들은 단지 '우연한 일'로만 볼 수 있을까? 만약 그렇다면 우리들은 더할 나위가 없는 최고의 어수룩한 자가 되지 않으면 안 될 것이다! 그런데 불행한 것은 우리들은 그것과는 정반대의 입장에 선다는 것이다. 그렇다면 앞서 제시했던 일련의 사실은 무엇을 의미하는 것일까?

××제국주의는 '조선인의 교육'이라는 것에 관해 조금도 성의를 갖고 있지 않다. 아니 처

음부터 계획적으로 조선인이 지식의 보고에 가까워지는 것을 방해하고, 억압하고 있는 것이다! 왜일까? 조선인이 자각한다면 ××제국주의의 지배를 기뻐하지 않고, 그 ××제국주의로 돌진할 것이기 때문이다! 그것만이 아니라 노예는 항상 몽매한 것이 편리하다! 또한 그것은 일본민중과 조선피억압계급을, 가장 정확하게 말한다면 일선(日鮮)프롤레타리아트의 통일을 저해하고, 그들을 서로 대립시키는 데 쓸모가 있는 것이다. 왜냐하면 무자각한 일본인은 언제까지라도 자신들이 위대하고, 조선인은 경멸할 만한 민족이라고 생각하고 있을 뿐만 아니라 그것은 조선인으로 하여금 배외심(排外心)에 사로잡히도록 하기 때문이다. 일본인 학생의 입학률을 고려한 것이었다면 이 음모는 한층 명백해진다. 왜냐하면 조금이라도 사고능력을 갖고 있는 인간이라면, '미개한 조선인'과 '위대한 낙제생 일본인'이 입학할 때 어떻게 취급될 것인가를 알 수 있기 때문이다. 더구나 그것은 매년 거의 같은 비율로 이루어진 농간이었던 것이다. 지배계급은 은근히 외칠 것이다! "조선인들에게 학문의 전당을 개방하지 마!" 이렇게 우리들은 조선 내에서, 일본에서 조선인에게 굳게 봉쇄되었던 교육기관을 보고 있다! 그리고 잘되면 매수하려고 생각하고 있던 '유학생'이, 매수되는 대신에 일본프롤레타리아트의 영향을 받아 조선으로 여봐란듯이 귀경하고 있는 것을 그들은 보고 있는 것이다. 아무리 자비롭고, 지식 있는 자라 할지라도 자신들에게 맞서는 자를 부양하는 것은 달갑지 않을 것이다. 하물며 ××제국주의가 자신의 무덤을 파는 자 및 무덤 파는 자를 선동하는 자를 교육할 필요를 느낄 것인가?

마지막으로 경성제국대학에 대해 언급해 보자. 우리들은 같은 학문상의 것이라 해도, 문학이라든지, 법률이라든지, 의학, 철학, 사학 등이 정치나 경제 등에 비해, 착취와 피착취의 관계, 억압과 피억압을 이해하는 데 있어 현격한 차이가 있다는 것을 알고 있다. 즉 2,000만 명의 조선인 가운데, 그것이야말로 문자 그대로 선택되었던 몇 사람이 오를 수 있는 경성제대에서, 경제 혹은 정치기구와 조금이라도 가까운 학문은 위험한 것이다! 거기에, 그들의 경성제대에 대한 음모가 있다.

우리들은 지금까지 조선인이 학교에 들어가는 것이 얼마나 곤란한 것인지, 조선에서 교육기구가 얼마나 교묘하게 만들어진 것인지, 모든 어려움을 헤치고 간신히 도달할 수 있었던 학교에서 어떻게 노예적 교육을 받았는지를 일단 조사해 보았다. 거기서 우리들은 그들이 항상 말하는 바인 '조선인(朝鮮人)을 위한 교육'에, 조선인 교육자가 어느 정도 '국민문화'

의 향상발전을 위해 봉사하고 있는가를 볼 것이다. 조선총독부 학무국 발행의 『조선제학교일람(朝鮮諸學校一覽)』에 의하면, 1929년 5월 말 현재 관공립제학교(官公立諸學校)의 일본인 교원 수는 다음과 같다.

<표 10> 관공립 각 학교 교원 수

관공립보통학교	일본인	2,412
	조선인	6,196
공립고등보통학교	일본인	315
	조선인	50
공립여자고등보통학교	일본인	69
	조선인	19
관공립 사범학교	일본인	161
	조선인	30
관공립 각종 실업학교	일본인	545
	조선인	102
공립 각종 보습학교	일본인	258
	조선인	72
관립 각종 전문학교	일본인	222
	조선인	21
경성제국대학	일본인	705
	조선인	155

이상의 숫자는 일본어를 조금도 접해 본 적 없는 조선인 아동을 가르치기 위한 보통학교에만 조선인 교원이 일본인 교원의 2배 반 이상이었을 뿐으로, 그 외의 학교에서는 모두 일본인 교원이 많고, 고등보통학교 및 여자고등보통학교는 조선인 교육이 목적임에도 불구하고, 전자가 6배 이상, 후자가 4배 남짓이었으며, 사범학교가 5배 반 남짓, 실업학교 5배 이상, 보습학교 3배 반 이상, 전문학교 10배 반 이상, 제대 4배 반 남짓이었다. 이처럼 이들 다수의

일본인 '선생'은 경찰과 긴밀한 연락 아래서 학생을 감시하고 경찰과 한패가 되어 탄압을 더했던 것이다. 이렇게 우리들은 모든 학교를 통해 학생 블랙리스트표가 작성되었으며, 그 때문에 소학교에서 중학교로, 중학교에서 고등, 전문학교 혹은 대학으로 올라가는 것을 저지당하는 젊은 학도가 얼마나 많았는지 항상 목격해야만 했다.

또한 우리들이 잊지 말아야 할 것은 항상 경제적으로 착취당하고 정치적으로 억압받고 있던 곳의 조선인은, 사실상 일본 부르주아지를 위한 그리고 일본 부르주아지를 위해 봉사하는 자들의 교육기관에 높은 세금을 지불하면서도, 자신의 자제를 학교에 보낼 수도 없고, 운 좋게(!) 보낼 수 있었다 하더라도 얼마 되지 않는 수업료의 체납 때문에 재산을 차압당하거나 (이 사실이 얼마나 많았는가?) 이와 같은 지옥으로 떨어지지 않을 수 없었던 것이다! '불쌍한' 조선 청소년은 사실 이와 같은 학교에서 '은총을 받는' 광영을 누렸다. ××제국주의의 조선에 대한 교육정책이란 얼마나 아름다운 것인가!

9.

자, 우리들은 이런 너무나도 흥미 없는 이야기를 여기서 결론 내려야 한다. 요컨대 일본제국주의의 조선에 대한 교육시설은 조선인 문화향상을 위해서가 절대 아니다! 그것은 그들의 착취와 억압을 영구화하고, 합리화시키기 위한 관념제조공장이며, 일선민중을 기만하여 통일 대신에 대립을 한층 더 심화시키려는 모함이며, 조선인에 대한 후퇴주의의 음모를 덧칠하는 것에 지나지 않는다. 즉 한마디로 이것을 정리하자면, ××제국주의가 조선 지배를 영구화하기 위한 하나의 수단임에 다름 아니다.

이처럼 우리들은 안다. 조선에서 교육문제의 진정한 해결은 올바른 의미의 국민문화 건설이란, ××제국주의의 ××와, 조선의 × 온전한 ×립, 프롤레타리아트의 ××만이, 그것을 근본적으로 해결할 것이고, 성공적으로 성취시킬 것이라고 하는 것을.

용감한 전××청소년학생 제군! 돌진하자! ××제국주의의 ××으로의 길을! 프롤레타리아트가 나아갔던 길을 향해! 거기야말로 제군이 구하고 멈추지 않는 바의 진실한 교육이 있다! 그렇지 않으면 제군은 영원히 노예교육에 얽매이게 될 것이다(1930.6).

<자료 06> 朝鮮敎育의 缺陷(朱耀燮, 世界書院, 1931)

조선교육의 결함

주요섭

〈목 차〉
 서
 제1장 시설의 부족
 제2장 교육주지
 제3장 학과목 및 교과서
 제4장 착오된 제도
 제5장 결론

서

 '조선의 교육'. 이것은 우리에게는 사활(死活)의 문제라고 볼 수 있다. 그것은 조선의 장래가 이 문제로 결정되기 때문이다. 그러나 이 문제는 대단히 등한시되어 있다. 집권자는 좁은 편견고식(偏見姑息) 정책으로 일관하고, 민중은 "라쎄, 페이"의 꿈을 꾸고 있다.
 이 근본적으로 그릇된 조선의 교육제도나 방법이나 시설을 비평하자고 붓을 드는 것도 한편으로 보면 부질없는 짓 같다. 아무리 수천어(數千言)를 쓴다 해도 조선의 현세로 보아서는 부질없는 잔소리만 되고 아무런 개선의 희망도 보이지 않기 때문이다.
 그러니 또 그렇다고 천치(天痴)처럼 입 닫고 앉아 있을 수도 없다. 그것은 당면한 현재 상태가 너무나 참담하고 또 우리 생활에 관계되기 때문이다. 그럼으로 우리끼리라도 얼마나 우리가 푸대접 받고 얼마나 우리 교육이 불완전하다는 것을 서로 알고 있을 필요가 있다.
 통계에서 우리는 총독부조사통계를 신용하지 않을 수 없는 처지에 있음을 나는 슬퍼한다. 물론 총독부 통계라고 모두 그릇되었다고 할 수 없고 모두 바로 되었다고 할 수도 없다. 그것은 조선에는 총독부 외에는 통계를 모으는 기관이 하나도 없기 때문에 그 통계의 정확 여부를 증명할 다른 표준이 없기 때문이다. 하나 총독부조사통계 가운데에도 착오가 더러 있는 증거로는 그 통계 자체 내에 만 가지가 서로 모순되고 상반되는 점이 있는 것이다. 하나 그것은 조선총독부의 독특한 실수는 아니겠고 통계 모집이란 퍽 복잡한 일이기 때문에 누가 하든지 간에 얼마간 착오되는 점이 완전히 없다고 할 수는 없다. 그러니 별수 없이 우리는 총독부에서 공급하는 통계를 기본으로 해서 우리 연구를 진전시키지 않을 수 없다.

그리고 본론에 들어가기 전에 한마디 더 하려고 하는 것은 이 소론(小論)은 주로 우리 초등교육을 비판하고 중등 및 고등학교에 들어가서는 그냥 간단히 살피고 넘어가려는 것이 지금 필자의 심필(心筆)이다. 그러니 독자들도 그만치 알고 초등교육, 곧 보통학교 교육을 늘 마음속에 새겨 두고 이 소론을 읽는 동시에 거리낌 없는 비판을 아끼지 않기를 바라는 바이다.

제1장 시설의 부족

조선 아동들은 보통학교 입학에도 경쟁시험을 요한다. 이것은 아마 세계에 견주어 비교할 것이 없는 참상일 것이다. 이제 최근 통계를 한 번 검사해 보자.

1. 초등교육

1929년(昭和 4) 말 통계를 보면 전 조선에 공립보통학교가 1,500개교에 수용 생도가 남자 37만 3,382명, 여자 7만 2,375명이다. 거기다가 사립보통학교[1927년(昭和 2)]가 81교로 생도 1만 9,460명을 더하면 현재 조선 내에 초등교육기관으로 인정되는 공사립학교 생도 수는 합계 1,581교의 생도 46만 6,217명에 달한다. 이것을 1928년(昭和 3) 말 현재 조선 인구수에 비해 보면 대략 아래와 같은 표를 얻게 된다.

조선 인구수	18,667,334명
보통학교 수	1,581개교
1교당 인구수	11,807명
보통학교 생도 수	466,217명
생도 1명이 대표하는 인구수	4명
전 조선인 학령아동	2,240,000명
100명 중 취학비율	20%

이상을 재조선 일본인 소학교 통계와 비교해 보면

일본 인구수	469,043명
공립소학교 수	461개교
1교당 인구수	1,017명
공립소학교 생도 수	57,432명
생도 1명이 대표하는 인구수	8명

일본인 학령아동	57,604명
100명 중 취학비율	99.7%

이상과 같이 비교해 볼 때 일본인은 학령아동 100명당 99.7명 이상이 재학 중이니 거의 전부라고 할 수 있는 반면에 조선인은 학령아동 100명에 겨우 20명이 재학 중이다. 이 무엇이라고 할 대조인가? 지금 통계를 손에 갖고 있지 못하여 적확한 숫자는 알 수 없으나 필자가 재학 시 조사했던 기억에 의하면, 일본의 한 식민지인 대만도 대만인 학령아동의 60%(100명당 60명)가 공립초등학교에 수용되었다. 어째서 조선인 교육은 대만인의 교육보다도 더 등한시될 운명에 처해 있는가? 그래도 우리 마음을 좀 위로하기 위하여 불완전한 초등교육기관이나마 서당까지를 통합하여 계산하더라도 다음의 표에 도달하게 된다.

학교별	학교 수(개교)	생도 수(명)
공립보통학교	1,500	466,217
사립보통학교	81	79,460
공립실업보습학교	60	2,224
사립일반각종학교	327	27,769
사립종교학교	223	19,973
서당	14,957	191,672
합계	17,148	727,314
학령아동 100명 중 취학비율		32.5%

환언하자면 교육기관이라고 말하기도 힘든 서당까지를 다 합해야 겨우 조선 학령아동 100명 중 32.5명을 수용한 것이 오늘 우리 교육계의 현상이다.

이제 다시 공립보통학교의 상황을 조선에 있는 경찰 설비와 대조해 보기로 하자. 1927년(昭和 2) 말 현재를 보면 다음과 같다.

공립보통학교	1,337
교원 수	8,111
경찰서관소	2,879
관리 수	18,462

여기에다 각 지방 경찰서에서 고용하는 사복(私腹) 스파이까지 더하면 전 조선경찰관리의 수는 무려 3만 명에 달할 것이다. 물론 필자는 학교설립이 경찰관서(警察官署) 설치처럼 그렇게 용이하지 않은 것일 줄은 안다. 그러나 이 통계는 확실히 우리에게 무엇을 보여 주느냐 하면 총독부에서 조선인 교육에 대한 태도가 어떠하다는 것이다.

더욱이 1918~1919년의 시설을 잠깐 보면, 1918년(大正 7)에는 경찰관서 751곳에 경관 5,402명이었던 것이, 1919년(大正 8)에 일약(一躍)하여 경찰관서 2,761곳에 경관 1만 5,392명이 되었다. 곧 1년 동안 경찰서는 4배, 경관은 3배의 증가를 보았다. 물론 당시 3·1운동에 가슴이 놀라서 이런 급작스런 증원을 했을 것은 분명하다. 그러나 여기서도 우리는 당국의 그릇된 정략을 엿볼 수 있으니, 조선인을 잡아다가 다스리는 기관은 그처럼 격증을 시키면서 조선인이 진정으로 요구하는 교육에 있어서는 그 증가가 보잘것없었으니, 1918년에 보통학교가 462교에 교원이 2,287명이던 것이 1919년에는 보통학교가 482교에 교원이 2,355명에 불과하였다. 1921년(大正 10)에 와서야 겨우 보통학교 675교에 교원이 3,505명에 이르렀다.

2. 1면 1교

요사이 '1면 1교(一面一校)' 설이 유행한다. 1면 1교라고 해야 별로 신통할 것도 없다. 그러나 1면 1교라도 시행이 된다면 지금보다는 훨씬 나을 것이다. 조선 전도에는 2,493면이 있다. 그러면 1면 1교만 실시하려고 하더라도 현재 공립보통학교 수 1,500교로 보면 993교의 증설이 요구된다. 1927년(昭和 2) 말 통계로 보면 인구가 가장 희소한 면이 2,838명이었다. 그러면 최소한 면에 학령아동이 220명은 있을 터이니 보통학교 1교는 의례히 있어야 할 것은 분명하다. 그리고 최대한 면에는 인구가 4만 4,559명이니 그런 면에는 적어도 학령아동 280명의 생도를 수용한다면, 물론 지방 정세를 달리하여 다소 변동을 요할 것은 당연한 일이나 그냥 평균 잡고 보더라도, 보통학교 78개가 있어야 할 것이다. 이제 평균 면의 인구수가 7,326명이다. 고로 평균 면에는 약 3개의 보통학교가 요구된다. 그러면 우리도 만족한 초등교육기관을 보유하려면 '1면 1교'라기보다는 '1면 3교(一面三校)'는 있어야 할 것이다.

이제 1면 1교를 성공하려면 대략 다음과 같은 각종의 증가를 요한다.

학교 수	991교
교원 수	5,958명[1929년(昭和 4) 통계로 보면 공립보통학교 1교당 교원 평균 6명]
매년 경비	10,291,675원[1927년(昭和 2) 공립보통학교 평균경비가 학교당 10,475원이었음]

환언하면 만일 1면 1교가 실시되면 조선에는 보통학교 2,493교에 교원이 1만 4,546명으로 생도 71만 7,984명(학령아동의 30%)을 수용할 수 있고, 경상비는 매년 2,429만 7,879원이 필요할 것이다. 그러나 이 경상비는 절약할 방도가 여럿 있다. 그 가운데 제일 중요한 것은 일본인 교원 대신 조선인 교원을 쓸 것이니, 현금 봉급지불 상태를 보면 일본인 교원 2명이 사용하는 돈으로 조선인 교원 3명 내지 4명을 쓸 수 있게 될 것이다. 현재 일본인 교원이 2,398명이란 다수임을 볼 때 그들을 조선인으로 대용(代用)하는 경우에는 매년 수십만 원을 절감할 수 있을 것이다.

그러나 이렇게 1면 1교가 실시된다고 하더라도 공립학교에서 겨우 학령아동의 3할을 수용하겠고, 기타 사립에 서당까지 합해서 1할을 수용하면 역시 높아야 4할밖에는 더 수용을 못하게 될 것이다. 그렇게 되면 그래도 보통학교 입학시험이나 없게 될는지 모르나 의무 강제교육을 실시하려면 아직 전도가 망망하다. 일본 본국에서는 메이지유신 후 30년이 못 되어 학령아동의 9할을 수용할 교육기관을 만들어 놓은 그들 솜씨에 비하면 조선총독부가 얼마나 무성의하고 태만한지를 알 수가 있다.

3. 현존 학교로도 생도 배 이상을 수용할 수 있다

욕망으로 보아서는 1면 3교라도 속히 실시했으면 좋다는 생각이 있다. 그러나 가난한 처지에서는 가난한 대로 부족하기는 하나 그것만이라도 성실히 해 나가야 할 것이다. 돈이 많은 사람이면 1명이 방 하나를 차지하고, 침실, 식당, 응접실 등 여러 방을 차지할 수 있다. 그러나 돈이 없으면 방 하나에 2명이 기거할 수도 있고 방 하나를 가지고 침실, 식당, 응접실 모든 것을 겸용할 수도 있는 것이다. 그와 같이 교육기관도 생도를 좀 많이 수용하기 위하여 한 교실을 두 조가 번갈아 쓸 수 있다는 말이다. 그렇다고 결코 그것이 생도들의 건강을 해치는 일도 없고, 경상비도 약간의 교원을 더 요구하는 외에 별로 크게 증가되지 않는다. 이렇게 동일한 교실을 가지고 생도의 두 배를 교수할 수 있는 가능성은 외국, 특히 미국에서는 충분히 증명되었고 따라서 미국같이 부유한 나라에서도 이 방법은 성행되기 시작한다. 조선에서 아직 이 방법이 실시되기는커녕 연구하지 않는 것은 순전히 그 영역 당국자의 무성의를 표시하는 것이다. 사립학교에서도 아직 이런 시험을 해 본 데가 없는 모양인즉, 이는 사립학교 경영자들의 무성의 또는 무지 그렇지 않으면 정부에서의 가혹한 간섭의 나쁜 결과를 입증하는 것이 된다. 여기서 우리는 이 배가수용법(倍加受容法)의 가장 중요한 두 방법만 잠깐씩 연구해 보고 지나가자. 이 두 방법은 하나는 '연반법(連伴法)'이고, 둘째는 '플라톤학교'이다.

4. 연반법

이 법을 실시함에는 현재 사용하는 교실 두세 개를 별실로 만들어 수공, 음악 등을 교수할 방을 만들 필요가 있다. 그 후에는 한 학교 안에서 2개 학교가 공부할 수 있으니 하루 과목을 14시간으로 나눈 후 갑·을 두 학교가 번갈아 교실로 들어가도록 만드는 것이나. 그래서 매일 9시간은(갑·을 두 학교가 다) 교실에서 공부하고 나머지 5시간 중에 3시간은 특별실에서 공부하고 3시간은 운동장에서 지내도록 만드는데, 갑학교가 을학교보다 2시간 먼저 시작하여 3시간 먼저 하학(下學)하게 꾸며 놓은 것이다. 이 방법을 잘 알기 위해서는 더 장황하게 설명하는 것보다 그림을 그려 보는 것이 깨닫기 쉬울 것이다. 〈그림 1〉은 현재 미국 어떤 시의 공립소학에서 사용하는 방법인데, 보이는 것은 제5학년 시간표이다(컵블리 저, 『교장과 그의 학교』, 149쪽).

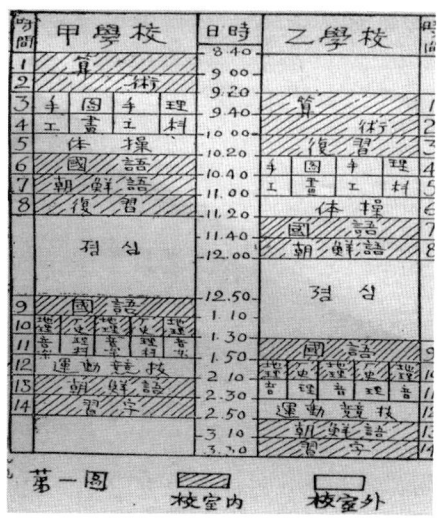

〈그림 1〉

5. 플라톤 학교

이 방법 역시 교실 두세 개를 특별실로 변경할 필요가 있다. 그런 후에는 연반법 모양으로 한 학교는 다른 학교보다 조금 일찍 수업을 시작하고 마치도록 하면 될 것이다. 이 방법의 교실 사용방법을 간단히 그려 놓으면 아래와 같다.

시간	갑학교	을학교
8시 30분~ 10시	교실	특별실
10시 ~ 11시 30분	특별실	교실
11시 30분~ 12시 30분	점심시간	점심시간
12시 30분~ 2시	교실	특별실
2시 ~ 3시 30분	특별실	교실

이제 가령 교실 6개가 있고, 강당 1개, 수공실 1개, 이과실 1개, 이렇게 모두 9개의 교실이 있는 학교가 있다면, 한 학급에 학생 35명씩 수용한다고 하면 모두 420명을 일시에 교수할 수 있다. 그 가능성을 보이기 위하여 두 학교의 분배 상황을 그려 볼 필요가 있다. 월요일 오전 제1시간을 가정하자.

갑학교		
6개 교실을 차지함- 한 교실에 35명씩, 합계 210명		
을학교		
이과실에	1학급	35명
수공실에	2학급	70명
강당에	2학급	70명
운동장에	1학급	35명
합계		210명

제2시간에는 갑, 을 두 학교가 방을 바꾸면 그뿐이다. 이 모양으로 자꾸 바꾸어 나가면 교사 1개로 학교 2개가 수업을 해 나갈 수 있는 것이다.

6. 야학을 왜 안 하나?

부족한 학교를 잘 이용하여 보다 많은 생도에게 교육의 기회를 주는 방법의 하나로 세계 각처에서 야학을 많이 연다. 농촌 조그만 곳에서는 밤에 나이 어린 생도들을 먼 길에 모을 수가 없을지도 모른다. 그러나 대처에서야 야학을 못할 이유가 도무지 없다. 그런데도 각 보통학교들은 밤에는 컴컴하게 잠만 자고 있다. 이것은 순전히 당국자의 무성의를 증명하는 것 외에는 다른 아무 것도 없다.

물론 야학으로 완전한 보통학교과를 전수할 수는 없다. 그러나 보습과 같은 방식으로 약간의 과목을 넉넉히 가르칠 수는 있다. 더욱이 야학을 열기만 하면 생도가 밀려들어 올 것도 확연하다. 야학으로 현재 서학량(書學量)의 1/10만 수용하더라도 매년 조선 아동 5만여 명이 더 문맹의 지옥으로부터 해방이 될 것이다. 한 곳, 한 학교만을 생각할 적에는 그 일이 적어 보여도 전국적으로 합해 놓으면 무섭게 거대한 숫자가 된다. 야학을 시작한다면 경비는 전등료와 교원 두세 명의 봉급만이 더 증가될 것이다. 동시에 증가될 수업료 수입을 생각하면 경비는 문세도 되지 않는 것이다.

7. 국비 예산상에 나타난 무성의

이제 우리는 다시 총독부 예산표를 보자. 그러면 그들이 얼마나 교육에 무심하고 그 외 조선인이 원치 않는 방면에 돈을 많이 쓰는지를 알 수 있다. 1928년도(昭和 3) 조선총독부 특별회계세출예산과목별(特別會計歲出豫算科目別)은 다음과 같다.

경상부(經常部) (단위: 원)		임시부(臨時部) (단위: 원)	
조선신궁비	70,000	조선부대비	266,899
이왕가세비	1,800,000	임야조사임원회비	146,416
조선총독부	4,768,550	조사 및 시험비	550,288

재판국 및 공탁국	3,439,801	보조비	15,500,391
형무소	4,265,667	영선비	3,479,064
지방청	30,261,191	토목비	8,869,902
학교 및 도서관	3,287,289	철도건설 및 개량	19,000,000
경찰관강습소	278,554	사방사업비	800,000
세관	1,040,441	지적정리 및 국유치 처분비	123,210
권업모범장	477,446	교원학생해외파견비	157,400
수역혈청제조소	274,810	임시조선어장려비	96,000
중앙시험소	194,999	경지개량 및 확장비	6,104,818
수산시험장	180,038	국유림조사처분비	106,952
임업시험장	172,606	국유녹고검 특별처분비	105,473
전매국	22,781,320	국경세관임시제비	70,044
철도작업장	49,912,662	임시특별수당비	648,860
영림비	4,642,902	대재외선인시설비	925,949
체신비	12,605,287	조선사편찬비	62,728
총독부의원비	113,991	임시취체비	611,363
사회사업시설비	170,272	조세제도 개정준비	150,683
제 지출금	1,019,251	저금장려비	20,000
국채정리기금특별회계수입	17,616,173	재해비	2,900,413
상비금	2,500,000	대례시설비	103,908
계	161,873,281	계	60,800,761
총계			222,674,042

이상의 통계표로 볼 때 예산 총액 2억 2,200여만 원에서 교육에 관한 비용이(그것도 학교뿐 아니고 도서관까지 포함한 것이) 겨우 300만 원이다. 백분율로 계산하면 겨우 1.4%(1/10할 정도)에 지나지 않는다. 이왕가세비(李王家歲費)의 배도 못되는 돈이다. 철도비의 1/20, 형무소비의 2/3가 채 못 되는 금액이다. 더욱이 기막힌 것은 같은 해 세입예산으로 보면 철도국 수입이 모두 6,236만 955원이다. 그것을 철도작업건설 및 개량비 예산액 합계 6,891만 2,662원

에서 빼면 세출 초과 655만 1,707원이 생긴다. 환언하면 총독부에서는 철도에 철도 수입 전부를 집어넣는 것 이외에 새로이 650여만 원이라는 거액을 매년 더 치르는 형태이다. 만일에 조선의 철도가 보잘것없는 상태에 있는 때이면 여차한 격외(格外)의 보조가 필요할지도 모른다. 그러나 오늘의 조선철도는 조선의 교육에 비하면 적이 완성에 가깝다고 해도 과언이 아닐 것이다. 더욱이 조선철도는 조선 민중의 이익을 위한 공작(工作)이 아니고, 그

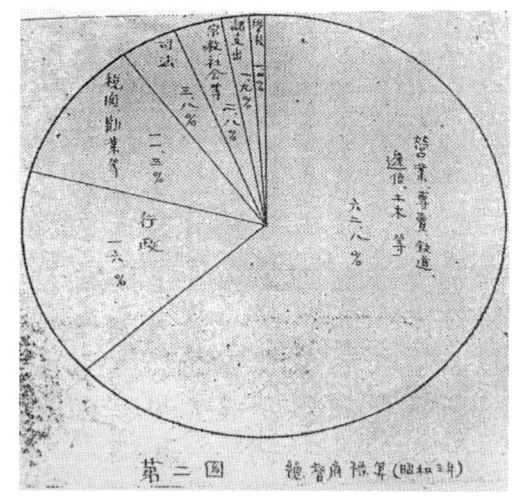

〈그림 2〉

진짜 목적이 다른 측면에 존재했음이랴! 철도국 수입 전부만을 가지고도 철도 작업에는 만족하겠거든 하물며 교육비(도서관비까지 포함한 것)보다 배 이상의 거액을 여분으로 던져 주는 그 심산을 이해하기 참으로 힘이 든다. 보조비로 1,550만 원을 계상하였다. 교육비의 5배이다. 정말 민중의 이익을 조금만이라도 염두에 두었다면 보조금을 최소로 깎고 철도국에서 남긴 돈도 좀 더 뜯어다가 교육비에 보태는 것이 가능할 것이 아닌가? 이제 총독부 예산안의 내용을 한눈에 분명하게 하기 위해 〈그림 2〉를 그려 보았다. 간단히 제시하기 위해 세목(稅目)을 7개의 조항으로 크게 구분했다.

다시 지방비 세출 예산을 살펴보자. 1926년(昭和 1) 지방비 세출 예산은 다음과 같다.

항목	금액
토목비	5,051,243원
위생비	2,468,781원
권업비	5,747,453원
수산비(授産費)	1,125,411원
교육비	6,758,363원
사회구제비	343,952원

도평의회비	70,028원
지방취급비(地方取扱費)	669,630원
은사금조려비(恩賜金操戻費)	82,249원
기타	2,228,006원
총계	24,545,116원

중앙정부에서 교육에 대하여 아무런 금전적 보조가 없어도 가능할 만한 처지일수록 지방행정에서는 이 점에 더욱 주의해야 할 것이다. 더욱이 각 지방에는 학교비부과금이란 직접의 수입이 상당히 있는 이상 좀 더 많은 보조를 주어야 합당할 것이다. 그러나 지방비세출표로 보아 조선교육은 지방관청에서까지 푸대접을 받고 있음을 알 수가 있게 되었다. 교육비는 오직 총 세출의 27%(3할 미만)에 불과하다. 그런데 더욱 가경할 것은 같은 해 전체 조선부 및 군도에서 부과된 학교비부과금이 부에서 60만 5,386원, 군도에서 636만 8,010원으로 총계 697만 8,313원이다. 그런데 전체 조선을 모두 합한 지방비 세출에서 교육비로 오직 675만 8,363원이 계상되었다. 그러면 결국 21만 5,033원이란 돈을 지방에서 흐지부지하고 말았다는 결론에 이른다. 또 이상한 일로는 동일한 총독부통계연보의 동일한 1927년(昭和 2) 발행권(發行卷) 안에 여러 가지 상호 모순되는 계산이 있으니, 논술한 바와 같은 참혹한 실태의 숫자적 실증이 있음에도 불구하고 다시 공립보통학교 경비 수입표에 와서는 1916년(昭和 1)에 부담금이 640만 108원(세납표에는 679만 3,396원으로 되었으니 경비수입표보다 57여만 원이 더하다)이요, 지방비보조금이 205만 2,402원이라고 적혀 있다. 어느 것이 정확한지 알 수도 없거니와 독자로는 적지 않은 의심을 품지 않을 수 없다. 만일 두 표가 다 정확한 것이라고 가정하면 결국 지방관청에서는 학교비부과금 수입에서 57여만 원이 간 곳이 없게 된다. 이외에 다시 학교보조비라고 해서 200여만 원을 지불하지도 않고 지불했다고 보고한 셈이다.

그러고 보니 결국 지방정부에서 총합 250여만 원이 모르는 사이에 사라진 셈이 된다. 또 만일 두 표 가운데 한 표만 정확하고 한 표는 잘못된 것이라면 우리는 그 어떤 것을 신용하고 신용하지 말아야 할까? 도무지 대중을 잡을 수 없다. 총독부 통계가 이렇게 신용이 없다면 인민의 세납을 받아 일해 나가는 당국의 책임이 크지 않은가? 인민의 돈을 맡아 썼거든, 그 재정보고라도 조금 똑똑히 해 주었으면 좋을 것이 아닌가?

8. 경성제국대학과 보통학교

다음에 한마디 더 하려고 하는 것은 경성제국대학에 대한 일이다. 1930년(昭和 5) 봄 학기에 입학생 상황을 보면(《동아일보》, 3월 30일 참조) 일본인이 109명, 조선인이 겨우 38명으로 일본인의 1/3, 합격자 전체의 25%(2할 반)밖에 되지 않는다. 그리고 재학생 통계를 놓고 보더라도 경성제대라는 것은 반드시 조선인을 위한 것은 아님을 알 수 있다. 다음은 1926년 통계이다.

	일본인	조선인
본과	103	47
예과	233	71
계	336	118

다음은 1928년(昭和 3) 통계이다.

	일본인	조선인
본과	216	81
예과	202	112
계	418	193

통계를 보면 언제나 3대 1의 차이가 있다. 그런데다가 더욱이 200명 미만의 조선인 학생들은 경성제대가 없을지라도 충분히 일본에 있는 각 대학으로 유학할 가능이 있는 사람들일 것이라 나는 본다. 또 일본 내의 어떤 대학에도 입학할 수 있는 사람들일 것으로 안다. 이 엄숙한 사실에서 나는 경성제국대학은 무용지물로 본다. 가난하고 교육 보급이 미미한 조선에 있어서 한낱 사치품에 지나지 않는다.

1928년(昭和 3) 경성제대 및 예과의 경비는 256만 1,994원에 달한다. 그런데 공립보통학교 생도 1인당 경상비가 1928년(昭和 3)에 25원(13도 평균)이다. 그리고 공립보통학교 1교당 비용이 1만 원이다. 그러면 이제 만일 쓸데없는 제대를 경영하는 돈을 가지고, 대신 보통학교를 세웠던들 실로 매년 보통학교 200여 교에 생도 10만 2,500여 명을 가르칠 수 있었을 것이다. 필자에게 보통학교 생도 10만 명과 대학생 200명 가운데 그 어느 것이 더 중요하냐고 물으면 서슴지 않고 보통학교 생도 10만 명이라고 바로 대답할 것이다.

9. 중등교육기관의 결핍

중등교육기관의 부족도 다시 누가 말하지 않더라도 누구나 다 통감하고 있는 바이다. 지금 봄 학기 입학시험 당시의 살풍경만 보아도 가히 알 것이다. 1928년(昭和 3) 현재로 보는 전 조선의 중등기관의 통계이다.

	학교 수	생도 수
공사립고등보통학교	14[1]	11,457
공사립여자고등보통학교	15	3,760
계	39	15,217

여기에 일선인 공학인 각종실업학교까지 더하면(조선인만) 다음과 같다. 단 보습학교는 사실 중등학교라고 할 수 없으나 편의상 중등학교에 넣었다.

	학교 수	생도 수[2]
공사립농업학교	24	4,366
공사립상업학교	26	3,711
공립농업보습교	44	1,800
공립상업보습교	9	741
공립공업보습교	10	493
공립수산보습교	1	41
공립실업보습교	2	7

---

1 원문에서 공사립고등보통학교 학교 수가 14로 되어 있으나, 24의 오기이다.
2 원문에서 생도 수에 오기가 있어 계가 합계와 일치하지 않는다.

학교		
관립사범학교	1	185
공립사범학교	13	1,039
계	169	27,600

이와 같이 보면 조선인구 700명이 겨우 중학생 1명을 재학시키고 있다. 초등학교 졸업자의 5%(0.5할)도 못 된다고 계산할 수 있다

이제 1927년(昭和 2) 전 조선 각 초등학교 졸업생 총수를 계산하면(서당은 제외하고) 다음과 같다.

학교	졸업생 총수
공립보통학교	59,261
사립보통학교	11,123
사립일반학교	4,549
사립종교학교	2,607
계	77,540

그런데 같은 해 각 중등학교 입학자 총계를 보면 확연한 차이가 난다.

학교	생도 수
공립고등보통학교	1,922
공립여자고등보통학교	573
사립고등보통학교	1,747
사립여자고등보통학교	921
공립실업학교	2,292
사립실업학교	495
계	7,950

환언하면 중등학교에서는 초등학교 당해 졸업생의 1/10밖에는 수용하지 못했다. 물론 어느 학교나 경쟁시험으로 입학생을 선발한 것은 누구나 다 아는 일이다. 초등교 졸업생 중 절반은 자발적으로 학업을 중지했다 가정하더라도 중등교 입학에는 5대 1의 격렬한 시험경쟁이 있었다는 것을 상상할 수 있다.

10. 여자 교육

교육시설 부족을 말할 때에 더욱 심각하게 생각되는 것은 여자 교육기관의 말 못할 상태이다. 여성은 조선의 장래 가정의 주인이며, 더욱이 새로운 조선을 건설할 역군의 어머니인 동시에 지도자가 될 성직을 가진 사람들이다. 이 의미에 있어서 조선의 여자 교육은 남자 교육보다 더 중요하고 더 급무가 된다. 장래는 고사하고 현재에 있어서라도 조선이 건전한 발달을 기하려면 조선남녀가 그 보조를 같이하지 않으면 안 될 것이다. 조선은 아무래도(원하던 원하지 않던 상관없이) 조선 여자의 각성을 기다려야 진보될 것이다. 그런데 이 귀중한 여자 교육이 오늘날에 와서까지 여지없이 등한시되어 있다.

현재 여학생 재학 통계를 보면 다음과 같다(1928년 말).

학교	여학생 수	전교 학생과의 백분율
공립보통학교	68,559	15.6%
사립보통학교	7,112	32.4%
공사립여자고보	3,760	24.7%

이외에도 서당 등에 재학하는 여학생이 더러 있으나 그 수는 말할 거리도 못 되고, 통계에서 보면 조선 여아로 상당한 초등교육을 받는 수는 오직 7만 5,671명, 전체 보통학교생도 총수의 24%(2.4할), 전체 조선 여자학령아동의 7%밖에 되지 않는다. 다시 말하자면 학령아동 100명당 단지 7명만이 재학하는 현상이다. 여자고보생은 공사립을 합하여 겨우 4,000명, 전문학교로는 오직 이화전문 1교가 있을 따름이다.

이 놀랄만한 현상을 어떻게 하면 구제할까 하는 것이 문젯거리이다. 이상 통계로 볼 때 여자 취학률은 사립이 공립보다 배 이상이 넘는다. 사립에는 아마 야소교 학교가 있어 이(통계)

를 증명한다. 물론 문제는 여자학교를 더 세우는 데 있을 것이다. 지금 있는 학교만으로는 부모가 보내려고 해도 시설이 부족하여 더 수용하지 못하는 형편이다. 그들을 모두 수용한 후에는 물론 민중을 깨우쳐 딸들도 아들 모양으로 학교에 보낼 필요를 깨닫게 하는 운동을 하게 될 것이다.

그리고 시급한 운동은 남녀공학운동이다. '남녀칠세부동석' 사상을 장사(葬死)해 버린 지는 조선에서도 벌써 퍽 오래 전의 일이다. 지금에는 보통학교도 남녀공학으로 하는 학교가 많다. 그러나 아직도 학교 대다수는 분학(分學)이다. 남녀공학은 우리에게 당면한 특수문제에서만 요구되는 것이 아니다. 교육학 상 아니 전체 인류의 생활상 자연법칙에 의하여 당연히 있어야 할 것이다. 남녀가 공존해야 할 세상인 이상 남녀공학은 필연의 기세인 동시에 합리적이다. 더욱이 교육기관이 빈약한 조선에서는 경제조건이 공학제의 실시를 요구한다. 내가 말하는 공학은 보통학교로부터 전문학교에까지 이르도록 일관하는 공학제의 실시이다. 물론 한편의 반대가 없을 수는 없다. 그러나 우리는 그것을 개의하고 있을 수는 없다. 상투를 잘라 버리는 일에 대한 반대와 핍박을 회고할 때 스스로 미소를 짓지 않을 수 없을 것이다. 제아무리 반대가 심했다 하더라도 한 번 잘릴 상투는 급기야 잘리고 말았다. 우리는 지난 30년간 '남녀칠세부동석'이란 철칙을 깨뜨려 부수기에 성공하였다. 이제 공학을 실시함에도 오직 용단과 선봉대가 필요하다. 반대파가 다 죽은 다음까지 기다리려면 우리는 영원하도록 기다리지 않으면 안 될 것이다. 그것은 언제나 무슨 일에나 반대꾼은 의례히 있는 법이니까.

시기 상조론을 말하는 친구가 있을 줄 안다. 마치 미국의 필리핀 독립의 시기 상조론과 비슷하다. '공학할 만한 시기'의 표준을 보여 주기를 바란다. 그저 막연하게 '시기상조'만 부르고 앉아 있지 말고 '시기상조를 부르고 앉아 있으면 영원하도록 시기상조'일 것이다. 지금 시작하면 지금이 그 시기일 것이다.

중등 이상에 공학을 실시하면 풍기 문제가 어떠할까 하는 의문으로 주저하는 사람도 있을 줄 안다. 그러나 풍기문란은 과도기 현상으로 도저히 피할 방도가 없을 것이다. 300년 후, 아니 천년 후에 공학을 실시하더라도 그때 과도기에 있어서도 별수 없이 머릿살이 아플 것이다. 이 과도기는 불가피의 것인 이상 지금 당하나 이후에 당하나 당하기는 마찬가지일 것이다. 아무래도 당할바에야 얼른 당해 버리는 것이 도리어 더 시원하지 않은가?

더욱이 우리가 주의할 것은 남녀공학이 없는 오늘의 기풍이다. 요새 매일 학생 풍기 문제가 신문지상에 또는 교육자 언두(言頭)에 나온다. 이 풍기문란은 남녀공학이 없이도 이르렀다. 그러면 남녀공학이 꼭 비(非)남녀공학보다 풍기를 더 문란 시킬 것이라는 아무런 물적 증거가 없다. 내 생각에는 공학이 되면 도리어 남녀학생이 지금보다 더 점잖아질 것으로 생각된다. 창경원에 형사가 중국 옷을 입고 들어갈 필요까지 없어지게 될 줄로 안다. 그것은 남녀가 한자리에 앉아 공부하게 될 때 남녀교제는 지금보다 더 자연스럽고 자유롭기 때문이다. 지금에 격증하는 풍기 문제는 도리어 현대 조선남녀교제가 변태적임에 이유가 있다고 본다. 또 설마 여러 불미한 사건이 생긴다 하더라도 상식 있고 신용할 만한 교의가 있고 학생신체검사를 매년 행하기만 하면 문제는 쉽게 낙착이 될 것이다.

필자는 대학 재학 때에 공학을 새로 실시하던 경험이 있다. 그래서 공학 전과 공학 후의 학생생활을 체험도 하고 세밀히 관찰할 기회까지 있었다. 그때 경험으로 보면 대학에서의 남녀공학 실시는 확실히 막대한 이익을 초래하였다. 학교경영의 경비 절약은 말할 것도 없고, 재학생에게 직접 미치는 영향이 위대하였다.

첫째 학생들이 깨끗해졌다. 공학 전보다 목욕도 자주하고 덥수룩하던 머리도 잘 자르고 면도도 좀 자주하고 옷도 자주 빨아 입고, 여하간 어느 방면으로 보나 학생은 물론 교실, 교사, 교정까지 깨끗해졌다.

둘째 학생들이 공부를 더 잘한다. 남에게 지기 싫어하는 것은 천성이다. 더욱이 남자는 여자에게 지기가 참으로 싫다. 그래서 한두 명의 여자가 무리 안에 있더라도 여자에게 지지 않을 욕심으로 공부를 모두 열심히 한다. 더욱이 여자 앞에서 망신당하지 않을 생각으로 공부를 잘 준비해 가지고 학교에 온다.

셋째 교풍이 예절다워지고 유해진다. 야비한 행동이 적어지고 남녀 간에는 물론 남자 상호 간에도 예의가 생긴다.

넷째 학생들의 사회적 집회에 출석이 양호해지고 따라서 학생사회사업이 새로운 국면을 개척한다.

다섯째 건조무미하던 학생생활에 새로운 활기를 더해 준다. 아무래도 사람은 남녀가 합석한 가운데 더 즐겁고 더 재미난다. 그리고 더 자연스럽게 사교적 동물이 된다.

마지막으로 남녀공학은 이상적이고 또 모범적인 신가정 형성의 중개(仲介)가 된다.

그래서 나는 어디까지든지 남녀공학을 주창한다.

제2장 교육주지

　교육은 교육에 관한 칙어의 취지에 바탕을 두고 충량한 국민을 육성함으로써 본의로 함.
　보통교육은 보통의 지식 기능을 가르치고 특히 국민된 성격을 함양하며 국어를 보급함을 목적함.
　보통학교는 아동의 국민교육의 기초인 보통교육을 실시하는 곳으로, 자체의 발달에 유의하고 국어를 가르치며 덕육을 실시하여 국민된 성격을 양성하고 그 생활에 필수적인 보통지식 기능을 가르침.

　이상은 조선교육령에서 보는 조선교육 본지이다. 또 조선교육령 시행에 관한 유고에서 말하건대 "교육은 특히 덕성의 함양과 국어의 보급에 힘써 제국신민된 자질과 품성을 구비시킴에 있음을 요함" 운운. 이상을 두고 조선교육방침을 분석해 보면 대개 이러하다.

　(1) 제국신민된 자질과 품성을 교양함
　(2) 충량한 국민, 국민된 성격을 교양함
　(3) 국어의 보급
　(4) 보통지식과 기능의 교수
　(5) 덕성의 함양

　이상을 파커의 『중등학교 교수법』에 소개된 교육 본지와 비교해 보자. 그의 의견에 의하면 교육본지는 대개 다음과 같이 분류할 수 있다.

　Ⅰ. 근본 목적
　　1) 사회적 능률
　　　(1) 경제적
　　　(2) 가정적
　　　(3) 사회적

2) 덕성

　　3) 무해한 오락

Ⅱ. 접근 목적

　　1) 건강

　　2) 지식

　　3) 습관

　　4) 이상

　　5) 취미

총독부 교육 방침에는 오직

　　1) 국가적 능률(제국신민의 자질과 충량한 국민)

　　2) 덕성

　　3) 지식(국어 및 보통지식과 기능)

만이 포함되었다. 경제적 및 가정적 능률과 진정한 의미의 사회적 국가와는 대립된 능률, 오락, 건강, 습관, 이상, 취미 등에 관해서는 무관심이다. 사람이란 동적이고 사색적 동물이어서 또 여하튼 신축성을 가졌기 때문에 다행이다. 만일 조선교육령 본지 그것만 글자 그대로 적용된다고 하면 조선에서 교육받은 청년들은 모두 옛말에 '외쪽'이란 인물이 있었던 것처럼 모두 '외쪽'이 되어 가지고 나올 것이다.

1. 행정

전국공립보통학교에 임용하는 교장과 교원 상태를 보자.

이제 1926년(昭和 1) 통계로 보면 공립보통학교 교장으로 일본인 1,400명, 조선인이 겨우 43명이다. 겨우 43명 조선인 교장도 모두 시골 4년제 보통학교의 겸직으로 되어 있다. 다시 말하면 조선 공립보통학교 교장 전수(全數)가 일본인이라고 할 수 있다. 더욱이 조선인 사정에 이해가 적은 일본인 교장 때문에 여러 가지 풍파가 끊이지 않는 것은 우리가 신문지상에

늘 보는바이다. 또 훈도의 임용으로 보자. 1929년(昭和 4) 통계에 조선인 교원이 6,190명인데, 일본인 교원(조선인 아동을 가르치는 공립보통학교에)이 1,398명이다. 즉 전체 교원 수의 3할이 일본인이다. 그런데 일본인 아동교육기관인 소학교에는 조선인 교원이 1명도 없다. 그것도 조선인 교원이 부족한 경우라면 할 수 없이 일본인이라도 임용하겠지만 조선인으로 유자격한 자로도 취직을 못하고 헤매는 무리가 수두룩한 오늘 현상에 있어서 조선인을 쓰지 않고 일본인을 써야 할 필요가 무엇인가?

그런데 공립보통학교에 일본인 교원을 약 3할 가량은 꼭 임명한다는 것이 아마 총독부의 일정한 방침인가 보다. 그것은 역대 통계 숫자가 이것을 증명한다. 이제 다시 한 번 통계를 살펴보면 다음과 같다.

연도	일본인	조선인	교원 총수에 대한 일본인 비율(%)
1912년	362	1,029	26.02
1913년	471	1,171	26.44
1914년	487	1,280	27.63
1915년	542	1,314	29.21
1916년	596	1,420	29.56
1917년	643	1,538	29.68
1918년	694	1,593	30.06
1919년	694	1,661	28.91
1920년	867	1,854	31.60
1921년	1,024	2,481	29.21
1922년	1,246	3,071	28.86
1923년	1,581	3,869	29.01
1924년	1,904	4,588	29.31
1925년	2,083	5,178	28.24
1926년	2,156	5,578	27.87
1927년	2,289	5,822	28.22
1928년	2,416	5,992	28.73

1929년	2,398	6,190	27.92
합계 평균 비율			28.70

이상의 통계로 보면 1912년(大正 1) 이래 총독부는 해마다 늘어나는 공립보통학교 훈도를 증원할 때마다 일본인 교원을 총수의 약 3할이 되도록 임용하였다. 18년간 동일한 방침을 취한 것을 보면, 그것에 무슨 확정된 내규가 있는 것이라고 아니할 수 없을 것이다.

2. 학부형의 발언권

조선의 초등교육은 이전부터 순전히 지방자치적인 동시에 학부형의 직접관할이었다. 동리(洞里) 서당을 마을이 (특히 학부형이) 경영하는 동시에 그들이 모든 것을 결정 시행했다.

그러하던 것이 1910년 중앙집권을 철저히 만든 이래로 초등교육의 방침까지 중앙정부에서 직접 관할하게 되었다. 더욱이 중앙정부는 자기가 세운 방침과 계획을 끝까지 관철시키기 위해서는 교육에 관한 일체 권리를 학부형의 손으로부터 거두어들이고 말았다. 그러면서도 이상한 일로는 공립보통학교의 경비만은 그냥 전 인민, 특히 학부형의 부담에 맡겼다.

1926년(昭和 1) 통계로 보면 공립보통학교 경비 수입 조항은 다음과 같다.

항목	금액
수업료	2,542,415원
기부금	866,290원
기본재산수입	186,081원
국고보조	148,631원
지방비보조	2,052,402원
부담금	6,400,108원
기타	1,315,944원
계	13,511,871원

물론 이상 제 수입은 순전히 조선 인민이 직접 또는 간접으로 학교에 갖다 준 돈이다. 지방비보조는 전체 인민이 간접으로 내는 돈이오(여러 종류의 세납으로) 기부금과 부담금은 전

인민이 직접 낸 돈이다. 조금 탈선이 되지만 한마디 던지고 지나갈 것은 아직까지도 수업료 수입이 공립보통학교 전체 수입의 20%를 점령하는 사실이다. 강제의무교육(물론 수업료의 금지를 의미함) 실시는 아직 멀었다고 보겠고, 서책, 지필의 무료공급, 아동의 점심 무료공급 등은 말할 감도 되지 못한다.

여하간 조선인민과 학부형은 조선 아동의 초등교육을 위하여 직접으로 980여만 원, 간접으로 370여만 원, 도합 매년 1,400만 원의 돈을 낸다. 그래서 1920년(大正 9)부터 1927년(昭和 2)까지 8년간 공립보통학교 경비만 계산해도 자그마치 9,898만 4,764원이란 거액에 달한다. 이러한 거액을 내고서도 인민은 교육에 대하여 전연 발언권이 없다.

소위 학교비평의회라는 것이 있으나, 그것 역시 참으로 민의나 학부형의 의사를 대표하도록 선거(選擧)가 못 되는 동시에 평의회 그것도 실상은 결의권 없는 허수아비로, 교육의 근본방침 및 행적에 있어서 실질적 영향을 주는 것이 없는 사실은 온 세상이 주지하는 바이다.

3. 교수방법

앞서 말한바와 같이 조선의 초등교육은 '형(型)'을 빚어내는 것이 최대의 목적이 되고 있다. (물론 중등부터 고등교육에까지 이 주의가 그대로 적용되어 있지만 그중에도 초등교육에서 가장 심하고 그 폐해가 제일 많다.) 이러한 교육방침은 여러 가지 불합리하고 때로는 희극적인 결과를 낳게 한다.

교수방법 중 가장 주목되는 양대 착오가 있으나 첫 번째는 주입식(注入式)이요, 두 번째는 일률형식(一律型式)이다

(1) 주입식

주입식 교육이란 무엇인가? 이것이 극단으로 치우칠 때는 생도를 볼 때에 이지(理智) 있는 동물로 스스로 경험하는 가운데 점점 자라 나아가는 성장성을 가진 것으로 보지 않고, 그와는 반대로 생도를 이지도 없고 생장성(生長性)도 소유치 못하고 그냥 바깥쪽에서 무엇이든지 들어오는 대로 받아 간직할 줄만 아는 한낱 통(桶)으로 본다. 그래서 학생은 통이요, 교원은 그 통을 채우는 직무를 하는 고용꾼이다. 물을 주입해라 하면 물, 쌀을 주입해야 하면 쌀, 흙을 주입해라 하면 흙을 주입한다. 그러면 학생은 교원이 주입하는 것을 무엇이든지 모두 잘 받아서 간직해 둔다. 생도라는 통에 모래구멍이 없어서 주입된 물품을 오랫동안 또는 잘

간직해 두면 그는 우등생 겸 천재이고 만일 모래구멍이 몇 개 있어서 그것이 슬슬 새어 버리면 그 생도는 낙제생이 된다.

이것은 바로 별것이 아니라 우리가 다 잘 아는 "하늘 천 하렸다… 하렷다는 말렸다" 식의 교육이다.

교실에 들어가 앉은 생도는 곧 생각도 말아야 되고 보지도 말고 손으로 만지지도 말고 그저 죽은 송장처럼 또는 목재로 만든 통처럼 가만히 앉아 있어야 한다. 그러고는 선생이 주입해 주는 물건을 순순히 잘 받아들여야 한다. 그 주입해 들어오는 물건이 더럽게 생각되더라도 그 뜻을 발표해서는 안 된다. 그러하면 곧 퇴거, 정학, 퇴학명령이 내린다. 주입물이 의심이 들더라도 꾹 참고 있어야 된다. 선생이 주입시켜 주는 물품에 의심할 것, 더러운 것이 섞여 있을 리가 없다. 모두가 진리이고 깨끗한 것뿐이다. 생도는 그저 그것을 잘 받아두었다가 학기말에 가서 시험지에 다시 그대로 도로 쏟아 놓으면 그뿐이다.

또 주입식 교육에 있어서는 일률적이고 불변의 과목을 정하고, 각 교과에는 신성불가침의 교과서가 제작되어 있다. 교실에 들어가면 교원은 기계로 변해야 한다. 교과서 공부하는 과정을 펌프질해서 생도라는 통 속에 부어 넣는 기계가 되어야 한다. 교과서에 씌어 있는 것은 모두 옳고 참된 것이다. 교과서 외에는 아무 존재도 없다. 선생은 오직 교과서를 읽고, 생도는 오직 그것을 받아서 따로 외우면 그뿐이다. 교원이나 생도나 사사로운 의견을 넣어서는 안 된다. 교과서 외의 것은 생각도 말고 말하지도 않아야 한다. 이렇게 해서 교과서 한 과정을 집어넣으면 그날 교육은 끝났고, 교과서 한 권을 받아 넣으면 그해 교육은 끝나는 것이다.

이렇게 하여 주입식 교육은 개성을 말살하는 것으로 그 임무를 삼는다. 독립적, 자발적, 연구나 비평이나 조사나 사색은 곧 죄악이 된다. 무엇이나 명령하는 대로 주입해라. 그래서 이미 이루어진 '형'에 들어맞도록 노력하여라. 만일 '형'에 들어맞지 못하겠거든 너는 폐물이다, 패배자이다. '형'은 절대적이고 불가변이다. 네가 뼈를 깎든지 살을 베어 내버리고서라도 이 '형'에 들어맞도록 네 영혼을 개작(改作)하여라! 이것이 주입식 교육의 철학이다.

그리하여 '형'에 잘 들고 못 드는 것, 주입 잘 받고 못 받는 것을 알아보기 위해서는 학기말마다 시험을 치른다.

시험지에는 교과서에 쓰인 그대로 다시 써 놓지 않으면 안 된다. 뇌가 사진기가 된 사람이면 대성공이다. 독창력, 연구력 및 오리지널리티의 소유자는 바보이다, 실패자다, 반역자다,

낙제생이다.

조선의 초등교육 교수방법은 확실히 이 주입식 교육의 무서운 폐해에 깊이 빠져 있다는 것을 부인하지 못할 것이다. 조선의 교육이 그럴 뿐 아니라 일본의 교육제도 전반이 정도의 차이가 있을망정 주입식을 원칙으로 하고 있는 것이 사실이다.

(2) 일률형식

다음 일률형식 교육이란 무엇인가? 그것은 우주 간 만상의 대소, 원근, 후박(厚薄)을 못 보고 만상을 모두 꼭 같은 것으로 보는 종류의 교수법을 말함이다. 아동을 관찰할 때 신장, 체중, 기질, 재능, 성질, 숙성 등이 서로 다른 개개의 개성으로 보지 않고, 세상에 태어난 연도(年歲)만 같다고 한다면 그 밖의 모든 것도 다 꼭 같을 것으로 본다. 그래서 연도를 본위로 해서 40~50명을 한 조, 한 반에 집어넣어 꼭 같은 형 속에 집어넣기에 노력하다가 '형'에 들어가면 곧 급제를 시켜서 새로운 형 속에 넣을 준비를 하고, 쉽사리 형 속에 들지 않는 개인은 낙제를 시켜서 언제까지든지 그 형 속에 들어갈 때까지 그 반에다 묵혀 둔다. 이것은 인류의 생장법칙(生長法則)을 무시한 행동이다.

뒷담에 아카시아 잎을 1개 따다 검사해 보라. 아카시아 잎 한 줄기에 달린 10여 개의 작은 잎 가운데 그 어느 2개가 꼭 같은 것이 있음을 발견할 수 없을 것이다. 작은 잎은 개개가 다 다르다.

크고 적고 넓적하고 뾰족하고 작은 잎 백 개, 천 개, 만 개 하나의 나무에 달린 잎 전부라도 뜯어다가 조사해 보라. 그 가운데 하나도 다른 하나와 꼭 같은 것은 없을 것이다.

아카시아 잎보다 인류는 더 복잡하고 더 델리케이트한 생물이다. 세계 인구가 70억 명이라고 하면 그중 한 사람도 다른 사람과 꼭 같은 법은 없다. 아무리 똑같이 생겼다는 쌍둥이도 세밀히 검사해 보면 어딘가 조금 다른 점이 있다. 적어도 지문은 다를 것이다. 사람의 육체가 이렇게 서로 다르거늘 하물며 정신(精神)이야! 선천적인 재능, 성질은 물론 후천적인 취미, 인격 등 차이는 인류 개체마다 엄연히 존재하는 것이다. 선천적 재질이 서로 같을 수도 없거니와 선천적 재질이 같은 사람들이라고 가정하더라도 출생 시부터 학령에 이르는 7년 동안 2,555일 시시각각으로 경험하는 바가 둘이 다 꼭 같을 재간은 도저히 없을 것이다.

그러므로 생도들을 한 조, 한 반 또는 한 학급 본위로 생각할 것이 아니라, 한 개인을 본위로 관찰하는 것은 교육상 중대한 요건이다. 한 사람 교원이 다수의 생도를 일시에 지도할(지도란 말은 요긴한 문구이다, 교원의 참된 임무는 주입에 있지 않고 생도의 자작연구를 지도함에 있다) 경제적 필요 때문에 우리는 조라는 것을 조직 아니 할 수 없다. 그러나 조를 만드는 데는 대단한 주의의 조사와 연구를 거듭한 뒤가 아니면 불가하다. 확인된 지능측정시험, 성격시험, 성취도시험(Mental Test, Personality and Temperament Test, Achievement Test) 등을 거듭한 후에 I.Q.(Intelligence Quotient이니 출생연령을 지능 측정으로 얻은 정신연령으로 제한 수치), 출생연령, 성장연령, 생리연령 등까지 모두 종합해서 가장 유사한 생도들끼리만 모아서 한 조 또는 한 반을 조직하지 않으면 안 될 것이다. 한 조를 조직한 후일지라도 그 조를 맡아 가르치는 교원은 언제나 항상 생도 각 개인을 본위로 삼고 한 조 내에서도 개인마다의 발전을 촉진하기에 노력할 것이니, 속히 깨닫는 개인은 속히 앞으로 나아가게 하고 더딘 학생은 더디게 나아가게 하여 각각 자기 재능과 성격에 맞추어 전진하게 하는 것이 가능한 일이다. 만일에 한 조에 재주 있는 학생이 있어서 학과를 남보다 빨리 깨닫는다고 하면, 이를 잘 조사하여 월등(越等)을 시켜 빨리 나아가게 함이 좋을 것이고, 만일 월등을 주지 못할 이유가 있거든 교원이 특히 그 개인에게 유의하여 동급의 다른 학생들이 따라오기까지 공연히 놀게 내버려두지 말고, 일정한 과목 이외에 유익한 제목을 뽑아서 스스로 연구를 더 하게 하여 게으름이 없도록 주선하는 것이 교육자 된 책임을 감당하는 일일 것이다.

아무리 교원이 특별 주의를 한다고 해도 조나 급을 정해 놓은 후에는 개성보다 급이나 조의 정도(스탠더드)를 더 중요시하게 되는 폐단이 많음으로, 근대에 와서 미국 같은 나라에서는 순전히 조와 급이 없는 학교를 세우기에 이르렀다. '달톤'식이니 '창조학교'식 등이 좋은 예인데, 학교에 급이고 조가 없이 오직 개인 개인에게 제목을 주어서 개인이 일정한 제목을 종료하는 대로 새로이 새 제목을 공급한다. 이렇게 하여 개인은 개인의 재질 성격에 따라 제 보조대로 나아가게 하는 것이다.

조선의 교육제도는 이 방면에 있어서 너무도 시대에 뒤떨어져 있다. 조선의 학부형은 이러한 교수방법의 결함을 검토하려고도 아니하고 검토하더라도 이를 개선할 힘이 없다.

일률형(一律型)을 중요시하는 조선의 교육방침은 마침내 생도의 일상생활 의식에까지 가소(可笑)할만한 간섭을 미치게 된다. 그중 일례를 들면 생도들의 제복(制服) 혹은 교복 문제이다. 이것은 공립뿐 아니라 사립에까지 많이 유행되는 모양인데, 그것도 남학생에게는 별로 상관이 없으나 여학생에게 있어서는 도리어 비교육적 결과를 나타내게 된다. 모 공립여자보통학교에서는 흑색을 교색(校色)으로 정하고 생도 의복을 모두 흑색으로 함을 강요하는 것을 보았다. 저고리부터 버선까지 시커멓게 입고 댕기까지 검은 것을 들이고 나오는 10세 전후의 여자들을 볼 때, 필자는 일정 억제하기 힘든 반감을 느꼈다. 이것은 어릴 때부터 미적 감각을 짓밟는 것인 동시에 귀중한 개인성까지를 몰각(沒却)하는 것이다. 개인성의 발휘가 의복 취미로부터 발현됨이 크다. 그런데 200명, 300명 학생에게 똑같은 의복을 강요하는 것은 개인의 취미를 무시하는 행동이다.

이렇게 말하면 개인주의 창도자라고 비난을 할 이가 있을는지 모른다. 과도한 개인주의는 사회의 적이다. 그러나 과도한 일률론자(유니포미티)는 더 큰 죄인이다. 사회는 어떤 정도까지 '율(律)'을 요구한다. 그러나 그 범위 안에서 개성의 발휘를 끝까지 고취하고 인정해야 할 것이다. 개성의 차이가 없이 백이면 백, 천이면 천이 모두 의복도 같이 입고, 생각도 같이 하는 사회가 있다고 하면 그 안에서 우리는 즉시로 질식하고 말 것이다. 진정 행복한 사회는 단순한 차이의 폐지에 있는 것이 아니라, 개성의 충분한 발달을 보장하는 동시에 상호부조하고 봉사적 정신행동을 가진 그런 신사회가 아니면 안 될 것이다.

당국자는 모름지기 그 신경과민적 협심(狹心)과 근시(近視)와 과도한 의혹과 불신용을 버려야 하겠다. 당국은 사회 사이의 실험을 기피한다. 그래서 민간으로서도 아무런 실험을 해 볼 수 없이 항상 당국의 지시에 복종만 하게 된다. 당국 자신도 저 스스로를 신용 못 하는 모양이나. 필자는 일찍이 총독부에서 조선교육을 위한 실험학교 하나 해 보았다는 말을 들어보지 못했다. 실험결과가 오늘의 현상보다는 별 다른 조직과 실시를 요구하게 될까 봐서 지레 겁을 내는 모양이다.

어디나 다 그렇겠지만 특별히 교육에 있어서는 무엇보다도 먼저 관대(Open-mindedness)와 실험정신이 필요하다. 현상에 만족함이 없이 언제나 앞으로 새로운 경지를 더 개척해 보려는 그 심정이 교육자 및 교육방침을 맡은 당국자가 가져야 할 가장 중요한 소질이다.

교육방침 문제에서뿐만 아니라 거기 서로 수반되는 행정실시 기타 방면에 있어서의 근본적 착오점은 곧 교육이 교육전문가의 손에 쥐어 있지 않고 교육에는 어두운 관헌의 손에 쥐어 있는 사실이다. 이 불행한 사실은 아마 세계 어느 구성에서나 정도의 차는 있을지언정 다 발견될 것이다. 그러나 오직 하나 조선에 있어서는 여러 가지 관계상 그 존재가 더 맹렬하게 되었다.

20세기 세계교육사는 교육전문가 대 관권(官權)의 교육권 투쟁으로 일관되어 있다. 인류가 참으로 지금보다 나은 신사회의 건설을 보려거든 하루라도 속히 국민 요구의 방침 내용시설 등이 관권의 파악을 떠나 완전히 교육전문가의 수중으로 들어오지 않으면 안 될 것이다. 신성한 교육은 정략에 이용되지 말고 순전히 아동의 무궁한 지적 발전 및 사회적 창조를 위한 교육으로 변하는 날이 속히 일어나기를 갈망하여 마지않는 바이다.

제3장 교과목 및 교과서

1. 교과목

조선공립학교에서는 이미 정해진 학과목과 교과서를 써야 한다. 그런데 이 교과목은 교육전문가의 연구, 사색 및 실험의 결정으로 된 것이 아니다.

학과 제작에 있어서 가장 중요한 부분은 매년 시시각각 경험을 얻어 나가는 동안에 부단히 학과를 개선하는 일이다. 사회는 변하는 사회다. 그러므로 20년 전에 배우던 과목이 오늘에도 소용되리라고 할 수 없다. 아니 5년 전과 오늘이 다르다. 또 인류는 무소부지(無所不知)의 신은 아니다. 그러므로 제아무리 이상적이고 실제에 맞도록 최선을 다하여 꾸며 놓았다는 과목일지라도 그것이 꼭 완전무결할 수는 도저히 없을 것이다. 2년, 5년, 10년 실시해 나가는 가운데 하나, 둘씩 그 결점을 발견할 수 있을 것이다. 그러면 교육가의 임무는 이 새로 요구되는 변천과 또는 차차 발견되는 결함을 서로 비교 대조해서 학과목 및 교과서를 일신우일신(一新又一新) 경정(更正)하지 않으면 불가능하다.

그런데 이상한 일로는 현재 조선에서 사용되는 과목은 1911년(明治 44, 20년 전) 일본 소학교 과목 그대로에다 조선어 및 한문을 몇 시간 덧붙인 것에 불과하고 참으로 놀랄 만하게도 '국어의 보급에 주력'하였다. 아니 차라리 '국어의 보급' 그것이 전부인 감이 있다. 이제 현재 사용되는 조선교육령에 제정된 6년제 보통학교 과목표를 보면 6년을 통하여 매주 교수 시수를 살펴보면 다음과 같다.

교과목	매주 교수 시수
수신	6시간(매년 한 학급에서 매주 1시간씩)
국어	64
조선어	20

산술	30
역사	4
지리	4
이과	6
도화	남 6 여 4
창가 및 체조	남 22 여 19
재봉	여 8
수공	남 9
계	남 171 여 165

다시 말하면 국어는 보통학교 학과 전 시수의 약 38%이다. 이에 반하여 조선어 및 한문은 겨우 12%에 불과하다. 그 차이가 너무 큰데 놀랄 수밖에 없다.

〈그림 3〉은 조선보통학교 학과 교수시간을 분명히 비교해 보기 위하여 그린 것이다. 이를 다시 말로 번역하면 다음과 같은 모습을 보인다.

조선 보통학교 생도 1명이 1시간 공부하는 것을 나누면, 다음과 같다.

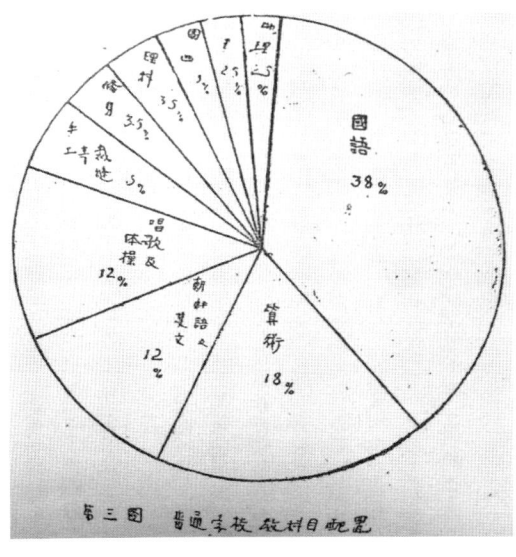

〈그림 3〉

교과목	교수 분당 비율
국어	23분간
산술	11분간
조선어 및 한문	7분간
창가 및 체조	7분간
수공, 재봉	3분간
수신	2분간
이과	2분간
도서(圖書)	2분간
역사	1분 30초간
지리	1분 30초간
계	60분간(1시간)

그리고 이 국정 교수시간표에 대한 한 가지 더 결점은 남녀아동에게 거의 동일한 과목을 가르치는 일이다. 이것은 곧 남녀의 생리학 및 심리학적 차이 및 직업적 차이를 무시한 일이다. 조선 현재 사정으로 보아 여자에게는 가사, 남자에게는 농사를 한층 더 주력하지 않으면 안 될 것이다.

2. 교과서

수신 "수신은 교육에 관한 칙어의 취지에 바탕을 두고 도덕상의 사상 및 정조를 양성하고 구래의 양풍미속을 부실(不失)함에 주의하고 실천궁행을 장려함을 요지로 함." 이것이 조선교육령에 씌운 교수 목적의 제1조이다. 그리고 "도덕상의 사상 및 정조를 양성" 하기 위하여 아동용 '보통학교수신서'라는 교과서가 한 학년에 1권씩 모두 6권이 출판되었다. 그래서 생도는 이 교과서 6권만 처음부터 끝까지 잘 따라 외워 넣으면 그야말로 도덕군자가 된다는 모양이다.

그런데 이 교과서 6권과 수신의 요지를 비교해 보면 퍽 흥미가 있다. 교과서 내용을 보면 아마도 19세기, 아니 18세기에 써 놓았던 것을 그대로 복사한 듯한 감이 있다. 수신서 작자의 심두(心頭)에는 "도덕상의 사상 및 정조"와 "공익, 위생, 효행, 근로, 소질, 성실, 인내, 겸손, 인애(仁愛), 덕행, 좋은 국민, 납세의무, 자선, 예의, 화친, 협동, 감사, 정직, 양심, 근검" 등등의 막연한 지조(旨操)이다. 이러한 '정조'와 '미풍'을 하루에 한 과목씩 배워 넣으면 6년 후에는 도덕군자가 된다. 요지에 씌어진 "실천궁행을 장려"한다는 구절은 잊어 버렸거나 대단하지 않다고 무시해 버린 모양이다.

보통학교 졸업생이 과연 "정직하고 근검하고 세납의 의무를 다하고 자선심이 풍부한지"는 나도 잘 모르겠으나, 일상생활에 있어서 그들은 확실히 학교에 안 다녀서 수신을 못 배운 아이들보다 별로 나은 점을 나는 발견하지 못했다. 만일 학교에서 배운 수신의 효과가 있다면 일상생활에서 조그마한 것에서부터 그것을 찾지 않으면 안 될 것이다. 138여 시간이란 귀중한 시간을 허비하고 수신이란 것을 가르치는 오늘에 있어서, 과연 학교 당국자들이 '실천궁행'에 유의했을 것 같으면 보통학교 수신서 100권을 외우는 것보다 더 나은 효과를 거둘 수 있을 것이다. 수신서에 씌어진 '공익'이란 제9과(6권)를 글자 한 자 그릇되지 않게 줄줄 따로 외운다고 그 생도가 곧 실행에 있어서 공익심(公益心)을 발로(發露)한다고 증명할 수가 없는 것이다.

　무엇이 아니 그러하오리만은, 특히 수신에 있어서 교육의 근본 목적은 수신에 대한 지식을 넣어 주는 것보다도 실행의 태도(Attitude)와 체험(Experience)을 넣어 주는 데 있다.

　그래서 학교에서 수신이라는 것은, 특히 한 과목으로 두어 하루 한 시간씩 수신서 1과를 외우게 할 것이 아니고 (그만한 지식을 넣어 줄 필요가 있다고 그냥 고집하는 이가 있으면 그것은 독본에서 넉넉히 성공할 수 있을 것이다) 학교생활 그 시시각각에 있어서 생도가 스스로 체험을 얻도록 학교환경을 만들어 주어야 할 것이다. 그래서 교실에서, 실험장에서, 특히 운동장에서 부지불식간에 그들은 수신을 배우게 되는 것이다. 그래서 유능한 수신 선생은, 곧 교내 생도의 생활 활동을 지도함에 능숙한 자를 일컫는 것이다. 그러므로 학과목에서 수신이란 과는 빼 버리는 것이 가장 적당하다. 그리고 수신하는 실생활의 기회를 항상 공급하여야 할 것이니, 운동경기에서 학과를 합쳐 넓히고, 보통학교 생도의 사회봉사활동 등에서 생도들은 수신의 철학 및 태도를 체험해서 영원히 제 것으로 만들 것이다.

　만일에 과거의 교육자들이 이 점에 조금이라도 유의를 했다면, 6년이란 긴 세월을 학교라는 공공집단에서 사회생활을 체험하는 동시에 140시간의 특수 수신을 배운 보통학교 졸업생은 "고맙습니다"라는 말 한마디나 제대로 쓸 줄 알고, 모임에 가서 정숙할 줄은 알고, 길에 다니면서 지나가는 사람을 놀리는 버릇은 내버렸고, 동무와 싸우더라도 '스포츠맨십'은 가질 쯤은 알고 실행했을 것이다. 그런데 나는 오늘 보통학교 졸업생으로 이만한 사소한 공중도덕이나마 가진 아동을 만나 본 적이 없다. 이 얼마나 교육 실패인가?

　국어 "국어는 보통 언어, 문장을 가르쳐 정확히 타인의 언어를 이해하고 자유롭게 사상을 발표하는 능력을 얻게 하며 겸하여 덕성의 함양에 이바지함을 요지로 함."

　조선어 및 한문 "조선어 및 한문은 보통 언어문장을 이해하여 일상생활 응대에 충분하며, 용무를 처리하는 능력을 얻게 하며 겸하여 덕성의 함양에 이바지함을 요지로 함."

　이상 교육령 요지로 볼 때, 국어는 '자유롭게 사상을 발표하는 능력'까지 얻을 만큼 가르치는데 반하여, 조선어는 겨우 '일상생활 응대'에나 충분할 만큼 가르치는 것으로 만족했다. 그 그릇된 것을 다론(多論)할 필요도 없다. 그러나 여기에 따라오는 결점은 다른 것이 아니고, 첫째는 국어에 너무 치중하는 폐(弊)로 얼마 전에도 한번 말했던 것과 같이 생도의 교육시간을 과분하게 차지하는 것이오, 둘째로는 국어와 조선어를 동시에 배우지 않으면 안 될 특수한 경우에 처한 관계상, 조선 아동은 일본 아동보다 언어 준비에 너무 많은 정력과 시간을 소비하게 되는 것이다. 그리고 다시 '덕성의 함양'이라는 한 구절이다. 조선교육령에 의하면 보통학교 학과목 4가지가 이 '덕성의 함양'으로써 그 요지를 삼는다. 수신, 국어, 조선어 및 한문, 창가 이 4과목으로써 조선 아동에게 '덕성의 함양'을 할 계획이다. 앞에서도 지적한바와 같이 '덕성의 함양'이 결코 덕성에 대한 지식을 교과서로 주입해야 되는 것이 아니다. 이것은 교육심리를 무시하는 것으로밖에 더 볼 수가 없다.

그런데 이 국어와 조선어 교수에 있어서 세계적 근본 요지만은 특히 조선인민 교육요지에 있어서는 빼 버리고 말았다. 그것은 다른 것이 아니고 '독서의 취미'를 함양하는 요지이다. 외국 어떤 교육학자가 이렇게 말한 일이 있다.

"대학에서 아무런 지식이나 과학을 가르쳐 주지 못했더라도 학생들에게 연구하는 정신과 취미 오직 그것 하나만 넣어주는데 성공했으면 그 대학은 성공한 대학이다."

과연 옳은 말이다. 나는 이렇게 말하려 한다.

"보통학교에서 아무것도 가르쳐 준 것이 없더라도 생도들에게 독서할 능력과 취미 오직 그것 하나만 넣어 주었다면 그는 성공한 학교이다."

'배운다'는 프로세스는 사람이 사는 동안 끊임없이 끝나지 않는 진행이다. 그러므로 한 개인이 독서할 능력을 가지고 또 독서할 취미만 가졌으면 그는 늙어 죽도록 매일 매일 배울 수 있고 앞으로 나아가는 세상과 보조를 같이할 수가 있다. 그러나 만일 독서의 취미를 갖지 못한 사람이면 그가 비록 대학을 졸업했고 박사가 되었더라도 10년이 못 되어 그가 알았던 지식조차 대부분 저버리는 동시에 시대에 뒤떨어진 노폐물이 되어 버릴 것이다. 그러므로 초등교육에 있어서 이 '독서의 취미'를 길러주는 한 가지 일은 그 진수가 된다. '독서 취미' 한 가지를 가지고 나오는 생도는 그가 비록 보통학교 이상 학교에 다녀 보지 못하고 늙는다 하더라도 그는 끝까지 시대와 병진(竝進)하는 사람이 될 것이다.

그런데 이 '독서의 취미'를 길러주는 방법으로는 심상소학국어독본 20권이나 조선어독본 6권쯤 가지고는 불가능한 일이다. 무미(無味)한 교과서보다 아동 읽을거리, 동화, 아동잡지, 신문 등에 치중하지 않으면 안 될 것이다. 특히 보통학교 5학년 이상에게는 교과서가 불필요하다고 해도 과언이 아닐 것이다. 그런데 기막힌 일로는 학교 당국자로써 생도들의 과외 독서를 고취하기는커녕 도리어 간섭(干涉)하고 금지하는 무리가 있다는 사실이다.

이제 우리는 재조선 각 학교 졸업생 및 퇴학생 수를 불완전한 통계이지만 한 번 검토해 보기로 하자.

학교별	최근 기간	졸업생 수	퇴학생 수
공립보통학교	16년간	299,335	181,757
사립보통학교	14년간	11,123	27,885
공립고등보통학교	16년간	4,153	7,095
공립여자고등보통학교	16년간	1,233	871
사립고등보통학교	14년간	4,194	11,412
사립여자고등보통학교	14년간	1,349	1,798
공립실업보습학교	16년간	10,553	10,651
공립실업학교	16년간	9,964	8,054
사립실업학교	16년간	582	1,095
공립각종학교	6년간	1,793	7,492
사립일반각종학교	6년간	26,385	36,199
사립종교학교	6년간	16,459	30,685
관립전문학교	16년간	1,379	173
사립전문학교	11년간	698	968
계		389,203	326,135
졸업 및 퇴학 합계		715,338명	

물론 이 통계에는 반복된 것도 더러 있는 것은 사실이다. 그러나 표가 오직 최대로 최근 16년간 통계만을 보인 것인즉, 그 이전 상황까지를 짐작하여 보면 최소한도로 잡고 조선인으로 보통학교 물을 먹고 현재 살아 있는 인구가 100만 명을 훨씬 넘을 것이다. 거기에 보통학교를 거치지 않고도 독서력이 있는 인구를 더하면, 그 수는 실로 놀랄 만할 것이다. 그럼에도 불구하고 현 조선에서 신문, 잡지, 기타 서적을 들여다보는 사람이 불과 10만 명이 될까 말까하다. (물론 일본 신문을 읽는 분자도 상당히 있을 것이고, 또 이 10만 명이라는 숫자가 오직 짐작

뿐이고 정확한 계산에 의한 것은 아님.) 이 현상은 물론 한편으로 독서할 만한 경제적 및 시간적 여유가 없는 조선인의 빈한함을 설명하는 동시에 학교는 독서의 취미를 함양함에 실패하였다는 것을 증명하는 것이다.

필자의 친구로 일본에서 교육을 받고 지금 모 고등보통학교에서 교원 노릇을 하는 이가 있다. 일전에 그는 나에게 다음과 같은 진담을 들려주었다. "사실 조선학생들은 독서열이 없다. 일본학생에 비하면 천양지별(天壤之別)이 있다. 학생뿐 아니라 교원들도 그러하다. 심한 이는 그날 아침 신문 한 장도 아니 읽는다. 신문지가 교원실에 뒹굴뒹굴 굴러다니는데도! 그들은 독서보다 소용도 없는 잡담으로 세월을 보낸다. 내가 모 일본인 교원과 친하다고 교원 간에는 시비(是非)하는 모양이다. 그러나 나는 할 수 없어서 그 일본인과 자주 이야기하게 되는 것이다. 그것은 우리 고등보통학교에서 오직 그 일본인 교원만이 독서를 게을리하지 않기 때문에 대화의 대상이 되니까 할 수가 없다. 조선인 교원들은 내가 무슨 화두를 꺼내면 독서를 하지 않았기 때문에 무엇인지 몰라 눈을 멀쩡하게 하고 있다. 또 별 흥미도 끌지 못하는 모양이다. 그리고 또 그들의 회화는 너무 평범하고 너무 쓸데없는 잡담이기 때문에 내게 아무런 흥미도 주지 않는다!" 운운. 물론 약간의 과장이 있을 줄은 나도 알지만 필자 자신의 관찰로 보아도 조선인의 독서 취미는 퍽 박약한 것으로 보인다. 이것은 곧 재래 조선교육의 실패를 웅변으로 증명하는 것이다.

산술 "산술은 일상계산을 습숙시키며 생활상 필수적인 지식을 주고 더불어 사고를 정확(精確)하도록 함을 요지로 함." 산술로 '사고를 정확하도록 한다'는 심리학은 18세기 심리학이다. "훈육의 이전(移轉)은 오직 절대적으로 동류인 분자에만 가능하다(Transfer of training is possible only among identical elements)"는 법칙이 벌써 15년 전에 증명되었다. 그러면 보통학교에서 가르치는 산술은 사고의 정확으로써 어떤 다른 사고에까지 이전시키려 하는가? 산술의 사고력은 산술에서밖에 써 먹지 못한다.

'산술은 일상 계산을 습숙시키며' 하는 데까지는 매우 좋은데, 그 실질에 있어서는 보통학교 졸업생으로 일상 계산에 말할 수 없이 어두운 아동들이 많다. 그것 역시 이 교과서의 죄일 것이다. 아동용 심상소학산술서 중에서 소위 응용문제 2~3개만 예를 들어 보자.

문제 : "갑을 두 정육면체의 한 모서리의 비가 1:3이고, 갑의 체적이 50입방센티미터이면,

을의 체적은 얼마인가?"

문제 : "한 모서리가 1.2m의 정육면체와 3개 모서리가 1.1m와 1.2m의 직육면체가 있다. 그러면 부피는 어느 것이 얼만큼이나 크겠는가?"

이 두 문제가 과연 '일상생활'과 얼마나 관계를 가지고 있으며, '생활상 필수적인 지식'과는 어떤 관계를 가지고 있고, '사고를 정확'히 하도록 하는 데에는 얼마만큼의 효과를 나타낼 것인가?

이과 "이과는 자연계에 있는 통상사물, 현상, 그 상호의 관계 및 인생에 대한 관계의 대요를 이해시키며, 이를 생활 실제에 응용할 지식을 줌을 요지로 함."

보통학교의 이과는, 특히 조선 사정의 필요상 주의하지 않을 수 없다. 위생 지식만을 넣어 준다는 것보다도 '생활 실제에 응용할' 태도와 체험을 주지 않으면 안 될 것이다. 그런데 현금 보통학교에서는 이 방면에도 성공이라고 하기는 힘이 든다. '생활 실제에 응용할 지식'을 줌에는 교수의 자료를 생도들의 생활 실제에서 구하지 않으면 불가할 것이다.

지리 조선 아동에게 교수할 지리의 순서로 말하자면, 먼저 생도의 집이 있는 지방에서 시작하여 조선 지리에 유의하고 차차로 일본, 동양, 세계로 나아가는 것이 당연할 것이다. 그럼에도 불구하고 교과서는 모두 30여 쪽이나 되는 책에서 조선지리는 겨우 14쪽이다. 매우 엄청나니까 이렇다 저렇다 말할 맥이 없어지고 만다.

역사 조선 아동에게 조선 역사를 제일 먼저 또는 제일 많이 가르쳐야 할 것도 더 토론할 여지없이 분명한 일이다. 그러나 조선 아동은 조선 역사를 배울 기회가 없다. 10년 전에는 도무지 배우지 못하던 것이 지금에 와서는 겨우 일본 국사에 묻혀 조금씩 부스러기만 주워 먹는 셈이다. 보통학교 국사 상·하권의 총 쪽수가 336쪽이다. 거기에 조선 역사라고 끼운 것이 여기저기서 다 주워 모아야 겨우 21쪽이다.

이상으로 볼 때 조선초등교육 과목 및 교과서에는 그 질에서나 양에서나 심리학적 견지에서나 실제적 입장에서나 정의감에서나 심하게는 그 교수방법 및 치중에서까지 허다한 모순과 불합리와 강제가 포함되어 있다. 이런 것들이 언제나 개선이 될까?

3. 중등 이상 학교 학과목

중등 이상 학교 학과목에도 실태(失態)가 많다. 그것을 세세히 토론할 필요는 없겠고, 그 가운데 중요한 것만 한 가지씩 들고 말겠다. 고등보통학교에서는 영어를 필수과로 한다. 조선 아동이 영어를 필수로 할 이유를 나는 아무리 하여도 발견할 수가 없다. 예의 19세기 심리학을 무덤에서 도로 파내어 놓고 '사고력의 발달'을 운운한다면 그것은 한 익살(滑稽)이겠고, 그렇다고 또 고등보통학교를 졸업하는 조선 청년이 모두 영문학을 전공하거나 영미 유학을 가려고 예측하는 것은 망상에 불과하겠다. 그러면 무슨 이유로 영어를 필수로 하는가?

미국 중학교에서는 한때 '라틴어'를 필수로 했다. '사고력을 발달'시킨다는 미신으로 인해서다. 그러나 최근에 와서 이 미신은 타파되고 말았다. 조선고등보통학교에서 영어를 필수로 한다는 것은 미국 중학에서 '라틴어'를 필수로 하는 그것보다 더 바보 같은 짓이다. 그것은 '라틴어'는 그래도 그들의 국어인 영어와 밀접한 관계가 있으므로 약간 참고라도 되겠지만 조선 청년에게 영어란 참으로 무용지물이다.

물론 내가 고등보통학교에 영어 과목을 넣는 것을 반대하는 것은 아니다. 다만 그것을 필수과로 하는 데 반대하는 것이다. 영어는 마땅히 수의과로 할 것이다. 장래에 영문학을 전공하거나 또는 영미로 유학을 갈 목적을 가진 사람이면 으레 영어를 배울 것이다. 그밖에 다수 학생에게 장차 아무 소용도 없을 영어를 필수로 하는 것은 시간 남용이다. 조선학교에는 어학이 너무 시간을 많이 차지한다. 국어와 조선어 및 한문만으로도 조선 학생은 벌써 너무 많은 시간을 어학에 소비한다. 그 이상 소용없는 영어까지 강요하여 귀한 시간을 낭비할 필요는 없다. 영어가 필요하다면 중등학교생 전체의 1할쯤이나 그것을 배울 필요가 있을는지 모른다. 많은 9할 학생에게 영어는 쓸데없는 사치품이다. 더욱이 전문학교 졸업한 영어를 가지고는 신문 한줄 똑똑히 읽지 못하는 그런 미미한 것으로!

그러나 한 가지 생각할 점은 있다. 그것은 요새 각 신문잡지에서 외국어(특히 영, 불, 독 3국어)를 번역하지 않고 그냥 원문을 발음만 일문 혹은 조선문으로 써서 발표하는 일이 유행이 되었다. 중등학교생으로 신문 잡지를 이해할 필요상 이런 외국어 단어들을 수십 개 배워 둘 필요는 있다. 그러면 이것만은 고등보통학교에서 필수로 할 필요가 있다. 그러나 그것이 영어는 아니다. 일본과 조선에서 많이 쓰는 외국어 단어이다. 상당한 조사와 연구를 쌓으면 그러한 교과서는 제작하기 쉬울 것이다. 내 생각에는 단어 100자 이내라고 생각된다.

여자고등보통학교에서 영어를 필수과로 하는 것 또한 소용없는 일임은 물론이다. 조선 처녀들에게 영어를 가르치는 시간을 이용하여 가사, 요리법 및 가정경제의 실습을 시키는 것이 훨씬 더 유용한 교육이 될 것이다. 여자고등보통학교 졸업생(심하게는 전문학교 졸업생까지도)으로 가정에 들어가서 자식 하나 이상적으로 기르는 사람, 가정 예산 하나 세울 줄 아는 사람을 구경하지 못했다. 들어 보니 육아법이나 가정경제를 도무지 배워 보지 못했다고 한다. 현금(現今) 조선 현상으로 여자가 대개 고보 졸업이면 가정주부가 되는데 그들에게 육아법이나 가정위생 등을 가르치지 않는 것은 참으로 이해할 수 없는 일이다.

더욱이 최근에 와서는 육아법만으로 만족할 수 없고, 여자고보에서 산아제한법까지 교수할 필요와 요구가 생겼다. 육아법과 산아제한법의 교수는 조선여자중등교육에 현금 불가결한 필요 과목이 되어야 하겠다. 그리고 요리실습에 있어서도 조선 가정에서는 만들기 불가능한 서양 요리법은 집어치우고 그 대신 조선 요리의 개량을 연구실습 하도록 할 것이고, 간이한 중국 요리를 배워 주면 유용할 것이다.

그다음에는 전문학교로 가 보자. 조선 내 모 사립전문학교 문과에서 일본문학사는 가르치면서 조선 문학에 대해서는 일언반구의 교수를 받아 본 적이 없다는 것은 같은 학교 졸업생의 실제담이다. 이것은 조선의 교육가들이 실제와 얼마나 멀리 떠나 있다는 것을 증명한다. 조선 내에서 조선인을 본위로 한 학교 문과에서 조선 문학을 가르치지 않는다면 조선 문학을 가르칠 곳은 과연 세계 어디 있겠는가? 조선인이 문과를 하면 먼저 조선 문학을 알고, 그다음에 일본, 중국, 러시아 문학을 배우고, 그 뒤에 불·영 등으로 옮겨 가는 것이 당연할 것이 아닌가?

현재 조선의 대학에는 이런 것들보다 더 중대한 문제가 걸려 있다. 그것은 곧 조선 대학생들 역시 이 통(桶) 노릇을 하고 있다는 사실이다. 하급 학생보다 특히 대학에서는 학생들 스스로 연구가 교수의 중수(中髓)가 되지 않으면 안 될 것이다. 대학을 해 나가는 본의가 과연 거기 있는 것이다. 대학 학생은 제자백가의 학설을 하나하나 정독할 의무가 있고, 선배의 사상에 굴복하지 않고, 자기의 독립된 의견을 가질 권리가 있어야 한다. 선철(先哲)의 말이라고 다 믿을 것이 아니고, 교수의 강의라고 다 진리로 생각하지 않아야 한다. 오직 중립적 태도에 서서 각 학설을 저울질하여 보고, 자기에게도 옳게 생각되면 선철과 동의하는 것이요, 만일 그르다고 생각되면 자기 주견(主見)을 자기가 증명할 수 있는 끝까지 내세울 권리가 있어야 한다. 곧 대학생은 선철과 교수와 동등 지위에 앉아서 논쟁을 해야 하는 것이다. 그런데 조선의 대학에는 이 독립적 연구 사상이 부족하다. 교수의 강의를 잘 필기해 두었다가 시험지에 그대로 적어 놓는 것을 소위 공부라고 한다. 이 역시 받아서 간직했다가 도로 쏟아 놓는 통에 더 지나지 않는다.

4. 종교 문제

조선교육에 있어서 종교 문제는 참으로 많은 파란을 일으켰다. 총독부의 교육 방침으로 보면(표면상) 종교와 교육은 절대로 분리하는 것이다. 그래서 사립학교, 특히 야소교가 설립한 각 학교는 이 문제 때문에 당국은 물론 자기네 상호 간에도 꽤 복잡스러운 갈등과 어수선함이 있었다. 총독부 최초의 방침으로 보면, 1925년 이후로는 성경을 교수하는 학교는 조선 내에서 완전히 없을 것이다. 그것은 1915년에 각 야소교 학교에 10년 기한을 주어 성경과목을 폐지하거나 학교 문을 닫아 버리거나 두 가지 중 한 길을 선택하라는 최후통첩을 보냈던 것이다. 이후로 미션회의 끊임없는 항의와 탄원도 아무런 효과를 얻지 못하던 것이 1919년의 '문화정치'는 야소교 학교의 성경을 교수하였다. 그러나 '문화정치'도 종교학교에서 이전에 누리던 그 자유는 허락하지 않았다. 다소간 부자유하기는 하지만 야소교 학교는 성경을 가르칠 수 있게 되었다.

(1) 보통학교

표면적으로는 교육과 종교가 전연 분리되었음에도 불구하고 조선 아동은 종교의식에 참례할 의무를 가졌다.

나는 신사참배(神社參拜) 문제를 말한다. 신사참배는 공립뿐 아니라 사립에까지도 의무적이 된다. 따라서 이것 때문에 과거에 생도 및 교원 가운데 희생자도 있었고, 미션회 및 개인 선교사들도 총독부에 대하여 기독교도 아동에게 다른 종교참배를 의무적으로 시키는 것은 신앙 자유의 정신에 위배된 처치라고 항의도 하고 탄원도 여러 번 했다. 그러나 당국자는 신사참배는 종교의식이 아니라고 하여 이를 듣지 않았으므로 요새 와서는 미션회 측에서도 불가능하다고 단념해 버린 모양인지 조용해지고 말았다. 당국자는 심사참배가 종교의식이 아니라고 주장한다. 그래서 특히 총독부 시학관 다카하시 같은 사람은 그의 최근 저서 『조선교육사고(朝鮮敎育史考)』에 특히 한 장을 덧붙여 이 문제를 토론하는 동시에 어디까지나 당국의 태도를 변호하여 신사는 비종교(非宗敎)라는 주장을 했다. 그러는 한 면에는 또 내외인간(內外人間)에 신사가 종교라는 주장도 많이 했다.

브라운의 『동양정세(東洋政勢)』(영문)에서도 생도들의 신사참배에 대하여 논란한 것이 있고, 정 헨리[3]의 『조선사정(朝鮮事情)』(영문)에도 이 문제를 세밀히 논급하였다. 이 가운데 현재, 연희전문학교 부교장 원한경(元漢敬)은 그의 박사논문 「조선근대교육(朝鮮近代敎育)」(영문)에서 신사가 확실히 종교인 이유를 설명하고 이 종교의식을 기독교도들에게까지 의무적으로 하는 것은 불가하다고 결론지었다.

(2) 사립종교학교

종교의 강요는 사립학교에서도 상당히 실행된다. 야소교 설립인 학교에서는 원래 기독교도의 자손이 아니면 입학을 안 시키는 형편이므로 더 말할 거리도 못 되지만 아무리 종교에서 세운 학교라 할지라고 직접 종교교육은 수의과로 하지 않으면 불가하다.

부록 창조학교

이상적 교육방법에 대한 한 참고를 삼기 위하여 최근 미국에서 새로이 실험 중에 있는 '창조학교(創造學校)'에 관하여 소개하려 한다. '창조교육을 위한 반도학교(半島學校)'의 교칙에 근거했다.

서

창조학교를 위한 반도학교는 다음과 같은 신념 아래 창설되었다. 곧 생도는 오직 활동(Activity)으로써 배울 수 있음을 믿으므로 학교의 목적은 곧 다른 데 있지 않고 다수의 활동을 촉진시키는 환경과 경우를 공급함에 있다. 우리 희망은 우리 생도들이 취미의 고도(高度)에 도달하기를 바라는바, 취미는 오직 과거 및 현재에 처한 온갖 아름다운 것과 고상한 것을 음

---

3 미국 유학 시 Henry Chung이라는 영어 이름을 사용했던 정한경 박사를 말하는 듯하다.

미함으로써 얻을 수 있을 것이다. 우리 생도들은 우등하려는 마음으로 공부를 열심히 할 것이 아니라 창조 및 노동의 희열을 향유하고 싶은 열정 때문에 공부하도록 만들려고 노력하는 이상 숙련된 창조품을 감상할 줄 알게 될 것이다. 우리는 믿기를, 모든 지식은 상호관련된 것으로 생도들에게 인생생활 및 사상의 상이(相異)함 중에서도 그 잠재한바 통일을 깨달을 수 있도록 교육해야 할 것이다.

집회 일주일에 한 번씩 전교 생도가 한곳에 모이는 집회가 있다. 집회 시에는 교내 제 활동을 모두 한 번씩 공개한다. 그래서 유희, 읽기, 창가, 바이올린 독주, 무도, 피아노 주악, 오케스트라 등은 물론 생도들이 채집한 동식물 등을 전람에 제공하며, 여행 혹은 그밖에 경험의 보고담, 실습의 보고담 등으로 그 순서를 채운다. 때때로 유명한 사람들의 훈화도 있다. 그런데 이 집회 순서와 거행은 모두 생도들이 해 나가는 것이다.

예술 예술부의 목적은 생도들에게 거리낌 없는 사상 발표를 촉진하며, 그의 미감(未感)을 양성하여 아름다운 것을 즐겨하고 조잡한 것을 싫어하는 습성을 기르며, 예술적 천재에게 발육상 각 단계에서 요구되는 숙련을 공급하며, 각 생도에게 수공을 장려하는 동시에 남이 만든 물건보다 자기가 친히 제작한 물품을 더욱 사랑하는 감정을 넣어 주기에 노력한다.

각 생도는 매일 예술실에서 1~2시간씩 노동할 자유를 가졌고, 또 노동할 자료도 자유로이 선택한다. 예술실 내에서 생도들은 촌락모델, 부출지도(浮出地圖), 일본정원모델, 도성(都城)모델, 의류도안, 무대배경 등 각색의 것을 다 만든다.

문학 및 극 문학에 있어서 근본으로 생각되는 것은 지식보다도 특히 그 심정(스피릿)의 각성이다. 독서는 개인으로도 하고 전체 반이 모여서 크게 읽기도 한다. 여기 관련하여 작문도 가르치게 되고, 시작(詩作)도 가르치게 된다. 빼벌리라는 11세 어린아이의 시 하나를 소개해 보면, 이 학교 문학과가 얼마나 아동들의 미감을 발휘시키는가를 짐작할 수 있다.

시제(詩題)-추수(秋收) 때

가을날, 나무닢들이 고운빗으로 번득일 때
농촌웟 농부들은 일하고 잇다

추수한 곡식을 곳간(庫間)에 싸하 너흐려고

겨울이 속히 올터이니까.

능금과 옥수수와 그밧 만흔 곡식을

싸하드린 후에는

그들은 겨울이 와도 두렵지 안타. 비, 눈, 폭풍, 아모것도

고간 속에는 집과 곡식

평원에서 거두어 드린 것일세

사람들 혼자서 그일다 맛하한 것 갓기는 해도

말(馬)일세, 말일세, 쉬지도 안코

가을이 다하도록 애쓰는 말들일세.

그리고 문학을 가르치는데 극(劇)을 사용하는 것이 효과가 크다. 더욱이 수줍음을 많이 타는 아이들에게 극을 연습시키는 것은 그의 인격상 중대한 도움이 된다.

산술 산술은 이하 5개의 원칙을 세우고 가르친다.

① 그것이 생도들 현 생활에 유용한가?

② 고등보통학교 입학 시에 유용한가?

③ 장래 사회생활상에 유용한가?

④ 공상(空想, Imagination)을 환기하는가?

⑤ 그것이 진리를 존경하는 심정을 발달시키는가?

음악 음악 교수의 첫 번째 목적은 음악을 사랑하는 심정을 일으키는 일이다. 매일 30분 이상 노래 부르는데 쓰고, 그 외에는 합창, 댄스, 음악 듣기, 작곡가 및 작곡에 대한 토론, 악기에 대한 토론 등을 한다. 특히 10세 전후의 아동들이 조합적으로 작곡에 열중하는 때가 많다.

이과 목적은 아동으로써 자기 주위에 존재하는 자연 사물에 대한 지식을 넣어 주는 동시에 이론과 실험의 법칙을 체험시킴에 있다.

사회학(역사, 지리) 사회학의 목적은 인류 상호의 생활 관계를 이해시킴에 있다. 그래서 먼저 아동의 제일 가까운 직접 환경에서부터 시작하여 차차 그 범위를 넓히는 것이다. 모래 위에 지도를 그려 놓고 '우리집', '복동이네 집', '우리학교' 등의 상호 위치관계를 배운 후에

차차로 '우리 동네'의 산하 기후를 배우고, 그다음에는 군, 도, 마지막에는 전국에 미친다. 지리를 배워 나아가는 동시에 각기 그 지방의 전설, 역사 등을 배우게 된다. 그래서 자국 역사 지리를 대강 안 후에는 생도들은 가상 여행단을 조직해 가지고 선생의 인도 하에 지도를 펼쳐 놓고 앉아서 세계일주여행을 떠난다. 그래서 여기저기 방문하는 곳마다 선생이 그곳 풍습 역사 등을 설명해 준다.

학생의 자치 학교법은 선생과 생도들이 합석 토의하여 제정한다. 그리고 무슨 사건이 생기면 생도 전체 회의를 열고 거기서 처리하거나 그렇지 않으면 거기서 위원을 공선(公選)하여 그 처리를 위임한다.

공장 학교에는 공장이 있어서 수공을 가르치는 외에 생도들이 조합적으로 교구(敎具)들을 제작하기도 한다. 물론 합작정신교의(合作精神敎義)에 주의를 덧붙인다.

이제는 이 학교의 공부방법을 제1급에서 제5급[4]까지 잠깐씩 구경하기로 하자.

제1급(6~7세 아동) 교육은 교실을 장식한다거나 모래밭 위에 기찻길을 놓는 등의 일로서 시작되는데, 생도들이 첫 시간에는 수신 배우고, 둘째 시간에는 국어 배우고 하는 모양으로 무미하게 하지 않고, 기찻길을 놓아 나가는 가운데 자연히 국어도 배우고, 산술도 배우고, 이과도 배우고 하는 것이다. 곧 기찻길 길이를 알기 위하여 자로 재고는 자연 산술 가감법이 들어온다. 정차장(停車場)에 목판을 세우려니까 자연히 수공이 들어오고, 국문이 들어오며, 습자가 들어온다. 굴을 뚫고 강 위에 다리를 놓으려니 자연히 측량 기타 이과가 들어온다. 이렇게 아동들은 재미나는 장난을 하고 있는 동안 부지불식간에 글을 배우게 되는 것이다.

제2급(7~9세 아동) 교육은 첫 학기에 인류의 진화를 공부한다. 토굴 속에서 사는 원시인으로 시작하여 현대인에 이르기까지 각 시대의 생활 상태와 경제 조직, 풍속 등을 연구한다. 따라서 각 시대에 관한 책을 각각 읽고 와서는 반에서 보고하는 형식을 취하였다. 둘째 학기에는 나이 어린 학생은 자기네 도를 공부했다. 지리, 역사, 산술, 기상학 등이 포함될 것은 물론이었다. 좀 큰 아동들은 전 미국 항공우편을 연구하였다. 물론 전국 지리, 역사, 산술, 독

---

4 본문 내용에서는 4급까지 소개하고 있으나, 원문에서 5급으로 표기되어 있다.

서, 이과가 포함되었다. 각 생도가 매일 공장과 도서실에 들어가서 각 30분 이상씩 공부하게 하였다.

제3급(9~11세 아동) 교육은 여기에 속하는 학생들은 공상적 세계여행을 떠났다. 그래서 일제히 뉴욕을 떠나 영국까지 가서 반을 갈라서 유럽 각국에 흩어졌다. 그러다가 중간에 다시 만나서 다 함께 스위스, 이탈리아 그리고 등지를 여행하였다. 이 여행에 요구된 공부는 기차 기선 시간표, 각종 안내서, 지도 등이었다. 그러고는 여행 일기를 썼다. 그래서 그 일기로 스펠링 문법, 역사 지리, 산술을 가르칠 수 있었다. 여행에 수반하여 문학을 읽었다. 영국에서는 『아더 대왕』과 『로빈 후드』 등을 읽었다. 그 외에도 『돈키호테』, 『삼총사』 등을 읽었다. 따라서 수공으로는 셰익스피어가 살던 집의 모델, 아더 대왕의 궁성모델, 윌즈 사원 모델, 베스비우스 산 모델 등을 만들었다.

제4급 이 급에서도 상상세계 일주 여행을 떠났다. 그래서 10월 27일에 샌프란시스코항에서 시베리아 마루 배를 타고 여행을 떠나는 모양을 했다. 그런 후 며칠 동안은 '배'를 연구하였다. 그 후에는 동양을 여행했는데, 매일 생도들이 본바 들은바 읽은바를 서로 보고하고, 그림엽서, 지도, 사진 등을 얻는 대로 다 가져왔다. 그래서 그들은 동양의 지리, 역사, 풍속, 풍경, 문학, 종교 기타 모든 것을 배웠다. 여기에 따라서 이과도 상당히 배웠다.

더우이 4급 생도들은 처음부터 교내 사업 전반(상섬, 식당, 은행) 등을 자기네끼리 맡아서 영업해 나가고 생명보험회사를 창립 실습하였다.

수공에 있어서도 조합적으로 교구 등을 수리하는 외에 하기휴가에 타고 놀러 갈 큰 배를 한척 지었다.

키플링, 콘라드, 스티븐슨 등이 쓴 남양 어드벤처를 읽었고, 조합으로 극 6편을 써서 그 가운데 4편은 상연까지 했다.

그리고 4급에는 동아리가 2개 설립되었다. 셰익스피어 동아리는 줄리어스 시저를 공부했고, 공민 동아리는 신문 잡지로 사회상태를 공부했다.

마지막으로 이 실험학교에 대해서 한마디할 것은 이렇게 혁명적인 교과와 방법으로 공부한 아동들 가운데 한 명도 현재 중학교에 입학 못한 아이가 없고, 시험에 낙제한 아이가 하나도 없다는 실제 사실(事實)이다.

제4장 착오된 제도

1. 학교 제도

학교 제도는 국가에 따라 각기 다르다. 그러나 최근에 와서 교육학자들의 일치한 주장은 곧 6·3·3·2·2제이다. 다시 말하자면 소학 6년, 초급중등 3년, 고급중등 3년, 초급대학 2년, 고급대학 2년, 학사원 무기한, 이러한 제도이다. 그래서 소학부터 대학 졸업까지 모두 16년을 요구한다. 그런데 현행 조선교육제로 보면 6·5·5, 모두 16년이다.

조선교육 연한은 이상제(理想制)와 비슷하나 중등 이상에는 연한이 너무들 길다. 중등 및 대학을 각각 둘로 나눌 필요가 있고, 보통학교는 3년 후에는 실업학교로 전학할 수 있는 편의를 보아 주어야 할 것이다. 그리고 도 각 보통학교에는 1~2급의 고등보통학과를 증설할 필요도 있다.

중학(즉 고등보통학교)을 초급 3년, 고급 3년으로 이분(二分)할 이유는 어디 있느냐 하면 중학교 재학생으로 여러 가지 사정으로 말미암아 졸업할 때까지 공부를 계속할 수 없는 생도들에게 심리적 위안 및 분투의 기회를 제공하기 위함이다. 그것은 중등이 4년이나 5년이나 6년이 아니고 3년이면 웬만한 학생은 그 3년이나 마치고 초급중학 졸업이라도 하고 그만두려고 끝까지 노력해 볼 것이다. 더욱이 보통학교에서 고등과로 4년 내지 6년은 둘 수가 없으나 3년(3급)쯤은 두기가 용이할 것이다. 그래서 생도는 본향(本鄕)을 떠나지 않고도 보통학교 고등과 3년을 필하여 초급중학 졸업을 가능하게 할 수 있는 것이다. 그러므로 경제상으로 심리상으로 또는 생도의 노력 향상으로 초급중등 3년은 필요한 제도가 되는 것이다.

그리고 고급중등 3년은 반드시 문과와 직업과를 분명히 구별하여 문과에서는 대학 준비, 직업과에서는 직업 전문에 치중하지 않으면 안 될 것이다.

2. 학업 및 직업지도

교육의 근본 목적을 4개로 대별할 수가 있을 줄 안다.
(1) 아동에게 최선의 생활환경을 공급하는 것
(2) 장차 공부 연구할 기초를 닦아 주는 것
(3) 성인된 후 사회생활에 유용한 일원이 되도록 준비시키는 것

(4) 생도의 지능 및 취미에 맞는 동시에 사회적으로 유용한 직업을 준비시키고 이어서 직업에 들여보내 주는 것

이상으로 볼 때 학교의 사명은 결코 교과서를 암송시키는 것뿐으로 만족할 수 없고 한걸음 더 나아가 생도들의 공부를 지도하는 동시에 직업지도까지 시행하지 않으면 안 될 것이다.

공부를 지도하기 위해서는
(1) 각 생도의 지능 및 취미를 알아야 하고(그것들을 측량하는 시험의 제작)
(2) 각 생도의 경제적 후원 상태를 알고(즉 대학까지 갈 수 있는지 소학이나 겨우 마치게 되는지 그 여하를 알기 위함)
(3) 이상 지식을 기초로 한 후 지도자와 각 생도 간의 회견과 논의가 있고
(4) 각 생도의 직업 선택을 알고
(5) 그 결과로 각 생도에게 자기 장래 공부 및 직업에 필요한 학과를 선택 공부하게 하도록 지도해야 할 것이다.

또 직업지도를 하기 위해서는
(1) 각 생도의 지능 및 취미를 알고
(2) 각 생두의 경제적 후원을 알고
(3) 해당 사회에서 요구하는 직업적 기회 및 이에 요구되는 소질 및 훈련을 알고
(4) 각 생도와 지도자 사이의 회견과 논의가 필요하고
(5) 각 생도가 마침내 결정한 직업을 위하여 특별교육을 실시한 후
(6) 각 생도 졸업 시에는 취직의 편(便)을 도와주고
(7) 취직 후에는 그 졸업생의 성공 여부를 일상 조사하고
(8) 졸업생들의 성공 요소 실패의 원인 등을 조사 연구하며
(9) 학과를 이 결과에 비준하여 개선하도록 해야 할 것이다.

물론 이상 사업을 실현함에는 상당한 인재와 비용을 요구한다. 그러나 우리가 학교 교육의 근본의를 생각할 때에 그 필요를 등한시할 수는 없는 것이다. 학교가 필요하면 그와 꼭 같은 정도로 '교육 및 직업지도부'의 설치도 필요하게 된다. 그 이유는 후자가 없이는 전자의 효과를 가지기 불가능하기 때문이다. 환언하면 후자가 없이는 전자는 결과 없는 헛수고

가 되고 만다. 공부를 잘 시키는 동시에 공부한 후에 직업적으로 사회에 유용하게 하는 것이 곧 학교의 근본 목적이 될 것이 아닌가? 그러면 이 목적에 도달하려면 불가불 우리는 '지도부'의 설치를(비록 그것이 비싸더라도) 등한히 할 수 없다. '지도부'를 설치하기 때문에 거대한 비용이 든다 하더라도 그 비용을 '지도부'가 없이 되는대로 해 나가는 현 교육의 낭비에 비기면 소소할 것이다. 곧 '지도부' 설치에 투자는 세상 어느 방면의 투자보다도 가장 많은 배당을 가져올 것이라는 것을 깨달아야 할 것이다. 오늘날 우리가 보는 이 참담한 직업전(職業戰) 및 직업의 부적(不適) 등으로부터 생기는 정력 및 경제적 낭비를 상상해 보라. 그 해결책 중 중요한 한 가지는 곧 학교에서 (만일 각 학교에서 못하겠으면 한 시나 부의 학교가 연합해서라도) '교육 및 직업지도부'를 설치하고 적임자를 택하여 '지도자'를 임용해야 할 것이다. 물론 이 지도자는 임무가 크고 복잡하다. 그래서 경제관계로 지도자를 특히 임용할 수 없는 경우에는 교원 가운데 1명을 택하여 반시간을 가르치고, 반시간은 이 새로운 임무에 종사하도록 해도 될 것이다. 그런데 최근 미국의 경험으로 보면, 생도 200명 이상을 수용하는 학교에서는 지도자 1명을 임용하는 것이 이득이 된다. 그리고 생도가 더 많으면 많을수록 지도자 아래에서 일할 서기를 더 구해야 된다.

지도자의 할일은 실로 많다. 300명 생도마다 각각 적어도 1~2차 회견은 있어야 하겠고, 각 생도의 지능 및 취미를 측정하며, 경제상태를 조사하며, 학교 내의 제 교원과 연락을 취하여 생도 분급(分級)을 지도하며, 교과의 적합 부적합을 연구 개선하며, 사회의 일반 경제상태 및 직업 기회를 조사하고, 직업 성공의 요소를 연구하며, 졸업생 가운데 취업자의 후견 등등 실로 그 직이 중차대하다.

3. 생도의 사회봉사

생도의 사회봉사는 두 가지 측면에서 필요하다. 첫째 생도 자신의 취미를 기르며 봉사 정신 및 실행을 양성하는 것이고, 둘째 보잘것없는 우리 사회에서 학교 생도들의 봉사를 기다리고 있는 것이다.

전문학교 생도 및 고등보통학교 생도들의 사회봉사 가능성은 무한히 커서 더 논할 필요도 없고, 최하급인 보통학교 생도의 봉사 가능성도 실로 위대하다. 위생, 생활개선, 미감의 함양, 사상, 환기 등등 그 범위는 실로 무한한 것이다. 오직 문제는 교원들이 자기 책임을 다하느냐 아니하느냐 정도에 있다.

생도뿐 아니라 교사 자체 역시 사회에 봉사하지 않으면 안 될 것이다. 다시 말하자면 학교는 곧 그 '사회생활의 중심(Social Center)'이 되지 않으면 안 된다. 학교운동장은 일요일에는 전 사회 공공의 운동장이 되어야 하고, 야간에는 공회당이 되어야 하고, 기타 제 사교생활 및 오락의 집회처가 되지 않으면 안 될 것이다.

제5장 결론

1. 교육의 독립

교육을 정치적, 경제적 및 종교적 제 권력으로부터 분리시키기 전에 결코 조선에는 이상적 교육이 도달할 수 없다. 이는 안 되더라도 적어도 학교행정만이라도 학교 당국에 독립이 있고, 위신이 있어야 할 것이다. 특히 동맹휴학 같은 사건이 생길 때 학교 당국에서 자기가 처리하지 못하고 당국에게 의존하는 일이 간혹 있었다. 그것은 스스로 무능을 자백하는 것과 한 가지 일이다. 그런 사람은 학교를 치리(治理)할 자격이 없다고 하겠다.

학교 당국자는 마땅히 그 교내 행정에 있어서 절대로 외계의 간섭을 방지하기에 노력하지 않으면 안 될 것이다.

2. 교원조합의 필요

공립학교에는 조금 낫지만 사립학교 교원에게는 아무런 직업적 보호나 상호부조의 기관이 전무하다고 해도 가한 형편이다. '교원'이라는 한 직업적 계급이 엄연히 존재하는 이상 문명인이 취할 길은 곧 교원조합의 조직이다. 조합의 목적은 물론 일반 동업조합의 그것과 별로 다를 것이 없다.

(1) 교원계급의 사회적 및 경제적 지위의 확립
(2) 직업적 상호부조 및 일치 행동
(3) 직업적 도덕의 수립
(4) 직업적 지식의 상호 향상

그래서 동 조합으로써 실업구제금의 수립, 보험, 일치행동(Collective Bargaining) 강연회, 강습회 등의 주최 및 교육 잡지의 발간 등을 맡아 하지 않으면 안 될 것이다. 미국 같은 나라에서는 교원조합이 있어 A.F.L.(전미노동조합총동맹)과 상통하고 있다.

3. 민중조사기관 설치의 필요

조선의 희망은 오직 조선교육에 있다는 사실은 누구도 부정할 수 없을 것이다. 그런데 우리는 이 문제에 너무 불관언(不關焉)의 태도를 취하는 경향이 있는 것같이 보인다. 우리는 우리 후세 교육을 더 완전히, 더 좋게 하기 위해서는 먼저 민중으로 교육조사 연구기관을 조직 설치하지 않으면 안 되겠다. 조선교육협회 같은 데서 이런 방면으로 활동할 계획이 없는지, 물론 이런 기관은 현임 교원으로서 그 중심이 되어서 전국 유지 및 제 단체를 망라하지 않으면 안 될 것이다.

그래서 우리는 한번 과학적으로 우리의 교육 문제를 도저히 조사 연구하지 않으면 안 되겠다. 이것은 시급한 문제이다. 어떤 신문사 혹은 어떤 단체에서라도 이런 부서를 두어 활동한다면 조선사회에 이익을 주리라고 생각한다.

마지막으로 한마디 더 하고 붓을 놓겠다.

우리가 가장 시급히 요구하는 것은 무엇보다도 먼저 교육담당자의 직업적 성의와 충실 그것이다. 교육자는 결코 '밥벌이하기 위하여 마지못해 하는 업'이 되어서는 안 된다. 그런 교육자들은 하루바삐 교육시설에서 도태되어야 하겠다. 교육자는 무엇보다도 먼저 자기 직업은 특히 위대한 사회봉사를 겸한 직업인 것을 인식하고, 거기 프라이드가 있고, 또 충성이 있어야 한다. 그래서 부단히 나 자신을 직업적으로 더욱 능률을 발휘하기 위해 노력하는 동시에, 전 교육계를 진보 발전시키기에 조력을 더할 결심이 있고 실행이 있어야 한다.

현 조선교육자는 무엇보다도 먼저 진취성과 실험성과 헌신적 기상과 백절불굴하는 신념과 실천이 있어야 한다. 그럴 때 교육자 및 교육계는 쉬지 않고 앞으로 향상될 것이다.

IV

학무 관료, 조선교육에 대해 말하다

해제

　와타나베 도요히코(渡邊豊日子)는 1885년 구마모토현에서 태어났다. 1912년 7월 도쿄제국대학 법과를 졸업했다. 그해 11월에 문관고등시험에 합격하여 도쿄부에서 관직을 시작했다. 1919년 12월에 조선총독부 사무관으로 임명되어 조선으로 건너와 내무국과 식산국 등에서 과장을 역임했다. 1930년 경상남도 지사로 승진하여 농촌갱생운동과 보통학교 보급계획 실시에 앞장섰다. 1933년 8월 47세의 나이로 학무국장이 되어, 1936년 5월 21일까지 2년 9개월 동안 근무하였다. 이후 선만척식회사 이사를 지냈다. 와타나베 도요히코는 「의회정치와 교육(議會政治と敎育)」을 『조선』 1925년 3월호부터 3회 연재하였고, 「조선통치의 제 문제(朝鮮統治の諸問題)」, 「조선교육에 관한 전망(朝鮮敎育に關する展望)」 등을 각각 1933년 11월과 1935년 1월에 『문교의 조선』에 게재하였다. 「조선교육의 측면관」은 『문교의 조선』 1934년 10월에 실린 것을 저본으로 번역하였다.

　다카오 진조(高尾甚造)는 1898년생으로 구마모토현 출신이다. 1922년 도쿄제국대학 정치학과를 졸업했는데, 졸업 전인 1921년 고등문관시험에 합격하였다. 1922년 12월 조선총독부 근무로 관직생활을 시작하였다. 1928년 3월 조선총독부 학무국 사무관이 되었고, 9월부터는 경성법학전문학교 교수를 겸임하였다. 1929년 이후 보안업무, 경찰업무를 하다 1936년 10월에 조선으로 돌아와 38세에 조선총독부 학무과장이 되었다. 1939년 1월까지 2년 3개월 동안 학무과장으로 지내며, 제3차 조선교육령 개정에 관여했다. 이후 강원도 도지사, 경상북도 도지사를 거쳐 퇴관하였다. 「조선교육의 단편」은 학무과장 재직 시에 작성한 것이다. 또 「개정 교육령 실시까지」를 『문교의 조선』에 실었다. 다카오 진조에 대해 『조선 급 만주』 1940년 6월호에서는 "학무과장 재직 시에 인간이 완전히 비굴해지고 말았다"라는 세간의 평가를 실었는데, 3차 조선교육령 개정 과정에서의 담당과장의 역할을 추측하게 한다.

<자료 07> 朝鮮教育の側面観(渡邊豊日子, 1934)

조선교육의 측면관

1934년(昭和 9) 9월 10일 전국중등학교장협의 대회에서
학무국장 와타나베 도요히코

〈목차〉
1. 연혁
2. 공학 문제
3. 군사교련
4. 교육의 보급
5. 졸업생 지도
6. 경성대학
7. 사상 문제
8. 여자 교육
9. 동화정책

저는 방금 소개를 받은 와타나베입니다. 이번 경성에서 있었던 전국중학교장협의대회를 개최하였을 당시, 그곳의 간사로부터 무언가 이야기를 해 달라는 의뢰를 받았습니다만, 실은 거절할 생각이 없는 것도 아니었습니다. 하지만 작년 전국사범학교장대회가 이 강당에서 열렸을 때 한마디한 적이 있었으므로, 이번 의뢰를 받아들이게 되었습니다. 제가 말씀드리고자 하는 바는 직무 관계상 자연스럽게 조선교육에 대한 것이 되리라 생각합니다.

그렇다고는 해도 다수의 여러분이 우리나라 교육계의 대가이시므로, 제국의 일부인 조선의 교육이 어떤가에 관해서는 평소 이미 알고 계실 것이라고 생각합니다. 또 이번 조선에서 만주까지 여행하시기에 앞서 여행의 준비로서 필시 조선에 대한 여러 연구를 축적하셨으리라 믿고 있으므로, 조선의 교육에 대한 이야기가 사족에 불과하리라는 생각도 해 봅니다. 그래서 다년간 제가 조선에 봉직하면서 느꼈던 질문 혹은 의문에 관해 여러분께 말씀드리는 것이 참고가 되지 않을까 합니다. 지금 말씀드리는 두세 가지 사항은 총독부의 의견으로서 결정되지 않은 것이 많으므로, 정해진 것이 아니라는 것과 함께, 때에 따라서는 제 개인의 의견이 그 가운데 포함되었다는 것도 알아주시기 바랍니다.

1. 연혁

조선교육상의 문제에 대해서 말씀드릴 경우, 필요상 어느 정도라도 조선교육의 대체적 연혁을 말씀드릴 필요가 있다고 생각합니다. 이미 알고 계시듯이, 구한국 정부 시대에 교육은 유교였고, 유교 교육이라는 방침이어서, 유교 이외에는 어떠한 교육도 없었습니다. 따라서 유교 방면에서는 내지의 데라코야식 사숙서당이 일반적인 교육기관이었습니다. 그 외에 다소 공적 성질을 띤 것으로는 각 군청 소재지에 공자를 기리는 문묘라는 것이 있었습니다. 문묘의 일부로 명륜당이라는 건물이 있었고, 그 건물 가운데에서 공맹의 가르침을 가르쳤던 것입니다. 국가의 시설로서는 경성과 함께 고려시대의 도읍이었던 개성에 성균관이라는 것이 있었고, 거기에서 구한국 정부 관리등용의 수단이었던 과거 제도에 응시해야 하는 사람들을 양성하였습니다.

이것이 구한국 정부 시대 교육조직의 대강입니다. 그 후 차차 시세의 변천에 따라, 특히 일청전쟁을 하나의 계기로 하여, 조선이 지나로부터 독립하고 싶다는 것을 자각함과 동시에, 종래보다는 근대교육에 대해 눈을 떠, 일본 혹은 외국의 여러 교육제도를 모방하게 되었고, 일청전쟁 후에는 일본의 교육제도를 배워 사립의 소학교를 만들거나 혹은 각 도에 공립의 소학교 같은 것을 만들었습니다. 또 경성에 일어학교(지금의 소위 국어, 당시의 일본어를 가르치는 일어학교) 혹은 외국어학교와 같은 것을 만들어, 주로 일본어를 가르치는 학교도 점점 생겼습니다. 또 야소교가 점점 조선에 전도됨에 따라, 그들 선교사는 자선사업과 동시에 교육사업을 전도의 수단으로 삼아, 구미식의 학교 교육을 조선에 시도하였습니다. 일러전쟁 후 통감정치를 하기에 이르러 교육 방면에서도 내지로부터 초빙된 관리의 지도 아래 점차 근대적 교육제도가 수입되었습니다. 이것이 1910년(明治 43) 일한병합 이전의 대체적 상태입니다.

1910년에 일한병합의 대업이 이루어지고, 그다음 해인 1911년에는 새로이 조선에 교육령이 발포되었습니다. 그 교육령의 발포가 지금 생각해 보면 조선에서 근대적 교육이 일반적으로 행해진 기원이었다고 말씀드려도 지장이 없으리라 생각합니다. 그리고 그 교육령에 근거해 그 후 약 13년간 다양한 교육을 실시했습니다만, 1919년(大正 8) 독립 소요라는 하나의 큰 사건이 발발하였고, 그 결과 조선통치의 모든 시설에서도 다양한 개혁을 해야만 할 필요에 마주했고, 교육 방면에서도 여러 개혁이 기획되어서, 내지 기타로부터 상당한 권위자를 초빙하여, 교육조사회라는 것을 만들고, 그 자문을 거쳐 1922년(大正 11)에 새로운 교육령을 발포하였습니다. 그것이 그 후 오늘에 이르기까지 계속해 시행된 교육령입니다. 지금 교육의 대강은 1922년에 개정되었던 교육령에 기반하여 실시되고 있습니다. 다만 1929년(昭和 4)에 이르러, 종래 초등학교의 교육에서 직업과를 그다지 중요시하지 않았지만, 시세의 필요에 응해 초등학교의 직업과를 필수과목으로 하게 되었습니다. 또 종래 관립 외에 공립의 사범학교를 인정하던 것을 전부 폐지하고, 사범학교는 모두 관립으로 한다는 것으로 방침을 고쳤습니다. 이것은 극히 일부의 개정이었습니다. 그 후 지금의 총독시대가 되었고, 올해부터, 이것 역시 시대의 요구를 고려한 결과라고 생각합니다만, 종래의 조선인에 대한 보통교육이 느릿느릿 보급되어 진전되지 않음에 이르러, 6년 제도의 보통학교 외에 불과 2개년으로, 국어, 수신, 직업과라는 2~3과목에 관해 대체적 지식을 가르친다는 간이학교가 새로이 설치되었습니다. 이것이 조선교육의 대체의 연혁입니다.

  이상 말씀드린 교육령 또는 그 일부 개정에 즈음해 시도되었던 시설의 내용을 두세 가지 말씀드린 것이, 조선통치의 변화와 상응하고 있다고 생각하기 때문에, 다소 상세하게 지나간다고 생각합니다만, 극히 개요를 말씀드리고자 합니다. 데라우치 총독 시대에 발포되었던 조선교육령은 조선인에게만 적용되는 교육제도를 규정하였고, 조선에 있는 내지인에게 적용되는 교육제도에 관한 규정은 포함되어 있지 않아서, 별도로 총독부령으로 규정해 두었던 것입니다. 일시동인의 조칙 아래, 조선통치의 임무를 맡기는 했습니다만, 교육제도 상으로는 조선인에 대한 교육령과 내지인에 대한 교육규칙은 취급이 별도였다는 것이었습니다. 그런데 1922년 사이토 총독 시대의 교육령에서는 그 두 가지의 법령을 하나로 하여, 조선의 교육은 본령에 의한다고 하고, 내지인에 대한 교육 사항도 조선인에 대한 교육 사항도 똑같이 하나의 교육령 가운데 담았던 것입니다. 아무것도 아닌 듯한 것이었습니다만, 역시 내선인에 관한 교육법규를 각각 취급하는 것이 바람직하지 않다는 사상 아래 고안된 교육제도였다고 생각합니다.

  또 데라우치 총독 시대에 발포된 교육령은 제1장에 강령이라는 것이 있었고, 그 강령 제2조에는 '교육은 교육에 관한 칙어의 취지에 근거해 충량한 국민을 육성하는 것을 본의로 한다'고 되어 있고, 충량한 국민의 양성이라는 것을 특히 강하게 말했습니다. 또 그 3조에는

'보통교육은 보통의 지식 기능을 가르치고, 특히 국민으로서의 성격을 함양하고, 국어 보급을 목적으로 한다'고 규정하고 있습니다. 데라우치 대장이 총독이라는 관직에 올랐을 시대는, 일러전쟁 후 얼마 되지 않은 시대였습니다. 따라서 어느 쪽인가 하면, 당시는 국가주의의 관념이 극도로 왕성했던 시대였습니다. 또 총독 그 자신은, 데라우치 대장이라고 여러분이 알고 계셨듯이 상당히 근엄하고 완고한 인격의 소유자였습니다. 따라서 총독 그 사람의 인격이 역시 교육령 상에서도 엿볼 수 있다고 생각합니다. 1919년(大正 8)은 사이토 자작이 조선총독으로 임명되어 반도에 군림하고 나서, 앞서 말씀드린 것과 같은 개혁이 행해졌는데, 그 교육령에서는 앞서 말씀드렸듯이 내선인에 대한 교육을 모두 하나의 교육령으로 규정한다는, 종래의 방식과는 다른 방법을 채용했습니다. 제4조에서 '보통학교는 아동의 신체 발달에 유의해 그 덕육을 실시하고, 생활에 필수적인 보통의 지식 기능을 전수하며, 국민으로서의 성격을 함양하고, 국어를 습득하도록 할 것을 목적으로 한다'라고 규정해, 구교육령 제5조의 '보통교육은 보통의 지식 기능을 가르치고, 특히 국민으로서의 성격을 함양하고, 국어를 보급하는 것을 목적으로 한다'는 규정과 약간 비슷합니다만, 구교육령에 있는 "충량한 국민의 육성을 본의로 한다"는 문구는 찾아볼 수 없게 되었습니다. 또 1922년(大正 11) 발포된 교육령에서는, 여러분 모두가 알고 계시듯이, '내지인, 조선인'이라는 말을 사용하지 않고 '국어를 상용하는 자', '국어를 상용하지 않는 자'라는 구별로 바꾸었던 것입니다. 법령상으로 내지인, 조선인이라는 말은 사용하는 것을 금하고 있어, 국어를 상용하는 자와 상용하지 않는 자와 같은 표현으로 규정되었던 것입니다. 이 한 가지 점을 가지고도 당시 법령을 발포할 경우에, 얼마나 내선(內鮮)의 관계에 주의를 기울였는가를 엿볼 수 있습니다.

또한 구교육령에서는 보통교육·중등보통교육·실업교육 및 전문교육에 관한 규정만이 있었고, 사범교육 및 대학교육에 관한 규정이 없었습니다. 그런데 1922년의 교육령에서는 사범교육 및 대학교육에 관한 규정도 동시에 교육령 가운데 규정되었습니다. 또 구교육령 시대에는 초등학교의 교육은 보통학교가 원칙으로는 4년, 지방에 따라 이것을 2년으로 단축할 수 있고, 중등보통교육인 고등보통학교의 수업연한은 4년, 여자고등보통학교의 수업연한은 3년이라는 방침이었습니다. 또 실업학교는 3년 또는 2년으로 한다는 규정이었고, 전문학교만이 내지와 똑같은 수업연한을 인정받았던 것입니다. 이것이 1922년의 제도 개정에서 보통학교는 원칙상 내지와 동일하게 6년으로 하고, 장소에 따라서는 5년 또는 4년으로 해도 지장이 없지만, 원칙은 6년으로 결정되었던 것입니다. 고등보통학교의 수업연한은 중학교와 동일한 5년, 여자고등보통학교의 수업연한은 고등여학교와 동일한 4년으로 결정되었습니다. 기타 실업학교·전문학교 등에 관해서도 대부분 내지와 동일한 규정을 설치하였습니다. 이처럼 내지의 모든 학교와 그 정도를 동등하게 함과 동시에, 내지의 학교와 연락을 밀접히 해서 상호 전학을 허락하고, 또 상급학교의 입학자격에 관해서도 동일하게 취급한다는 제도를 세웠던 것입니다. 이것이 오늘의 조선에서 지금 행해지고 있는 교육제도입니다.

　이처럼 사이토 총독 시대, 즉 1922년에 구교육령과 비교해 대담한 개혁이 이루어졌습니다만, 그 당시는 알고 계시듯이 세계전쟁 후였고, 자유사상이 극도로 왕성한 시대였습니다. 세계를 휩쓴 자유주의는 조선반도에도 상당히 큰 영향을 미쳤습니다. 당시의 당국자 입장에서는, 역시 그 당시의 시세에 비추어, 이와 같은 대개혁이 어쩔 수 없이 해야 하는 것이어서 단행되었다고 우리들은 생각하고 있었습니다. 그 후 1929년(昭和 4)에 이르러 야마나시(山梨) 총독의 시대가 되어 여러 사상 방면의 문제가 점차 떠들썩해지고, 또 한편에서는 경제상의 문제도 상당히 귀찮아져, 사상 방면의 시설로서는 아무래도 근본적 방책으로 초등학교에 무게를 둘 필요가 있어, 그것을 위해서는 사범교육을 어느 정도 완전한 것으로 해야만 했습니다. 특히 새로 부속한 동포에 대한 교육의 경우에 사범교육은 지극히 긴급하고 중요한 것이었습니다. 당시 경성에 하나의 관립사범이 있었고, 기타는 13도에 각 하나씩 공립사범학교가 있었는데, 그 공립사범학교로는 불충분하여, 사범학교는 전부 관립으로 한다는 제도를 채용하였으며, 각 도의 사범학교를 폐지하고 3개의 관립사범을 만들어 오늘날에 이르고 있습니다.

　또 조선인은 종래부터 어느 쪽인가 하면 공리공론에 빠지는 자 많았고, 실용을 중시하는 풍토가 극히 부족했고, 게다가 조선의 현상은 경제적으로 극히 빈약하였습니다. 이것을 구제하는 데에는 역시 초등학교시대부터 상당한 공부를 실시할 필요가 있었으므로, 초등학교에 직업과를 필수 과목으로 두도록 제도를 개정했던 것입니다. 이것도 당시 사상 문제가 떠들썩하게 논의되고, 또 경제 문제가 여러 가지로 혼란스러운 시대였음을 생각해 보면, 야마나시 총독 시대의 개혁 역시 시대의 영향이 이렇게 되지 않을 수 없도록 만들었던 것이라고 생각합니다. 이렇게 하여 현재 총독의 시대에 이르러서 올해부터 간이학교를 만들었던 것입니다. 현 총독의 시대가 되어 시설되었던 것이 많이 있습니다만, 특히 농촌개발·농촌진흥에 무게를 두었던 것입니다. 이렇게 다양한 시설을 시행해 보면, 아무래도 역시 교육이 보급되어 있지 않으면, 모처럼 만든 시설도 충분한 효과를 거두기 어렵고, 애써 열심히 고생해도 충분한 수확을 거둘 수 없습니다. 그런데 종래와 같이 원칙으로는 6년, 변칙으로 5년 혹은 4년이라는 교육 방식 하나만으로는 보급이 곤란합니다. 또 현재 필요한 점에서 말씀드려도, 지금의 교육령이 인정하는 전체의 학교에 모든 과목에 걸쳐 도시와 시골에 일률적으로 완전한 교육을 시행하는 것은, 조선 농촌의 현재 민도 상에서 보아 약간 너무 나아간 것은 아닐까, 조금 더 간단한 방식은 없었을까 하는 것에서, 2년 동안 대체로 한 번 훑어보는 교육을 가르친다는 제도를 열게 된 것입니다. 이것은 어느 쪽인가 하면, 농촌의 피폐를 구제하고, 농가의 궁핍을 돕는 것에서 출발한 시설이라고 생각합니다. 이 시대는 내지도 조선도 좋지 않은 세계 각국을 들어 농촌 문제가 상당히 시끄럽던 시대였기 때문에 농촌 개발의 기초를 교육에서 구하여 이렇게 된 것으로 생각합니다. 이와 같이 생각해 보면, 조선의 교육연혁은 대체로 그 당시 시대의 반영이라는 것이 명백히 인정되었던 것 같은 생각이 듭니다.

2. 공학 문제

다음으로 조선 문제를 논의할 경우에 반드시 그 문제의 하나로 취급할 것은 내선공학 문제입니다. 일시동인의 조직에 기초해 상근일가(桑槿一家)의 결실을 거두는 데는 다양한 방책이 있지만, 근본 방책은 초등학교 시대부터 이것을 하나의 학교에 수용해 교육하는 것이 가장 유효적절한 방법은 아닐까, 이것에 대한 총독부의 생각은 어떠할까 하는 것은, 만나 뵌 많은 분들이 하신 질문입니다. 지금의 교육령에서는 초등교육에서 내선인을 구별하고 있습니다. 앞서 말씀드렸듯이, 국어를 상용하는 자와 상용하지 않는 자에 따라 구별하도록 되었습니다만, 실업교육·전문교육·사범교육·대학교육 등에서는 내선공학을 하지 않고 있습니다. 시정 이래 내년으로 만 25년이 되어감에도 불구하고, 왜 초등교육에서는 공학제도를 인정하지 않는 것인가 하는 것은 하나의 문제입니다. 하지만 사실은 아무래도 하기 어려운 것이어서, 오늘 곧바로 초등학교부터 공학제도를 실시한다고 한다면, 내선인 양 방면에 적지 않은 불이익을 가져오는 것은 불을 보듯 뻔한 일입니다. 내지인 아이들과 조선인 아이들을 함께 수용해서 초등교육을 시작한다면, 조선인 아이들을 위해서는 국어에 주로 힘을 쏟지 않으면 안 되기 때문에, 내지인 교육은 그만큼 중대한 지장을 입습니다. 내지인 아동과 같은 정도로 국어를 취급해서는 조선인 아동은 국어가 충분히 습득될 수 없습니다. 또 오늘의 정세에서 보면 조선인 아동에게는 조선어를 상당히 가르쳐야만 합니다만, 조선어를 가르치지 않고 오직 국어만 하도록 한다면, 조선인 아동에게는 당분간 역시 다양한 불이익을 주게 될 것입니다. 또 내지인 아동에게도 조선인 아이들과 마찬가지로 상당하는 조선어를 일반적으로 부과한다고 한다면 그 때문에 상당히 큰 불이익을 받게 될 것입니다. 더욱이 국어라는 점은 별도로 하더라도 풍속습관이 다르기 때문에, 이것을 유소 시대부터 하나의 학교에 수용한다고 하는 사항은 이상적으로는 하루라도 빨리 실현시키고 싶다는 당국의 희망입니다만, 사실은 이것을 허용하지 않습니다. 당국으로서는 속히 하루라도 빨리 내선공학의 열매를 거두고 싶다고 생각합니다만, 지금 곧 실행할 수 없는 정세에 있음을 아주 유감으로 생각합니다.

만약 장래 내선공학을 지금보다 한걸음 더 진척시키는 경우에는, 아마도 동등한 초등교육이라도, 중등보통교육 쪽이 먼저 공학이 되지 않을까 생각합니다. 즉 중학교와 고등보통학교, 여학교와 여자고등보통학교의 공학이 제일 먼저 행해지지 않을까 생각합니다. 오늘날은 앞서 말씀드렸듯이, 소학교와 보통학교, 고등보통학교와 중학교, 고등여학교와 여자고등보통학교로 내선인의 보통교육기관은 별도로 되어 있지만, 현재의 제도 아래에서도 내지인 자제로서, 보통학교 혹은 고등보통학교·여자고등보통학교에서 배우는 자도 상당히 있습니다. 또 조선인의 자제로서 내지인의 소학교 혹은 중학교·고등여학교에 들어가는 자도 상당히 있습니다. 이들은 부형들이 그런 학교에 다니게 하는 편이 아이들의 장래를 위해 이익이라고 생각한 경우이거나 혹은 그 지방에 적당한 학교가 없기 때문에, 우선 그 지방에 있는 학교에 입학시킨 경우 등입니다. 현재에도 양쪽의 학교에 방침이 다른 아동 생도가 상당수 들어가 있습니다만, 그 결과로 상당한 지장이 있다고 판단되지 않는다는 상황이므로, 내선공학의 사항도 차차 총독부의 정치 진전에 따라, 머지않은 장래에 점차 실현될 것이라고 믿습니다.

3. 군사교련

다음은 남자 중등학교 이상에 대한 현역 장교의 배속 문제입니다. 내지에서는 중등 이상의 남자 학교에 대해서 군사교련을 시행하고 있는데, 현역 장교가 배속되고 있습니다. 조선에서도 1925년(大正 14) 이래 점차 내지인 자제를 수용하는 학교 및 내선공학의 학교에서는 현역 장교를 배속해 군사교련을 행하고 있습니다. 이것은 내지인이 병역상의 의무를 갖는 특수한 관계로부터 나온 것이라고 생각됩니다. 그런데 최근에 이르러 경성에 있는 제일, 제이의 고등보통학교에 현역 장교를 배속하도록 하였습니다. 이것은 조선에서의 교육상, 우리로서 많이 생각해야 할 문제의 하나라고 생각합니다.

조선의 청년 학생에 대해서 군사교련을 시행하는 것의 가부에 관해서는, 식자(識者) 가운데 지금 상당한 이론(異論)이 적지 않습니다. 그런데 학교 당국 쪽에서 말씀드리면, 조선인은 다년의 풍속습관에 화를 입은 결과인지는 모르겠지만, 규율 훈련의 방면에서는 자칫 결함이 많았습니다. 내지인의 학교와 비교해서 규율 훈련 상에서 부족한 부분이 많았다고 하는 것은, 이것은 과거에 가장 현저한 사실입니다. 더욱더 중대한 문제인 것은 내지인 학교의 군사교련이 정신교육을 가르치는 데 상당히 유효한 시설이라는 것입니다. 그런데 조선인에게 정신교육이라는 사항은 내지인 학생에 대해서보다는 훨씬 더 곤란합니다. 어떻게 해서 그 정신교육을 완전히 행하는가에 관해서는, 오늘 이곳에 모여 계신 다수의 동료이신 고등보통학교의 교직원인 분은 특별히 고심하고 계실 것입니다. 그러나 생각했던 것과 같은 상당한 성적을 거둔 것에는 오늘까지 이르지 못했던 것입니다. 따라서 내지인의 교육과 비교해 보아 아무래도 역시 배치해, 군사교련을 행하는 것 이외는 길이 없습니다. 규율 훈련의 사항을 철저히 하게 된다면, 정신교육 방면에 이바지하는 바가 아주 클 것이라고 하는 사항은, 조선 전체의 고등보통학교 관계자가 바라는 바입니다. 또 총독부에서 각 도의 지사를 모아 회의를 연 경우에도, 각 도지사로부터도 같은 희망이 나왔다고 하는 모양입니다. 이와 같은 것을 볼 때, 군부 방면에 여러 교섭을 하였고, 원했던 결과 올해 4월부터 시작해, 우선 먼저 시험 삼아 경성에 제일, 제이의 고등보통학교에 현역 장교를 배치하도록 하고, 그리고 그 성적이 좋다면 전체 조선인을 수용하고 있는 중등 이상의 학교에도 현역 장교를 배치하도록 하였습니다. 이것은 군부 측에서도 상당한 영단이었다고 생각하고 있습니다. 우리로서는 이 군사교련이 신부의 동포인 조선인 교육상에, 그 정신훈련의 방면에서 대단히 좋은 결과를 가지고 올 것이라는 큰 기대를 가지고 있습니다.

이 사항에 관련해 병역 의무와 조선인과의 관계에 관해 간단히 말씀드리고자 합니다. 알고 계시는 바와 같이 병역의 의무, 즉 국가 유사시의 경우에는 자신의 한 몸을 희생해, 국난에 목숨을 바친다는 의무를 기쁘게 수행할 수 있는 국민이 아니라면, 국가의 중요한 정치에 간여할 수 없다는 것이 참정권의 지금까지의 연혁이라고 저는 들었습니다. 그런데 최근 조선에서 조선인에게도 참정권을 주고, 일시동인의 성지에 기초해 통치되는 이상은, 내선인 간에 추호의 구별을 두지 않는 것이 원칙입니다. 그렇다면 어떤 방법으로든 조선인에게도 참정의 권리를 주자라는 사항은 상당히 강한 요구로서 나타나고 있습니다. 제국의회가 열릴 때마다 참정권에 대한 청원이 제출되고, 양원(兩院)에서도 채용·체결하게 되었다는 사실이 있습니다.

이 참정권의 문제는 조선 통치상 크게 생각되어야 할 문제 중 하나가 되었습니다. 오늘날 조선에서는 박영효(朴泳孝) 후작이 아시는 바와 같이 작년인가 귀족원 의원의 반열에 올랐습니다. 또 내지에서는 보통선거가 실시된 결과, 조선인으로 내지에 거주하는 자는 역시 제국의 신민이라는 관계상 6개월 이상 거주한다면 선거권도 피선거권도 갖게 되므로, 박춘금(朴春琴)이라는 조선인 대의사(代議士)가 도쿄시에서 선출되었습니다. 기타 조선인이 가장 많이 있는 오사카시 및 오사카부에서는 조선인이 시회 의원으로 행동을 같이 한 사람도 있습니다.

이처럼 내지에 있는 조선인은 보통선거 실시의 결과 선거권을 받았습니다만, 조선에 있는 조선인은 내지에 있는 조선인과 같은 권리는 오늘 역시 받지 못하고 있습니다. 내지인도 조선에 거주하는 자는 중의원 의원 선거권을 받지 못하고 있습니다. 이것에 대해 하루라도 빨리 조선에 선거법을 실시하여, 조선에서도 내지의 의회에 대의사(代議士)를 보낼 수 있게 되기를 바란다는 희망은 조선의 식자 사이에 상당히 왕성합니다. 조선총독부에서는 1919년(大正 8)의 제도 개정 당시에, 장래는 역시 어떤 방법으로든 조선에 있는 내지인이 제국의 정치에 참여할 수 있도록 해야 합니다만, 거기에는 상당한 준비가 필요합니다. 그 준비로는 지방자치제도를 먼저 확립하고, 조선의 사람들도 여기에 참여시켜 자치적 및 정치적 훈련을 해야만 한다는 취지에서 1920년(大正 9)에 지방 제도가 개정되었습니다. 최초에는 지방에 자문기관으로서, 내지의 부현회(府縣會) 혹은 정촌회(町村會)와 같은 것을 만들고, 거기에 일정한 사항을 자문하는 것으로 정치적 훈련을 하였습니다만, 그 후 10년을 경과하여 제법 자치적 훈련도 가능해졌으므로 1929년(昭和 4)경이라고 생각합니다만, 여기에 자치권을 주어 완전한 의결기관으로 고쳐 목하 한층 높은 자치적 훈련을 행하고 있습니다.

따라서 다음은 조선에도 중의원 선거법을 시행하는가의 여부라는 문제가 생깁니다. 이것이 앞서 말씀드린 대로 오늘날 이미 큰 문제가 된 것입니다. 이것에 관해서는 다양한 논의가 있습니다. 이미 들으셨겠지만, 거기에는 내지연장주의로 행한다는 논의와 조선 자치로 행한다는 두 가지 논의가 있습니다. 내지연장주의로 해야 한다는 논의는, 조선이라는 명칭을 내지의 규슈 혹은 시코쿠와 같이 지리적 명칭으로 하고, 모든 제도는 하루라도 빨리 내지와 동일하게 하며, 따라서 중의원 의원 선거법과 같은 것도 조선에 시행하고, 조선에서도 내지의 제국의회에 의원을 선출한다는 주장입니다. 이에 반해, 조선자치론 주장자는 조선에는 여러 특수한 사정이 있으므로, 조선인을 내지의 제국의회에 보내는 것은 여러 점에서 곤란한 동시에 귀찮은 문제를 일으킴에 틀림없다는 것입니다. 그보다 조선에는 조선의회를 만들고, 조선 내에서 내지의 선거법과 같은 것에 의해 선출된 사람은 조선의회의 의원으로서, 조선의 정치에 참여할 수 있는 자격을 준다면 좋지 않은가 하는 것입니다. 조선의 내선인 가운데에서 일정한 규칙에 따라 대표자를 선출하고, 조선에 관련된 입법, 예산에 참여하도록 하면 좋지 않은가, 새삼스럽게 조선인까지 일부러 내지의 제국의회에 보낼 필요는 없는 것은 아닌가 하는 논의를 하고 있습니다. 이것은 알고 계시듯이 영국이 아일랜드를 통치하는 데 혹독한 경험을 맛본 선례가 있습니다. 따라서 그와 같은 예를 들어서, 조선은 역시 조선의회 제도로 하는 것이 타당하다는 논의를 하는 것입니다.

의회는 말씀드린 것과 같이 두 가지가 있습니다만, 조선의 장래에 어떤 방법을 행할 것인가는 아직 지금 우리가 아는 바로서는 결정된 것이 없다고 생각합니다. 그러나 때가 언제인가는 알지 못합니다만, 장래 조선에서 내선인에 대해서 역시 국정에 참여할 권리가 반드시 인정되지 않으면 안 될 시기가 올 것이라고 생각합니다. 저는 조선에서 내선인이라고 말씀드렸습니다만, 앞서 말씀드렸던 대로 지금은 조선에 있는 내지인도 알고 계시듯이, 제국의회에 대의사를 보낼 자격은 인정되지 않습니다. 따라서 조선에 어떠한 방법으로든 중의원 의원 선거법과 같은 것이 시행될 경우에는 조선에 있는 내선인 가운데에 그 대표자가 선출될 것이라고 생각합니다.

이같이 종래 제국의회에 조선인의 대표자를 보낸다는 의미의 참정권 운동에 반대하는 사람은, 병역 의무를 부담하지 않는 사람이 참정권을 요구하는 것은 연혁적으로 잘못되었다고 합니다. 참정권을 요구한다면, 먼저 병역의 의무를 완전히 다하는 것이 선결 조건이 아닌가, 그 중대한 의무 조건을 하지 않고, 오직 권리만을 주장하는 것은 순서가 잘못된 것은 아닌가 하는 논의가 오늘날까지 상당히 유력하게 반복되고 있습니다. 그런데 최근에 이르러서는 조선인 사이에서도, 병역 의무를 실시하라는 요망이 상당히 왕성해지고 있습니다. 우리가 내지인과 함께 일본 제국을 조직해 가는 경우에, 동등하게 제국의 국민인 이상은 자신들에게도 병역 의무를 시행해야 한다는 요망이 점차 왕성해지고 있다는 것으로, 이것은 우리로서 크게 주목할 필요가 있는 현상이라고 생각합니다. 또 이번 만주사변에 즈음하여, 우리 신부 동포로서 만주의 들판에서 실로 주목할 만한 전공을 세운 사람도 있습니다. 지금 이미 발표되었던 논공행상 가운데에도 우리 신 부속지의 동포로서 금치훈장(金鵄勳章)을 받은 사람도 있는 실정입니다. 또 우리 군대가 반도를 통과해 만주로 출정할 경우에 그 노고를 치하하고 혹은 개선하는 경우에 이것을 마음으로 맞이하는 것도, 우리 신 부속지의 동포는 종래 볼 수 없었던 대단히 아름다운 실적을 나타낸 것입니다. 또 제국의 국방 충실에 필요한 비용의 일부를 충당하고 싶다는 국방헌금에 관해서도, 조선의 동포는 이번 사건을 맞이해, 실로 우리의 입장에서 보아 기뻐해 마지않는 훌륭한 행동을 취한 사람이 적지 않았습니다.

이러한 정세에서, 조선의 동포 사이에서도 국민 최고의 의무인 병역의 의무가 우리들 조선인에게도 부과되어야 한다는 요망이 상당히 활발해지고 있습니다. 이러한 것에서, 어떻게 이것을 다루어야 할 것인가에 관해서는 지금 군부에서도 깊고 깊은 연구를 거듭하고 있다고 들었습니다. 우리들이 정말로 내선일가(內鮮一家)의 결실을 거두어 가는 경우에는 역시 일국의 국난에 조우함에, 함께 총칼을 손에 들고 난국을 마주하는 것이 필요하고, 이렇게 하는 것은 나아가 양 민족 간의 결합을 가장 강하게 하는 길은 아닌가 생각합니다. 언제까지나 위험하다는 생각을 가지고, 국가의 중대한 난국에 즈음해서도 그 중대한 임무의 일부조차 부담시키지 않는다는 것은 아무래도 그 사이가 뻔히 들여다보이는 것은 아닌가, 오히려 함께 손을 잡고 국방이라는 중대한 임무를 맡아 그 난국을 타파하는 것에 노력한다면, 그 결과는 장래 일치단결 상에서도 좋은 결과를 내지 않을까 하는 견해도 있습니다. 또 장래에 아주 큰 전쟁이 예상되는 경우에도, 인구상으로 말해도 내지의 청년만으로는 충분하지 않습니다.

신 부속지의 동포인 청년들과 함께 손을 잡고 싸우지 않으면, 인원 상으로도 완전한 숫자를 얻을 수 없는 것은 아닌가 하는 사정에서도, 이 문제에 관해서는 상당히 궁리해야 할 필요를 느끼는 사람도 적지 않습니다.

또 지금 내지에서 시행되고 있는 청년훈련소는 조선에서도 실시되고 있습니다만, 이 청년훈련소에는 내선인 자제를 같이 입소시키는 것으로 다루고 있습니다. 지금의 인원으로 말씀드리면 내지인 자제가 많습니다만, 조선인 자제도 들어오는 자가 상당수 적지 않습니다. 또 육군 당국에서는 우수한 조선인 청년이 우리 육군의 장교가 되는 것을 아주 권유하고 있습니다. 지금까지 우리 군대에 들어온 조선인 현역 장교는 약 20명입니다. 그 가운데는 이왕(李王) 전하, 이건공(李鍵公) 전하, 이우공(李鍝公) 전하와 같은 분들도 있습니다만, 이외의 사람으로서 약 45명의 현역 장교가 있습니다. 또 최근에는 군부의 열렬한 권유로 조선인 청년으로서 중학교 혹은 고등보통학교에 들어간 자로, 나아가 우리 사관학교에 입학하는 자도 있는 모양입니다.

이러한 점에서 생각해 보면, 앞서 말씀드린 제일, 제이 고등보통학교에 현역 장교를 배속시켰던 것은 단지 그것만의 문제가 아니고, 아주 커다란 의미로 우리에게 무언가를 가르치려 했다는 느낌이 있습니다. 또 교육의 진정한 목적에서 말씀드리면 그것이 법문 상으로 분명한가 아닌가와는 별개로, 역시 충량한 국민을 양성하는 것이 진짜 목적이라고 말씀드린다면, 이상적으로는 하루라도 빨리 조선의 청년도 내지의 청년과 아무런 구별 없이, 아무런 근심 없이 제국 국방의 중대한 임무에 마주할 수 있는 날이 와야만 한다고 저는 생각하고 있는 바입니다.

4. 교육의 보급

다음으로 교육의 보급이라는 것을 말씀드릴 생각입니다. 데라우치 총독 시대는 앞서 쭉 말씀드린 것과 같은 교육제도 아래서, 6면 1교라는 방침을 추진해 왔습니다. 뭐라 해도 당시의 민도는 극히 빈약했고, 새로운 교육제도를 발포해도, 이것을 벽촌 지방까지 철저하게 하는 것은 용이하지 않았다는 것에서, 그 목표를 6면 1교, 6개의 읍면에 1개의 공립학교를 만든다는 방침으로 나아간 것입니다. 하지만 1919년(大正 8)에 독립 소요가 일어났습니다다. 그 당시는 자유사상이 극도로 왕성한 시대로, 교육 균등의 사조가 아주 왕성하게 주장되었던 시대였습니다. 단지 조선뿐 아니라 내지에서도 유럽·미국의 여러 나라에서도 자유사상과 함께 교육 균등의 요구가 아주 왕성한 시대였으므로, 그들 사상은 조선에도 직접적으로 영향을 미쳤고, 교육에 대한 요망이 아주 열렬하였습니다. 따라서 당시의 당국자, 즉 사이토 총독은 부임하자마자 종래의 6면 1교 주의를 곧바로 3면 1교 주의로 확장시켰습니다. 즉 3개의 면에 1개의 보통학교를 두도록 개정했습니다. 이렇게 되었어도 조선인 측의 요망은 역시 만족되지 못했고, 교육의 보급에 대한 요망은 날이 갈수록 왕성해지는 형상이었습니다. 야마나시 총독 시대인 1929년(昭和 4)에 이르러서, 다시 종래의 3면 1교 계획을 확장해 1면 1교 계획으로 고치고, 1936년(昭和 11)이 되어서 완성하게 됩니다. 단 지금은 그 1면 1교 방침에 의해 공립보통학교의 계획을 진행하고 있는 바입니다.

다만 여기에서 알아주셨으면 하는 것은 내지와 비교해 조선의 면(面)은 그 면적이 내지의 정촌((町村) 면적보다 약 배가 되므로, 하나의 면에 하나의 공립학교라고 해도 내지에서 상상하는 경우보다도 통학 기타의 측면에서 불편이 있다는 사실입니다. 이렇게 하여 오늘날 만들어진 공립보통학교는 2,118교이지만, 그 가운데는 경성부에 있거나 내지의 정에 해당하는 조선의 읍에 있는 학교도 상당히 있으므로, 면, 즉 촌에 있는 학교는 2,002교입니다. 지금 조선에 있는 면의 총수가 2,397개이므로, 공립보통학교가 실치되지 않은 면이 395개가 남아 있는 셈입니다만, 이것도 1936년(昭和 11)까지는 대체로 완성될 수 있다고 생각합니다. 이처럼 오늘날 조선에 교육의 보급률은 부(경성부와 같은 도회지)는 58.8%에 달하고 있습니다만, 시골의 면(촌)은 21.5%에 불과합니다. 따라서 이 양쪽을 평균하면 겨우 23.2%라고 하듯이, 극히 빈약한 보급 정도여서, 앞에서 누군가가 말씀하셨듯이, 1886년(明治 20)경의 내지 시대를 방불케 하는 바입니다. 총독부에서도 속히 보통교육의 보급을 꾀하여, 하루라도 빨리 의무교육제도가 실기될 것을 희망합니다만, 아무래도 민도가 아직 낮고 경제력이 빈약하다는 것에서, 그 실현이 늦어지는 것을 심히 유감으로 생각하고 있습니다.

이와 같은 상황에서 현 총독의 시대가 되어 1면 1교 계획과 병행하여 간이학교라는 제도를 만들었습니다. 하나의 면에 1개의 공립학교가 있는 경우에, 그 공립학교의 부속시설로 1개의 간이학교를 만든다는 아주 간단한, 돈이 들지 않는 방법으로 신속하게 보통교육을 보급한다는 계획을 수립하여, 올해 한꺼번에 440개의 간이학교가 생긴 것입니다. 이것은 조선인도 지방에 아주 적절한 교육제도라고 하면서 기뻐했습니다. 또 내지 그 밖에서 시찰하러 오신 사람들로, 조선의 신교육령에 따라 초등교육 6년, 지방에 따라서는 5년 혹은 4년으로 할 수 있는 교육제도는 조선농촌의 민도에 비해 너무 앞선 것에 불과하다는 비난을 하는 사람도, 이번의 간이학교 제도를 향해 전폭적 찬성의 뜻을 나타냈다고 알고 있습니다.

최근 러시아 주변에서 문맹퇴치라는 운동이 행해진 것이 조선에도 전해진 이후, 조선 사람들 사이에서도 하루 빨리 문맹을 퇴치하려는 요망이 아주 들끓었습니다. 이에 덧붙여 말씀드리고 싶은 것은, 구한국 정부시대부터의 유물인 서당은 현재 8,800개 정도 존재합니다. 약 15만 명 정도의 자제가 배우고 있습니다. 서당에 대해서도 총독부는 가능한 한 그것을 이용해, 총독부에서 만든 국어독본, 산술 교과서를 사용하도록 하고, 보통교육의 보급이 부족한 곳을 보완한다고 하는 것을 실시했습니다.

5. 졸업생 지도

다음으로 졸업생 지도라고 하는 것이 조선에 있습니다만, 이것에 대해 아주 간단히 말씀드리고자 합니다. 앞서 말씀드렸듯이, 1929년(昭和 4) 야마나시 총독 시대에 초등학교의 직업과를 필수과로 하고 여로(勵勞), 노작이라는 것을 종래보다 중요시하지 않으면, 조선의 장래를 위해 결코 좋지 않다는 것에서, 직업과를 필수로 부과했던 것입니다. 그리고 이 직업과의 충실이라는 것에 아주 무게를 두었으므로, 각 지방에서는 그 개정에 기초해, 직업과의 충실에 큰 힘을 기울였던 것입니다. 특히 이 점에 주의해, 바로 옆인 경기도에서는 이를 실시하는 데 우선 보통학교의 교장과 그 외의 직원에게 농업적 훈련을 시행하는 것이 매우 긴요하고, 선결 문제라는 것에서, 여름휴가를 이용해, 약 1개월간 보통학교 교장 혹은 수석 훈도 같은 사람들을 농사시험장 혹은 농학교 기숙사에 수용하고, 아침저녁으로 행동을 함께 하며, 학과를 가르치기보다 오히려 농업 체험을 전수하는 강습을 행했습니다.

50세가 다 된 보통학교 교장으로 하여금, 지금까지 괭이를 쥐어 본 적도 없는 사람이, 30일간이나 아침 일찍부터 저녁 늦게까지 그러한 강습을 받았습니다. 처음 일주일간 혹은 10일간은 손발과 허리가 아파서 힘들었다는 여러 가지 이야기도 있었습니다만, 결국 그 한 달간의 강습 기간을 마칠 즈음에는 강습을 받은 교장과 그 외의 직원도, 자신이 담당하는 학교로 돌아가서 직업과를 맡는 경우에 뭔가 자신감이 생기는 기분이 되어 대단한 희망을 품고, 자신이 담당한 학교에 돌아갈 참이었습니다. 이렇게 실제 아이들과 함께, 가래[鋤], 괭이를 쥐고, 소위 유한단련(流汗鍛鍊), 땀을 흘리고, 기름을 짜면서 근로에 종사하면, 그것이 아이들의 근로에도 아주 좋은 영향을 주었습니다. 단순히 학교 내부에서만이 아니라 학교 주위에도 좋은 영향을 주었으므로, 교사 가운데에도 차차 매우 열심인 사람이 나타나게 되었습니다. 이렇게 초등학교에서의 직업교육은 종래와 비교해 면모를 새로이 하는 동시에, 학교의 교장으로서, 이것만으로는 부족하다, 학교에서만 아무리 뼈를 깎으며 걱정해도, 조선 농가처럼 근로정신이 아주 결핍된 가정으로 돌아가서 그 후의 지도를 행하지 않는 것은 아주 위험하다, 그러나 아이들이 가정으로 돌아가는 것 외에는 방도가 없다면 자신들 쪽에서 나아가 그들 졸업생의 장래를 어떻게든 돌봐주고 싶다라는 아동에 대한 열렬한 애정에서, 졸업생 가운데 장래가 기대되는 5~6명의 아동에게, 학교장을 위시해 직원들이 학교 수업이 끝난 시간 등을 이용해, 가정에까지 찾아가 영농상의 지도를 한다거나 혹은 그 외 가정경제의 사항에 관해 다양한 상담을 해 주는 것과 같은 일을 실시했던 바, 그들의 이런 열심은 조금이라도 결실을 거두지 않으면 멈추지 않았습니다. 그 지도를 받았던 졸업생이 대단히 감분하여 부지런히 가업에 종사한 결과, 그것에 의해 종래 근로에 어떤 흥미를 갖지 못했던 곳의 졸업생 형제, 자매도 그 한 사람의 청년 감회에 움직여 온 가족이 함께 근로에 종사하게 되었습니다. 이렇게 종래 기울어지던 가운(家運)도 만회되었습니다. 지금까지 술과 도박 이외에 어떤 흥미를 가지지 못했던 부친이 갑자기 마음을 바꾸어 뉘우치고, 그 이후는 온 가족이 더욱 단란한 즐거움을 누리는 것과 동시에 갱생의 길을 간다는 사례가 각지에서 아주 많이 인정되었던 것입니다.

    이러한 것에서 경기도의 도 당국도 그 제도의 성적이 아주 양호할 것 같은 학교에 대해서 상당한 시설을 보조하고 혹은 상당한 운영자금을 빌려 주고, 이들 졸업생 가정 중에 높은 이자의 돈을 빌려 곤란한 자에게는 다소 낮은 이자로 바꿔 주는 데까지 도움을 준 결과, 그 성적이 뚜렷이 나타나게 되었습니다. 이러한 성적을 보고, 몇 명이기는 하지만 이미 졸업생 지도라는 사항이, 지금의 조선 농촌에 아주 적절한 교육시설이라는 것을 의심하는 자는 1명도 없고, 모두 입을 모아 칭찬하는 상황이 되었습니다. 총독부 혹은 경기도로 내지에서 교육시찰로 조선에 왔던 사람들에게 그 시설들을 안내하면, 누구라도 입을 모아 칭찬하기를 "이렇게 좋은 제도가 조선에 있다고는 생각하지 못했다. 지금 내지의 농촌은 피폐해 모두 어려움을 겪고 있다. 그렇지만 적당한 정책이 없어서, 오직 망양(望洋)의 한을 품은 경우로, 이 졸업생 지도학교의 제도를 조선에 와서 보고, 이런 것이 있었나, 하고 감탄했으므로, 돌아가서 내지에서도 반드시 이렇게 하고 싶다"라는 희망을 말씀하신 분도 적지 않았습니다. 이처럼 경기도의 성적이 매우 좋았으므로, 각 도가 스스로 점차 이것에 따르고, 또 총독부에서도 왕성히 장려해, 지금에 이르러서는 이 졸업생 지도학교는 조선 전체에 947교에 이르고, 모두 눈부신 성적을 거두었습니다.

우리나라에서는 지금 농촌 문제가 떠들썩해 어떻게 이것을 구제할까가 논의되는 경우에, 사람들은 덴마크의 국민고등학교를 운운합니다. 덴마크의 국민고등학교의 정신이 조선의 졸업생 지도학교의 정신과 부절(符節)을 맞춘 듯했다는 것을 많은 사람이 말하고 있습니다. 또 동양, 특히 조선에서 생겨난 제도인 만큼 내지에서도, 덴마크의 제도보다 조선의 졸업생 지도학교 제도를 채용하는 편이 적당하지 않는가 하고 말하는 사람도 적지 않아서, 이 제도가 조선의 교육시설 상에서 자랑할 만한 것임을 굳게 믿고 있는 바입니다.

이와 같이 조선에서는 직업교육이라는 사항이 야마나시 총독 이래 상당히 왕성해지고 있습니다만, 현 총독이 취임한 당시는, 내지에서 농촌의 피폐가 극에 달해 농가 구제가 지금까지 유례없이 강하게 외쳐지고 있었습니다. 조선에서도 역시 같았기 때문에, 현 총독은 더 한층 이 제도에 박차를 가한 결과, 지금은 초등학교 직업과와 함께 졸업생 지도시설은 한층 더 충실해졌습니다. 조선의 시골에 있는 보통학교 5년, 6년의 생도로서, 다달이 수업료를 납부할 수 없어, 종래 퇴학했던 생도가, 그 학교의 직업과 시설에서 얻은 수입을 나누어 받아 자신의 수업료를 지불한 학교도 대단히 많은 수가 있다는 것입니다. 이것은 여러분의 중학교 교육과는 직접 관계가 없을지도 모르겠지만, 조선의 교육시설로서 바로 지금 상당한 힘을 들이고 있는 바이므로, 조금 참고하시라고 말씀드리는 것입니다.

6. 경성대학

다음으로 여러분께서 오늘 모인, 이 경성제국대학에 대해서 한 말씀 올리고자 합니다.

조선의 교육이, 제국의 시정 이래 어떻게 눈부시게 진전했는가는 앞서 말씀드린 것으로 충분히 이해하셨을 것이라고 생각합니다만, 그러나 자세히 그 내용을 점검해 보면 시정 25년을 맞이하는 오늘날조차 보통교육의 보급이 겨우 23.3%로 매우 미미한 진보이고, 또 고등보통학교나 여자고등보통학교, 그 외 실업학교·사범학교·전문학교도 그 보급이 충분치 않았습니다. 게다가 그 내용에서도 내지의 동등한 학교에 비교하면 못 미치는 점이 많습니다. 조선의 교육시설로는 먼저 초등교육부터 전문학교에 이르기까지 각종 학교의 충실을 꾀하고, 그 충실을 본 뒤에 비로소 제국대학을 창설하는 것이 순서가 아니었는가, 이러한 논의가 내지 및 조선에서도 상당히 행해졌습니다. 특히 마찬가지로 대학을 설치한다면 법문학부와 같은 학과를 조선에 두는 것은 상당히 궁리해야 할 문제였던 것은 아닌가, 의과대학과 같은 귀중한 인명을 취급하는 것을 두는 것은 이의가 없지만, 법문학부와 같은 경우는 상당히 고려를 요하는 문제가 아니었는가, 조선과 같은 곳에서는 오히려 이공과·농과 같은 것을 설치해야만 하는 것은 아니었는가, 지금 식자들 사이에서 반복되는 논의 가운데 하나입니다.

경성제국대학이 경성에 설치되었던 것은, 사이토 총독 아래에 미즈노 렌타로(水野鍊太郞) 박사가 정무 총감이었을 때 계획된 것이었습니다. 미즈노 박사가 일찍이 우리에게 말씀하신 바에 의하면, 당시 즉 1919년(大正 8)의 독립 소요 이후 자유사상이 조선 반도 구석구석에 가득 찬 시대에, 이 자유사상에 기초한 교육 요망의 열기는 아주 작열했습니다. 게다가 눈을 돌려 옆 나라 지나의 모습을 보면, 상해에도, 북경에도, 천진에도, 남경에도, 가는 곳마다 외국인의 원조 아래, 대학이 생겨났습니다. 내용이야 어쨌든 대학이라는 명칭을 붙인 것이 각지에 설치되었습니다. 장작림(張作霖)이 있는 봉천에도, 봉천대학(奉天大學)이나 동북대학(東北大學)이 생기고 있는 모양이었습니다. 그런데 2천만 신 부속지의 동포를 지닌 조선에, 하나의 대학도 없었습니다. 외국 사람들이 조선통치에 관해 여러 논의를 하는 경우에, 2천만 신 부속지의 동포를 포용하고 있는 조선에 대학 하나 없다는 것은, 일본의 정치에 친절한 맛이 없음을 나타내는 것이라고 평하는 사람이 적지 않았다는 것입니다. 또 한편으로는 이 대학 설치에 관해 반대로, 조선은 아직 민도가 낮다고 말할는지 모르겠지만, 옆 나라 지나를 보면 조선의 민도와 거의 다르지 않다, 아니 조선보다 뒤쳐져 있는 곳에, 훌륭한 대학이 많이 생기지 않았는가, 왜 일본 정부 당국은 조선에 하나의 대학도 만들지 않는가, 얼마나 불친절한가라는 비난도 행해지고 있다고 들었습니다. 그것뿐 아니라 조선의 상당한 상류계급에 속하는 가정의 자제로서, 내지의 대학에서 배우는 자도 상당히 있습니다만, 당시에는 지나의 북경·상해·청도·남경과 같은 방면의 대학에서 배우는 자도 적지 않았습니다. 그것은 조선에는 대학 하나도 없기 때문이라고 들었습니다. 또 조선에 온 외국 선교사, 내용은 어쨌든, 대학이라는 간판을 내걸고 교육하는 경향이 이미 현저하게 나타나고 있습니다. 또 조선인의 자제로서 내지의 대학에서 배우는 사람들의 상황은 어떠했는가 하면, 당시를 생각해 보면, 여하튼 고등보통학교 같은 곳에서 우수한 인물로서 장래를 촉망받던 청년이 머나먼 도쿄 같은 곳에 유학하는 사이에 유혹에 빠져 결국 제국에 가장 탐탁지 않은 청년이 되었다는게 당시의 정세였기 때문에, 조선에도 반드시 하나 정도의 관립대학을 만들어야 한다고 생각했습니다. 그래서 사이토 총독 시대에 미즈노 박사가 열심히 주장함으로써 경성에 대학을 설치하는 것으로 결정되었던 것입니다. 또 미즈노 박사가 일찍이 했던 말을 지금도 기억하고 있습니다. 미즈노 박사가 호즈미 노부시게(穗積陳重) 박사를 만나서 여러 이야기를 한 적이 있었습니다. 우리나라 법학의 대가인 호즈미 선생이 말씀하신 것처럼 "교육은 정치의 대본이어서 교육을 무시해서는 정치를 할 수 없다. 따라서 새로 속하게 된 지역에서 통치의 효과를 완전히 거두기 위해서는, 교육제도에 큰 주의를 기울여야만 한다. 일찍이 독일이 보불전쟁(普佛戰爭)의 결과로, 알자스·로렌을 얻은 적이 있는데, 이곳을 얻자 그곳에 즉시 하나의 대학을 만들었다. 이것을 본 다수의 알자스·로렌의 주민은, 과연 독일은 문명국이다, 그 통치는 아주 친절하다며 기뻐하였다. 대학 하나를 만든 것이 통치에 대단히 좋은 결과를 가져왔다"는 사실을, 조선에서도 상당히 고려해야 한다고 미즈노 박사에게 말씀드렸다고 합니다. 우리들은 이들 말씀에서 당시의 당국자가 대학을 이 땅에 두는가의 여부에 관해 대단히 고심하고 연구를 거듭한 결과 이것을 두었음을 알게 되어, 오늘부터 감사에 마지 않는 기분이 들었습니다. 또 대학이 여기에 두어지는 것에 관해서는 방금 말씀드렸던 바이지만, 더욱 나아가 이공과·농과를 두지 않고 어째서 법문과를 두었는가라는 것에 관해 오늘 다시 문제가 있는 듯하지만, 이것에 관해서는 조선의 청년이 원래 다년에 걸쳐 민족성의 결과인지, 법률·경제 또는 문학을 대단히 좋아해서 이공과라는 것에 거의 취미가 없다, 따라서 조선에서 나온 대학생으로 내지 또는 국외에서 배우는 사람을 보면, 모두 법과·문과 방면에서 수학하고 있다, 그런데 지금 조선에서는 그러한 것이 필요 없다고 해서, 이공과·농과를 만든다면 어느 정도의 생도 수용이 가능할까, 오늘날 대다수의 조선 청년이 바라는 학과를 만드는 것이 다수의 생도를 수용하는 이유라는 것에서, 또 우수한 학생 생도가 그러한 방면의 교육을 받으려면 내지 근처로 가고 있는데, 이쪽에서는 우수해도 저쪽으로 간 결과 대단히 바람직하지 않은 인간이 되는 경우도 있어, 이들 우수한 학생의 다수를 수용하기에는 법문과 같은 곳이 더 수용력이 있다고 생각해 법문과를 두었다고 들었습니다.

오늘날과 같이 시세가 평온하면, 사람들은 1919년(大正 8) 독립 소요 당시의 물정이 시끄러웠던 분위기를 잊고, 오직 추상적으로 여러 가지를 비판하는 경향이 있습니다. 물론 대학의 설치라든가 혹은 어떤 과목을 둘 것인가 하는 사항은 아주 냉정하게 생각할 문제이지만 또 위정가가 여러 시설을 한 후에 이르러 그것을 비평하는 경우에는, 그 당시의 분위기를 충분히 양해하고 논의하지 않으면 안 된다고 생각하는 한 사람입니다. 또 미즈노 박사는 조선의 청년이 법률·경제 방면에만 흥미를 가지고 종교·미술 혹은 음악과 같은 방면에 취미를 갖지 않는 것은, 이것이 인생을 윤택하지 않게 하는 이유이므로, 조선의 청년에게 문학과 함께 약간의 음악·미술에 흥미·취미를 갖도록 한다면, 조선 청년의 생활도 윤택할 수 있고, 종래와 같이 헛되이 초조한 기분에 빠지는 일은 없을 것이고, 따라서 조선의 교육시설로서 음악학교·미술학교를 만들어야만 한다는 것을 일찍이 얘기했던 점을 들은 적이 있습니다. 불행히도 여러 관계에서 미술학교·음악학교는 실현되지 않았지만, 미즈노 총감 시대 이전에는 관비급비생(官費給費生)이라고 하면 대부분 법문과 방면 또는 실업전문학교 방면으로 파견되었지만, 미즈노 총감 시대에 비로소 미술학교·음악학교 등에도 관비급비생을 보낸다는 것이 계획되었습니다. 또 그 계획의 하나로서, 조선에서 미술전람회를 개설하고, 조선 청년의 작품을 내걸어, 조선 청년에게 미술공예의 사상을 보급할 계획도 있었던 것입니다. 이 시설은 오늘날 이미 제13회에 이르렀고, 회를 거듭함에 따라 점차 융성해지는 참입니다.

7. 사상 문제

다음으로 조선의 사상 문제에 관해 약간 말씀드리고자 합니다. 일한병합에 즈음해, 위대한 역할을 했던 고 아카시 장군이 일찍이 "조선을 다스리는 데는 블라디보스토크·상해·북경·아메리카 등의 국외에 있는 조선인을 잘 다스리지 못하면 조선은 다스려지지 않는다"라고 말씀하신 것을 들었습니다. 당시 사람들은, 그 의미를 확실하게 이해하지 못했다고 들었습니다만, 1919년(大正 8)의 독립 소요가 일어나고 보니, 독립운동의 근거지가 블라디보스토크·상해·북경·미국과 같은 방면이었으므로, 사람들은 모두 아카시 장군의 달견형안(達見炯眼)에 놀란 것입니다. 어떤 이유였는가 하면, 일한병합의 대사업은 당시 당국자의 물샐 틈 없는 용의주도한 계획에 의해 ■■■완성되었습니다만, 그 반면 병합의 사업을 내켜하지 않았던 사람들은 모두 국외로 도망갔던 것입니다. 이렇게 이 사람들의 다수가 향했던 지방은, 블라디보스토크·상해·북경 혹은 하와이·북아메리카 등의 방면이었습니다. 그리고 이들은 호시탐탐 조선의 내정에 주의를 기울였습니다. 때마침 유럽전쟁이 발발하고, 자유사상이 세계를 풍미하고, 민족자결의 목소리가 매우 시끄러워지자, 이 천재일우의 기회를 놓쳐서는 자신들의 본래의 뜻을 관철할 때는 없다고 하며, 기회가 되면 조선 내에 있는 분자와 연락을 해 계획한 것이 1919년(大正 8)의 독립 소요였습니다. 병합 이래로 오랜 기간에 걸쳐 조선 내는 무사 평온했던 까닭에, 민족운동의 문제는 대부분 많은 사람의 염두에서 사라졌습니다만, 일단 독립운동이 일어나자 민족운동은 상당히 근거가 깊은 것이었고, 쉽게 뿌리 뽑지 못했습니다. 조선 통치상 깊이 경계해야 할 것에 한층 주의를 기울여야 합니다. 이렇게 1919년(大正 8)까지는 다소 이들의 문제를 경시하였던 사람에게 큰 충격을 주었습니다. 이 민족운동이 1919년에 일단 불이 붙어 일어나자, 원래 여지가 있었던 관계로, 마치 요원(燎原)의 불길처럼 전 조선에 넘쳐흘렀던 것입니다. 물론 당시 당국자의 힘에 의해, 표면적으로는 빠르게 이것을 진압할 수 있었지만, 그 지하의 저류는 여러 방면에서 나타났습니다. 그중에서 조선인의 학교 방면에서는 그 번쩍임이 아주 현저했습니다.

이처럼 1919년 이래 학교 당국은 이 민족운동이 원인이 된 여러 학교의 소요에 직면해 곤란해 하고 있었습니다. 그런데 그 후 계속해 자유사상이 더욱 왕성해지고, 이어 러시아 제국이 망하고, 소비에트 연방이 생겨나게 되었습니다. 블라디보스토크 방면에는 옛날부터 다수의 조선인이 이주했고, 특히 그 가운데는 아까 말씀드렸던 바와 같이, 일한병합을 호의적으로 생각하지 않는 사람들도 적지 않았기 때문에, 소비에트 정부의 사람들은 이들 조선인을 이용하는 데, 결코 빈틈이 없었습니다. 그 방법으로는 그들에 대해 빈번히 교육을 실시하고, 우수한 자는 다시 그들을 모스크바의 공산대학에 수용하여 충분한 교양훈련을 하고, 졸업할 때에는 제1선의 투사로서 이들을 조선에 보낸다는 방식으로 나왔던 것입니다. 조선 사람들은 어느 쪽인가 하면 내지에 비해서 옛날부터 공고한 국가 관념은 아주 부족했습니다. 여러 사회제도에서도 매우 결함이 많았습니다. 따라서 이것에 불을 지피는 데 공산주의를 이용하면, 적화될 위험은 내지보다도 상당히 많았다고 생각할 수 있습니다. 이러한 것에서, 러시아라고 할까, 제3인터내셔널이라고 할까, 이것이 조선의 적화운동에 착수하자, 그 마수는 조선에서 내지에서보다도 심각하게 침윤(浸潤)했던 것입니다. 게다가 조선에 대한 그들의 테제 가운데 하나로서 조선에는 다른 나라에서와 같이 공산주의에 공명하고, 공산주의를 위해 싸워주는 노동자, 특히 공장노동자가 없었으므로, 그 노동자를 대신 이용해야 할 것이 조선의 학생층이었습니다. 학생층의 대부분을 공산사상으로 움직이게 하고, 이들을 이용해 소비에트주의를 조선에 선전하는 것이, 매우 유력한 수단방법이라고 생각해, 이들을 이용하는 데 다양한 정책을 시행하였던 것입니다. 따라서 이후 조선에서의 사상운동은, 앞서 말씀드린 민족운동과 이 공산운동이 서로 교착(交錯)해 행해지는 상황입니다. 혹은 공산운동과 민족운동이 공동전선에 서서 제국의 통치에 반대하는 적도 있었습니다. 혹은 서로 반발해 별도로 운동하는 경우도 있었지만, 제국의 통치를 흔쾌히 여기지 않는다는 점은 동일했습니다. 이것이 만주사변 발발까지 계속되었던 사상운동의 대체적인 모양입니다. 이 공산주의의 운동에 가장 직접적으로 시달린 것은 역시 학교 당국이었고, 내지에서는 이런 종류의 운동은 전문학교 이상에서였다고 들었습니다만, 조선에서는 보통학교, 즉 소학 정도의 곳에서조차 이 운동이 빈번하게 반복되어, 학교당국은 실로 곤경에 빠져 있었던 참이었습니다.

그런데 일단 만주사변이 발발하고, 제국의 국위가 매우 발양(發揚)되어, 특히 국제연맹을 탈퇴해 제국이 의연한 태도를 보인 이후는 종래의, 지금 말씀드린 것과 같은 운동이, 어느덧 그 그림자를 숨기고 끝났습니다. 지금은 거의 꿈이 아니었는가라고 생각될 정도로 조선의 사상계는 평온무사입니다. 이 때문에 종래 곤경에 처해 있던 학교 당국도 지금은 한숨 돌린 모습입니다. 우리들로서는 이러한 평온한 상태가 언제까지 이어질까 생각해야만 하고, 결코 안이하게 여기는 것은 허용치 않는다고 생각합니다만, 앞에서 말씀드린 대로, 만주사변 이후 조선 일반인의 움직임이 극히 양호함은 크게 기뻐할 현상입니다. 특히 최근은, 종래 조선사상계의 지도자나 눈에 띄는 사람들 중에 매우 온건한 동시에 유익한 의견을 토로하는 사람들이 적지 않습니다. 현재 일부의 사람들 중에 대아시아주의라든가 동양먼로주의 등의 말이 잠시 외쳐졌습니다. 조선의 역사가로서 유명한 최남선(崔南善)이라는 사람은 다른 방면에서 연구하여, "일본 정신 혹은 유신의 도는 조선에도 옛날부터 있었다. 즉 일본에서 오늘날 빈번히 시끄럽게 말하는 유신의 도는, 조선민족에게도 그와 같은 모양의 사상이 흐르고 있어, 우리 민족의 시조를 신으로 모신다. 민족의 시조는 나라를 세운 사람이라는 생각도 내선이 정말로 규범을 같이 한다. 이러한 점을 생각해 보면, 내선은 종래 민족적으로 가깝다고 말했으나, 비단 민족적으로 가까울 뿐 아니라, 문화의 기초 상에서도 동일한 기초 위에 서야 한다는 것이다. 아시아의 지도를 열어 정자형(丁字形)을 신중하게 써 보면, 정자의 위에 동쪽 부분, 즉 몽고에서 조선·일본 내지라는 지방은 옛날부터 문화를 같이 한 민족이다. 유신의 도를 알고 있는 곳의 국민이다. 정자의 아래 봉(棒) 오른쪽은 지나문화지대, 왼쪽은 인도문화지대이지만, 인도문화지대와 지나문화지대는 유신의 도가 행해지는 지대와는 완전히 다르다. 따라서 몽고·조선·일본내지는 옛날부터 아주 밀접한 관계에 있었던 곳이다. 사람들은 피는 물보다 진하다고 말하지만, 문화의 근본은 마음이기 때문에, 문화가 같다고 하는 것은 마음이 같다고 하는 것이 되고 문화를 같이하는 관계는 피를 같이하는 관계보다도 진한 것이어야 한다"고 말하고 있습니다. 내선의 관계를 이상과 같이 학문적으로 발표한 유력한 학자도 있습니다. 이와 같은 상태에서, 오늘 내선 관계를 논의하는 경우에 아주 재미있는, 흥미가 많은 부분까지 나아간다고 생각합니다. 이와 같은 참이어서 만주사변 이후의 조선 사상계는 극히 양호한 경향으로 가고 있으므로, 우리로서는 이 기회를 이용해 여러 교육시설을 진척시키고 그 내용을 충실히 하여, 방향을 그르치지 않도록 하는 것이 아주 중요하지 않을까 생각하는 바입니다.

8. 여자 교육

조선은 이조 500년의 오랫동안에 걸쳐 철두철미하게 유교의 극단적인 지배하에 있었습니다. 따라서 유교 이전에는 교육도 종교도 없었습니다. 유교가 조선인에게 주었던 영향은 매우 농후하고, 때로 지나치게 극단적이어서 깜짝 놀랄 만한 경우조차 있습니다. 우선 유교가 번성한 결과, 조상숭배와 혈통의 유지는 내지 등에 비해 대단히 엄격합니다. 즉 가족제도는 대가족제도이고, 일족의 본가, 즉 조선에서 말하는 종가의 세력은 아주 강대합니다. 또 혈통을 중시하는 관계와 양자결연 같은 혈족관계에 있는 자 사이가 아니라면 인정하지 않습니다. 또 동성(同性) 간에는 그 원근을 떠나 절대로 결혼을 금지합니다. 내지에서 겨우 근친 간의 결혼을 금지한 것에 비해 아주 엄격합니다. 남녀 간의 관계에서도 표면상은 매우 엄격하여, 남녀칠세부동석이라는 공맹의 가르침 그대로 이조 500년이라는 긴 시간 동안 유지되었습니다. 따라서 여자는 일생을 통해서 가정의 깊고 깊은 규중, 즉 안방에서만 생활했고, 외부와의 교섭은 전혀 인정되지 않았던 까닭에, 여자에 대한 교양 같은 것은 전혀 그 필요조차 인정되지 않았다고 말씀드려도 지장이 없습니다.

여자 일생의 할 일이라면 가정에서 세탁과 바느질 이외에는 아무것도 없었습니다. 조선의 부인이 오늘날, 하층사회에서조차 집 바깥의 노동 농경의 일에 종사하는 것을 혐오함은 여기에서 유래한다고 생각합니다. 이 점은 내지의 부인이 가정 내부의 일은 물론, 나아가 농경에 종사하고, 동시에 여가로 여자대학 등에서 배우는 것에 비해 극단적인 차이가 있습니다. 남녀칠세가 되면 자리를 함께하지 않는다는 가르침을 극단적으로 애써 행한 결과는 결국 형식으로 빠지고, 오늘에 이르러서도 일반 보통의 가정에서는 여자가 양인 이외의 남자와 직접 대화하는 경우는 서로 제2인칭을 사용하지 않고, 상대방을 제3인칭의 지위에 두고 말하는 일이 행해지고 있습니다. 구한국 정부 시대 말엽부터 야소교가 점차 조선에 행해짐에 따라 그들의 손에 의해 근대적 여자 교육이 시작되었습니다. 총독 정치 이래 한층 왕성하게 행해졌지만, 가장 처음 구미의 선교사에 의해 경영되었던 여자 교육은 구미류의 개인주의를 본의로 하고, 조선 재래의 습관인 가족제도와 융화할 수 없었던 관계상, 야소교계 여학교를 졸업한 여자는 가정에서 환영받을 수 없었던 터라 한동안 여자 교육은 아주 곤란해 보였습니다. 그러다 최근 진보발달에 따라 이들 장애가 사라졌을 뿐 아니라 오늘날에는 여자의 교육열도 남자의 교육열과 함께 아주 왕성합니다. 최근에 이르러 총독부 등에서 여러 종류의 시설을 만든 경우, 가장 큰 불편을 느끼는 점은 일반 여자의 무교육이라는 점이므로 다양한 방법을 강구해 여자의 지식 계발을 장려하고 있습니다.

여자 교육에 관련해 조선 문제가 논의되는 경우 항상 문제의 씨가 되는 것은 내선인 간의 결혼입니다. 내선인 간의 차별을 속히 철폐하여 상근일가(桑槿一家)의 열매를 거두는 데는 이외에도 여러 가지 유력한 방법과 수단이 있을 것입니다만, 내선인 간의 결혼이 제1조건이라고 논하는 사람이 적지 않습니다. 총독부에서도 같은 생각에서 일찍부터 법률상 정당하게 결혼할 수 있는 길을 열어 놓고 있습니다. 그렇지만 지금까지의 바로는 아직 충분하다고 말씀드리기는 어렵습니다. 즉 1933년(昭和 8) 말 조사에 의하면, 내지인으로 조선인 부인을 처로 삼은 자 589쌍, 조선인으로 내지인 부인을 처로 삼은 자 377쌍, 조선인으로 내지인의 집에 사위가 된 자 48쌍, 내지인으로 조선인의 집에 사위가 된 자 15쌍, 합계 1,029쌍에 지나지 않지만, 이상은 아무래도 법률상 정당한 수속을 거친 것만이고, 이외에 소위 내연관계는 몇 배에 달한다고 확신합니다. 특히 내지에 와 있는 조선인 학생 또는 노동자로서 내지인 부인을 처로 삼은 자가 상당히 많은 듯합니다.

9. 동화정책

조선통치 종극의 목적은 동화입니다. 일시동인의 성지에 기초하여 하루빨리 내선인 간에 추호의 차이가 없도록, 역대의 통치 수장은 전력을 다하고 있습니다. 그렇기는 하지만 뭐니 뭐니해도 서로 역사를 달리한 양 민족이었기 때문에 20~30년 만에 동화가 되는 것은 그다지 쉬운 일은 아니었습니다. 그러나 내선 양 민족은 같은 동양 민족 사이에서도 혈족관계가 다른 민족에 비해 그 관계가 매우 농후하다는 것은 역사가 분명히 보여 주는 바이고 누구라도 이의가 없을 것입니다. 또 문화 등도 옛날부터 교섭이 아주 빈번했기 때문에 서로 접근해 있었습니다. 최근에 이르러서는 앞서 말씀드렸던 최남선 같은 학자가 나타나서 내선인 사이에는 상고시대부터 공통적으로 유신의 도가 행해졌고, 같은 동양 민족 가운데서도 몽고인과 함께 동일문화지대에 속한다고 논하고 있으며, 종래부터 양 민족 사이에는 혈족적 관계가 있다고 하는 설에 한층 박차를 가하고 있습니다. 따라서 모든 그러한 관계를 가지지 못한 민족 사이에서 동화정책을 채용하는 경우에 비해 그 난이의 정도가 도저히 동일하다고는 할 수 없습니다. 단지 과거의 역사에서 한 민족이 완전히 다른 하나의 민족을 동화시켰다는 사실이 존재하지 않다는 것만을 근거로, 외국인 특히 미국인 가운데는 일본이 조선에 대해 시행하는 동화정책이 성공하지 못했다고 운운하는 사람이 적지 않지만, 미국인이 그 본국에서 현재 행하고 있는 세계 각 방면의 여러 잡다한 이민을 아메리카화시키는 운동, 즉 아메리카나제이션 쪽이 더 상당히 어려울 것이라고 저는 생각됩니다. 미국인은 일본이 조선에 대해 행하는 동화정책이 곤란하다고 운운하기 전에, 먼저 그 본국에서 행하는 아메리카나제이션 운동의 실상을 고려할 필요가 다분히 존재한다고 생각합니다. 또 저는 지금까지 이런 이야기를 할 때마다 논자가 말하는 것처럼 과거에는 한 민족이 완전히 타민족을 동화시켰다는 사실이 없었다는 것만을 이유로 장래도 역시 그렇게 정하고 논의한다면, 역사는 새삼스럽게 반복될 뿐으로 그 사이에 진행되는 사실은 아무것도 인정될 수 없지 않은가, 역사는 반복되는 동시에 새로운 사실이 덧붙여짐으로써 비로소 진행하는데 있지 않은가라고 답하겠습니다. 작년 스기무라 요타로(杉村陽太郎) 대사가 돌아오는 도중에 조선을 통과해 만주 시찰을 하고 있을 때, 경성에서 직접 들었던 이야기입니다만, 제네바 국제연맹회의에서 만주 문제가 논의되었을 때, 약소국 측의 대표로서 일본에 극력 반대했던 체코의 대표 베네시우는 스기무라에 대해 한 민족이 타 민족을 100년간 계속 통치하는 경우는 그 통치 받는 민족은 결국 완전히 독립성을 잃을 것이라고 말했다고 합니다. 20~30년에 걸쳐 역사를 달리하는 타민족을 완전히 동화해 버리는 것은 아주 곤란하다는 것을 저도 알고 있습니다만, 만약 상당한 세월을 거친다면 완전히 불가능하다고는 말할 수 없습니다. 하물며 그 양 민족이 옛날 형제와 같은 사이였던 경우에 있어서는 물론입니다. 그와 같은 연유로 단지 조선에 있는 내지인의 힘을 기대하기보다는 내지에 계신 다수의 내지인의 노력을 기대하는 바가 아주 많다고 생각합니다. 이 점 특히 이후 여러분의 매우 큰 원조를 바라는 바입니다.

저는 이상과 같이 교육의 방면에서 조선 시찰에 나선 여러분에게서 받은 의문 가운데 주된 것에 관해, 저의 비견을 더해 말씀드렸습니다. 이것이 이번 여러분이 조선을 시찰하시는 경우에, 아무쪼록 참고가 된다면, 아주 영광이라고 생각하는 바입니다. 긴 시간에 걸쳐 경청해 주신 것을 깊이 감사드립니다. (박수)

<자료 08> 朝鮮教育の斷片(高尾甚造, 1936)

조선교육의 단편

조선총독부학무국 학무과장 다카오 진조

〈목차〉
  제1장 연혁 개요
  제2장 현행 학제
  제3장 교육에 관한 여러 제도
  제4장 교과용 도서
  제5장 교육시설의 특색

제1장 연혁 개요

제1절 일한병합 전의 교육

옛날부터 정치적으로는 상당히 변천이 격심했던 조선이었다. 따라서 기회를 만나 그때그때마다 서정혁신(庶政革新)도 누차 행했던 것인데 강토 민중에 대한 국민적 교양 훈련이라는 방면에 관해, 진검(眞劍)하게 고려했던 역사적 사상(事象)은 극히 적었다.

멀리 신라 이전은 물론이지만, 중세 이후 고려시대 학제의 신정(新定)도, 가깝게는 이조시대의 장학 시설도, 요는 유교의 형식 모방에 갇힌 모방적 권학이 아니라면, 일부 소수자를 위한 과거 응시의 준비 교육에 지나지 않았다.

같은 유교의 흐름을 참작하면서도, 신도를 초석으로 그 신수(神髓)를 파악하고, 이것을 동화해 국민적 교양의 양식과 정신으로 하고, 또 이것을 국민의 혼 가운데 살려서 뿌리 깊은 국풍을 급속히 이루었던 우리나라의 그것에 비해, 너무나도 자각이 없는, 또 너무나도 국가적 의식이 모자란 과거의 조선 정세였다.

우리나라가 메이지유신을 거쳐 곧이어, 구미의 교육제도 시설을 모방하고, 새로운 학제를 보급해 착착 실시에 노력할 때쯤, 조선은 내우외환의 한가운데에서 방황하는 내각을 거느리고 당면한 정치 문제로 투쟁을 계속했다. 다년간의 악정에 지쳐 퇴폐한 시기를 오래 보낸 민심은 문자 그대로 시들고 약해짐이 극에 달해 다시 분기해 국난에 처한다는 자각과 열의를 결여하고 있었다.

내각의 당파 투쟁의 극은 갑오의 변이 되고 혁신이 되어 옥신각신할 뿐이었으므로, 보다 못한 우리 제국은 의를 위패 싸움으로 청국과 다투기에 이르렀는데, 이 전쟁으로 인하여 몹시 자극받은 반도의 위정자는 전후 크게 서정의 혁신을 결심하고, 바로 그때 우리 전권공사(全權公使) 이노우에 등의 진언을 수용하여 숨 가쁘게 여러 제도를 확립하는데 힘썼고, 교육 행정에서도 일대 혁신을 행하게 되었다.

그즈음 일본에서 고문을 초빙해 새로이 학제를 정하고, 소학교령을 공포해 이것을 국민 교육의 근원으로 하고, 이외에 사범학교, 중학교, 외국어학교 등의 규칙도 제정하는 등 오로지 일본 내지의 교육제도를 모방해 이것의 실시를 기약했던 것이다.

그런데 당시 조선의 재력은 이들 제도를 시행할 여력도 변변치 않았을 뿐 아니라 주민도 아직 시세를 이해하지 못하고 있어, 이들 여러 제도는 거의 공문인 채로 흘러 어떤 실효도 거둘 수 없었다. 아마도 국정에 적합하지 않은 제도는 아무리 선미(善美)한 것이라 해도, 결국 효과를 거둘 수 없다는 좋은 사례일 것인가.

그 후 러시아는 일청전쟁에 의해 청국에서 얻은 우리 요동반도의 환부(還附)를 기회로 이것을 청국에서 조차(租借)하고, 착착 그들의 극동 정책을 연장하기 시작하였다. 그래서 먼저 철도를 대련(大連)에서 다시 여순(旅順)으로 연장하고, 한국으로 와서 마산포 부근의 땅을 조차하는 등 그 야심을 마음껏 드러내었는데, 이들의 소행은 1900년(明治 33)의 북청사변(北淸事變)과도 관련해 결국 일러의 개전을 보기에 이르렀다.

그리고 이 전쟁은 또 한국의 민심을 자극해 크게 각성시켰는데, 한편으로 일한 양국의 관계를 점점 친밀하도록 하기에 이르렀다. 결국 제1차 및 제2차 일한협약이 되었고, 또 우리 통감부 및 이사청이 개설되었고, 더욱이 1906년(明治 39) 3월에는, 이토 히로부미 공이 통감의 직에 올라 경성에서 업무를 맡기에 이르렀다.

이것을 간추려 말하면, 제1, 제2의 일한협약 시대는 서정의 일대 혁신기였음과 동시에, 반도 교육사에서 획기적 서광을 보였던 가장 중요한 시기였다. 즉 이토 총감은 한국 개발을 위해 일본은행에서 500만 원의 차관을 만들어 그 10%를 교육 확충 자금으로 충당하고, 먼저 교육제도의 혁신을 기약하며 새로이 보통학교령을 제정했고, 또 사범교육, 중등교육, 실업교육 기타 교육관계 법령의 정비 개선에 노력했던 것이다. 이 보호 통감 정치의 시대는 일러전쟁 당시부터 일한병합에 이르기까지 5~6년 사이였고, 당시 한국은 실로 일대 비상시국의 와중에 있었으므로, 실질적으로 이 기간은 조선에서 간신히 신교육의 맹아를 잉태한 것에 불과했던 것이다.

이상 서술한 바는 1910년(明治 43) 8월 일한병합까지 조선의 교육 경향의 대강 줄거리지만, 요약하면 조선에서는 이 당시까지 진정으로 실질을 동반한 그리고 국민적 교양 훈련을 주안으로 하는 시설은 아마 없다고 해도 과언이 아니라고 나는 생각한다.

관련해 19세기 말엽에 미한조약체결 이후, 야소교 선교사의 손에 의해 경영되었던 사립학교는 상당히 다수를 점했고, 소위 신교육을 가미한 초등교육시설이 중부 서쪽 지역을 근거로 각지에서 실시되었다. 하지만 이는 포교 본위의 교육에 불과했으므로, 그 내용의 불완전, 불철저함은 말할 것도 없고, 적어도 국민의 기초 공작으로서, 국민으로서의 혼을 계배하기 위해서는 어떠한 가치도 인정할 수 없었다. 또 서북선(西北鮮) 지방에는 이 외에 조선인이 경영하는 사립학교 등의 난립도 볼 수 있는데, 교원으로 해당하는 사람이 없음과 동시에 일정한 목표도 없이 자유로이 활동함에 불과했던 것으로, 이들은 오히려 폐해를 수반하는 자가 많았을 정도였다.

제2절 일한병합 후의 교육

1907년(明治 40) 7월 순종(전 창덕궁 이왕) 즉위 이래, 이토 통감의 후원을 받아 예의 국정 쇄신에 노력하였지만, 다년의 악정은 마침내 만회(挽回)의 방책을 찾을 수 없어, 그 주권을 우리 제국에 양도하게 되었다. 즉 1910년(明治 43) 8월 22일로써 일한병합조약의 조인은 마무리되고, 동월 29일 공표하기에 이르렀던 것인데, 양국 병합과 동시에 '한국'이라는 국호는 폐지되고 '조선'이라는 옛날 이름을 되돌려, 우리 천황폐하가 통치하시는 곳이 되었다. 그리고 조선총독부는 다음 10월 1일 설치되었고, 동시에 총독 정치가 시작되기에 이르렀다.

여기에 데라우치 통감이 초대 조선 총독에 임명되었던 것인데, 총독은 우선 여러 부분의 제도를 새롭게 하여 다년간의 폐정(弊政)을 베어 버리고, 양국 병합의 성지를 봉체(奉體)하여 은혜로운 정치의 열매를 선양하는 데 온갖 노력을 기울였고, 그 업적은 실로 역연(歷然)한 것이 있었다. 그 가운데 교육제도의 수립에 관해서는 특히 신중히 처리했고, 1년을 들여 궁리하여 1911년(明治 44) 8월 23일 조선교육령(칙령 제229호)이라는 명칭 아래 병합 제1기의 학제가 공포되었다.

이것은 실로 조선교육의 대정신을 규정한 것이고, 또 실로 반도문화사상 대서특필해야 할 일대 광채라고 생각한다.

본 교육령은 당시의 조선 실정과 반도의 특이한 습속에 깊은 고려와 따뜻한 동정을 기울여 입안한 것이고, 병합 전 한국 정부의 손으로 이루어졌던 수차례의 학제 개정이 그 실효를 거둘 수 없었던 전철을 피했던 최고로 선한 학제였던 것은 물론이다.

국운 성쇠의 연총(淵叢)인 제2국민의 교양 방침을 수립하는 것이, 얼마나 어려운 사업인가는 그 사례를 멀리서 찾지 않아도, 건국한 지 이미 4년이지만 아직 그 학제 제정에 궁리를 거듭하고 있는 이웃나라 만주국의 실정에 생각이 미쳤을 때, 당시 조선에서 이들 교육행정을 책임지고 맡아 보는 중요한 지위에 있던 인사로서, 고심의 자취도 그리워져서 스스로 새삼 감개의 념이 새로운 점이 있다.

그리고 이 제1기의 교육령은 1920년(大正 9)에 일부 개정되고, 또 1922년(大正 11)에 전부 개정이라는 형식 아래, 제2기의 조선교육령이 새로이 공포되기에 이르렀는데, 이것은 대략 현행의 학제이므로 이것에 관해서는 후술하는 것으로 하고, 여기에서는 제1기의 교육령에 관해 그 대강을 서술하고자 한다.

제1기의 교육령 제정 당시의 사정에 관해서는, 이미 말한 바와 같이, 한말 폐정 후를 이어받아, 민심 황폐, 민력 피폐가 극심하게 퍼져 있었으므로, 그 실정을 고려해 오로지 간이속수(簡易速修)를 취지로 짧은 시간에 배운다는 것을 기본으로 하고, 그중에서도 게으름, 안일, 근로 기피라는 전통적 누습을 교정하기 위해 무게를 교육수산(敎育授産)의 병진에 두고, 근로 체험, 실학 존중의 교양 훈련을 중요한 하나의 요건으로 해서 교육령 가운데 집어넣었다. 당시 일본 내지의 학제를 모법(母法)으로 해 그 대부분을 채택하지 않았던 주요한 이유임을 상상하기 어렵지 않다.

그리고 본 교육령은, 조선에서 조선인만을 대상으로 한 것이었다. 따라서 내지인에게는 전연 적용되지 않았지만, 그 교육이 본의로 하는 바는, 교육에 관한 칙어의 취지에 근거해 충량한 일본 국민을 육성하는 데 있고, 그 안목은 일본 국민으로서의 혼을 함양하는 데 있으므로, 이 점에 관해서는 내지인이든 조선인이든 하등의 차별은 없고, 실로 일시동인의 대어심(大御心)을 여실히 나타내는 반도통치의 대정신을 표현한 것이라고 추측할 수 있다.

교육 보급의 정도 및 방법 등에 관해서는 항상 깊이 시세의 경향과 민도의 실정에 적합하도록 할 것을 기해야 한다는 취지를 명시하였고, 특히 교육령 가운데 이 조문을 집어넣은 것에 관해서는 데라우치 총독이 일한병합 당초에 반도 민중에게 내었던 유고 및 총독 정치의 시작에 즈음해 새로이 임관된 도장관에게 했던 훈시 등에 의해 깊이 수긍되었다.

즉 유고 가운데 교육에 관한 구절은 다음과 같다. "교육의 요는 지를 향상시키고 덕을 연마함으로써 수신제가에 이바지하는 데 있다. 그런데 무릇 움직임을 보면 일을 싫어하고, 안락함에 이르러 헛되이 공망(空望)을 이야기하며 방만(放漫)으로 흘러, 결국 무위도식의 유민된 자 왕왕 있어서, 지금부터 마땅히 그 폐해를 바로잡고 허식을 제거하여 실로, 나타(懶惰)의 누습을 한번에 씻어 근검의 미풍을 함양하는 것에 노력해야 한다." 또 도장관에 대해서는, "교육의 방침에 관해서는 조만간 이것의 개정을 시행하기로 하고, 조선의 발달을 꾀하기를 바란다면, 공론을 피해 아주 실제에 응용할 수 있는 학술을 가르쳐, 인민 스스로의 생활 상태 및 그 지위를 높이는 기초를 세워야 한다"고 논했다. 전술한 조문이 교육령 가운데 특히 삽입되었던 것은 결코 우연이 아니었고, 그 방침의 표현에서 용의주도한 점에 관해서는 감탄하지 않을 수 없다.

교육의 계통은 이것을 대별(大別)해, 보통교육, 실업교육 및 전문교육의 셋으로 하고, 사범교육, 대학교육과 더불어 그 예비교육 등에 관해서는 규정된 바가 없었다. 그리고 교육의 목적은 보통의 지식 기능을 가르치고, 특히 국민으로서의 성격을 함양하며 국어를 보급하는 데 있고, 실업교육에서는 농업, 상업, 공업 등에 관한 지식 기능을 가르치는 것을, 또 전문교육에서는 고등한 학술 기예를 가르치는 것에 있다. 그리고 교육령 가운데 규정되었던 학교의 종류는 보통교육을 하는 것으로 보통학교, 고등보통학교, 여자고등보통학교가 있고, 실업교육을 실시하는 것을 실업학교라 칭하고, 농업학교, 상업학교, 공업학교 및 간이실업학교의 4종으로 나누며, 전문교육을 하는 것에 관해서는 사전에 종류를 정하지 않았다.

교원의 양성에 관해서는 양성기관, 즉 사범학교와 같은 것을 설치하지 않고, 관립의 고등보통학교 및 여자고등보통학교에 사범과 또는 교원속성과와 같은 것을 두고, 오로지 보통학교의 교원이 될 자를 양성하는 제도를 채택했다.

각 학교의 교수 요지 및 그 정도는 보통학교에서는 아동에 대해 국민교육의 기초가 되는 보통교육을 하고, 신체 발달에 유의하며, 국어를 가르치고, 덕육을 실시해, 국민으로서의 성격을 함양하고, 생활에 필수적인 보통의 지식 기능을 가르침을 요지로 한다. 수업연한은 4년을 원칙으로 하고, 토지의 상황에 따라서는 3년으로 할 수 있도록 하였다. 입학연령은 8세 이상이다.

고등보통학교는 남자에 대해 고등한 보통교육을 하는 곳으로, 상식을 기르고, 국민으로서의 성격을 도야하며, 생활에 유용한 지식 기능의 가르침을 요지로 한다. 수업연한은 4년이고, 입학자격은 연령 12세 이상으로 하고 수업연한 4년의 보통학교 졸업 정도의 학력을 가진 자로 한다.

여자고등보통학교는 여자에게 고등의 보통교육을 하는 곳으로, 부덕을 기르고, 국민으로서의 성격을 도야하며, 생활에 유용한 지식 기능을 가르치는 것을 요지로 한다. 수업연한은 3년으로, 입학자격은 연령 12세 이상으로 수업연한 4년의 보통학교 졸업 정도의 학력을 가진 자이지만, 이외에 기예과를 두어 연령 12세 이상의 여자에 대해서 재봉 및 수예를 전수시킬 수 있는 제도를 설치했다. 기예과의 수업연한은 3년 이내로 별도의 입학자격은 정해지지 않았다. 또 고등보통학교 및 여자고등보통학교에 부설되는 사범과는 고등보통학교 및 여자고등보통학교의 졸업자를 입학시키고, 수업연한은 1년, 고등보통학교 부설 교원속성과에 입학할 수 있는 자는 연령 16세 이상으로, 고등보통학교 제2학년의 과정을 수료한 자 또는 그와 동등 이상의 학력을 가진 자로 하였다.

전문학교는 고등한 학술 기예를 교수하는 곳으로 연령 16세 이상으로 고등보통학교를 졸업한 자 또는 그와 동등 이상의 학력을 가진 자를 입학시키고, 그 수업연한은 3년 또는 4년이었다.

이것을 요약하면 제1기의 교육령에 정해진 각 학교의 수업연한은 대체로 당시의 소학교, 중학교 및 고등여학교 등에 비해 현저히 짧고, 당시 조선에 사는 내지인은 내지와 동등한 단일 학제 아래서, 각각의 학교에서 교육을 받았기 때문에, 보기에 따라서는 상당히 차별적인 학제 아래에서 교육을 받고 있었다고 말하지 않을 수 없었다.

일한병합 이전부터 있었던 보통학교, 고등보통학교 및 여자고등보통학교는 각각 본령에 의해 설치되었던 보통학교, 고등보통학교 및 여자고등보통학교로 간주되었고, 또 종래의 농업학교, 상업학교 및 실업보습학교는 각각 본령에 의해 설치되었던 농업학교, 상업학교 및 간이실업학교로 간주되기에 이르렀다.

제1기의 교육령은 이와 같이 실시되었던 약 10년간, 당시의 시세 민정에 입각해 반도문화의 향상을 위해 혹은 시정의 전면적 신장을 촉진하는 데 이바지하는 바가 컸으므로, 병합 후의 통치 실적이, 산업에서, 경제에서, 교통에서, 무역에서 그 비약적 진전의 흔적을 괄목할 만하게 이른 것이 아마도 우연은 아니다.

게다가 이 기간에는 한편으로 유럽 대전이 발발했고, 조선 민심은 점차 사회적으로 각성의 기운을 양성시키기에 이르렀던 것인데, 이러한 추세에서 1919년의 만세 소요 사건이 일어나는 등 반도 대중의 심정은 더욱더 자극을 받았고, 포기하고 애만 태우던 감정은 그대로 자각발분의 동기를 유발해, 이에 따라 향학의 의향이 갑자기 왕성해지는 데 이르렀다.

이번 가을에 하세가와(長谷川) 총독이 물러나는 것을 보고, 제3대 총독으로서 소요 직후의 조선에 부임한 사이토(齋藤) 백작은 일한합방 이래의 시세 변천과 당시 민심의 동향을 살피고, 특히 문화 조선의 건설을 위해 갱신의 방책을 세우고, 서정의 근본적 개정을 단행하기에 이르렀다.

즉 총독부 및 지방관 관제의 대 개정, 지방 제도의 쇄신, 경찰 기구의 개혁 등과 함께 교육 제도를 일대 혁신하였다. 우선 그 전제로서 1919년(大正 8) 12월에는 고등보통학교규정 및 여자고등보통학교규정 중에 개정을 더해 학과목을 고쳤고, 다음 해인 1920년(大正 9) 11월에는 교육령의 일부를 개정해 보통학교의 수업연한을 연장하는 동시에 고등보통학교에는 수업연한 2년 이내의 보습과를 설치해 내지의 전문 정도의 학교와 입학 상의 연결을 취하도록 하는 등 응급 개정의 조치를 취하였다.

이들 긴급 조치와는 별도로, 학제 전체에 이르는 근본적 쇄신에 관해서는 사이토 총독 취임 이래 학무 당국자로 하여금 그 입안에 착수하도록 했는데, 이어서 1920년에는 임시교육조사위원회를 설치하고, 미즈노(水野) 정무총감 위원장 아래 내선의 조야 유식자 20여 명을 위원으로 위촉했다. 이 위원회는 약 2년에 걸쳐 신중한 심의를 거듭하여 그 대강을 답신하도록 했으므로 총독은 해당 답신을 기초로 하여, 다시 당국으로 하여 성안(成案)을 서두르고, 중앙 관계 여러 기관의 심의를 거치고 추밀 고문의 자문을 마쳐 1922년(大正 11) 2월 4일에 재가를 얻을 수 있기에 이르렀다. 이것이 곧 제2기의 조선교육령(칙령제19호)이었고, 같은 해 4월 1일부터 실시하도록 하였다.

이 제2기의 교육령은 제1기의 교육령 제정 당시와 비해서, 시세 민도의 신장이 현저해진 점을 고려해, 반도 교육의 실질로써 이것에 잘 순응하도록 함을 기약했던 것이었다. 따라서 입안의 근본 방침으로서는 사정이 허락하는 한 내선 공통의 학제를 공포하는 것을 원칙으로 하고, 실시 범위는 조선 내에서 교육에 관계되는 한, 내지인과 조선인을 불문하고 동일 교육령 아래서 지배하는 방침을 채택하였다.

따라서 가능한 한 내선인 공학제도를 채택하는 것으로 하고, 각 학교의 수업연한, 입학자격 등은 물론, 제2기 교육령 공포와 동시에 발포된 규정에서는 학과목, 학과과정, 교수요목 및 요지, 기타 조직편성 등에 이르기까지 사정이 여의치 않은 것을 제외하고는 대체로 내지의 학제와 동일하다고 말할 수 있을 정도의 문화적 학제 형성을 완비하기에 이르렀다.

아마 새로 부속한 영토에서 이렇게 단기간 내에 모국과 동일 정도의 학제를 실시하는 것은 실로 세계 각국에 예를 보기 어려운데, 차분하게 우리 황국의 전도(前途)로, 동아 평화의 맹주로서 우리 건국의 대 이상과 사명의 중대함을 생각할 때, 신장해 가는 반도의 문교가 더욱 신속하게 향상하도록 해야 하고, 여기에 그 초석을 놓는 것은 참으로 경축에 마지않는 바이다.

제2장 현행 학제

현행 학제는 대개 제2기 조선교육령임은 이전에 한마디한 바인데, 지금 여기서 그 대강을 개설하면, 조선의 학제는 대체로 내선인공학 아래 교양하는 것을 이상으로 하고 있기는 하지만, 내지인과 조선인은 각기 풍속, 습관, 언어 등을 달리하는 관계상, 상급학교와의 연락 및 기타 비교적 전학생이 많은 보통교육만은 내선인 별학의 제도를 취하게 되었다. 즉 내지인의 보통교육 기관은 소학교, 중학교, 고등여학교로 하고, 조선인의 소학교에 상당하는 것을 보통학교, 중학교에 상당하는 것을 고등보통학교, 고등여학교에 상당하는 것을 여자고등보통학교라고 칭하고, 내선인 각기의 학교에서 교육을 받기로 했다. 기타의 교육, 즉 실업교육, 전문교육, 사범교육, 대학교육 및 그 예비교육 등은 전부 내선인 공학제도로 되었다. 다만 별도의 학제인 보통교육에서도 가정의 사정, 장래 생활상의 편의, 기타 특별한 사정이 있는 자는 일정 인원의 범위 내에서 내선인 상호 간에 입학할 수 있는 특별규정을 설치하고, 양자 상호 간에 수학상의 편익을 꾀하도록 했다(내선인 상호 입학의 상세한 것에 관해서는 제3장 제2절에서 더 상술한다).

제1절 초등교육 및 유치원

초등교육기관으로서는 내지인을 위한 소학교, 조선인을 위한 보통학교가 있다.

소학교는 소학교령에 의거하고, 따라서 내지의 것과 대부분 같았는데, 조선의 특수 사정에 기초하여 심상소학교와 고등보통소학교의 교과목 가운데 직업과를 더해 이것을 필수로 하였다. 또 수의과목(隨意科目)으로서 조선어를 부과할 수 있는 길을 열고, 교과용 도서 가운데 2~3개의 특례를 설치한 것 등이 실질적으로 다른 점이다. 또 형식적인 면에서는 의무교육이 아닌 것, 설립 주체가 다른 것, 교원면허제가 실시되지 않는 점 등이 큰 차이점이다.

보통학교는 아동의 신체 발달에 유의해 덕육을 실시하고, 생활에 필수적인 보통의 지식 기능을 가르치며, 국민으로서의 성격을 함양하며, 국어를 습득하는 것을 목적으로 하는 것이어서, 소학교령 가운데 규정된 바의 소학교 목적과 대체로 동일 정신에 의거한 것인데, 특히 '국어의 습득'을 덧붙인 것이 그 중요한 상이점이라고 보아도 좋을 것이다. 아마 동문동종(同文同種)의 민족이라고 말하지만, 수천 년에 걸쳐 고유의 언어를 가진 신 부속지의 동포에 대해서는 먼저 국어를 보급하고, 그것을 통해 국민정신을 획득하도록 함과 동시에 내선인 상호 간 친선융화를 도모하는 것은 통치상 가장 근본적인 것이기 때문이다. 그리고 보통학교에 입학할 수 있는 자는 연령 6세 이상의 자로서 수업연한은 6년을 원칙으로 하는 점은 소학교와 마찬가지이지만, 지방의 상황에 따라서는 5년 혹은 4년으로 단축하는 특례를 인정하고, 또 교과목 가운데 조선어를 더해 그것을 필수로 하는 점이 소학교와의 주된 상이점이다. 이외 수의과목으로서 한문(조선식)을 가르칠 수 있도록 하고, 국사 및 지리에서 특히 조선에 관한 사항을 약간 자세히 가르치게 한 것 등은 그 세세한 부분에서의 상이점이라고 해도 좋을 것이다.

보통학교 고등과도 그 교과목, 교수요지 등에서 고등소학교와 다른 점은 보통학교가 심상소학교와 다른 점과 동일하지만, 수업연한을 2년으로 정하고, 3년을 인정하지 않는 것이 그 주된 상이점이다. 보통학교 고등과의 입학자격은 수업연한 6년의 보통학교 졸업자로서, 수업연한 5년 또는 4년의 보통학교 졸업자와의 연결은 인정하고 있지 않다.

교과용 도서는 소학교에서는 대체로 문부성 편찬의 국정교과서를 사용하도록 하고, 보통학교에서는 조선총독부가 편찬한 것을 사용하도록 하였다.

유치원에 관해서는 교육령 가운데 특수교육에 관한 광범위 권한 위임에 기초해, 조선총독부에서 별도의 규정을 만들고, 내선인 공학제도 아래 실시하고 있는데, 그 목표로 하는 바는 연령 3세 이상으로 소학교 또는 보통학교에 입학하기 전의 유아를 보육하는 데 있고, 보육 방법 등은 내지의 것과 형식 내용 모두 하등 다를 바 없다.

제2절 중등교육

중등교육은 내지인을 위한 중학교 및 고등여학교가 있고, 조선인을 위한 고등보통학교 및 여자고등보통학교가 있다.

중학교는 중학교령에 의하고 내지의 중학교와 다른 점은, 소학교에서 내지 소학교와 다소 차이가 있는 것과 마찬가지로, 실업과를 필수과목으로 더한 것 및 수의과목으로 조선어를 더할 수 있게 한 것 등이다. 또 고등여학교는 고등여학교령에 의한 것으로, 내지의 고등여학교와 다른 점은 수의과목으로 조선어를 더할 수 있게 하는 정도였다.

고등보통학교는 남학생의 신체 발달에 유의해 덕육을 실시하며, 생활에 유용한 보통 지식 기능을 가르치며, 국민으로서의 성격을 양성하고, 국어에 숙달하도록 하는 것을 목적으로 한다. 중학교와 다른 점은 보통학교가 소학교와 다른 점이 있는 것과 마찬가지로, 특히 국어에 무게를 두어 습숙(習熟)하도록 할 것을 목적 가운데 덧붙인 점이다. 기타 학과목 가운데 조선어 및 한문을 특설하고, 역사 및 지리의 교수에 있어서는 특히 조선에 관한 사항을 상세하게 하는 등 주도면밀한 규정을 만들었는데, 이들도 보통학교에서와 그 요점을 동일하게 하였다. 그리고 수업연한은 5년이고, 입학자격은 수업연한 6년의 보통학교 졸업자이므로, 교육 정도는 중학교와 완전히 동일하고, 교과용 도서에서 다소 다른 것을 사용하도록 하였지만, 그 정도에 전혀 지장이 없었음은 물론이다. 또 졸업자는 수료자에 주어진 특전, 즉 전문학교 및 고등여학교 등의 입학자격, 판임문관 임용자격, 중등교원 수험자격 등에서도 중학교와 마찬가지였다.

여자고등보통학교는 여자의 신체 발달 및 부덕의 함양에 유의해 덕육을 실시하고, 생활에 유용한 보통의 지식 기능을 가르쳐 국민으로서의 성격을 양성하며, 국어에 숙달하도록 할 것을 목적으로 한다. 이것 역시 고등여학교령에 의한 것과 다른 점은 국어에 숙달하도록 하는 것 한 가지 덕목을 덧붙였다는 점에 있을 뿐으로, 이외에 특별한 상이점은 없다. 학과목에서도 고등보통학교의 경우, 조선어 및 한문을 더하게 된 것으로 조선어만을 필수과목으로 하고, 조선식 한문을 수의과목으로 한 것에 불과하다. 이것은 고등여학교에서도 마찬가지로 한문(내지식)을 수의과목으로 하고 있으므로, 이것에 준하도록 했음에 불과하다. 또 역사, 지리의 교수에 있어서 유의사항 등도 고등보통학교에서 중학교와 다른 점이 있었던 것과 마찬가지이다. 그리고 여자고등보통학교의 수업연한은 5년 또는 4년을 원칙으로 하고, 지방 상황에 따라서는 3년으로 할 수 있다는 것, 입학자격은 수업연한 6년의 보통학교 졸업 정도이고, 수업연한 3년의 경우는 보통학교 고등과 졸업 정도라는 등 모두 고등여학교와 그 교육 정도를 같도록 하였다. 단, 고등여학교와 다른 점은 실과고등여학교에 준하는 제도를 인정하지 않는다는 것이다. 졸업자의 특전은 고등여학교와 마찬가지로 전문학교 입학자격, 중등교원 수험자격, 기타 모두 같은 특전이 주어졌다.

제3절 실업교육

실업교육은 실업학교령에 의거한다. 즉 실업에 종사하는 자에게 필수적인 지식 기능을 가르치는 것을 목적으로 하고, 더불어 덕성의 함양에 힘을 쓰는 것을 요지로 한다. 그리고 이 교육은 내선인 공학제도이므로 이런 종류의 학교 교육은 모두 내지의 것과 같은데, 다만 약간 다른 점은 특수한 조선 사정으로 직업학교의 입학자격을 낮게 하고, 수업연한 4년 또는 5년의 보통학교 졸업자를 입학시키도록 하는 것이다. 내지의 실업 보습 교육제도는 청년학교 제도를 변형시킨 것이지만, 조선에서는 아직 초등보통교육의 보급이 학령아동의 3분의 1에도 도달하지 못한 오늘의 실정에서 보아, 전면적으로 그런 종류의 보습교육 시설을 확충해 가는 것이 시기상조라는 바에서 당분간 내지의 예에 따르지 않고, 종래의 실업보습학교를 존치하며, 더욱이 그 최대 다수를 점하는 농업보습교육은 수업연한을 1년으로 단축할 수 있는 제도로 하고, 오로지 총독부의 지방 농산어촌 진흥정책에 순응해 부락의 중견청년 교양기관으로 하는 방침을 채택하는 등의 점에 있다.

참고로 실업학교 종류, 정도, 수업연한 등을 보면, 실업학교 종류는 농업학교, 공업학교, 상업학교, 상선학교, 수산학교 기타 실업교육을 하는 학교가 있고, 수의학교(獸醫學校)는 농업학교 가운데 포함하도록 하였다. 그리고 실업학교 가운데 고등교육을 하는 것을 실업전문학교라고 칭하고, 전문학교령에 의거하도록 했다. 따라서 오늘날 일반적으로 실업학교라고 하면 중등 정도의 실업학교를 말하며, 조선에서는 실업보습학교도 더해 지칭한다. 또 실업학교의 수업연한은 학교의 종류에 따라 동일하지 않은데, 상선학교, 직업학교 및 실업보습학교를 제외하면 대체로 심상소학교(보통학교를 포함) 졸업 정도를 입학자격으로 하는 경우는 2년 내지 5년이고, 고등소학교(보통학교 고등과를 포함) 졸업 정도를 입학자격으로 하는 경우는 2년 또는 3년이다.

제4절 전문교육

전문교육은 전문학교령에 의거하여 고등한 학술 기예를 교수함과 동시에 인격의 도야 및 국체관념의 양성에 특히 뜻을 두는 것을 요지로 하고, 내선인 공학제도를 채택한다. 입학자격은 중학교(고등보통학교를 포함) 또는 수업연한 4년의 고등여학교(여자고등보통학교를 포함)를 졸업한 자 또는 그와 동등 이상의 학력을 가졌음을 검정 받은 자로, 수업연한은 3년 이상으로 한다. 다만 미술 및 음악을 교수하는 전문학교만은 입학자격을 조선 총독이 적당히 정할 수 있도록 했다.

그리고 전문학교령에는 실업학교령과 같이 학교의 종류에 따른 특별한 규정이 없다. 요즘의 경향에 비추어 보면, 이런 종류의 학교는 문화 향상에 따라 점차 분과되어 더욱 많아져 가고 있다. 현재 조선의 전문학교 학과는 법학과, 의학과, 농림학과, 공학과(방직, 응용화학, 토목, 건축, 광산), 상학과, 수학과, 문학과, 종교과(주로 불교 또는 기독교), 음악과, 가사과 등이 있다.

제5절 대학교육 및 예비교육

대학교육 및 그 예비교육은 대학교령에 의거하고, 이것도 내선인 공학제인 것은 이미 앞에서 기술한 대로이다. 조선에서는 1924년(大正 13) 5월, 경성에 총독부립 대학을 설치함과 동시에, 대학이 제국대학령에 의한 칙령으로 정해졌다. 따라서 경성제국대학은 종합대학인 것은 물론이지만, 현재는 법문학부 및 의학부의 2개 학부를 두었음에 불과하다.

대학교육은 대학령에 명시한 것처럼, 국가에 필수적인 학술의 이론 및 응용을 교수함과 더불어 심오한 학문 연구를 목적으로 하고, 겸하여 인격도야 및 국가사상 함양에 유의하는 것을 요지로 한다. 따라서 대학은 소위 국가의 최고학부로서 아주 광대하고 심원한 이상 아래 학생을 교육하는 곳인데, 한편으로는 학술이론 및 그 응용에 관해, 학문의 심오함을 연구하는 기관이므로 그런 의미에서 단순한 학생교육의 전당은 아니다. 즉 일반의 학교와는 그 취지를 달리하는 점이다. 그리고 대학에서는 수 개의 학부를 두는 것을 상례로 하고 있어 단지 1개의 학부만을 두는 것은 특례로서 그것을 인정한 데 불과하다. 이 특례로 설치된 것을 단과대학이라고 통칭하며, 내지에는 의학, 상학(商學) 등에 관한 것이 상당히 많은데, 현재 조선에는 그런 종류가 없다.

대학의 학부에 입학할 수 있는 자는 해당 대학 예과를 수료한 자, 고등학교 고등과를 졸업한 자 또는 조선총독(내지에서는 문부대신)이 정한 바에 의해 그와 동등 이상의 학력이 있다고 인정되는 자로, 학부에 3년 이상(의학을 수학하는 자는 4년 이상) 재학하고 일정한 시험을 쳐, 그것에 합격한 자는 학사라고 칭할 수 있다. 이외 제국대학의 각 학부에는 대학원을 두며, 기타 대학의 각 학부에는 연구과를 두게 된다. 입학자격은 일정 연한 해당 학부에 재학한 자 또는 그에 상당하는 학력을 갖추고 동시에 해당 학부에서 적당하다고 인정받은 자 등이다.

또 대학은 특별히 필요한 경우에 예과를 둘 수 있는데, 조선에서는 경성제국대학의 예비교육으로 예과 제도를 채택하고 있다. 대학 예과는 고등학교 고등과 정도로 고등보통교육을 하는 곳이며, 수업연한은 중학교(고등보통학교를 포함) 제4학년 수료자를 입학자격으로 하는 경우는 3년, 중학교(고등보통학교를 포함) 졸업자를 입학자격으로 하는 경우는 2년이다. 조선에서는 처음에 후자의 제도를 채택했는데, 시세의 변천과 예비교육의 충실을 꾀하기 위해, 1934년(昭和 9)부터 개정해 수업연한을 3년으로 연장하였다. 따라서 입학자격은 중학교 제4학년 수료 정도가 된 셈이다.

대학 예과의 학과는 문과 및 이과로 나누고, 경성제국대학에서는 문과를 수료한 자는 법문학부로, 이과를 수료한 자는 의학부로 각각 무시험으로 진학하도록 하였다.

조선에는 고등학교가 설치되지 않았다. 요는 대학이 아직 경성제국대학 하나뿐이고, 또 그 예비교육을 예과 제도로 하는 것이므로, 당장 필요가 없다는 의미이다.

제6절 사범교육

조선의 학제 가운데 내지의 그것에 비해 가장 특이한 것은 사범교육제도일 것이다. 내지에서 사범교육은 사범교육령에 의거해, 수업연한은 본과 제1부가 5년, 본과 제2부가 2년이다. 그리고 입학자격은 제1부는 수업연한 2년의 고등소학교 졸업 정도이고, 제2부는 중학교 또는 수업연한 4년의 고등여학교 졸업 정도이다.

그런데 조선교육령은 사범교육을 내지의 사범교육령에 의하지 않고, 조선 독자의 제도를 창설하여, 다소 상세한 규정을 만들었다. 그 대강을 보면 다음과 같다.

사범교육을 하는 학교는 사범학교라 칭하고, 특히 덕성의 함양에 힘써 소학교 교원이 될 자 및 보통학교 교원이 될 자를 양성함을 목적으로 한다. 그리고 사범학교에는 제1부 및 제2부를 두고, 제1부에는 소학교 교원이 될 자를, 제2부에는 보통학교 교원이 될 자를 교육하고, 소학교 즉 내지인 교육에 종사해야 할 자와 보통학교, 즉 조선인 교육에 종사해야 할 자를 나누어 교육하도록 했다. 수업연한은 7년으로 보통과 5년, 연습과 2년인데, 여자의 경우는 수업연한 6년으로 보통과가 4년, 연습과는 남자와 같이 2년이다. 입학자격은 보통과의 경우 심상소학교 또는 수업연한 6년의 보통학교 졸업자, 연습과는 보통과를 수료한 자 또는 중학교(고등보통학교를 포함) 혹은 수업연한 4년의 고등여학교(여자고등보통학교를 포함)를 졸업한 자 또는 그와 동등 이상의 학력이 있다고 인정된 자이므로, 결국 소학교 또는 보통학교 입학 후 졸업 시까지의 수학기간이 남자는 내지의 사범학교와 동일하지만, 여자는 1년 짧았다.

원칙인 이 제도 외에 특별한 사정이 있는 경우에는 심상과를 두거나 심상과만을 둔 사범학교를 설치할 수도 있다. 1부(소학교 교원 양성), 2부(보통학교 교원 양성)의 규정은 물론 심상과에도 적용된다. 그리고 심상과 수업연한은 남자 5년, 여자 4년이고, 입학자격은 보통과와 동일하다. 부속소학교 및 부속보통학교를 두어 생도에 대해 교육실습을 하도록 하는 제도는 내지의 사범학교와 동일한데, 현재 이를 두고 있는 것은 경성사범학교와 경성여자사범학교뿐으로, 기타 사범학교에서는 본부 재정상 가장 가까이 있는 공립보통학교 등을 대용하는 상황임은 유감이다. 그러나 전속의 부속학교는 조만간 실현될 예정이다.

이상 기술한 바는 조선 사범교육의 골자에 불과한데, 실업교육, 전문교육, 대학교육 및 그 예비교육과 함께 마찬가지로 내선인 공학제도를 채용한 학제 가운데, 사범교육만 특히 내지의 학제에 의하지 않은 것은, 어떤 이유에 근거한 것일까? 헤아려 보건대, 하나는 조선의 실정이 고등소학교가 적다는 것과 보통학교 고등과의 보급 설치가 당분간 곤란하므로 우량한 입학지원자를 얻는 것이 어렵다는 것, 다른 하나는 내지의 사범교육에서 다년간 문제가 되었던 소위 사범 취미를 없애고, 보통과의 학과과정에 참신한 분위기를 불어넣기 위해서였을 것이라고 생각한다. 즉 전자는 조선의 특수 사정에 기초한 것이고, 후자는 사범교육에 하나의 혁신을 만들려고 시도해 본 것이라 할 수 있다.

역시 사범교육에 관한 학제 가운데 연혁적으로는 1922년(大正 11) 제2기 교육령 제정 후 상당한 개정을 보았고, 또 사범학교 설립 주체에 관해서도 관공립주의보다 관립주의로 방침을 변경한 역사가 있지만, 본 장에서는 주로 현행 학제를 기술하는 취지에 근거해 대강 기술하는 정도에 머무르기로 한다.

제7절 사립학교 및 기타 사설교육기관

사립학교란 사립학교규칙에 의해 설립된 학교의 총칭이다. 사립학교규칙의 기본도 본 장 제1절에 서술했던 유치원 등과 마찬가지로 조선교육령에 있고, 그 내용은 대체로 내지의 사립학교령 및 사립학교령시행규칙에 준해 제정되었다고 해도 좋다.

조선의 사립학교가 정치적으로, 사회적으로 또 사상적으로 혼돈되기도 하여, 이조 말기에 어떻게 발호되었는가에 관해서는 이미 제1장의 연혁 개요에서 그 대요의 일단을 다루었는데, 특히 현행 규칙의 대요를 기술하는데 있어, 사립학교 및 사립학교규칙을 연혁적으로 서술하는 것이 적절하다고 생각한다. 그러나 지면상 어려움이 있어 유감스럽게도 생략하기로 한다.

한마디로 사립학교라고 칭하는 것은 전에도 서술했듯이, 사립학교규칙에 의해 설립된 학교 조직인데, 이것을 설립 주체라는 관계에서 보면, 관공립의 상대적 명칭에 불과하다. 국가는 학교 교육의 경영권을 사인(私人)에게도 인정하는 방책을 채택하였으므로, 따라서 사인이 경영할 수 있는 학교 교육의 범위는 아주 넓다. 즉 현행 학제상에서는 겨우 사범학교나 제국대학만 일반 교육의 학제로 있고, 육해군 대신의 주관에 속하는 특수학교 등 국가가 직접 필요하는 교육기관의 설립은 인정하지 않는다. 또한 사범학교 등도 조선교육령(내지의 사범교육령)에 의한 사범학교의 설립은 사인에게 인정되지 않지만, 사범교육 그 자체의 시설경영은 사인에 대해서도 인정하고 있다(다만 조선에서는 아직 고등학교에 관해 어떠한 규정도 만들지 않았으므로, 현재는 제외되어 있는 것 중 하나이다).

그리고 사립학교 설립자는 학교 교육의 영원성과 그 중요성을 고려해 경영의 기조를 공고히 하기 위해, 학교를 설립 유지하는 데 충분한 재산을 가진 재단법인이라는 것을 요구하고 있는데, 현행 규정에서는 설립자가 재단법인이어야 할 것을 조건으로 하는 학교의 범위는 전문학교, 중학교, 고등보통학교, 고등여학교, 여자고등보통학교 또는 실업학교(직업학교 제외)로 하고 있다.

사립학교 설립은 인가제도를 채택하고 있지만, 폐지의 경우는 특별규정이 있어 신고사항이 되고 있다. 특별규정이란, 대개 총독부령으로서 단독의 해당 학교규정이 정해져 있는 경우로, 소학교, 보통학교, 중학교, 고등보통학교, 고등여학교, 여자고등보통학교, 실업학교, 전문학교, 대학이다. 그리고 이들 학교는 '정규' 또는 '성규(成規)'의 학교 등으로 통칭되는데, 요컨대 '법령에 의거해 일정한 학과과정 등을 정한 학교'라는 의미로 해석된다. 그 외의 것은 일반적으로 각종학교로 총칭된다. 이들 학교는 대개 학교를 설립할 때 해당 학교의 학칙으로 정해진 입학자격, 수업연한, 학과 또는 학과목의 종류, 정도 등으로 보아 소학교 또는 보통학교와 비슷한 각종학교라든가, 중학교 또는 고등보통학교와 비슷한 각종학교로 지칭되는 것으로, 사전에 법령으로 정해진 것은 아니다. 단, 이러한 각종학교에 대해서도 국민교육의 중요성에 비추어 사립학교규칙은 수많은 실행요건을 규정하고 있는데, 조선에서는 특히 보통교육을 하는 사립의 각종학교는 그 정도에 따라 소학교규정, 보통학교규정, 중학교규정, 고등보통학교규정, 고등여학교규정 또는 여자고등보통학교규정이 정한 각 교과목의 요지와 더불어 교수 상의 주의에 따라 교수할 것 및 이들 학교에서는 그 교과목 가운데 수신 및 국어를 추가할 것을 명하고 있다. 아마 교육사업의 성질면에서 보면 당연한 규정으로, 그렇기 때문에 각종학교가 되는 것이다.

이외에 교과용 도서의 사용, 교원의 자격 및 그 임면 기타에 관해서도, 각기 규정된 사항이 많다. 상세한 것은 해당 규칙을 참조하길 바란다. 다시 여기서 한마디 부가할 것은 사립학교 설립 주체에 관한 특례라고 보아야 할 것에 관해서인데, 사인이 설립한 것 이외의 사립학교로서 상공회의소 기타 그에 준하는 공공단체가 설립하는 것을 실업학교에 한해서 인정하고 있다. 단 조선에는 현재 이런 종류의 단체 설립에 관련한 것은 없다. 또 조선에는 사립학교규칙의 지배 외에 속한 사설의 교육기관으로서 학술강습회 및 서당이 있다. 전자는 사설학술강습회에 관한 규정에 의해 인정된 학술연구기관이고, 후자는 서당규칙에 의해 인정된 것으로, 과거 서민교육기관의 유물이라고 보아야 할 것이다. 즉 본래의 서당은 동몽에게 한문 읽기를 가르치고, 습자를 가르치는 등 옛날 우리 내지의 데라코야를 방불케 하는 것인데, 학교 교육의 보급에 따라 점차 감소하는 경향을 보이고 있다. 그런데 최근 시운의 추이에 따라 교육 내용을 고쳐, 오로지 수신, 국어, 산술 등의 기초적 초등교육을 가르쳐, 개량서당 등으로 칭하는 것이 그 대부분을 점하게 되었다.

사설 학술강습회는 그 본질이 학술의 연구에 있으므로 상당히 심원한 과학의 연구소가 되어야 하지만, 사실은 본지에 합치하는 것이 아주 드물고, 대다수는 앞서 말한 개량서당식의 초등교육기관과 유사한 것이 많다. 과도기에 있는 반도의 실세에 비추어, 이 역시 당분간 어쩔 수 없는 현상이라고 보지 않을 수 없다.

제3장 교육에 관한 여러 제도

본 장은 본 장 각 절의 내용으로 보면 제목에 꼭 맞지 않는 점이 있지만, 조선의 교육관계자 또는 지방행정에 종사하는 사람들에게는 이것이 오히려 이해하기 쉬울 것이라고 생각하므로, 보통 일반적으로 학제라고 칭해져야 할 제도 외의 것을 주요한 항목으로 하여 이 장에 정리해 둔다. 따라서 이하 각 절에서 기술하는 바는 각 절마다 나누고 특히 연결되지 않는 것도 많다. 이 점을 장의 첫머리에 한마디해 둔다.

제1절 학교경영 주체

조선의 학교경영 주체는 내지와 마찬가지로, 관·공·사립의 세 가지로 대별된다. 일반적으로 관립학교, 공립학교 또는 사립학교라고 불리는 것은 이 구별에서 나온 명칭이라 볼 수 있다. 다만 이에 관해 조선에서는 각 학교규정 가운데 공립학교와 사립학교라는 명칭에 관해서는 구체적으로 그 구별을 규정하고 있지만, 관립학교에 관해서는 이에 속하는 어떤 규정도 없다. 요컨대 관립학교란 국고의 직접 부담에 의해 나라가 직할 경영하는 학교의 총칭으로 보아야 하고, 특히 규정의 필요를 인정하지 않기 때문이다.

각 학교의 경영 주체는 내선인 공학제도의 학교와 내선인 별학제도의 학교에 따라 혹은 종류 또는 정도에 따라 각기 달리하고 있는데, 학교의 경영 주체는 조선 지방행정기구의 특이성에 수반하고, 조선의 교육법령 가운데 내지 등에 비해 특히 이색적으로 보이는 것이 하나가 있으므로 다음에 열거해 참고로 삼길 바란다.

학교 종별 경영 주체 일람

학교 종별	경영 주체		
	관립	공립	사립
소학교	국가	부, 학교조합	사인
보통학교	국가	부, 학교비	사인
중학교	-	도, 부, 학교조합	사인

고등여학교	-	도, 부, 학교조합	사인
고등보통학교	-	도, 부, 학교비	사인
여자고등보통학교	-	도, 부, 학교비	사인
실업학교	국가	도, 부, 학교비, 학교조합	상공회의소 기타 그것에 준하는 공공단체, 사인
사범학교	국가	도	-
전문학교(실업전문학교를 포함)	국가	도	사인
대학		대학규정 '총령'에서는 조선에 대해 어떠한 특별규정도 설치하고 있지 않으므로, 조선교육령에서 명시했듯이 대학령에 의해야 할 것이다. 그런데 대학령에서는 이 점에 관해 '대학은 제국대학 기타 관립을 제외하고 공립 또는 사립으로 설립할 수 있다. 공립대학은 특별히 필요가 있는 경우에 홋카이도와 부·현·시에 한해 설립할 수 있다'고 규정되어 있으므로 조선에서는 적어도 관립 및 사립의 대학 설립 경영이 인정된다고 이해해야 할 것이다.	

이상 기술한 도, 부, 학교비, 학교조합 등의 성질, 직능 등에 관해서는 이 글의 조선 지방행정에 관한 부문에서 각각 서술할 것이므로, 중복을 피하고자 생략한다.

제2절 내선인 상호입학

제2기의 조선교육령, 즉 현행교육령에서는 보통교육에서만 내선인 별학의 제도를 채용하고 있고, 이미 서술했던 바인데, 이들 교육에서 혹은 내지인이 보통학교, 고등보통학교 또는 여자고등보통학교에, 또는 조선인이 소학교, 중학교 또는 고등여학교에 입학을 지원한 경우, 해당 학교장은 본인의 가정 사정, 수학의 편의 또는 장래 생활상의 필요 등 특별한 사정이 있는 자에 한해 이것을 허가할 수 있다. 이 경우 학교장이 입학을 허가할 수 있는 인원수는 각 지원자를 편입하는 학급의 다른 아동 또는 생도 수의 1/2까지로 하였다. 예를 들면 고등여학교에 조선인이 입학을 지원한 경우, 그 지원자를 수용해야 할 학급에 현재 재학하는 내지인 생도의 1/2까지는 수용할 수 있다. 그리고 특별한 사정이 있는 경우에는 이 제한을 돌파해 2/3까지 증가하는 것을 인정했다. 고로 특별한 경우에 해당 학급의 내선인 생도의 비는 3:2의 비율이 된다.

이 상호입학규정은 보통교육 별학의 취지를 파괴하지 않는 정도에서, 내선인 상호입학을 인정한다는 방침이었으므로, 이 규정의 운용에 있어 다음의 사항에 관해 사전에 충분한 고려를 해야 할 것이다.

1. 해당 학급의 다른 아동 또는 생도의 현 인원에 대해 특별규정의 최대한도, 즉 다른 아동 또는 생도의 2/3까지 입학을 허가하는 경우, 다른 아동 또는 생도의 현 인원이 그 후에 감소하는 경우의 조치이다.
2. 본 규정에 의해 입학을 허가할 자의 수는 사전에 발표하고, 그것을 모집하는 것은 규정의 정신에 반하는 것, 즉 소극적, 수동적인 것으로 적극적, 능동적인 것은 아니다.
3. 상호입학에 의해 별학 교육의 취지를 파괴하거나 또는 별학 제도의 취지의 실현에 지장을 가져오는 바 없는가.

제3절 학교관제 및 직원 임용 자격 등

조선의 대학 기타 관공립학교 직원의 직무 및 권한, 대우 및 정원 등은 대학 및 그 예과에 관해서는 경성제국대학관제, 관립학교에 관해서는 조선총독부제학교관제, 공립학교에 관해서는 조선공립학교관제에 의해 정해졌다. 경성제국대학 및 관립학교에 관한 내용은 내지의 그것과 동일하다고 해도 좋을 정도이지만, 공립학교 직원 대우는 조선에서 관립과 동일하고 본관(本官), 즉 주임관 또는 판임관이어서 내지와 같은 대우관은 아니다. 따라서 봉급도 내지는 공립학교 직원을 위해 특별한 봉급령이 공포되었는데, 조선에서는 일반 문관봉급령에 따랐고, 교원 연공 가봉제도 등은 두지 않았다. 그러나 판임관인 소학교 또는 보통학교 교장의 대우 방법으로서 주임관 대우를 부여하는 길은 열려져 있어, 내지의 판임대우인 소학교장에 대해 주임의 대우를 얻게 하여 대우할 수 있는 제도와 같다. 기타 주임관인 관공립 중등학교장 또는 전문학교 교수, 대학 교수 등에 대해서 일정의 요건을 갖춘 공로자에게 간혹 인원수를 한정해 칙임대우의 길을 만들어 두는 등 대우의 의미에서 상급대우 부여의 길을 만들어 둔 것도 대략 내지와 다르지 않다.

직원 임용자격 역시 본관인 관계상 현재는 공립학교 직원일지라도 문관임용령에 따라, 즉 동령 제7조를 적용해 주임관에게는 고등시험위원, 판임관에게는 보통시험위원의 전형을 거치도록 하였다. 단, 초등학교 교원 임용에 관해서는, 장래 교원면허령 제정과 동시에 특별규정을 두어 일반 문관임용과 별도의 방법으로 임용할 수 있는 길을 열도록 강구 중이다.

직원 임용 형식은 앞서 말한 대로인데, 실질적 자격은 공립학교의 경우일지라도 대체로 내지와 마찬가지이다. 예를 들어 중등학교 교원이라면 내지의 중등교원 면허장을 가진 자 가운데에서, 초등학교 교원이라면 소학교령에 따라 수여된 교원면허장을 가졌는지 또는 조선의 사범학교를 졸업한 자 혹은 교원시험규칙에 따라 소학교 또는 보통학교 교원시험에 합격한 자 등에서만 전형되는데, 따라서 그 질에서는 어떤 하등의 차이가 없는 것은 물론이다. 다만 전문학교 및 대학 예과 교원에 관해서는 조선교육령에서 총독에게 그 자격을 정할 권한을 부여했지만, 현재는 전문학교 교원의 자격만을 정하고 대학 예과에 관해서는 아직 정하지 않았다. 또 사립학교의 교원에 관해서는 별도로 사립학교 교원의 자격 및 인원수에 관한 규정을 두고, 중등 정도(실업학교를 포함) 이하의 사립학교 교원의 자격을 정하였지만, 그 실질은 관공립학교 그것에 비해 다소 완화된 정도였다. 그러나 시운의 진전에 따라 장래는 점차 관공립학교와 동일한 정도로 끌어 올릴 것이다.

제4절 교원시험

소학교 및 보통학교 교원이 되려는 자를 위해 소학교 및 보통학교교원시험규칙이 있다. 이것은 내지의 소학교교원시험검정제도에 준하는 것인데, 앞에서도 서술했듯이, 법리상 합격이 교원이 된다는 의미는 아니지만, 적어도 임용상 가장 유력한 전형 자료가 되는 것이므로 사실상의 자격이라고 보아도 좋을 것이다.

시험의 종류는 제1종 시험, 제2종 시험 및 제3종 시험의 3개로 나누어지고, 제1종 시험은 사범학교 연습과 졸업 정도[내지의 본정(本正)에 해당], 제2종 시험은 사범학교 심상과 졸업 정도[내지의 심정(尋正)에 해당], 제3종 시험은 대체로 내지의 심상소학교 준교원시험과 소학교 준교원시험의 중학위(中學位) 정도로 시행한다.

그리고 이 시험은 매년 적어도 1회를 시행하고, 제1종 및 제2종 시험은 조선총독부에서 직접 행하고, 제3종 시험은 각 도에서 시행하는 것으로 했다. 무엇보다 총독부에서 직접 행하는 시험일지라도 그 시험장은 수험자의 편의를 도모하여 각 도의 도청 소재지에서 실시하였다.

또 이 시험을 치르는 자에 대해서는 특별한 수험자격 제한은 없어, 누구라도 시험을 치를 수 있다고 해도 좋다. 단 장래 학교교원으로서 국민교육의 중요한 임무를 담당해야 할 자의 시험이므로 적어도 소극적인 제한이 있는 것은 당연하고, 시험규칙에 금고(禁錮) 이상의 형을 받은 자라든가, 파산자라든가, 징계를 받거나 혹은 관직에서 물러나거나 혹은 교원면허 삭탈의 처분을 받아 일정 연한을 경과하지 않은 자는 이 시험을 볼 수 없게 했는데, 정말로 당연한 규정이리라(상세한 것은 동 규칙 참고).

제5절 사립학교 교원의 자격인정

사립학교 교원 자격인정이란 사립학교 교원 자격 및 인원수에 관한 규정 제6조에 따라, 사립의 중학교, 고등보통학교, 고등여학교 또는 여자고등보통학교의 교원이 될 자격을 공인하는 것으로, 조선의 유일한 교원무시험 경력 검정제도라고도 보아야만 한다. 즉 전문학교, 사범학교, 중학교, 고등보통학교, 고등여학교 또는 여자고등보통학교에서 5년 이상 담임으로 학과목을 교수하고, 조선총독에게 사립학교 교원의 자격 및 인원수에 관한 규정 제6조 제1호(사범학교, 중학교, 고등보통학교, 고등여학교 또는 고등학교 고등과의 교원면허장을 가진 자)에 준하여 인정된 자에 대해, 본인의 출원(出願)으로 해당 인정위원회의 심의를 거쳐 조선총독이 부여하는 교원자격이다.

제6절 학교 졸업자 및 재학자 특전

1922년(大正 11) 제2기 조선교육령의 공포에 따라, 조선의 학제는 초등교육부터 대학교육에 이르기까지 하나로 통하는 체계를 갖추었고, 또 그 정도 및 내용은 대부분 내지의 학제와 동등하게 끌어올렸으므로, 졸업자의 특전 등은 전부 내지와 같은 종류 같은 정도의 학교와 동일하게 부여되었다.

또 각 학교의 생도 및 아동이 그에 상당하는 내지의 학교에 입학하는 것은 물론, 전학에 관해서도 이미 문부성의 협조를 얻어 상호 연결되도록 하였고, 이들에 관해서는 내선인 모두 하등의 부자유를 느끼지 않아, 소위 내선 공통의 학제 아래 각자가 바라는 바에 따라 자유롭게 학교를 선택할 수 있게 되었다. 따라서 자연히 종래 조선인이 내지의 학교에 입학하는 경우 기준이 되었던 외국인특별입학규정(문부성령)은 조선인에 대해 그 적용을 폐지하도록 하였다. 단 과도기적 특별 사정에서 현재에도 고등사범학교 등 어느 특수한 학교에서는 일반의 입학지원자와 분리하여 특별히 관대한 취급으로 입학을 허가하는 2~3개의 실례가 지금도 없는 것도 아니다.

제7절 청년훈련소

청년훈련소는 청년의 심신을 단련하여 국민으로서의 자격을 향상하도록 함을 그 목적으로 한다. 이것은 내지에서 실시되었던 이전 청년훈련소의 목적과 동일의 취지에 따라, 조선에서도 그 규정을 설치하기에 이른 것인데, 그 후 내지의 청년훈련소는 청년학교령 공포와 동시에 폐지되었다. 그런데 조선에서는 국민 기초교육인 초등교육조차 그 취학비율이 학령 아동의 1/3에도 미치지 않는 실정이므로, 보편적, 전면적 청년교양기관인 청년학교의 보급을 꾀하는 것은, 현재 반도의 실정에서 시기상조라고 하므로 종래의 청년훈련소를 그대로 존치하도록 해 실시하고 있다.

청년훈련소의 목적 정신은 앞에서도 서술했듯이, 국민의 자질 향상을 꾀하는데 있으므로, 물론 청년학교와 거의 동일한 목적 정신에 있기는 하지만, 사실은 조선인의 입소율이 아주 낮고, 따라서 현재는 입학자 다수는 내지인 청년이고, 또 그 수료자에 대해 어떤 조건 아래 부여되는 병역법상 병역 연한 단축의 특전 등과도 관련하고 있으므로, 당분간 현상을 유지하는 것은 사정상 어쩔 수 없을 것이다.

청년훈련소는 훈련기간이 4년이고, 입소자격은 연령 16세 이상 17세 미만의 남자이다. 따라서 대강의 목표는 고등소학교 졸업자를 표준으로 하고, 이후 성년에 이르기까지의 기간에 직업에 종사하면서 아침저녁의 여가를 훈련시간으로 충당하는 구조였다. 현재는 대략 소학교 등에 부설되었고, 직원은 주사 혹은 지도원이라고 부른다. 그리고 주사는 훈련소의 소장이라고도 보아야 하는 자로, 부설 본교의 교장, 지도원은 일반 학과 쪽은 해당 학교의 교원, 교련 쪽은 각기 그 지방에 거주하는 재향군인을 충당해, 4년간 교련 400시간, 기타 학과 즉 수신 및 공민과, 보통학과, 직업과 등을 합해 400시간, 합계 800시간을 밑돌지 않는 정도로 교양하는 것으로 되었다.

제8절 도서관

사회교육 방면의 시설은 최근 조선에서도 점차 진전을 보아, 통속 순회강연의 개최, 청소년 단체의 조직, 심전(心田)개발운동, 박물관의 건설, 사회교화단체의 조직, 체육운동의 민중화에 관한 시설 혹은 의례준칙의 제정 실천, 기타 많은 시설을 실시하고 있는데, 그 가운데 통속 도서관이라는 시설은 현재 조선에서 학교 교육의 보급에 따라 상당한 중요성을 가지고 있다. 그리고 도서관 가운데 본부의 직할경영에 관한 것은 경성에 총독부 도서관 하나뿐이지만, 공사립을 합하면 이미 40여 개를 헤아린다. 공사립 모두 통속적 도서관으로 일반 민중 본의의 것이지만, 총독부 도서관만은 규모도 상당히 크고 통속적 도서관으로서의 사명 이외에, 옛날 반도 문화보존의 의미에서 고전적 문헌의 수집보존 혹은 약간 고상한 학리적 연구 자료의 설비 등에도 상당히 힘을 들이고 있다. 창립 후 벌써 15년을 경과해 오늘날에는 전국적으로 보아도 굴지의 도서관으로 인정받는 정도에 이르렀다.

제9절 학교위생 및 학교체육

현재 조선에서 학교 교육시설 가운데 내지에 비해 가장 늦은 것 가운데 하나는 학교위생에 관한 시설일 것이다. 현재 조선에서는 내지에 준해, 학생, 생도 아동 신체검사에 관한 규정을 두어, 연1회 검사를 실시하고, 학교위생에 관한 제반시설의 참고사료도 제공하고 있다. 하지만 아무래도 아직 그 적극적 지도감사기관인 행정적 기구가 정비되어 있지 않아 학생, 생도 아동의 신체검사 등이 대부분 형식에 빠져 있고, 아동 옹호 시설 등도 도회지의 소수 학교를 빼면 볼 것이 없다. 학교간호부의 설치, 학교급식의 시설, 치과, 안과 등의 전문의사 설치 등 역시 같은 상태에 있음은 국민보건상 유감스럽게 생각하는 바이다.

학교체육운동에 관한 시설은 각 학교 모두가 상당히 충실하고, 학교에 체조교과의 보통체조는 물론, 유·검도(柔劍道), 육상경기, 수영의 기타 시설은 대부분 내지의 것과 다르지 않다. 본부에서는 학교위생 및 학교체육의 개선향상을 위해 본부 및 각 도에 전임의 지도기관을 특설하고 진용을 잘 정비하여, 그럼으로써 이들 중요 교육시설의 완벽을 기하기 위해 목하 강구 중이다.

제4장 교과용 도서

조선에서 각 학교의 교과용 도서는 소학교에서는 문부성 편찬의 소학교 교과용 도서를, 보통학교에서는 조선총독부 편찬의 것을, 또 사범학교, 중학교, 고등보통학교, 고등여학교 및 여자고등보통학교에서는 조선총독 또는 문부대신이 학교용 교과서로 검정한 것을 일정한 수속을 거쳐 사용하도록 하였는데, 보통학교를 제외한 기타 학교에서도 조선총독이 편찬한 해당 학교용 교과서가 있는 경우에는 반드시 그 교과서를 사용하도록 하였다.

또 실업학교의 교과용 도서에 관해서는 별도로 검정에 관한 조건이 없이 도지사의 인가를 받아 그것을 정하는 제도이다.

이상은 모두 정규의 학교에 관한 것으로 물론 관·공·사립의 구별 없이 적용되는 것인데, 사립의 각종학교에 관해 특별한 규정이 있는 것을 제외하면, 조선총독이 편찬한 것, 조선총독의 검정을 거친 것, 조선총독의 인가를 받은 것이 아니라면 사용하지 못하도록 했다.

제5장 교육시설의 특색

본 장의 제목을 교육시설의 특색이라고 한 것은 조선의 교육시설 가운데, 이하 각 절에서 기술한 바 내지 기타 교육시설에 비해 특히 뛰어난 것이나 혹은 또 광채를 보이는 것 등의 의미는 아니다. 반도의 민도 민정에 비추어 특이한 실제에 해당하기 때문에, 교육상 특히 유의되어야 할 점 또는 약간 바뀐 형식 아래서 실시되었던 사항이라는 의미이다. 따라서 기술하는 바의 대부분은 신 부속지의 동포 교육에 속하는 것이므로, 이 점 미리 양해를 구해 둔다.

제1절 국민적 성격의 함양

이합집산의 시대사는 잠시 제쳐두고, 여하튼 수천 년의 전통에 걸친 민족적 역사를 가지고, 대략 100가지 풍습에, 스스로 성(性)을 성취하고, 격(格)을 갖춘 반도 2,000만 동포로 하여금, 일한합방의 성지를 체득하고, 융합일체의 일본 국민이 되도록 하는 것은 조선교육이 중점을 두는 바일 것이다. 또 교육을 제쳐두고 이 커다란 사명에 임하는 근본적이고 기초적인 시설은 없다. 그런 의미에서 조선의 교육은 우리 국민정신의 도야와 우리 국민으로서의 성격 함양에 아주 중대한 책임을 지고 있는 것은 말할 것도 없다. 따라서 본부에서는 각 학교로 하여금 전체 교과목을 통해, 이 점에 가장 유의해 교육을 진전시키고 있으며, 우리 국체관념을 명징하게 하고, 제국신민으로서의 자각을 촉구한다. 또 우리 국민으로의 도덕 실천지도 등에 관해 특단의 유의를 기울이는 등, 교육칙어의 성지 철저를 위해 온갖 기회를 잡아 그것을 다루고 도입하여, 신사 참배에, 국가(國歌)의 봉창에, 국기게양 시설에, 어진영 봉안소(御眞影 奉安所)의 배례여행(拜禮勵行)에, 황거요배(皇居遙拜)에, 신단과 불단의 배례 청소에, 선조 제사에 힘쓰도록 전체 조선의 교육자는 힘을 합쳐 한 덩어리가 되어, 이를 위해서는 어떠한 난관이라도 돌파하고, 어떠한 장애라도 극복해야 한다는 결심으로 임하여, 시설 이미 4반세기, 바야흐로 노력 정신의 결과가 지금 해가 지남에 따라 나타나고 있음은 함께 기뻐해 마지않는 바이다.

제2절 국어교육

국어교육의 목적은 언어 및 문장을 이해하고, 정확하게 그리고 자유롭게 사상을 드러낼 수 있고, 문학상의 취미를 기르며, 또 일반 지덕의 계발에 이바지하는 데 있다. 또 그 이외에 조선교육에서 국어교육은 내선동포의 사상 감정을 상호 표현해 융화친선의 결실을 거두기 위한 유일한 기능이다. 이뿐만 아니라 교육을 통해, 국체관념을 명징(明徵)하도록 하여 더욱 더 국민정신을 함양하고, 국풍을 이해시켜서 국민으로서의 자각을 공고히 하고, 우리 민정 풍속을 깨닫게 하여 내선융합 귀일의 기본 계배에 이바지하도록 하기 위해서는 수신, 지리 역사 등의 학과목 모두 중요한 역할을 가진다. 따라서 본부는 시정 이래 각 학교의 학과목 가운데 반드시 그것을 더해 필수화시키고, 이것을 이해하고, 깨달아, 습숙하도록 하는데 노력할 뿐 아니라, 이 역시 앞 절에서와 같은 정신 아래, 각 학과목을 통해 어떤 경우에도 특히 마음을 기울여야 하는 바이다. 하물며 반도 생활의 실제는 내선인 의존공영의 관계가 해마다 늘어나고, 또 선린 만주국과의 교통 역시 날이 갈수록 번성해, 시국은 이미 내선만은 일여일체(內鮮滿殷 一如一體), 동아친선흥륭(東亞親善興隆)을 도모해 세계의 대국에 대처하는 중요한 때, 우리는 서로 분기해 함께 우리 국어의 보급 철저에 힘쓰지 않으면 안 된다. 그리고 이 문제에 관해서는 종래 학교 교육 이외에도 국어강습회, 혹은 서당교육의 국어화, 혹은 어머니 강습회의 국어교육 등 공·사 시설에 관계한 것 역시 적지 않은데, 더욱더 적극적으로 앞으로 나아가려 한다면, 가능한 한 많은 방법이 있음을 생각해야 한다. 이 점에 관해서는 본부에서도 이미 연구 중에 있어, 머지않아 국어 보급 철저운동으로 전면적 계획의 실현을 볼 수 있으리라 믿는다.

제3절 근로정신 함양

어떤 장소, 어떤 시대에도, 교육이란 것은 자칫하면 한가한 사람의 정신적 유희가 되는 일종의 귀족적 경향을 띤다는 연혁을 갖고 있는데, 조선의 교육에서, 특히 경계를 요하는 것이 이점일 것이다.

옛날부터 관직의 봉급으로 사는 것을 인생 최고의 명예로 여기고, 실기실능(實技實能)을 극단적으로 비하해 온 반도 민중의 심리는, 합방 후 문벌의 특권을 멀리하고 관리가 될 기회 균등을 정치 기능 아래 두기에 이르렀고, 더욱더 이 방면에 야심을 갖기 시작하였다. 그것은 초등교육을 받는데 불과한 보통학교 졸업생까지도, 수학의 효과를 오로지 봉록에 맡기는 경향이 농후한 것을 보면, 다른 것은 많은 말을 할 것까지도 없다.

적당한 일자리가 발견되기까지는 흰 바지를 걸치고 테니스라도 하면서 기회를 기다린다고 한다. 보통학교까지 졸업하고 일반 백성이 되는 것이라면 학교에 보내지 않는다고 부모도, 친척도 마을의 이 사람 저 사람이 말한다.

다만 이것이 학교가 드문 과도기의 하나의 현상이라고 볼 수도 있지만, 옛날 전통과 얽혀서 누습 용이하게 벗어날 도리가 없었다. 그러나 이 풍조를 교정하지 않으면, 초등교육은 파산자의 제조소로 변하고, 불량청소년의 산란장이 될 우려조차 있었다. 특히 사상적으로 많은 위험성을 걱정하지 않으면 안 되었다.

반도 초등교육의 내면에 잠겨 있는 이 폐해를 고치고, 견실한 민중생활의 기초를 계배하기 위해, 교육의 민도화, 지방화, 실제화를 도모하고, 도시와 시골의 획일화, 지식 편중의 타파에 힘씀과 동시에 주안점을 소위 실학주의의 교육에 두고, 무게를 근로정신의 도야에 이르게 하는 것을 기하며, 당시 수많은 교육 사조의 물결을 과감하게 돌파해 나타났던 것이, 초등교육에 대한 교칙의 개정과 직업과목의 신설이었고, 전체 조선에 일제히 필수과목으로 부과하게 되었다[1929년(昭和 4) 4월부터 실시].

직업과의 내용은 도시와 시골의 획일화라는 폐단을 피하고, 토지의 실제 생활에 맞는 직업지도를 중심으로 한 것이었고, 실학 존중의 기풍과 근로애호의 정신을 함양하기 위해 실습 작업에 중점을 두고, 행함으로써 배우게 하며, 일하는 기쁨을 말하게 하고, 노작체험을 통해서 직업존중의 정신을 깨닫도록 할 것을 희망하여, 지금은 조선 전체에 2천 수백여 개의 보통학교는 물론, 소학교에서도 상당히 잘 어울리는 교수를 펼치고 있고, 실시 후 10년도 지나지 않았지만, 그 실적은 볼만한 것이 많아 소위 교육과 산업, 교육과 일자리 제공의 합리화가 점차 실현되기에 이르렀다. 따라서 지금은 농촌 초등학교의 졸업생으로, 농경을 싫어하는 자가 적고, 실업에 이해를 갖지 않은 자도 없어졌다는 것은 일면 시세의 흐름도 있었지만, 조선의 옛날 누습을 알고 있는 자가 한결같이 깜짝 놀라는 것으로, 이제는 조선 독자적 교육시설의 하나로서 그 실적의 현저함에 내외지 교육 시찰자가 눈을 크게 부릅뜨는 바가 되기에 이르렀다.

서술이 약간 장황한 듯하지만, 본 절은 반도 교육시설의 중요사항의 하나로 또 통치상의 일대방침으로서, 현재에 실시되고 있는 근로정신 함양의 필요성과 그 실적의 일단을 기록하여 참고로 제공하는 것으로, 조선에서 행정실무에 종사하는 사람들은 물론 조선에 관심을 가진 일반인 여러분을 위해 헛된 일은 아니라고 생각했으므로 잠시 소견을 덧붙이기로 했다.

제4절 초등학교의 졸업생 지도

학교 교육 만능의 사조는 제1차 세계대전으로 인한 우리 경제계의 호황으로 더욱더 고조되었는데, 이 흐름은 과도기에 있는 반도의 대중에게도 강한 자극을 주어, 보통학교 졸업자의 상급학교로의 입학열은 이상하게 고조되었고, 농촌보다 도시로의 격렬한 흐름은 억누르기 어려운 것이었다. 따라서 상급학교로의 입학지원자는 격증하고, 재산이 불충분한 자, 지조가 견실하지 않은 자 등의 입학자 역시 상당한 다수를 점하기에 이르러, 중등학교는 1년도 안 되어서 퇴학생이 속출하는 현상을 노정하였고, 대다수의 학교는 상급학년의 생도 수가 당초 입학자의 반에도 이르지 않는 형편에 이르렀던 것이다.

이들 폐풍과 무위도식, 근로기피의 누습을 고치고, 학교 졸업자의 견실한 생활 지도를 기도하기 위해 생겨난 것으로, 보통학교의 졸업생 지도 시설이 있다.

조선의 보통학교장 가운데 일찍이 이것에 착목해, 1922~1923년(大正 11~12)경부터 실시하여 상당한 실적을 올리고 있는 독지가도 있었는데, 본 시설이 널리 전체 조선에 시설되기에 이르렀던 것은 1927년(昭和 2) 경기도 일부에서 실시되고, 일반에 소개되면서부터였다. 그리고 이 시설은 졸업생 교양의 실체를 오로지 농가경영의 실제적 지도에 두고, 졸업생 가정생활로 들어가 자가갱생의 구체적 계획을 수립하도록 하여, 2년에서 3년 사이에 계속적으로 지도를 이어간 것이다. 따라서 내지의 전 실업보습학교(현 청년학교)나 최근 새롭게 시설되기에 이르렀던 농민훈련소, 농도학교(農道學校) 혹은 농사학교(農士學校) 등으로 칭해지는 것은 그 방법에서 상당한 차이가 있다. 즉 조선의 실정으로는 초등교육을 마친 자에 대해, 일반적으로 보습적 교양을 부여하는 의미의 시설을 시행하는 것은 초등교육 보급 현상을 보면 도저히 보편적으로는 실시하기 곤란한 사정이 있으므로, 보통학교 현재 직원의 여력에 의해 봉사적으로 직업과 생활 지도를 그 졸업생의 장래를 위해 행한다는 것이 이 시설의 발생동기이다. 따라서 지도생은 꼭 졸업생이 전부가 아니라, 어떤 것은 부락을 단위로 하여 그 부락 내에 거주하는 졸업생을 지도해 점차 그 부락의 농가 전체로 미치도록 하여 부락 개선 갱생의 결실을 거두도록 하고, 또 주위 부락에 이르도록 한다. 또 어떤 것은 몇 개의 부락에 각 몇 명의 졸업생을 지명해 지도하고 모범을 그들 부락 전반에 이르도록 기한다. 또 어떤 것은 양자의 절충주의라고 보아야 할 방법을 채택하는 등 다양한 방식은 있다. 하지만 전통에 살고, 원시적 경영에 안주하며, 창의·독창적 성능이 부족해, 따라서 자각 향상의 기분에 빠져, 공부창작(工夫創作)의 기개가 풍족하지 않은 조선의 농민들을 지도해, 농가 갱생을 도모하고, 생활의 안정과 향상을 얻도록 하는 진지한 학교 교육의 연장시설이며, 또 그 사회화이다. 지금 이들 시설은 전 조선 각 도에 실시되어, 시설교의 수가 1,528교에 달하고, 지도생이 1만 4,442명, 지도를 마치고 눈부신 희망의 생활에 들어가 자력갱생의 기개를 높이 하여 주위에 모범을 보이는 자가 1,758명을 헤아리기에 이르렀다.

생각건대 이 시설은 지금 반도의 민도, 민정에 비추어 가장 유효적절한 교육시설의 하나임은 물론이다. 이들 졸업생의 활동이 일면 본부의 자력갱생운동, 농산어촌진흥계획의 실행 등을 위해서도 큰 공헌을 하고 있고, 조선에서 초등교육시설의 일단이 반도사회 교화를 위해, 이곳까지 진출 약동했던 것은 여러 측면에서 조망해 유쾌해 마지않는 바이다.

제5절 실업보습교육

조선의 실업보습교육은 이전 내지와 동일한 형식 아래서 행해진 것은 겨우 도회지의 상업보습교육뿐이고, 다른 것은 대개 통년제(通年制)의 주간 수업을 방침으로 하는 것이다. 따라서 생도는 일반 학도와 마찬가지로 보통학교 졸업 직후에 입학하며, 교육 내용 형식 모두 흡사 재래의 을종실업학교와 같이 불철저한 것이었다. 그 가운데 실업보습학교의 대부분을 점하고 있는 농업보습교육은 대부분 이러한 방식을 채택했다. 생도는 책보를 지고 유학하는 기분으로 통학했으며, 물론 부형도 그럴 생각으로 많은 경제적 희생을 아까워하지 않는 상태였다. 졸업생 가운데 자가 영농에 종사하는 자가 있다면 아주 드문 예외로서 주목받을 정도였다.

그런데 때마침 1932년(昭和 7) 본부의 농촌진흥운동이 고조되고, 이것이 중심이 되어 지방 농촌부락의 영농적 모범이 되었으며, 또 그 지도적 지위에 두어져야 할 농촌 중견청년의 필요를 통감했던 즈음이었으므로 본부에서는 실업보습교육의 경영방침을 수립하는 동시에 국비보조 조성 아래 크게 개선 노력한 결과, 점차 이 방침에 따라 학교 조직의 개선, 영농설비의 충실, 농민적 훈련의 철저를 보기에 이르렀다. 이들 졸업생의 귀농 후 활동 역시 점차 기대하기 족한 정도까지 이르렀는데, 이런 개선에 즈음한 본부 훈령[1935년(昭和 2) 2월 총훈 제1호]은 그 취지를 아주 잘 설명하고 있다고 생각하므로, 다음에 제시하여 참고로 삼고자 한다.

이번 조선총독부령 제12호로써 실업학교규정에 개정을 더해 농업보습학교 후기의 졸업 연한을 1년 이내로 단축할 수 있도록 했는데, 이는 조선의 농업보습학교의 설립 운영이 대개 기숙제에 의해 단기간에 농후한 교양훈련을 실시함으로써 실정에 적당함을 인정하는 한편, 농촌진흥사업의 보급 확대 계획 실시에 따라 지방 중견청년의 분포를 급무로 하는 현재 실정에 적응하도록 함에 다름 아니다.

애초에 농업보습교육의 목적이 초등학교 졸업생 가운데 농업에 종사하는 자에 대해, 농업에 관한 지식 기능을 가르쳐, 졸업 후 각기 고향에서 모범적 영농자로서의 소질을 계배함으로써, 지방 중견인물의 보급에 이바지하여 농촌의 산업발달과 농촌인민의 복지증진을 도모하는 데 있음은 말하지 않아도 되는 것이었다. 하지만 종래 대개 입학허가자의 전형은 실정에 맞지 않아 심신의 발달 아직 불충분한 자를 수용하였고, 교육의 내용에서도 보통학과 편중의 폐단에 빠져, 농업에 관한 기술 및 경영의 실제에 습숙하도록 하고 진짜 농도(農道)의 본의를 체득하도록 하는데 유감스러운 점이 적지 않았다. 이번 본교 입학자는 초등학교 졸업 후 상당한 기간 자가에서 농업에 종사해 체력이 충실한 자 가운데에서 장래 자영농의 지망을 공고한 자를 선발하는 것으로 고치고, 이를 가능한 한 기숙사에 수용하며, 교육 내용에는 주로 건전한 농도정신(農道精神)을 체득하도록 함을 주안점으로 하였다. 또한 보통학과와 직업학과의 배합에 심심한 고려를 하여, 헛되이 보통학과에 편중되지 않도록 함은 물론, 직업과에서는 각 지방 농가경영 실태에 적합하도록 논밭을 교육장으로 한다는 주의에 따라, 오직 실지연마(實地練磨)의 교양을 철저히 하도록 하기 위해서 반드시 재래의 수업연한 2년을 요하지 않고, 1년 정도의 연구 단련으로써 충분히 소기의 효과를 거둘 수 있었다. 그런 까닭에 지금 본교 입학자 자격 결정 및 학과과정에서 보통과와 직업과의 취사안배에 즈음해서는 각별한 고려를 기울이고, 그 설치 운영은 오로지 토지의 실정에 적합하도록 할 것을 기하기에 노력하고, 실제적 교양 훈련에 힘씀으로써 애향의 정에 불타는 모범인물의 육성에 임해 농산어촌 진흥의 철저에 이바지하고 있다.

제6절 간이학교

일선병합 당시 반도의 보통학교 수는 겨우 101교에 불과하였다. 그것이 1919년(大正 8)의 소요사건 발발 전년도, 즉 1918년(大正 7)에는 학교 수 462교, 아동 수 8만 7,000여 명에 달했는데, 더욱더 초등교육 보급의 필요를 인정해, 당시 6면에 1교 정도의 보급비율에 불과했던 보통학교의 배가계획(倍加計畫) 즉 3면 1교의 보급 계획이 수립되었고, 1919년부터 1926년(大正 15)까지 8년간 이것을 완성하는 것으로 했다. 1919년 사이토 총독, 미즈노 정무총감이 함께 통치를 맡자, 이 계획을 단축하여 1919년부터 4년간에 걸쳐 완성하는 것으로 변경되었다. 그리고 본 계획은 예정대로 1922년(大正 11)에 완성되었고, 이후 해마다 수십 교씩 보통학교 신설을 목표로, 국비보조 아래 그 설립을 조성해 온 결과, 1928년(昭和 3)에는 약 2면 1교 정도까지 설치되어, 당시의 학교 수는 1,423교에 아동 수는 43만 8,000여 명에 달하였다. 그러나 학령에 상당하는 아동 수에 대한 취학비율은 아직 17.6%에 지나지 않았다.

그 후 1927년(昭和 2) 야마나시 총독과 이케가미(池上) 정무총감이 함께 취임하자, 이를 대단히 유감으로 여겨, 공립보통학교의 수를 대략 2배로 늘려 각 면에 1교의 비율까지 보통학교 촉진을 도모하였고, 1929년(昭和 4)부터 1936년(昭和 11)에 이르는 8년간에 그 완성을 기대하여, 다액의 국비보조금을 교부하여 실현을 기약했다. 본 계획은 예정대로 전년도(1936년) 말에 완성을 보기에 이르렀고, 지금은 공립보통학교의 총수는 2,411교, 아동 수 76만 2,470명을 헤아려, 대략 각 면에 1교의 공립보통학교가 설립되었다. 그런데 학령에 해당하는 아동 수에 대비할 때는 취학률 비율은 여전히 25% 내외를 헤아리는 데 불과해, 추정 학령아동 수 280여만 명 가운데 약 200여만 명 정도는 역시 미취학의 상태에 방치되는 실정에 있었다.

또 보통학교의 분포와 취학거리의 관계를 지리적으로 고찰해 보면, 조선에서 면의 면적이 아주 광대한 곳이 많고, 농촌 취락의 상태가 매우 소박해, 1면 1교의 완성 후에도 대다수의 아동은 통학거리의 관계 때문에, 취학에 곤란이 있었다. 그뿐만 아니라 다른 한편으로 비교적 벽촌인 지방의 농산어촌 생활 정도는 아주 낮아서, 지금 역시, 그날그날의 원시적 생활에 만족해 하는 상황이므로, 이들 지방에서는 대다수 사람들이 현행 규정에 따라 보통학교 교육을 받도록 하는 것이 사실 곤란한 상태에 있었다.

따라서 이들 지방의 아동은 자연스럽게 재래의 서당에서 우원(迂遠)한 한문의 소독(素讀)을 듣거나 불건전한 시설 교육기관에 통학해 오히려 장래를 그르치게 되고, 또 그렇지 않은 대다수의 사람들은 전부 무학인 채로 방치되는 상태에 있었다.

어떻게 하면 이들 박약한 농민 자제에게 문자를 주고, 혼을 쏟아 근로정심을 체득하도록 할 수 있을까. 공민적, 국민적 자각을 주어, 생활의 향상을 촉진하고, 일상생활을 윤택하게 하는 길을 얻게 할 수 있을까….

이 관점을 고려하여 내놓은 것이 곧 간이학교이다. 따라서 간이학교의 교육은, 즉지즉인 즉가주의(卽地卽人卽家主義)의 교육이고, 또 체득교육(體得敎育)이다. 물론 교사는 만사 실천궁행을 교육의 주의로 하고, 공민정신의 도야도, 국민적 자각 교양도, 또 도덕적 관념도 모두 교사의 시범과 지성에 따라, 아동의 가정에서 부락의 집집에까지 진출 융합하고, 직접·간접으로 깊이 감동하고 교도해 가는 것이므로 교사의 전형에는 각별한 주의를 기울이고 있는데, 대개 그 성적이 양호한 것에 비추어 산간벽지의 지역을 겨냥해, 장래는 1면 1교 정도에 이르기까지 이것을 보급하려는 것이다.

요컨대 본 시설은 보통학교의 보급 확충계획과 맞물려, 초등교육의 지리적 민도화(民度化)를 꾀하고, 그 보급을 보충 촉진하도록 하는 것이며, 현재 조선의 오지 실정에 아주 적절한 시설이라는 것은, 조선을 잘 아는 자라면 누구나 수긍하는 바일 것이다. 따라서 이 시설이 농촌진흥계획과도 떼어놓을 수 없는 밀접한 관계에 있고, 다른 쪽에서 관찰하면 반도 벽지에서 농촌진흥의 토대를 재배하기 위한 중요한 역할을 하는 것이라고도 말할 수 있다.

그런데 간이학교의 조직, 구성 및 설치보급의 방법 등은 잠깐 제쳐두고, 지금 그 특이성이라고도 보아야 할 주된 점을 제시해 보자.

첫째, 보통학교 기타 정규의 이미 설치된 교육기관과는 완전히 그 체계를 달리 한다는 점이다. 따라서 다른 학교와의 연결, 즉 전학 또는 졸업 후에 다른 학교로의 입학자격 등에 관해서는 완전히 연결되지 않는다. 그러므로 그 위치는 가능한 한 벽지의 부락으로 선정한다.

둘째, 교육의 내용은 학교 소재지의 실정에 입각했다. 따라서 학교장 자유재량의 여지를 가능한 한 많이 하도록 하고, 동시에 지방에 적합한 직업 도야에 중점을 두었다. 이것은 보통학교의 분교장으로 하지 않고, 특별히 새로운 조직을 채택한 이유 가운데 하나이다.

셋째, 수업연한을 2년의 단기제로 하고, 입학연령을 높여 교육능률의 향상과 단기 속성과 실습 작업의 효과 고양을 도모하여, 부형의 부담을 가능한 한 줄이도록 했다.

넷째, 경비나 수업료는 현물주의로 하고, 부담은 지방화의 특색을 갖도록 하여 간이한 경영의 길을 강구하는 한편, 부락민의 학교애, 즉 '우리 학교' 의식을 강조하도록 했다.

제7절 학교 교련

육군 현역 장교를 배속하여 행하는 학교 교련은 1925년(大正 14)부터 내지에서 실시했는데, 조선에서는 여러 사정으로 1년이 늦은 1926년(大正 15)부터 실시해, 먼저 중학교부터 시작하기로 하였다. 학교 교련의 목적은 학생, 생도의 심신을 단련하고, 그 자질을 향상시키는데 있는 것으로, 즉 국가적 관념을 명징하게 하고, 헌신봉사의 정신을 떨쳐 일으키고, 자주 자립의 습관을 길러 책임을 다하는 규율을 중시하며, 절제하고 협동을 존중하면서 명령에 복종하는 미풍을 작흥함과 함께, 그 신체를 강건하게 하는데 있으므로, 조선에서는 단지 중학교에 멈추지 않고, 널리 내선인 공학의 학교 및 조선인만을 주로 하는 학교에서도 실시해야 할 것이다. 그런데 당시는 기운이 아직 무르익지 않았고, 교련에 대한 오해 등을 지닌 면도 없지 않았는데, 그 후 중학교의 실시 상황을 보고 들어, 오히려 자진하여 현역 장교의 배속을 희망하는 곳이 많아지기에 이르렀다. 그래서 본부는 중등 정도 이상의 남자 생도의 학교에 대해 일정한 요건을 갖춘 곳에는 전부 배속을 육군 당국에 요구하기에 이르렀다. 현재는 소수의 신설학교를 제외하고는 거의 대부분 배속을 받아들이기에 이르렀고, 성적 역시 매우 양호해 단지 교련뿐 아니라, 학교훈육의 전반에 걸쳐 일단의 진숙(振肅)을 더해, 당초의 오해는 완전히 제거되었고 이제는 생도훈육 상의 중요 교과로서 일반의 인식을 깊이 하는 데 이른 것은 경축해 마지않는 바이다.

V

지배 위기에서 조선교육을 논하다

해제

『학제개혁과 의무교육의 문제』를 쓴 야기 노부오(八木信雄)는 1903년생으로 가고시마 출신이다. 1926년 도쿄제국대학 정치과를 졸업했는데, 재학 중인 1925년 11월에 고등문관시험에 합격했다. 1926년 4월 조선총독부 전매국으로 발령이 나 조선으로 왔다. 이후 경찰부 경무과장으로 지역을 돌다 1931년 2월부터 조선총독부 경무국 경무과에서 근무하였다. 1939년 1월 35세의 나이로 조선총독부 학무과장으로 임명되어, 1940년 9월까지 1년 7개월을 근무하였다. 야기 노부오는 경찰 관계 부서에서 오랫동안 일한 사람으로, 경찰 관계 부서에서 일한 사람이 학무과장으로 임명되는 경향의 한 사례이다. 학무과장 재직 시인 1940년 3월 『조선』에 「과학교육의 중요성(科學敎育の重要性)」을, 1940년 9월에는 『조선의 교육연구』에 「과학교육의 진흥(科學敎育の振興)」을 실었다.

오노 켄이치(大野謙一)는 1897년생으로 야마구치현 출신이다. 고향에서 소학교를 졸업하고, 1915년 18세의 나이로 보통문관시험에 합격하여, 1917년부터 대장성에서 관직생활을 시작했다. 1921년 10월 문관고등시험에 합격하였고, 1922년 6월 조선총독부 근무로 조선에 왔다. 강원도 학무과장을 시작으로 여러 지역의 경찰부장을 역임하다 1933년 1월 35세의 나이로 조선총독부 학무국 학무과장으로 발탁되어 1936년 10월까지 3년 9개월간 근무했다. 학무과장으로서 작성한 여러 글을 모아 1936년 『조선교육문제관견(朝鮮敎育問題管見)』을 집필하였고, 『문교의 조선』에도 나누어 게재하였다. 이후 경상남도 내무부장을 거쳐 함경북도 지사를 지내다 1942년 10월 45세의 나이로 조선총독부 학무국장이 되어 1944년 8월 17일까지 1년 10개월간 근무했다. 학무과장과 학무국장을 모두 지낸 유일한 사람이다. 「교육으로 본 조선의 장래」는 학무국장으로서 제4차 조선교육령 개정 이후인 1943년 12월 26일 경성제국대학 강당에서 학도지원병에 대한 강연 자료로 작성한 글이다. 이외에도 학무과장 재직 시에 『문교의 조선』 1933년 9월호에 「조선 초등보통교육의 장래에 대한 사견(朝鮮に於ける初等普通敎育の將來に對する私見)」과 『조선』 1935년 6월에 「간이학교의 증설방침

(簡易學校の增設方針)」을 실었다. 경상남도 내무부장으로 재직하던 1938년에는 「국민의 훈련과 조직화에 관한 비견(國民の訓練と組織化に關する卑見)」을 『문교의 조선』 1938년 3월호에 게재하기도 하였다.

「조선교학론」을 쓴 오다카 도모오(尾高朝雄)는 1899년생으로, 1923년 도쿄제국대학 법학부 정치학과 및 1926년 교토제국대학 문학부 철학과를 졸업했다. 1928년 경성제국대학 조교수에 임명되어 경성제국대학 법문학부 법학과에서 법리학 강좌를 맡았다. 1928년 11월 이후 구미 각국을 돌아다니며 연구하다 1930년 6월 경성제국대학 교수로 임명되었다. 1944년 5월 10일 도쿄제국대학 교수로 전임할 때까지 계속 법리학 강좌를 담당했다. 그의 저서 『법학통론』과 그의 자유주의적 풍모는 한국인 학생들에게도 영향을 많이 미쳤다. 그러나 1937년 중일전쟁 이후 국가주의자가 되어 강연회 등을 돌아다니며 국체와 일본의 정신을 강조하였다. 1940년 경성제국대학 학생주사를 역임할 때는 몸소 군복을 입고 단발을 하고 다니며 학생 단발을 주도했다. 국가주의 입장에서 『문교의 조선』 1940년 1월호에 「도의조선과 징병 제도(道義朝鮮と徵兵制度)」를, 『조선』 1942년 7월호에 「국가주의와 국제주의(國家主義と國際主義)」를 실었다. 「조선교학론」은 『문교의 조선』 1944년 2월호(219호)에 실린 것으로 1940년대 초반의 국가주의 교육론의 핵심 논리를 가장 잘 보여 주는 것이라 할 수 있다.

<자료 09> 学制改革と義務教育の問題(八木信雄, 1939)

학제개혁과 의무교육의 문제

야기 노부오

〈목차〉
1. 조선교학의 대본
2. 조선교학의 연혁
3. 교학쇄신의 근본 정신
4. 조선교육 3대강령의 본의
5. 황국신민교육철저방책
6. 교과내용의 쇄신
7. 교원소질의 향상
8. 초등교육 의무제의 문제
9. 사립학교의 쇄신 개선
10. 대학, 전문교육의 쇄신
11. 대륙전진문화기지로서의 반도의 사명

1. 조선교학의 대본

조선교학의 대본은 조선통치의 이념에서 연원한다. 그리고 조선통치의 이념은 한국병합의 조서 가운데 명확하게 밝혀져 있다. 조서에는 "한국의 현 제도는 아직 치안 유지를 완전히 하기에 충분치 않다는 의심과 두려움이 생각마다 국내에 넘쳐흘러 백성은 울타리 안에서 안주한다. 공공의 안녕을 유지하고 민중의 복리를 증진시키기 위해서는 혁신을 현 제도에 덧붙임을 피할 수 없음이 분명해지기에 이르렀다"고 선언했고, 또 "민중은 짐(朕)이 직접 돌보아 안심시킨다는 방침 아래 건강과 복지를 증진해야 하고, 산업 및 무역은 평온한 다스림 아래 현저한 발달을 보기에 이르러 이로써 동양평화는 그에 의해 점차 기초를 공고히 해야 함은 짐이 믿어 의심치 않는 바이다"라고 말씀하였다. 우리들은 일단 병합의 조서를 배독하면 금방 그 고상하고 원대한 계획을 엿볼 수 있다.

즉 한국병합의 목적은 다년간 곤궁과 도탄에 빠진 반도 인민을 구하여, 문화를 높이고 실력을 배양하며, 그럼으로써 반도 민중의 건강과 복지를 증진하고, 아울러 황국의 기초를 공고히 하며, 동양의 평화를 영원히 유지시키는 것에 있었다. 우리나라가 한국을 병합했던 이유는, 과잉의 인구를 반도에 이식시키거나 혹은 투자로 반도에서 경제적 이익을 착취하려는 것과 같은, 소위 식민지정책을 실행함을 궁극적인 목적으로 하려는 것은 결코 아니다. 신구동포(新舊同胞)를 합하여 혼연히 일가를 형성하고, 함께 인자하신 천황폐하의 직접 돌보심 아래 건전한 발달을 이루고, 일시동인의 성지 아래, 참된 내선일체와 서로 이끌어 공고한 국가를 이루고, 동양의 영원한 평화를 확보하는 데 있다. 그러므로 조선 통치의 요체는 오로지 이 광대하고 심오한 계획을 받들어, 일시동인의 은혜를 계림(鷄林)의 산하에 빠짐없이 받들도록 하는 것이다. 그리하여 조선교학의 요체도 이 광대무변한 성지를 받들어, 황실을 존중하고 국가에 충실한 국민정신을 함양하며, 충성스럽고 유능한 황국신민으로서의 자질 품성을 연성하는데 있음은 말할 나위가 없는 바이다. 병합 다음 해인 1911년(明治 44) 8월에 공포된 조선교육령 제2조에 '교육에 관한 칙어의 취지에 기초해 충량한 국민을 육성함을 본의로 한다'고 규정하고, 동년 11월 동령 시행에 맞춰 발표된 데라우치 총독의 유고 중에는

제국 교육의 대본은 일찍이 교육에 관한 칙어에 명시된바, 그것은 국체에 바탕하고 역사

에서 찾으며, 확고해 움직이지 않는다. 조선교육의 본의(本義) 역시 이것에 있다. 생각건대 조선은 아직 내지와 사정이 같지 않은 것이 있고, 그래서 교육은 특히 힘을 덕성의 함양과 국어의 보급에 이르게 함으로써 제국신민으로서의 자격과 품성을 갖추도록 할 것을 요한다. 그런데 공리를 이야기하며 실행에 서툴고 근로를 싫어해 안일에 빠져 질실돈후(質實敦厚)의 미속을 버리고 경조부박(輕佻浮薄)의 악풍에 빠지는 것이 있음은 비단 교육의 본지에 배치될 뿐 아니라 종국에는 일신을 그르쳐, 그 누가 국가에 미치는 까닭에 실시에서는 마땅히 시세와 민도에 적절하게 함으로써 좋은 효과를 거둘 수 있게 힘써야 한다.

라고 기술되어 있는 것은 실로 조선교학의 대본을 명시한 것으로, 교육의 실제는 모름지기 시세와 민도에 맞게 행해야 한다고 해도, 그 본의는 어디까지나 교육에 관한 칙어를 삼가 준수하는 황국신민교육에 있음을 분명히 한 것이다. 그리하여 여기에 나타내는 반도교학의 대본은 지금도 항상 일관되고 불변할 뿐 아니라, 오히려 종전보다 한층 그것을 명징하도록 하고, 황국신민교육의 강화 철저를 위해 꾀하도록 힘쓰고 있는 바이다. 작년 3월 단행된 조선교육령의 전면적 대 개정, 즉 본 소론의 제목이기도 한 학제의 개혁은, 실로 이 취지에 기초해 이루어진 것에 다름 아니다. 반도교학의 이 대본은, 1911년(明治 44) 황송하옵게도 일시동인의 성지에 기초해 조선총독에게 내려졌던 교육에 관한 칙어라는 엄숙한 존재와 함께 영구히 조선교육의 지도원리가 되어야 한다. 그리고 반도교학이 이 근본의에 기초해 좋은 효과를 거둘 때, 반도의 통치는 비로소 그 만전을 기하는 것이다.

2. 조선교학의 연혁

병합 전 조선교학은 오로지 유학을 주로 하고, 그것도 유교의 교의에 기초해 인격을 교양하기보다 과거에 응시하여 등제함을 유일의 목적으로 했다. 그 기관으로서는 경성에 성균관 및 동서남중의 사학(四學)이 있고, 지방 각 군에는 향교를 두어 지방의 자제를 가르쳤다. 이상은 모두 관이 설립한 것이었는데, 사설의 것으로는 각지에 서당이 있어 아동에게 초보 한문 교수를 행했다. 그런데 이조 중기 이후 국운이 기울어짐과 동시에 이들 교육기관도 점차 쇠퇴하는 추세로, 1894년(明治 27) 과거제도가 폐지되기에 이르러, 성균관, 사학 및 향교는 완전히 이름만 남게 되었고, 오직 무수한 서당은 각지에 산재해 그 구태를 유지했다.

1895년(明治 28) 혁신 때에 모범을 우리나라에서 취해 교육제도를 고치고, 경성에는 소학교 이외에 사범학교, 농상공학교, 의학교, 외국어학교 등을 지방에는 소학교를 설립하였다. 그러나 그 시설은 당시의 시세 민도에 적합하지 않았고, 또 이것을 적절히 운영해야 할 재력을 결여해 효과를 볼 수 있는 것은 없었지만, 이들은 실로 반도 신교육의 선구를 이루는 것이었다.

병합 이래 교육은 조선통치의 기초공작으로서 가장 존중되었고, 1910년(明治 44) 조선교육령 제정 후 교육기관은 점차 정비되고 충실해졌으며, 이에 따라 조선의 사회는 현저히 성장하고 문화는 날로 발달했다. 이후 해가 지나기를 10년여, 시세의 진보와 민중 향학심의 향상은 조선교육제도에서 일대 개혁을 해야 할 필요를 인정하기에 이르러, 총독부는 신중하게 조사연구를 거듭한 결과, 1922년(大正 11) 2월 조선교육령을 공포하고 동년 4월 1일부터 시행했다.

이 신교육령은 구교육령이 조선인의 교육에 관한 법규였던 것을 고쳐, 내선인의 교육제도를 이 법령으로 통합하고, 대학제도의 창설을 비롯해 내지와 같은 교육주의 및 제도를 채용했다. 여기에 조선에 거주하는 국민은 내선인을 구분하지 않고 원칙적으로 동일한 교육을 받게 되었고, 단지 현실에서 언어, 풍속, 관습을 달리 하는 자 등 특수한 사정이 있는 이유로, 보통교육에서는 국어를 상용히는 지와 그렇지 않은 자에 따라서 교과내용에 몇 가지 차이를 두고, 또 학교의 명칭 계통을 구별하는 방침을 채택했다. 즉 국어 상용자는 소학교, 중학교 또는 고등여학교에서 교육하고, 국어를 상용하지 않는 자는 보통학교, 고등보통학교 또는 여자고등보통학교에서 교육했다. 그러나 실업교육, 전문교육 및 대학교육에서는 완전히 내선공학주의를 채택하고 내지의 제도, 즉 실업학교령, 전문학교령 또는 대학령에 의한 교육을 시행하기로 하였다.

신교육령의 실시와 함께 대학교육 및 그 예비교육 개설에 착수하여, 경성제국대학 예과는 1924년(大正 13)부터 개교되었고, 동 대학(본과)은 1926(大正 15) 5월부터 시작되었는데, 여기서 완전히 내지와 같은 종합제국대학의 실현을 보기에 이르렀다.

그런데 동 교육령이 시행된 지 이미 16여 년, 시세의 진운은 매우 빠르고 반도의 실정 역시 옛날의 모습을 새로이 하고 있고, 덧붙여 지나사변의 발발을 계기로 하여 제국 내외의 정세는 더욱더 중대하고 복잡한 점이 극에 달해, 반도 동포로서 한층 더 황국신민으로서의 교양을 쌓는데 소홀함이 없도록 함이 절실히 요구되기에 이르렀다. 조선의 교학에서도 이에 대처해야만 하여 작년 3월 조선교육령에 일대 쇄신을 더해, 학교규정의 일대 개정을 단행하고, 내선인의 완전 동일한 법규, 동일한 방침 아래, 진실로 국가를 책임지기에 충분한 충량유위(忠良有爲)한 황국신민의 연성에 매진하게 되었다. 그것이 세상에서 말하는 소위 학제의 개혁이고, 교학의 쇄신이다.

3. 교학쇄신의 근본정신

계림팔도, 일시동인의 혜택을 누린 지 29년, 황화(皇化)가 널리 퍼져 반도에서 빛을 받은 2,300만의 반도 동포는 날로 황국신민으로서의 자각을 새롭게 하면서, 산업, 경제, 문화의 모든 방면에서 새로운 창조 발전을 향해 약진의 길을 더듬어 가고 있다. 특히 미나미 현 총독에 이르러 신흥조선건설의 기초는 뿌리가 단단히 박혀 공고해지고, 민중은 총독 정치의 정신을 잘 이해하여 각자 평온하며, 산업은 각 방면으로 보통이 아닌 발전을 이루어, 반도의 앞날은 더욱 양양(洋洋)한 것이 되기에 이르렀다. 그리고 작년 3월 조선교육령의 획기적 개정은 단지 조선교학 상에서 뿐만 아니라 반도인 지원병제도의 실시와 맞물려 반도통치 상에서 하나의 새로운 시기를 구분하는 것이었고, 이에 따라 조선교육제도 방법에서 일대 쇄신이 더해져, 일시동인의 성지를 봉체하고, 광휘(光輝)의 국체 아래 내선일체 혼연융합하여 서로 신애협력으로 더욱더 국민적 단결을 강고히 하게 함과 동시에 서로 이끌어 황국무궁의 생성발전에 기여하게 된 것이다. 교학쇄신의 근본정신은 개정교육령의 시행과 동시에 발표되었던 미나미 총독의 유고 가운데서 분명하다.

애초에 조선통치의 목표는 이 지역 동포로 하여 각자 황국신민으로서의 본바탕을 철저하게 하고, 내선일체를 구현해 치평의 경사로움에 힘을 입고, 동아시아의 일에 복무하게 함에 있었다. 즉 역대 당국이 고심하고 서로 계승하여 일시동인의 성지를 봉체해 시정의 창달, 민복의 증진을 꾀하고, 특히 교육에서 우리 국민의 법 규범인 교육에 관한 칙어를 따르고, 일본정신의 배양에 힘씀으로써 오늘날 많은 실적을 보기에 이르렀다.

그렇다 하더라도 신동아 건설에 있어 우리 제국의 중책은 국민 자질의 순화 향상을 필수

시무로 삼아 멈추지 않고, 이에 국세에 따라 세운에 응하는 길은 국체명칭, 내선일체, 인고단련의 3대 교육방침을 철저히 하여, 대국민으로서의 지조신념의 연성을 기간으로 하지 않으면 안 된다. 교육시설의 강화를 부단히 기도함과 함께, 이에 새롭게 조선교육령의 개정에 의해, 보통교육에서 국어를 상용하는 자와 그렇지 않은 자와의 구별을 철폐하고, 내선인이 균등하게 동일 법규 아래 교육하는 길을 여는 까닭이다.

우리의 반도에서 교학쇄신의 주안점은 실로 여기에 그 토대를 둔 것으로, 작년 4월 개정 교육령 실시와 함께 종래 보통교육에서의 내선인에 관한 차별은 철폐되어, 과거 20여 년이라는 오랜 기간에 걸쳐 사용되었던 보통학교, 고등보통학교 및 여자고등보통학교라는 명칭은 영구히 그 모습을 감추었고, 제도에서도 정신적으로도 전면적으로 내선일체의 구현을 보았던 것이다.

4. 조선교육 3대 강령의 본의

무릇 교학에서 가장 중요한 것은 목적의 확립이다. 그리고 목적을 구체적으로 규정하는 조건은 장소와 시간과의 관계인데, 그중 가장 중요한 것은 국가와 그 형편이다. 즉 일본 국가의 형편에 맞는 일본 국민의 교육목적이야말로, 모든 교육자가 그 모든 운영활동의 길잡이별로서, 잠시도 결코 놓칠 수 없는 바의 것이다. 조선교육의 3대 강령은 이러한 일본국가의 형편과 반도의 현실 정세에 맞게 수립된 조선교육의 근본 신조이고, 이에 더해 조선에서 황국신민교육의 본의를 철저하게 하는 것이다. 그리고 그것은 우리나라 교육의 대본인 교육에 관한 칙어의 취지에 스며들어 간 실천에 다름 아닌 것으로, 어디까지나 성지를 봉체하고 성칙에 삼가 따름으로써, 충량한 황국신민의 확실한 자각과 신념을 배양해, 반도 동포로 하여금 진실로 황국신민으로서의 본질을 철저히 하도록 하며, 내선일체의 결실을 드러내게 하여, 이로써 세국(世局)의 진운에 응하여 천양무궁(天壤無窮)의 황운을 떠받침을 본의로 하는 것이다. 그리하여 이것은 종래 반도 교육, 아니 우리나라 교육의 전체에 스며들어 가, 각종 결함의 원인이 되는 자유주의적, 개인주의적 교육 사조를 던져 버리고 여기서 일대 전환을 이루고, 3대 교육강령의 구현을 철저히 함으로써, 오로지 교육칙어의 성지를 받드는 충량유위한 황국신민의 연성에 매진하는 것으로, 이러한 의미에서도 지금 반도교학의 쇄신은 극히 중대한 의의를 갖고 있다.

조선교육 3대 강령의 첫째는 **국체명징**이다. 즉 우리나라 교육은 만세일계의 황통을 절대 부동의 중심으로 하는 국체관념을 전체 국민에 대해 강하고 빠짐없이 배양하지 않으면 안 된다. 우리 천황은 국가를 건국한 신의 후예로서 현인신(現人神)으로 존재하시고, 황조(皇祖)의 신칙(神勅)을 받들어 신성불가침의 통치권을 총람하시며, 신민 종본가(宗本家)의 가장으로서, 황송하옵게도 우리 동포를 자식처럼 사랑하고 보듬어 주셨다. 황제의 위세가 떨쳐 일어난바, 국운의 융성함이 있고, 황실이 더욱 번창해 번영한바, 국민의 경복(慶福)이 있고, 순충지성으로 황운을 받드는바로, 우리들 선조가 남긴 빛나는 효도가 있다. 군신일체(君臣一體), 충효일본(忠孝一本)의 우리 국체야말로 실로 만방에 비교할 바 없는 만고 불변의 대 이상이고, 이것을 더욱더 명징하게 하고, 점점 공고하게 하는 것이야말로 황국신민교육의 근본 목적이어야 한다.

메이지 천황의 시강이었던 모토다 나가자네(元田永孚) 선생은 그 어진강록(御進講錄)에서, "무릇 교육은 본국인을 양성하는 것을 주로 한다. 일본국에서는 일본인의 혼을 양성하는 것을 주안으로 하지 않으면 교육은 없는 것과 다름없다"라고 말하고, 또 "태평할 때는 덕을 숭상하고 행함을 바르게 하며 풍속을 교화할 뿐 아니라, 국가 위급한 경우에는 의리에 의지해 지조에 죽는다는 굳은 신념을 이룬다. 일본국을 들어 장래 구미의 장식품이 되도록 한다. 이것 모두 교육의 본말을 잘못한 것에 기인한 것이다. 빨리 그 본(本)을 되돌려, 조종의 대계가 되는 가르침을 천명하고, 대대로 명령을 이어받아 국체풍속에 따라, 일본인의 혼을 양성하는 교육을 실시해야만 한다"고 강론했던 것은 실로 의미가 깊다.

황국신민교육의 이상은 국민 모두로 하여금 국가 전체의 번영에 봉사하도록 하고, 국민 모두가 자기를 잊고 충성을 다하며, 사사로움을 없애고 공공에 봉사하도록 도야시키는 데 있다. 우리나라 누대의 국민은 황실에 충성을 다하는 것을 제1의 근본 임무로 하고, 대대로 이것을 실천해 아주 오랜 세월동안 미풍을 이루어 왔다. 미나모토노 사네토모(源實朝)가 "산은 갈라지고 바다는 격해지는 세상이라도 임금에게 두 마음을 품지는 안으리니"라고 읊고, 또 오토모노 야카모치(大伴家持)가 "바다를 가면 물에 흠뻑 젖은 시체가 되고, 산으로 가면 풀을 자라게 하는 시체가 되어, 대군의 발밑에서 죽으리라. 뒤를 돌아보는 일은 하지 않으리니"라고 했던 것은 전부 우리 황국신민의 가슴속에 잠재된 근황정신의 표현이다.

우리 황실은 항상 우리 국민생활의 중심에 서 있다. 황실과 신민은 본래 별개의 존재가 아니라 근본적으로 일체이다. 영광도, 쇠함도 모두 동일한 운명에 놓여 있다. 여러 외국에서는 권력 있는 자가 통치자가 되어 권력 없는 자를 지배하고, 피지배자도 한 번 권력을 얻으면 지배자를 내치고 이를 대신하는 모양이다. 따라서 타국의 역사는 대부분 군과 민의 대립의 역사이다. 그런데 우리나라 황실과 신민 사이에는 전혀 대립 관계가 아니고, 오히려 황송하게도 황실은 백성의 우환에 앞서서 걱정하시고, 백성의 기쁨에 나중에 기뻐하는 것이 보통이다. 이런 까닭에 사회의 혁신은 언제라도 황실을 중심으로 이루어지고, 국가 비상시에는 항상 황실의 지도에 따라 극복될 수 있었다. 황실을 떠나서는, 국가의 약진도, 국민생활의 안정도 있을 수 없다. 황실의 기쁨은 우리 신민의 기쁨이요, 우리 신민의 슬픔은 황실의 슬픔이다.

이렇게 우리나라는 위로는 만세일계의 천황이 도덕으로써 영원하게 백성을 자비로 베풀어 주시며, 아래로는 충량한 신민이 대대로 황실에 충실한 근무를 다하여 상하일치, 군민일체가 되어 국운의 번창을 도모하고, 영원히 군신의 도리를 분명히 함과 동시에, 그 사이에 친자와 같은 친분이 있고 전 국민 모두가 일가일족(一家一族)과 같은 정취를 이루고 있는 것이다. 그리하여 황실에서는 항상 황조의 신칙에 기초해, 도덕에 따라 나라를 다스리고, 백성을 이끌어 신민은 부모를 모시는 것과 같이 지극한 성성으로 황실에 봉사하는 것이다. 군신의 역할은 엄격히 정해져 있는데, 그래도 그 사이에 조금의 무리도 없고, 압박당하는 느낌도 없다. 도리어 적자(赤子)가 자모(慈母)를 대하는 것처럼 경모(敬慕)의 정을 느끼는 것이다. 황실이 수많은 백성을 대하는 것도 가장이 가족을 대하는 것처럼, 일시동인, 조금의 거리도 두지 않으며, 임금과 백성이란 의는 군신에 있고 정은 역시 부자인 것처럼 함으로써 일군만민의 체제를 이루고 있는 것이 우리 국체이다.

금상 천황 폐하 즉위 의식의 칙어에서도 다음과 같이 말씀하셨다.

황조황종(皇祖皇宗) 나라를 세워 민에 임하고 나라로써 가족을 이루고 민을 살펴 자식처럼 역대 임금이 서로 계승해 인자함 아래 널리 만민 서로 이끌어 경충(敬忠)의 풍속을 받들어 상하가 진심으로 군민의 몸을 하나로 한다. 이것이 우리 국체의 정화(精華)로서 마땅히 천하와 나란히 해야 할 바이다.

일군만민의 국체는 과거 수천 년의 오랜 국사에서 사실로 실현되었고, 현대 국민생활의 기본정신으로 활동하고 있을 뿐만 아니라, 장래에도 또 무궁하게 이렇게 해야 한다는 확고한 국민적 신념이 되고 있는 바, 우리 국체가 세계무비(世界無比)인 이유가 있는 것이다. 이러한 의미에서 우리 국체는 과거에 살고 현재에 살 뿐만 아니라 장래에도 또 영구히 살아 있을 불멸의 생명이다. 천조건국(天祖肇國)의 이상이었던 동시에, 미래 영원의 국가적 이상이다. 정치도, 경제도, 교육도, 군사도, 이 국가적 이상에 따라 통제되고, 국가적 이상으로 섬겨야만 하는 것이다. 황국신민교육은 단지 "이러하다"고 하는 현재의 기구를 말하는 것일 뿐 아니라, "이러하지 않으면 안 된다"고 하는 이상을 요구한다. 그런데 '어떻게 존재해야 하는가'라는 구체적 방향은 이런 국가적 이상에 따라 규정되어야 한다. 한마디로 말하면, 올바른 국체관념은 황국신민교육의 지도정신이고, 동시에 궁극적 이상이어야만 한다. 실로 천박한 반국체사상의 횡행은 교학쇄신을 요구하게 만드는 직접 이유의 하나인데, 이런 의미에서 올바른 일본 정신의 체득은 황국신민교육의 구체적 목표이다. 우리나라의 교육은 그 목적도, 그 내용도, 그 방법도, 국체정신의 체득이라는 견지에서 규정되지 않으면 안 된다. 반복해서 말하면, 우리 황국신민교육은 국체정신의 체득을 최고 이상으로 하며, 일본 정신을 자제들의 생활원리로 하여, 국가 전체를 위해 헌신적으로 봉사하게 만드는 것을 지도정신으로 한다.

다음으로 조선교육 3대 강령의 두 번째는 **내선일체**이다. 내선일체에서 가장 중요한 것은 신애협력이다. 내선이 서로 경애하며, 서로 신뢰해, 비로소 원만한 내선일체의 세계가 완성되는 것이다. 함께 기뻐하고 함께 슬퍼하며, 서로 일체라고 느끼는 사랑에 의해 내선일체는 비로소 가능하다. 사랑이야말로 내선일체의 제1의 근저이다. 태양과 같은 따뜻한 마음으로, 어머니가 아들을 대하는 듯한 아름다운 마음으로, 내선이 서로 이해하고, 서로 관대한 마음으로 만나고, 같은 일본 국가의 완성을 위해 노력하는 같은 일본 동포로서 일체인 것에 생각을 다하고, 관용과 신애를 잃어서는 안 된다. 이러한 의미에서 관용, 신애의 정을 키우는 것은 황국신민교육의 일대 주안점이다. 그와 함께 내선 모두 협력하며 일에 임하는 생활태도가 중요하다. 남을 배척하고 승패를 정하도록 하는 태도는 잘못된 경쟁의 태도이다. 남과 협력하여 성쇠를 함께 하려는 태도가 참된 협력이다. 이것이 내선인 공히 가져야 할 올바른 태도이다. 작은 이익과 사소한 감정 때문에 서로 충돌한다거나 반항한다거나 하는 일 없이, 작은 차이를 버리고 함께 뭉쳐 힘을 합쳐 일한다면, 서로 함께 국가사회의 발달에 힘쓸 때 세상은 번영하고, 국가는 성장하는 것이다. 함께 살고 함께 죽고, 나아가는 것도 물러나는 것도 함께 같은 운명을 나눈다고 하는 거짓 없는 마음이 참된 국민적 단결의 정신이다. 이기주의와 개인주의는 내선일체에서 무엇보다도 금물(禁物)이다. 국체의 본의를 분별하여, 우리 국민생활의 본질을 올바르게 이해하고, 개인의 행복보다 전체의 행복을 궁극의 진리로 하고, 소아(小我)를 버리고 대아(大我)에 살고, 내선인 모두 자신을 국가사회에 몰입하여, 오로지 전체를 위해 헌신 봉사하고, 국가의 발달, 사회의 진보 가운데서 자기의 참된 기쁨을 발견해야 한다.

이처럼 내선일체의 주된 징표는 황국신민서사에도 분명하듯이 신애협력에 있는 것인데, 그 가장 깊은 근거는 헌신의 정신에 있다. 국가에 대한 헌신의 정신에 있고, 상호 희생의 정신에 있다. 내선일체는 이해에 따라 맺어지는 단결이 아니다. 이해관계에 기초한 결합은 또 이해관계에 따라 흩어진다. 내선관계는 깊은 역사에 뿌리를 내린 참된 일체이다. 일본과 조선이 수천 년간 떨어질 수 없는 밀접한 관계를 가졌던 것은 쌍방의 역사를 한 번 읽어 보면 분명한 바이다. 그래서 양자 사이에는 일찍부터 평화적 교통이 행해졌을 뿐만 아니라 옛날에는 일본과 반도 여러 나라와는 종속(宗屬)의 관계를 가졌고, 또 혈족적 혼화(混和)를 일으켰으며, 동시에 한편의 치란(治亂)은 직접 다른 편에 영향을 미쳤던 것이다. 즉 내선은 유구한 과거부터 역사적 공동체였고, 양자 분리해 살아가야 할 존재가 아니었다. 내선일체는 이미 엄연한 운명적 사실이고, 일체의 사려를 초극한 역사적 소여이다. 번영도 쇠락도 모두 동일한 운명에 놓인 것이다. 내선인은 그 사소한 입장이나 편견을 버리고, '아(我)'를 '타(他)'에 몰입하고, '타'를 '아'로 받아들여, '아'와 '타'의 경계를 없애 진실로 융합 합체하지 않으면 안 된다.

그것을 위해서는 내선인 모두 황국신민으로서 순진한 국가적 정신으로써, 국가의 목적에 협력해야만 한다. 그리고 개인적 이익을 희생해서라도 국가의 장래 발전을 위해 진력해야 한다. 개인주의의 입장에서 보면, 희생은 어디까지나 희생이고, 타인의 이익을 위해 자기의 이익을 방기하는 이외에 아무것도 의미하지 않는 것이다. 그렇지만 황국신민으로서의 입장에 서면, 희생은 결코 자기의 방기가 아니라 오히려 참된 인격의 향상이다. 소위 죽음으로써 사는 것이다. 죽는 것은 작은 '아'이고, 주관적인 '아'이다. 이 '소아(小我)'가 죽어 '대아(大我)'

가 사는 것이다. 사사로운 '아'가 죽어 공적인 '아'가 사는 것이다. 내선일체라는 것도 근본은 희생의 정신에 철저하지 않는 한 아직 충분하지 않다. 순수한 희생의 정신으로 유지되어서야 비로소 내선일체는 진실한 것이 된다. 그러므로 희생의 정신은 내선일체의 기조라고 해야 하고, 국가에 대한 헌신, 순국의 정신 함양이야말로 황국신민교육의 궁극 목표이다.

다음으로 3대 강령의 세 번째는 **인고단련**이다. 인고단련이란 함부로 하지 않는 진실한 태도로, 스스로의 혼을 쏟아 넣어, 곤란과 고행(苦行)을 쌓아, 새로운 천지 개척에 힘쓰는 것이다. 이마에 방울진 땀으로 스스로의 운명을 개척하려는 진짜 열심히 하는 태도이다. 적 앞에 선 장병과 같은 진지한 태도로 매일의 과업을 수행하는 것이다. 불타는 애국심을 마음에 품고, 항상 죽음으로 군국(君國)에 봉사하는 각오로써, 자기의 정력(精力)과 열혈(熱血)을 기울여, 어떠한 고난에도 견인지구(堅忍持久), 언제까지나 소기의 목적을 관철하지 않으면 멈추지 않는 실천적 태도를 인고단련이라는 말로써 나타낸 것이다.

황국신민교육 최고의 임무는 헌신보국의 정신에 불타, 이 실현에 대한 능력 있는 참된 충량유위한 국민의 육성에 있다. 어떠한 시련에도 감내하는 정말로 유위유능(有爲有能)한 실행력 있는 황국신민을 연성하는 데 있다.

우리들의 눈앞에는 국민이 정말로 해야만 하는 중대하고 구체적인 사명이 가로놓여 있다. 그것은 말할 것도 없이 동아 신질서의 장기적 건설이라는 미증유의 대사업이다. 우리들은 이 동아신질서 건설이라는 찬란하고 고귀한, 그리고 동시에 커다란 곤란을 수반한 임무를 가진 국민으로서 하루도 안락을 허용할 수 없다. 국민은 금후 수년 혹은 십수 년 동안 비상시국 아래 괴롭고 부족한 결핍의 생활을 견뎌야만 했다. 그리고 그것은 아무리 곤란한 것이라 해도 어디까지나 수행해야 하는 국가의 운명이고, 사명이다. 우리 황국신민교육은 이러한 국가의 대업에 기꺼이 헌신 봉사하는 유능한 국민의 연성을 최고의 사명으로 한다.

황국신민교육은 황국 일본의 중대한 역사적 사명을 실현할 수 있는 능력 있고 쓸모 있는 황국신민을 육성하는 것이 목적이고, 이 사명을 완수하기에 충분한 능력 있고 쓸모 있는 황국신민이란 충의의 정신에 철저함과 동시에 강한 실천력, 즉 실행력을 갖춘 자여야 한다. 아무리 충의의 정신에 불타고 있어도, 그것을 실행하는 힘이 부족한 바가 있다면, 그것은 무력한 신을 만든 것에 불과하다. 그것으로는 열국(列國) 투쟁이라는 오늘날 세계적 무대에 서서, 도저히 황국 일본의 사명을 완수할 수는 없다.

지금 및 장래 우리 일본의 현실은 힘있는 사람, 실행력이 강성한 사람을 절실히 요구하고 있다. 지략에 뛰어난 사람은 소수라도 충분하다. 이제까지의 교육은 실행력의 단련을 소홀히 하여, 성격이 강건하지 않은 의지가 박약하고 행동이 약한 무리를 다수 키워 왔다. 금후의 교육은 인고단련으로 의지력과 지구력을 공고히 연성하고, 선량하고 강력한 실행력을 가지고, 신흥 일본의 중견국민으로서 충분한 힘을 갖추고, 우리나라의 사명을 강력히 실현시킬 수 있는 인물을 만들어 내지 않으면 안 된다. 인고단련이란 강철 같은 실행력을 가진 일본인 연성의 방법이고, 이것이 황국신민교육의 진수이다.

5. 황국신민교육 철저 방책

우리나라 교학이 궁극적 목적으로 하는 바는, 우리 존엄한 국체의 본의에 기초해, 교육에 관한 칙어의 취지를 받들어 충량유위한 황국신민을 육성하고, 이로써 황국의 융창을 꾀하는 데 있다. 반도 황국신민교육의 본의도 역시 이 바탕에 기초하여 일시동인의 성지를 받들어 지역 동포로 하여금 참된 황국신민으로서의 본질을 철저히 하고, 내선일체의 결실을 명백히 드러내는 데 있는 것은 앞서 기술한 바와 같다. 그리고 시세의 진운과 반도의 실정은 더욱더 이를 근간으로 강렬히 배양되고, 그럼으로써 심신 모두 국가의 책임을 견디어, 진충보국(盡忠報國) 황운부익(皇運扶翼)의 길로 매진할 수 있는 견실한 자질의 연성을 꾀함을 긴요한 것으로 한다. 이 황국신민교육의 본의를 철저히 하기 위해서는 교육령 개정의 근본정신을 깊이 성찰하고 통찰함과 동시에, 특히 조선교육의 3대 강령인 국체명징, 내선일체, 인고단련의 진의(眞義)를 탐구하고, 이를 여실히 구현하는 것이 필요하다. 그리고 이 구현 방책에 관해서는, 학교에서 교과내용의 쇄신 개선, 사도(師道)의 확립 및 진작, 교육기관의 정비 확충 등 일반 학무행정 분야에서 자세히 살펴 연구해야 할 것이 아주 많음은 물론인데, 학교시설경영의 실제에 관해 연구 실천되어야 할 것 역시 매우 많다.

작년 11월 본부는 조선초등교육연구대회에 대해 「조선교육 3대강령을 소학교 교육의 실제에서 철저히 해야 할 구체적 방안 여하」에 관한 자문을 내린 바 있었는데, 동 대회는 다음과 같은 답신을 제출했다. 이는 조선에서 초등교육 실제 전문가의 손으로 작성된 황국신민교육 철저방책으로서 아주 주목해야 하고, 단지 소학교 교육에만 한정되지 않고 학교 교육전 분야에 걸쳐 참고로 해야 할 것이 많은 까닭에, 여기에 번거로움을 무릅쓰고 채록으로써 기술에 대신하기로 한다.

답신 주문

이번 개정할 조선교육령은 실로 시대의 진운에 적합하고 내선공영의 일원적 통제를 감행하여 오로지 충량한 황국신민을 육성하는 지표를 천명하는 것으로써 일시동인의 성지를 발양하는데 획기적 개혁이라고 해야 할 교육쇄신의 바탕 모두 여기에 발한다.

지금 시국은 진전하여 제2의 단계로 들어가 국민정신의 작흥이 바야흐로 긴급을 요하는 것으로 부디 조선교육의 3대 강령에 따라 황국신민으로서의 자각을 강고히 하고, 내선일체의 결실을 거둠으로써 인고단련·견인지구의 지조를 확립해 황도 선양을 위해 힘써야 한다.

즉 현재 정세에 비추어, 특히 반도 소학교에서 황국신민교육의 확충, 심화, 철저를 위해 3대 강령을 구현하고 체행(體行)하기 위한 실천 방도를 그 시설경영 제반의 기구상에 힘써 연구해 이를 자문으로 답신한다.

실천 요항

제1 국체명칭에 관한 사항

(1) 건국의 이상을 천명하고 황국의 체제가 만방과 비교될 수 없는 까닭을 체인시켜 황국신민이라는 자각을 철저히 할 것
(2) 황실의 존엄한 까닭을 체득하고 지성존숭(至誠尊崇)의 정신 태도를 확립하도록 할 것
(3) 경신숭조(敬神崇朝)의 관념을 배양하고 보본반시(報本反始)의 지념(至念)을 키워 경건한 정신을 함양할 것
(4) 국민도덕의 철저를 도모하고, 학교로 하여금 국체에 기초한 수련의 도장이 되도록 할 것
(5) 제국의 국제적 지위를 분명히 하고 국책에 대한 이해를 심화하여 황국의 사명을 명확히 드러내는 데 힘쓸 것
(6) 청명 지순한 정조를 도야하고 국민으로서의 예의범절을 연마하여 품위 있는 아동을 육성하는 데 힘쓸 것
(7) 정확한 시국 인식을 철저히 하고 황국신민으로서의 직분을 체득하고 발양케 할 것

(8) 국방사상을 함양하고 황군(皇軍)의 노고를 감사하고 총후봉사(銃後奉仕)의 참된 정성을 살리도록 할 것

제2 내선일체에 관한 사항

(1) 병합의 유래를 깊게 성찰해 일시동인의 성지를 철저히 하여 제국의 통치 방침을 천명하고 내선 일신일가(一身一家)라는 신념을 확립하도록 할 것

(2) 조선의 지역적 중요성을 인식하도록 하고 내선 아동의 자각을 높일 것

(3) 국체훈련을 행하고 국가봉사, 몰아헌신(沒我獻身)의 정신을 함양해 거국일체의 생활을 실천하도록 할 것

(4) 순정(純正)한 국어를 보급해 그 사용에 힘쓰게 하고 국어 존중 애용 사상을 높일 것

(5) 각종 국민적 행사 및 국민적 예의범절에 익숙하게 하여 황국신민적 태도의 훈련에 힘쓸 것

제3 인고단련에 관한 사항

(1) 각종 행사훈련을 중시하고 한 가지 일을 끝까지 해내는 견인지구, 자강불식(自彊不息)의 정신을 작흥하도록 할 것

(2) 적절한 학습법을 지도해 스스로 학습하는 태도를 양성하고, 개성을 존중해 생활에 적합한 교육을 실시하여, 학습효과를 높이는 데 힘써 유용한 시능을 배양하는 데 힘쓸 것

(3) 단련적 체육을 진흥하고 강건한 신체를 육성하며 왕성한 실천력을 양성해 강건 활달, 명민감행의 기풍을 진작하도록 함과 동시에 위생관념을 배양하고, 건강의 보호 증진에 힘쓰도록 할 것

(4) 충실 근면하게 각각 그 직무에 따라 근무호애, 흥업치산, 생업보국의 정신을 체득하고 발휘하도록 할 것

(5) 생활의 쇄신 합리화를 도모하고 실질강건, 근검절약, 물자애호의 관념을 조장하여 난국의 시기를 극복하는 데 매진하도록 할 것

6. 교과내용의 쇄신

황국신민교육의 구현 철저방책으로, 학교에서 시설경영의 실제적 방면에 관한 것은 전술

한 대로인데, 그것은 교과내용의 쇄신 개선과 맞물려 비로소 효과를 거둘 수 있다. 본부는 이를 고려해 개정 조선교육령의 시행에서는, 소학교규정, 중학교규정, 고등여학교규정 등 각종학교규정에 전면적인 개정을 더해, 목하 반도 교학의 요구에 응하는 교과내용의 일대 쇄신을 행했다. 즉 우리나라의 역사·국체와 하등의 관계없는, 추상적·개인적 구미의 사상을 기준으로 생각하는 것과 같은 폐단을 일소하고, 일본 교학의 정신과 진수를 여실히 그리고 유력하게 각과 교수의 구석구석까지 철저히 스며들게 하여, 교학쇄신의 목적 달성에 유감이 없기를 기하는 것이다.

이하 대표적으로 소학교 각 교과목에 입각해, 교학쇄신의 근본정신에 기초해 약간의 소견을 피력해 보고자 한다.

우선 첫째로 도덕 교육, 특히 수신 교수에 관해서이다. 수신과는 우리나라 교육상 특설되었던 것으로 여러 외국에는 거의 그 유례를 찾아볼 수 없는 바이고, 실로 우리나라 교학의 특질에 바탕을 둔 것이다. 그리고 수신과는 각 교과 순위에서 가장 먼저 두어져, 국민교육상 가장 중요한 지위를 점하고 있었고, 그 교수에서는 전력을 다해 교육에 관한 칙어의 취지에 따라 덕성을 함양하고 도덕의 실천을 지도해야 하는 것이다. 생도, 아동으로 하여금 성지를 받들도록 하는 것으로 더욱더 분발해 노력하지 않으면 안 되는 것이다. 심오한 우리 국민의 중대 사명에 비추어, 특히 국민정신의 작흥에 관여해 힘있는 것을 강조해야 한다. 예를 들어 국체관념을 더욱더 명징하도록 하는 것, 내선일체의 협동생활을 유감없이 완성하도록 하는 것, 우리나라 고유의 우수한 국민문화를 더욱 떨쳐 일으키도록 하는 것, 강건하고 진취적인 기상을 키워서 경조부박한 기운을 바로 잡는 것, 근검 과감을 숭상하고 게으름과 결단력 없음을 경계하는 것 등은 모두 긴급을 요하는 것이고, 그 가운데 진충보국, 견인지구, 인고단련, 근면역행, 자강불식의 정신, 기백을 더욱 진흥하도록 하는데 이르러서는 가장 중요한 착안점이다.

둘째로 국어교수에 관해 생각하면, 말할 것도 없이 국어는 우리 일본민족 안에서 발생하고, 국사와 함께 발달한 우리나라 고유의 언어이고, 우리 일본 특유의 문화를 보급하고, 그 근저가 되는 국민정신, 국민성정의 이해 파악과 표현 발양을 위해 극히 중요한 것이다. 국어야말로 국민적 관념 및 정의를 품고 있어 국민정신을 부단히 도야하는 유력한 형식이며, 올바른 국어교육이야말로 반도 동포의 황국신민화를 확충 강화하는 데 가장 중요한 의의를 가진다.

셋째로 국사는 우리 국민생활의 기록이고, 국민정신의 발로이며, 국사를 통해 우리 국가가 현재 발전한 바의 자취를 이해하도록 하고, 그럼으로써 국민정신을 키우고 대의명분을 분명히 하는 것이 본분이고, 사명이다. 원래 국민은 국사를 알면 알수록, 국가에 대한 친밀감이 증가하고, 애착의 마음이 높아지며, 이에 더해 국민단결이 더욱 공고히 되는 것이다. 그런 까닭에 국사과에서는 무엇보다 우선 만방에 비할 바 없는 우리 국체를 명징하게 하고, 역대 천황의 성업, 충량현철의 지성 봉공, 국민의 충용의열을 분명히 밝힘과 동시에, 우리 일본문화의 유래를 충분히 이해시키고, 더 나아가 세계에서 우리 국가의 지위와 사명을 유감없이 느끼게 하며, 이렇게 하여 황국 일본의 발전흥륭이 극에 달함을 여실히 알게 함으로써, 한편으로는 선조의 위업에 감사 감격하게 하고, 다른 한편으로는 자기의 책임을 자각 통감해, 협심육력(協心戮力), 넓게는 우리나라의 발전에 기여 공헌하도록 근원을 충분히 배양하게 노력해야 한다.

넷째로 지리과에 관해서인데, 무엇보다 우리들은 일본 국민으로서 지리를 배우는 것이므로, 그 가르침은 우리나라의 현상 및 추세를 이해하게 하여 견실한 일본관을 확립하도록 하는 것에 가장 주안점을 두어야 한다. 그래야 비로소 진짜 일본을 지리적으로 명확히 알게 하고, 조국에 대한 진정함을 도야할 수 있다. 하물며 비상시국에 나날이 더 진전하고, 약진하는 일본의 동아시아에서의 지위, 나아가 세계에서의 지위가 과거와의 비교가 아니라 또 국민 총력을 들여 장기적 건설의 대 사명을 수행하고자 하는 오늘의 시점에서 더욱 그러하다.

다음으로 이수 교과에 관해 약간 기술해 보고자 한다. 수리적 능력의 연마는 일상생활 및 제 학술의 진보 발달의 기초로서 중시되어야 하는 것은 말할 것도 없는데, 내용을 떠난 능력의 연마는 있을 수 없는 것이고, 그 내용은 우리 국민생활에 적합한 필수적인 것이며, 우리나라 독자의 사회적, 경제적 의의를 지닌 것이어야 한다. 그것을 수량으로 알게 하고, 정말로 국민으로 살아갈 수 있도록 지도해야 한다. 최근 국민 산술을 강조하는 이유도 여기에 있다고 믿는다.

다섯째로 국민생활의 진보 향상은 과학에 의해 좌우되는 것으로, 과학지식의 보급 발달은 산업의 흥융, 국방의 충실, 무역의 신장 등에 지대한 관계를 지닌 것이다. 특히 생산력의 확충, 국력의 증강은 당면한 중대 문제이므로, 이 의미에서 아동을 과학적으로 도야하고, 현재의 국정에 적합하게 국민을 과학적으로 길러내는 강력한 토대를 확고히 만들어야 한다. 이과 방면의 진보는 원래 우리나라에서는 아주 뒤처진 것으로 생각되는 것이기도 하지만, 우리 국민의 소질, 능력은 추호도 구미인보다 열등하지 않고, 교육공작(敎育工作)으로서 이과 방면의 지도에 한층 박차를 가한다면, 반드시 저들을 능가하는 좋은 성과를 맺을 것이라고 확신한다.

요컨대 기능 교과에서 공부창작(工夫創作)의 재능은 일국 산업의 성쇠가 걸린 바이며, 제작표현의 기능은 일상생활에서는 없어서 안 되는 것일 뿐 아니라, 물자 생산의 자본이고 국력증진의 기초이므로, 금후에는 특히 이들 방면의 도야와 그 지도에 힘을 다해야 한다. 또 창가 교수에 있어서는 단지 미적 정조의 도야에 만족하는 것이 아니라 도덕적, 국민적 지조의 고무 격려에 충분히 도움이 될 필요가 있다.

여섯째로 체육 교과의 확충 강화가 교육공작의 가장 중요한 기초 공사인 것은 누구나 다 통감하는 바이다. 신체의 건강은 각 개인 활동의 근원임과 함께, 체육은 국력 신장의 원천이다. 체육은 단지 일신일가를 위해 중요한 것뿐만 아니라, 국가사회를 위해서도 대단히 중요하다. 체육을 단지 일신일가를 위한 것이라고 생각하고 힘쓰는 것으로는 아직 충분하지 않다. 오히려 일본 국민의 체위(體位)를 향상하기 위한다고 생각하는 것에 참된 의미가 있다. 단지 일신일가를 위해서라고 한다면, 그것은 기껏해야 개인적인 것에 불과하다. 국민 체위의 향상을 위해서라고 생각하는 것에, 공공의 의의가 존재한다. 공(公)의 의미를 깊이 인식할 때 비로소 진지하게 이것에 힘쓸 수 있다. 말할 것도 없이 국력의 증진은 국민의 왕성한 활동력을 기다려야만 하는 것이므로, 국민 체위의 향상은 국운 발전의 원동력이다. 그리하여 국민 체위의 향상도, 필경 국민 각자 체력 증진의 총화에 다름 아니다. 이렇게 생각할 때 체육의 국가적 의의가 이해된다. 소학교의 체조는 이에 대해 특히 중요한 임무를 지고 있는 것이고, 체조과의 진흥을 위해서는 교사도 아동도 체육의 국가적 의의를 자각해 이에 힘쓰는 것이 중요하다.

마지막으로 직업과에 관해, 약간 기술해 두고 싶은 것은, 직업 가운데서도 농업은 가장 근본적인 것이고, 무릇 산업의 기초이다. 특히 우리나라에서는 개벽 이래, 농업으로써 입국의 근본을 삼아, 국민의 의식주가 그 근원을 여기서 바라는 것은 물론, 상업, 공업, 경제 등도 모두 농업을 중심으로 이루어져 왔다. 그럼에도 불구하고 단지 식량 공급의 모태임에 그치지 않고, 깊게 정신생활의 근저를 배양하는 실질 강건으로서 국토를 사랑하는 열정을 키우는 원천이었다. 그런 까닭에 우리나라에서는, 농업이야말로 국민생활의 근본이라고 해야 한다. 특히 우리 조선에서는 국민의 대부분이 여기에 종사하고 있는 관계상 농업의 기본적 지도야말로 극히 중대한 방면이다. 우리나라는 인구의 끊임없는 증가에 대비해, 농업에 의한 소재 생산만으로는 경제상 도저히 국본(國本)을 배양하는 데 충분하지 않기 때문에, 아무래도 상공업 방면에도 크게 힘을 기울일 필요가 통감 되고 있다. 특히 오늘날은 널리 동아시아, 게다가 넓게는 전 세계를 무대로 크게 상공업의 발전을 꾀하지 않으면 안 될 시기에 직면하고 있으므로, 이때 한층 더 생활교재(生活敎材) 제일주의에 입각해, 이 방면의 기술 기능의 정련 향상을 꾀하여 충분한 효과를 거둘 수 있도록 노력해야 한다.

이상은 교육 내용의 쇄신에 관해 소학교 교과목에 적합하게 서술한 바인데, 중학교, 고등여학교, 사범학교, 실업학교 등의 쇄신도 모두 그와 동일한 정신에 기초한다. 역시 전문 이상의 제 학교에 관해서도 점차 학과 내용의 쇄신이 이루어지고 있고, 먼저 2~3개의 전문학교에서 선구적으로 일본학이 창설된 것은 그 한 예이다.

7. 교원 소질의 향상

보통은 상술한 것과 같이 교과내용, 즉 교재의 성질에 의해 교육의 특색이 정해진다고 생각할 수 있지만, 교과내용은 직접적으로 교육을 본질적으로 결정하는 것은 아니고 교육을 죽게 하는 재료에 불과하다. 이 죽게 된 재료를 어떻게 이용하고 어떻게 활용하는가는 교육자에게 달려 있다. 교육의 중심 본질을 구성하는 것은 항시 교육자 자체이다. 즉 교육에서는 교사 자신의 신념, 식견, 학력이라고 하는, 한마디로 하면 '사람'의 문제가 중대한 역할을 하는 것이다. 무엇보다 교육의 실제에서 그에 관한 제도, 설비, 교과서 등의 양부(良否)가 그 효과를 올리는데 상당한 관계를 가질 것이다. 그러나 아무리 제도와 설비가 완전하더라도, 아무리 훌륭한 교과서가 선택될지라도, 제도라든가 설비라든가 교과서를 살리는 것도 죽이는 것도, 결국 그것을 운용하는 교사 그 사람의 문제로 돌아간다. 교육은 정말로 혼과 혼이 접하고 합쳐지는 사이에 그 목적이 달성될 수 있다. 위대한 혼을 지닌 자만이 항상 위대한 교육자이다.

1931년(昭和 6) 10월 30일 천황폐하께서 도쿄사범대학교 60주년 기념식에 행차하셨을 때문부대신을 불러서, 교육의 임무에 있는 자에 대하여 다음과 같은 칙어를 내리셨다.

건전한 국민의 양성은 오직 사표(師表)가 될 자의 덕화(德化)에 기대하는 일로 교육에 종사하는 자 분려(奮勵) 노력하자.

이것만 보아도, 얼마나 교사라는 '사람' 그 자체가 교육의 효과를 올리는 데 중시되어야만 하는가가 분명하다.

교육이라는 임무를 담당한 자는 성지에서 특히 제시하셨던 바를 체득하고, 그 직능을 아주 완전히 함으로써 성은의 만 가지 일에 대해 받들지 않으면 안 된다. 그리고 그것을 위해서 교사된 자는 우선 스스로 건국의 큰 정신에 투철해야만 한다. 교사 스스로 먼저 국체의 본의에 철저하지 않고 어떻게 타인을 변화시키는 것이 가능하겠는가. 교사로서 국체에 대한 인식이 충분하다면 아무리 제도에 불비함이 있고, 설비가 불충분하더라도, 또 교과서가 불완전하더라도 교육의 효과는 충분히 기대할 수 있다. 그러므로 교사 자신의 물러섬이 없는 신념이야말로 가장 기대되는 바의 것이다. 그리고 또 기대되는 것은 교사의 부단한 진보 향상이다. 나날이 나아가고 있는 생도, 아동을 지도하기 위해서는 교사 역시 나날이 진전을 계속해야만 한다. 날로 넓게, 날로 깊게 나아가는 피교육자의 정신을 지도하는 데는 교사 역시 시대와 함께, 혹은 시대에 앞서서 생생하게 발전하지 않으면 안 된다.

이로써 총독부는 본년 4월, 반도 교육자에 대해 국체의 본의에 기반한 황국신민교육의 진수를 이해하도록 하기 위해 교학연수소(敎學硏修所)를 설치하고, 그 전체 시설을 통틀어 사표가 되어야 할 인물 연성의 도장(道場)이 되도록 하였다. 이로써 사도의 진흥을 도모하여 교육령 개정의 본의 구현에 철저함을 기했다. 본 연수소에서 연수할 교과목은 국민과(國民科), 사도과(師道科) 및 수련과(修鍊科) 세 가지로, 각각 다음과 같은 내용을 규정하고 있다.

국민과는 교육에 관한 칙어의 취지에 기초해 국체의 본의를 천명하고, 황국의 도에 철저하도록 하는 것과 함께 동아 및 세계에서 황국의 사명을 체득하도록 하여 국민적 신념을 공고히 함을 요지로 함. 또 국체, 일본 정신, 국민도덕, 국사, 국제정세, 국방 등 특히 국체 관념을 명징하도록 하는데 필요한 사항에 관해 연수하도록 해야 함.

사도과는 황국신민 교육자로서의 교양을 깊게 하고 시대의 선각자로서 수양을 쌓아 교육으로써 황모(皇謨)를 익찬(翊贊)하는 신념을 키우는 것을 요지로 함. 교육정신, 교육 및 교수법, 교육사조, 일본교육사 등 사도의 진흥에 필요한 사항에 관해 연수하도록 함.

수련과는 실천을 통해 황국신민 교육자다운 심신의 연성에 힘쓰는 것을 요지로 함. 무도, 체조, 교련, 행사, 작업 등 일본 정신 및 교육정신의 앙양에 필요한 사항의 실천에 힘써야 함.

연수소는 도지사 또는 관립학교장이 추천한 교사 및 교육관계자 가운데 선발 입소하도록 한 것인데, 현재까지 주로 소학교장을 목표로 하고 있다. 연수소 수료자, 즉 연수 인원 모두가 각기 맡은 바 임무에서 교학쇄신의 사도로서의 사명 달성에 상당히 열성을 다하고 있는 것에, 우리들이 깊이 기뻐하는 바이다.

8. 초등교육 의무제의 문제

근대교육의 제도가 조선에 처음 이입된 것은 1895년(明治 28)의 일이다. 당시 한국 정부는 전적으로 일본의 소학령을 모방하여, 이미 이때 의무교육제도를 취하고 있었다. 그러나 그것은 너무나 민도와 동떨어져 있었으므로 얼마 가지 않아 유명무실하게 끝났다.

병합 다음 해, 즉 1911년(明治 44) 새롭게 교육령을 제정하고, 오로지 힘을 보통교육의 완비에 썼는데, 그 교육방침으로는 어디까지나 터무니없는 형식을 배제하고, 오로지 시세 민도에 적합하도록 유용한 실학을 취지로 하여, 지극히 견실한 점진주의를 취했다.

1919년(大正 8)의 제도 개정으로 조선 시정의 전면에 걸쳐 개혁이 이루어졌는데, 초등교육 방면에서는 종래의 6면 1교 표준을 바꾸어 3면 1교 계획의 수립을 보았고, 종래 수업연한 4년을 원칙적으로 6년으로 개정하고, 내지인 교육과의 균형 연결을 갖도록 하였다. 이어서 1922년(大正 11)의 교육령 개정에 따라 입학연령을 만 6세로 낮추어, 완전히 내선 공통의 주의정신에 기초하여, 계통적으로 내지와 같은 제도가 실시되기에 이르렀다. 그 후 수년간은 향학열 발흥의 시대로서, 속속 새로운 보통학교가 설립되어, 재학 아동 수도 매년 5만 명의 평균 증가를 나타내는 활황(活況)을 보였다. 다이쇼 말기(1920년대 중반) 이후 경제계의 불황이 혹심했던 것 등의 원인으로 그토록 번성한 향학열이 점차 냉각함에 따라 재학 아동 수의 증가도 점차 정체 상태로 되면서, 당시 총독부 담당자는 조선교육사업의 중요성에 비추어 더욱 그 진흥에 힘을 다하고, 초등교육 방면에서는 1929년(昭和 4) 이후 8년간 1면 1교의 실현을 기하여, 예의 교육기관의 확충에 노력하였다.

그 사이에 반도의 시정은 착착 그 효과를 올려, 산업 방면이나 문화 방면에서 현격한 진보를 이루고, 교육의 보급 상황도 일반 민도의 수준과 함께 높아져, 초등학교 아동의 취학률은 1935년(昭和 10)에 학령아동 총수의 25%에 달했다. 총독부는 다시 1면 1교 계획을 속행하는 소위 제2차 초등교육 확충계획을 수립하고, 1937년(昭和 12) 이후 10년간 초등학교를 두 배로 늘릴 계획을 도모했다.

그런데 작년 3월 소위 반도교학의 대 쇄신이 행해져, 내선인 모두 동일 취지 아래 진정으로 장래 국가를 짊어져야 할 황국신민의 육성에 힘쓰게 된 이후, 일반의 향학심은 더욱 향상 일로를 걸었다. 교육기관의 현상으로서는 반도 자제의 취학열에 응하는 것이 곤란해지자, 동시에 교학쇄신의 본지를 생각해 황국신민교육의 보급강화를 촉진할 필요를 고려해, 총독부는 제2차 확충계획에 일대 변경을 가해, 10년간 완성해야 할 계획을 1942년(昭和 17)까지 6년 만에 완성하려고 결행했다.

이 단축된 제2차 확충계획은 목하 순조롭게 진행되고 있고, 1938년(昭和 13) 5월 말 현재 관립소학교 2,607교, 사립소학교 100교, 간이학교 1,145교로, 그 수용 아동 수가 112만 8,889명이 넘고, 추정 학령아동 총수 296만 3,333명에 대해 38.1%(간이학교를 제외하면 35.5%)의 취학률을 나타내고 있는데, 계획 완성년도인 1942년(昭和 17)에는 취학률이 60%를 넘을 전망이다.

그렇다면 반도의 취학 상황은 이 정도로 만족해야 할 것인가. 1935년(昭和 10) 제2차 초등교육 확충계획이 수립된 당시에는 취학 희망자 전부를 수용할 수 있는 대체적 목표로 계획을 수립했던 것이지만, 교육령 개정 이후 정세 진전은 더욱더 취학아동의 증가를 초래하는 추세에 있고, 또 황국신민교육 보급의 철저라는 견지에서도 제2차 계획의 완성으로 만족할 수 없음은 오늘 이후부터 명확히 예상된 바이다.

그렇다면 조선의 의무교육 문제는 어떠한가. 의무교육제도는 국가가 그 존재와 발전을 완성하기 위해 국민으로 하여금 적어도 최저한도의 기초 교육을 받도록 강제하는 제도이다. 국민교육은 국운 발전의 최저한도를 나타내는 것이므로 귀천, 빈부, 재능의 여부를 구별하지 않고 누구라도 평등하게 받도록 하고, 각자 그 소질과 경우에 따라 자유롭게 사회적 활동에 참여하는 바탕을 부여하는 것이어야 한다. 이것 역시 국가가 학령아동의 보호자에게 그 아동이 일정한 기초교육을 받도록 할 의무를 지우고, 또 지방단체에 그 구역 내 학령아동을 취학시킬 수 있는 학교를 설치할 의무를 지게 하는 이유이다. 따라서 '읍에 배우지 않는 집이 없고, 집에 배우지 않는 사람이 없는 것을 기대하는 것'은 1872년(明治 5) 학제 반포 당초부터 우리나라 교육의 대 방침으로, 황송하옵게도 일시동인의 성지에 따라 우리 조선에서도 조만간 의무교육제도가 실시되기에 이르러야 할 것을 확신하는 것이다. 특히 반도 동포로 하여금 참된 내선일체, 동아신질서 건설의 대업(大業)을 부익(扶翼)하고 받들어야 할 충량유위한 황국신민이 되도록 하는 것이 매우 시급한 현 정세에서 그 마땅함을 상기하는 것이다.

이렇듯 조선에서도 의무교육 실시가 필요함은 누구나 이론이 없는 바라고 믿는데, 문제는 그것을 어떤 방법으로 실현하는가에 있다.

최근 반도 동포 사이에서 교육열이 대단한 기운으로 발흥해 온 것은 간과할 수 없는 사실로, 그 가운데 교육의 보급을 열망한 나머지 의무교육제도의 즉시 단행을 요망하는 사람이 적지 않다. 또 우리 황국신민교육의 강화 촉진을 도모해야 하는 입장에 서 있는 사람으로서도 가능하다면 즉시 단행을 희망하고 있는 참이다. 그러나 의무교육제도 같은 대사업을 즉시 실현한다는 것은 그렇게 간단히 해결할 수 없는 사정이 있음을 알아야 한다.

지금 바로 의무교육제도를 실현하기 위해서는 경상비의 급격한 증가를 초래하는 것 이외에 학교의 증설 등 기타 필요한 거액의 임시비를 요구하는 것으로, 그것은 당연히 국가 및 지방의 재정과 함께 일반 인민의 부담에 큰 영향을 미칠 수 있다. 물론 최근 조선은 경제력의 약진적 향상을 보이고, 일부에서는 독지가가 학교 건설을 위해 거액의 사재를 아끼지 않는 것과 같은 미풍이 불고, 그것과 함께 다수의 사람들이 기꺼이 교육비를 부담하는 기풍도 생기는 것은 사실이다. 그러나 그래도 일시에 억, 천만이라는 거액의 증가를 가져오는 것은, 사실 상당히 쉽지 않은 문제이고, 가령 그 부담이 가능하다 해도 역시 물자 통제로 인한 자재배급의 곤란함 등의 사정에서, 지금 당장 다수 학교를 새롭게 증설하는 것은 어려운 일이다.

다음으로 급속한 의무교육제도의 실현에 대해 장애가 되는 것은 교원양성이다. 아동 덕화(德化)의 임무를 담당해야 할 능력 있는 사표의 양성은 일조일석(一朝一夕)에 이루어질 수 없고, 또 내외지를 막론하고 소위 교원 부족의 시대에, 조선 밖에서 일시에 수천 명의 교원을 초빙하는 것 역시 곤란한 것이다.

이와 같은 수많은 장애가 있기 때문에, 의무교육제도의 즉시 실시는 용이한 것은 아니라고 생각한다. 아울러 전술한 바와 같이 의무교육은 가장 중요한 국민교육의 기초 공작으로, 그것을 축으로 전체 교육제도의 건전 원활한 순환을 볼 수 있기 때문에, 즉시 실현은 쉽지 않더라도, 실시를 하루 한시라도 앞당기기 위해, 모든 노력이 투입되어야 한다. 의무교육 실시의 문제는, 이제야말로 명확하게 앞날을 내다보고 나아가야만 하는 시기에 도달했다고 우리들은 믿는다.

9. 사립학교의 쇄신 개선

사립학교는 과거 한국 정부가 거의 교육사업을 등한시하던 시대에 우후죽순처럼 끊이지 않고 설립되었으며, 그 실질은 대체로 불완전했다. 설립된 학교 수는 상당히 많아 병합 당시에는 약 2,000교를 헤아렸다. 이들 사립학교 가운데는 그 기초가 불확실하고, 불량의 교과서를 사용해 위험한 정치사상에 사로잡힌 자가 적지 않았다. 병합 후에는 총독부에서 예의 교육기관 개선 보급을 꾀한 결과, 이들 사립학교는 스스로 폐쇄하거나 공립학교로 변경해서, 점차 감소하는 추세였지만 그 총수는 결코 적지 않았다. 본부는 1915년(大正 4) 3월 사립학교규칙에 대 개정을 가해, 사립학교의 교과 교원 등에 관해 주도(周到)한 규정을 설치하여, 국가가 요구하는 교육방침에 합치하도록 할 것을 도모하였다. 데라우치 총독은 사립학교규칙개정에 관한 훈령 중에, 다음과 같이 기술하고 그 취지를 분명히 하고 있다.

사립학교의 교육방법으로서 만일 국가의 요구에 반하는 자로서, 자제의 교화에 미치는 영향을 우려해야 할 점이 있어, 정부에서 일정 방침에 따라 교육제도를 확립하는 까닭은, 국가를 이어갈 국민을 양성함으로써 국가 존재의 안고(安固) 및 무궁(無窮)을 꾀하기를 바라는데 있음은 물론이고, 교육을 국체에 적합하도록 해야 함은 이를 위해서이다. 고로 만일 국민교육을 실시하는 학교는 단지 관공립학교에 머물지 않고 사설에 관한 것 역시 일정한 교육방침을 준수해야만 한다. 만약 사영(私營)에 관련한다는 이유로 지엽적이고 잡박한 교육을 하도록 허락하면 국가는 급기야 일관성 있는 완전한 교육을 보급할 수 없게 된다.

그 후 시세의 추이와 실정의 변화에 의해 사립학교규칙 내용에 다소 개정이 가해졌어도, 그 근본정신에는 추호의 변화도 보이지 않는 것이다.

우리나라 교육의 목적은 여러 번 반복했듯이 충량한 신민으로서의 성격을 도야하고 그 실천력을 함양하는 데 있는데, 이 점에서 내선을 묻지 않고 각 학교가 모두 동일한 교육목적을 가지고, 관·공·사립 사이에 조금도 차이를 볼 수 없다. 충량한 황국신민으로서의 기본 성격은 천황폐하의 충량한 신민으로서의 성격, 즉 충에 철저한 성격이다. 이 성격이야말로 황국신민의 진수를 이루는 것이고, 황국신민교육은 무엇보다도 우선 첫째로 천황폐하에 충량한 신민으로서의 성격을 도야해야만 한다. 그것을 종교학교에 비추어 생각해 본다면, 각종의 종교를 신앙하는 것은 개인의 자유이지만, 그 종교의 신앙에 의해 얻을 수 있는 경건한 종교적 정조로서, 오직 폐하를 받들어야 하는 일을 가르쳐야 한다. 오직 하나의 마음으로 천황폐하에 귀의해 봉사하고 받드는 정신을 길러야만 한다. 이렇게 충량한 황국 신민적 성격을 도야하고, 그 실천력을 함양하는 바의 황국신민교육, 여기에는 사립학교도 당연히 참가해야 하는 것이다.

이를 위해서는 사립학교에서도 우리나라 예부터 해온 경신숭조(敬神崇祖)의 미풍을 번성시키고, 그 정신의 철저함을 도모하기 위해 적당한 시설을 고려하고, 또 이에 관한 교양에 힘을 쓸 필요가 있다. 한층 우리나라 교학의 정신, 내용을 중시하고 황국신민으로서의 자각적 수련을 중시해, 그 방침 아래 학과과정, 교과내용, 교육의 방법, 학교의 조직 등을 쇄신할 필요가 있다. 특히 사립학교에서 직무를 수행하는 학교장 및 교직원은 교학의 근기(根基)에 관한 식견을 높이고, 널리 우리나라 교학의 근본에 관한 교양을 풍부히 해, 교육자로서의 자각 아래 그 수양을 게을리하는 일 없이, 시대에 관한 식견을 갖추어 생도 지도의 실력을 기르는 것이 중요하다고 믿는다. 그래서 최근 반도의 많은 사립학교가 우리나라 교학의 본지에 눈을 떠서, 황국신민교육의 달성에 힘을 다하는 경향이 현저해지고 있는 것이, 우리의 더할 나위 없는 기쁨이다.

10. 대학, 전문교육의 쇄신

대학령 제1조에는 '대학은 국가에 필수적으로 필요한 학술의 이론 및 응용을 교수하고,

아울러 그 심오한 경지를 공구(攻究)하는 것을 목적으로 하고, 겸하여 인격의 도야 및 국가사상의 함양에 유의해야 하는 것으로 한다'고 규정하고, 대학에 지도적 인물 양성의 최고 임무를 지도록 하고, 특히 '겸하여' 다음에서 국가적 중추인물의 양성을 의도하고 있는 것을 명시하였다. 또 학술 이론 및 응용의 교수에 관해서도 "국가에 필수적으로 필요한"이라는 수식적 문구를 부가하여 엄밀하게 그것을 한정하여, 소위 자유로운 학문의 교수는 허용하지 않았다. 이러한 자유의 한정은 대학의 사명이 얼마나 국가생활과 밀접하고 떨어질 수 없는 관계여야만 하는가를 명시한 것이다.

모든 대학 관계자 및 문교 당국자는 물론 부단히 이 사명의 달성에 노력해 왔지만, 불행히도 현실 대학의 조직은, 이러한 사명을 실현하는 기관으로서 아직 충분하다고 말할 수 없는 곳이다. 참된 황국신민교육의 기관으로서도 아직 불충분하다고 말하지 않을 수 없다. 지금의 대학 학생의 대부분은 단지 주로 전문의 학술 기예를 교수하기만 하고, 참된 인간으로서, 참된 황국신민으로서의 최고 교육을 받을 기회와 기관을 충분히 부여받지 못하고 있다. 일본 국민적인 교양을 부여하는 학과목이 부과되지 않는 학부, 학과조차 있다. 이래서야 어떻게 대학의 참된 임무를 실현할 수 있겠는가.

일본의 대학은 내지에 있든 조선에 있든 상관없이, 일본 국민의 국가적 지도자를 양성하는 일본 제국의 대학이다. 따라서 일본 대학의 기본적 정신은 독일, 영국 등 외국의 정신에서 구해야 하는 것이 아니다. 일본의 대학은 그 근저를 우리 건국 정신에 두고, 충량 유위한 최고의 국가적 인물을 양성하는 기관이 되어야만 한다. 조선교육의 3대 강령으로 천명되었던 바는, 단지 소·중학교 교육에 대해서만이 아니라, 조선의 대학, 전문학교에 대해서도 당연히 타당한 것으로, 특히 국민의 지도자, 선각자를 양성하는 대학에 있어서는 가장 중요한 근본 강령이다. 지금의 대학은 대학령 제1조의 정신이 진정으로 살아나 충분히 작동할 수 있도록, 그 조직에 쇄신 개선이 더해져야만 한다.

전문학교에서도 역시 전문적 지식의 교수와 함께, 특히 국체, 일본 정신에 관한 교양과 체인(體認)에 중점을 두고, 참된 전문적 지식 기능을 통해 국가의 지도자다운 인물 양성에 힘써야만 한다. 종래 지식 편중적 교수의 폐해를 배제하고, 황국신민으로서의 인격 존중, 덕육의 진흥을 도모하고, 더욱더 일본인으로서의 국민적 성격을 도야해, 세계문화를 지도하기에 충분한 일본문화의 건설에 힘쓰지 않으면 안 되는 것이다.

돌아보면, 메이지 이후 구미의 학문, 문화에 대한 우리나라 전문학도의 태도는, 자칫 수동적, 모방적, 무비판적이어서, 전반적으로 자주성을 결여한 아쉬움이 있었다. 이후 우리나라 전문학도가 지녀야 할 태도는 더욱더 자주적, 적극적으로 나아가 일본 국민으로서 올바른 국가관, 인생관의 확립에 노력하고, 신일본 문화의 창조와 신일본 학술의 확립에 매진하는 것이다. 더욱이 조선의 대학 전문학도는 후술하는 대륙전진문화기지로서의 사명 달성에 특히 공헌해야 한다고 확신한다. 최근 시국의 진전과 함께, 내지 외지의 각 대학, 전문학교가 상당히 그 본래의 사명을 반성하고, 그 달성에 매진하도록 하는 기운을 점차적으로 조성해 나가는 것은, 국가를 위해 실로 경축에 마지않는 바이다.

11. 대륙전진문화기지로서의 반도의 사명

지나사변의 궁극적 목적은 동아시아 과거의 화근을 근절하고, 동양의 영원한 안정을 확보해야 할 신질서를 건설하는 데 있다. 그리고 이 신질서의 건설은 "일본, 만주, 중국 3국이 서로 제휴하여 정치, 경제, 문화 등 각 영역에 걸쳐 상호 연환(連環)의 관계를 수립하는 것에 근간을 두고, 동아시아에서 국제 정의의 확립, 공동 방공(防共)의 달성, 신문화의 창조, 경제 결합의 실현을 기하며, 이로써 세계의 진운(進運)에 기여하는 것이다"라는 것을 작년 11월 3일 정부 성명으로 분명히 한 바이다.

이 큰 목적은 우리나라의 역사적 사명이며, 이 사업은 이전에 없던 대사업으로, 실로 국운을 걸어야 하는 어려운 사업이다. 우리나라는 지금이야말로 나라를 일으켜서 그에 대한 대책에 집중하고, 어디까지나 신동아 건설 소기의 목적 달성에 매진해야 한다.

신동아 건설의 목표는 일본 국민의 일대 신념, 황국의 이상적 정신을 금후 여실히 중국 대륙에서 구체화하고 조직화해 가는 것으로, 실로 황국 일본의 이상 정신을 중국 대륙에 심는 것이다. 고로, 단순한 정치공작, 단순한 경제공작이 소위 동아 신질서 건설의 목표는 아니고, 사상공작, 문화공작, 교육공작을 기조로 하는 것이어야 한다. 소위 신동아 공동체는 단순한 정치적 공동체, 단순한 경제적 공동체가 아니다. 도의 공동체, 문화 공동체라는 기초에 입각해야 하는 것이며, 동아 신질서의 건설은 황국 일본의 이상정신을 지도원리로 하는 동양 문화의 부흥을 기초로, 그 위에 정치 합작, 경제 합작을 꾀하는 것에 다름 아니라고 생각한다.

틀림없이 이번 사변은 그 본질과 역사적 의의에서 볼 때, 결코 일본과 지나 양국의 국민적 투쟁이 아니고, 동양문화의 재건, 아시아인의 아시아 건설을 위한 성전이며, 과거 3세기에 걸쳐 아시아에 부식되어 온 비아시아적 정치세력, 비아시아적 경제세력, 더욱이 근본적으로는 비아시아적 사상세력, 비아시아적 문화세력의 압박과 착취로부터, 아시아 민족을 해방하고, 황도정신을 기조로 하는 동양적 정신문화의 기초 위에 신아시아 체제를 수립시키기 위한 의로운 전쟁이다. 사변의 의의가 여기에 있고, 신동아 건설의 이상이 여기에 있는 이상, 교육, 문화의 힘을 기다려야 하는 것은 참으로 지대하다.

자, 조선의 땅은 대륙보다 일본 내지를 향해 돌출해 내지와 대륙을 결합하는 일대 연쇄를 형성하여 정말로 일본, 만주, 지나 연환의 신동아 공동체의 중심 지구에 위치할 뿐만 아니라, 지금 조선은 시정(始政) 이래 해를 거듭한 지 그야말로 30년, 팔굉일우(八紘一宇)의 황도정신에 기초한 통치의 실적은 물심양면에 걸쳐 실로 경이로운 점이 있다. 이제 그 귀중한 통치의 체험과 성과로써 새로운 동아시아 건설에 대해 심대한 공헌을 이룰 수 있고, 또 이루어야만 하는 지위에 놓여 있다.

이렇게 생각해 볼 때, 신동아 건설이라는 성업(聖業)에 대해 반도가 짊어져야 할 사명은 극히 중대하고, 조선은 실로 흥아(興亞) 목적 달성의 근간을 이루고 있으며, 그 성패의 열쇠라고도 해야 한다. 조선은 대륙전진의 병참기지로서 군사·경제상의 임무를 완전히 수행할 뿐 아니라, 사상, 문화 방면에서도 대륙진출의 기지적 임무를 수행해야만 하며, 근본부터 결실을 거두기 위해서는 통일된 교육 방칙에 따라 황국신민의 교육에 기대하지 않으면 안 된다. 바라건대, 이번 조선교학의 쇄신과 확충이 속히 철저히 구현되고, 눈앞에 전개되고 있는 동아시아 신질서의 건전한 발전의 굳건한 기초가 배양되어, 이로써 흥아의 추진력이 되는 것을 간절히 기대해 마지않는 바이다.

<자료 10> 教育よりろ見たる朝鮮の將來(大野謙一, 1943)

교육으로 본 조선의 장래

1943년(昭和 18) 12월 26일
(경성제국대학 강당에서 학도지원병에 대한 강연 필기)
오노 겐이치

〈목차〉
1. 청천의 벽력-실은 운명의 필연
2. 조선교육의 과거·현재와 장래
3. 소위 민족주의에 관하여
4. 소중화사상을 버리고 자주창조의 바람을 일으켜 널리 욕망의 한도를 높이자
5. 학도출진의 의의
6. 맺음-광명에 빛나는 조선의 앞날

1. 청천의 벽력-실은 운명의 필연

　이번 학도임시특별지원병제도는 실로 마른하늘의 날벼락이고, 위정 당국자도 학부형도, 물론 해당 학도 자신도 이번 여름 시작 때까지는 아무도 예상하지 못했던 바이다. 그러나 지금 조용히 그것이 유래한 바를 생각하고, 동시에 상세하게 그 장래에 대한 의의를 조사해 밝히면, 이것은 결코 마른하늘의 날벼락도 아니고, 우발의 사건도 아닌, 우리 황국역사 발전의 필연이며, 우리 반도 운명 개척이 반드시 도달해야 할 것임을 명료하게 이해할 수 있다. 단 하나 마치 태풍에라도 휘감겨 일어난 듯이 느껴졌던 것은 너무나도 급속도로 역사가 진행했던 것에 원인이 있다. 또 본 제도 그 자체는 금년에 한해 일시적인 것이고 소위 임시조치에 다름 아닌 것인데, 그 장래에 미치는 영향의 중대함을 생각해 볼 때는 우리 병제(兵制)의 반도 관계에 초석을 이루는 것이고, 아주 특이한 성질과 매우 중요한 사명을 띠고 있다.

　본년 10월 갑자기 본 제도가 발표되었을 때, 소위 자격에 해당되는 학도, 그 부형 또 일반 세상의 세간까지 돌발적인 문제의 발생에 당분간은 그 행동거지에 갈피를 못 잡고, 머뭇거리는 태도를 보였다. 그것은 나 자신이 가령 그 입장에 처한 경우를 생각해 보아도, 아마 같을 것이라고 생각한다. 그러나 일시동인의 성지에 기초해 정말로 문자 그대로 내선일체를 이상의 목적지로서, 동일한 아니 유일한 하나의 운명을 함께 느끼고, 한 자루의 큰 붓을 가지고 더욱더 생성 발전하는 황국 일본의 새로운 역사를 쓸 때, 하나의 책상에 어깨를 나란히 하고, 밤과 낮으로 학업에 부지런히 힘써 온 내지인 학도가 징집유예의 정지에 의해, 일제히 일어나는 것을 눈앞에서 보았다면, 그 이름이 징병이라 해도 혹은 지원이라 해도, 그것은 요컨대 형식명목(形式名目)의 문제에 다름 아니다. 조선인 학도도 내지인 학도와 때를 같이해 일제히 일어난 것이야말로, 반도 학도 본래의 면목에 필적하는 것임은 구태여 논의의 여지가 없는 바이다. 이것은 시일의 경과와 함께 차차 식자들 사이에서 자각되었고, 즉시 반도의 여러 사람을 일으켜 감분흥기(感奮興起) 시켰으며, 드디어 4천 학도의 총궐기가 되었다. 일한 병합에 따라 앵이일가(櫻李一家)의 봄을 맞이하고 나서 이미 30여 년을 지나고 있는데, 이번의 학도임시특별지원병제도에서처럼 반도 2,500만의 보조가 딱 맞았던 것은 일찍이 그 예를 볼 수 없었던 바로, 종래 총독부의 시정을 반가워하지 않는 소위 민족주의자라 불리는 사람들도, 혹은 공산주의적 사상의 소유자라고 불리는 사람들도, 오히려 솔선해 어린 학도의 마음의 벗이 되어 열심히 그 분기를 촉진했던 것은 제군이 숙지한 대로이다.

내년부터는 제군의 수십 배에 달하는 반도 청년이 징병으로 정식의 부르심을 받는다. 제군은 그 첨병으로서의 임무를 다한다. 적절한 비유는 아니지만, 가령 상품으로 예를 든다면, 제군은 흡사 견본과 같은 것이다. 제군의 성적이 우수하다면, 내년부터의 징병 성적도 반드시 우수할 것은 논할 바가 아니다. 아는 바와 같이 우리 일본의 인구는 지금 약 1억이다. 그리고 그 가운데 조선인은 2,500만이므로, 황군(皇軍)의 4분의 1은 우리 반도청년으로 편성되게 되는 것이다. 이와 같이 볼 때, 조선의 장래가 광명에 빛나는 것은 굳이 많은 말을 필요로 하지 않는다. 게다가 이전에 말한 대로, 대동아전쟁 개시 이래 역사 진행의 속도는 아주 빠르다. 과거에 300년이나 500년이 걸렸던 역사의 과정을 불과 3년이나 5년으로 추진하고 있다. 따라서 정말 문자 그대로 내선일체의 구현 시기도, 매우 가까운 장래에 있는 것을 몸소 추측할 수 있을 것이다.

2. 조선교육의 과거·현재와 장래

나는 조선에서 문교의 당국자로서, 여기서 조선교육의 과거와 현재를 개략적으로 말씀드리고, 뒤이어 그 장래에 대한 계획의 대요를 설명하여, 조선 장래의 전모를 살피는데 이바지하고자 한다.

조선의 교육제도는 일한병합의 다음 해, 즉 1911년(明治 44)에 발포된 제1차 조선교육령에 의해 그 근본이 정해졌다. 제1차 조선교육령의 큰 특징으로 하는 바를 두세 가지 말씀드리면, 첫째로 어떤 새로운 지역에 대해서 어떠한 교육제도를 베푸는가는 동서고금의 역사에서 보아 좀처럼 쉽게 결정하지 못하는 것이 통례이다. 그것은 교육이 일견 아주 차분하고 긴요하지 않은 일인 것과 같고, 게다가 사회 민심의 본질에 작용하는 것이 아주 심오해서, 한번 실패의 전철을 품었던 사업에 사회 민심의 귀향은 결정되고 그 자취를 파묻으려 해도 파묻기 어렵고, 다시 돌이킬 수 없는 결과를 가져옴을 염려하는 까닭에 다름 아니다. 그런데 우리 조선에서는 병합 직후 이 신지역의 동포에 대한 교육의 근본제도가 훌륭히 확정되었다. 둘째로는 교육의 목적이 아주 명확히 나타난 것이다. 제1차 조선교육령의 전문에는 '조선의 교육은 교육에 관한 칙어의 취지에 기초해 충량한 국민을 육성하는 것을 본의로 한다'고 내걸었다. 같은 일본의 일부이고, 또 시정의 연혁에서 대만에서 교육의 근본제도가 확립되었던 것은 분명히 대만 점령 후 수십 년이 지난 1919년(大正 8)이었던 것을 기억한다. 교육에 관한 칙어가 제1차 조선교육령의 발포에 이어, 1911년(明治 44) 10월 24일에 조선총독에게 내려졌던 것은 제군도 숙지하고 있는 대로이다. "일이 이루어지는 것은 이루어진 날에 이루어진 것이 아니다"라는 말이 있지만, 육군특별지원병제도 역시 징병제도에서 모두 대만에 한 발 앞서, 우리 조선에서 시행을 보게 된 것은 정말로 이유 있다고 말하지 않으면 안 된다.

다음으로 제1차 조선교육령의 특징이라는 것을 지금 약간 구체적으로 서술하자면, 그 목적으로서 반도의 대중 복지 증진을 주안으로 하고, 그 교육조직 및 방법에서 간소·실용·단련에 가장 무게를 두었던 것이다.

제군이 식민정책학 등에서 배운 대로 인도에는 I·C·S라고 하는 것이 있다. 인디언 시빌 서비스의 약어이다. 이것은 영국이 인도 통치상 인도의 대중을 포함하면서도, 미개하고 우매한 상태로 방치해 꼼짝 못 하게 하고, 극히 소수만 고등교육을 받게 하고, 또 그들 중 소수를 영국 본국으로 데려가 옥스퍼드대학이나 케임브리지대학 등에 수용해, 소위 영국 신사와 동일한 생활감정을 갖게 하여, 외모는 인도인이지만 마음은 완전히 영국인이 되는 관리자 후보를 만든다. 그리고 그들을 인도에 다시 보내어, 소위 인디언 시빌 서비스, 즉 토인 고급행정관으로 채용하고 상당히 많은 금액의 봉급을 주어, 무릇 대중과 관련 없는 생활환경에 두고, 또 아주 교묘하게 대중 농락의 수단으로 사용한다는 실로 악랄 무자비한 교육정책을 채택해 왔다. 제군이 신문에서 아는 바대로, 인도 수상 자신이 영국의회에서 언명한 대로, 인도에서는 작년부터 콜카타를 비롯해 각 지방에서 매일 매주 몇만, 몇십 만의 기아자가 도로에 버려지고, 아사자는 이미 수백만에 달하고 있다. 게다가 전전(戰前) 소위 자유경제시대에 인도는 세계 굴지의 수출 초과국이었을 정도로 천연자원의 혜택을 받은 나라였다. 나는 인도의 지금 비참한 궁핍의 원인이 바로 영국의 비인도적 교육정책에 있음을 단정하는 데 주저하지 않는다. 또 네덜란드가 지금 황군의 점령하에 있는 네덜란드령 인도에 채택한 교육정책은 어떤 것일까? 그것은 줄여 말하면, 토민의 자제 가운데 영리한 자를 선택해, 착취의 앞잡이를 양성한다는 목적 이외에는 없었던 것이다. 식민지에 비할 수 없는 조선의 교육을 논하는 데 있어, 인도나 이미 망한 네덜란드령 인도 등을 말씀드린 것은 아무리 생각해도 무의미한 듯하지만, 우리 1억 황국신민은 이후 대동아공영권의 중핵으로서, 장래의 9억 대중을 지도하지 않으면 안 된다. 중요한 지도 대상인 남방 민족의 교육이 어떤 역사를 가지고 있는지를 일단 알아둘 필요가 있다고 생각하므로 여기에 간단히 언급한 참이다.

다음으로 1922년(大正 11)의 제2차 조선교육령의 특징에 관해 말씀드린다. 제2차 조선교육령은 사이토 총독이 소위 만세소요의 뒤를 이어, 문화정책의 중요한 일환으로 입안한 것이다. 제1차 조선교육령에 비해 다른 것은 종래 내선공학은 고등전문교육 및 실업교육으로 한정되었고, 보통교육은 초등, 고등보통교육 모두 내선 별개의 계통이 세워졌던 것을 고쳐서, 내선의 구별을 폐지하고 국어를 상용하거나 그렇지 않은 것으로 보통교육의 계통을 구별하게 했다. 한편으로는 당시 세계를 풍미한 자유주의적인 사상의 영향도 있어, 제1차 조선교육령 시대의 간소·실용·단련주의라는 교육조직 및 방법은 다소 희박해지고, 동시에 초중등학교 수업연한의 연장, 대학 이하 고등전문교육기관의 확충이 계획되었다.

다음으로 1938년(昭和 13)의 제3차 조선교육령을 살펴보면, 이것은 미나미 총독이 5대 정강(政綱)의 하나로 내걸었던 교학쇄신의 기획에 기초해 입안되었던 것으로, 반도 교육의 계통상 내선의 차별을 완전히 철폐하고 학제상의 내선일체라는 취지를 여실히 구현시키는 것이었다. 제군이 알고 있듯이 일한병합 이래 고등전문교육 및 중등 정도의 실업교육은 처음부터 내선공학이었다. 1922년(大正 11)의 제2차 조선교육령에 따라 내선인의 차별은 없어졌지만, 국어를 상용하는 자의 보통교육은 소학교·중학교·고등여학교에서, 또 국어를 상용하지 않는 자의 보통교육은 보통학교·고등보통학교·여자고등보통학교 등의 보통학교에서 행해졌다. 그것이 1938년(昭和 13) 제3차 조선교육령에 의해 보통학교·고등보통학교·여자고등보통학교가 소학교·중학교·고등여학교와 같은 명칭 아래 통일되었고, 여기서 내선의 차별은 물론 국어 상용, 비상용의 구별도 완전히 해소되었다.

다음으로 현재의 교육제도는 어떻게 되고 있는가? 그것은 1943년(昭和 18), 올해 봄 실시되었던 제4차 조선교육령, 즉 현행 조선교육령이다. 본령은 올해 3월 내지의 결전에 즉시 응하도록 하는 학제의 근본적 개혁을 실시한 것에 조응하는 것이었고, 제군이 곧 내지에서 몸으로 체험한 바대로, 전시의 교육은 간소해야 하고, 실용적이어야 하며, 동시에 단련주의여야 한다. 즉 간소·실용·단련주의를 개혁의 주안점으로 한 것이다. 일본의 역사로 말하면,

마치 가마쿠라 시대(鎌倉時代)와 일맥상통하는 것이었다. 종래와 같이 자유주의적인, 헛되이 학과과정이 조잡한, 유한적인 그리고 세계정세에 우원(迂遠)한 학문이어서는 안 된다. 실제로 유용한 교육이어야 한다. 교육으로 구설(口舌)의 영웅을 만들어서는 안 된다. 강석(講釋)이 훌륭해도 팔에 힘이 들어가야 한다. 마음이 확고해야 한다. 즉 이번 학제개혁의 근본정신은 1911년(明治 44) 데라우치 총독이 조선 최초의 교육제도를 정했던 때의 그 근본정신이었던 간소·실용·단련주의를 그대로, 30여 년이 경과한 지금 내지·조선·대만·관동주·사할린 등 일본의 전체 판도를 통한 전시교육제도의 근본정신이 되었다. 시험 삼아 제1차 조선교육령의 강령과 이번 내지 학제개혁의 전문학교령 이하 각령의 전문을 비교 대조해 보자. 마치 부절(符節)을 맞춘 듯이 완전히 일치하는 것을 발견할 것이다. 나는 여기서 국민교육상에서 데라우치 총독의 참으로 위대한 식견에 대해 마음에서 우러난 존경의 뜻을 표한다.

마지막으로 조선교육의 장래에 관해 가장 주요한 사항 두세 가지를 서술한다. 우선 첫째로 들어야 할 것은 지난 1942년(昭和 17) 가을, 오는 1946년(昭和 21)에 우리 반도에도 의무교육제도를 실시할 것이 결정되었다. 대동아전쟁 이래 내외지를 통해 인적 및 물적 자원의 수요는 날로 증대되고, 교원의 양성, 교지, 교사의 확장 등 여러분이 매우 제약을 받고 있는데, 어떤 곤란이 있어도 이 의무교육제도는 반드시 예정대로 오는 1946년(昭和 21)부터 실행하는 것으로 본부의 방침이 확정되었고, 이어서 교원양성기관인 사범학교의 대 확장을 행하고 있는 것이다. 의무교육제도의 내용은 제군들이 이미 알고 있다고 생각하므로, 시간의 관계도 있어 이것을 생략한다.

여기서 참고하여 첨부해 두고 싶은 것은 징병제도와 의무교육제도라는 것은 반드시 대조적으로 생각될 수 있다. 그리고 누구든지 일단 상식적으로, 먼저 국민교양훈련의 기반인 의무교육제도를 실시하고, 다음으로 징병제도를 실시하는 것이라고 생각한다. 실은 나 자신도 그렇게 믿고 있다. 그런데 작년 봄 정부의 방침으로 조선에도 징병제도의 실시가 결정되었을 때, 조속히 내지의 연혁을 살펴보고, 내가 종래 생각하고 있던 것은 잘못되었다는 것이 명료해졌다. 제군도 이미 알고 있는 대로 내지의 징병제도는 1872년(明治 5)에 실시되었는데, 의무교육제도는 그 후 7년이 지난 1879년(明治 12)에 실시되었다. 게다가 그 의무교육제도의 내용을 검토하면, 1946년(昭和 21)부터 조선에서 실시하려는 의무교육제도의 내용, 즉 의무교육연한 6년, 학령기에 있는 추정 학령아동의 목표 취학률 남자의 90%라는 내용은 내지에서도 일러전쟁 후 5년을 경과한 1910년(明治 43), 즉 일한병합의 해부터였다.

이상 말씀드렸던 의무교육제도의 실시와 서로 병행해 우리 조선의 현행 청년 훈련 및 청년특별연성제도를 종합한 일반청년연성제도가 실시될 예정이다. 그 내용은 시간 관계상 여기에서는 생략하지만, 그 목적은 드디어 내년부터 실시될 징병에 대비하여 일반 반도청년에 대해 황민으로서의 자질 향상을 철저히 도모하는 것이다.

다음으로 여기에서 특히 제군을 기쁘게 해 주고 싶은 것이 있다. 그것은 내년부터 여자청년특별연성제도가 실시된다는 것이다. 1946년(昭和 21)부터 실시되는 의무교육제도의 실시 시작 연도에 추정 학령아동의 목표 취학률은, 앞서 말씀드린 대로 남자는 90%이지만 여자는 50%여서, 평균은 70%이고, 남녀 사이에는 40%의 차이가 있다. 거기서 고이소 총독 각하는 남자와 여자 사이에 황국신민으로서의 기본적 교양훈련에 이러한 커다란 차이가 있어서는 반도 후방의 철벽을 공고히 하는데 심각한 유감이니, 신속하게 임기의 조치를 강구하자고 문교 당국에 있는 우리 모두에게 엄명하였다. 저간의 실정은 제군들이 더 잘 알고 있는 바인데, 종래의 보통특별지원병은 훈련소를 거쳐 입대한다. 성적이 우수해 하사관이 되고, 극소수이지만 장교까지 진급하는 사람도 있다. 머지않아 이들이 순조롭게 군무봉공을 마치고 향리에 돌아가 보면, 어머니, 처, 누이, 여동생이 국어를 이해하지 못하고, 따라서 우리 국체의 존귀함도 분별하지 못해, 세상 물정도 멀리하고, 시세에도 어두워 이야기 상대가 되지 못한다. 자신이 바로 어제까지 경험해 온 군대생활과 자신의 가정을 둘러싸고 있는 분위기 사이에 너무나 큰 간격이 있다는 것을 발견하고 환멸의 비애를 느껴, 향토를 도망쳐 나와 행방을 감추고, 가운데는 가장 사랑하는 처에 대해 절연, 이혼, 소식을 전하지 않기에 이르는 자도 적지 않았다.(웃음소리)

제군은 웃지만, 동양의 전통인 아름다운 가족제도가 비교적 완전하게 보존되어 있는 조선에서 이것은 매우 절실한 문제이다. 앞서 말씀드린 총독 각하의 깊은 부모 같은 마음에 기초해, 우리 당국자 모두가 문주(文珠)의 지혜를 짜내어 만들었던 것이 여자청년연성제도였다. 그 요령을 요약해서 말하면, 지금 결혼적령기에 있는 반도여성의 70% 이상은 국민학교 교육을 받을 기회를 갖지 못한 사람들이다. 이들 불행한 사람들을 결혼 전에 1년 동안만, 남자청년특별연성의 정신에 따라, 황국여성으로서 필요한 기초적 교양과 훈련으로 국어를 하게 하여, 머지않아 징병으로 소집되어 순조롭게 군무봉공을 마치고 귀향한 아버지, 형제에게 알맞은 좋은 배우자, 좋은 반려자로서의 자격을 전수하려는 반도의 획기적인 교화 시설이다. 조선 특히 지방에서의 혼기는 오늘날 상당히 빨라, 우선 나이로는 18~19세가 보통이다. 매년 결혼 적령에 달한 자의 수는 약 25만 명, 그 가운데 여자청년연성의 대상이 되는 자는 대략 17만 명 내외이다. 그리고 그 비율은 의무교육의 진척에 따라 점차 낮아지고 있음은 물론이다. 제군은 시골의 실정을 잘 알고 있는 만큼, 이 시설이 얼마나 필요할 것인가를 충분히 이해할 수 있을 것이다.

　국운을 건 결전 아래서의 의무교육제도 실시라고도 하고, 일반 청년연성제도의 확립이라고도 하고, 여자청년연성제도의 창시라고도 한다. 고이소 총독 각하가 우리 반도 청소년에 대해 황민으로서의 자질 연성 향상과 일반 대중복지의 증진에 밤낮으로 얼마나 간담을 졸이셨는가를 보증하고도 남는 것이라고 해야 한다. 중등교육, 고등전문교육 등 교육상에 있어 장래의 모든 기획에 관해서도 설명하고 싶은 것이 많이 있지만, 시간 관계상 유감스럽게 생략하는 것으로 했지만, 이상 두세 가지 말씀드렸던 것만으로도 조선인이 나아갈 길은 스스로 명료하게 되었다고 생각한다. 즉 독립도 아니고 자치도 아니다. 어디까지나 우리 황국의 아주 중요한 일부분으로서 명실공히 대동아건설의 중핵이 되는 사명 수행을 향해 곧장 맥진(驀進)할 뿐이다.

3. 소위 민족주의에 관하여

　소위 민족주의라는 말은 일한병합에 대한 불평분자 등이 제1차 세계대전의 종말에 즈음해, 미국 대통령 윌슨이 민족자결이라는 감언으로 유럽의 약소민족에게 호소했던 것에 자극을 받아, 조선의 독립을 꿈이라 부르며 시작했던 것이다. 윌슨의 민족자결주의가 유럽의 각 약소민족에게 얼마나 비참한 결과로 끝났는지 그리고 지금 제2차 세계대전 발발 후 미국이 중남미의 여러 민족에 대해서, 얼마나 불법적인 압박을 가하고 있는지는 여기서 논할 것도 없다. 나는 여기서 황국민족관에 관해 솔직한 소견을 피력하고 싶다. 나는 내지인 및 조선인을 대립하는 민족처럼 생각하는 것은, 사실을 무시한 큰 잘못이라고 확실하게 믿고 있다. 그런데 세상에는 협량(狹量)한 아니 정말로 잘못된 내선대립민족관이 어지간히 널리 퍼져 있고, 대단한 화(禍)를 만들고 있다. 이 협량한 아니 잘못된 민족관을 내던져 버리지 않는다면, 진정한 내선일체는 바랄 수 없는 것이다.

먼저 내지인에 관해 말하면, 도쿠가와 막부 300년간 쇄국주의의 잔재인 섬나라 근성을 버려야 한다. 현해탄을 건너 부산에 상륙하고, 조선을 정말로 외국으로 생각하고, 조선인을 마치 외국인처럼 생각한다. 이러한 섬나라 근성이 여전히 남아 있다면 대동아공영권의 건설 등은 생각지도 말아야 할 것이다. 그러나 오늘 이야기의 대상은 내지인이 아니므로 자세히는 말하지 않겠다.

다음으로 조선인에 관해 말하면, 조선인은 일본인과 다른 별개의 민족이라 하고, 스스로 아주 협소한 민족관에 질질 끌려온 사람이 대단히 많다. 이것은 편견이다. 내선의 혈연관계가 어떤 것인가, 무릇 역사책을 펴서 읽은 자라면, 잘라도 자를 수 없는 깊은 혈연관계에 있는 것을, 사실에 의해 분명히 배웠을 것이다. 고이소 총독 각하는 특히 우리 신대사(神代史)에서 이 사실을 규명하시고 있는 것이다.

여러분도 여행하며 여러 가지 생각한 것이 있을 것이다. 나도 1931년(昭和 6)에 1개월에 걸쳐 북지나·중지나를 걸었고, 그 이전에 남북만주도 1개월 정도 걸었다. 또 그 이전에는 대만도 1개월 정도 걸었다. 그리고 나서 1936년(昭和 11)부터 1937년(昭和 12)에 걸쳐 유럽과 미국도 머물면서 돌아다녔다. 또 1938년(昭和 13)부터 1940년(昭和 15)에 걸쳐서는 1년 반 정도 총독부를 내표해 북경에 주새해, 북중국 및 몽강(蒙彊)의 각 중요 시역에 족석을 남겼다. 여행을 해 보면, 내지인인가 조선인인가 하는 생각이 머리에 떠오르는 것은, 그 사람의 발길이 압록강이나 두만강 앞에 멈추는가, 아니면 현해탄을 건너 시모노세키(下關)로 나아가거나 모지(門司)로 가서 규슈(九州)나 본토(本州)나 홋카이도(北海道) 부근에서 멈추는가의 경우다. 대만을 봐도, 만주를 봐도, 지나를 봐도, 내지인과 조선인 따위의 차별을 하려고 해도 할 수가 없다.

최근 조선의 교육 보급이 장족의 발전을 한 결과로서 경성운동장에서 내선학도의 분열 행진을 보면, 누가 내선인을 구분할 수 있겠는가. 학무국장인 나조차도 절대로 구분할 수 없다. 또 무대를 조금 더 넓혀 생각해 보면, 우리들은 일본인이다 지나인(支那人)이다라고 말하지만, 유럽이나 미국에서 일본인과 지나인을 구분할 수 있는 자가 몇 명이나 있을까. 민족적으로 보아 만일 내선인 사이에 다소의 차이가 있다 해도, 그 차이는 북지나 사람·중지나 사람·남지나 사람 사이의 차이보다 상당히 적다. 지나라는 것은 4~5천년 이래 훌륭한 하나의 나라처럼 생각하고 있는 자가 있을는지도 모르지만, 그것은 큰 잘못이고, 골격풍모에서나 기타 풍토에서 양자강의 북과 남은 도저히 내지와 조선의 차이처럼 작은 것은 아니다. 게다가 그 일본인과 지나인의 차이라는 것은 우리 동양인 사이에서만 그 차이를 분명히 알 수 있음에 불과하다. 그곳이 대동아공영권이 구축되었던 자연의 기초이다. 오카쿠라 덴신(岡倉天心)은 40 수년 전 런던의 객사에서 "동양은 하나"라고 부르짖었다. 그리고 또 우리 1억이, 즉 내선이 일체가 되어, 그 중핵을 이루어 가는데 있어서, 가장 강력한 자연적 기초인 것이다. 민족관은 지나치게 협소한 것에 불과하다는 것은, 오늘의 시대에 서로가 철저하게 반성해야 한다. 특히 잘못된 내선대립민족관과 같은 것은 빨리 던져 버려야 한다.

드디어 제군이 군대에 들어가 군대 안의 생활을 영위하는데 있어서 내선 사이에 혹은 복잡 미묘한 장면에 당면하는 것도 어쩔 수 없는 것인데, 이 경우 결코 잘못된 민족관에 사로잡혀, 감정을 첨예화하는 듯한 일이 없도록 마음을 단숨에 가라앉히고 오늘의 이야기를 생각해 내길 바란다.

4. 소중화사상을 버리고 자주 창조의 바람을 일으켜 널리 욕망의 한도를 높이자

조선에는 옛날부터 소중화라는 말이 있다. 그 의미는 내지에서 고슈인(甲州人)이 고후(甲府)를 작은 에도라고 부르고, 좋아했던 기분과 일맥상통하는 것이다. 그러나 그 진정한 의미에는 큰 차이가 있다. 조선의 소중화사상은 무슨 일이든 지나의 흉내를 내어 작은 지나다움을 최고의 이상으로 하여 지나의 축소판를 만드는 데 최대의 긍지를 느껴 차차 자주성을 상실하고, 만사 사대추종을 일삼고, 전통을 중시해 활기나 진취적 기상이 없어져 결국 사물의 이치를 창조하는 의욕을 소멸시켜 버리는 지경에 이르고, 조선의 유가가 각 시대의 사회질서를 비교적 평정하여 지켰던 그 공적은, 물론 이것을 인정해야 하는 한편, 언제나 시대의 공기를 침체에 빠뜨리고, 생생발랄의 기운을 막았던 죄 역시 가볍지 않다고 말해야 한다. 이 폐풍은 근대교육을 받았던 제군의 눈에는 혹은 보이지 않을는지 모르지만, 그 잔상은 지금 사회의 각 방면에 뚜렷하게 남아 있다. 유교도, 불교도, 이것을 최초로 일본 내지에 전해 준 것은 조선이었고, 또 유교나 불교가 내지에서 점차 우리나라의 것으로 순화 융합되어, 독특한 발전을 계속해 국체의 존귀함으로 배양되어, 국민 도덕의 향상을 도와 무사도의 발전에 박차를 가해 온 것은, 여러분이 알고 있는 대로이다. 같은 유교, 같은 불교가 한편에서는 생생한 발전을 위한 배양의 바탕을 이루어, 진취상무(進取尚武)의 기상을 떨쳐 일으키고, 다른 한편에서는 보수완고(保守固定)라는 높은 장벽을 이루어, 퇴영언무(退嬰偃武)의 분위기로 대세를 유치한 결과를 가져왔다는 것에 정말로 얄궂은 마음을 금할 수 없는 바이다. 그 유래는 과연 어디일까. 물론 지리적 관계도 그 원인 가운데 큰 요소의 하나일 것이다. 과거는 잠깐으로 존재하고, 장래를 살아가야 할 청년학도는 어디까지나 타율추종을 배척하고, 늘 자주독왕(自主獨往)의 정신으로 스스로 궁리 연찬(研鑽)에 힘쓰며, 모방하기 쉬움을 피하고, 창조의 고투로 돌진해야 한다고 생각한다.

후쿠다 도쿠조(福田德三) 박사는 1901년(明治 34)경에 약 40일 동안 조선을 시찰하였다. 그 결과, 당시의 조선 사회기구가 내지의 왕조시대, 즉 나라(奈良), 헤이안(平安) 왕조시대의 사회기구와 똑같고, 경제의 발달 정도도 마치 우리 왕조시대를 연상케 하는 점이 있다는 것을 발견하였다. 내가 서생(書生)일 때 후쿠다 박사의 생각을 듣고, 나중에 조선 강원도에 부임해 수많은 빈궁 부락을 보았다. 10년 정도 전에 우연히 사회시인 야마우에 오쿠라(山上億良)의 걸작「빈궁문답(貧窮問答)」이라는 노래를 읽고, 후쿠다 박사의 관찰과 견주어 생각하니, 정말로 감개무량한 것이 있었음을 지금 다시 기억한다. 이 노래는 『만엽집』 5권에 수록되어 있으니, 여러분도 기회가 있다면 한 번 읽어 보길 권한다. 후쿠다 박사는 조선의 사회기구 및 경제가 이처럼 천 년 가까이나 변하지 않아 진보의 자취를 전혀 보이지 않는 것은, 조선이 유사 이래 줄곧 군현제도를 행하여, 결국 봉건시대를 거치지 않았기 때문에 민족 그 자체의 욕망의 한도가 너무나 낮았던 곳에 오랫동안 고착하고 있던 결과라고 했다. 그 해박한 학식으로 아주 명백하게 이것을 논증하였고, 동시에 만약 그 환경을 바꾼다면 놀랄 만한 발전 향상성을 갖출 것임을, 일청전쟁 전후 시베리아에 이주당한 조선인의 발전 모습으로 실증하였던 것이다(후쿠다 박사는 조선을 방문하기 전 유럽에서 돌아오는 길에 시베리아를 경유해, 그곳의 조선인 상태를 시찰하였다). 연해주에서 발전한 우리 동포는 1937~1938년경(昭和 12~13) 소련의 무법정치로 중앙아시아로 강제이주 당했고, 그 노력의 결정은 지금 자취도 없다고 들었지만, 1897년경(明治 30) 당시 경성에 와 있던 미국인 선교사인 비숍 부인이라는 사람이 지금의 연해주로 여행하여, 그 여행기를 당시 경성에 있던 선교사 동료들이 발행했던 『코리안 리포지토리(Korean repository)』라는 월간 잡지에 기고하였으므로 이것을 알 수 있었다. 이 잡지는 지금 경성제국대학 도서관에 보관되어 있으므로, 나도 최근에 한 번 읽어 보았는데, 시베리아에 이주했던 조선인의 취락이 구름과 진흙 같은 조선 내의 것과는 상당한 차이가 있었다. 주거는 모두 높고 넓고 크며, 벽은 산뜻한 흰 벽이고, 각 집 모두 공히 넓은 경작지를 가지고 동시에 다수의 가축을 사육하며, 위생 상태도 매우 좋고, 가구 집기도 훌륭해서 오히려 주위의 러시아인보다도 훨씬 더 높은 정도의 생활을 영위하고 있는 모습을 여성의 섬세한 신경으로 사실적이면서 교묘하게 묘사했던 것이다. 근대 조선의 궁핍, 특히 그 주거가 왜소하고, 산업이 쇠미 침체해 봐줄 만한 생산이 없는 것, 산하가 황폐한 것 등 이들 모두의 원인을 이조 500년의 악정에 있다고 하는 것은, 일단 확정된 것처럼 되고 있지만, 앞서 말한 후쿠다 박사의 의견에서도 우리들은 큰 가르침을 얻을 수 있다. 나는 여기 여러분과 함께 일한병합 후 우리 조선이 걸어 온 길을 조용히 되돌아보고자 한다.

제군, 신정 이래 조선의 상황은 확실히 새로워졌다. 정신적 방면이나 물질적 방면에서 사회질서는 완전히 유지되고, 어떤 심한 가뭄이나 수해가 있어도 단 한 사람의 아사자도 없다. 의지할 데 없는 사람에 대한 구호의 손길도 널리 미치고 있다. 특히 만주사변 후에 정신적 방면에서 그리고 도시의 변화는 특히 현저하다. 경성·평양·함흥과 같은 오래된 역사를 가진 도시에서는 구태가 거의 남아 있지 않다. 일반 지방에서도 아무리 벽지라도, 철도·도로·항만 등 교통망이 급속히 개선 정비되었고, 관공서·학교·병원·단체사무소 등의 공공건조물은 실로 훌륭한 것이 여러 곳곳에 생겨났다. 그런데 농촌부락으로 발걸음을 한발 옮겨, 개개의 농가를 보면, 조금도 변한 것이 없다. 조금도 나아지지 않았다. 특히 남선 지방의 농촌은 농가의 부지 면적, 즉 대지 면적이 2남이나 3남의 분가로 인구 증가에 따라 점점 협소해지고, 농가 1호당 대지의 평균 면적이 겨우 30평이나 50평인 부락이 적지 않고, 농가의 생명이라고 해야 할 퇴비창고나 헛간을 만들 여력이 없는 것은 물론, 고양이 이마 정도의 채소밭조차 없는 집이 아주 많다.

제군, 대체 이렇게 초라한 농가나 농촌이 세계 어디에 또 있겠는가. 정말 말씀드리기 어려운, 또 듣기 힘든 바인데, 조선의 일반 농가 주거의 빈약함은 너무나도 극단적이다. 나는 지금까지 대만·만주·북지나·중지나·말레이시아·실론섬·아프리카·유럽·미국 등을 여행하며 그 농촌이나 농가의 주거도 가능한 한 신경을 써 왔는데, 조선의 농촌이나 농가처럼 빈약한 것은 일찍이 보지 못했다. 농가의 주거가 빈약한 것을 조선을 사랑하는 자로서, 간과하는 것은 용납할 수 없는 중대 문제라고 나는 전부터 통감하고 있었다. 제군도 여기서 냉정하게 성찰해야 한다고 생각한다. 일찍이 말했던 대로, 역대 시정 당국은 국민교양의 기반이 되는 국민학교 교육의 보급 향상에 시종일관 절대적인 노력을 기울였고, 지금은 어떤 산간벽지라도 1면 1교 내지 2교의 훌륭한 국민학교가 설치되지 않은 곳은 없다. 또한 이미 상당수의 훌륭한 국민학교 졸업생도 나오고 있는데, 그들 대부분은 거의 농촌에 머물지 않고 있다. 하물며 농업보습학교나 농업학교의 졸업생에 있어서랴. 그들 다수는 무턱대고 도읍에 운집해, 봉급으로 의식을 해결하는 것을 유일한 길로 삼고 있다. 멈추려고 해도 멈출 수 없는 것이다. 그것은 그들에게 있어 가장 그리운 것이어야 할 주택과 환경이, 앞서 말한 것과 같은 까닭에 그런 생가에 조금도 매력을 느낄 수 없기 때문이다. 저간의 소식은 제군이 가슴에 손을 대고 조용히 생각하면 스스로 수긍할 수 있을 것이다.

제군, 조선은 우리 전력 증강 상 초미의 필수인 철강 자원이, 경금속 자원이, 여러 희소한 금속 자원 등이, 또 이들의 처리에 필요한 전력 자원이 매우 풍족하여, 지나사변 이래, 특히 대동아전쟁 이래 현저하게 개발되고 있다. 따라서 조선의 산업 형태는 이 5~7년 사이에 상당히 근대 산업화의 경로를 거치고 있다. 이 대세는 결전체제하의 오늘날, 더욱 박차가 가해지고, 이번에 본부에서는 광공국(鑛工局)이, 각 도에는 광공부(鑛工部)가 신설되었다. 그러나 조선 산업의 주류는 지금도 역시 농업에 있음을 부정할 수 없다. 하물며 전시 국민 식량 문제가 가장 중요한 지금 우리 반도가 황국 일본의 곡창이라는 중요한 사명을 지고 있어서랴. 현재 조선의 직업별 인구 구성면에서 보아도, 농업 인구가 총인구의 70% 이상을 점하고 있다. 그러면 우리 반도 산업의 주류인 농업에서 가장 중요한 지위를 점하고 있는 것은 무엇일까. 말할 것도 없이 쌀농사이다. 쌀 생산의 증진이야말로, 신정 이래 본부의 산업 당국자가 가장 힘을 기울였던 바이다. 따라서 농가도 몇 해 전부터 수전경작(水田耕作)을 가장 잘 하고, 그 미작기술을 남·북만주는 물론, 최근에는 북지나의 한 모퉁이에도 진출해 커다란 공헌을 하고 있다. 쌀 생산 상황은 어떠한가. 내가 관찰해 보면, 반도의 쌀농사는 지금까지 말해 왔던 것처럼 좋은 조건 아래 있으면서도, 진보 발달은 반드시 예상대로 이루어졌다고는 말하기 어렵고, 동시에 장래라고 하더라도 반드시 낙관할 수는 없다고 말해야 한다. 지금 일한병합 당시의 조선 총인구 및 총 쌀생산액을 각각 100으로 하여, 올해까지 그 증가곡선을 비교해 보면, 쌀생산액의 증가곡선은 총인구의 증가 곡선을 밑돌고 있다. 이러한 상황이기 때문에 조선 자체의 근대 산업화로 인한 1인당 쌀소비량의 증가와 맞물려, 내지 및 만주로의 쌀 이출량은 최근 점차 줄어들고, 올해는 지난해 가뭄 이후 극소량이어서, 내지로부터 역으로 이입하기에 이르렀다.

　제군, 나는 여기서 우리 반도 농가의 주거가 구태의연하고 정말로 볼품없다는 것, 그리고 생명이 되는 쌀 생산이 기대할 정도로 증진되고 있지 않다는 것, 이 두 가지 사실을 말했고, 제군과 함께 다시 한 번 앞에서 소개한 후쿠다 박사의 의견을 음미해 보고 싶다. 덧붙이자면 여기서 말하는 것은 반도 노무자의 생활관이다. 나는 작년 가을까지 함경북도에서 근무했는데, 이 지방은 조선 최대의 유연탄(有煉炭) 산지이므로 탄광노무의 실지(實地)에 관해 다소 연구했고, 그 결과 실로 의외의 사실을 발견하였다. 그것은 어느 광산에서 성적이 우수한 노무자에게 임시로 월급을 올려 주었는데, 느닷없이 한 달의 근무일수가 감소했다. 예를 들면 월급이 오르기 전 일당 3원인 경우 한 달 25일을 일한 자가 3원 50전으로 승급한 경우 22일밖에 일하지 않게 되었다. 이런 사례가 적지 않다. 이것은 농촌에서 가뭄에도 전답에 급수관개(給水灌漑)의 노력을 하지 않고, 물을 마시고 온돌에 모로 누워 있는 게으른 농부가 오늘날 여전히 적지 않다고 하는 것과 일맥상통한다. 반도 대중의 근로관이 이상 말씀드린 것과 같이 위태하므로, 군무(軍務)에서도 노무에서도 지금까지 전시동원다운 동원은 행해지지 않았음에도 불구하고, 즉 무위도식의 무리가 도시에도 농촌에도 넘쳐나 농업 생산은 쭉쭉 뻗지 못하고, 공장·광산에서는 노무의 공급에 부족을 하소연하고 있다.

　제군, 이러한 것은 과연 어떠한 원인에서 연유한 것일까? 나는 감히 후쿠다 박사의 의견에 전폭적으로 공명하는 바이다. 즉 반도 대중의 욕망의 한도가 너무나도 낮은 곳에 고착해, 그 환경이 분발심을 철저히 억압하고 있기 때문이라고 굳게 믿는다. 그렇다면 과연 그 대책은 무엇인가? 결론적으로 내 개인 의견을 피력하면, 제군의 공감을 구하고, 2,500만 동포의 장래를 위해 서로 손을 잡고 분연히 일어나야 한다고 생각한다.

5. 학도출진의 의의

　제군, 왕양명의 시에 다음과 같은 것이 있다.

소리도 없고 냄새도 없지만 홀로 알게 되니, 이건 바로 천지만물의 근원이네
　　내 속의 무진장은 던져 버리고, 문전마다 밥을 빌어먹는 가난뱅이여

　우리는 자기의 연성이 필요하다. 특히 국가 민족의 전체 운명을 걸고, 결전을 눈앞에 두고 있는 오늘날 개인적으로 국가적으로 강하고 열렬하게 자기를 연성하고 자기의 바른 자세, 황국 본래의 면목을 발견하고 간파하는 것이 가장 긴요하다. 소리도 없고, 냄새도 없는 것을 홀로 알게 될 때, 바꿔 말하면 자기 연성에 의해 자기 본래라는 것이 발견될 수 있다면, 그것은 건곤만유(乾坤萬有)의 바탕이다. 즉 자성(自性)을 간파함으로써, 천지건곤(天地乾坤)이 모두 그대로 자신의 품속으로 밀려들어 온다. 인간의 힘이라는 것은 단련하면 하는 만큼 끌어올려도 올려도 끝이 없는 무한한 샘처럼 용솟음치게 되는 것은 분명하다. 그와 반대로 만약 서로가 자기 연성을 게을리한다면, 마치 자기 집의 많은 것을 내팽개치고, 쇠 바리때를 가지고 다른 사람의 문 앞에서 음식을 구걸하는 가난한 아이를 흉내 내는 것과 같은 결과가 되는 것이다. 총독 각하가 항상 말씀하셨듯이, 서로는 걷거나 머물거나 앉거나 눕거나 자기연성에 힘씀으로써 비로소 우리 국체의 존귀함을 체득하고, 자기 본연의 사명에 따라 생생하게 발전해야, 여기서 훌륭한 도의조선(道義朝鮮)을 확립할 수 있다. 구마자와 반산(熊澤蕃山)의 노래에 "구름이 길리는 깃은 딜을 위해, 바람이 흩날림은 꽃을 위해, 구름과 바람이 있어서 비로소 달과 꽃은 고귀해지니"라는 것이 있다. 제군 우리는 여기서 저 만주사변을 돌이켜 보고 싶다. 만약 우리가 만주사변에 의해, 동아시아 10억 민족단결의 초석을 만드는 것을 게을리했다면, 오만한 미국과 영국에 밟히고 걷어차여도 끝내 일어설 수 없었을 것이다. 뿐만 아니라 일본민족은 헛되이 작은 성취에 안주하여 안으로 국민도덕의 퇴폐를 부르고, 우리 국운을 쇠퇴로 이끌었을 것이다. 당시 100만이라고 불린 재만 동포의 운명 역시 짐작해 알 수 있다. 도원선사(道元禪師)는 "사람은 꽃이 피면 좋아하고 흩어짐을 아쉬워하는데, 잡초는 싫어하며 자라면 베어 버린다"라고 하였다. 반잔의 노래와 그 마음은 하나이다. 국가도 민족도 개인도 늘 격렬한 시련을 거듭하는 것에 의해서만 그 생명을 완전히 할 수 있다.

　그런데 제군, 제군은 소위 법문 계열의 학도이다. 그리고 법률·경제·문학은 모두 국가 경륜의 학문이다. 황국 장래 발전의 기초를 만드는 것은 웅대무비한 황국세계관에 입각한 법

률·경제·문학의 학문, 즉 문화과학과 세계의 첨단을 가는 과학기술이고, 우리 황국을 중심으로 써 내려가는 새로운 세계역사를 추진해야 하는 수레의 양 바퀴이다. 그런데 그 국가경륜의 학문인, 법률·경제·문학의 현상은 어떠한가? 구미의 개인주의 내지 자유주의 사상이 골수까지 침투하고 있던 관계에서, 그 대부분은 임시방편의 것이고, 황국 본래의 면목에 적합하지 않아, 재작년의 12월 8일 전쟁포고의 조칙을 삼가 받들었던 이후, 거의 쓸모없어진 것도 적지 않다. 아니 눈에는 보이지 않지만 커다란 화를 품고 있는 점도 있다.

예부터 "전쟁은 문화를 낳는다"라는 말이 있다. 제군이 전부터 뜻을 세워 배우고 닦으려 하는 법률도, 경제도, 문학도, 이 국가의 운명을 목도하는, 화약 연기가 자욱하고 탄환이 빗발치는 전장 가운데 비로소, 진짜 우리 국체의 본의에 투철하도록 국가 경륜의 학문으로 태어나는 것이다. 즉 우리 일본의 정신문화는, 이 비참하고 격렬한 대동아전쟁의 시련을 통해 일대 비약을 이루고, 그 전열에서 장래의 인류를 지도해야 할 참된 일본적 문화과학의 확고부동한 기초를 세워 가고 있다. 이 점에서 볼 때, 지금 국가가 특히 법문계의 학도를 선택하여 제1선으로 출진의 명을 내린 의의가 정말로 심원한 것임을 명료하게 납득할 수 있다. 원래 스스로 새로운 역사를 창조하고 스스로 원하는 방향으로 역사 진행의 수레를 추진해 가는 것은 눈앞에서 전개되는 역사의 폭풍우 한가운데에 서서 단호히 싸우는 것만이 비로소 이것을 잘 이룰 수 있는 것이다. 따라서 이후 우리 황국을 중핵으로 창출되는 대동아 역사라는 세계 역사의 진로는, 이번 대전(大戰)의 엄혹한 현실과 싸우고, 그 비참하고 격렬한 전쟁의 대열에 몸을 던졌던 황군장병에 의해 지도되어, 물처럼 흘러가게 되는 것이다. 바꿔 말하면 우리 반도에서 이 광휘한 역사 진행의 수레를 추진해야 할 선수로서의 자격을 가진 자는 몇 명인가. 그것은 1938년(昭和 13) 이래 실시되었던 육군특별지원병 및 올해부터 실시되었던 해군특별지원병과 내년부터 징병으로 부름 받을 청년들이다. 만약 이번 특별지원병 임시채용제도가 시작되지 않았더라면, 적령(適齡)을 넘긴 조선인인 문과계의 반도 학도는 결국 영구히 낙오자의 무리로 어쩔 수 없이 떨어지기에 이르렀을 것이다. 다행히 이번 내지인 문과계 학도와 함께 손을 잡고 대동아전쟁의 전열에 참가하여 같은 광영을 얻기에 이른 것은 얼마나 환희인가. 이것은 오직 1931년(昭和 6) 만주사변의 발발부터 지나사변을 거쳐 대동아전쟁 결전이라는 현 단계에 이르기까지, 반도 2,500만 동포가 피력했던 애국이라는 참된 정성에 의해, 조선 및 조선동포가, 우리 1억 황국신민의 아주 중요한 일환일익(一環一翼)

으로서 그 진가를 충분히 인식시켰던 결과에 다름 아닌 것이다.

제군, 제군이 이번 기회에 새로이 얻었던 광영은 정말로 크다. 그리고 그것은 오직 제군만의 영예는 아니다. 즉 제군의 조부·조모·부모·형제·자매 2,500만 동포를 드높이는 광영이다. 그런 만큼 책임 또한 무겁다. 제군은 이후 군무봉공에서, 꿈속에서도 조선 2,500만을 대표하는 학병으로서의 명예를 중시하고, 충실히 근무하며 노력하고 부지런히 힘쓰고, 지극한 정성으로 일관해, 아침부터 저녁까지 군인정신의 체득에 매진해야 한다. 제군이 이미 알고 있는 대로, 다년간 미·영·네덜란드라는 야수의 마수(魔手)에 걸려 학대받았던, 중화민국·태국·버마·필리핀도 대동아전쟁의 진의를 자각하고, 우리의 적인 미국과 영국을 그 공동의 적으로 선전포고함과 동시에 과감하게 창을 잡고 싸우고 있다. 인도의 지사(志士) 찬트라 보스도 국민군을 조직하여 원수인 영국군에 대해, 보복의 진군을 준비해 가고 있다. 제군은 이번 출진에 의해 우리들 1억 황국신민 활동의 신천지인 대동아 여러 지역에 스스로의 족적을 남기고, 장래 발전의 방향을 미루어 짐작할 수 있음과 함께, 훨씬 떨어진 곳에서 고향을, 고향의 동포를 되돌아봄으로써, 천년을 하루같이 누추한 집에 사는 것에 만족하고, 혹은 오직 무의식적으로 타인의 수확에 기식하려는 듯이 안이하고 무기력한 분위기나 내가 앞서 말한 것과 같은 협소하기 짝이 없는 민족관에 사로잡혀, 혹은 더 이상 나눌 것도 없는 빈곤한 생산이라는 것을 알아차리지 못해 공산주의 등을 칭하는 어리석음을 스스로 깨달아, 그 사이에 부지불식간 제군 욕망의 한도는 높아지게 되어, 따라서 진취 기운도 크게 높아져 갈 것이다.

미흡하나마 후방은 우리가 최선을 다해, 반드시 제군의 기대에 부응하도록 노력할 것이다. 나는 반도 문교의 당국자로서 먼저 반도교학의 쇄신에 미력(微力)하나마 힘쓰고, 종래의 소위 학교 교육 형식을 혁신하여 이것을 24시간 교육의 방향으로 나아가게 하며, 후방 청소년을 가능한 한 온돌에서 분리해 소위 전원 기숙사제로 하는 환경의 전환을 행해, 교육 즉 근로라는 정신적 교양과 육체적 단련을 하나로 합치는 철저한 연성을 실시하고, 곡창이라는 사명에 부응하는 전시국민식량의 충실과 반도의 천연자원인 각종 전략물자의 증산에 힘씀과 동시에, 언제나 제군의 뒤를 이어, 군무봉공 할 수 있고 또 새롭게 대동아 건설의 공작에도 참여할 수 있는 후속부대의 육성에 대처하고 싶다고 생각한다.

6. 맺음-광명에 빛나는 조선의 전도

벌써 예정된 시간이 되었다. 여기서 결론으로 들어가고자 한다. 나는 내가 한창 일할 나이의 20 수년을 조선에 헌신하였다. 이 사이 내무행정에도, 산업행정에도, 재무행정에도 종사했고, 4년 정도 칼도 찼다. 복지나 재류동포 보호를 위해 1년 반 정도 북경에도 주재하였다. 그러나 나로서 제일 인연이 깊었던 것은 반도의 학무행정이다. 도의 학무과장으로서 1년, 본부의 학무과장으로서 3년 반 남짓, 그리고 이번은 뜻밖에 학무국장으로서 학도지원병의 시무(時務)로 바빴다. 나는 이번 이 학도지원병이라는 획기적인 일이 신의 가호로 아주 훌륭하게 유종의 미를 거두기를 밤낮으로 생각한다. 조선의 장래를 생각하기 때문에, 매우 귀에 거슬리는 것도 말했지만, 제군의 대부분은 아마 나의 진심을 이해해 주셨으리라 믿는다.

고이소(小磯) 총독 각하는 작년 여름 이 땅에 부임한 이래 반도 및 반도 동포의 지위 향상에 밤낮으로 간담(肝膽)을 졸이며, 그 근본을 반도 2,500만 동포를 열거해 우리 존귀한 국체 관념에 투철하게 하고, 도의조선을 확립시키는 것에 두어, 의와 인정으로써 통치의 향상과 시정의 발전에 매진하도록 하였다.

제군이 이번 지원에 대해, 그리고 출진에 임해 어떤 석연치 않은 것을 느끼고, 장래의 일과 고향에 막연하게 뒷머리를 끌어당기는 듯한 기분이 드는 것을 나도 잘 이해할 수 있다. 그러나 그 점에 관해서는, 제2항의 마지막에 상세히 서술한 대로, 조선 및 조선인의 나아갈 길은 하나요, 둘이 아니다. 일단 2,500만 동포의 선두에 서야 할 제군이 이미 닦아 온 법률·경제·문학을 대동아전쟁의 전열에서 여과해, 웅대무비한 황국 세계관에 입각한 국가 경륜의 학으로서 결실을 갖추어 돌아온다면, 진실로 우리 국체의 본의에 투철한 제군의 실천력에 의해, 내지인 측에서도 조선인 측에서도 잘못된 내선대립민족관은 불식되고, 제군에 의해 소개된 새로운 활동의 천지(天地)가 가진 매력은, 후방의 반도 동포에 대해 진취의 기상을 불러일으키고, 스스로 그 욕망의 한도를 높여, 퇴영나태(退嬰懶惰)의 풍토도 혁신하고, 도의조선 확립의 기초가 구축되는 것이다. 앞서 말한 대로, 내년 말부터는 매년 제군에게 수십 배에 달하는 후속 부대가 징병으로서 기꺼이 소집에 함께할 것이다. 내년 봄 일찍부터 여자청년연성도 실시된다. 1946년(昭和 21)부터는 내용이 아주 충실한 의무교육제도가 실시된다. 『손자병법』에는 "시(恃), 유(有), 대(待)"[1]라는 말이 있는데, 나는 반도의 빛나는 장래는 "시, 유, 준비(用意)"라는 한마디밖에 없다고 생각한다. 모두 현저하게 준비를 진행하고 있다. 실로 조선의 앞날은 광명으로 빛난다. 다른 생각을 하지 말고, 부디 제군 건강에 주의하고 오로지 군무(軍務)에 정진하라. 끝.

---

1 『손자병법』「구변편(九變篇)」의 無恃其不來 恃吾有以待也에서 나온 것으로, '오지 않는다 생각하지 말고 기다리고 있는 나를 믿는다'는 뜻이다. '적이 오지 않는다고 방심하지 말라'는 의미를 가진다.

<자료 11> 朝鮮敎學論(尾高朝雄, 1944)

조선교학론

경성제국대학 교수 법학박사 오다카 도모오

양해의 말씀

나는 본지 2월호에 「조선교학론」(1)을 썼다. 「조선교학론」이라는 잘 꾸민 제목을 달았는데, 문제 많은 조선의 교학에 대해서 상세한 논술을 몇 호에나 걸쳐서 전개하려고 한 것이 아니라, 생각나는 대로 2~3개의 사견을 서술해, 편집 당국으로부터 독촉을 받아 책임지려 한데 머물렀다. 그래서 처음부터 1호 분량 정도로 양해를 구할 생각이었다.

그런데 그 사이 내 신분에 변화가 생기고, 오랜 세월 근무한 경성제국대학을 사직해, 차마 견디기 어려운 조선을 떠나 도쿄로 전임하게 되었다. 그 때문에 신변이 저절로 잡사다망하여 결국 그 1호 분량의 원고조차 차분하게 쓸 여유가 없어, 오히려 편집 당국에도 독자 여러분에게도 큰 곤란을 미치기에 이르렀다. 뭐라 해도 죄송한 마음뿐이다. 여기서 얼마간 마음의 여유를 얻어, 짧은 원고를 여하튼 탈고하기로 한다. 구상 역시 미숙하고, 논지 한층 갖추어지지 않은 점을, 미리 사과의 말씀을 드린다.

양해를 구하는 것과 동시에, 이 기회에 조선 전체 교육자 여러분에게 한마디 올리고자 한다. 나는 만 16년간 경성제국대학에서 봉직하고, 교학의 길을 나의 직분으로 한 것 외에, 혹은 교학연수소에 관계하고, 혹은 총독부 시학위원으로서 몇몇 도를 순회하여, 교학의 최전선에 서 계셨던 여러 선생과 접할 기회를 비교적 많이 얻었다. 지금 조선을 떠나 조선교학의 중대성을 생각하는 것이 더욱 깊어져, 여러 선생의 건투를 바라는 마음에 더욱 간절함이 있다. 조선에는 문제가 많지만, 이것을 해결하는 첫 번째 열쇠는 말할 것도 없이 현지 조선에 있다. 그런데 그 두 번째 열쇠는 내지, 특히 도쿄에 있다. 나는 최근 특히 그렇게 믿는다. 조선과 도쿄, 일하는 직장 자체는 떨어져 있어도, 종래 감사하게 여겨온 두터운 정분을 널리 되살려서, 생각은 같은, 조선이 천황의 새로운 영토인 조선으로서 향상 발전하고, 금후 함께 서로 제휴하는 데 미력을 다하고자 한다. 독자 여러분은 바라건대, 나의 이 미충(微衷)을 양해해 주시길 바란다.

1.

　대동아전쟁 하에서 세 번째 기원절(紀元節)을 맞이하려는 즈음에, 사모의 마음을 멀리 건국의 황모(皇謨)에 ■한 채, 조선통치의 근간인 교학의 본의에 대해 성찰을 더한 것은, 그 의의가 절대 적지 않을 것이다.

　올해야말로, 전국(戰局)의 대세를 결정해야 할 진짜 의미에서 결전의 해라고 할 수 있다. 결전의 해임과 동시에 결승(決勝) 아니면 필승(必勝)의 해가 되도록 하기 위해서는, 대략 움직일 수 있는 모든 사람과 사물들을 직접 전력의 급속증강에 도움이 되는 방면으로 되돌리지 않으면 안 된다. 그러나 그 사이라고는 해도 과학·사상·문화 등의 건설 방면 활동을, 대동아의 정치건설·경제건설과 나란히, 힘써 진전시켜 가야 할 필요가 있다. 그리고 전쟁과 건설의 양면에 걸쳐 퍼도 퍼도 다함이 없는 위대한 국력의 근원을 배양하는 것은 말할 것도 없이 교학(敎學)이다. 물론, 결전 하에서 교학은 전쟁 상황의 가열화(苛烈化)와 함께 급격하게 변모한다. 그러나 아무리 변모해도, 교학은 교학으로서의 본래 도에서 한 발짝도 이탈해서는 안 된다. 출진하는 학도는, 결코 교학의 도에서 벗어나서는 안 되고, 반드시 생사의 전쟁터에서 진짜 살아 있는 가르침을 배워야 한다. 공중 폭격을 받은 지방의 학교가 수업을 일시 정지하고, 교사는 방위에 임하고, 생도는 경비에 임하거나 혹은 간호에 앞장서는 경우 또한 그렇다. 특히 조선은 여러 관계로 보아 적국의 사상모략·후방교란의 대상이 되기 쉽다. 이것을 의연히 방위하는 제1선 진지(陣地)는 학교이다. 지금이야말로 전 조선의 각 학원, 각 교실은 하나도 남김없이 필승의 기백을 넣어 교학보국의 대도(大道)를 걸어가지 않으면 안 된다.

　조선의 교학이 스스로 제출하고, 스스로 해결해 행해야만 하는 첫 번째 중요 문제는 말할 것도 없이, 어떻게 하면 조선동포의 황국신민화를 완성할까 하는 것이다. 조선의 교육행정 당국 및 직접 학도의 지도를 담당하는 각 학교의 교직원은, 일찍부터 이 문제를 연구하고 깊이 고민하면서, 이 문제를 해결하고, 이 큰 임무를 달성해야만 할 형극의 길을 불굴의 용기로 개척해 왔던 것이다. 게다가 그 완성점에 도달하기 위해서는 상당히 장기간을 요한다는 것이, 최근까지의 식자들의 통념이었다. 다시 말하면, 그것은 이루려면 이룰 길은 있지만, 이루는 데는 차분히 허리를 낮추어, 기회를 기다리는 것 외에는 없다고 생각했던 것이다. 그런데 대동아전쟁 하의 오늘날에 있어서는 더 이상 그러한 느긋한 것은 해서는 안 된다. 조선을 내지와 같은 황국의 일환으로 하고, 조선 민중을 내지인과 다르지 않은 황국신민으로 만든다고 하는 것은, 결전 하에서 조급한 요청이 되고 있다. 이 요청에 응답하기 위한 첫 번째 방도는 교학의 확충, 철저 이외에는 없다. 전쟁은 생명을 비약하게 한다. 이 비약의 목표는 징병제의 실시에 의해 나타나고, 이 비약을 실행하기 위해 도약판의 하나로서, 의무교육제가 준비되었다. 이후는 오직 현실의 비약이 있을 뿐이다. 성패는 실로 교학이라는 토대의 강인함에 있다고 해도, 결코 과언이 아닐 것이다.

 그것과 동시에, 조선의 교학에 부과한 두 번째의, 그러나 첫 번째와 마찬가지로 중대한 임무는 조선에 있어 내지인 자제를, 내지에서 키우는 내지인 청소년과 다름없이 순평무잡(醇平無雜)한 일본인으로서 키우는 것이다. 교육이 교실에서만의 일이 아니라, 교육이 행해지는 장소가 되는 생활환경이 그 성과에 지대한 영향을 미친다는 것은, 새삼스럽게 말할 것도 없다. 일본의 빼어나게 아름다운 국토와 거기에 깊이 스며든 위대한 전통의 영향력 없이는, 오늘날의 일본인 및 일본 정신의 육성, 발전이라는 것은 생각할 수 없다. 그렇다면 풍토와 전승을 달리하는 조선반도에서 참된 일본인을 육성하는 것은 과연 가능할까. 이것과 마찬가지의 문제는 장래 대동아 각 지역에서 일어날 것임에 틀림없다. 즉 대동아 전역으로 넓어지는 일본인의 건설활동과 그 자녀를 참된 일본인으로 키우고 연성하는 것을 어떻게 양립시킬 것인가는, 대동아공영권건설 도상에서 아주 심각한 문제이다. 이것에 관해서는 널리 대동아에서 활동하는 사람들의 임기를 한정하는 동시에, 그 자녀의 교육은 내지의 특정 장소에서 국가적으로 관리, 실시하고, 대외적으로 활약하는 자로 하여금 뒷걱정이 없도록 한다는 방법을 생각해 볼 수 있다. 그러나 조선은 남방공영권 등과 비교하면, 지금은 이미 완전히 부모의 곁과 같다. 여기에서는 내지인의 자제가 훌륭한 일본인으로서 생육, 성업(成業)해 갈 수 있도록 해야만 한다. 그것이 불가능해서는, 어떻게 조선인 자제의 완전한 황국신민화를 행할 수 있을까. 이렇게 첫 번째 과제와 두 번째 과제는 필연적으로 불가분의 연관을 가진다. 조선의 교학은 바야흐로 이러한 중대한 시련의 갈림길에 서 있는 것이다. 이러한 관점에서, 조선의 교학쇄신에 관해 두세 가지의 개인적 의견을 간단히 서술해 보고자 한다.

2.

이에 관해, 나는 평소 생각하는 의견이 있고, 또 간절히 그 실현을 희망하는 것은 교학참모부라고 해야 할 것의 설치이다. 원래 교학참모부라고 하는 것은, 내가 제안하고자 했던 조직의 내용이나 임무를 분명히 드러내도록 하기 위해, 특별히 임시로 선택한 명칭이고, 실제로는 이것을 교학심의회라고 호칭하는 것도 적당할 것이다. 단 교학심의회라고 하면, 지금까지도 비슷한 명칭의 위원회식 조직이 있어, 그것과 섞여질 염려가 있다. 내가 설치를 희망하는 조직은 잠정적으로 이루어지는 특수한 사항, 예를 들어 의무교육제도의 실시를 위해 설치되고, 구성원은 갖추어져도 아주 드물게 밖에 소집되는 일이 없는 듯한 미력한 위원회가 아니라, 연구력과 실천력을 겸해 갖춘 강력하고 유능한 기구이고, 동시에 상식적으로 조선의 교학 전반을 통괄, 지도함을 사명으로 한다. 그러므로 이 취지를 분명히 하기 위해, 여기에서는 이것을 가칭 교학참모부라고 하는 것이다.

말할 것도 없이, 조선의 교육행정은 조선총독부 학무국의 주관에 속한다. 학무당국이 역대 총독의 경륜을 받아, 조선의 교학을 관할, 지도하며, 그 급속한 확충 향상을 도모해 온 공적은 무엇보다 대단히 현저한 것이다. 그러나 학무당국의 주요 당사자는 일반 행정관의 자격으로서, 비교적 짧은 임기로 경질됨을 면치 못한다. 또 일반 행정관인 까닭에 반드시 스스로 교학을 지키는 데 임했던 경험을 가진 것은 아니다. 이러한 제도는 도리어 교학계의 인습에 얽매이지 않고, 그 쇄신을 행하고, 교학의 전체적인 통치방침을 운영해 가는데 적절하다. 그렇지만 그것만으로는 일관성 있는 교학의 연구와 기획을 바탕으로, 대강에서 세부까지 빈틈이 없는 방책으로 이끌어가는 데에 만전을 기할 수 있다고는 말하기 어렵다. 거기서 별도로 교학참모부를 상설하고, 교육행정의 당국자는 물론, 대학부터 초등학교에 이르기까지 각 학교의 숙달을 위해 식견이 높은 교육가를 모으고, 또 여기에 군 당국자 및 민간 재계의 실무가를 배치하여, 각 계층의 타고난 재능과 뛰어난 식견을 받아들여, 조선교학의 항상적이고 종합적인 연구, 지도의 책원(策源)으로 할 필요가 있다. 이러한 필요는 조선처럼 특수한 교육 대상이 있고, 앞서 서술했던 것처럼 특수 중대한 동시에 곤란한 교학상의 과제도 짊어지고 있어, 특히 주요한 것이라고 말하지 않으면 안 된다.

교학참모부의 한 가지 임무는 조선학교의 연구이다. 그 연구는 전술한 두 가지 중대 문제를 중심으로, 그 실현을 위해 세세한 항목의 방법에까지 이르러야 한다. 예를 들어, 국민학교부터 대학에 이르기까지의 종적 연결을 어떻게 밀접히 할 수 있을까, 내선공학의 학교경영에는 어떠한 곤란이 수반되는가, 또 그것은 어떠한 실적을 거두어 왔는가, 군·관·민 각 직역(職役)의 실정에서 보아 인재양성을 위한 교육은 어떤 점에 중점을 두고, 어떻게 규정해 가야 하는가, 조선의 여자 교육, 사회교육, 국어교육을 보급, 향상시킬 방책은 어떠한가 등등, 여기에서 연구한 구체적인 문제는 실로 여러 가지이다. 이렇게 연구된 성과는 매번 교육행정당국에 진언되고, 그 채택에 의해 순차적으로 실시되어야 하는 것은 물론인데, 더욱이 그 성과는 항상 중앙정부 및 중앙교육계에 보고하여, 조선에 대한 인식을 깊게 하는 동시에, 일본의 대동아 여러 민족을 지도하는 데 귀중한 자료가 되어야 한다. 조선이라는 특수 지역을 통치해 온 30여 년의 귀중한 체험은 지금이야말로 이렇게 대동아 경영에 크게 활용되어야 한다.

그렇지만 교학참모부의 일은 단지 연구에만 진력하는 것은 아니다. 그것은 조선의 교학을 지도, 쇄신해 가는 데 실천력을 가지는 것이어야 한다. 교학참모부는 어느 정도까지 교육계의 인사에 관여할 권한을 가지는 것이 필요하다고 생각된다. 즉 교학참모부의 구성원은 시학제도와 협력해 각 계층, 각 지방의 교육계 실정을 사열(査閱)하고, 묻혀 있던 독실한 교육가를 표창하고, 보이기 위한 교육을 배제하고, 적재적소의 구현을 도모하고, 자칫 침체에 빠질 수 있는 교학계를, 부단히 명랑화해 가는 데 힘을 주어야 한다. 특히, 교육자의 중대 사명에 즉시 응하듯이 그 정신상, 물질상의 대우 개선은 무엇보다도 교학의 실적을 향상시키는 주요 조건이고, 이 방면에서도 교학참모부의 노력에 기대하는 바가 많다. 그것과 동시에, 교학참모부 그 자체가 일종의 파벌의 연원이 되는 것에 대해서 사전에 충분한 경계심으로 임할 필요가 있을 것이다.

3.

앞부분에서 서술했던, 교학참모부의 상시 설치가 실현된다면, 이 기구가 조선교학의 전반에 걸쳐 쇄신·향상의 기획에 적합한 것이 될 것이다. 교학이라는 것, 영구히 불변하는 상규상도(常規常道)에 따라야만 함과 동시에, 시간과 함께 바뀌는 시세의 요구에 따라, 탄력적인 진전성(進展性)을 드러낼 수 있는 것이어야 한다. 특히 전쟁 국면의 추이와 함께 국내·국외의 정세가 어지럽게 변화해 가는 상황에서 현대에는 어제의 일을 말해도, 오늘은 이미 시의 적절치 않아 유감인 경우가 적지 않다. 그 사이 항상 공정함의 길을 걸으며, 더욱이 진전·비약하되 세상과 유리되지 않고, 시국에 즉시 응대하는 지도에 중점을 두면서도, 동시에 조금이라도 즉흥적 주의라는 영합교육에 빠지는 일 없이, 교학의 본의를 세상에 잘 알리는 데 오류가 없게 한다는 것은, 아마도 아주 어려운 일에 속한다. 필자가 교학참모부와 같은 기구설치의 필요를 통감하는 것도, 그것이 대책으로서 적절하다고 믿는 이유이기 때문이다.

그러므로 만약 다행히 교학참모부 설치안을 당국이 채용하게 되어, 인선(人選)을 아주 잘하고, 또 기능을 충분히 발휘하게 하려면, 상시와 임시의 여러 조치는 모두 심의를 거쳐 이루어져야 한다. 조선교학의 구체적 문제에 관해 미숙한 하나의 사견(私見)을 여기서 상세히 논술할 필요는 없을 것이다. 그러나 교학참모부라는 것은 무엇보다 나 자신의 한 가지 시안이고, 설치 여하는 어찌 될지는 예측할 수 없는 장래에 속한다. 따라서 여기서는 제쳐두고 다시 조선의 교학쇄신에 특히 고려를 요한다고 생각되는 두세 가지 점에 관해, 간단한 소견을 써 나가려고 한다. 그 가운데 필자가 특히 힘을 들이고 싶은 것은 근로에 중점을 두는 교육체제의 정비로, 특히 중등학교 교육의 근로교육화(勤勞敎育化)이다.

여기서 말하는 중등학교 교육의 근로교육화란, 단순한 근로작업의 강화와 같은 것을 의미하는 것은 아니다. 오히려 중등학교의 체제를 전체적으로 직능교육화(職能敎育化)하는 것이다. 더욱이 중등학교로 하여금 일단 직능교육을 완결하는 바의 단위가 되도록 해야 한다. 이렇게 더욱 근본으로 거슬러 가면, 직능교육을 통해 자제에게 근로를 존중하는 확고한 가치관을 철저히 가르치는 것이다.

지금까지의 제도에서는 중등학교의 근간을 이루는 것은 중학교 및 고등여학교이고, 이 학교들은 오히려 직능화 되어 있지 않은 중등보통교육을 전수하는 것을 방침으로 하고 있었다. 머지않아 가정의 주부가 되어야 할 여자의 경우는 별도로 하고, 남자의 중등교육에 관해 말하면, 그 결과로서 중학교만으로는 어떤 완결된 과정을 학수(學修)한 것으로 되지 않는다는 통념을 만들어, 중학교 졸업생 또는 4년 수료생은 다투어 상급학교로의 입학을 지망하게 되고, 스스로 중학교는 고등학교 혹은 전문학교 입학을 위한 예비교라는 관점을 드러내기에 이르렀다. 원래, 대학교육이나 전문교육은 국가 문교의 향상 발전을 위해 크게 진흥해야 하고, 이것을 목표로 국민의 향학심 발달 또한 기뻐해야 할 것임에는 틀림이 없다. 그러나 그렇다고 해서 아무나 전문학교를 나와 대학에서 배우기면 하면 해야 할 일이 이루어진다고 하는 듯한 풍조는, 단호히 배척하지 않으면 안 된다. 하물며 전문학교·대학으로 나아감에 따라, 더욱더 황국신민으로서의 자각이 없다는 회의로 왜곡되고, 사상악화의 원천을 배양하기에 이르렀다는 것은, 특히 조선의 과거 실정에서 보아 깊이 경계해야 할 바가 되어야만 한다.

이것에 대해 조선교학의 요체는 인간적 가치관의 전환을 도모하는 데에 있다. 세상 사람으로서, 특히 황국신민으로서, 무엇이 가장 존중되어야 할까. 불건전한 사상을 가득 채운 두뇌 위에 뻐딱하게 사각모자를 얹고, 가죽 가방에 회의적인 문장을 늘어놓은 노트를 감추는 것으로는, 대학에, 전문학교에 다닌다고 말하지 못한다. 진정한 존중은 이마에 땀이 나는 근로의 생활이고, 근로를 통해 황국의 발전에 직접 기여하는 봉공의 실천에 환희할 수 있는 마음이어야 한다. 특히 옛부터 근로를 천시하는 폐풍이 있었던 조선에서는 요즈음 철저하게 가치관의 전환을 일으켜, 근로에 의한 봉공의 기쁨 가운데 황국신민으로서 사는 보람을 체득하도록 지도하는 것이 필요하다. 이를 위해서는 중학교육에 대폭적인 직능교육화를 도모하고, 기술교육이나 실업교육을 일단 완성시켜, 중등학교 출신자를 왕성하게 내지의 공장 등에 보내 직역에서의 지도·연성을 더해 가는 것이 가장 효과적일 것이다. 교육은 결코 학교에서만 행해야 할 것이 아니다. 싸우는 일본, 싸우는 직장, 싸우는 생활실천이야말로, 무엇에도 이길 수 있는 즉물교육(卽物敎育)이다. 반도 자제의 황국신민화라는 노선에 따르는 정신도야는 이러한 즉물교육에 기대하는 바가 아주 큰 것임을 잊어서는 안 된다.

물론, 이러한 경우에도, 중등학교 출신자의 우수한 몇몇은 상급학교로 나아가려 할 것이고, 또 상급학교로 나아가야만 한다. 이를 위해서는 중등학교 교육에서부터 대학·전문학교 준비교육으로서의 의의나 역할을 빼앗아가는 것은 허용되지 않는다. 그렇다면 일단 완결해야 할 중등교육과 상급학교 준비교육으로서의 교육을 어떻게 조화시킬 것인가. 이것은 실제로 여러 가지 곤란을 수반하는 문제이다. 특히 문과계 대학·전문학교에 진출하려는 자를 위해서는, 종래의 중학교를 과도하게 직능교육화 하는 것은 상당히 거북한 결과를 초래하는 것이다. 그래서 일부 중학교는 재래의 중학교와 큰 차이가 없이 존치하고, 여기서는 주로 상급학교로 나아가려는 생도를 수용한다는 안도 생각할 수 있다. 그러나 그렇게 되면, 그 중학교에만 지망자가 운집하는 경향을 가져올 것이다. 그렇게 되어도 전형 결과, 뽑히지 않은 자를 제2지망인 실무중학교로 충원해 간다면, 큰 지장은 생기지 않는다. 요컨대 근로 존중의 가치관 확립에 의해, 대학·전문학교의 진로만 해가 비친다는 편견을 근본에서부터 교정하는 것이 선결 문제이다. 특히 현재 군 관계학교로의 지원자 격증은 이 편견의 교정에 큰 힘이 된다고 생각한다. 그것과 동시에, 중등학교 졸업자의 취직조건을 개선하고, 능력 있는 인재에게는 대학 출신자에 뒤떨어지지 않는 각 직역의 간부로 등용하는 길을 여는 등의 적절한 조치가 강구되어야 한다.

4.

다음으로 중등학교 졸업자 가운데, 우수한 자를 선발하여 수학시키는 대학·전문학교의 교육은 어떻게 해야 할 것인가. 이것에 관해서는 문제가 여러 가지로 한층 복잡하다. 특히 작년, 학도에 대한 징집유예제도가 철폐되고, 이과계 학도는 입영연기로 처리되고, 문과계 학도는 학병이 되어 용감하게 싸움터로 나갔는데, 조선 재적자도 특별지원병으로 내지인 학우와 함께 전열을 함께한 이래, 전문학교 이상의 교육, 특히 인문과학계의 교육을 어떻게 처리해야 할까는, 전국적으로 아주 절실한 문제가 되기에 이르렀다. 그러나 여기에서는 이러한 전면적인 문제를 다루는 것을 피하고, 또 전시의 교학비상조치에 관련하는 전문교육의 응급책도 다루지 않으며, 조선교학의 일반적 입장에서 평소 생각한 소견의 단편만을 개진하는 데 그치고자 한다.

조선의 대학·전문학교 교육이 가진 커다란 특색은 내선공학을 방침으로 하는 점에 있다. 물론, 내지의 대학·전문학교에도 조선재적 학도가 수용되어 있고, 또 조선의 중등학교에도 내선공학을 근본 특색으로 추진해 온 곳이 있다. 역으로 조선의 전문학교 가운데는, 사실상 거의 조선재적 학도만을 교육대상으로 하는 곳도 적지 않다. 그러나 경성제국대학 예과 및 본과 각 학부 및 조선의 많은 관립전문학교처럼, 내선학도를 큰 차이 없는 비율로 수용, 교육해 온 곳에서는 학도가 이미 고등교육을 받고 있는, 소위 인텔리층이라고 하는 것, 내지인 학도와 조선재적 학도가 그 수에 있어서 큰 차이가 없이 교학의 길을 함께 하고 있는 것이므로, 특수한 어려움 그러나 귀중한 경험을 쌓아 왔다고 할 수 있다. 그 귀중한 경험에 대해 항상 성찰을 더해, 그 장래의 성과를 더욱 향상시키는 방도를 배우고 익히는 것은, 널리 내선공학의 지도방침을 확립하는 데, 아주 중요한 사항이라고 하지 않을 수 없다.

내선공학의 학교에서 아무튼 일어날 법한 내선학도 상호의 감정적 소원함을 방지하고, 학원의 통일을 확보해, 공학의 성과를 거두기 위해서 지도상 우선 마음 써야 할 것은, 한편에서는 학도로 하여금 관념적인 논의로 흐르지 않게 할 것, 다른 한편에서는 내선학도로 하여금 손을 잡고 공동의 작업에 종사하도록 하여, 일의 공동성을 통해 학원 전체의 공동체 의식 향상을 도모하는 것이다. 필자는 문부성 주최의 전국 직할학교 학생 생도 주사회의(全國直轄學校 學生 生徒 主事會議)에 출석하여, 내지의 모 고등학교 생도주사가 외지인 생도의 사상 지도에 애를 먹었다고 고백하는 것을 듣고, 깊은 우려를 품은 적이 있다. 그 생도주사는 내지인 생도와 외지인 생도(그것은 말할 것도 없이 주로 조선재적자이다)를 기회 있을 때마다 서로 얘기하도록 하고, 그 마음을 소통시키려 했음에도 불구하고, 양자의 대담은 머지않아 논의가 싸움으로 빠져, 도리어 역의 결과를 가져오기에 이르렀다고 술회했다. 이러한 지도방침은 처음부터 그 방책을 그르치고 있다고 말해야 한다. 왜냐하면 반도인의 황국신민화라고도 말하고 내선의 일체화라고 말해도, 결코 논의에 의해 해결될 수 있는 문제는 아니기 때문이다. 그 목표에 도달하기 위한 가장 유효한 길은 공동의 목적을 향해 할 수 있는 공동작업의 협력 실천이다. 전문 정도 이상의 학도인 경우, 배운 전문지식을 활용할 수 있는 적당한 공동작업을 선택하도록 하고, 일을 공동으로 함으로써 무심결에 서로 의지하고 서로 기대하는 기풍을 배양해 가는 것이 좋다. 의학을 전공하는 경성부 내의 모 전문학교의 생도가 근로 작업의 과제로서 도회지의 우물물 공동조사를 행하여, 의학상, 위생상, 방공상의 참고자료로 삼았다고 하는 것과 같은 예는, 학원 공동정신 발휘를 위한 손쉽고 현명한 길이었다고 말할 수 있다.

다음으로 내선공학의 성과를 거두기 위해서는 내선학도의 비율을 적당히 규제하고, 특히 내지인 학도에게서 우수한 지도적 인물을 얻을 수 있도록 노력하는 것이 꼭 필요하다. 물론, 조선재적 학도 가운데 그 지능이나 성적에서 내지인 수준을 능가하는 자가 드물지 않지만, 학원 또는 학급의 통솔에 관해서는 대체로 내지인에게 그 역할을 구하지 않으면 안 된다. 필자가 경성제국대학에서 경험한 것에 따르면, 하나의 학급에 실로 학덕겸비한 지도적인 내지인 학생이 있는가의 여부에 따라, 그 학급 전체의 단결이나 기풍의 신장 정도에 커다란 차이가 생겼다. 대체로 청년학도의 심리상에서 보면, 문교 당국이나 학교 당국이 지나치게 외면적, 형식적인 점까지 위로부터의 통제를 더하는 것은, 오히려 학도의 정신을 위축시키고, 혹은 면종복배(面從腹背)의 태도로 흐르게 하는 결과를 부르기 쉽다. 당국은 차라리 대강의 방침을 제시하고, 교관은 신념과 열의와 온정으로 학도를 접하고, 나머지는 학도 자신의 활발한 창의공부(創意工夫)와 자율자제(自律自制)에 기대는 것이 좋다. 그때라야 학도 가운데 훌륭한 지도자를 얻을 수 있다는 것은 전문교학 필승의 요체라고 해도 결코 과언이 아니다.

이 점과 관련해 조선 전문교학에서 절실한 문제가 되는 것은 조선에서 이렇게 지도력이 풍부한 내지인 학도를 얻는 것이 그다지 용이하지 않다는 사정이 있다. 그 원인의 하나는, 조선에서 배우는 내지인 중학생 가운데, 특히 성적 우수자는 스스로 내지의 고등학교 등에 입학하려 하고, 부형도 많은 경우 이것을 희망하기 때문이다. 게다가 중학교 당국 역시 자교의 졸업생 혹은 4년 수료생 가운데 올해는 몇 명이 일고(一高)에 합격하고, 몇 명이 삼고(三高)에 입학했다는 것(현재는 필시 그것이 해병이나 육사로 대체되었을 것이다. 그것은 그것으로써 자신의 문제는 별도이다)을 학교의 명예로 하는 경향이 있다. 이러한 정세에서 조선 내의 대학 예과나 전문학교에 상당수의 내지인 생도를 입학시키려 한다면, 자연히 평균해서 그 소질이 저하하는 것을 면하기 어렵다. 이래서는 내선공학의 결과로서, 조선재적 학도에게 부당하게 내지인에 대해 우월감을 품도록 하는 것이기도 하다. 원래 내지인 이상으로 황국신민으로서의 자각이 철저한 조선인 학도가 없는 것은 아니고, 그러한 학도가 학급의 지도자가 되는 것은 커다란 의의가 있는 일이다. 그러나 그 여하에 관계없이, 내지인 학도의 질적, 특히 학업 성적상 열세는 내선공학에 수반되기 쉬운 암(癌)이라고 해야 한다.

이에 대한 대책은 그 관련하는 바가 아주 복잡하지만, 조선 내 대학·전문학교의 시설·교수진용 등을 정비·개선해서 내지보다 내지인 자제의 지원자를 유치하고, 그 학자(學資)에 보조를 주고, 나아가 천황이 통치하는 조선의 건설에 앞장서도록 해야 한다. 대동아에서 지금의 일본 지위에서 논하자면 내지에서만 길러지고, 내지만을 아는 일본인은 일본의 대경륜(大經綸)에 참여할 자격을 가지지 못한다. 그렇다고 해서 지나나 남방에 일본인이 배워야 할 고등의 학부는 아직 없다. 그렇다면 대동아에 뜻이 있는 내지인 청년은 조선의 대학·전문학교에 와서 잘 배우고, 생김새가 다른 문화·전통·습속이 접합하는 상황에 어떻게 대처해야 하는가를 몸소 연습하는 것이 좋다. 정부 또한 그런 의미에서 조선의 대학·전문학교의 교학 상 특수한 중요성을 인식하고, 그 졸업생에게 조선 및 만주를 가리지 말고 황송해 몸을 굽히지 않고 넓은 진로를 열어 주어야 한다. 그것도 다만 내지인에게 한정하지 않고, 우수한 조선인 졸업생도 이 대열에 서서 동아 각지로 진출하는 것처럼 된다면, 그것이 그 자체로 펄럭여서 조선인의 일본적 자각을 높이는 유력한 기회가 될 것이다.

5.

방향을 바꾸어, 교학의 원천이이거나 온상인 국민교육을 살펴보자. 여기에도 조선 독자의 문제가 산적해 있다고 생각하는데, 이것은 필자 자신이 지나치게 인식이 부족한 영역이고, 따라서 그것에 관한 소견도 더 한층 빈약, 피상적임을 스스로 인정하지 않을 수 없다. 다만, 순서상 여기서 한마디하는 정도로 만족해야 한다.

국민교육의 중대성은, 여기서 새삼스럽게 머리를 치켜들고 논의를 시도할 것까지도 없이, 누구나 알고, 누구나 입에 올린다. 사실 필자는 때때로 조선의 각 지방에 출장을 가서, 도읍의 경관이 그다지 크고 화려한 아름다움을 자랑해야 할 것이라고는 없는 가운데, 국민학교나 중등학교의 건축만이 오직 사방을 압도하며 당당히 우뚝 솟은 것을 보고, 조선 관민의 보통학교에 대한 열의에 항상 마음이 울렸다. 그러나 국민교육은 건물의 정비만으로 충실한 것은 아니다. 무엇보다 중요한 것은 가르치는 사람이 충실한 것이다. 특히 조선에서는 내 후년인 1946년(昭和 21)을 기해서 의무교육제가 실시되고, 그때까지 아동취학률 남자 90%, 여자 50%를 목표로 해서 진행하고 있다. 이러한 결전 아래인 만큼, 시설의 정비에 관해서도 쉽지 않은 장애가 있을 것이고, 하물며 현재에도 부족한 경향인 교원의 보충에 관해서는 이 만저만한 고심이 아닐 수 없다. 단지 학무·재무 당국만이 아니라 반도 관민의 보통과는 다른 노력으로 이 애로(隘路)가 순조롭게 타개되어, 소기의 목적이 관철되기에 이르기를 진심으로 염원해 마지않는다.

국민교육의 비약적 확충에 수반된 초등교원의 증원은, 우선 질보다 양의 확보가 선결 문제일 것이다. 초등학교는 지금도 인원이 부족하다. 인원만 부족한 것은 아니다. 초등학교 교원들의 일이 학교·학급의 경영 이외에 사회교육의 방면에서도 현저히 증가하고 있다. 이것에 대해서는 무엇보다도 먼저 인원을 채우는 것이 초미의 급무가 된다. 그를 위해서는 졸속을 존중하는 것이 되기도 하고, 고양이 손을 빌릴 필요조차 생길 것이다. 그러나 그렇기 때문에, 갖추어진 인원에 초등교학의 중임을 맡길 수 있을 만큼의 사후 정비를 더하는 것이 분명히 필요해졌음에 틀림없다. 특히, 오늘날에는 초등교육의 교과내용이 여러 가지로 쇄신되고 있다. 그것과 동시에 국어·국사·산술 등의 취급이 상당히 어려워져 왔다. 교과내용은 쇄신되고, 교과서는 개정되어도, 이것을 충분히 소화시켜 취급하는 것이 교수자 측에 부족하다면, 오히려 수업의 결과를 혼돈으로 이끌게 될 것이다. 초등교원을 키우고, 늘리자. 그러나 키우고 또 늘린 초등교원을 훌륭한 선생으로 양성해 가기 위해서는, 각별한 고려를 기울이고, 대책을 강구해야 한다. 그것이 조선 초등교육의 현상에 입각한 절실한 요구여야 한다.

그 대책의 하나로 생각할 수 있는 것은 초등교원에 대한 지도의 조직을 확립하는 것이다. 중등·초등교원의 지도·연성의 조직으로서는 지금도 교학연수소와 같은 것이 있다. 그렇지만 교학연수소의 연성 대상은 주로 국민학교 교장 급이고, 그 연성 내용은 교육자의 '정신'이다. 정신도 물론 중요하지만, 정신만으로 충분히 교육할 수 있다고 말할 수 없다. 교육은 정신과 동시에, 또 '기술'이다. 국민학교 교원으로서 교단에 서도, 국어나 산술의 교재를 익숙하게 다루지 못하고, 판서에도 허둥대듯이 해서는 아무리 '정신'은 더욱 분발하겠다고 해도, 교육의 효과에서는 나쁜 상태가 계속되는 것을 막을 수 없다. 교재 취급의 솜씨에 자신감이 있어야, 신념 있는 수업도 가능하다. 급조·속성의 초등교원에게 교과내용이나 교수법을 체득시키기 위한 지도의 조직을 확립하도록 해야 한다. 즉 각 도에 점차로 확충되고 있는 사범학교가 도의 중심이 되고, 경성의 양 사범학교가 또 전체 조선의 중심이 되어, 강습회·연구회·시학제도 등을 크게 활용하고, 부단히 진보하는 교수법 연구의 성과를 초등교육의 모세혈관에까지 생기 넘치게 고루 미치도록 해야 한다. 그 점에서 보면, 각 사범학교 부속국민학교에서는 될 수 있는 한 우수하고 숙달된 훈도를 모으고, 각 훈도는 과목별로 전문적 연구를 행하며, 그들 훈도에게는 교생 이외에 1명씩 조교라고 해야 할 수업 보조자를 배치하고, 훈도는 가능한 한 수차례 도내의 국민학교 수업을 시찰해서, 직접 지도의 임무를 담당할 수 있도록 배우고 익히는 것이 바람직하다고 생각한다.

초등교육은 성스러운 봉공이고, 보수라는 것이 부족한 섬김이다. 특히 산간벽지의 훈도생활처럼, 대단한 희생·멸사의 정신과 아동에 대한 고귀한 순애(純愛)에 의하지 않고서는 견디기 어려운 것은 없다. 그러니까 초등학교 훈도의 지위를 적어도 정신적으로 더욱더 향상시키자. 아동이 존경하는 대상이어야 할 국민학교 교원이 대외적으로는 낮은 입장에 있는 듯한 인상을, 포부를 가진 아동에게 주지 않도록 하자. 교원은 또 교원으로서, 국민교육의 최전선에 서서 조선통치의 첨단을 달리는 수고로움으로, 그 성스러운 길을 의연하게 매진하도록 하자. 지성과 인격으로 한 학급 수십 명의 아동을 교화하는 데 멈추지 말고, 아동을 통해 아동의 배후에 있는 3~4배의 부형·향당도 함께 계몽할 정도의 기백으로 교단에 서도록 하자. 새로이 천황이 통치하게 된 조선의 아침은, 이렇게 해서야 저절로 여러 교원의 가까운 곳에서부터 밝아지고, 개척되어 갈 것이다.

6.

조선의 교학을 말하는 데 있어서, 특히 중요시해야 하는 것으로 여자 교육과 사회교육이 있다.

조선의 여자 교육은 남자에 대한 징병제 실시와 함께, 특히 절실한 문제로 다루어지고 있는 듯하다. 일본 정신이 일본의 어머니에 의해 키워진 것, 얼마나 오래고 얼마나 깊은가를 생각한다면, 황국의 일환으로서의 조선을 건설하는 데 있어서, 여성의 교화가 얼마나 큰 선결 문제인지는 말할 것 없이 분명하다. 다만, 조선 여자 교육의 확충은 수평과 수직의 양방향에 걸쳐 고려할 필요가 있다. 첫 번째 측면에서 말하면, 조선 여자의 계몽운동을 조선 전체에서 전개하고, 학교 교육·준학교 교육·사회교육·순회극·순회영화·그림연극 등 모든 수단을 통해 그 철저를 도모하고, 의무교육의 실시와 함께 반도에 불학(不學)의 여성이 없는 날을 하루빨리 앞당길 수 있도록 노력해야 한다. 그것과 동시에, 두 번째 측면에서도 조선 여자 교육의 최고 수준을 더욱더 끌어올려, 내지와 비교해 구별되는 점이 없는 데까지 향상시키지 않으면 안 된다. 여성 지도를 담당하는 참된 적격자는 여성이다. 여자의 학교 교육은 무엇보다도 농촌 여성의 지도, 공장의 여성노무자 관리 등으로 여성 지도자가 활동해야 할 분야가 오늘날 급속히 확대되고 있다. 이러한 때에 조선에 관립여자전문학교 하나 설치되어 있지 않다는 상황은 너무나도 섭섭하다. 여자도 모두 근로에 앞장서 나아가고, 혹은 빠르게 가정의 주부로서 가정에 힘써야 해서, 한 사람이라도 한가롭게 전문의 학교 등에 머물러서는 안 된다고 한다면, 또 무엇을 할 것인가. 필자는 근로에 힘써 나아가는 여성 혹은 가정주부로서의 여성을, 게다가 고차원적 입장에서 지도하는 최소한의 여성을 양성하는 것은, 결전 하의 오늘날이라고 해도 국가 정책적으로 반드시 필요한 것이라고 믿는 사람이다.

마지막으로, 학교 교육과 함께 나아가는 사회교육에 대해서도, 개선하고 촉진하고, 조성해야 할 점이 아주 많다. 특히, 조선의 현상에 비추어 중요한 문제는 농촌의 지도일 것이다. 필자는 앞에서 중등교육을 논함에 있어서, 근로존중의 정신을 고양할 필요가 있다고 역설하였다. 그러나 학도의 마음에 근로존중의 가치관을 심어 주는 것이 중요한 것과 마찬가지로, 이미 직능적으로 근로에 종사하고 있는 사람들, 특히 공장 근로자나 농민에 대해서 근로생활의 국가적 의의를 자각하도록 하는 것 또한 아주 긴급을 요한다고 말하지 않을 수 없다.

　오늘날에는 조선 출신 공장근로자에 대한 연성은 내지에서도 조선에서도 상당히 행해지게 되었는데, 그것에 비해 농촌 방면은 아직 방치되어 있다고 생각되는 부분이 많다. 농민의 지도는 공장노무자가 지도하듯이 조직적으로 행하기 어렵다는 곤란함이 있다. 그러나 그 반면, 적당한 지도자가 농민과 함께 고락을 나누어 생활하면서, 헌신적으로 이끌어 나간다면, 정말로 땅에 뿌리내린 움직이지 않는 근로정신을 함양할 수 있을 것이다. 농사는 나라의 근본이다. 나라를 일으키려는 자는 먼저 농민의 마음을 파악해야 한다. 농민층에 깊이 들어간 나치 독일의 지도방침이나 노농 러시아의 정책도, 그 근본정신은 완전히 논외로 하고, 단지 사회지도의 방법이라는 관점에서만 볼 경우에는, 조선통치에서도 타산지석으로 삼기에 충분한 점이 있다. 조선의 농정을 개선하자. 농촌지도자(남성 및 여성)를 많이 양성하고, 농업기술의 향상을 도모하고, 일본적 농민정신의 도야를 행하도록 하자. 조선에 있는 몇 개의 농사회사(農事會社)를 동원하면서 그 사업을 감독함과 동시에, 영리를 초월하는 입장에서 농사를 통해 반도 대중이 근로 봉공하도록 정신지도에 임하도록 하자. 그것은 바로 조선의 사회교육상 지금까지 비교적 방치되었던 거대한 새로운 분야의 개척을 의미하는 것이 됨에 틀림없다.

　필자는 최근 조선을 떠난 사람의 입장에서, 조선의 교학쇄신에 대해 느낀 여러 가지 점을 비교적 기탄없이 써 보았다. 이들 의견이 모두 적절한 것이라고는 필자 자신도 믿지 않는다. 하물며, 이들 의견이 결국 그대로 실현되어 갈 것이라고도 결코 기대하지 않는다. 그러나 필자는 교학에서, 특히 조선 교학에서, 건국의 정신이나 국체의 본의에 입각함과 동시에, 구체적으로 문제의 소재를 파악하고, 하나하나 이것을 시정, 개선해 나가는 것이 반드시 필요하다고 생각하는 사람이다. 숭고한 이념에는 구체적인 증거를 제시해야만 한다. 이 소론이 조선교학의 구체적인 문제를 성찰해, 조금이라도 식자의 관심에 닿을 수 있게 된다면, 필자의 기쁨은 이에 더할 바가 없을 것이다.

자료목록

자료번호	자료 제목	원 자료명	저자	발행일
01	교화의견서	敎化意見書	隈本繁吉	1910
02	조선교육론	朝鮮敎育論	幣原坦	1919
03	조선교육연혁약사	朝鮮敎育沿革略史	高橋濱吉	1922
04	조선교육제도사	朝鮮敎育制度史	小田省吾	1924
05	제국주의 치하 조선의 교육상태	帝國主義 治下における朝鮮の敎育狀態	李北滿	1931
06	조선교육의 결함	朝鮮敎育の缺陷	朱耀燮	1931
07	조선교육의 측면관	朝鮮敎育の側面觀	渡邊豊日子	1934
08	조선교육의 단편	朝鮮敎育の斷片	高尾甚造	1936
09	학제개혁과 의무교육의 문제	学制改革と義務教育の問題	八木信雄	1939
10	교육으로부터 본 조선의 장래	敎育よりろ見たる朝鮮の將來	大野謙一	1943
11	조선교학론	朝鮮敎學論	尾高朝雄	1944

참고문헌

〈자료〉

조선총독부 관보, 《매일신보》, 『文教の朝鮮』, 『朝鮮の教育研究』, 『朝鮮』

국가기록원 조선총독부 기록물(http://theme.archives.go.kr)

한국사데이터베이스 직원록 자료(http://db.history.go.kr/item/level.do?itemId=jw)

조선총독부 편, 1922, 朝鮮法令輯覽, 帝國地方行政學會

조선총독부 학무국 학무과 편찬, 1938, 『朝鮮學事例規』, 조선교육회

학무국 학무과 편찬, 1942, 『現行朝鮮教育法規』, 조선행정학회

『정부기록보존소 일제문서해제 - 학무사회교육편』, 2003, 행정자치부 정부기록보존소

국사편찬위원회, 『일제침략하 한국36년사』, 한국사데이터베이스

국사편찬위원회, 2002, 『일본소재 한국사 자료조사보고 I』

국사편찬위원회, 2010, 『한국근대사 기초자료집 - 개화기의 교육』

국사편찬위원회, 2010, 『한국근대사 기초자료집 - 일제강점기의 교육』

고려대학교 글로벌일본연구원 재조 일본인 정보사전 편찬위원회, 2018, 『개화기·일제 강점기(1876 1945) 재조 일본인 정보사전』, 보고사

민족문제연구소, 2009, 『친일인명사전』, 민족문제연구소

민족문제연구소, 2005, 『日帝下 戰時體制期 政策史料叢書』, 한국학술정보

신주백 편저, 2002, 『조선총독부 교육정책사 자료집』, 선인

박찬승 외, 2018, 『국역 조선총독부 30년사』, 민속원

방기중, 2005, 『일제 파시즘기 한국사회 자료집』, 선인

이길상 외, 2002, 『한국교육사료집성 : 현대편』, 한국정신문화연구원

이길상 외, 1997, 『한국교육사료집성 : 미군정기편』, 한국정신문화연구원

한기언 외, 1994, 『한국교육사료집성 : 개화기편』, 한국정신문화연구원

樞密院 審査報告, 會議筆記, 日本國立公文書館 所藏

渡部學·阿部洋 編, 1991, 『日本植民地教育政策史料集成(朝鮮篇)』, 龍溪書舍

阿部洋, 近代アジア教育史研究會, 1995, 『近代日本のアジア教育認識 資料篇(韓国の部)』, 龍溪書舍

寺崎昌男·久木幸男監修, 1996, 『日本教育史基本文獻·史料叢書』, 東京: 大空社

近現代資料刊行會, 1999, 『植民地社會事業關係資料集:朝鮮編』, 近現代資料刊行會

〈단행본〉

강명숙, 2015, 『사립학교의 기원』, 학이시습

고마고메 다케시 저, 오성철·이명실·권경희 역, 2008, 『식민지 제국 일본의 문화통합』, 역사비평사

宮田節子 저, 이형랑 역, 1997, 『조선 민중과 황민화 정책』, 일조각

김부자 저, 조경희·김우자 역, 2009, 『학교밖의 조선여성들 - 젠도사로 고쳐 쓴 식민지교육』, 일조각

정재철, 1985, 『일제의 대한식민지교육정책사』, 일지사

박경식, 1986, 『일본제국주의의 조선 지배』, 청아출판사

박연호, 2013, 『사료로 읽는 한국 교육사』, 문음사

안용식, 2005, 『조선총독부하 일본인 관료 연구』, 연세대학교 사회과학연구소

오천석, 1975, 『한국신교육사(하)』, 광명출판사

와타나베 마나부 지음, 교육사학회 옮김, 2010, 『와타나베의 한국교육사』, 문음사

이만규, 1988, 『조선교육사 II』, 거름

정재철, 1985, 『일제의 대한식민지교육정책사』, 일지사

이치석, 2005, 『전쟁과 학교』, 삼인

이혜영 외, 1997, 『한국근대 학교 교육 100년사 연구(II) - 일제시대의 학교 교육』, 한국교육개발원

최원규 역, 1988, 『일제말기 파시즘과 한국사회』, 청아출판사

최유리, 1997, 『일제말기 식민지 지배정책연구』, 국학자료원

허재영, 2011, 『조선교육령과 교육정책 변화 자료』, 경진

渡部學, 1981, 『世界史敎育大系 - 5 朝鮮敎育史』, 講談社

稻葉継雄, 2010, 『朝鮮植民地敎育政策史の再檢討』, 九州大學出版會

寺崎昌男·戰時下敎育硏究會, 1987, 『總力戰體制と敎育:皇國民煉成の理念と實踐』, 東京大學出版會

〈논문〉

강명숙, 1992, 「1930년대 교원조직운동연구」, 『교육사학연구』 4호

강명숙, 2007, 「일제시대 제1차 조선교육령 제정 과정 연구」, 『한국교육사학』 제29권 제1호

강명숙, 2009, 「일제시대 제2차 조선교육령 개정 과정 연구」, 『교육사상연구』 제23권 3호

강명숙, 2011, 「조선교육령과 식민지교육정책」, 『근대의 기억, 학교에 가다』, 부산근대역사관

강명숙, 2018, 「1920년대 조선총독부 일본인 학무 관료 다카하시 하마키치의 조선교육사 서술과 그 함의」, 『한국교육사학』, 40권 4호

강명숙, 2020, 「일제시기 조선총독부 학무국 관료의 특징 연구」, 『아시아교육연구』 21권 1호

김한종, 2009, 「조선총독부의 교육정책과 교과서 발행」, 『역사교육연구』 9권

손종현, 1994, 「일제 제3차 조선교육령기하 학교 교육의 식민지배 관행」, 경북대학교 박사학위논문

신주백, 2001, 「일제의 교육정책과 학생의 근로동원(1942~1945)」, 『역사교육』 78집

이기훈, 2008, 「식민지의 교육행정과 조선인 교육관료 - 시학관과 시학을 중심으로」, 『이화사학연구』 36권
이명화, 2007, 「조선총독부 학무국 운영과 식민지 교육의 성격」, 『향토 서울』 69권
임이랑, 2013, 「전시체제기 鹽原時三郎의 황민화정책 구상과 추진(1937~1941)」, 『역사문제연구』 29권
장신, 2009, 「조선총독부의 朝鮮半島史 편찬사업 연구」, 『동북아역사논총』 23
정규영, 2002, 「전시동원체제와 식민지 교육의 변용: 일본 식민지 지배하의 한국교육, 1937~1945」, 『교육학연구』 40권 2호
조미은, 2013, 「조선교육령과 재조선 일본인 교육제도」, 『역사교육』 125호
최혜주, 2010, 「小田省吾의 교과서 편찬활동과 조선사 인식」, 『동북아역사논총』 27호

찾아보기

1면 1교(一面一校) 303, 304, 361, 405, 406, 432, 451
1면 3교(一面三校) 304
6면 1교 360, 431

ㄱ

가정방문 93, 108
간소·실용·단련주의 442~444
간이실업학교 66, 88, 123, 124, 173, 202, 379, 380
간이학교 351, 353, 361, 362, 404~406, 410, 432
갑오개혁 239, 240, 243
개량서당 390
개성학교(開成學校) 60, 61, 260
견인지구(堅忍持久) 42, 422, 424, 425, 426
경성공업전문학교 142, 173, 202, 262
경성의학교 195, 245, 262
경성전수학교(京城專修學校) 141, 173, 202, 262
경성제국대학 12, 191, 296, 297, 311, 364, 365, 386, 387, 393, 410, 411, 415, 450, 458, 465, 466
경성학당(京城學堂) 60, 61, 244
경학박사 158, 222
고등보통학교 88, 118, 132, 142, 200, 201, 204, 205, 207, 208, 289, 291, 297, 339, 342, 344, 355, 356, 366, 379, 380, 382, 383, 389, 392, 395, 398, 415, 417, 443,
고등여학교 78, 114, 117, 118, 170, 172, 198, 205, 207, 257, 275, 353, 355, 380, 382~384, 386~390, 392, 395, 398, 415, 426, 429, 443, 463
고려사 218, 219, 222, 225, 230

공립학교 52, 110, 128, 131~133, 231, 236, 249, 250, 257, 275, 304, 345, 360, 361, 391, 393, 394, 434
공업전문학교 88, 123, 142, 143, 199
과거(科擧) 31, 47, 102, 157, 218, 230, 247, 350, 375
과학(科學) 330, 390, 410, 427, 454, 459
관비급비생(官費給費生) 367
교과서 50, 73, 78, 87, 126~129, 165, 199, 203, 205, 206, 240, 249, 258, 259, 263, 280, 299, 322, 326, 328, 330, 332~334, 343, 362, 383, 398, 429, 430, 434, 469
교과용 도서 82, 128, 129, 131, 191, 196, 203, 248~250, 263, 264, 279, 374, 382~384, 390, 398
교수시간표 328
교외 훈련 94
교원 자격인정 395
교원강습회 107, 111, 135, 190
교원면허장 394, 395
교원시험 394
교원시험규칙 132, 394
교원심득(敎員心得) 56~58
교원양성소 39, 118
교원조합 345, 346
교육비 77, 78, 90, 218, 295, 309, 310, 433
교육에 관한 칙어 55, 72, 200, 277, 317, 328, 351, 378, 413, 414, 416, 417, 423, 426, 430, 441, 442
교학보국 459
교학쇄신 412, 416, 417, 420, 426, 431, 432, 443, 460, 463, 471
교학연수소(敎學研修所) 430, 458, 469

교학참모부 461~463
교화 17, 23, 109, 446
교화의견서 11, 16, 17, 19
국민고등학교 364
국민과(國民科) 430
국민교육 132, 133, 174, 204, 317, 379, 390, 395, 426, 432, 434, 444, 468, 469
국어 보급 56, 352, 400
국자감 209, 219~222, 225~227, 229~231
국체 20, 277, 411, 413, 416, 418~421, 423, 424, 426, 427, 430, 434, 436, 445, 448, 453, 454, 456, 471
국체명징 418, 423
국학 156, 209, 210, 212~216, 221~223, 228, 229, 236
군사교련 349, 356, 357
근로교육화(勤勞敎育化) 463
근로애호의 정신 401
기부금 69, 77, 199, 201, 236, 258, 320
기숙사제 455

ㄴ

남녀공학 115, 172, 186, 267, 315, 316
남녀공학운동 315
내선공학(內鮮共學) 74, 76, 354~356, 415, 443, 462, 465~467
내선일체 413, 416, 417, 420~426, 433, 440, 441, 443, 447
내지인 교육 17, 33, 34, 72, 74, 83, 84, 108, 172, 187, 190, 192, 355, 387, 431
노예교육 269, 270, 276, 285, 298
농림전문학교 88, 142, 173
농상공학교 121~123, 195, 198, 244, 245, 261, 262, 274, 415
농업학교 38, 76, 88, 123, 124, 126, 169, 173, 176, 180, 198, 201, 260, 379, 390, 385, 451

ㄷ

다카하시 도루(高橋亨) 98, 100, 101, 103, 190
대동아공영권 443, 47, 448, 460
대동아전쟁 441, 444, 451, 454~456, 459, 460
대륙전진문화기지 412, 437
대만 16, 302, 442, 444, 447, 450
대종가(大宗家) 20, 24
대학 37, 38, 143, 169, 179, 180, 206, 235, 266, 267, 278, 290, 294, 316, 335, 342, 365, 360, 366, 386, 387, 392~394, 412, 415, 435~437, 443, 464, 467
덕어학교(德語學校) 60
덕육(德育) 29, 57, 93, 317, 352, 379, 382, 384, 436
덕정(德政) 23
데라코야(寺子屋)식 350
도서관 162, 279, 283, 284, 295, 308, 309, 397, 450
도야성(陶冶性) 24
도의조선(道義朝鮮) 411, 453, 456
도제학교(徒弟學校) 83
독서삼품(讀書三品) 216
동맹휴교 269, 283
동서학당(東西學堂) 209, 219, 225, 229
동화 7, 17, 19, 21~28, 32, 40, 42, 58, 59, 70, 71, 76, 112, 183, 184, 186, 330, 372, 373
동화정책 19, 22~24, 40~42, 180, 184, 349, 372
동화주의 22

ㄹ

류큐 19, 23

ㅁ

만세일계(万世一系) 20, 72, 129, 418, 419

메이지유신(明治維新) 46, 59, 304, 375
명륜당 162, 193, 223, 232, 234, 235, 350
모국어 34, 35, 39, 40, 174~178, 183
모범교육 239, 248
문과 16, 17, 38, 143, 174~176, 180, 191, 231, 235, 335, 342, 366, 387, 454, 464, 465
문관등용시험 157
문관임용령 393
문묘 140, 193, 215, 223, 225, 232~235, 246, 254, 350
미쓰치 츄조(三土忠造) 128
미즈노 렌타로(水野鍊太郎) 365
민립대학 284, 286
민족운동 283, 368, 369
민족정신(nationality) 22, 24
민족주의 280, 283, 285, 439, 440, 446

ㅂ

법관양성소 141, 172, 199, 256
법어학교(法語學校) 60
별학제도 391
병역 의무 359, 357
보습교육 33, 81~84, 385, 403
보습학교 82~84, 123, 176, 290, 291, 297, 312
보통교육 36~38, 55, 59, 61, 75, 77, 78, 81, 84, 88, 121, 123, 124, 132, 142, 169, 170, 172, 175, 176, 182, 173, 187, 196, 197, 200, 207, 245, 248, 253, 277, 288, 317, 351, 352, 361, 362, 379, 382, 390, 392, 393, 415, 417, 431, 443
부형회(父兄會) 93, 109
분과주의(分科主義) 29

ㅅ

사도과(師道科) 430, 431
사립각종학교 198, 199, 202, 205, 259, 263
사립경성학당 261
사립학교 33, 51~53, 78, 86, 89, 91, 94, 107, 110, 111, 127~129, 131~134, 145, 163, 194~196, 198, 199, 205, 210, 225, 242, 243, 245, 248, 250, 258, 259, 267, 275, 278, 280, 271, 290, 294, 305, 336, 337, 345, 376, 377, 388~391, 394, 395, 412, 424, 435
사립학교령 128, 131, 198, 199, 248, 258, 259, 263, 280, 389
사문학 219, 220
사범학교 39, 88, 165, 169, 170, 172, 177, 185, 194~197, 208, 240, 242, 247, 252, 253, 260, 275, 290, 291, 297, 313, 351, 353, 365, 375, 379, 387~389, 392, 394~396, 398, 415, 429, 444, 469
사숙(私塾) 80, 115, 158, 243
사이토 마코토(齋藤實) 284
사학(四學) 160, 162~164, 193, 209, 225~227, 231, 233~235, 273, 414
사회교육 33, 106~110, 397, 462, 468, 470, 471
사회봉사 329, 344, 346
산술 95, 111, 135, 147, 148, 162, 176, 204, 205, 246, 263, 327, 332, 339~341
서당 78, 79, 80, 86, 89, 94, 109, 111, 113, 115, 135, 138, 139, 148, 163~165, 173, 193, 194, 202, 203, 227, 231, 243, 246, 249, 250, 273, 278, 280, 281, 302, 304, 313, 314, 320, 350, 362, 390, 405, 414, 415
서원 31, 163~165, 193, 209, 231, 235~238
서학박사(書學博士) 218
선교사 73, 130~132, 134, 143, 194, 195, 198, 199, 202, 245, 258, 259, 274, 280, 336, 350, 366, 371, 376, 449
성경과목 336
성균관 44, 117, 139, 140, 159, 161~166, 173, 193~195, 209, 222, 225, 229, 231~236, 241,

246, 247, 254~256, 258, 273, 275, 276, 350, 414
소학교 38, 39, 50, 51, 74, 75, 77, 78, 83, 84, 86~90,
　93, 95, 109, 115, 118, 121, 165, 168~173,
　175~179, 181, 194~196, 207, 218, 240, 242,
　243, 249, 267, 274, 276, 281, 289, 291, 292,
　298, 301, 319, 326, 350, 355, 380, 382~385,
　387~394, 396, 398, 401, 410, 415, 423, 424, 426,
　428, 29, 443
수공(手工) 35, 39, 87, 95, 100, 117, 176~178, 181,
　305, 327, 338, 340, 341
수련과(修鍊科) 430, 431
수신(修身) 57, 76, 111, 117, 204, 261, 263, 267,
　32~330, 340, 351, 390, 396, 399, 426
수업료 53, 77~79, 125, 201, 298, 307, 320, 321, 364,
　406
수업연한 39, 49, 88, 89, 117~119, 125, 126,
　136, 141, 142, 156, 176, 194~198, 200~202,
　204, 207, 214, 242~249, 252~254, 256, 257,
　259~262, 352, 353, 379~381, 393~389, 404,
　406, 431, 443
수원농림전문학교 199, 262
수의학교(獸醫學校) 169, 385
순량화 19, 26~29
시학관 12, 16, 32, 33, 84~87, 109, 190, 208, 279,
　336
시학제도 85, 462, 469
시험경쟁 314
식민지교육 13, 32, 34
신교육 36, 37, 58, 61, 78, 89, 92, 94~96, 103, 105,
　108, 117, 119, 127, 131, 133, 134, 138, 148, 182,
　194, 196, 199~200, 203, 208, 211, 239, 248, 249,
　254, 376, 415
신동아 건설 416, 437, 438
신사참배(神社參拜) 336, 337
신제교육(新制教育) 32, 46, 53, 63, 79, 81, 92, 95, 96,
　109, 116, 119, 133

실과교육 34, 35, 39, 63, 181
실과중학 119, 253
실업보습학교 198, 260, 275, 276, 380, 385, 402, 403
십이도 226, 227

ㅇ

아동 신체검사 397
아마테라스 오미카미(天照) 20
아어학교(俄語學校) 60
야학 61, 82, 83, 307
언문 63, 161, 164
여자 교육 113~116, 134, 153, 197, 198, 205, 210,
　256~258, 314, 349, 370, 371, 462, 470
여자고등보통학교 62, 88, 114~118, 132, 173, 200,
　205, 207, 208, 297, 335, 352, 353, 355, 365, 379,
　380, 382~384, 386, 388~390, 392, 395, 398,
　415, 417, 443
여자대학 371
여자청년특별연성제도 445
연반법(連伴法) 305, 306
연합대운동회 52
영유지(領有地) 36
오부학당(五部學堂) 209, 225, 231, 234
외국어학교 60, 140, 141, 165, 195, 197, 244, 254,
　261, 274~276, 350, 375, 415
우미유카바(海行かば) 20
위생 67, 68, 70, 104, 105, 108, 153, 166, 328, 333,
　344, 450
유게 고타로(弓削幸太郎) 239
유치원 82, 89, 115, 134, 279, 382, 383, 388
유학생 33, 46, 102, 144, 145, 162, 163, 209, 216,
　217, 221, 277, 296
육군특별지원병 442, 454
의무교육 12, 74, 83, 90, 135, 242, 243, 382, 410,
　412, 432, 444, 446, 470

의무교육제도 89, 131, 361, 431~434, 444~446, 456, 461
의학교 38, 100, 141, 145, 165, 169~172, 175, 244, 274, 415
인가제도 389
인고단련 417, 422~426
인종 17, 23, 24, 31, 34, 40, 42, 207
일률형식(一律型式) 321, 323
일본인 교원 196, 249, 250, 274, 297, 304, 319, 320, 332
일시동인 203, 206, 208, 239, 351, 354, 357, 372, 378, 413, 414, 416, 419, 423~425, 433, 440
일한협약(日韓協約) 51, 121, 165, 239, 247, 274, 376
임시교육조사위원회 190, 205, 206, 288, 381
임시은사금(臨時恩賜金) 69, 77, 91, 200, 201, 256
임시학부확장비(臨時學部擴張費) 77
입학률 293, 294, 296
입학시험 168, 174, 175, 204, 252, 253, 304, 312
입학연령 89, 195, 197, 243, 244, 247, 249, 379, 406, 431
입학자격 168, 200~202, 207, 246, 259, 353, 379~381, 383~389, 406

ㅈ

잡혼정책 19, 26
전문학교 37, 62, 75, 83, 88, 132, 141~143, 166, 170, 172, 173, 175, 202~205, 208, 240, 256, 262, 263, 291, 292, 294, 295, 297, 298, 314, 315, 331, 334, 335, 344, 352, 353, 365, 369, 380, 384, 386, 389, 392~395, 429, 436, 437, 463~467
전시의 교학비상조치 465
제2차 확충계획 432
제국교육 277
제국의회 357~359
제국주의 교육정책 272

조선교육 본지 317
조선교육령 11, 17, 55~58, 72, 123, 128, 129, 141, 142, 177, 190, 200, 202, 204~206, 239, 254, 256, 263, 264, 275, 277, 284, 287, 288, 317, 318, 326, 328, 330, 348, 351, 377, 378, 381, 382, 387~389, 392, 394, 395, 410, 413~417, 424, 426, 441~444
조선교육협회(朝鮮教育協會) 284, 346
조선교학 412~414, 416, 438, 461~465, 471
조선아동성행조사 97
조선어 40, 53, 57, 61, 74, 76, 95, 99, 107, 112, 118, 129, 130, 133, 134, 139, 154, 177, 178, 190, 204, 250, 254, 263, 278~280, 285, 326, 327, 329, 330, 334, 355, 382~384
조선어 및 한문 61, 129, 326, 327, 329, 330, 334, 384
조선인 교원 33, 107, 110, 111, 113, 297, 304, 319, 332
조선인 교육 17, 33, 34, 48, 72, 74, 84, 87, 88, 107, 108, 110, 145, 146, 152, 172, 173, 190~192, 291, 297, 302, 303, 387
조선인 교장 279, 318
조선제학교일람(朝鮮諸學校一覽) 290, 297
조선통치 48, 58, 59, 203, 284, 287, 348, 350, 351, 365, 372, 413, 415, 416, 459, 470, 471
조선학생대회(朝鮮學生大會) 282
졸업생 지도 83, 349, 362~364, 401
졸업자의 특전 384, 395
종교학교 130~134, 199, 202, 259, 336, 435
주입식(注入式) 321~323
중학교 83, 88, 117, 118, 165, 168, 170~172, 175, 179, 180, 194, 195, 197, 205, 207, 241~244, 246, 247, 274, 289, 291, 298, 334, 341, 342, 353, 355, 360, 364, 375, 380, 382~384, 386~392, 395, 398, 406, 407, 415, 426, 429, 436, 443, 463, 464, 467
즉물교육(卽物敎育) 464
지공거(知貢擧) 230

지능 29, 33, 82, 84, 139, 143, 144, 167, 179, 343, 344, 425, 466
지능측정시험 324
지덕(智德) 24, 53, 205, 399
지원병제도 416
직업과 342, 351, 353, 362~364, 382, 396, 400, 402, 404, 428
직업교육 29, 30, 38, 363, 364
직업지도 342~344, 400
진사(進士) 139, 162, 164, 217, 230, 231, 233~235

ㅊ

참정권 6, 357, 359
창조학교(創造學校) 324, 337
천조 224, 420
청년훈련소 360, 396
체격(體格) 33, 57, 62, 70, 92, 119, 120, 146, 150, 151
체조 58, 70, 92, 105, 111, 115, 119, 133, 140, 150, 204, 254, 261, 263, 327, 397, 428, 431
초등교육 29, 30, 34, 35, 37, 38, 89, 210, 219, 249, 300~302, 304, 314, 320, 321, 323, 330, 333, 354, 355, 362, 365, 382, 390, 395, 396, 400, 402, 404, 406, 423, 431, 432, 469
출석률 79, 93, 109
취학률 291, 314, 405, 432, 444, 445, 468
칠재(七齋) 221

ㅌ

태학(太學) 219~221, 227, 232
토착지 35, 36, 39, 40, 138, 172, 179, 180

ㅍ

플라톤 학교 305, 306

ㅎ

학교 교련 406
학교급식 397
학교비령 207
학교비부과금 310
학교비평의회 321
학교위생 397
학교절목 162
학교조합령 78
학교체육 397
학교훈육 407
학도임시특별지원병제도
학도지원병 410, 439, 456
학력 75, 111, 118, 138, 201, 202, 252, 256, 379, 380, 386~388, 429
학무아문 194, 240
학무위원 90, 91, 110, 250
학부(學部) 16, 50, 77, 91, 127, 128, 191, 195, 198, 199, 210, 245, 256, 259, 261, 264, 436, 465
학생 풍기 315
학생운동 270, 283, 285
학생의 자치 340
학술강습회 390
향교 77, 96, 139, 140, 163~165, 193, 201, 209, 219, 222`229, 231, 235, 236, 243, 246, 247, 255, 273, 414
호즈미 노부시게(穂積陳重) 366
화랑 216
황국신민서사 421
황국신민화 426, 459, 460, 464, 466
황국여성 445

동북아역사재단 일제침탈사 자료총서 51
사회·문화편

교육정책(2)
일제강점기 교육 논설

초판 1쇄 인쇄 2021년 12월 20일
초판 1쇄 발행 2021년 12월 31일

기획 | 동북아역사재단 일제침탈사 편찬위원회
편역 | 강명숙·이명실·이윤미·조문숙·박영미
펴낸이 | 이영호
펴낸곳 | 동북아역사재단

등록 | 제312-2004-050호(2004년 10월 18일)
주소 | 서울시 서대문구 통일로 81 NH농협생명빌딩
전화 | 02-2012-6065
팩스 | 02-2012-6189
홈페이지 | www.nahf.or.kr
제작·인쇄 | 청아출판사

ISBN 978-89-6187-719-0 94910
      978-89-6187-687-2 (세트)

• 이 책은 저작권법으로 보호를 받는 저작물이므로 어떤 형태나 어떤 방법으로도 무단전재와 무단복제를 금합니다.
• 책값은 뒤표지에 있습니다. 잘못된 책은 바꾸어 드립니다.